Einführung in den Sprachkern von SQL-99

Springer-Verlag Berlin Heidelberg GmbH

Wolfgang Panny
mit Alfred Taudes

Einführung in den Sprachkern von SQL-99

Mit zahlreichen Abbildungen, Tabellen
und Syntaxdiagrammen

Springer

Professor Dr. Wolfgang Panny
Professor Dr. Alfred Taudes

Institut für Informationsverarbeitung
und Informationswirtschaft
Wirtschaftsuniversität Wien
Augasse 2–6
1090 Wien, Österreich

ISBN 978-3-540-65547-3

Die Deutsche Bibliothek - CIP-Einheitsaufnahme

Panny, Wolfgang:
Einführung in den Sprachkern von SQL-99/Wolfgang Panny; Alfred
Taudes. – Berlin; Heidelberg; New York; Barcelona; Hongkong;
London; Mailand; Paris; Singapur; Tokio: Springer, 2000
  ISBN 978-3-540-65547-3   ISBN 978-3-642-57048-3 (eBook)
  DOI 10.1007/978-3-642-57048-3

Umschlaggestaltung: Künkel + Lopka, Werbeagentur, Heidelberg
Satz: Reproduktionsfertige Vorlagen der Autoren
SPIN 10709541   33/3142SR – 5 4 3 2 1 0 –

Vorwort

Die aktuelle Sprachversion von SQL heißt SQL-99. Das entsprechende Standarddokument ist Ende des Jahres 1999 in Kraft getreten — als offizielles Publikationsdatum wird der 15. November 1999 angegeben — und hat damit das bisher gültige Standarddokument SQL-92 aus dem Jahr 1992 abgelöst. SQL-99 hat die drei Sprachebenen von SQL-92, also Entry, Intermediate und Full SQL, nicht beibehalten. Stattdessen wurde Core SQL als Sprachkern von SQL-99 eingeführt. Core SQL stellt den minimalen Sprachumfang dar, den eine standardkonforme Implementierung von SQL-99 umfassen muß. Somit tritt Core SQL an die Stelle von Entry SQL, dem minimalen Sprachumfang von SQL-92. Die Sprachelemente von SQL-99 sind darüber hinaus sogenannten 'Features' zugeordnet, wobei eine recht feine Granularität eingehalten wird. Eine Implementierung kann nun nach Belieben über Core SQL hinausgehende Features auswählen, um auf diese Weise für bestimmte Anwendungsbereiche maßgeschneiderte Produkte bereitzustellen.

Dieser gegenüber SQL-92 geänderte Zutritt von SQL-99 kommt daher, daß es keine einzige Implementierung von SQL-92 gegeben hat, die eine über Entry SQL hinausgehende Standardkonformität erklärt hätte. Angesichts des (gewaltigen) vollen Sprachumfanges von SQL-99 wäre es sicherlich unrealistisch gewesen, hier eine Verhaltensänderung der Hersteller zu erwarten. Dementsprechend konzentriert sich auch dieses Buch auf Core SQL, also den Sprachkern von SQL-99. Dieser umfaßt einerseits den bisherigen Sprachkern Entry SQL und damit alle grundlegenden Sprachelemente, die schon seit den ersten beiden Sprachgenerationen (SQL-86 und SQL-89) den harten Kern von SQL bilden. Andererseits wurde Core SQL gegenüber Entry SQL doch beträchtlich erweitert, teils durch Sprachelemente, die in SQL-92 erst auf höheren Sprachebenen unterstützt worden sind, teils durch gänzlich neue Sprachelemente, die erst in SQL-99 hinzugekommen sind. Bei der Festlegung des Sprachumfanges von Core SQL wurde sehr behutsam vorgegangen und besonders darauf geachtet, daß dieser minimale von einer standardkonformen Implementierung zu unterstützende Sprachumfang auch die Akzeptanz der Hersteller und damit eine produktmäßige Umsetzung findet.

Dieses Buch wendet sich an Endbenutzer, Informationssystementwickler, Studenten in EDV-bezogenen Studienrichtungen und überhaupt an alle, die eine fundierte, der aktuellen Standardgeneration entsprechende Einführung in den Sprachkern von SQL benötigen. Das vorliegende Buch deckt den Sprachumfang von Core SQL vollständig ab, in mehreren Punkten wird über diesen Sprachumfang sogar hinausgegangen. Bei der Besprechung der diversen Sprachkonstrukte werden durchgängig Syntaxdiagramme verwendet, die eine besonders übersichtliche und anschauliche Notation der Syntax ermöglichen. Die Darstellung wird auch durch zahlreiche Beispiele unterstützt. Schließlich gibt es noch insgesamt 60 Übungsaufgaben, welche die behandelten Sprachkonstrukte und -konzepte von Core SQL im wesentlichen abdecken. In einem entsprechenden Anhang wird für jede Übungsaufgabe eine ausgearbeitete Lösung gegeben. Das Buch ist übrigens aus einem Skriptum über Entry SQL entstanden, das sich in einschlägigen Lehrveranstaltungen an der Wirtschaftsuniversität Wien recht gut bewährt hat.

Der einleitende Teil I *Einführung und Grundlagen* umfaßt zwei Kapitel. Kapitel 1 gibt einen Einblick in die grundlegenden Konzepte, die Entwicklungsgeschichte und Bedeutung von Datenbanksystemen, insbesondere von relationalen Systemen. Es enthält auch einen Überblick über Entstehung und Standardisierung der Datenbanksprache SQL. In Kapitel 2 wird das klassische Relationenmodell vorgestellt, das bei der weiteren Besprechung von SQL als formaler Rahmen und Bezugspunkt dient.

Im zweiten Teil *SQL für den Endbenutzer* wird auf die direkt ausführbaren Anweisungen von SQL eingegangen. Dieser Zugang zu SQL erscheint — zumindest aus konzeptioneller Sicht — am natürlichsten und ermöglicht es, gewissermaßen gleich in medias res zu gehen. Darüber hinaus sind alle direkt ausführbaren Anweisungen mit Ausnahme der direkten Abfrageanweisung universell verwendbar: Sie gehören nicht nur zu 'direktem SQL', sondern können auch in den beiden für den Anwendungsprogrammierer relevanten Teilsprachen, nämlich in der 'Modulsprache' und in 'eingebettetem SQL' verwendet werden. Teil II umfaßt die Kapitel 3–5, in denen die Schemaanweisungen und die (direkt verwendbaren) Datenanweisungen behandelt werden, wie die DDL- bzw. DML-Anweisungen in der Diktion des Standards genannt werden.

Der dritte Teil *SQL und Anwendungsentwicklung* beschäftigt sich mit den für die Anwendungsprogrammierung relevanten Teilsprachen von

SQL, nämlich mit der Modulsprache (Kapitel 6) und mit eingebettetem SQL (Kapitel 7). In SQL-99 muß jede standardkonforme Implementierung mindestens eine dieser beiden Teilsprachen unterstützen. Schließlich wird im 8. Kapitel noch auf SQL-Verbindungen, SQL-Sitzungen und SQL-Transaktionen eingegangen.

Ohne Unterstützung der Mitarbeiter des Instituts für Informationsverarbeitung und Informationswirtschaft der Wirtschaftsuniversität Wien wäre dieses Buch nicht zustandegekommen. An erster Stelle möchte ich meinem Mitautor Univ.-Prof. Dr. Alfred Taudes für seine Hilfe danken. Er ist mir immer mit Rat und Tat zur Seite gestanden und hat so substantiell zum Gelingen des Werkes beigetragen, daß ich mir gerne die Autorenschaft mit ihm teile. Mein besonderer Dank gilt auch Herrn ao. Prof. Doz. Dr. Alexander Kaiser, der sich der Mühe unterzogen hat, die Beispiele und Aufgabenlösungen zu korrigieren und — soweit das möglich war — mit Hilfe von QMF, ORACLE und SQL/DS auf Korrektheit zu überprüfen. Auch meiner Sekretärin, Frau Doris Wyk, möchte ich für die textliche Erfassung, die Verfertigung der Abbildungen und die kompetente technische Unterstützung bei der Erstellung des Manuskripts recht herzlich danken. Frau Elfriede Klima-Pecker (B. A. Hons.) hat das Manuskript auf Tipp- und sonstige sprachliche Fehler kontrolliert, und ich bin ihr sehr dankbar dafür, daß sie diese Aufgabe übernommen und so sachkundig und sorgfältig erledigt hat. Mein Dank gilt auch unserem langjährigen Kollegen an der WU-Wien, Herrn Univ.-Prof. Dr. Andreas Geyer-Schulz, nunmehr Universität Karlsruhe, der das Manuskript in der Sache überprüft und durch seine fachlichen Anregungen und Kommentare einiges zur Qualitätsverbesserung beigetragen hat. Das gilt ebenso für Herrn Univ.-Prof. Dr. Claus Rautenstrauch von der Universität Magdeburg, der eine frühere Fassung des Manuskripts begutachtet und kommentiert hat. Herrn Rainer Bernert von der GartnerGroup Österreich sei für seinen Hinweis auf die aktuellen Marktdaten [GartnerGroup99] gedankt und vor allem auch für sein Entgegenkommen, diese verwenden zu dürfen. Last but not least möchte ich Jim Melton, dem Editor des SQL-Standards, für seine Unterstützung danken. Jim hat sich trotz seiner vielfältigen Verpflichtungen immer Zeit genommen, knifflige Fragen zur korrekten Interpretation der Standarddokumente mit mir zu diskutieren. Er hat mich auch darin bestärkt, im Rahmen der dafür zuständigen Arbeitsgruppe von ISO/IEC aktiv an der Weiterentwicklung des SQL-Standards mitzuarbeiten.

Wolfgang Panny
Wien, im Mai 2000

Meine Rolle bei der Erstellung dieses Werkes war primär die eines Beraters, eines (hoffentlich intelligenten) Zuhörers und kritischen Geistes. Ich war eine Art Konsulent bei Fragen der Gliederung und des didaktischen Aufbaus, mir fiel auch die Aufgabe eines ersten Korrekturlesens zu, und ich war Gesprächs- und Diskussionspartner, wenn es galt, die eine oder andere schwerer verständliche Regel des Standarddokuments zu enträtseln. Ich hoffe, daß sich die Lektüre dieses Buches für den Leser als ebenso bereichernd herausstellt wie die gemeinsame Arbeit daran.

Alfred Taudes
Wien, im Mai 2000

Inhaltsverzeichnis

Teil II — SQL für den Endbenutzer   69

3   Abfragen (Queries)   71

Teil III — SQL und Anwendungsentwicklung   329

6   Modulsprache   331

7   Eingebettetes SQL   369

Teil I
Einführung und Grundlagen

Dieser einleitende Teil des Buches umfaßt zwei Kapitel. Kapitel 1 will einen Einblick in die grundlegenden Konzepte, die Entwicklungsgeschichte und Bedeutung von Datenbanksystemen, insbesondere von relationalen Systemen geben. Dabei werden auch die Vor- und Nachteile des Datenbankkonzepts diskutiert und ein Überblick über Entstehung und Standardisierung der Datenbanksprache SQL gegeben. In Kapitel 2 wird das klassische Relationenmodell vorgestellt, das bei der weiteren Besprechung von SQL als formaler Rahmen und Bezugspunkt dienen wird. Der Inhalt dieses Kapitels deckt die wesentlichen Ingredienzien des Relationenmodells ab, nämlich die relationale Datenstruktur, die inhärenten Integritätsbedingungen des Relationenmodells und die relationale Datenmanipulation. Bei der Besprechung der relationalen Datenmanipulation — also den durch das Modell vorgegebenen Abfrage- und Manipulationsmöglichkeiten einer relationalen Datenbanksprache — wird sowohl auf die Relationenalgebra als auch auf den Relationenkalkül eingegangen.

Kapitel 1

Datenbanksysteme, Relationale Datenbanksysteme und SQL

Dieses einleitende Kapitel will einen Einblick in die grundlegenden Konzepte, die Entwicklungsgeschichte und die Bedeutung von Datenbanksystemen, insbesondere von relationalen Systemen vermitteln. Dazu wird im Abschnitt 1.1 zunächst kurz auf die Ausgangssituation und Motivation eingegangen, die zur Entwicklung von Datenbanksystemen geführt haben. In 1.2 werden dann die für Datenbanksysteme grundlegenden Begriffe eingeführt. Abschnitt 1.3 beschäftigt sich mit den Vorteilen des Datenbankkonzepts. Schließlich werden in 1.4 noch einige Daten zur Entwicklung von Datenbanksystemen und zur Entstehungsgeschichte und Standardisierung der Datenbanksprache SQL gegeben.

1.1 Motivation zur Entwicklung von Datenbanksystemen

Die 60er Jahre waren durch eine zunehmende "Computerisierung" ständig neuer Aufgaben aus dem kommerziellen und dem Verwaltungsbereich gekennzeichnet. Immer mehr Anwendungen mit zum Teil großen Dateien im direkten Zugriff wurden realisiert. Die Schlagworte der "integrierten Datenverarbeitung" und der "integrierten betrieblichen Informationssysteme" kamen auf und wurden umzusetzen versucht.

Die Erwartungen waren hochgeschraubt, manchmal fast überschwenglich. Die tatsächliche Entwicklung konnte jedoch leider nicht ganz Schritt halten: Viele Projekte blieben weit hinter ihrem Zeitplan zurück, die Unzuverlässigkeit von Programmierabteilungen — zumindest was Termine anlangt — wurde geradezu sprichwörtlich. Manch ehrgeiziges Projekt scheiterte kläglich. Mitte der 60er Jahre begann man von der "Softwarekrise" zu sprechen (vgl. etwa [Dijkstra72]). Es würde uns hier zu weit von unserer eigentlichen Thematik wegführen, *alle* Ursachen für diese Situation erörtern zu wollen. Aber *eine* Ursache, die für den hier interessierenden kommerziellen Bereich mit seiner vorherrschenden *traditionellen Dateiverarbeitung* besonders signifikant war, lag in der starken *Datenabhängigkeit* der Anwendungsprogramme. Wir sprechen dabei von Datenabhängigkeit, wenn die Datenorganisation und die Zugriffstechnik von den Anforderungen einer bestimmten Anwendung diktiert werden und das Wissen über diese Organisation und Zugriffstechnik in die Logik der Anwendungsprogramme integriert ist. Eine solch enge Verzahnung datenorganisatorischer und anwendungsbezogener Gesichtspunkte wirkt sich nachteilig auf alle Phasen des Softwareentwicklungszyklus (etwa: Anforderungsanalyse, Entwurf, Programmierung, Testen, Pflege und Wartung) aus, besonders natürlich auf die Pflege- und Wartungsphase (vgl. [Boehm73] und [Brooks95]).

Etwa auf diese Weise läßt sich die Ausgangssituation charakterisieren, die zur Entwicklung von Datenbanksystemen geführt hat, und entsprechend große Hoffnungen wurden in die ersten kommerziell angebotenen Systeme gesetzt.

1.2 Was ist ein Datenbanksystem?

Begriffsbestimmung. Ein *Datenbankmanagementsystem* (DBMS) ist ein Softwaresystem, das es ermöglicht, einen *Datenbestand* auf Dauer zu speichern, organisieren und schützen und ihn verschiedenen Anwendungen zugänglich zu machen. Der Datenbestand wird in diesem Zusammenhang auch häufig *Datenbank* (DB) genannt. DBMS *und* DB zusammen bilden ein *Datenbanksystem* (DBS). Um Verwechslungen mit dem gesamten DBS zu vermeiden, ist der Bezeichnung *Datenbank* die Bezeichnung *Datenbasis* für den Datenbestand vorzuziehen. Da von einem DBMS in der Regel auch mehrere DBs verwaltet werden können, kann man ein DBS auf die folgende symbolische Formel bringen:

$$DBS = DBMS + n\,DB, \quad n \geq 1.$$

Der Anwender gibt dem DBMS Anweisungen in einer *Datenbanksprache* (z. B. SQL). Diese Datenbanksprache (und damit das gesamte DBS) beruht auf einem sogenannten *Datenmodell*. Beispielsweise beruht SQL auf dem *relationalen Datenmodell*.

Diese Begriffsbestimmung ist leider weit davon entfernt, eine Definition im strengen Sinn zu sein. Das liegt daran, daß wir zur Erklärung die Umgangsprache mit ihren Mehrdeutigkeiten und Unbestimmtheiten verwenden. Es ist daher zum besseren Verständnis sicher nützlich, auf einige der darin vorkommenden Komponenten noch etwas näher einzugehen.

Daten. Wie bei herkömmlichen *Dateisystemen* handelt es sich bei DBS um *formatierte Daten* (im Gegensatz zu unformatierten bzw. reinen Textdaten). Diese Unterscheidung ist vor allem für die Abgrenzung von DBS zu Information-Retrieval-Systemen wichtig, die manchmal ebenfalls unter DBS subsumiert werden. Wenn die Gefahr einer Verwechslung besteht, verwendet man für die hier behandelten DBS der Deutlichkeit halber besser die Bezeichnung "DBS im engeren Sinn".

Es gehört zum Wesen von DBS, daß die Daten *integriert gespeichert* sind und zur gleichen Zeit von mehreren Anwendern *gemeinsam benutzt* werden können. Unter *Integration* versteht man dabei eine Zusammenfassung mehrerer sonst getrennter Dateien. Eine Konsequenz der Integration besteht darin, daß ein bestimmter Anwender typischerweise nur an einem Ausschnitt der gesamten DB interessiert ist.

Hardware. Da im Rahmen eines DBS in der Regel große Datenbestände permanent gespeichert sind, setzen DBS umfangreiche externe Speicher (typischerweise Magnetplatten) mit dazugehöriger Gerätesteuerung, Ein-/Ausgabe-Kanälen etc. voraus. Ein DBS kann zusammen mit den unterstützten Anwendungen auf demselben Host laufen. Funktionell betrachtet sind die unterstützten Anwendungen *Client*-Prozesse und auf dem DBS läuft der entsprechende *Server*-Prozeß. Dementsprechend gibt es auch "verteilte Lösungen", wo der Server-Prozeß auf einen eigenen Rechner (die Backend-Maschine, den Server) ausgelagert wird. Manchmal ist der Server hard- und systemsoftwaremäßig speziell für diese Aufgabe maßgeschneidert. Man spricht dann von einer "Datenbank-Maschine".

Software. Ein DBMS ist ein komplexes Softwaresystem. Es schirmt den Datenbank-Anwender von physischen Details der Datenspeicherung und des Zugriffs auf die Daten ab und ermöglicht ihm eine "höhere", logische Sicht der Daten. Im Sinne der Software-Technologie kann man auch sagen, daß das DBMS eine *abstrakte Maschine* realisiert. Die Basismaschine ist dabei ein gegebenes Computersystem mit seinen durch das Betriebssystem unterstützten (Speicher- bzw. Zugriffs-) Strukturen und Methoden. Die Zielmaschine reflektiert die Strukturen und Methoden des zugrundeliegenden Datenmodells. Die entsprechende Transformation wird durch die abstrakte Maschine DBMS vorgenommen. Die Benutzeroberfläche dieser abstrakten Maschine ist die *Datenbanksprache*. Die Datenbanksprache ist somit eine konkrete Realisation des zugrundeliegenden Datenmodells, welches auch als eine Art "abstrakte Datenbanksprache" aufgefaßt werden kann (siehe unten). Übersetzen wir das auf unsere engere Thematik, so können wir sagen, daß uns hier DBS interessieren, welche die Datenbanksprache SQL als Benutzeroberfläche haben und daß dieses SQL eine konkrete Realisation des relationalen Datenmodells darstellt.[1] Abschließend sei noch bemerkt, daß moderne relationale DBMS zu den umfangreichsten und komplexesten Softwaresystemen überhaupt gehören.

Datenmodell. Das Datenmodell liefert Beschreibungsmittel für die strukturellen und manipulativen Aspekte der Daten. Es stellt damit einen Rahmen oder einen Raster zur Verfügung, in den der Anwender sein konkretes Datensystem einzufügen hat. Pessimistisch gesehen kann das Datenmodell somit auch zu einem Korsett werden. Bereits oben haben wir den besonders illustrativen und suggestiven Zutritt gewählt, uns das Datenmodell als eine Art *abstrakte Programmiersprache* vorzustellen, die dann in dem einen oder anderen konkreten DBS auf die eine oder andere Art konkret implementiert wird. Insbesondere werden gewisse *Objekttypen* vorgesehen (z. B. Relationen) und gewisse *Operationen* zwischen derartigen Objekten definiert (z. B. die Operationen der Relationenalgebra). Weiters sieht das Datenmodell gewisse strukturelle *Integritätsbedingungen* für die Objekte vor, welche durch die Operationen nicht verletzt werden dürfen.

Das heute vorherrschende und auch SQL zugrundeliegende Datenmodell ist das *relationale Datenmodell*, das im 2. Kapitel dargestellt wird. Ältere Datenmodelle sind das *hierarchische* und das *netzwerkorientierte* Datenmodell, auf welche hier nicht weiter eingegangen werden soll. Dementsprechend unterscheidet man auch hierarchische, netzwerkorientierte und relationale DBS. Nachdem es in der Vergangenheit vielfältige Aus-

---

[1]Ein "relationaler Purist" wird hier vielleicht einwenden, daß SQL in manchen Punkten nicht vollständig dem relationalen Datenmodell entspricht.

einandersetzungen zwischen den Anhängern der drei Modelle gegeben
hat, die manchmal fast den Charakter von Religionskriegen aufwiesen,
besteht heute weitgehende Übereinstimmung hinsichtlich der Überlegenheit des Relationenmodells bzw. relationaler DBS. Auf ein paar griffige
Punkte gebracht, resultiert die Überlegenheit des Relationenmodells vor
allem auf seiner (vgl. [Codd82]):

- Problemorientierung,

- Mengenorientierung,

- Endbenutzerorientierung.

Das Relationenmodell geht auf Codd zurück und wurde in dem Artikel
[Codd70] zum ersten Mal vorgestellt. Codd erhielt für die Entwicklung
dieses Modells im Jahre 1981 den *ACM* Turing Award.

Datenbanksprache. Sie stellt die sprachliche Schnittstelle zum Anwender dar. Wir haben bereits gehört, daß die Datenbanksprache als konkrete Realisierung des zugrundeliegenden Datenmodells aufgefaßt werden
kann. Das Datenmodell als abstrakte Datenbanksprache stellt Beschreibungsmittel für die *strukturellen* und *manipulativen* Aspekte der Daten
bereit. Dementsprechend werden üblicherweise die *Datendefinitionssprache* (data definition language, DDL) und die *Datenmanipulationssprache*
(data manipulation language, DML) als Teilsprachen der Datenbanksprache unterschieden.

Die **Datendefinitionssprache (DDL)** erlaubt es, die Struktur der Datenbasis entsprechend dem zugrundeliegenden Datenmodell zu beschreiben. Eine solche Beschreibung wird in der Datenbankterminologie *Schema* genannt. Entsprechend dem von der ANSI/X3/SPARC Study Group
on Data Base Management Systems (vgl. [Interim75]) vorgeschlagenen
3-Ebenen-Architekturkonzept werden dabei unterschieden:

- konzeptionelles Schema,

- externes Schema,

- internes Schema.

Das *konzeptionelle Schema* beschreibt dabei im Rahmen des Datenmodells die logische Gesamtsicht aller Daten in der Datenbasis. Dementsprechend wird diese logische Gesamtsicht auch als *konzeptionelle Sicht*
der Datenbasis bezeichnet.

Ein *externes Schema* beschreibt die *individuelle Sicht* eines einzelnen Anwenders oder einer Anwendergruppe. Wir haben bereits gehört, daß — als Folge der Integration aller Daten — ein einzelner Anwender oder eine Anwendergruppe in der Regel nur an einem Ausschnitt der gesamten Datenbasis interessiert ist. Dieser relevante Ausschnitt (in diesem Zusammenhang wird auch oft von einem *View* gesprochen) wird eben im externen Schema beschrieben. Das externe Schema setzt auf dem konzeptionellen Schema auf. Natürlich gibt es in der Regel viele externe Schemata, für jeden Anwender bzw. jede Anwendergruppe eines. Die Bezeichnung 'Ausschnitt' ist übrigens nicht ganz glücklich, weil bei einer externen Sicht durchaus auch Daten dazukommen können, die gar nicht explizit in der Datenbasis gespeichert sind, beispielsweise aus den gespeicherten Werten errechnete Daten.

Das *interne Schema* beschreibt die *interne Sicht* der gesamten Datenbasis. Die interne Ebene liegt der Betriebssystemebene am nächsten, und dementsprechend dient das interne Schema auch als Bezugspunkt zur Abbildung der Strukturen und Operationen des DBS auf die Strukturen und Operationen des Betriebssystems (der "Basismaschine"). Andererseits setzt das konzeptionelle Schema auf dem internen Schema auf. Die interne Ebene bewegt sich aber immer noch auf einem relativ hohen Abstraktionsniveau gegenüber der physischen Ebene. Insbesondere hat man es auf der internen Ebene mit internen Sätzen in einem logischen Adreßraum zu tun und nicht mit physischen Sätzen, Seiten, Blöcken oder irgendwelchen gerätespezifischen Details wie Zylindern, Spuren etc. Die interne Sicht ist in erster Linie für den *Datenbankadministrator* relevant.

Jedenfalls muß die Datendefinitionssprache die Beschreibung und Definition der Struktur der Datenbasis auf jeder dieser drei Ebenen ermöglichen.

Bei der **Datenmanipulationssprache (DML)** werden üblicherweise zwei Arten von "Manipulationen" unterschieden, nämlich:

- Abfragen,

- Mutationen.

Die *Abfragen* (queries) ändern nichts am Zustand der Datenbasis, sondern fragen nur Informationen ab. Durch die *Mutationen* wird der Zustand der Datenbasis hingegen verändert. Wir verwenden dabei die Bezeichnung 'Mutation' als Überbegriff für das Hinzufügen, Ändern und

Löschen von Daten (vgl. etwa [Zehnder98]). Die Datenmanipulationssprache muß Konstrukte für beide Manipulationstypen entsprechend dem zugrundeliegenden Datenmodell bereitstellen.

Anwender. Man muß mindestens die folgenden drei Anwendergruppen eines DBS unterscheiden:

- *Endbenutzer:* Er verwendet typischerweise eine *interaktive* Sprachversion der DML zur Formulierung von Ad-hoc-Abfragen, eventuell auch zur Vornahme von Mutationen.[2] Eine für den ungeübten Endbenutzer besonders komfortable Oberfläche ist der *menügesteuerte Dialog*, der von vielen Produkten unterstützt wird.

- *Anwendungsprogrammierer:* Er verwendet typischerweise eine *eingebettete* Sprachversion der DML zur Entwicklung von Stapel- oder On-line-Anwendungsprogrammen.[3] Zunehmend werden für die Datenbankanwendungsprogrammierung auch spezielle *Entwicklungsumgebungen* bzw. *Entwicklungswerkzeuge* eingesetzt.

- *Datenbankadministrator (DBA):* Dieser verwendet typischerweise DDL auf allen drei Ebenen des 3-Ebenen-Architekturkonzepts. Zur laufenden Überwachung der Ressourcenverwendung und zu Analysezwecken stehen spezielle Softwarewerkzeuge zur Verfügung, sogenannte *DB-Monitore*. Näheres zur Funktion und den Aufgaben des DBAs folgt im nächsten Abschnitt.

1.3 Was bringt das Datenbankkonzept?

Als erstes erfordert das Datenbankkonzept die Einsetzung eines *Datenbankadministrators* (DBA). Das ist eine Folge der integrierten Speicherung und zentralen Verwaltung der Datenbasis. Dann bringt das Datenbankkonzept eine ganze Reihe von Vorteilen gegenüber der traditionellen Dateiverarbeitung, wobei wir in der Folge nur auf die wichtigsten näher eingehen. Schließlich muß man sich fragen, ob nicht auch gewisse Nachteile mit dem Datenbankkonzept verbunden sind.

---

[2]Standard-SQL sieht für diesen Benutzertyp eine eigene Teilsprache vor, nämlich *direktes* SQL, das in den Kapiteln 3–5 besprochen wird.

[3]Standard-SQL sieht dafür gleich zwei Möglichkeiten vor, nämlich die sogenannte *Modulsprache* und *eingebettetes* SQL. Diese werden im 6. bzw. 7. Kapitel dargestellt.

Notwendigkeit: Datenbankadministrator. Bei der traditionellen Dateiverarbeitung hat jede Anwendung ihre "privaten" Datenbestände, häufig auch "private" Datenträger. Damit ist es extrem schwierig, irgendeine *systematische Kontrolle* über die "verstreuten" Daten auszuüben. Ein Datenbanksystem hingegen ermöglicht einem Betrieb oder einer Organisation eine zentrale Kontrolle über seine in der DB zusammengefaßten Daten. Dazu wird eine Person eingesetzt, die für die DB verantwortlich zeichnet, nämlich der Datenbankadministrator[4] (DBA). Dieser muß

a) einen hohen Grad *datenbanktechnischer Kompetenz* haben,

b) eine ausgezeichnete *Kenntnis* der *Informationsbedürfnisse* des gesamten Betriebes oder der gesamten Organisation mitbringen.

Vorteil: Datenunabhängigkeit. Bereits in 1.1 wurde die Datenunabhängigkeit als entscheidender Fortschritt des Datenbankkonzepts gegenüber der traditionellen Dateiverarbeitung erwähnt. Man spricht dabei von Datenabhängigkeit, wenn die Datenorganisation und die Zugriffstechnik von den Anforderungen einer bestimmten Anwendung diktiert werden und das Wissen über diese Organisation und Zugriffstechnik in die Logik der Anwendungsprogramme integriert ist. Positiv gesprochen beinhaltet die Datenunabhängigkeit somit eine Entkoppelung der Anwender und Anwendungsprogramme von der physischen Organisation der Daten und ihren Zugriffspfaden bzw. die Immunität der Anwender und Anwendungsprogramme gegenüber Änderungen der physischen Organisation. Da die DB durch das DBS gekapselt wird, ist die Datenunabhängigkeit durch das Datenbankkonzept gewährleistet. Sicherlich muß aber bei solchen Reorganisationen das interne Schema des DBS entsprechend geändert werden. Die Datenunabhängigkeit erlaubt es beispielsweise, auf andere Speichergeräte überzugehen, eine effizientere Datenorganisation einzuführen oder platzsparende Codes oder Kompressionstechniken zu verwenden, ohne daß die Anwendungen davon betroffen sind.

Unter Heranziehung des 3-Ebenen-Architekturkonzepts könnte man auch sagen, daß die Datenunabhängigkeit die Änderbarkeit des internen Schemas (und damit auch der darunterliegenden physischen Strukturen) ohne Beeinträchtigung des konzeptionellen Schemas (und damit der Anwendungen) bedeutet. Aufbauend auf dieser *physischen* Datenunabhängigkeit spricht man von *logischer* Datenunabhängigkeit, wenn darüber hinaus sogar das konzeptionelle Schema ohne Beeinträchtigung des externen

---

[4]Beim DBA kann es sich natürlich auch um ein *Team* handeln. Der Einfachheit halber sprechen wir aber auch in diesem Fall vom DBA.

Schemas (und damit der Anwendungen) geändert werden kann. Man sollte die Datenunabhängigkeit nicht zu absolut sehen. Vielmehr bietet das Datenbankkonzept einen hohen Grad an Datenunabhängigkeit, und moderne DBS bieten einen höheren Grad an Datenunabhängigkeit als ältere Systeme.

Vorteil: Redundanzabbau. Dadurch, daß die DB integriert gespeichert und zentral verwaltet wird, können Mehrfachspeicherungen von Daten vermieden werden. Dadurch kommt es zu einer Reduzierung oder zumindest einer besseren Kontrolle der Redundanz, was in erster Linie hilft, Speicherplatz zu sparen, sich aber auch günstig auf Datenkonsistenz und Datenintegrität auswirkt.

Vorteil: Verbesserte Datenkonsistenz und Datenintegrität. Die Begriffe *Datenkonsistenz* und *Datenintegrität* sind nicht völlig deckungsgleich: Inkonsistenz meint "Widersprüchlichkeit" der Daten, beispielsweise daß ein Mitarbeiter einmal als ledig, ein anderes Mal als verheiratet in der DB aufscheint. Integrität kann als Überbegriff zur Konsistenz gesehen werden: Auch wenn die Daten einander nicht widersprechen, also konsistent sind, können sie falsch sein oder strukturelle Vorgaben des Datenmodells (Integritätsbedingungen) verletzen — etwa wenn ein Mitarbeiter konsistent als ledig angeführt wird, obwohl er tatsächlich verheiratet ist, oder wenn für einen Mitarbeiter als Abteilungszugehörigkeit eine Abteilung aufscheint, die es gar nicht gibt.

Schon allein durch den Redundanzabbau kommt es zu einer Verbesserung der Konsistenz. Wenn der DBA aus gewissen Gründen Mehrfachspeicherungen zuläßt ("kontrollierte Redundanz"), kann er daraus möglicherweise resultierende Inkonsistenzen durch "fortgepflanzte Mutationsoperationen (propagating updates)" vermeiden. Auch die Integrität der DB kann durch die zentrale Verwaltung und Verantwortlichkeit des DBAs erhöht werden, indem dieser explizit Integritätsbedingungen formuliert, die dann vom DBMS automatisch geprüft werden. Die strukturellen Integritätsbedingungen des Datenmodells können ebenfalls automatisch vom DBMS überprüft werden.

Vorteil: Erhöhte Datensicherheit und besserer Datenschutz. Der Begriff der *Datensicherheit* bezieht sich auf den Ausfall von Hardware oder Software. Ein Datenbanksystem sollte in der Lage sein, nach denkbaren Ausfällen die betroffenen Datenbasen automatisch in den letzten korrekten Zustand zurückzusetzen. Das ist insbesondere im Zusammenhang mit der Transaktionsverarbeitung von größter praktischer Bedeutung.

Während die Datensicherheit also auf technische Pannen abzielt, geht
es beim *Datenschutz* um fahrlässiges bis kriminelles menschliches Fehl-
verhalten. Eine Datenbank muß natürlich gegen unerlaubten Zugriff geschützt werden. Jedes Datenbanksystem sollte entsprechende Möglichkeiten, wie Vergabe und Entzug der Zugriffsrechte, unterstützen.

Es liegt auf der Hand, daß beide Zielsetzungen durch die integrierte Speicherung sowie die zentrale Verwaltung und Verantwortlichkeit mit DBS
leichter zu realisieren sind als mit der traditionellen Dateiverarbeitung.
Die mit der Einführung von DBS verbundene Zentralisierung hat mit zur
Erhöhung des Datenschutz- und Sicherheitsbedürfnisses beigetragen.

Vorteil: Data Dictionary. Das DBMS benötigt für seine Operationen
eine Beschreibung der Struktur und des Formats der in der Datenbank
gespeicherten Daten. Diese zusätzlichen 'Daten über Daten' werden auch
Metadaten genannt. Neben den eigentlichen Daten (den 'Objektdaten')
müssen auch die Metadaten in irgendeiner Form in der Datenbank gespeichert sein. Es liegt nahe, diese Metadaten auch den Benutzern des
DBS zugänglich zu machen, damit sie auf die Beschreibungen ihrer Daten zugreifen können. In diesem Fall wird von einem *Data Dictionary*
gesprochen. Das Data Dictionary kann den Benutzern des DBS eine
wertvolle Unterstützung bieten, weil es ihnen eine einheitliche und systematische Beschreibung der Objektdaten zugänglich macht. Ein Data
Dictionary kann zu einem *Repository* erweitert werden, indem es durch
anwendungs- und benutzerbezogene Informationen über die Verwendung
der Daten ergänzt wird.

Vorteil: Ausgleich konfliktärer Benutzeranforderungen. Bei der
traditionellen Dateiverarbeitung verwendet jede Anwendung im Sinne
des Eigennutzens (hoffentlich) die für sie bequemste, effizienteste etc.
Datenorganisation. Im Rahmen einer Datenbank kann der DBA hier im
Sinne des Gemeinwohls einen vernünftigen Kompromiß durchsetzen, der
die strategischen, wichtigen, häufigen etc. Anwendungen begünstigt und
zur Harmonisierung konfliktärer Benutzeranforderungen beiträgt.

Nachteile. Es sollte nicht verschwiegen werden, daß das Datenbankkonzept — sozusagen als Kehrseite der Medaille — auch gewisse Schattensei-
ten hat. Wir wollen gleich vorwegnehmen, daß die Vorteile bei weitem die
Nachteile überwiegen. Aber ein paar kritische Bemerkungen erscheinen
doch angebracht. DBMS gehören, wie bereits erwähnt, zu den umfangreichsten und komplexesten Softwaresystemen überhaupt. Es ist daher
nicht verwunderlich, daß sie den Rechner und das Betriebssystem res-
sourcenmäßig stark belasten. Dieser Vorwurf wurde insbesondere gegen

die ersten Versionen relationaler DBMS erhoben. Durch die Fortschritte
auf dem Hardwaresektor und die Entwicklungs- und Wartungsarbeit an
der Software haben sich diese Nachteile mittlerweile stark abgeschwächt
(einige Meilensteine dieser Entwicklung sind in [Haderle90] zusammengefaßt). Trotzdem muß man sich darüber im klaren sein, daß man die
Vorteile gegenüber der traditionellen Dateiverarbeitung nicht geschenkt
bekommt und entsprechende Hardware-Kapazitäten für ein DBS bereitgestellt werden müssen. Außerdem braucht man, ganz abgesehen vom
DBA, auch Anwendungsprogrammierer, welche die Datenbanksprache
beherrschen. Ebenso fallen für den Einsatz eines DBMS in der Regel
nicht unbeträchtliche Lizenzgebühren an.

1.4 Einige Daten zur Entwicklung von DBMS und SQL

Zur Evolution und Bedeutung von DBMS. Das erste DBMS
am Markt war IMS/360 Version 1 (Information Management System)
der Firma IBM. IMS ist das Musterbeispiel eines hierarchischen DBMS
und kam 1968 heraus. 1971 wurde der Schlußbericht der Data Base Task
Group (DBTG) fertiggestellt, und in den 70er Jahren wurden eine Reihe
von DBTG-Systemen auf den Markt gebracht. Ein prominenter Vertreter
dieser netzwerkorientierten DBMS ist etwa IDMS (Integrated Database
Management System) von Cullinet Software Inc., das 1983 auch mit einer
relationalen Oberfläche versehen wurde (IDMS/R). Das Produkt heißt
übrigens heute CA-IDMS/DB, was damit zusammenhängt, daß Cullinet
im Jahre 1989 von Computer Associates erworben worden ist.

Bereits in den 70er Jahren wurden Laborversionen relationaler DBMS
entwickelt, insbesondere System R im IBM Forschungslabor San José
und der INGRES-Prototyp an der University of California, Berkeley. System R mit seiner Datenbanksprache SQL wurde zum Ausgangspunkt
der Produkte SQL/DS und DB2, während der INGRES-Prototyp mit seiner Datenbanksprache QUEL zur Entwicklung von University INGRES
und Commercial INGRES geführt hat. Das erste kommerziell verfügbare SQL-System, nämlich ORACLE, wurde 1980 von Relational Software
Inc. (heute ORACLE Corporation) auf den Markt gebracht. Erst 1981
folgte IBM mit SQL/DS, dessen erste Version unter dem Betriebssystem DOS/VSE lief. 1982 folgte eine VM/CMS-Version. Im Jahre 1983
kündigte IBM das SQL-System für MVS, nämlich DB2 an.

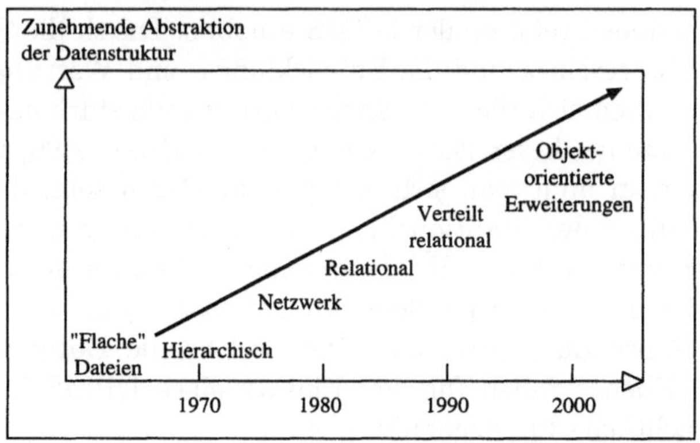

Abbildung 1.1: Evolution der Datenbankmodelle

Es gibt heute ein umfassendes Angebot[5] relationaler DBMS-Produkte, welches das Spektrum vom PC bis zum Mainframe abdeckt. Dabei kommt der Datenbanksprache SQL die beherrschende Rolle zu. Viele Nicht-SQL-Systeme weisen zumindest eine SQL-Schnittstelle auf. SQL ist somit zum De-facto-Industriestandard der Datenbanksprachen geworden.

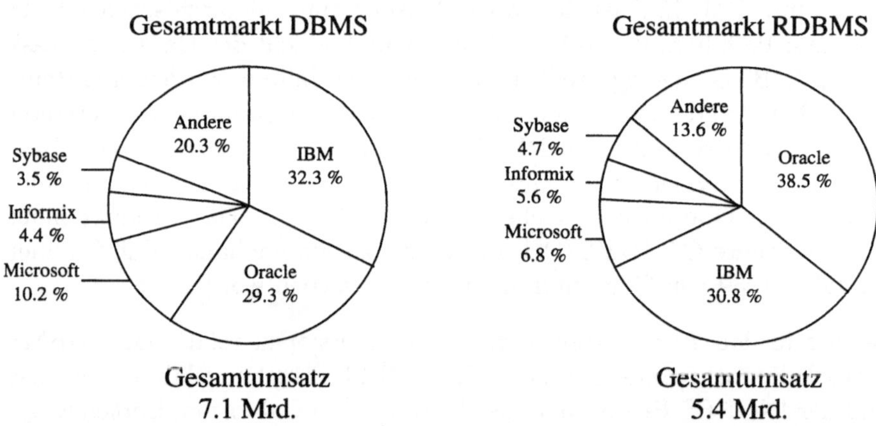

Abbildung 1.2: Marktvolumen und Marktanteile DBMS und RDBMS

Abb. 1.1 faßt die oben skizzierte bisherige Evolution der Datenbankmodelle zusammen und weist auf die heute beobachtbaren Entwicklungstrends hin. Abb. 1.2 und 1.3 zeigen Umsätze (in US $) und Marktan-

---

[5]Die elektronische Ausgabe der Zeitschrift *Datamation* umfaßt Verknüpfungen zu den führenden Herstellern und ihren aktuellen Produkten. Schon eine 1992 betreffende Übersicht in [Datamation92] enthält mehr als hundert relationale Produkte.

teile (in %) auf dem weltweiten DBMS- bzw. RDBMS-Markt für 1998
(vgl. [GartnerGroup99]). Insbesondere ergibt sich aus der ersten Abbildung, daß der Anteil relationaler DBMS am gesamten DBMS-Markt
mittlerweile bereits über 75 % beträgt. In der zweiten Abbildung werden
die entsprechenden Daten für zwei wichtige und stark wachsende relationale Teilmärkte — nämlich für die Betriebssysteme Unix und Windows
NT — gesondert ausgewiesen. Die Zahlen machen jedenfalls die Bedeutung dieses Marktes deutlich. Frühere Markt- bzw. Produktübersichten
findet man in [Jesulke93], [Borchers93] und [Computerwoche97].

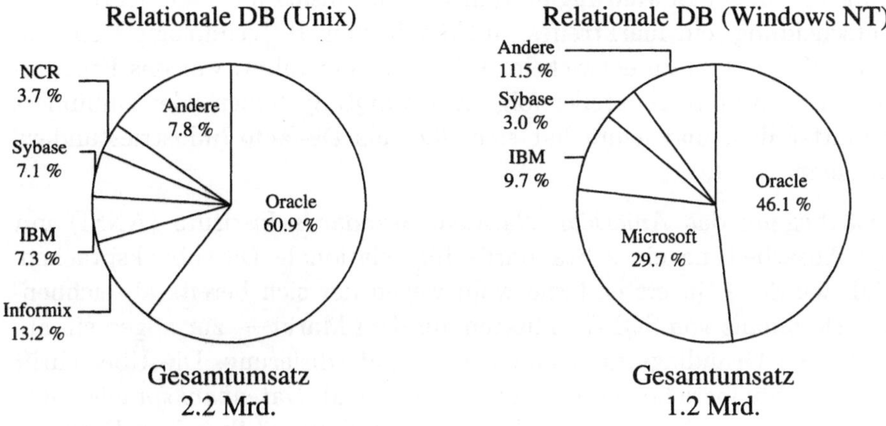

Abbildung 1.3: Marktvolumen und Marktanteile Unix und NT

Zur Entwicklungsgeschichte von SQL. Wir haben bereits gehört,
daß SQL bei der Entwicklung relationaler DBS eine prominente Rolle spielte und heute zum De-facto-Industriestandard relationaler Datenbanksprachen geworden ist. SQL wurde in diesem Zusammenhang sogar
schon als das "COBOL der 90er Jahre" apostrophiert. Es erscheint daher
angebracht, im folgenden noch einige Daten zur Entwicklungsgeschichte
von SQL zusammenzustellen.

Die Entwicklung von SQL begann in den frühen 70er Jahren und erfolgte
im IBM-Forschungslabor in San José. Die erste Sprachversion hieß noch
SEQUEL (Structured English Query Language), und das entsprechende
Dokument wurde im Jahre 1974 veröffentlicht [Chamberlin74]. 1975 wurde dann ein erster Prototyp implementiert, das System SEQUEL-XRM.

Aufbauend auf den Erfahrungen mit der ersten Sprachversion und dem
dazugehörigen Prototyp wurde die Sprache zu SEQUEL 2 weiterent-
wickelt [Chamberlin76]. Auch ein entsprechender Prototyp, System R,

wurde in den Jahren 1976 – 1977 gebaut. Die Architektur von System R wird in [Astrahan76] beschrieben. SEQUEL 2 ähnelt schon sehr dem heutigen SQL. Der Name SEQUEL mußte dann aus rechtlichen Gründen zu SQL (für Structured Query Language) geändert werden. Die interne Struktur von System R ist der Struktur von SQL/DS, dem ersten IBM-Produkt auf dem Markt, schon recht ähnlich.

Von Mitte 1977 bis Ende 1979 wurde System R intern bei IBM und bei drei ausgewählten Kunden getestet. Die SQL-Benutzerschnittstelle von System R wurde dabei als mächtig und relativ leicht erlernbar eingestuft. Aufgrund dieser Bewährung im praktischen Einsatz fiel dann bei IBM die Entscheidung, ein marktreifes, auf der System-R-Technologie basierendes SQL-Produkt zu entwickeln. Wie bereits erwähnt, war das Ergebnis SQL/DS. Weitere Hersteller folgten mit SQL-Systemen oder zumindest Schnittstellen, und heute hat sich SQL als De-facto-Industriestandard etabliert.

1983 begann das *American National Standards Institute* (ANSI) mit der Ausarbeitung eines Standards für relationale Datenbanksprachen. SQL wurde — in erster Linie wohl wegen der sich bereits abzeichnenden Dominanz von SQL-Produkten auf dem Markt — zur allgemein anerkannten Grundlage für eine solche Standardisierung. Die Überschrift des Abschlußberichts lautet dementsprechend *Datenbanksprache SQL* und wurde im Oktober 1986 als *American National Standard Database Language — SQL* [ANSI X3.135-1986] verabschiedet. Dieser Standard wurde 1987 auch von der *International Standards Organization* (ISO) als ISO-Standard übernommen [ISO/IEC 9075:1987]. Im Oktober 1989 wurde ein erweiterter ANSI-Standard verabschiedet: *American National Standard Database Language — SQL with Integrity Enhancement* [ANSI X3.135-1989], der wieder als ISO-Standard [ISO/IEC 9075:1989] übernommen worden ist. Die beiden Sprachversionen werden — nach dem Erscheinungsjahr der Standarddokumente — üblicherweise als SQL-86 bzw. SQL-89 bezeichnet. Als Überbegriff für SQL-86 und SQL-89 hat sich das Kürzel "SQL1" eingebürgert. Übrigens hat ANSI in der Folge noch das Dokument *American National Standard Database Language — Embedded SQL* [ANSI X3.168-1989] publiziert. Das geschah, weil das Standarddokument [ANSI X3.135-1989] die Definitionen für eingebettetes SQL nur als Anhang enthielt und das National Institute of Standards and Technology (NIST, früher National Bureau of Standards) deswegen Vorbehalte anmeldete.

Bereits 1987 begannen ANSI und andere nationale Standardbehörden im Rahmen von ISO koordiniert an der Weiterentwicklung des SQL-

Standards zu arbeiten. Diese Arbeiten wurden im Jahre 1992 mit der Publikation des Dokuments *Database Language SQL* [ISO/IEC 9075:1992] bzw. [ANSI X3.135-1992] abgeschlossen. Die entsprechende Sprachversion wird daher auch SQL-92 bzw. "SQL2" genannt. Das Standarddokument für SQL-92 umfaßte etwa 600 Seiten gegenüber 120 Seiten des SQL-89 Dokuments. Einen wesentlichen Anteil an dieser Erweiterung hatten notwendige und praxisgerechte Sprachelemente, die schon vorher in einigen SQL-Produkten vorhanden waren, aber keine Berücksichtigung in SQL-86 bzw. SQL-89 gefunden hatten. SQL-92 sah drei Sprachebenen vor: *Entry SQL, Intermediate SQL* und *Full SQL*, wobei die jeweils niedrigere Sprachebene eine Teilmenge der darüberliegenden Ebene darstellt. Entry SQL wiederum ist praktisch deckungsgleich mit SQL-89, das durch Entry SQL nur um ganz wenige Sprachkonstrukte erweitert worden ist. Wie schon beim Übergang von SQL-86 auf SQL-89 wurde also auch bei SQL-92 das Prinzip der Aufwärtskompatibilität strikt eingehalten. Die drei Sprachebenen wurden vor allem aus dem Grund vorgesehen, weil Full SQL gegenüber SQL-89 sehr umfangreich ist und man den Anbietern daher die Möglichkeit geben wollte, wenigstens Entry SQL rasch implementieren und auf den Markt bringen zu können und mit den beiden höheren Ebenen sukzessive nachzuziehen. 1995 bzw. 1996 sind noch zwei Erweiterungen zu SQL-92 hinzugekommen, nämlich das *Call-Level Interface* (SQL/CLI) und die *Persistent Stored Modules* (SQL/PSM).

Mittlerweile ist schon die dritte Standardgeneration in Kraft getreten. Als offizielles Publikationsdatum gilt der 15. November 1999. Deshalb wird diese dritte Standardgeneration als SQL-99 beziehungsweise auch als SQL3 bezeichnet. Wegen des großen Umfangs des Materials wurde schon in einem frühen Stadium der Entwicklung beschlossen, den Standard in mehrere Teile zu zerlegen. Demzufolge sind die folgenden Teile von SQL-99 in Kraft getreten:

Part 1: *Framework* (SQL/Framework) [ISO/IEC 9075-1:1999],

Part 2: *Foundation* (SQL/Foundation) [ISO/IEC 9075-2:1999],

Part 3: *Call-Level Interface* (SQL/CLI) [ISO/IEC 9075-3:1999],

Part 4: *Persistent Stored Modules* (SQL/PSM) [ISO/IEC 9075-4:1999],

Part 5: *Host Language Bindings* (SQL/Bindings) [ISO/IEC 9075-5:1999].

Die beiden oben angeführten Erweiterungen von SQL-92 wurden dabei im wesentlichen als Teil 3 bzw. 4 übernommen. Die im Grunddokument von SQL-92 behandelten Sprachelemente wurden auf *Foundation* und *Host Language Bindings* aufgeteilt. Der erste Teil *Framework* umfaßt nur ca. 60 Seiten und enthält eine allgemeine Einführung in die Konzepte und den Aufbau der übrigen Teile. Die fünf Teile von SQL-99 machen zusammen fast 2000 Seiten aus. Ebenso wie die früheren Standardgenerationen orientiert sich auch SQL-99 grundsätzlich am Prinzip der Aufwärtskompatibilität. Bis auf ein paar wenige und explizit dokumentierte Ausnahmen bedeutet das, daß eine unter SQL-92 korrekte Anweisung auch unter SQL-99 gültig bleiben muß.

SQL-99 hat die drei Sprachebenen von SQL-92, also Entry, Intermediate und Full SQL, nicht beibehalten. Stattdessen wurde Core SQL als Sprachkern von SQL-99 eingeführt. Core SQL stellt den minimalen Sprachumfang dar, den eine standardkonforme Implementierung von SQL-99 umfassen muß. Somit tritt Core SQL an die Stelle von Entry SQL, dem minimalen Sprachumfang von SQL-92. Die Sprachelemente von SQL-99 sind darüber hinaus sogenannten *Features* zugeordnet, wobei eine recht feine Granularität eingehalten wird. Eine Implementierung kann nun nach Belieben über Core SQL hinausgehende Features auswählen, um auf diese Weise für bestimmte Anwendungsbereiche maßgeschneiderte Produkte bereitzustellen. Dabei bietet SQL-99 als zusätzliche Orientierungshilfe noch *Packages* an, durch die bestimmte zusammengehörige Features zusammengefaßt werden.

Dieser gegenüber SQL-92 geänderte Zutritt von SQL-99 ist so zu erklären, daß es keine einzige Implementierung von SQL-92 gegeben hat, die eine über Entry SQL hinausgehende Standardkonformität erklärt hätte. Angesichts des vollen Sprachumfanges von SQL-99 wäre es sicherlich unrealistisch gewesen, hier eine Verhaltensänderung der Hersteller zu erwarten.

Wir beschränken uns in diesem Buch auf die Darstellung von Core SQL, also dem minimalen Sprachumfang, den eine standardkonforme Implementierung von SQL-99 aufweisen muß. Core SQL ist eine echte Obermenge von Entry SQL.[6] Einerseits sind neue Sprachelemente von SQL-99 hinzugekommen, wobei vor allem benutzerdefinierte Typen und Schema-Routinen genannt werden müssen, aber auch ein paar kleinere 'Core-Features', beispielsweise HOLD-Cursors und erweiterte Möglichkeiten der ORDER BY - Klausel. Andererseits wurden auch viele Sprachelemente in Core SQL aufgenommen, die in SQL-92 erst auf einer höheren Sprachebene verfügbar waren.[7] Bei der Festlegung des Umfangs von Core SQL

---

[6]Die Sprachelemente von Core SQL, die gegenüber Entry SQL hinzugekommen sind, werden manchmal unter der Bezeichnung 'Delta SQL-99' zusammengefaßt.

[7]Die wichtigsten sind: Zeichenketten variabler Länge, eingebaute Funktionen, DATETIME-Typ, CAST-Spezifikation, CASE-Ausdrücke, uneingeschränkte Verwendung skalarer Unterabfragen als Wertausdrücke, (qualifizierter) Verbund, Schemamanipulationsanweisungen, Zugriff auf die Tabellen des Informationsschemas.

wurde sehr behutsam vorgegangen und besonders darauf geachtet, daß dieser minimale von einer standardkonformen Implementierung zu unterstützende Sprachumfang auch die Akzeptanz der Hersteller findet.

Der volle Sprachumfang von SQL-99 ist eine Obermenge von Full SQL und umfaßt eine Vielzahl neuer Sprachelemente, von denen wir hier nur die wichtigsten erwähnen können. Eine der wesentlichsten Neuerungen stellen zweifellos die objektorientierten Erweiterungen von SQL-99 dar, über die man sich in [Pistor93] und [Melton94] informieren kann. Neben den bereits erwähnten benutzerdefinierten Typen und Schema-Routinen seien hier noch rekursive Abfragen, Trigger, Savepoints und OLAP-orientierte Erweiterungen[8] angeführt. Durch SQL/PSM wird SQL zu einer algorithmisch vollständigen Programmiersprache erweitert. SQL/CLI stellt eine praxisgerechte Alternative zu dynamischem SQL dar, das schon in SQL-92 vorhanden war. Ein kompletter Überblick über den vollen Sprachumfang von SQL-99 wird in [Eisenberg99] gegeben. Weitere Informationen über die Entwicklungsgeschichte und den Standardisierungsprozeß von SQL findet man in [Melton93], [Melton97a], [Melton97b] und [Melton97c].

---

[8]OLAP ist die Abkürzung für 'Online Analytical Processing'. OLAP-Funktionen werden für Data-Warehouse-Anwendungen benötigt.

Kapitel 2

Das Relationale Modell

Dieses Kapitel bringt eine Präzisierung und Zusammenfassung des **"klassischen" Relationenmodells**, wie es von *E.F. Codd* und — gewissermaßen in authentischer Interpretation — von *C.J. Date* entwickelt worden ist. Codd kann mit Fug und Recht als Schöpfer des Relationenmodells bezeichnet werden, dessen tragende Ideen in [Codd70] zum ersten Mal vorgestellt und in einer Vielzahl weiterer Publikationen der beiden genannten Autoren präzisiert worden sind. Das Relationenmodell wird uns in den weiteren Kapiteln des Buches bei der Besprechung von SQL als formaler Rahmen und Bezugspunkt dienen. Das hier dargestellte "klassische" Relationenmodell ist für Core SQL völlig ausreichend. Bezüglich darüber hinausgehender Erweiterungen sei der Leser verwiesen auf [Codd79], [Codd85], [Codd85a], [Codd90].

Jedes Datenmodell muß die Strukturen beschreiben, die es zur Repräsentation der Daten vorsieht und geeignete Operationen zur Manipulation dieser Strukturen bereitstellen. Dementsprechend wird in 2.1 und 2.2 zunächst auf die relationale Datenstruktur und die inhärenten Integritätsbedingungen des Relationenmodells eingegangen. Bei der relationalen Datenmanipulation (2.4) geht es darum, wie Abfragen und Mutationen im Relationenmodell bewerkstelligt werden können. Um die Abfragemöglichkeiten festzulegen, wurden im wesentlichen zwei Ansätze entwickelt, nämlich die Relationenalgebra und der Relationenkalkül. Mit Hilfe der relationalen Wertzuweisung können auch die Mutationsmöglichkeiten sauber definiert werden. In 2.3 wird außerdem die L-R-P-Datenbank eingeführt. Dabei handelt es sich um eine einfache Datenbank aus dem Produktionsbereich, die uns im weiteren Verlauf des Buches begleiten und für Beispiele herangezogen wird.

2.1 Relationale Datenstruktur

Im relationalen Modell werden die Daten natürlich als *Relationen* repräsentiert. Diese Strukturen werden in 2.1.2 eingeführt. Eine Relation ist auf (in der Regel mehreren) Domänen definiert. Daher wird in 2.1.1 auf das *Domänenkonzept* eingegangen. In 2.1.3 werden die wesentlichen Eigenschaften von Relationen besprochen.

2.1.1 Domänen

a) Eine Domäne stellt einen *Wertevorrat* bereit. Die Werte werden dabei als *atomar* vorausgesetzt.[1]

b) Eine Domäne hat einen *Namen*.

Diese Eigenschaften gelten im wesentlichen auch für *Datentypen*, wie sie in höheren Programmiersprachen unterstützt werden. Tatsächlich kann man sich eine Domäne zunächst einmal als eine Art Datentyp vorstellen. In diesem Zusammenhang sei daran erinnert (vgl. etwa [Ehrich89]), daß zum Begriff des Datentyps auch implizite Vereinbarungen darüber gehören, welche Operationen auf bzw. zwischen Operanden eines oder verschiedener Typen zulässig sind, wie gegebenenfalls die Ergebnisse der Operationen definiert sind, welchen Typ diese Ergebnisse haben und dergleichen mehr.

Das Domänenkonzept geht zumindest insofern über das übliche Typkonzept hinaus, als der *Domänenname* (b) vom Benutzer festgelegt wird und nicht durch die Programmiersprache vorgegeben ist. Dadurch wird es möglich, zusammengehörige Daten schon aufgrund ihrer Domäne zu erkennen und gemeinsam zu verwalten.[2] Meist wird auch gefordert, benutzerdefinierte Integritätsbedingungen für die Domänenwerte festlegen zu können. Darüber hinausgehende Erweiterungen des Domänenkonzepts

---

[1]Im Rahmen des klassischen Relationenmodells wird von atomaren Wertevorräten ausgegangen. Anstelle von 'atomar' werden häufig auch die Synonyme 'skalar' oder 'elementar' gebraucht. Jedenfalls handelt es sich dabei um Werte, deren innere Struktur — sofern eine solche überhaupt feststellbar ist — im Rahmen des Modells nicht weiter relevant ist.

[2]Diese Möglichkeit wird allerdings auch von — beispielsweise in C oder Pascal unterstützten — benutzerdefinierten Datentypen geboten, die überhaupt eine starke Affinität zum Domänenkonzept aufweisen. Vgl. dazu auch [Codd90, 43–45] und [Date95, 81–86].

zielen letztlich darauf ab, zusätzlich semantische Informationen über die korrekte und problemadäquate Verwendung der Domänenwerte einbringen zu können.[3]

2.1.2 Relationen

Eine Relation über den Domänen $D_1, D_2, \ldots, D_n$ (D_1 bis D_n müssen nicht notwendigerweise paarweise verschieden sein) besteht aus einem *Relationenkopf (heading)* und einem *Relationenrumpf (body)*. Darüber hinaus hat sie einen eindeutigen *Relationennamen*, der sie von allen anderen Relationen in der Datenbank unterscheidet.

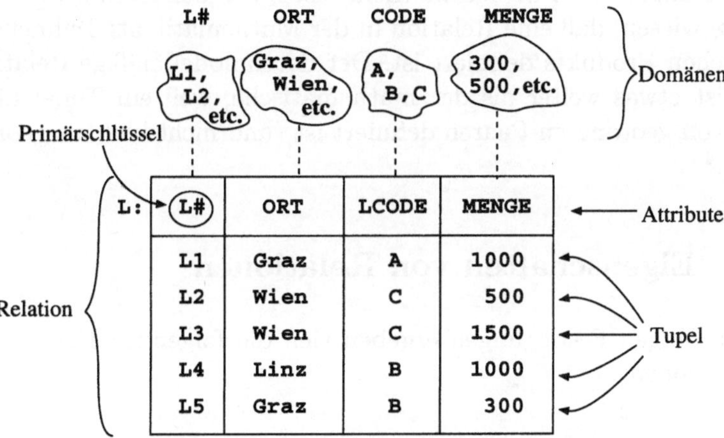

Abbildung 2.1: Relationale Datenstruktur

Der **Relationenkopf** besteht aus einer festen, im Zeitablauf nicht änderbaren Menge von *Attributen* $A_1, A_2, \ldots, A_n$, so daß jedes Attribut A_i genau einer der zugrundeliegenden Domänen entspricht. Die (feste) Anzahl n der Attribute wird als *Grad (degree)* der Relation bezeichnet. Wenn keine Mehrdeutigkeiten dabei entstehen, ist es im allgemeinen empfehlenswert, Attribute nach den zugrundeliegenden Domänen zu benennen.

---

[3]Die in der Datenbankliteratur diskutierten Ansätze (vgl. [Date90, 27–57]) decken ein breites Spektrum ab, das bis hin zu Konzepten der objektorientierten Programmierung und der abstrakten Datentypen reicht (vgl. etwa [Cattell94], [Kim90]). Es muß in diesem Zusammenhang allerdings darauf hingewiesen werden, daß keineswegs Einigkeit über die anzustrebenden Erweiterungen des Domänenkonzepts besteht und daß die mit manchen Ansätzen verbundenen Probleme komplexer sind, als es auf den ersten Blick den Anschein hat (vgl. dazu auch [Leod77] und [Camps96]).

Der **Relationenrumpf** besteht aus einer variablen, im Zeitablauf veränderlichen Menge von n-*Tupeln*, wobei jedes n-Tupel wiederum eine Menge von (Attribut:Wert)-Paaren $(A_i : v_i)$, $i = 1, \ldots, n$ ist. Für jedes Paar $(A_i : v_i)$ ist $v_i \in D_i$. Die (variable) Anzahl der n-Tupel wird *Kardinalität* der Relation genannt.

Ein **Attribut** A_k hat einen innerhalb der Relation eindeutigen Namen, der

a) einen Bezug zur zugrundeliegenden Domäne D_k herstellt,

b) einen Bezug zum dazugehörigen Wert v_k herstellt.

In Abb. 2.1 wird versucht, das Wesentliche der relationalen Datenstruktur zu visualisieren. Für den mathematisch Vorgebildeten sei noch darauf hingewiesen, daß eine Relation in der Mathematik als Teilmenge des kartesischen Produkts definiert ist. Der datenmodellmäßige Relationenbegriff ist etwas weiter als der mathematische, weil ein Tupel hier als Menge von geordneten Paaren definiert ist (und nicht bloß als geordnete Menge).[4]

2.1.3 Eigenschaften von Relationen

Aus den obigen Festlegungen ergeben sich die folgenden Eigenschaften von Relationen:

- Es kann niemals mehrfach auftretende identische Tupel in einer Relation geben.

- Die Tupel einer Relation sind nicht geordnet.

- Auch die Attribute einer Relation sind nicht geordnet.

- Alle Attributswerte sind atomar.

Obwohl man sich eine Relation (im Sinne des Relationenmodells) als *Tabelle* vorstellt und man daher auch häufig — insbesondere in SQL — von einer Tabelle (table) spricht, hinkt dieser Vergleich ein bißchen: Beispielsweise kann es in einer Tabelle durchaus zwei oder mehrere identische Zeilen geben oder die Zeilen bzw. Spalten einer Tabelle sind immer irgendwie angeordnet (was natürlich auch auf die Präsentation von

---

[4]In [Codd70] wird für den mathematischen Relationenbegriff die Bezeichnung 'relation' verwendet, während für den Relationenbegriff des relationalen Datenmodells die Bezeichnung 'relationship' vorgeschlagen wird.

Relationen zutrifft; diese Anordnung ist aber bei Relationen nicht essen-
tiell: Eine konkrete Präsentation als Tabelle darf nur als Repräsentant
für den Zustand einer Relation zu einem bestimmten Zeitpunkt aufgefaßt
werden). Nichtsdestoweniger ist gerade diese einfache, konkrete, bildhafte
Präsentationsmöglichkeit einer Relation als Tabelle eine besondere Stärke
des Relationenmodells. Abb. 2.2 zeigt eine Relation in mengenmäßiger
Notation und eine dazugehörige tabellarische Repräsentation.

```
                                                    --   --   -----
                                                    P#   R#   MENGE
                                                    --   --   -----
{{(P#:'P2'), (R#:'R5'), (MENGE:1)},                 P1   R1     3
  {(R#:'R3'), (P#:'P3'), (MENGE:2)},                P1   R2     1
  {(R#:'R1'), (MENGE:3), (P#:'P4')},                P2   R1     2
  {(MENGE:2), (P#:'P4'), (R#:'R4')},                P2   R4     2
  {(R#:'R1'), (P#:'P3'), (MENGE:3)},                P2   R5     1
  {(P#:'P1'), (R#:'R2'), (MENGE:1)},                P3   R1     3
  {(P#:'P2'), (MENGE:2), (R#:'R4')},                P3   R3     2
  {(MENGE:3), (R#:'R1'), (P#:'P1')},                P4   R1     3
  {(P#:'P2'), (MENGE:2), (R#:'R1')}}}                P4   R4     2
```

Abbildung 2.2: Relation in mengenmäßiger Notation und eine äquivalente
              tabellarische Repräsentation

2.2 Relationale Integrität

In 2.2.1 werden zunächst die Begriffe *Schlüsselkandidat*, *Primärschlüssel*
und *Fremdschlüssel* eingeführt. Mit Hilfe dieser Begriffe werden dann
in 2.2.2 die beiden relationalen *Integritätsbedingungen*, nämlich die Entitätsintegrität und die referentielle Integrität formuliert, die mit zu den
strukturellen Vorgaben des Relationenmodells gehören.

2.2.1 Schlüsselkandidat, Primärschlüssel, Fremdschlüssel

Schlüsselkandidat (candidate key). Sei R eine Relation mit den At-
tributen $A_1, A_2, \ldots, A_n$. Die Menge $K = \{A_{i_1}, A_{i_2}, \ldots, A_{i_m}\}$, $m \geq 1$, heißt
Schlüsselkandidat von R genau dann, wenn unabhängig vom Zeitpunkt
(also für die gesamte Lebensdauer der Relation R) gilt:

1. *Eindeutigkeit:* Zu keinem Zeitpunkt gibt es zwei Tupel mit demselben Wert für K (das heißt mit demselben Wert für A_{i_1}, demselben Wert für A_{i_2}, ... und demselben Wert für A_{i_m}).

2. *Minimalität:* Keines der Attribute $A_{i_1}, A_{i_2}, \ldots, A_{i_m}$ kann weggelassen werden, ohne die Eindeutigkeit von K zu verlieren.

Primärschlüssel (primary key). Für jede gegebene Relation R muß einer der Schlüsselkandidaten als *Primärschlüssel* festgelegt werden. Die übrigen Schlüsselkandidaten heißen *Alternativschlüssel (alternate keys)*. Wegen der Definition einer Relation als Menge, muß mindestens ein Schlüsselkandidat existieren, so daß es immer möglich ist, einen Primärschlüssel zu bestimmen.

Fremdschlüssel (foreign key). Ein *Fremdschlüssel* ist eine (möglicherweise nur einelementige) Menge von Attributen einer Relation R_2. Es gibt nun in der Datenbank eine Relation R_1, so daß jeder in R_2 auftretende Fremdschlüsselwert auch als Primärschlüsselwert in R_1 vorkommt. Die Relationen R_1 und R_2 sind nicht notwendigerweise voneinander verschieden.

Im Relationenmodell kann man Primärschlüssel als *symbolische Tupeladressen* auffassen. Dementsprechend ist ein Fremdschlüssel einfach ein *symbolischer Pointer*[5] auf ein bestimmtes Tupel einer Relation. Durch einen Fremdschlüssel wird eine explizite Beziehung zwischen Relationen dargestellt: "Fremdschlüssel sind der Leim, der eine relationale Datenbank zusammenhält." Daher sind die beiden folgenden Integritätsbedingungen von fundamentaler Bedeutung für das Relationenmodell.

2.2.2 Relationale Integritätsbedingungen

Entitätsintegrität (entity integrity): Für jede definierte Relation muß ein Primärschlüssel festgelegt sein. Kein zum Primärschlüssel einer Relation gehörendes Attribut, darf *Nullwerte* annehmen. Dabei versteht man unter einem *Nullwert* eine spezielle Markierung für fehlende Werte oder ein nicht zutreffendes Attribut. Diese Markierung darf nicht zum eigentlichen Wertevorrat der entsprechenden Domäne gehören.

Referentielle Integrität (referential integrity): Sei R_2 eine Relation, die mit einem Fremdschlüssel F auf die Relation R_1 mit Primärschlüssel P zeigt. Für jeden in R_2 auftretenden Wert von F muß gelten:

---

[5]Vergleiche dazu auch [Schlageter92].

1. Er enthält entweder in keiner seiner Komponenten einen Nullwert (*vollständig definiert*) oder alle seine Komponenten sind mit Nullwerten markiert (*vollständig annulliert*).

2. Wenn er *vollständig definiert* ist, muß in R_1 ein Tupel existieren, welches diesen Wert als P-Wert aufweist.

Es sei hier noch einmal daran erinnert, daß die Relationen R_1 und R_2 durchaus auch identisch sein können. In einem solchen Fall spricht man von einem *Selbstbezug*. Die *Entitätsintegrität* stellt sicher, daß jedem Tupel einer Relation eine symbolische Adresse (eben der entsprechende Primärschlüsselwert) zugeordnet wird. Die *referentielle Integrität* stellt sicher, daß in der Datenbank verwendete symbolische Pointer[6] wohldefiniert sind, also daß sie auf ein existierendes Tupel einer Relation zeigen oder vollständig annulliert sind. Noch ein Wort zu den Nullwerten: Wie bereits erwähnt, darf die dazu verwendete Markierung nicht zum eigentlichen Wertevorrat der entsprechenden Domäne gehören. In der Regel wird man dazu also gerade *nicht* den numerischen Wert Null verwenden dürfen (eine saubere Lösung wäre beispielsweise die Verwendung eines eigenen Bits zur Markierung eines Nullwertes). Insofern ist die Bezeichnung 'Nullwert' nicht besonders glücklich, ja sogar irreführend, und um dem abzuhelfen, wollen wir von nun an die Schreibweise 'NULLwert' verwenden. Zweifellos wäre das relationale Modell eleganter und einfacher, wenn man überhaupt auf NULLwerte verzichten könnte. Nun schwebt aber das Relationenmodell nicht im luftleeren Raum, sondern stellt die Grundlage für reale, in der Praxis einzusetzende Datenbanksysteme dar. In der Praxis gehören fehlende Werte aber leider zum Alltag, und ihre Berücksichtigung im Relationenmodell ist daher ein Erfordernis der Praxisnähe und Anwendbarkeit.

2.3 Ein Beispiel: Die L-R-P-Datenbank

In diesem Abschnitt führen wir die L-R-P-Datenbank ein. Die Relationen dieser Datenbank werden uns im weiteren Verlauf des Buches begleiten und für Beispiele und Übungsaufgaben herangezogen werden. L-R-P steht dabei für Lager-Rohstoffe-Produkte. Dementsprechend handelt es sich um eine — für unsere Zwecke natürlich stark vereinfachte — Datenbank aus dem Produktionsbereich. Die folgende Abb. 2.3 zeigt die fünf Relationen der L-R-P-Datenbank.

---

[6]Vergleiche [Schlageter92].

```
 --   ----   -----   -----              --   --   -----   -----
L:   L#   ORT    LCODE   MENGE    LR:   L#   R#   MENGE   BWERT
 --   ----   -----   -----              --   --   -----   -----
     L1   Graz    A       1000          L1   R1    500     4.00
     L2   Wien    C        500          L1   R3    300    10.00
     L3   Wien    C       1500          L2   R2    200    32.50
     L4   Linz    B       1000          L2   R6    300    40.00
     L5   Graz    B        300          L3   R1    400     5.00
                                        L3   R2    100    33.00
                                        L3   R3    500     9.00
                                        L3   R4    200    11.00
 --   ------   -----   ---------        L3   R5    200    25.00
R:   R#   RNAME   RCODE   GEBINDE       L3   R6    100    35.00
 --   ------   -----   ---------        L4   R5   1000    23.00
     R1   Glutin   A    Container       L5   R1    200     5.00
     R2   Olefin   C    Palette         L5   R5    100    30.00
     R3   Alumat   A    lose
     R4   Risol    B    Tonne
     R5   Telur    B    Container       --   --   -----
     R6   Eltex    C    Palette    PR:  P#   R#   MENGE
                                        --   --   -----
                                        P1   R1    3
                                        P1   R2    1
                                        P2   R1    2
 --   -----   ----   -----              P2   R4    2
P:   P#   PNAME   ORT    PREIS          P2   R5    1
 --   -----   ----   -----              P3   R1    3
     P1   Alpha   Wien   50.00          P3   R3    2
     P2   Delta   Linz   95.00          P4   R1    3
     P3   Sigma   Linz   75.00          P4   R4    2
     P4   Omega   Wien   40.00
```

Abbildung 2.3: Die Relationen der L-R-P-Datenbank

In der Relation L sind die einzelnen Rohstofflager des Betriebes zusammengefaßt. Das Attribut L# gibt die Lagernummer an und dient als Primärschlüssel. ORT bzw. MENGE geben den Ort des Lagers bzw. die Lagerkapazität an. LCODE ist der Lagercode, der die in diesem Lager herrschenden Lagerbedingungen charakterisiert. Die möglichen Werte sind A, B und C, wobei die Ordnung A < B < C gilt (die besten Lagerbedingungen sind also bei einem LCODE-Wert von C gegeben).

In der Relation R werden die zur Herstellung der Produkte notwendigen Rohstoffe geführt. Das Attribut R# ist der Primärschlüssel und gibt die Rohstoffnummer an. RNAME ist der Name des Rohstoffs und RCODE bezeichnet die notwendigen Mindestbedingungen zur Lagerung des Rohstoffs. Ein Rohstoff mit einem RCODE-Wert von B kann in einem Lager mit einem LCODE-Wert von B oder C, aber nicht in einem Lager mit einem LCODE-Wert von A gelagert werden. Das Attribut GEBINDE gibt das Gebinde an, in dem der Rohstoff geliefert und gelagert wird.

In der Relation P sind die vom Betrieb hergestellten Produkte zusammengefaßt. Der Primärschlüssel dieser Relation ist die Produktnummer P#. PNAME ist der Name des Produkts. Die Attribute ORT bzw. PREIS geben den Ort der Herstellung bzw. den für eine Mengeneinheit des Produkts gültigen Verkaufspreis an.

Die Relation LR könnte man als Lagerbelegungs-Relation bezeichnen. Die Relation LR hat einen zusammengesetzten Primärschlüssel, der aus den Attributen L# und R# besteht. Das Attribut MENGE gibt an, wieviele Mengeneinheiten des Rohstoffs R# im Lager L# vorrätig sind, und BWERT weist den entsprechenden Beschaffungswert aus. Das Attribut L# ist überdies ein Fremdschlüssel, der auf die Relation L zeigt. Ebenso ist R# ein Fremdschlüssel, der auf die Relation R zeigt.

Die Relation PR erfaßt die Struktur der einzelnen Produkte. Auch die Relation PR hat einen zusammengesetzten Primärschlüssel, der aus den Komponenten P# und R# besteht. Das Attribut MENGE gibt an, wieviele Mengeneinheiten des Rohstoffs R# zur Herstellung einer Mengeneinheit des Produkts P# gebraucht werden. Wiederum treten zwei Fremdschlüssel auf: P# zeigt auf die Relation P und R# zeigt auf die Relation R.

2.4 Relationale Datenmanipulation

Es ist uns bereits aus 1.2 bekannt, daß man bei der Datenmanipulation zwei Arten von "Manipulationen" unterscheiden muß, nämlich Abfragen und Mutationen. Während die Abfragen den Zustand der Datenbasis unverändert lassen, ändert sich der Zustand durch die Mutationen. Es sind im wesentlichen zwei Ansätze entwickelt worden, um die Abfragemöglichkeiten eines relationalen Datenbanksystems festzulegen, wobei es sich um die *Relationenalgebra* (2.4.1) und den *Relationenkalkül* (2.4.3) handelt. Dabei orientiert sich die Relationenalgebra an den Ausdrücken der Algebra. Hingegen basiert der Relationenkalkül auf einem Zweig der formalen Logik, nämlich dem sogenannten Prädikatenkalkül. In 2.4.4 erfolgt eine vergleichende Gegenüberstellung dieser beiden Zutritte. Mit Hilfe der *relationalen Wertzuweisung* können auch die Mutationsoperationen sauber eingeführt werden, was im Abschnitt 2.4.2 geschieht.

2.4.1 Relationenalgebra

Die *Relationenalgebra* wurde ursprünglich von *E. F. Codd* vorgeschlagen,
um die Abfragemöglichkeiten eines relationalen Datenbanksystems zu definieren (vgl. [Codd72]). In der Relationenalgebra können ähnliche Ausdrücke gebildet werden, wie sie aus der Algebra bekannt sind. Diese Ausdrücke repräsentieren aber in der Relationenalgebra ganze Relationen.
Wird ein derartiger Ausdruck "berechnet", dann erhält man als Ergebnis
der Berechnung eine Relation, also eine Menge von Tupeln. Man spricht
in diesem Zusammenhang auch von einer *mengenorientierten* Sprache.
Andererseits sagt man auch, daß die Relationenalgebra *abgeschlossen* ist
(genauer: die Menge der Relationen des relationalen Modells ist *abgeschlossen* gegenüber den Operationen der Relationenalgebra). Wie wir
sehen werden, hat die Relationenalgebra einen sehr *hohen Abstraktions-
grad*, indem sie äußerst mächtige Operationen auf komplexe Operanden
(eben Relationen) einsetzt.

Die Operationen der Relationenalgebra können in zwei Gruppen zu je
vier Operationen eingeteilt werden:

- traditionelle Mengenoperationen

    - Vereinigung
    - Durchschnitt
    - Differenz
    - Produkt

- spezielle relationale Operationen

    - Restriktion oder Selektion
    - Projektion
    - Verbund
    - Division

Ein anderes Einteilungskriterium ist die Anzahl der Operanden der Operationen, womit sich die folgende Systematik ergibt:

- unäre Operationen

    - Restriktion oder Selektion
    - Projektion

- binäre Operationen

  - Vereinigung
  - Durchschnitt
  - Differenz
  - Produkt
  - Verbund
  - Division

Im folgenden werden die einzelnen Operationen der Relationenalgebra kurz charakterisiert. In Abb. 2.4 wird eine Visualisierung dieser Operationen gegeben.

Restriktion: Extrahiert bestimmte Tupel aus einer Relation und bildet somit eine *horizontale Teilrelation.*

Projektion: Extrahiert bestimmte Attribute aus einer Relation und bildet somit eine *vertikale Teilrelation.*

Produkt: Erzeugt aus zwei Relationen eine neue Relation, die aus allen möglichen Tupeln besteht, welche man durch Verketten eines Tupels der ersten Relation mit einem Tupel der zweiten Relation bilden kann.

Vereinigung: Erzeugt aus zwei Relationen eine neue Relation, welche die Tupel beider Relationen enthält.

Durchschnitt: Erzeugt aus zwei Relationen eine neue Relation, welche die gemeinsamen Tupel beider Relationen enthält.

Differenz: Erzeugt aus zwei Relationen eine neue Relation, welche diejenigen Tupel der ersten Relation enthält, die nicht auch in der zweiten Relation vorkommen.

Verbund: Erzeugt aus zwei Relationen eine neue Relation, die aus allen möglichen Tupeln besteht, welche man durch Verketten eines Tupels der ersten Relation mit einem Tupel der zweiten Relation bilden kann, so daß jedes dieser Paare eine vorgegebene Bedingung erfüllt.

Division: Erzeugt aus zwei Relationen eine neue Relation. Nehmen wir fürs erste vereinfachend an, die Dividendenrelation[7] habe Grad 2 (sei binär) und die Divisorrelation

---

[7]Zur Erinnerung: *Dividend : Divisor = Quotient*

habe Grad 1 (sei unär). Dann besteht die Quotientenrelation aus all jenen Werten des einen Attributs der
binären Relation, für die *alle* Werte der unären Relation im zweiten Attribut vorkommen.

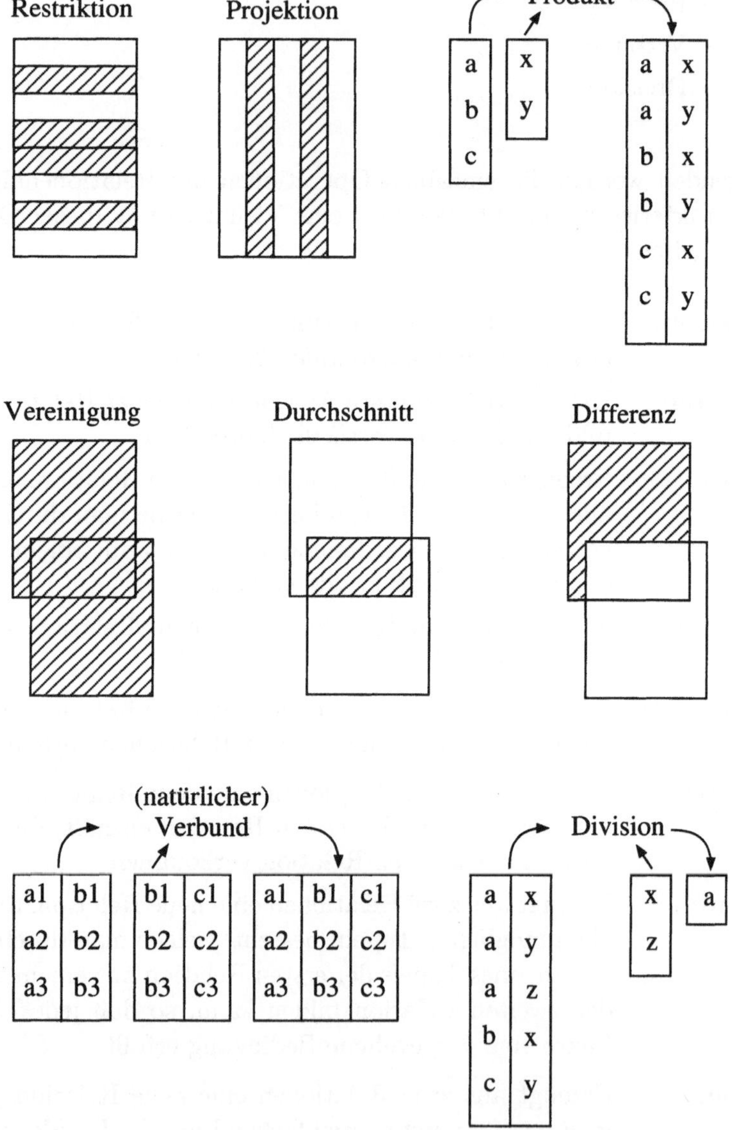

Abbildung 2.4: Operationen der Relationenalgebra

Sprachvorschlag für die Relationenalgebra

Wir verwenden hier und auch im weiteren Verlauf des Buches *Syntaxdiagramme*, um die Syntax der diversen Sprachkonstrukte zu definieren. Diese Notation wurde durch das 'Pascal User Manual' populär gemacht (vgl. [Jensen74]). Jedes Syntaxdiagramm hat einen *Namen*, nämlich den Namen des zu definierenden syntaktischen Konstrukts (z.B. **Alias-Def**). Ein Pfad durch das Diagramm definiert ein syntaktisch korrektes Konstrukt. Abgerundete Kästchen auf einem solchen Pfad entsprechen dabei Terminal-Symbolen (z.B. (FOR)). Eckige Kästchen enthalten den Namen eines syntaktischen Konstrukts (z.B. *Rel-Name*), das seinerseits wieder in einem Syntaxdiagramm definiert wird.

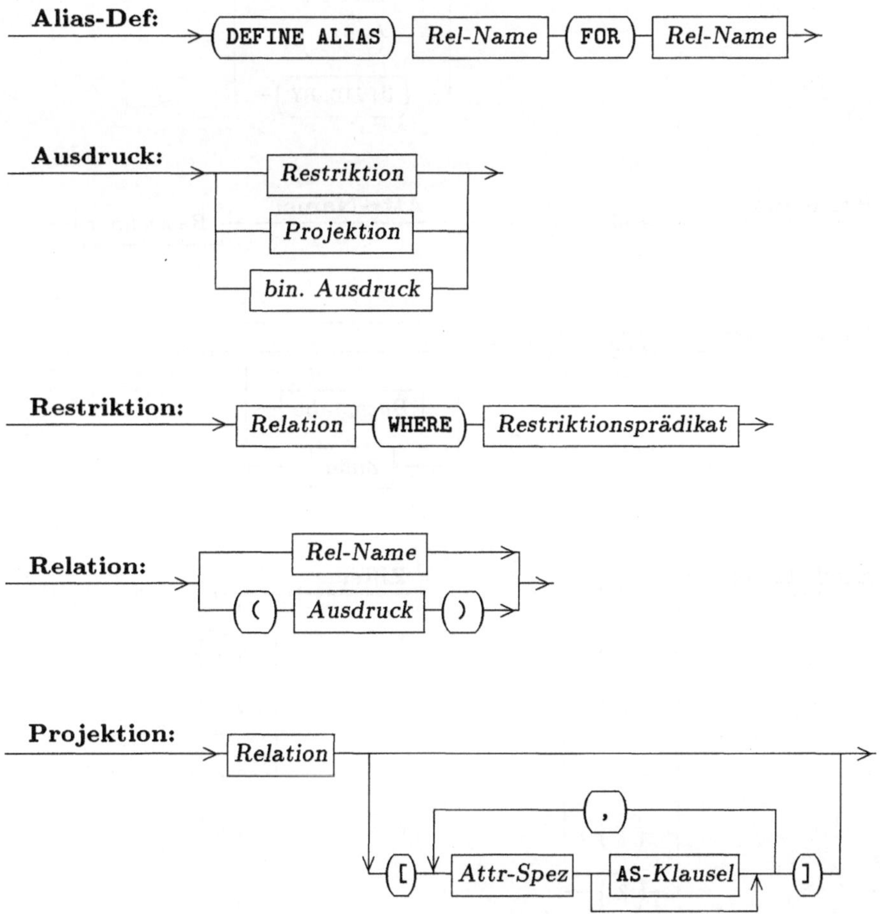

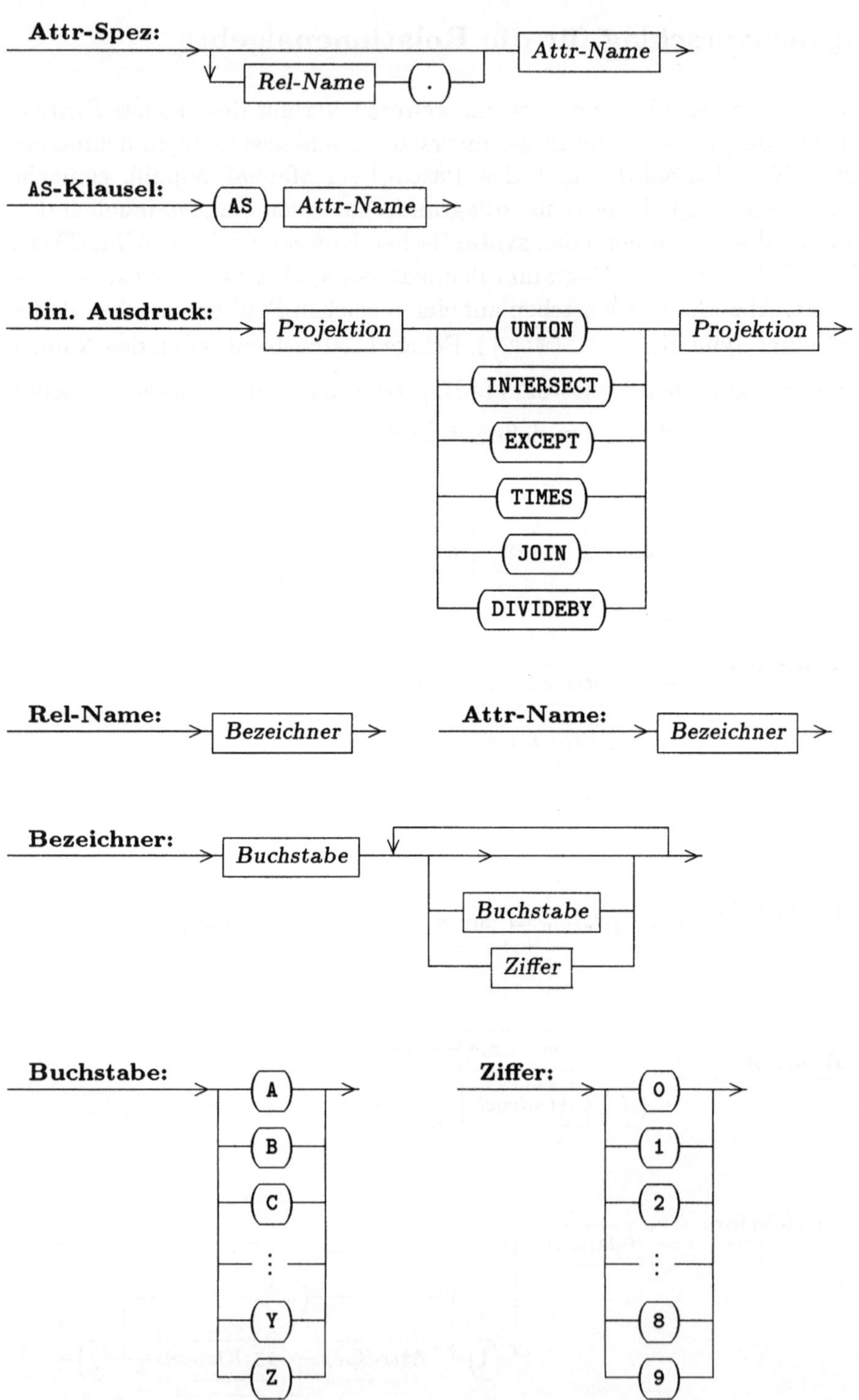
Attr-Spez:
Rel-Name
.
Attr-Name
AS-Klausel:
AS
Attr-Name
bin. Ausdruck:
Projektion
UNION
INTERSECT
EXCEPT
TIMES
JOIN
DIVIDEBY
Projektion
Rel-Name:
Bezeichner
Attr-Name:
Bezeichner
Bezeichner:
Buchstabe
Buchstabe
Ziffer
Buchstabe:
A
B
C
⋮
Y
Z
Ziffer:
0
1
2
⋮
8
9

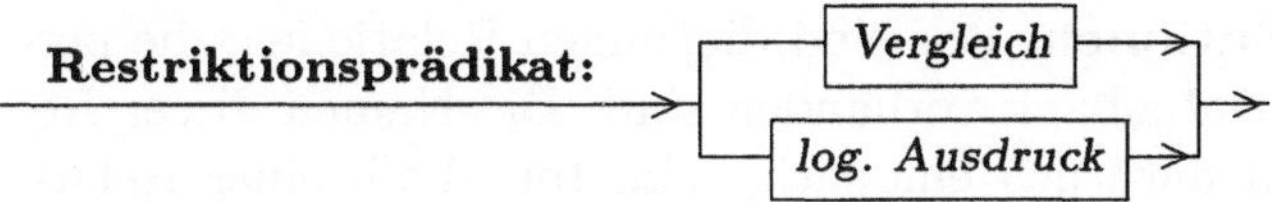

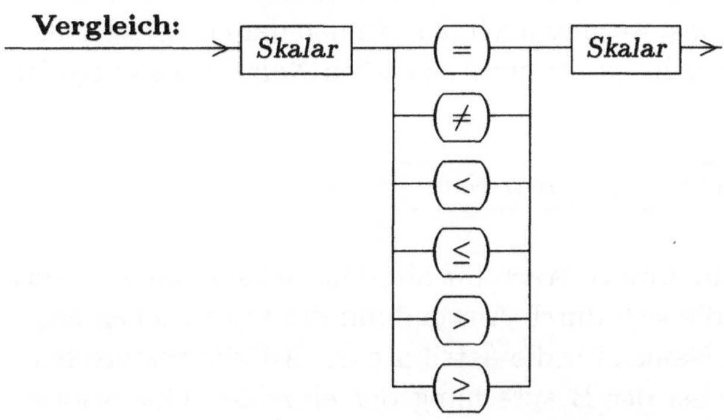

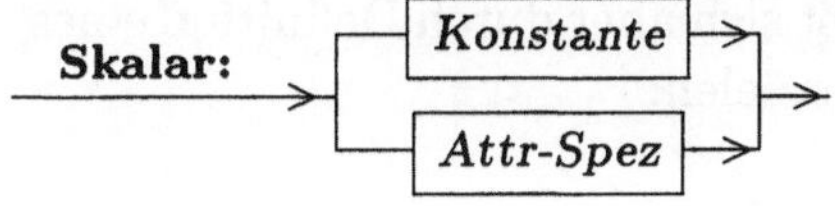

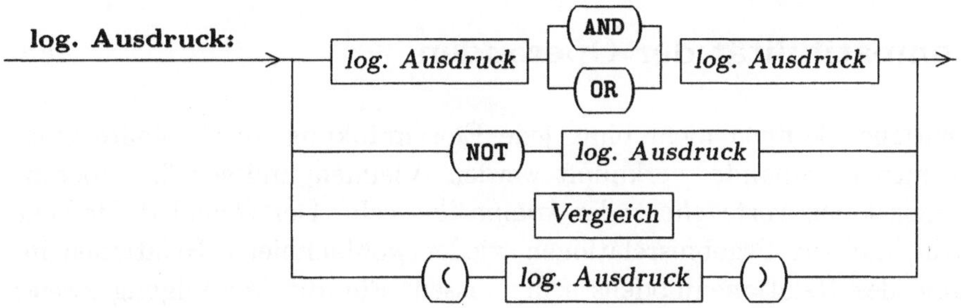

Namenseindeutigkeit der Attribute

Neben den durch diese Syntaxdiagramme spezifizierten Regeln ist noch
auf die *Namenseindeutigkeit* der Attribute zu achten. Hierbei muß man
zwischen *definierten* und *abgeleiteten* Relationen unterscheiden:

a) Definierte Relationen. Das sind diejenigen Relationen, die permanent in der Datenbank vorhanden sind. Die Namen dieser Relationen müssen natürlich eindeutig sein. Innerhalb einer Relation müssen selbstverständlich auch die Attribute eindeutige Namen haben. Es ist aber zulässig, daß derselbe Attributsname in verschiedenen Relationen vorkommt. Durch Bildung eines *qualifizierten Attributsnamens*, welcher auch den Namen der entsprechenden Relation miteinbezieht, ist es immer möglich Namenseindeutigkeit zu erreichen:

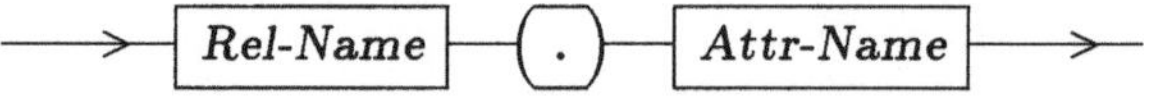

b) Abgeleitete Relationen. Auch für abgeleitete Relationen — das sind Relationen, die sich durch Anwendung der Operationen ergeben — leiten sich Namen für die Attribute ab. Auf die entsprechenden Regeln wird bei der Besprechung der einzelnen Operationen eingegangen werden. Auf jeden Fall muß auch bei diesen abgeleiteten Attributsnamen die *Namenseindeutigkeit* gewährleistet sein. Beispielsweise ist der Ausdruck **A TIMES A** aus diesem Grund unzulässig. Der gewünschte Effekt läßt sich aber durch Definition eines 'Aliasnamens' für die Relation **A** erzielen:

```
DEFINE ALIAS  B  FOR  A;
A  TIMES  B;
```

Kompatibilität der Operanden

Relationen können nicht ohne jede Einschränkung durch binäre Operationen miteinander verknüpft werden. Vielmehr müssen die Operandenrelationen *verträglich* oder *kompatibel* sein. Der Grund dafür liegt darin, daß die Ergebnisrelationen wieder wohldefinierte Relationen im Sinne des Relationenmodells sein müssen. Für die Vereinigung zweier Relationen beispielsweise müssen beide Relationen gleich viele Attribute haben und korrespondierende Attribute müssen gleiche Namen haben und auf denselben Domänen definiert sein. Zwei Relationen mit dieser Eigenschaft heißen *vereinigungsverträglich* oder *vereinigungskompatibel*. Auch für den Durchschnitt und die Differenz müssen die Operanden vereinigungskompatibel sein. Bei der folgenden Besprechung der einzelnen Operationen muß daher auch auf die Kompatibilitätsbedingungen für die beteiligten Operanden eingegangen werden.

Vereinigung (UNION)

Kompatibilität: **A UNION B** setzt die *Vereinigungskompatibilität* von **A** und **B** voraus.

Funktion: **A UNION B** erzeugt die Vereinigung der Tupelmengen von **A** und **B**.

Attributsnamen: Die Attributsnamen der Ergebnisrelation werden von den Operanden übernommen. Da die Attributsnamen der Operanden wegen der Vereinigungskompatibilität übereinstimmen müssen, kann es dabei keine Probleme geben.

Durchschnitt (INTERSECT)

Kompatibilität: **A INTERSECT B** setzt die *Vereinigungskompatibilität* von **A** und **B** voraus.

Funktion: **A INTERSECT B** erzeugt den Durchschnitt der Tupelmengen von **A** und **B**.

Attributsnamen: Die Attributsnamen der Ergebnisrelation werden von den Operanden übernommen. Da die Attributsnamen der Operanden wegen der Vereinigungskompatibilität übereinstimmen müssen, kann es dabei keine Probleme geben.

Differenz (EXCEPT)

Kompatibilität: **A EXCEPT B** setzt die *Vereinigungskompatibilität* von **A** und **B** voraus.

Funktion: **A EXCEPT B** erzeugt die mengenmäßige Differenz der Tupelmengen von **A** und **B**.

Attributsnamen: Die Attributsnamen der Ergebnisrelation werden von den Operanden übernommen. Da die Attributsnamen der Operanden wegen der Vereinigungskompatibilität übereinstimmen müssen, kann es dabei keine Probleme geben.

```
            --   ----   -----   -----
     A:     L#   ORT    LCODE   MENGE
            --   ----   -----   -----
            L1   Graz     A      1000
            L2   Wien     C       500
            L3   Wien     C      1500
            L5   Graz     B       300


            --   ----   -----   -----
     B:     L#   ORT    LCODE   MENGE
            --   ----   -----   -----
            L2   Wien     C       500
            L3   Wien     C      1500
            L4   Linz     B      1000


            --   ----   -----   -----
A UNION B:  L#   ORT    LCODE   MENGE
            --   ----   -----   -----
            L1   Graz     A      1000
            L2   Wien     C       500
            L3   Wien     C      1500
            L4   Linz     B      1000
            L5   Graz     B       300


               --   ----   -----   -----
A INTERSECT B: L#   ORT    LCODE   MENGE
               --   ----   -----   -----
               L2   Wien     C       500
               L3   Wien     C      1500


             --   ----   -----   -----
A EXCEPT B:  L#   ORT    LCODE   MENGE
             --   ----   -----   -----
             L1   Graz     A      1000
             L5   Graz     B       300
```

Beispiele zu Vereinigung, Durchschnitt und Differenz

Produkt (TIMES)

Kompatibilität: **A TIMES B** ist ohne Einschränkung für die Operanden
möglich, solange **A** und **B** verschiedene Relationennamen sind. **A TIMES A** ist wegen der daraus resultierenden mehrfachen Attributsnamen der Ergebnisrelation

aber unzulässig. Man muß dazu einen Aliasnamen für
A definieren:

```
DEFINE ALIAS  B  FOR  A;
A  TIMES  B;
```

Funktion: Es wird das kartesische Produkt der Relationen A und
B gebildet. Nehmen wir an, die Relation A habe die
Attribute $U_1, U_2, \ldots, U_m$ und die Relation B habe die
Attribute $V_1, V_2, \ldots, V_n$. Zur Bildung des kartesischen
Produkts wird von allen Tupelpaaren bestehend aus
einem A-Tupel und einem B-Tupel ausgegangen. Jedes
dieser Tupelpaare wird zu einem Tupel der Ergebnisre-
lation verkettet. Die Produktrelation hat somit $m + n$
Attribute und $m \cdot n$ Tupel.

Attributsnamen: Die *qualifizierten* Namen der Attribute der Produktrelation sind: $A.U_1$, $A.U_2$, $\ldots$, $A.U_m$, $B.V_1$, $B.V_2$, $\ldots$, $B.V_n$.
Wenn bereits der unqualifizierte Attributsname in der
Produktrelation eindeutig sein sollte, kann der qualifizierende Relationenname natürlich weglassen werden.

```
            --  ----  -----          --  ------  ---------
A:    L#  ORT   MENGE       B:   R#  RNAME   GEBINDE
            --  ----  -----          --  ------  ---------
      L1  Graz  1000             R3  Alumat  lose
      L2  Wien   500             R5  Telur   Container
      L3  Wien  1500


                ----  -----  -------  ----  -------  ---------
A TIMES B:  A.L#  A.ORT  A.MENGE  B.R#  B.RNAME  B.GEBINDE
                ----  -----  -------  ----  -------  ---------
            L1  Graz    1000   R3  Alumat  lose
            L1  Graz    1000   R5  Telur   Container
            L2  Wien     500   R3  Alumat  lose
            L2  Wien     500   R5  Telur   Container
            L3  Wien    1500   R3  Alumat  lose
            L3  Wien    1500   R5  Telur   Container
```

Beispiel zum Produkt

Restriktion oder Selektion

Kompatibilität: Diese Operation hat nur einen einzigen Operanden, ist also keine binäre Operation. Daher kann es keine Verträglichkeitsprobleme geben.

Funktion: Von der Operandenrelation wird die Teilmenge derjenigen Tupel gebildet, auf die das *Restriktionsprädikat* zutrifft ("horizontale Teilmenge"). Das Restriktionsprädikat steht dabei in der WHERE-Klausel und ist ein logischer Ausdruck, dessen Wahrheitswert für jedes Tupel der Relation festgestellt werden kann. Als Datenwerte darf das Restriktionsprädikat daher nur Attributswerte des Tupels und Konstante aufweisen.

Attributsnamen: Die Namen der Attribute sind mit denen der Ausgangsrelation identisch.

```
L WHERE MENGE < 1000:   L#   ORT    LCODE   MENGE
                        --   ----   -----   -----
                        L2   Wien     C       500
                        L5   Graz     B       300


R WHERE RCODE = 'A':    R#   RNAME    RCODE   GEBINDE
                        --   ------   -----   ---------
                        R1   Glutin     A     Container
                        R3   Alumat     A     lose


LR WHERE L# = 'L1'
     AND  R# = 'R1':    L#   R#   MENGE   BWERT
                        --   --   -----   -----
                        L1   R1    500    4.00
```

Beispiele zur Restriktion

Projektion

Kompatibilität: Die Projektion ist ebenso wie die Restriktion eine unäre Operation. Daher kann es auch bei der Projektion zu keinen Verträglichkeitsproblemen kommen.

Funktion: Wenn die Liste der Attribute weggelassen wird, ist das Ergebnis der Projektion identisch mit der ursprünglichen Relation.

Wenn hingegen eine Liste von Attributen angegeben ist, werden nur die in der Liste angeführten Attribu-

```
                                    ----
                      L[ORT]:       ORT
                                    ----
                                    Graz
                                    Wien
                                    Linz


                                    ----   -----   --   -----
L[ORT,MENGE,L#,LCODE]:              ORT    MENGE   L#   LCODE
                                    ----   -----   --   -----
                                    Graz   1000    L1   A
                                    Wien    500    L2   C
                                    Wien   1500    L3   C
                                    Linz   1000    L4   B
                                    Graz    300    L5   B


                                    -----  -----
(L TIMES R)[LCODE,RCODE]:           LCODE  RCODE
                                    -----  -----
                                      A      A
                                      A      B
                                      A      C
                                      B      A
                                      B      B
                                      B      C
                                      C      A
                                      C      B
                                      C      C


                                    ----
         L[ORT AS LORT]:            LORT
                                    ----
                                    Graz
                                    Wien
                                    Linz
```

Beispiele zur Projektion

te der Operandenrelation in die Ergebnisrelation übernommen ("vertikale Teilmenge"). Man beachte, daß die Reihenfolge der Attribute hier nicht ganz unwesentlich ist: Man kann mit Hilfe der Projektion für Präsentationszwecke eine bestimmte Reihenfolge der Attribute erzwingen.

Schließlich kann man mit Hilfe der (optionalen) **AS**-Klausel Attribute des Ergebnisses umbenennen. Die **AS**-Klausel ermöglicht es somit, gegebenenfalls die für die Vereinigungskompatibilität notwendige Namensgleichheit korrespondierender Attribute herzustellen. Strenggenommen hat diese durch die **AS**-Klausel bewirkte "Umbenennungsfunktion" nichts mit der eigentlichen Funktion der Projektion — nämlich der Bildung einer vertikalen Teilmenge — zu tun.

Attributsnamen: Wenn für ein Attribut die **AS**-Klausel verwendet wird, dann bekommt dieses Attribut den in der **AS**-Klausel spezifizierten Namen. Ansonsten sind die Namen der Attribute des Ergebnisses mit denen der Ausgangsrelation identisch.

Natürlicher Verbund   (JOIN)

Kompatibilität: **A JOIN B** setzt voraus, daß **A** und **B** mindestens ein *gemeinsames Attribut* haben. Ein Attribut heißt gemeinsam, wenn es in **A** und **B** auf derselben Domäne definiert ist und wenn die Attributsnamen in **A** und **B** übereinstimmen. Die gemeinsamen Attribute sind also vereinigungskompatibel.

Funktion: Die Attribute von **A** seien $U_1, U_2, \ldots, U_m$ und die Attribute von **B** seien $V_1, V_2, \ldots, V_n$. Die gemeinsamen Attribute von **A** und **B** seien $W_1, W_2, \ldots, W_r$. Selbstverständlich ist $r \leq m$ und $r \leq n$. Seien ferner die restlichen $n - r$ B-Attribute $V_{i_1}, V_{i_2}, \ldots, V_{i_{n-r}}$. Dann ist die Anweisung **A JOIN B** äquivalent zu

```
( (A TIMES B)
      WHERE
  (A.W₁ = B.W₁) AND
  (A.W₂ = B.W₂) AND
       ⋮
  (A.Wᵣ = B.Wᵣ) ) [A.U₁,...,A.Uₘ,B.Vᵢ₁,...,B.Vᵢₙ₋ᵣ]
```

$$((\text{A TIMES B})\ \text{WHERE}\ (A.W_1 = B.W_1)\ \text{AND}\ (A.W_2 = B.W_2)\ \text{AND}\ \vdots\ (A.W_r = B.W_r))\,[A.U_1,\dots,A.U_m,B.V_{i_1},\dots,B.V_{i_{n-r}}]$$

Attributsnamen: Die Attributsnamen der Ergebnisrelation des natürlichen Verbundes sind: $U_1, U_2, \dots, U_m,\ V_{i_1}, V_{i_2}, \dots, V_{i_{n-r}}$. Da die gemeinsamen Attribute nur einmal im Ergebnis aufscheinen, sind das also insgesamt $m+n-r$ Attribute.

Bemerkung: Strenggenommen ist der natürliche Verbund nur ein besonders häufig benötigter Spezialfall des sogenannten θ-*Verbundes*. Bei diesem

- kann die Gleichheitsrelation in der WHERE-Klausel durch einen beliebigen anderen Vergleichsoperator ersetzt werden. Das Symbol θ in der Bezeichnung θ-Verbund steht gerade für diesen Vergleichsoperator.

- Die Attribute, auf die sich der θ-Verbund bezieht, müssen explizit angegeben werden. Der θ-Verbund setzt somit keine gemeinsamen Attribute voraus.

- Die abschließende Projektion auf die disjunkten Attribute entfällt.

```
                 --   -----   ----   -----   --   -----
P JOIN PR:       P#   PNAME    ORT    PREIS   R#   MENGE
                 --   -----   ----   -----   --   -----
                 P1   Alpha   Wien   50.00   R1     3
                 P1   Alpha   Wien   50.00   R2     1
                 P2   Delta   Linz   95.00   R1     2
                 P2   Delta   Linz   95.00   R4     2
                 P2   Delta   Linz   95.00   R5     1
                 P3   Sigma   Linz   75.00   R1     3
                 P3   Sigma   Linz   75.00   R3     2
                 P4   Omega   Wien   40.00   R1     3
                 P4   Omega   Wien   40.00   R4     2
```

Beispiel zum natürlichen Verbund

Division (DIVIDEBY)

Kompatibilität:　Seien $U_1, U_2, \ldots, U_m, V_1, V_2, \ldots, V_n$ die Attribute der Relation A und $V_1, V_2, \ldots, V_n$ die Attribute von B. Die Attribute $V_1, V_2, \ldots, V_n$ sind gemeinsame Attribute. Ein Attribut heißt gemeinsam, wenn es in A und B auf derselben Domäne definiert ist und wenn die Attributsnamen in A und B übereinstimmen.

```
A: L#  R#        B1: R#      A DIVIDEBY B1: L#
   --  --            --                    --
   L1  R1            R1                     L1
   L1  R2                                   L3
   L1  R3                                   L5
   L2  R2            --                     --
   L2  R3        B2: R#      A DIVIDEBY B2: L#
   L2  R6            --                     --
   L3  R1            R1                     L3
   L3  R2            R5                     L5
   L3  R3            --                     --
   L3  R4        B3: R#      A DIVIDEBY B3: L#
   L3  R5            --                     --
   L3  R6            R1                     L3
   L4  R5            R2
   L5  R1            R3
   L5  R4            R4
   L5  R5            R5
                    R6
```

Beispiele zur Division

Funktion:　Der Einfachheit halber fassen wir die n gemeinsamen Attribute $V_1, V_2, \ldots, V_n$ von A und B als zusammengesetztes Attribut V auf und die übrigen m Attribute $U_1, U_2, \ldots, U_m$ von A als zusammengesetztes Attribut U. Somit kann man sich die Relation A als Menge von (U,V)-Tupeln und die Relation B als Menge von (V)-Tupeln vorstellen. Die Division von A durch B liefert als Quotientenrelation Q eine Teilmenge von A[U]. Ein konkretes Tupel (u) aus A[U] qualifiziert sich genau dann für die Quotientenrelation, wenn

$$B \subseteq (A\ \text{WHERE}\ U = u)\,[\,V\,].$$

Für jedes in B auftretende Tupel (v) muß es also ein (u, v)-Tupel in A geben.

Es läuft auf dasselbe hinaus, die Quotientenrelation Q als größtmögliche Teilmenge von A[U] zu definieren, so daß Q TIMES B Teilmenge von A bleibt.

Attributsnamen: Die m Attribute der Quotientenrelation übernehmen ihre Namen von der Relation A.

Beispiele zur Relationenalgebra

Anhand der folgenden Beispiele soll gezeigt werden, wie sich konkrete Abfragen durch Ausdrücke der Relationenalgebra formulieren lassen. Diese Abfragen beziehen sich auf die L-R-P-Datenbank (vgl. 2.3) und weisen einen für in der Praxis auftretende Abfragen durchaus realistischen Komplexitätsgrad auf.

1. Namen aller Rohstoffe, die im Lager L2 vorhanden sind.

2. Namen aller Rohstoffe, die in Graz vorrätig sind.

3. Namen derjenigen Rohstoffe, die für die Herstellung eines jeden Produkts notwendig sind.

4. Nummern der Lager, in denen alle Rohstoffe vorrätig sind, die im Lager L1 vorhanden sind.

5. Alle Orte, in denen der Rohstoff R3 nicht verfügbar ist.

6. Alle Paare von Produktnummern, bei denen die beiden Produkte am gleichen Ort produziert werden.

ad 1) Namen aller Rohstoffe, die im Lager L2 vorhanden sind.

```
(R[R#,RNAME] JOIN (LR[L#,R#] WHERE L# = 'L2'))[RNAME]
```

```
----   -------              -----   -----
R.R#   R.RNAME              LR.L#   LR.R#
----   -------              -----   -----
 R1    Glutin                L2      R2
 R2    Olefin                L2      R6
 R3    Alumat
 R4    Risol
 R5    Telur
 R6    Eltex
```

```
       ----   -------   -----
       R.R#   R.RNAME   LR.L#
       ----   -------   -----
        R2    Olefin     L2
        R6    Eltex      L2
```

```
              -------
              R.RNAME
              -------
              Olefin
              Eltex
```

Eine äquivalente Formulierung wäre:

```
((R JOIN LR) WHERE L#='L2')[RNAME]
```

ad 2) Namen aller Rohstoffe, die in Graz vorrätig sind.

```
(((L WHERE ORT='Graz')[L#] JOIN LR[L#,R#]) JOIN R[R#,RNAME])[RNAME]
```

L.L#
L1
L5

LR.L#	LR.R#
L1	R1
L1	R3
L2	R2
L2	R6
L3	R1
L3	R2
L3	R3
L3	R4
L3	R5
L3	R6
L4	R5
L5	R1
L5	R5

R.R#	R.RNAME
R1	Glutin
R2	Olefin
R3	Alumat
R4	Risol
R5	Telur
R6	Eltex

L.L#	LR.R#
L1	R1
L1	R3
L5	R1
L5	R5

L.L#	LR.R#	R.RNAME
L1	R1	Glutin
L1	R3	Alumat
L5	R1	Glutin
L5	R5	Telur

R.RNAME
Glutin
Alumat
Telur

ad 3) Namen derjenigen Rohstoffe, die für die Herstellung eines jeden
      Produkts notwendig sind.

```
((PR[P#,R#] DIVIDEBY P[P#]) JOIN R[R#,RNAME])[RNAME]
```

PR.P#	PR.R#		P.P#		R.R#	R.RNAME
P1	R1		P1		R1	Glutin
P1	R2		P2		R2	Olefin
P2	R1		P3		R3	Alumat
P2	R4		P4		R4	Risol
P2	R5				R5	Telur
P3	R1				R6	Eltex
P3	R3					
P4	R1					
P4	R4					

PR.R#
R1

PR.R#	R.RNAME
R1	Glutin

R.RNAME
Glutin

ad 4) Nummern der Lager, in denen alle Rohstoffe vorrätig sind, die im
Lager L1 vorhanden sind.

```
LR[L#,R#] DIVIDEBY (LR WHERE L# = 'L1')[R#]
```

LR.L#	LR.R#	LR.L#	LR.R#	LR.MENGE	LR.BWERT
L1	R1	L1	R1	500	4.00
L1	R3	L1	R3	300	10.00
L2	R2				
L2	R6				
L3	R1				
L3	R2				
L3	R3				
L3	R4				
L3	R5				
L3	R6				
L4	R5				
L5	R1				
L5	R5				

LR.R#
R1
R3

LR.L#
L1
L3

ad 5) Alle Orte, in denen der Rohstoff R3 nicht verfügbar ist.

```
L[ORT] EXCEPT ((LR[L#,R#] WHERE R#='R3')[L#] JOIN L[L#,ORT])[ORT]
  \____/          \_____________________/              \__________/

 -----          -----  -----                    ----  -----
 L.ORT          LR.L#  LR.R#                     L.L#  L.ORT
 -----          -----  -----                     ----  -----
 Graz            L1     R3                        L1    Graz
 Wien            L3     R3                        L2    Wien
 Linz                                             L3    Wien
                                                  L4    Linz
                                                  L5    Graz

                       \_____________________/
                              -----
                              LR.L#
                              -----
                               L1
                               L3

                       \_________________________________________/
                              -----  -----
                              LR.L#  L.ORT
                              -----  -----
                               L1    Graz
                               L3    Wien

                              \_________________________________/
                                     -----
                                     L.ORT
                                     -----
                                     Graz
                                     Wien

  \__________________________________________________________/
                       -----
                       L.ORT
                       -----
                       Linz
```

ad 6) Alle Paare von Produktnummern, bei denen die beiden Produkte
      am gleichen Ort produziert werden.

```
DEFINE ALIAS  A FOR P;      DEFINE ALIAS  B FOR P;
((A[P#,ORT]  TIMES B[P#,ORT]) WHERE (A.ORT = B.ORT)
                                         AND
                               (A.P# < B.P#))[A.P#,B.P#];
```

A.P#	A.ORT	B.P#	B.ORT
P1	Wien	P1	Wien
P2	Linz	P2	Linz
P3	Linz	P3	Linz
P4	Wien	P4	Wien

A.P#	A.ORT	B.P#	B.ORT
P1	Wien	P1	Wien
P1	Wien	P2	Linz
P1	Wien	P3	Linz
P1	Wien	P4	Wien
P2	Linz	P1	Wien
P2	Linz	P2	Linz
P2	Linz	P3	Linz
P2	Linz	P4	Wien
P3	Linz	P1	Wien
P3	Linz	P2	Linz
P3	Linz	P3	Linz
P3	Linz	P4	Wien
P4	Wien	P1	Wien
P4	Wien	P2	Linz
P4	Wien	P3	Linz
P4	Wien	P4	Wien

A.P#	A.ORT	B.P#	B.ORT
P1	Wien	P4	Wien
P2	Linz	P3	Linz

A.P#	B.P#
P1	P4
P2	P3

Abschließende Bemerkungen zur Relationenalgebra

• **Einsparen von Klammern durch Ausnützen von Assoziativitäten.** Es ist nicht schwer, sich zu überlegen, daß UNION, INTERSECT, TIMES und JOIN *assoziative* Operationen sind. Es kommt also beispielsweise auf das gleiche heraus,

```
A UNION (B UNION C)
```

oder

```
(A UNION B) UNION C
```

zu schreiben. Wir wollen daher für solche Fälle (in Erweiterung der oben gegebenen Grammatik) vereinbaren, daß die Klammern gleich weggelassen werden können. Für unser Beispiel führt das zu:

```
A UNION B UNION C.
```

• **Demonstrationscharakter des Sprachvorschlages.** Der Hauptzweck der gegebenen Syntax liegt darin, eine konkrete Grundlage zur Demonstration der Relationenalgebra und zur Formulierung von Beispielen zu liefern. Es wird nicht der Anspruch erhoben, die "beste aller möglichen Sprachen" oder eine besonders praxisgerechte Sprache definiert zu haben. Zum Beispiel ist es in der vorgeschlagenen Sprache durchaus möglich, daß in einem Produkt ein (unqualifizierter) Attributsname mehrfach auftreten kann, was nicht ganz im Einklang mit dem relationalen Modell steht. Andererseits sind die Kompatibilitätsbedingungen für die sonstigen binären Operationen relativ stringent und im Sinne der Praxistauglichkeit wäre hier wahrscheinlich eine etwas liberalere Regelung erforderlich.

• **Die vorgeschlagene Sprache ist nicht minimal.** Tatsächlich sind nicht alle acht Operationen der Relationenalgebra unbedingt notwendig: einige von ihnen können durch die übrigen "simuliert" werden. In diesem Sinne könnte man schon mit den folgenden fünf Operationen auskommen: Restriktion, Projektion, Produkt, Vereinigung und Differenz. Redundant sind also Verbund, Durchschnitt und Division. Für den Verbund haben wir bereits gezeigt, wie er sich auf Produkt und Restriktion zurückführen läßt. Der Durchschnitt kann folgendermaßen durch Differenzen ausgedrückt werden:

```
A INTERSECT B  =  A EXCEPT (A EXCEPT B)
               =  B EXCEPT (B EXCEPT A)
```

Sei C[X,Y] eine Relation mit den Attributen X, Y und D[Y] eine Relation mit dem gemeinsamen Attribut Y. Dann kann die Division folgendermaßen durch die relationalen Grundoperatoren ausgedrückt werden:

```
C DIVIDEBY D  =  C[X] EXCEPT (((C[X] TIMES D) EXCEPT C)[X])
```

Allerdings sind die drei redundanten Operationen für gewisse Aufgaben-
stellungen so praktisch und bequem, daß man sie in eine benutzerfreund-
liche Sprache aufnehmen muß. Dieser Punkt ist also keine Kritik an der
Relationenalgebra, sondern nur eine Bemerkung zu ihren Eigenschaften.

• **Weitere Aspekte der Relationenalgebra.** Als Hauptzweck der Relationenalgebra haben wir am Beginn von 2.4 angegeben, die *Abfragemöglichkeiten* eines relationalen Datenbanksystems *formal definieren*
zu können. Man könnte genausogut sagen, daß die Relationenalgebra die
DML des Relationenmodells ist (stattdessen könnte man alternativ auch
den Relationenkalkül heranziehen, welcher in Abschnitt 2.4.3 behandelt
wird).

Die Relationenalgebra könnte auch als Basis für die *Implementierung*
der DML eines relationalen DBS dienen. Ein anderer wichtiger Zweck
besteht darin, daß die Relationenalgebra einen Ausgangspunkt für die
Optimierung von Abfragen darstellt. Auf diesen Punkt wollen wir im
folgenden noch etwas näher eingehen.

Die Beispiele zeigen, daß es in der Regel mehrere äquivalente Möglichkeiten zur Formulierung von Ausdrücken der Relationenalgebra gibt. Diese
äquivalenten Ausdrücke können aber hinsichtlich der Effizienz ihrer "Berechnung" große Unterschiede aufweisen. Als Beispiel vergleiche man die
beiden folgenden äquivalenten Ausdrücke:

```
(P JOIN PR) WHERE R# = 'R4';
P JOIN (PR WHERE R# = 'R4');
```

In der ersten Formulierung muß zuerst die geklammerte JOIN-Operation
ausgewertet werden, was die folgende Relation ergibt:

P.P#	P.PNAME	P.ORT	P.PREIS	PR.R#	PR.MENGE
P1	Alpha	Wien	50.00	R1	3
P1	Alpha	Wien	50.00	R2	1
P2	Delta	Linz	95.00	R1	2
P2	Delta	Linz	95.00	R4	2
P2	Delta	Linz	95.00	R5	1
P3	Sigma	Linz	75.00	R1	3
P3	Sigma	Linz	75.00	R3	2
P4	Omega	Wien	40.00	R1	3
P4	Omega	Wien	40.00	R4	2

Die Restriktion liefert dann das Ergebnis:

```
----    --------   -----   -------   -----   --------
P.P#    P.PNAME    P.ORT   P.PREIS   PR.R#   PR.MENGE
----    --------   -----   -------   -----   --------
P2      Delta      Linz     95.00    R4         2
P4      Omega      Wien     40.00    R4         2
```

In der zweiten Formulierung wird zuerst die Restriktion auf PR durchgeführt, was zum bedeutend kleineren Zwischenresultat

```
------   -----   --------
PR.P#    PR.R#   PR.MENGE
------   -----   --------
P2       R4         2
P4       R4         2
```

führt. Der Verbund ist jetzt viel weniger aufwendig als unter der ersten
Formulierung. Als Ergebnis erhält man natürlich wieder:

```
----    --------   -----   -------   -----   --------
P.P#    P.PNAME    P.ORT   P.PREIS   PR.R#   PR.MENGE
----    --------   -----   -------   -----   --------
P2      Delta      Linz     95.00    R4         2
P4      Omega      Wien     40.00    R4         2
```

Der Ansatzpunkt für die Optimierung besteht darin, daß die Relationenalgebra eine Menge von Rechenregeln (Assoziativitäten, Kommutativi-
täten, Distributivitäten, ...) zur Verfügung stellt, mit deren Hilfe eine
gegebene Abfrage in eine äquivalente Abfrage umgeformt werden kann,
welche aber hinsichtlich der Effizienz der Auswertung vorzuziehen ist.
Dazu müssen natürlich auch gewisse Informationen über die definierten
Relationen der Datenbank verfügbar sein und einbezogen werden (Kardinalität und Grad der Relationen, Häufigkeitsinformationen über die
Attributswerte, ...).

2.4.2   Die relationale Wertzuweisung

Die relationale Wertzuweisungsoperation bietet eine theoretische Basis
zur *Definition der Mutationsoperationen* (nämlich: Hinzufügen, Löschen
und Ändern von Tupeln). Darüber hinaus erlaubt es die Wertzuweisungsoperation, die Ergebnisse komplexer Ausdrücke zwischenzuspeichern. Im
folgenden skizzieren wir, wie man die Mutationsoperationen mit Hilfe der
Relationenalgebra und der relationalen Wertzuweisung realisieren kann:

Hinzufügen von Tupeln:

```
    PR := PR UNION { { (P#:'P5'), (R#:'R2'), (MENGE:5) },
                     { (P#:'P5'), (R#:'R6'), (MENGE:4) } }
```

Löschen von Tupeln:

```
    PR := PR EXCEPT { { (P#:'P4'), (R#:'R1'), (MENGE:3) },
                      { (P#:'P4'), (R#:'R4'), (MENGE:2) } }
```

Ändern von Tupeln:

```
    PR := ( PR EXCEPT { {(P#:'P5'), (R#:'R2'), (MENGE:5)} } )
            UNION { {(P#:'P5'), (R#:'R2'), (MENGE:6) } }
```

Man sieht, daß die Realisierung der Mutationsoperationen mit Hilfe der relationalen Wertzuweisung nicht besonders "elegant" ist: die Wertzuweisung erlaubt es nämlich nur, eine Relation "im ganzen" zu mutieren. In der Praxis würde man für Mutationen der Datenbank sicherlich differenziertere Instrumente vorziehen. Hier geht es aber nur darum, die Mutationsoperationen sauber definieren zu können, wozu sich die relationale Wertzuweisungsoperation gut eignet.

2.4.3 Der Relationenkalkül

Wir haben bereits gehört, daß eine alternative Möglichkeit zur formalen Definition der Abfragemöglichkeiten eines relationalen Datenbanksystems ("DML des Relationenmodells") im *Relationenkalkül* besteht. Wir behandeln hier nur den sogenannten *Tupel-Kalkül*. Es gibt daneben auch den weniger verbreiteten *Domänen-Kalkül*. Der Relationenkalkül basiert auf einem Zweig der mathematischen Logik, nämlich dem *Prädikatenkalkül erster Stufe*. Die Idee, den Prädikatenkalkül als Basis für eine DML zu verwenden, scheint von *Kuhns* zu stammen [Kuhns67].

Das Konzept einer Relationenkalkülsprache wurde in [Codd72] vorgestellt und in [Codd71] wird die konkrete, auf dem Relationenkalkül basierende Sprache ALPHA beschrieben. ALPHA wurde zwar nie implementiert, hat aber die Entwicklung von QUEL, der Datenbanksprache von INGRES, stark beeinflußt. Auch SQL weist einige Einflüsse des Relationenkalküls auf.

Wir wollen im folgenden den Relationenkalkül in seinen Grundzügen darstellen, ihn auf unsere sechs Standardabfragen anwenden und abschließend eine kurze Gegenüberstellung Relationenalgebra — Relationenkalkül vornehmen.

Sprachvorschlag für den Relationenkalkül

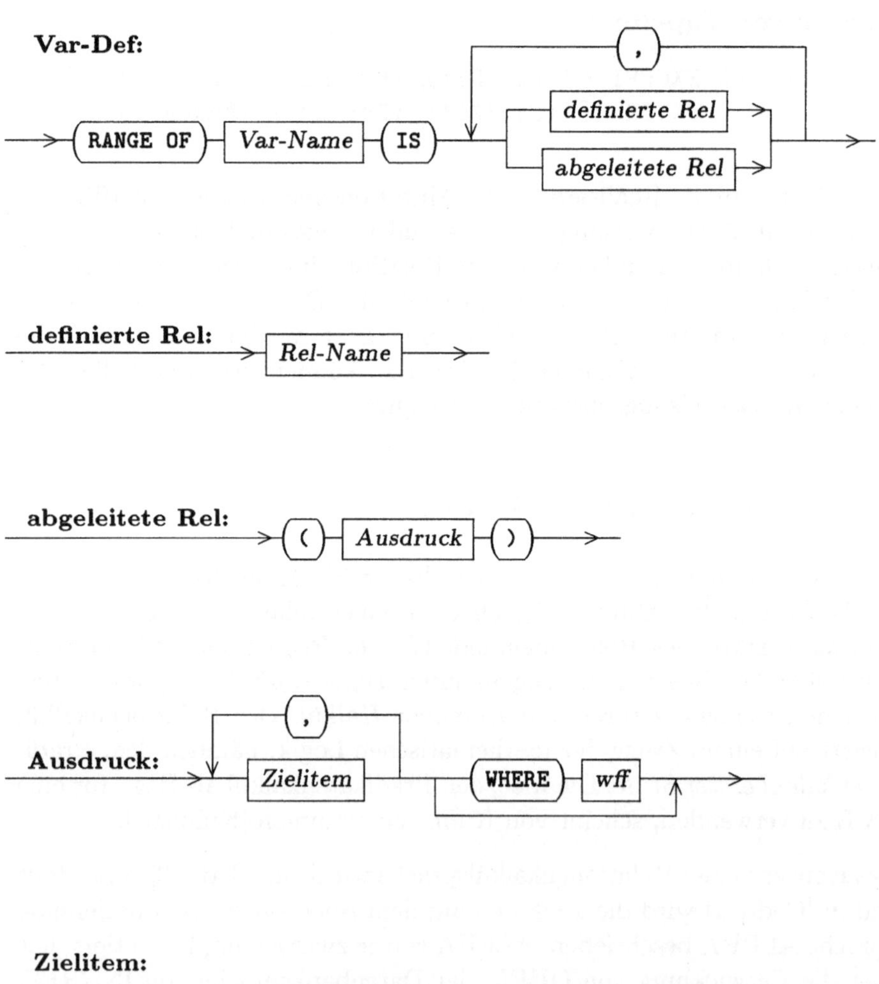

wff:

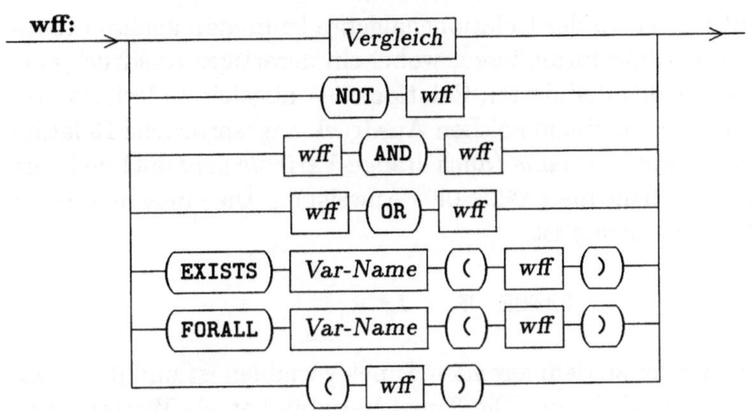

Vergleich:

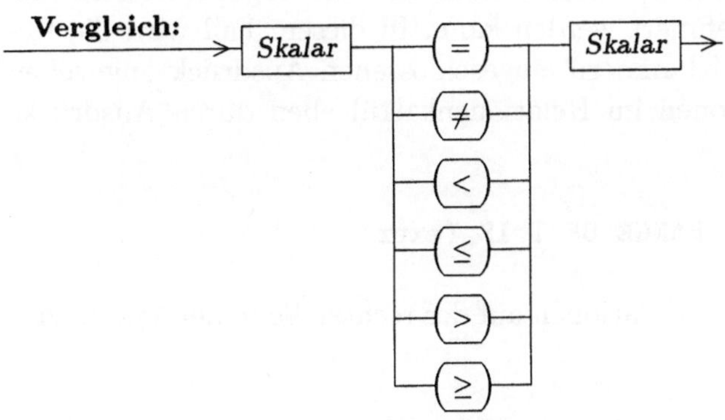

Skalar:

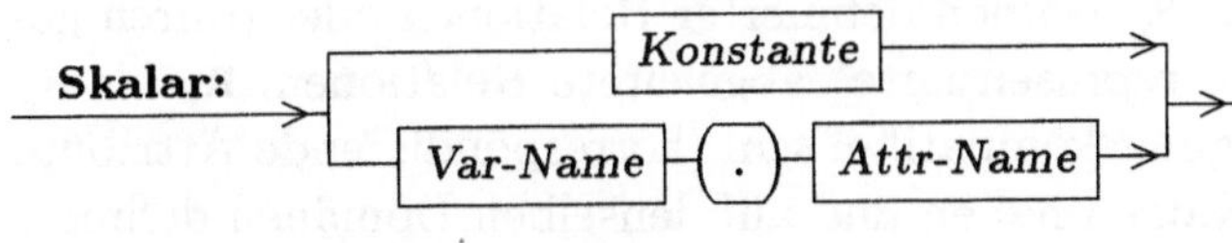

Var-Name:

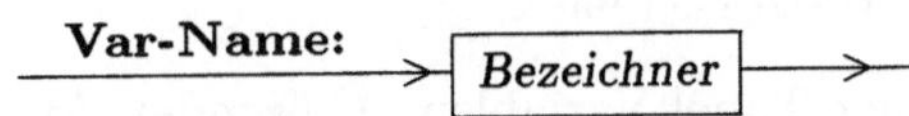

Rel-Name:

Attr-Name:

Tupel-Variable. Wie in der Relationenalgebra kann man auch im Relationenkalkül *Ausdrücke* formulieren, wobei ein derartiger Ausdruck eine — letztendlich aus den definierten Relationen — abgeleitete Relation repräsentiert. Für jede in einem solchen Ausdruck angesprochene Relation muß vorher eine *Tupel-Variable* (auch *Range-Variable* genannt) definiert worden sein. Dazu dient die RANGE OF - Anweisung. Die einfachste Form der RANGE OF - Anweisung ist:

$$\text{RANGE OF T IS R,}$$

wobei T der Name der zu definierenden Tupel-Variablen ist und R der Name einer *definierten Relation*. Die Tupel-Variable hat als Wertebereich alle Tupel der Relation R. Die Syntaxdiagramme zeigen, daß nicht nur für eine definierte Relation, sondern auch für eine *abgeleitete Relation* eine Tupel-Variable definiert werden kann. In diesem Fall wird die Relation durch einen in Klammern eingeschlossenen Ausdruck angegeben (da abgeleitete Relationen im Relationenkalkül eben durch Ausdrücke repräsentiert werden):

$$\text{RANGE OF T IS (expr),}$$

Es können auch mehrere Relationen auf der rechten Seite der RANGE OF - Anweisung stehen:

$$\text{RANGE OF T IS } R_1, R_2, \ldots, R_n .$$

Dabei sind $R_1, R_2, \ldots, R_n$ Namen definierter Relationen oder (durch geklammerte Ausdrücke repräsentierte) abgeleitete Relationen. R_1 bis R_n müssen dabei vereinigungskompatibel sein (korrespondierende Attribute müssen also gleiche Namen haben und auf denselben Domänen definiert sein). In diesem Fall umfaßt der Wertebereich der Tupel-Variablen T die *Vereinigungsmenge* aller Tupel von $R_1, R_2, \ldots, R_n$.

Es muß möglich sein, auch die zu einer Tupel-Variablen gehörenden Attribute anzusprechen. Es liegt auf der Hand, daß die Tupel-Variable dazu die Attributsnamen der Relation(en) auf der rechten Seite der RANGE OF - Anweisung übernimmt.

Ausdrücke. Wenden wir uns nun den Ausdrücken des Relationenkalküls zu. Wie bereits erwähnt, repräsentiert ein Ausdruck eine abgeleitete Relation, wobei wir im Augenblick natürlich in erster Linie an die Ergebnisrelation einer Abfrage denken.

Betrachten wir als Beispiel einmal die folgende einfache Abfrage: "Liefere Lagernummer und Kapazität für alle Lagerstätten", die sich im Relationenkalkül folgendermaßen formulieren läßt:

```
RANGE OF Lx IS L
Lx.L#, Lx.MENGE.
```

In der ersten Zeile wird zuerst die Tupel-Variable Lx für die Relation L definiert. Der folgende Ausdruck besteht nur aus den beiden *Zielitems* Lx.L# und Lx.MENGE. Durch ein Zielitem wird einfach ein bestimmtes Attribut einer Tupel-Variablen angesprochen. Die Wirkung dieser einfachen Version eines Ausdrucks besteht darin, daß zuerst alle Tupel der zur Tupel-Variablen Lx gehörenden Relation geliefert werden und anschließend die *Projektion* auf die Attribute L# und MENGE vorgenommen wird.

Als nächstes betrachten wir das folgende Beispiel: "Liefere alle Paare von Ortsnamen." Diese Abfrage könnte im Relationenkalkül folgendermaßen formuliert werden:

```
RANGE OF Lx IS L
RANGE OF Ax IS (Lx.ORT)
RANGE OF Bx IS (Lx.ORT)
Ax.ORT AS ORT1, Bx.ORT AS ORT2.
```

Die Tupel-Variablen Ax und Bx gehören beide zur abgeleiteten Relation aller Orte, die durch den geklammerten Ausdruck (Lx.ORT) repräsentiert wird. Die eigentliche Abfrage wird durch den Ausdruck in der letzten Zeile repräsentiert. Dieser Ausdruck unterscheidet sich vom Ausdruck des vorigen Beispiels dadurch, daß hier zwei *verschiedene* Tupel-Variablen in den Zielitems vorkommen. In diesem Fall wird zunächst das *Produkt* über alle Variablen gebildet (in diesem Beispiel also Ax × Bx; im vorigen Beispiel gab es nur den einzigen Faktor Lx). Dann erfolgt die *Projektion* auf die in den Zielitems angegebenen Attribute (in diesem Beispiel also auf Ax.ORT und Bx.ORT). Schließlich können die Attribute der Ergebnisrelation mit Hilfe der AS-Klausel noch *umbenannt* werden (diese AS-Klausel hat offenbar eine ganz analoge Funktion wie die AS-Klausel in unserer algebraischen Sprache). Solche Umbenennungen *müssen* vorgenommen werden, wenn die Ergebnisrelation des Ausdrucks sonst keine eindeutigen Attributsnamen hätte (was in unserem Beispiel der Fall wäre). Die Regelung ist hier also strenger als in der algebraischen Sprache. Das ist natürlich kein Unterschied zwischen Relationenalgebra und Relationenkalkül an sich, sondern nur zwischen den beiden vorgeschlagenen Sprachversionen.

Die folgende Formulierung führt genauso zum Ziel:

```
RANGE OF Lx IS L
RANGE OF Ax IS (Lx.ORT AS ORT1)
RANGE OF Bx IS (Lx.ORT AS ORT2)
Ax.ORT1, Bx.ORT2.
```

Eine weitere Alternative wäre:

```
RANGE OF Ax IS L
RANGE OF Bx IS L
Ax.ORT AS ORT1, Bx.ORT AS ORT2.
```

Als nächstes betrachten wir das folgende Beispiel "Liefere Lagernummer und Kapazität für alle Lager in Graz":

```
RANGE OF Lx IS L
Lx.L#, Lx.MENGE WHERE Lx.ORT = 'Graz'.
```

Hier benötigen wir zum ersten Mal eine *wohlgeformte Formel* (wff), nämlich den einfachen Vergleich `Lx.ORT = 'Graz'`. Die wffs übernehmen im Prädikatenkalkül die Rolle der Restriktionsprädikate. Für jedes Tupel der Produktrelation (welche auf Grund der Tupel-Variablen in den Zielitems gebildet wurde) wird der Wahrheitswert der wff bestimmt. Die Tupel, für die sich der Wahrheitswert *wahr* ergibt, qualifizieren sich für das Resultat. Tatsächlich fallen die wffs des Relationenkalküls praktisch mit den wohlgeformten Formeln der Prädikatenlogik erster Stufe zusammen und sind daher "leistungsfähiger" als die Booleschen Ausdrücke, die in der Relationenalgebra als Restriktionsprädikate auftreten. Die wffs werden im nächsten Abschnitt näher besprochen.

Noch ein Beispiel: "Liefere die Produktstrukturrelation PR, wobei aber statt der Produktnummer der Produktname und statt der Rohstoffnummer der Rohstoffname angegeben werden soll." Algebraisch gesprochen handelt es sich hier selbstverständlich im wesentlichen um einen natürlichen Verbund der Relationen P, PR und R.

```
RANGE OF Px  IS P
RANGE OF Rx  IS R
RANGE OF PRx IS PR

Px.PNAME, Rx.RNAME, PRx.MENGE WHERE Px.P# = PRx.P#
                                              AND
                                    Rx.R# = PRx.R#.
```

Abgesehen von einer genaueren Besprechung der wohlgeformten Formeln, sollte nun klar sein, wie ein Tupelkalkülausdruck ausgewertet wird. Bevor wir eine abschließende Zusammenfassung der entsprechenden Regeln geben können, müssen wir uns noch etwas eingehender mit den wohlgeformten Formeln befassen.

Wohlgeformte Formeln (wffs). So wie die Booleschen Ausdrücke sind auch die wffs letztlich aus einfachen *Vergleichen* aufgebaut. Die Vergleichsoperanden sind dabei *Konstante* oder *Attributsreferenzen*. Eine Attributsreferenz hat die Form *V.A*, wobei *V* ein Variablenname und *A* ein Attributsname ist. Einfache Vergleiche können dann in bekannter Weise durch `NOT`, `AND` und `OR` zu komplexeren wffs kombiniert werden. Ohne die beiden Quantoren `EXISTS` und `FORALL` würden die wohlgeformten Formeln des Relationenkalküls mit den Booleschen Ausdrücken der Relationenalgebra zusammenfallen.

Für den *Existenzquantor* wird das Wortsymbol `EXISTS` ("there exists", "es existiert", in der Logik ist das Symbol $\exists$ üblich) verwendet. Wir wollen den Existenzquantor anhand des folgenden Beispiels besprechen: "Rohstoffnummern aller Rohstoffe, die in mindestens zwei Lagerstätten vorrätig sind."

```
RANGE OF LRx  IS LR
RANGE OF LRy  IS LR
LRx.R# WHERE EXISTS LRy (LRx.R# = LRy.R#
                              AND
                    LRx.L# ≠ LRy.L#) .
```

Formal betrachtet ist die gesamte wff des letzten Ausdrucks, also:

```
EXISTS LRy (LRx.R# = LRy.R#
                 AND
       LRx.L# ≠ LRy.L#),
```

dadurch entstanden, daß die wff:

```
LRx.R# = LRy.R#
      AND
LRx.L# ≠ LRy.L#
```

mit dem Existenzquantor quantifiziert worden ist. Die Variable `LRy` ist dabei an den Quantor *gebunden*. Alle Vorkommnisse von `LRy` im Geltungsbereich des Quantors (das ist die geklammerte wff und der Name der Variablen unmittelbar hinter dem Quantor) werden deshalb *gebundene Vorkommnisse* genannt, und die Variable `LRy` heißt *gebundene Variable*. Die übrigen Variablen (in unserem Beispiel also die Variable `LRx`) heißen *freie Variable*. In einem Ausdruck des Relationenkalküls stellen die freien Variablen einen Bezug zu den Tupeln der (durch die Zielitems definierten) Produktrelation her. Gewissermaßen hatten wir es bei den Restriktionsprädikaten der Relationenalgebra immer mit freien Variablen zu tun. Es liegt auf der Hand, daß jede in der wff eines Ausdrucks auftretende freie Variable in einem Zielitem auf der linken Seite des Ausdrucks vorkommen muß.

Wie ist nun der Wahrheitswert einer existentiell quantifizierten wff definiert? Die Attributsreferenzen mit freien Variablen (in unserem Beispiel sind das `LRx.R#` und `LRx.L#`) nehmen die Werte des "gerade anliegenden Tupels" der Produktrelation an. Die zum Existenzquantor gehörende gebundene Variable (in unserem Beispiel `LRy`) läuft über alle Tupel der entsprechenden Relation. Wenn es ein Tupel gibt, für das die wff im Geltungsbereich des Existenzquantors den Wahrheitswert *wahr* annimmt, dann bekommt auch das gesamte `EXISTS`-Konstrukt den Wahrheitswert *wahr*, ansonsten den Wahrheitswert *falsch*.

Für den *Allquantor* oder auch *universellen Quantor* wird das Wortsymbol `FORALL` ("for all", "für alle", in der Logik ist das Symbol $\forall$ üblich) verwendet. Wir wollen den Allquantor anhand des folgenden Beispiels besprechen: "Lagernummern der Lagerstätten, in denen alle Rohstoffe vorrätig sind." Algebraisch gesprochen handelt es sich hier um eine Division der Relation `LR [L#, R#]` durch die Relation `R [R#]`.

```
RANGE OF LRx   IS LR
RANGE OF LRy   IS LR
RANGE OF Rx    IS R
LRx.L# WHERE FORALL Rx (EXISTS LRy (LRy.L# = LRx.L#
                                            AND
                              LRy.R# = Rx.R#)).
```

Formal betrachtet ist die gesamte wff des letzten Ausdrucks, also:

```
FORALL Rx (EXISTS LRy (LRy.L# = LRx.L#
                          AND
                    LRy.R# = Rx.R#)),
```

dadurch entstanden, daß die wff:

```
EXISTS LRy (LRy.L# = LRx.L#
               AND
         LRy.R# = Rx.R#)
```

mit dem Allquantor quantifiziert worden ist. Die gesamte wff hat zwei gebundene Variablen (nämlich Rx, die zum Allquantor gehört, und LRy, die zum Existenzqantor gehört) und die freie Variable LRx. Der Wahrheitswert einer universell quantifizierten wff ergibt sich analog zu dem einer existentiell quantifizierten wff: Die zum Allquantor gehörende gebundene Variable (in unserem Beispiel Rx) läuft über alle Tupel der entsprechenden Relation. Wenn die wff im Geltungsbereich des Allquantors für alle Tupel der Laufvariablen den Wahrheitswert *wahr* annimmt, dann bekommt auch das gesamte FORALL-Konstrukt den Wahrheitswert *wahr*, ansonsten den Wahrheitswert *falsch*.

Die beiden Quantoren sind durch die folgenden Beziehungen miteinander verknüpft:

```
FORALL x (wff)    ist äquivalent zu    NOT EXISTS x (NOT wff),
EXISTS x (wff)    ist äquivalent zu    NOT FORALL x (NOT wff).
```

Diese Äquivalenzen (die man mit Hilfe der Regeln von *De Morgan* zeigen kann) besagen, daß man im Prinzip auf einen der beiden Quantoren verzichten könnte, weil man ihn durch den anderen Quantor "simulieren" kann. Das ist ganz besonders für SQL wichtig, wo es zwar ein Pendant zum EXISTS-Quantor, aber kein Pendant zum FORALL-Quantor gibt. Mit Hilfe der obigen Äquivalenzen können wir die letzte Abfrage ohne weiteres in eine FORALL-freie Form bringen:

```
RANGE OF LRx   IS LR
RANGE OF LRy   IS LR
RANGE OF Rx    IS R

LRx.L# WHERE  NOT EXISTS Rx
                 (NOT EXISTS LRy (LRy.L# = LRx.L#
                                              AND
                                  LRy.R# = Rx.R#)).
```

Zusammenfassung. Ein *Tupelkalkülausdruck* hat im allgemeinen die Gestalt

$$T_1.A_1, T_2.A_2, \ldots, T_n.A_n \text{ WHERE } f,$$

wobei die WHERE-Klausel auch wegfallen kann. Die $T_i.A_i$ sind *Zielitems*. Die T_i sind *Tupel-Variable* (die in einer vorherigen RANGE OF - Anweisung zu definieren sind), die A_i sind *Attribute* der dazugehörigen Relationen. Jedes Zielitem kann zusätzlich noch mit einer AS-Klausel versehen werden. f ist eine *wohlgeformte Formel* (wff). Der Wert eines solchen Tupelkalkülausdrucks ist eine (abgeleitete) Relation. Diese ist folgendermaßen definiert:

- Seien $U_1, U_2, \ldots, U_m$ die voneinander verschiedenen Tupel-Variablen unter den $T_1, T_2, \ldots, T_n$ ($m \leq n$). Die U_i legen die *Produktrelation* $U_1 \times U_2 \times \ldots \times U_m$ fest (genauer: die Produktrelation der zu den U_i gehörigen Relationen).

- Als freie Variable in f dürfen nur $U_1, U_2, \ldots, U_m$ vorkommen. f hat die Funktion eines *Restriktionsprädikats*: Diejenigen Tupel der Produktrelation, für die f den Wahrheitswert *wahr* ergibt, qualifizieren sich für die Ergebnisrelation. Hat der Ausdruck keine WHERE-Klausel, so qualifizieren sich alle Tupel.

- Es erfolgt eine *Projektion* auf die Attribute $T_1.A_1, T_2.A_2, \ldots, T_n.A_n$.

- Mit Hilfe der AS-Klausel der Zielitems können nunmehr die Attribute der Ergebnisrelation umbenannt werden. Eine solche Umbenennung *muß* vorgenommen werden, wenn die unqualifizierten Attributsnamen $A_1, A_2, \ldots, A_n$ der Ergebnisrelation sonst nicht eindeutig wären.

Beispiele zum Relationenkalkül

Anhand der folgenden Beispiele soll gezeigt werden, wie sich konkrete Abfragen durch Ausdrücke des Relationenkalküls formulieren lassen. Die dabei verwendeten Abfragen sind mit den Abfragen der Beispiele zur Relationenalgebra (vgl. 2.4.1) identisch.

1. Namen aller Rohstoffe, die im Lager L2 vorhanden sind.

2. Namen aller Rohstoffe, die in Graz vorrätig sind.

3. Namen derjenigen Rohstoffe, die für die Herstellung eines jeden Produkts notwendig sind.

4. Nummern der Lager, in denen alle Rohstoffe vorrätig sind, die im Lager L1 vorhanden sind.

5. Alle Orte, in denen der Rohstoff R3 nicht verfügbar ist.

6. Alle Paare von Produktnummern, bei denen die beiden Produkte am gleichen Ort produziert werden.

ad 1)

```
RANGE OF Rx  IS R
RANGE OF LRx IS LR
Rx.RNAME  WHERE  EXISTS LRx (LRx.R# = Rx.R#
                                 AND
                            LRx.L# = 'L2')
```

ad 2)

```
RANGE OF Lx  IS L
RANGE OF Rx  IS R
RANGE OF LRx IS LR
Rx.RNAME  WHERE  EXISTS LRx (EXISTS Lx (LRx.R# = Rx.R#  AND
                                        LRx.L# = Lx.L#  AND
                                        Lx.ORT = 'Graz'  ))
```

ad 3)

```
RANGE OF Rx  IS R
RANGE OF Px  IS P
RANGE OF PRx IS PR
Rx.RNAME  WHERE  FORALL Px (EXISTS PRx (PRx.P# = Px.P#  AND
                                        PRx.R# = Rx.R#   ))
```

Diesen Ausdruck könnte man unter Verwendung der Beziehung zwischen
den beiden Quantoren auch in die folgende FORALL-freie Form bringen:

```
Rx.RNAME  WHERE  NOT EXISTS Px (NOT EXISTS PRx
                            (PRx.P# = Px.P#  AND
                             PRx.R# = Rx.R#   ))
```

ad 4)

```
RANGE OF Lx  IS L
RANGE OF LRx IS LR
RANGE OF LRy IS LR
Lx.L#  WHERE  FORALL LRx (LRx.L# ≠ 'L1'  OR
                      EXISTS LRy (LRy.L# = Lx.L#  AND
                                  LRy.R# = LRx.R#  ))
```

Eine FORALL-freie Formulierung dieses Ausdrucks lautet:

```
Lx.L#  WHERE  NOT EXISTS LRx (LRx.L# = 'L1'  AND
                          NOT EXISTS LRy
                          (LRy.L# = Lx.L#  AND
                           LRy.R# = LRx.R#  ))
```

ad 5)

```
RANGE OF Lx  IS L
RANGE OF Ly  IS L
RANGE OF LRx IS LR
Lx.ORT  WHERE  FORALL Ly (Ly.ORT ≠ Lx.ORT  OR
                          NOT EXISTS LRx
                          (LRx.L# = Ly.L#  AND
                           LRx.R# = 'R3'      ))
```

Eine **FORALL**-freie Formulierung lautet:

```
Lx.ORT  WHERE  NOT EXISTS Ly (Ly.ORT = Lx.ORT    AND
                              EXISTS LRx
                              (LRx.L# = Ly.L#  AND
                               LRx.R# = 'R3'      ))
```

Durch Definition von Tupel-Variablen über passende abgeleitete Relationen läßt sich dieses Beispiel gewissermaßen auch schrittweise lösen:

```
RANGE OF Lx         IS L
RANGE OF LRx        IS LR
RANGE OF ALLE_ORTE IS (Lx.ORT)
RANGE OF ORTE_R3   IS (Lx.ORT WHERE EXISTS LRx
                          (LRx.L# = Lx.L#
                                AND
                           LRx.R# = 'R3' ))
ALLE_ORTE.ORT WHERE  NOT EXISTS ORTE_R3
                     (ALLE_ORTE.ORT = ORTE_R3.ORT)
```

Die Range-Variable **ALLE_ORTE** läuft dabei über alle Orte (genauer: die Range-Variable **ALLE_ORTE** läuft über die Tupel einer abgeleiteten Relation mit dem einzigen Attribut **ORT**, die alle Orte der Relation L enthält). Die Range-Variable **ORTE_R3** läuft über diejenigen Orte, in denen Rohstoff **R3** vorhanden ist. Relationenalgebraisch gesprochen realisiert die eigentliche Abfrage dann nur mehr die mengenmäßige Differenz von **ALLE_ORTE** und **ORTE_R3**.

ad 6)

```
RANGE OF Px  IS P
RANGE OF Py  IS P
Px.P# AS P#1, Py.P# AS P#2  WHERE  Px.ORT = Py.ORT
                                   AND
                                   Px.P#  < Py.P#
```

2.4.4   Relationenalgebra versus Relationenkalkül

Vom *logischen* Standpunkt sind diese beiden Ausgangspunkte für eine relationale DML gleichwertig. So hat *Codd* in [Codd72] gezeigt, daß die Relationenalgebra mindestens so leistungsfähig ist wie der Relationenkalkül. Codd hat das mit Hilfe des sogenannten Coddschen Reduktionsalgorithmus getan, der einen beliebigen Ausdruck des Kalküls in einen semantisch äquivalenten Ausdruck der Algebra transformiert. Umgekehrt haben *Ullman* [Ullman82] bzw. *Maier* [Maier83] bewiesen, daß es zu jedem Ausdruck der Relationenalgebra einen semantisch äquivalenten Ausdruck des Relationenkalküls gibt. Daraus ergibt sich — unter Berücksichtigung des Coddschen Resultats — die Äquivalenz beider Formalismen. Die Funktionalität der DML eines relational vollständigen Systems wird somit in gleicher Weise durch Relationenalgebra und Relationenkalkül vorgegeben.

Vom *konzeptionellen* Standpunkt aus bestehen allerdings große Unterschiede zwischen den beiden Zutritten. Der Relationenkalkül ist Musterbeispiel einer *deskriptiven* Sprache, während die Relationenalgebra immer noch eine — wenn auch auf einer sehr hohen Ebene — *prozedurale* ("präskriptive") Sprache ist. Manche versuchen, daraus eine gewisse Überlegenheit des Relationenkalküls abzuleiten. Eine deskriptive Sprache "beschreibt das gewünschte Ergebnis", während eine prozedurale Sprache "den Weg vorschreibt, um zu diesem Ergebnis zu kommen". Die Deskriptivität wird als wesentliche Eigenschaft von Sprachen der vierten Generation (4GL) angesehen. Es wäre allerdings oberflächlich, den Relationenkalkül vom konzeptionellen Standpunkt aus allein deshalb höher einzuschätzen als die Relationenalgebra, weil er deskriptiv ist. Vernünftigerweise sollte es doch darum gehen, ob sich die sprachlichen Formalismen für Zwecke der Datenmanipulation, insbesondere für die Formulierung von Abfragen, eignen. Hier erscheinen beide Zutritte gut geeignet. Beide Sprachen bewegen sich auf einem *sehr hohen Abstraktionsniveau* und sind *mengenorientiert*. Der Kalkül ist dabei kompakter und eleganter. Andererseits scheint die Algebra bei sehr komplexen Abfragen Vorteile zu bieten, weil sie es gerade durch ihre Proceduralität ermöglicht, einfachere Teilergebnisse sukzessive zu einem komplexen Gesamtresultat zu kombinieren. Auch als Ausgangspunkt für die Optimierung erscheint die Relationenalgebra besser geeignet (vgl. 2.4.1).

2.5   Übungsaufgaben

Geben Sie für die folgenden Abfragen eine Formulierung in der Relationenalgebra und im Relationenkalkül an:

Aufg. 2.5.1: Namen der Rohstoffe, die zur Produktion von Produkt P1 benötigt werden sowie die jeweils erforderliche Menge.

Aufg. 2.5.2: Alle Einlagerungen, bei denen die Rohstoffe gerade zur Mindestlagerbedingung gelagert sind. Im Ergebnis sollen die entsprechenden Einlagerungen durch L# und R# repräsentiert werden.

Aufg. 2.5.3: Alle derzeit verwendeten Codes für Lagerbedingungen (sowohl bei den Lagerorten als auch bei den Rohstoffen).

Aufg. 2.5.4: Namen der Rohstoffe, die in allen Lagerorten verfügbar sind.

Aufg. 2.5.5: Alle Produkte, zu deren Herstellung Rohstoff R3 nicht benötigt wird.

Aufg. 2.5.6: Alle Paare von Lagernummern mit denselben Lagerbedingungen.

Aufg. 2.5.7: Alle Orte, in denen sowohl gelagert als auch produziert wird.

Teil II

SQL für den Endbenutzer

Der Endbenutzer verwendet typischerweise eine interaktive Schnittstelle zur Datenbank. Dementsprechend wird in diesem Teil auf die *direkt ausführbaren* Anweisungen von SQL (direktes SQL) eingegangen. Dieser Zutritt erscheint auch — zumindest aus konzeptioneller Sicht — am natürlichsten und ermöglicht es, gewissermaßen gleich in medias res zu gehen. Darüber hinaus sind alle direkt ausführbaren Anweisungen mit Ausnahme der direkten Abfrageanweisung *universell* verwendbar: Sie gehören nicht nur zu *direktem SQL*, sondern können auch in der *Modulsprache* und in *eingebettetem SQL* verwendet werden. Diese beiden Teilsprachen sind dazu vorgesehen, um SQL-Anweisungen aus einem Anwendungsprogramm absetzen und damit auf die SQL Datenbank zugreifen zu können.

Bezüglich der Funktionalität sind für den Endbenutzer die grundlegenden Operationen der DDL und DML am interessantesten. Daher werden im 4. Kapitel die *Schemaanweisungen* und in den Kapiteln 3 und 5 die (direkten) *Datenanweisungen* behandelt, wie die DDL- bzw. DML-Anweisungen in der Diktion des SQL-Standards genannt werden. Die einzelnen Sprachkonstrukte werden dabei durchwegs durch Beispiele motiviert und erläutert, und es wurde großer Wert auf einen — auch für den "SQL-Novizen" — verständlichen und nachvollziehbaren Aufbau gelegt.

Zur formalen Beschreibung der SQL-Sprachkonstrukte werden Syntaxdiagramme eingesetzt, die Core SQL — also den minimalen Sprachumfang, den eine standardkonforme Implementierung von SQL-99 aufweisen muß — vollständig abdecken. Manchmal wird sogar über den Umfang von Core SQL hinausgegangen. In diesen (seltenen) Fällen wird immer darauf hingewiesen, daß es sich um eine Erweiterung gegenüber Core SQL handelt und erklärt, warum das entsprechende Sprachkonstrukt trotzdem behandelt wird.

Kapitel 3

Abfragen (Queries)

Die DML einer jeden Datenbanksprache muß es ermöglichen, Abfragen und Mutationen zu formulieren und auszuführen. In diesem Kapitel beschäftigen wir uns mit den Abfragemöglichkeiten von SQL, welches dazu das Konstrukt des *Abfrageausdrucks* vorsieht.

Die SELECT-Abfrage als wichtigster Vertreter der Abfrageausdrücke wird in 3.1 eingeführt. Dabei geht es zunächst in erster Linie um ein — auch durch die vielen Beispiele unterstütztes — intuitives Verständnis der Wirkungsweise und Möglichkeiten. Auf die Details der *elementaren Grundbausteine* der SQL-Sprache, deren Kenntnis natürlich auch für die Formulierung von SELECT-Abfragen notwendig ist, wird in 3.2 eingegangen. Ein wichtiger Bestandteil von SELECT-Abfragen, aber auch von vielen anderen Sprachkonstrukten, sind *Suchbedingungen und Prädikate*, die in 3.3 näher behandelt werden. Schließlich wird in 3.4 eine abschließende Zusammenfassung der SELECT-Abfrage gegeben.

Die über die SELECT-Abfrage hinausgehenden Möglichkeiten der Abfrageausdrücke werden in 3.5 dargestellt. In diesem Abschnitt wird auch auf die Verwendung von Abfrageausdrücken in anderen Spachkonstrukten eingegangen, vor allem auf die Verwendung in einer *direkten Abfrageanweisung*. Durch einen bloßen Abfrageausdruck wird nämlich nur eine abgeleitete Tabelle definiert. Zur Auswertung des Abfrageausdrucks und damit zur Ermittlung seiner Ergebnistabelle kommt es erst, wenn der Abfrageausdruck in einer SQL-Anweisung auftritt. Alle in den Beispielen dieses Kapitels ausformulierten Abfragen sind tatsächlich direkte Abfrageanweisungen. Der wesentliche — und meistens auch einzige — Bestandteil einer direkten Abfrageanweisung ist ihr Abfrageausdruck (vgl. 3.5.4).

3.1 Die SELECT-Abfrage anhand von Beispielen

Die SELECT-Abfrage ist ein sehr mächtiges Konstrukt der SQL-Sprache. Sie stellt den typischen und wichtigsten Fall der Abfrageausdrücke von SQL dar. Darüber hinaus kann sie auch als Grundbaustein von komplexeren Abfrageausdrücken auftreten. Alle durch die Relationenalgebra (vgl. 2.4.1) vorgegebenen Abfrageoperationen mit Ausnahme des UNION-Operators können auf eine SELECT-Abfrage zurückgeführt werden.[1] So gesehen ist das Schlüsselwort SELECT nicht besonders glücklich, weil durch die SELECT-Abfrage alle Operationen des relationalen Modells bis auf die Vereinigung realisiert werden können und nicht bloß die Restriktion bzw. Selektion. Deshalb haben wir es auch vorgezogen, die entsprechende Operation der Relationenalgebra als 'Restriktion' zu bezeichnen.

In diesem Abschnitt wird die SELECT-Abfrage anhand von Beispielen eingeführt, deren Gruppierung sich im wesentlichen an den entsprechenden Operationen der Relationenalgebra orientiert. Diese Beispiele greifen auf die in 2.3 eingeführte L-R-P-Datenbank zurück, deren Tabellen in Abb. 3.1 noch einmal gezeigt werden.[2] Im SQL-Standard wird die SELECT-Abfrage übrigens *query specification* genannt. Aus mnemotechnischen Gründen erscheint es uns aber günstiger, das Schlüsselwort SELECT in die Bezeichnung miteinzubeziehen.

3.1.1 Projektion und Restriktion

Wir beginnen mit einem Beispiel, das die leichte Verständlichkeit — und damit auch die Problem- und Endbenutzerorientierung — der SELECT-Abfrage zeigen soll: "Liefere Lagernummer und Kapazität für alle Lager in Graz." Die entsprechende SELECT-Abfrage lautet:

```
SELECT  L#, MENGE
FROM    L
WHERE   ORT = 'Graz';
```

---

[1] In SQL1 — also in SQL-86 und SQL-89 — hat sich die Funktionalität der Abfrageausdrücke dementsprechend auch auf SELECT-Abfragen und den UNION-Operator beschränkt.

[2] Auf die entsprechenden CREATE TABLE - Anweisungen zur Definition dieser Tabellen wird im Abschnitt 4.1 eingegangen.

```
                  --   -----
Ergebnis:    L#   MENGE
                  --   -----
             L1   1000
             L5    300
```

Diese **SELECT**-Abfrage hat also eine Projektion und eine Restriktion in einem vorgenommen. Die Attribute, auf die projiziert werden soll (also: **L#** und **MENGE**), stehen in der **SELECT**-Liste. Die Restriktionsbedingung steht

L:

L#	ORT	LCODE	MENGE
L1	Graz	A	1000
L2	Wien	C	500
L3	Wien	C	1500
L4	Linz	B	1000
L5	Graz	B	300

R:

R#	RNAME	RCODE	GEBINDE
R1	Glutin	A	Container
R2	Olefin	C	Palette
R3	Alumat	A	lose
R4	Risol	B	Tonne
R5	Telur	B	Container
R6	Eltex	C	Palette

P:

P#	PNAME	ORT	PREIS
P1	Alpha	Wien	50.00
P2	Delta	Linz	95.00
P3	Sigma	Linz	75.00
P4	Omega	Wien	40.00

LR:

L#	R#	MENGE	BWERT
L1	R1	500	4.00
L1	R3	300	10.00
L2	R2	200	32.50
L2	R6	300	40.00
L3	R1	400	5.00
L3	R2	100	33.00
L3	R3	500	9.00
L3	R4	200	11.00
L3	R5	200	25.00
L3	R6	100	35.00
L4	R5	1000	23.00
L5	R1	200	5.00
L5	R5	100	30.00

PR:

P#	R#	MENGE
P1	R1	3
P1	R2	1
P2	R1	2
P2	R4	2
P2	R5	1
P3	R1	3
P3	R3	2
P4	R1	3
P4	R4	2

Abbildung 3.1: Die L-R-P-Datenbank

in der **WHERE**-Klausel. Hinter dem Schlüsselwort **FROM** wird der Name der Relation angegeben, auf welche sich die Abfrage bezieht. Entsprechend dem Relationenmodell ist das Ergebnis wieder eine Relation.[3] In SQL

---

[3]Die Wirkung dieser **SELECT**-Abfrage kann durch den folgenden Ausdruck der Re-

sagt man übrigens 'Tabelle' (*table*) statt Relation, 'Zeile' (*row*) statt Tupel und 'Spalte' (*column*) statt Attribut.[4] Wir wollen uns im folgenden daher auch an diesen Sprachgebrauch halten.

In der SELECT-Liste hätte man auch *qualifizierte* Spaltennamen verwenden können, was aber bei diesem Beispiel nicht notwendig ist, da alle vorkommenden Spaltennamen sowieso eindeutig sind. Die Formulierung der SELECT-Abfrage mit qualifizierten Spaltennamen würde lauten:

```
SELECT L.L#, L.MENGE
FROM   L
WHERE  L.ORT = 'Graz';
```

Der Standard faßt übrigens einfache und qualifizierte Spaltennamen unter der Bezeichnung *Spaltenreferenz* zusammen (vgl. auch 3.1.3 und 3.2.6.2).

Bsp. 3.1: Einfache Projektion. "Alle Orte, in denen es Lagerstätten gibt."

```
SELECT ORT
FROM   L;
```

```
                ----
Ergebnis:       ORT
                ----
                Graz
                Wien
                Wien
                Linz
                Graz
```

---

lationenalgebra illustriert werden:

```
(L WHERE ORT = 'Graz') [L#, MENGE]
```

In 2.4.3 wurde auch eine Formulierung im Relationenkalkül gegeben, nämlich:

```
RANGE OF Lx IS L
Lx.L#, Lx.MENGE WHERE Lx.ORT = 'Graz'
```

deren Entsprechung man noch besser anhand der 'qualifizierten' Fassung der SELECT-Abfrage sieht.

[4]Es handelt sich dabei nicht nur um eine vom Relationenmodell abweichende Terminologie, sondern leider auch um einen Hinweis darauf, daß der Relationenbegriff des relationalen Modells in SQL nicht ganz adäquat umgesetzt wird (vgl. dazu auch 2.1.3). Der wohl gravierendste Schwachpunkt in dieser Hinsicht wird im Beispiel 3.1 zur Sprache kommen.

Das gefällt uns aber gar nicht! Das Ergebnis ist ja gar keine Relation, weil **Graz** und **Wien** je zweimal vorkommen. Entsprechend dem Relationenmodell hätten wir eigentlich das Ergebnis:

```
              ----
Ergebnis:     ORT
              ----
              Graz
              Wien
              Linz
```

erwartet. In SQL können also offenbar auch *uneigentliche* Relationen, also solche mit mehrfachen Tupeln, auftreten. Die SQL-Sprechweise für uneigentliche Relation ist *multiset* (*of rows*). Will man die oben angegebene *eigentliche* Relation — also einen *set* (*of rows*) — erhalten, muß man das Schlüsselwort DISTINCT verwenden:

```
SELECT DISTINCT ORT
FROM    L;
```

Das konverse Schlüsselwort zu DISTINCT ist ALL, was aber praktisch nie verwendet wird, da ALL sowieso implizit als Defaulteinstellung von SELECT genommen wird.

Bsp. 3.2: Berechnete Werte. Es wird daran gedacht, die Produktpreise um 10% zu erhöhen. Man möchte daher eine "Tabelle, die für alle Produkte die Produktnummer, den Produktnamen und den neuen Preis enthält."

```
SELECT P#, PNAME, PREIS*1.1
FROM    P;
```

```
              --   -----   ------
Ergebnis:     P#   PNAME
              --   -----   ------
              P1   Alpha    55.00
              P2   Delta   104.50
              P3   Sigma    82.50
              P4   Omega    44.00
```

In den bisherigen Beispielen sind in der SELECT-Liste immer nur Spaltenreferenzen, also einfache oder mit einem Tabellennamen qualifizierte Spaltennamen, vorgekommen. Wie dieses Beispiel zeigt, können auch berechnete bzw. abgeleitete Spalten in der SELECT-Liste auftreten. Solche abgeleiteten Spalten sind eine durchaus praxisgerechte Erweiterung des relationalen Modells. Alle diese Möglichkeiten, eine Spalte der Ergebnistabelle der **SELECT**-Abfrage festzulegen, fallen unter den Begriff des *Wertausdrucks*.[5] Wenn der Wertausdruck keine Spaltenreferenz ist (solche Wertausdrücke werden im folgenden als 'eigentliche' Wertausdrücke bezeichnet), ergibt sich das Problem, daß die Ergebnisspalte keinen Namen hat, jedenfalls keinen expliziten, für den Benutzer sichtbaren und unmittelbar verwendbaren Namen. Das Relationenmodell verlangt aber mit gutem Grund, daß jedes Attribut einer Relation einen Namen haben soll. Daher wurde die Möglichkeit vorgesehen, auch derartigen durch einen 'eigentlichen' Wertausdruck definierten Spalten in der Ergebnistabelle mittels der **AS**-Klausel einen Namen zu geben:

```
SELECT P#, PNAME, PREIS*1.1 AS NEUER_PREIS
FROM   P;
```

```
             --  -----  ------------
Ergebnis:    P#  PNAME  NEUER_PREIS
             --  -----  ------------
             P1  Alpha        55.00
             P2  Delta       104.50
             P3  Sigma        82.50
             P4  Omega        44.00
```

Die **AS**-Klausel kann im Prinzip für jedes Element der **SELECT**-Liste verwendet werden, also auch zur Umbenennung von Spalten, die schon einen Namen haben. Das Schlüsselwort **AS** kann dabei auch weggelassen werden, was aber im Sinne einer besseren Lesbarkeit der **SELECT**-Abfrage nicht empfehlenswert ist.[6]

Bsp. 3.3: Alle Spalten einer Tabelle. "Alle Informationen über alle Produkte."

```
SELECT P#, PNAME, ORT, PREIS
FROM   P;
```

---

[5] Auf alle in Core SQL für einen Wertausdruck vorgesehenen Möglichkeiten wird im Rahmen von 3.2 eingegangen.

[6] Die **AS**-Klausel unserer Relationenalgebrasprache (vgl. 2.4.1) bzw. unserer Relationenkalkülsprache (vgl. 2.4.3) hat im Prinzip die gleiche Funktion wie die **AS**-Klausel von SQL.

```
              --  -----  ----  -----
Ergebnis:     P#  PNAME  ORT   PREIS
              --  -----  ----  -----
              P1  Alpha  Wien  50.00
              P2  Delta  Linz  95.00
              P3  Sigma  Linz  75.00
              P4  Omega  Wien  40.00
```

Für solche Fälle sieht SQL aber eine bequemere Möglichkeit vor, nämlich
die Verwendung von **SELECT** *. Dadurch werden *alle* Spalten der Tabelle
geliefert. Die Reihenfolge der Spalten entspricht dabei der Reihenfolge,
in der sie definiert sind:

```
SELECT *
FROM   P;
```

Das Ergebnis ist das gleiche wie oben. Die Verwendung von **SELECT** * ist
besonders für das interaktive Arbeiten bequem.

Bsp. 3.4: Projektion und Restriktion. "Nummer und Name aller
Produkte, die in Wien hergestellt werden und einen geringeren Preis als
50.00 haben."

```
SELECT P#, PNAME
FROM   P
WHERE  ORT = 'Wien'
       AND
       PREIS < 50;
```

```
              --  -----
Ergebnis:     P#  PNAME
              --  -----
              P4  Omega
```

In der **WHERE**-Klausel steht die *Restriktionsbedingung*, die in SQL *Suchbedingung* bzw. *search condition* genannt wird:

WHERE -Klausel:

$$\longrightarrow \left(\;\text{WHERE}\;\right) - \boxed{Suchbedingung} \longrightarrow$$

Bei den in der Suchbedingung vorkommenden Vergleichen[7] werden die

---

[7]Der SQL-Standard spricht in diesem Zusammenhang vom *Vergleichsprädikat*. Neben dem Vergleichsprädikat gibt es noch eine ganze Reihe weiterer Prädikate, auf
die in 3.3 eingegangen wird.

Vergleichsoperatoren wie in **Pascal** geschrieben, also =, <>, <, <=, > und
>=. Auch die Booleschen Operatoren AND, OR und NOT können verwen-
det werden. Dabei werden die üblichen Prioritäten eingehalten — also:
NOT hat die höchste Priorität, dann kommt AND und schließlich OR. Bei
gleicher Priorität wird von links nach rechts ausgewertet. Um für die
Auswertung eine andere Reihenfolge vorzugeben, können die Klammern
(und) gesetzt werden.

Bsp. 3.5: Anordnung der Zeilen. "Lagernummer und Kapazität für
alle Lager. Die Zeilen der Ergebnistabelle sollen nach fallenden Kapa-
zitätswerten sortiert werden."

```
SELECT L#, MENGE
FROM   L
ORDER  BY MENGE DESC;
```

```
                -- -----
Ergebnis:       L# MENGE
                -- -----
                L3  1500
                L4  1000
                L1  1000
                L2   500
                L5   300
```

Auch diese Möglichkeit von SQL stellt eine praxisgerechte Erweiterung
des Relationenmodells dar: Für Präsentationszwecke ist es oft wünschens-
wert, die Zeilen einer Tabelle in eine bestimmte Ordnung zu bringen.
Dazu kann die eigentliche SELECT-Abfrage mit einer ORDER BY - Klausel
versehen werden.[8] Für absteigende Sortierordnung verwendet man das
Schlüsselwort DESC. Der Defaultwert ist ASC, was meistens weggelassen
wird, aber natürlich explizit hingeschrieben werden darf. Es kann auch
nach mehreren Sortierschlüsseln — also: einem primären, sekundären
u.s.w. — sortiert werden:

```
SELECT RCODE, RNAME
FROM   R
ORDER  BY RCODE DESC,
          RNAME ASC;
```

---

[8]Syntaktisch gesehen ist die ORDER BY - Klausel eigentlich kein Bestandteil der
SELECT-Abfrage. Sie gehört vielmehr als optionale Klausel zur direkten Abfrageanweisung (vgl. 3.5.4).

```
                 -----   ------
Ergebnis:        RCODE   RNAME
                 -----   ------
                    C    Eltex
                    C    Olefin
                    B    Risol
                    B    Telur
                    A    Alumat
                    A    Glutin
```

Wenn man nach einer abgeleiteten Spalte (also einer Spalte die durch
einen 'eigentlichen' Wertausdruck definiert ist) sortieren will, kann man
ihr in der SELECT-Liste mit der AS-Klausel einen Namen geben, der dann
in der ORDER BY - Klausel verwendet werden kann. Beispielsweise könnte
man die Ergebnistabelle von 3.2 folgendermaßen nach dem neuen Preis
sortieren:[9]

```
SELECT  P#, PNAME, PREIS*1.1 AS NEUER_PREIS
FROM    P
ORDER   BY NEUER_PREIS DESC;
```

```
                 --    -----   -----------
Ergebnis:        P#    PNAME   NEUER_PREIS
                 --    -----   -----------
                 P2    Delta        104.50
                 P3    Sigma         82.50
                 P1    Alpha         55.00
                 P4    Omega         44.00
```

Grundsätzlich wird in solchen Fällen die obige Vorgangsweise empfohlen,
also die Verwendung der AS-Klausel in der SELECT-Liste, um die entsprechende Ergebnisspalte in der ORDER BY - Klausel mit ihrem Namen ansprechen zu können. SQL-99 sieht aber noch eine zusätzliche Möglichkeit
vor, bei der die Benennung der abgeleiteten Spalte umgangen werden
kann:

```
SELECT  P#, PNAME, PREIS*1.1
FROM    P
ORDER   BY PREIS*1.1 DESC;
```

---

[9]Es macht natürlich keinen Unterschied, ob nach dem ursprünglichen oder dem
neuen Preis sortiert wird. In diesem Beispiel soll nur gezeigt werden, daß in SQL-
99 auch ein 'eigentlicher' Wertausdruck als Sortierschlüssel zulässig ist.

```
             --  -----   ------
Ergebnis:    P#  PNAME
             --  -----   ------
             P2  Delta   104.50
             P3  Sigma    82.50
             P1  Alpha    55.00
             P4  Omega    44.00
```

In SQL-99 kann man also einfach den einer abgeleiteten Spalte entsprechenden Wertausdruck in der ORDER BY - Klausel als Sortierschlüssel verwenden, wodurch die Benennung der entsprechenden abgeleiteten Spalte
umgangen werden kann. Wie die beiden folgenden Beispiele zeigen, ist
es in SQL-99 darüber hinaus sogar möglich, nach einer Spalte bzw. einer
abgeleiteten Spalte zu sortieren, die gar nicht zur Ergebnistabelle der
SELECT-Abfrage gehört.

Bsp. 3.6: Anordnung der Zeilen. "Nummer und eingelagerte Menge
aller Rohstoffe im Lager L3. Die Zeilen der Ergebnistabelle sollen nach
fallenden Beschaffungswerten pro Mengeneinheit sortiert werden."

```
SELECT R#, MENGE
FROM   LR
WHERE  L# = 'L3'
ORDER  BY BWERT DESC;
```

```
             --  -----
Ergebnis:    R#  MENGE
             --  -----
             R6   100
             R2   100
             R5   200
             R4   200
             R3   500
             R1   400
```

Bsp. 3.7: Anordnung der Zeilen. "Wie Beispiel 3.6. Die Zeilen der
Ergebnistabelle sollen aber jetzt nach fallenden Beschaffungskosten (Beschaffungswert × eingelagerte Menge) sortiert werden."

```
SELECT R#, MENGE
FROM   LR
WHERE  L# = 'L3'
ORDER  BY BWERT * MENGE DESC;
```

```
                 --   -----
Ergebnis:        R#   MENGE
                 --   -----
                 R5    200
                 R3    500
                 R6    100
                 R2    100
                 R4    200
                 R1    400
```

In Core SQL hat die **ORDER BY** - Klausel die folgende Syntax:

ORDER BY - Klausel:

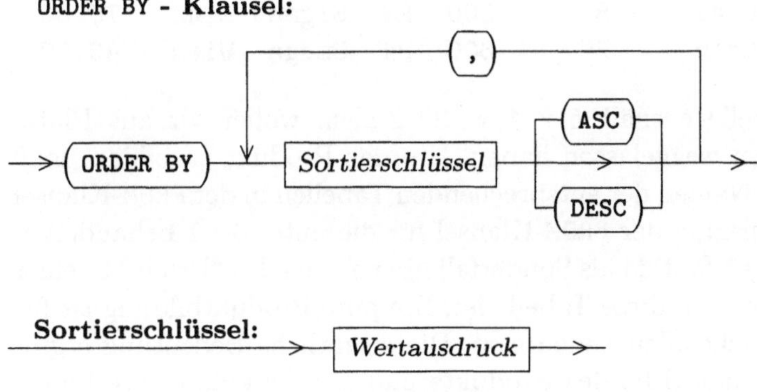

Sortierschlüssel:

Wie schon im Rahmen von Beispiel 3.5 erwähnt, gehört die **ORDER BY** -
Klausel genaugenommen nicht zur **SELECT**-Abfrage, sondern stellt eine
optionale Klausel der direkten Abfrageanweisung dar (vgl. 3.5.4).

3.1.2 Produkt und Verbund

Im Gegensatz zu den in 3.1.1 behandelten "einfachen Abfragen" sind
nun mehrere Tabellen in die Abfrage involviert. Insbesondere der Verbund (Join) zweier oder mehrerer Tabellen gehört zu den mächtigsten
Konstrukten relationaler Systeme.

Bsp. 3.8: Einfaches Produkt. "Bilde das Produkt der Tabellen L
und P, also alle möglichen Kombinationen von vollständigen Lager- und
Produktinformationen."

```
SELECT *
FROM   L, P;
```

```
Ergebnis: L#   L.ORT   LCODE   MENGE   P#   PNAME   P.ORT   PREIS
          --   -----   -----   -----   --   -----   -----   -----
          L1   Graz    A        1000   P1   Alpha   Wien    50.00
          L1   Graz    A        1000   P2   Delta   Linz    95.00
          L1   Graz    A        1000   P3   Sigma   Linz    75.00
          L1   Graz    A        1000   P4   Omega   Wien    40.00
          L2   Wien    C         500   P1   Alpha   Wien    50.00
          L2   Wien    C         500   P2   Delta   Linz    95.00
          L2   Wien    C         500   P3   Sigma   Linz    75.00
          L2   Wien    C         500   P4   Omega   Wien    40.00
           :     :     :           :    :     :       :       :
           :     :     :           :    :     :       :       :
          L5   Graz    B         300   P3   Sigma   Linz    75.00
          L5   Graz    B         300   P4   Omega   Wien    40.00
```

Die Ergebnistabelle enthält $5 \times 4 = 20$ Zeilen, wobei wir aus Platzgründen 10 Zeilen weggelassen haben. Um das Produkt zu bilden, muß man also nur die Namen der entsprechenden Tabellen in der FROM-Klausel angeben. Die Wirkung der FROM-Klausel für die unter 3.1.1 behandelten einfachen Abfragen fällt da als Sonderfall hinein, weil das "Produkt" einer einzelnen Tabelle eben diese Tabelle ist. Die pure Produktbildung ist für Abfragezwecke nicht allzu bedeutsam. Die eigentliche Bedeutung ergibt sich daraus, daß mit Hilfe des Produkts und der Restriktion Verbunde gebildet werden können (vgl. 2.4.1), die häufig gebraucht werden.

Bsp. 3.9: Gleichheits-Verbund. "Alle Kombinationen von vollständigen Lager- und Produktinformationen für diejenigen Lager bzw. Produkte, bei denen Lagerort bzw. Herstellungsort übereinstimmen."

```
SELECT  *
FROM    L, P
WHERE   L.ORT = P.ORT;
```

```
Ergebnis: L#   L.ORT   LCODE   MENGE   P#   PNAME   P.ORT   PREIS
          --   -----   -----   -----   --   -----   -----   -----
          L2   Wien    C         500   P1   Alpha   Wien    50.00
          L2   Wien    C         500   P4   Omega   Wien    40.00
          L3   Wien    C        1500   P1   Alpha   Wien    50.00
          L3   Wien    C        1500   P4   Omega   Wien    40.00
          L4   Linz    B        1000   P2   Delta   Linz    95.00
          L4   Linz    B        1000   P3   Sigma   Linz    75.00
```

Wenn wir die doppelte ORT-Spalte im Ergebnis weglassen, haben wir einen *natürlichen* Verbund:[10]

```
SELECT L#, L.ORT, LCODE, MENGE, P#, PNAME, PREIS
FROM   L, P
WHERE  L.ORT = P.ORT;
```

```
           --  ----  -----  -----  --  -----  -----
Ergebnis:  L#  ORT   LCODE  MENGE  P#  PNAME  PREIS
           --  ----  -----  -----  --  -----  -----
           L2  Wien    C      500  P1  Alpha  50.00
           L2  Wien    C      500  P4  Omega  40.00
           L3  Wien    C     1500  P1  Alpha  50.00
           L3  Wien    C     1500  P4  Omega  40.00
           L4  Linz    B     1000  P2  Delta  95.00
           L4  Linz    B     1000  P3  Sigma  75.00
```

In der SELECT-Liste kann man für die zu L gehörigen Spalten die Abkürzung L.* verwenden, womit die folgende kürzere Formulierung möglich wird:

```
SELECT L.*, P#, PNAME, PREIS
FROM   L, P
WHERE  L.ORT = P.ORT;
```

Im vollen Sprachumfang von SQL-99 wäre die Verwendung von L.* aber gar nicht notwendig, da hier sowieso ein explizites Konstrukt für den natürlichen Verbund vorgesehen ist. Auch für andere Spielarten des Verbundes gibt es hier explizite Konstrukte (vgl. 3.5.1).

Bsp. 3.10: Kleiner-Verbund. "Tabelle, die für jedes Lager ersichtlich macht, welche Rohstoffe dort nicht gelagert werden können. Die Tabel-

---

[10]Diese Abfrage sieht in der Relationenalgebra folgendermaßen aus:

```
((L TIMES P) WHERE L.ORT = P.ORT) [L#, L.ORT, ..., PREIS]
```

Dabei wurde bewußt kein expliziter JOIN-Operator verwendet, um die Entsprechung zur SELECT-Abfrage deutlich zu machen. Vielleicht kann auch die Formulierung im Relationenkalkül zum Verständnis beitragen:

```
RANGE OF Lx IS L
RANGE OF Px IS P
Lx.L#, ..., Lx.MENGE, Px.P#, ..., Px.PREIS  WHERE Lx.ORT = Px.ORT
```

le soll die Lagernummer, die Rohstoffnummer und den Rohstoffnamen enthalten und nach Lagernummer und Rohstoffnummer sortiert sein."

```
SELECT  L#, R#, RNAME
FROM    L, R
WHERE   LCODE < RCODE
ORDER   BY L#, R#;
```

```
                --    --    ------
Ergebnis:       L#    R#    RNAME
                --    --    ------
                L1    R2    Olefin
                L1    R4    Risol
                L1    R5    Telur
                L1    R6    Eltex
                L4    R2    Olefin
                L4    R6    Eltex
                L5    R2    Olefin
                L5    R6    Eltex
```

Natürlich kann man in Core SQL auch jeden anderen θ-Verbund (vgl. 2.4.1) realisieren, indem man für θ eben den gewünschten Vergleichsoperator in der Suchbedingung der **WHERE**-Klausel einsetzt.

Bsp. 3.11: Verbund mit einer zusätzlichen Bedingung. "Die gleiche Abfrage wie unter 3.10, aber diesmal eingeschränkt auf die Lager in Graz."

```
SELECT  L#,  R#, RNAME
FROM    L, R
WHERE   LCODE < RCODE
        AND
        ORT = 'Graz'
ORDER   BY L#, R#;
```

```
                --    --    ------
Ergebnis:       L#    R#    RNAME
                --    --    ------
                L1    R2    Olefin
                L1    R4    Risol
                L1    R5    Telur
                L1    R6    Eltex
                L5    R2    Olefin
                L5    R6    Eltex
```

In der WHERE-Klausel können neben der Bedingung, die den Verbund realisiert, beliebige andere Bedingungen vorkommen. Die Bedingung, die den Verbund realisiert, ist also in keiner Weise gegenüber anderen Bedingungen ausgezeichnet.

Bsp. 3.12: Verbund von drei Tabellen. "Liefere eine erweiterte Version der Produktstrukturtabelle PR, die neben den Informationen der Tabelle PR auch die jeweilige Produktbezeichnung und den Rohstoffnamen enthält."

```
SELECT P.P#, PNAME, R.R#, RNAME, MENGE
FROM   P, PR, R
WHERE  P.P# = PR.P#
       AND
       PR.R# = R.R#;
```

Ergebnis:

P.P#	PNAME	R.R#	RNAME	MENGE
P1	Alpha	R1	Glutin	3
P1	Alpha	R2	Olefin	1
P2	Delta	R1	Glutin	2
P2	Delta	R4	Risol	2
P2	Delta	R5	Telur	1
P3	Sigma	R1	Glutin	3
P3	Sigma	R3	Alumat	2
P4	Omega	R1	Glutin	3
P4	Omega	R4	Risol	2

Wie man sieht, sind Produktbildung und Verbund keineswegs auf zwei Tabellen beschränkt. Im Prinzip können beliebig viele Tabellen in der FROM-Klausel angegeben werden.

Bsp. 3.13: Verbund einer Tabelle mit sich selbst. "Liefere alle ungeordneten Paare von Lagernummern, sodaß beide Lager in der gleichen Stadt sind."

```
SELECT FIRST.L#, SECOND.L#
FROM   L AS FIRST, L AS SECOND
WHERE  FIRST.ORT = SECOND.ORT AND FIRST.L# < SECOND.L#;
```

```
                   ---------  ---------
Ergebnis:          FIRST.L#   SECOND.L#
                   ---------  ---------
                      L1         L5
                      L2         L3
```

Durch die Bedingung `FIRST.L# < SECOND.L#` wird die Ergebnistabelle auf *ungeordnete* Paare eingeschränkt. Der wesentliche Punkt dieses Beispiels ist aber die Verwendung von *Aliasnamen*. Die offizielle SQL-Bezeichnung lautet *correlation names*. Wie das Beispiel zeigt, besteht die Wirkung darin, daß die beiden mit Aliasnamen versehenen Tabellen so behandelt werden können, als ob sie zwei verschiedene Tabellen wären. Wenn in der `FROM`-Klausel Aliasnamen definiert werden, müssen diese natürlich eindeutig sein und man kann an ihrer Stelle auch nicht mehr die ursprünglichen Tabellennamen verwenden. Die Aliasnamen verdecken also die ursprünglichen Tabellennamen. Die Verwendung von Aliasnamen ist keineswegs auf den Fall beschränkt, daß man das Produkt einer Tabelle mit sich selbst bilden möchte, sondern sie müssen manchmal auch aus anderen Gründen verwendet werden (vgl. dazu etwa 3.3.2, Bsp.3.36). Die Definition eines Aliasnamens ist für jeden in der `FROM`-Klausel aufscheinenden Tabellennamen zulässig. Auch in Fällen, wo die Definition eines Aliasnamens an sich nicht notwendig wäre, kann seine Verwendung gelegentlich zu einer besseren Lesbarkeit und Verständlichkeit der `SELECT`-Abfrage führen.

Das Syntaxdiagramm der `FROM`-Klausel sieht folgendermaßen aus.

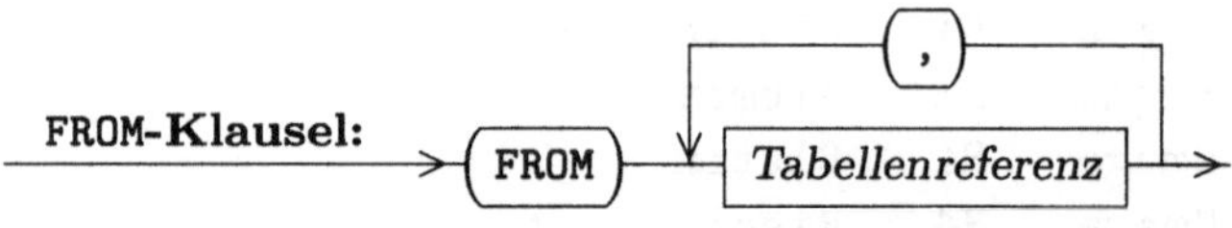

In allen bisherigen Beispielen haben wir mit der folgenden, etwas eingeschränkten Variante der *Tabellenreferenz* das Auslangen gefunden:[11]

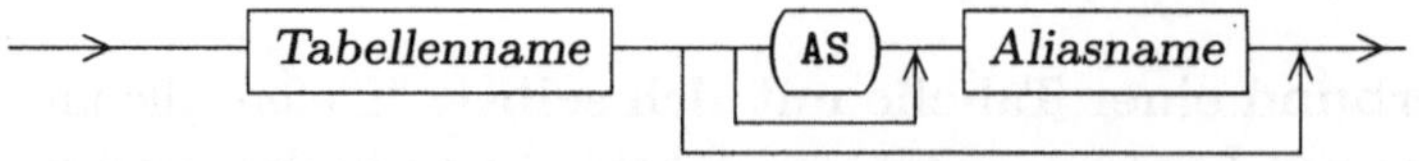

Das Füllwort `AS` kann zwar weggelassen werden. Die Verwendung von `AS` ist aber empfehlenswert, weil dadurch besser ersichtlich gemacht werden

---

[11]Auf die übrigen in Core SQL vorgesehenen Möglichkeiten wird im Rahmen von 3.4 eingegangen.

kann, welcher der beiden Namen der ursprüngliche Tabellenname und welcher der Aliasname ist.

3.1.3 Gruppenfunktionen

Im Relationenmodell können wir so einfache Abfragen wie "Gesamtanzahl der Produkte" oder "durchschnittlicher Beschaffungswert des Rohstoffs R1" nicht beantworten. Gerade solche Abfragen sind aber für die Praxis wichtig. Um dem abzuhelfen, wurden die *Gruppenfunktionen* in SQL aufgenommen. Die offizielle Bezeichnung für die Gruppenfunktionen lautet *set functions*.

Es gibt eine einzige Gruppenfunktion, nämlich COUNT(*), die auf einer *gesamten* Tabelle operiert. COUNT(*) ermittelt die Anzahl der Zeilen der entsprechenden Tabelle. Alle übrigen Gruppenfunktionen, nämlich SUM, AVG, MAX, MIN und COUNT, operieren nur auf einer *Spalte* einer Tabelle. Bis auf COUNT hat jede von diesen auf einer Spalte operierenden Gruppenfunktionen zwei Versionen, eine ALL- und eine DISTINCT-Version, wobei die Defaulteinstellung ALL ist. Insgesamt teilen wir die Gruppenfunktionen daher folgendermaßen ein:

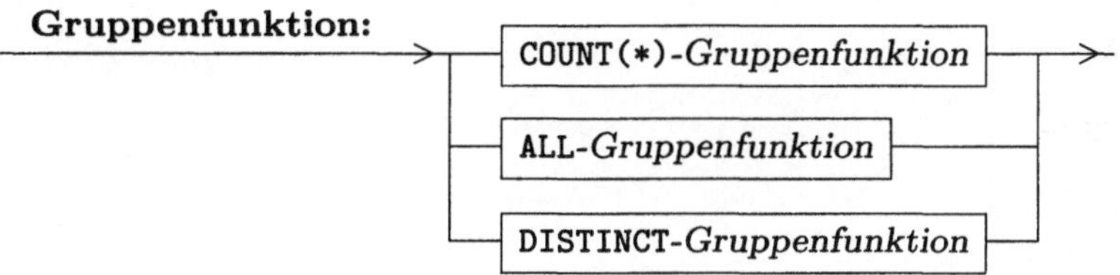

Die Syntaxdiagramme für die einzelnen Varianten sehen folgendermaßen aus:

Die COUNT(*)-Gruppenfunktion operiert auf einer gesamten Tabelle und zählt deren Zeilen. Wenn es mehrfach vorkommende Zeilen in der Tabelle geben sollte, wird jedes Duplikat mitgezählt.

ALL-Gruppenfunktion:

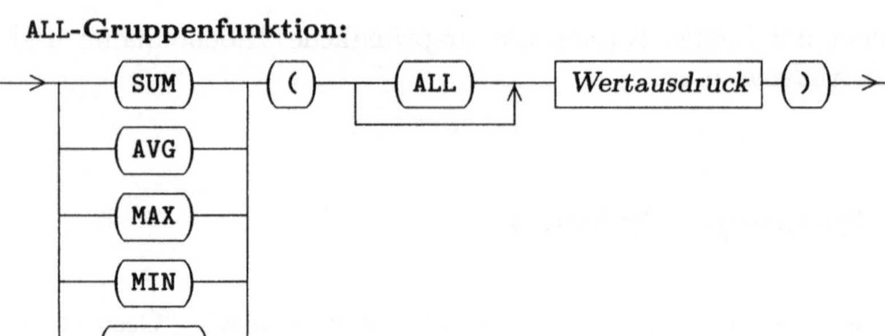

Die **ALL**-Gruppenfunktionen operieren nur auf einer einzelnen Spalte einer Tabelle. Als Argument ist auch ein aus Spaltenwerten gebildeter
'eigentlicher' *Wertausdruck* zulässig. In dem Wertausdruck darf aber
nicht wieder eine Gruppenfunktion vorkommen.[12] Mehrfach vorkommende Werte werden nicht eliminiert, sondern in das Ergebnis miteinbezogen. Das Schlüsselwort **ALL** kann auch weggelassen werden. **ALL** ist also
die Defaulteinstellung.

DISTINCT-Gruppenfunktion:

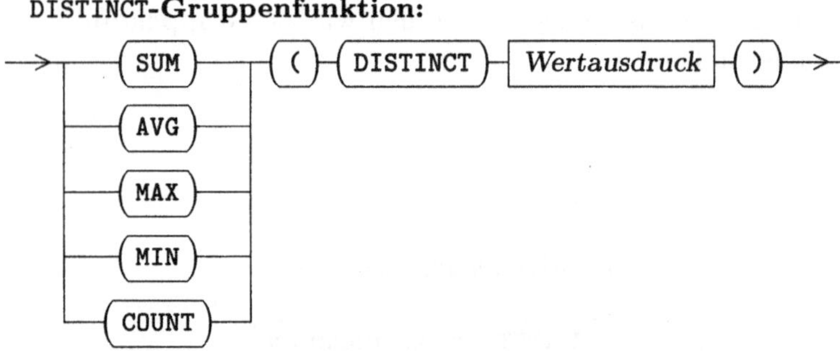

Wie das Syntaxdiagramm zeigt, sind die DISTINCT-Gruppenfunktionen
ganz analog aufgebaut. Das Schlüsselwort DISTINCT darf aber natürlich
nicht weggelassen werden. Für den Wertausdruck gelten die gleichen Einschränkungen wie für die **ALL**-Gruppenfunktionen. Der Unterschied besteht darin, daß mehrfach vorkommende Werte bei den DISTINCT-Gruppenfunktionen im Resultat nur einmal berücksichtigt werden. Bei MIN
und MAX ergibt sich selbstverständlich immer das gleiche Resultat wie
bei den entsprechenden ALL-Gruppenfunktionen.

---

[12]Eine weitere Einschränkung im Zusammenhang mit *äußeren Referenzen* wird in
3.2.6.2 nachgetragen.

Strenggenommen sind in Core SQL bei der Verwendung der ALL- und DISTINCT-Gruppenfunktionen einige unschöne Einschränkungen zu beachten. Diese Einschränkungen werden in 3.2.6.2 nachgetragen. Wir orientieren uns bei der Darstellung hier schon an den Regelungen des vollen Sprachumfanges. Diese sind leichter nachvollziehbar und werden auch schon von vielen auf SQL-92 basierenden Produkten unterstützt.

Bsp. 3.14: COUNT(*) **in der SELECT-Liste.** "Gesamtanzahl der Produkte."

```
    SELECT COUNT(*)
    FROM   P;
```

Ergebnis:
```
       ---

       ---
        4
```

Bsp. 3.15: COUNT(*) **in der SELECT-Liste.** "Anzahl der Zeilen im Produkt von L und P" (vgl. 3.8).

```
    SELECT COUNT(*)
    FROM   L, P;
```

Ergebnis:
```
       ----

       ----
        20
```

Bsp. 3.16: COUNT(DISTINCT) **in der SELECT-Liste.** "Gesamtanzahl der Produkte." Die Abfrage 3.14 kann auch mittels COUNT(DISTINCT) formuliert werden.

```
    SELECT COUNT(DISTINCT P#)
    FROM   P;
```

Ergebnis:
```
       ---

       ---
        4
```

Bsp. 3.17: ALL-Gruppenfunktion SUM **in der SELECT-Liste.** "Gesamte Lagerkapazität."

```
    SELECT SUM(MENGE)
    FROM   L
```

```
          ----
Ergebnis:
          ----
          4300
```

Hätte man statt der ALL-Gruppenfunktion SUM die DISTINCT-Variante
genommen, wäre das Ergebnis 3300, weil der Wert 1000 in der Spalte
MENGE doppelt vorkommt.

Bsp. 3.18: Mehrere Gruppenfunktionen in der SELECT-Liste.
"Durchschnittlicher Beschaffungswert pro Mengeneinheit für den Rohstoff R1."

```
SELECT  SUM(MENGE*BWERT)/SUM(MENGE)
FROM    LR
WHERE   R# = 'R1';
```

```
          ----
Ergebnis:
          ----
          4.54
```

Bsp. 3.19: Mehrere Gruppenfunktionen in der SELECT-Liste.
"Anzahl der Lager, minimale, maximale und durchschnittliche Lagerkapazität, Anzahl der verschiedenen Lagerkapazitäten."

```
SELECT  COUNT(*), MIN(MENGE), MAX(MENGE), AVG(MENGE),
        COUNT(DISTINCT MENGE)
FROM    L;
```

```
          -  ---  ----  ---  -
Ergebnis:
          -  ---  ----  ---  -
          5  300  1500  860  4
```

Gruppenfunktionen in der SELECT-Liste bewirken offenbar, daß die gesamte Tabelle auf eine einzige Zeile aggregiert wird. Die folgende SQL-
Regel stellt sicher, daß die Tabelle tatsächlich auf eine Zeile aggregiert
werden kann: Wenn die SELECT-Liste eine Gruppenfunktion enthält, dann
muß jede in der SELECT-Liste auftretende Spaltenreferenz im Argument
einer Gruppenfunktion stehen.

Bei diesem und den vorigen Beispielen hatten die Spalten der Ergebnistabellen keine Namen, weil Gruppenfunktionen 'eigentliche' Wertausdrücke

sind. Selbstverständlich kann man auch hier die **AS**-Klausel einsetzen, um den Spalten einen Namen zu geben (vgl. 3.1.1, Bsp.3.2):

```
SELECT COUNT(*)    AS ANZAHL,
       MIN(MENGE) AS MIN_KAP,
       MAX(MENGE) AS MAX_KAP,
       AVG(MENGE) AS MITTEL,
       COUNT(DISTINCT MENGE) AS VERSCHIEDEN
FROM   L;
```

```
Ergebnis:  ANZAHL  MIN_KAP  MAX_KAP  MITTEL  VERSCHIEDEN
           ------  -------  -------  ------  -----------
                5      300     1500     860            4
```

Es ist zwar etwas mühsam, aber man kann sogar die Varianz berechnen.[13]

```
SELECT AVG(MENGE*MENGE) - (AVG(MENGE)*AVG(MENGE)) AS VAR
FROM   L;
```

```
Ergebnis:  VAR
           -------
           178 400
```

In einigen SQL-Dialekten gibt es zur Berechnung von Varianz und Standardabweichung zusätzliche Gruppenfunktionen. Beispielsweise verfügt **ORACLE** über die Gruppenfunktionen **VARIANCE**[14] und **STDDEV**. Auch bei diesem Beispiel wurde eine **AS**-Klausel verwendet, um der Ergebnisspalte einen Namen zu geben.

Bsp. 3.20: Gruppenfunktionen und GROUP BY - Klausel. "Lagernummer, Anzahl der gelagerten Rohstoffarten und gesamte eingelagerte Menge für jedes Lager."

```
SELECT L#, COUNT(*), SUM(MENGE)
FROM   LR
GROUP  BY L#;
```

---

[13]Nämlich mit Hilfe der Formel: $\dfrac{1}{n}\sum_{i=1}^{n}(x_i - \bar{x})^2 = \dfrac{1}{n}\sum x_i^2 - \bar{x}^2$.

[14]**ORACLE** verwendet allerdings eine andere Formel, nämlich: $\dfrac{1}{n-1}\sum_{i=1}^{n}(x_i - \bar{x})^2$.

```
                   --   -   ----
Ergebnis:     L#
                   --   -   ----
                   L1   2    800
                   L2   2    500
                   L3   6   1500
                   L4   1   1000
                   L5   2    300
```

Dieses Beispiel zeigt eine sehr häufige Verwendungsart der Gruppen-funktionen: Diese treten nämlich meistens gemeinsam mit der GROUP BY - Klausel auf.[15] Die GROUP BY - Klausel ist eine Klausel der SELECT-Abfrage. Das Syntaxdiagramm der GROUP BY - Klausel sieht folgender-maßen aus:

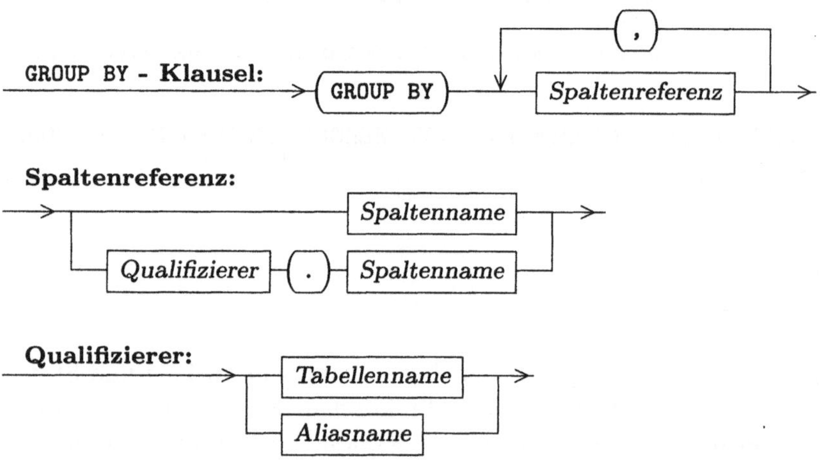

Es ist uns ja bereits bekannt, daß eine *Spaltenreferenz* ein einfacher oder ein mit einem Tabellen- oder Aliasnamen qualifizierter Spaltenname ist. Die in der GROUP BY - Klausel angegebenen Spaltenreferenzen definieren einen Gruppierungsschlüssel. In unserem Beispiel handelt es sich um den einspaltigen Gruppierungsschlüssel L#. Wie das Syntaxdiagramm zeigt, kann der Gruppierungsschlüssel auch ein zusammengesetzter Schlüssel sein.

Die GROUP BY - Klausel bewirkt, daß die aus der FROM- und WHERE-Klausel resultierende Tabelle in Gruppen gegliedert wird. Alle Zeilen mit dem-selben Wert des Gruppierungsschlüssels fallen in dieselbe Gruppe. Eine

---

[15]Wie wir am Ende dieses Abschnitts sehen werden, treten Gruppenfunktionen in SQL-99 tatsächlich *immer* gemeinsam mit einer möglicherweise nur implizit hinzugefügten GROUP BY - Klausel auf.

Gruppe ist also nichts anderes als eine horizontale Teiltabelle. Wenn in
der SELECT-Liste Gruppenfunktionen vorkommen, werden diese auf jede
Gruppe angewandt. Dadurch wird jede Gruppe auf eine einzige Zeile aggregiert. Wie unser Beispiel zeigt, können in der SELECT-Liste — neben
Gruppenfunktionen — auch Spaltenreferenzen auftreten, die nicht zum
Argument einer Gruppenfunktion gehören. Für diese "freien" Spaltenreferenzen gilt die Regel, daß sie sich nur auf Spalten beziehen dürfen, die
in der GROUP BY - Klausel angeführt sind und damit zum Gruppierungsschlüssel gehören. Durch diese Regel wird sichergestellt, daß die freien
Spalten einen einheitlichen Wert innerhalb der Gruppe haben, welcher
bei der Aggregierung als Gruppenwert genommen werden kann. Mit Hilfe
dieser freien Spalten läßt sich beispielsweise ersichtlich machen, zu welcher Gruppe die aggregierten Zeilen der Ergebnistabelle gehören.

Die GROUP BY - Klausel impliziert keine Ordnung der Ergebnistabelle.
Die Tatsache, daß die Ergebnistabelle unseres Beispiels nach L# sortiert
ist, ist also gewissermaßen nur ein Zufall. Will man eine bestimmte Sortierung der Ergebnistabelle sicherstellen, muß man daher die ORDER BY -
Klausel verwenden:

```
SELECT L#, COUNT(*), SUM(MENGE)
FROM    LR
GROUP   BY L#
ORDER   BY L#;
```

Die Verwendung der GROUP BY - Klausel zieht keinerlei Einschränkungen
für die ORDER BY - Klausel nach sich: Die Zeilen des Ergebnisses können
also nach allen möglichen Spalten der Ergebnistabelle angeordnet werden:

```
SELECT L#, COUNT(*) AS ROHSTOFFARTEN,
       SUM(MENGE) AS LAGERMENGE
FROM    LR
GROUP   BY L#
ORDER   BY ROHSTOFFARTEN DESC, L#;
```

```
Ergebnis:   L#  ROHSTOFFARTEN   LAGERMENGE
            --  --------------  ----------
            L3               6        1500
            L1               2         800
            L2               2         500
            L5               2         300
            L4               1        1000
```

Bsp. 3.21: Gruppenfunktionen und GROUP BY - Klausel. "Es soll ermittelt werden, wieviele Mengeneinheiten von jedem Rohstoff eingelagert sind. Die Ergebnistabelle soll den Rohstoffnamen und die gesamte gelagerte Menge des entsprechenden Rohstoffs ausweisen."

```
SELECT  RNAME, SUM(MENGE) AS GESAMTMENGE
FROM    R, LR
WHERE   R.R# = LR.R#
GROUP   BY RNAME
ORDER   BY RNAME;
```

Ergebnis:

RNAME	GESAMTMENGE
Alumat	800
Eltex	400
Glutin	1100
Olefin	300
Risol	200
Telur	1300

Dieses Beispiel zeigt, daß selbstverständlich auch ein Verbund gruppiert werden kann.

Bsp. 3.22: Verwendung der HAVING-Klausel. "Lagernummer, Anzahl der gelagerten Rohstoffarten und gesamte eingelagerte Menge für jedes Lager, in dem es nur drei oder weniger verschiedene Rohstoffarten gibt."

```
SELECT  L#, COUNT(*), SUM(MENGE)
FROM    LR
GROUP   BY L#
HAVING  COUNT(DISTINCT R#) =< 3;
```

Ergebnis:

L#		
L1	2	800
L2	2	500
L4	1	1000
L5	2	300

Die HAVING-Klausel ist das gruppenorientierte Pendant zur zeilenorientierten WHERE-Klausel: Durch die WHERE-Klausel werden *Zeilen* aus der durch die FROM-Klausel definierten Tabelle ausgewählt, wobei jede Zeile genommen wird, für welche die Suchbedingung den Wahrheitswert *wahr* ergibt. Hingegen werden durch die HAVING-Klausel *Gruppen* aus einer gruppierten Tabelle ausgewählt, wobei jede Gruppe genommen wird, für welche die Suchbedingung den Wahrheitswert *wahr* ergibt.

HAVING-Klausel:
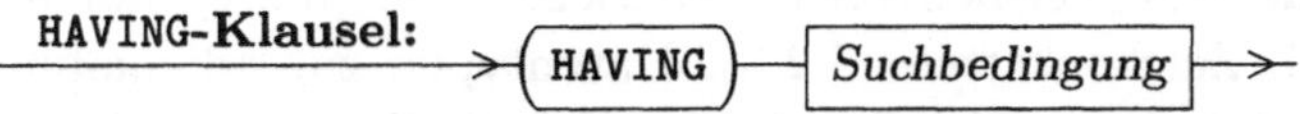

Die gruppierte Tabelle wird dabei durch die FROM-, WHERE- und GROUP BY - Klausel der SELECT-Abfrage festgelegt. Um sicherzustellen, daß für die Suchbedingung der HAVING-Klausel innerhalb einer jeden Gruppe ein einheitlicher Wahrheitswert zustandekommen muß, gelten für Spaltenreferenzen in der Suchbedingung die gleichen Regeln wie für Spaltenreferenzen in der SELECT-Liste einer gruppierten Tabelle: Eine in der Suchbedingung der HAVING-Klausel auftretende Spaltenreferenz muß also zum Argument einer Gruppenfunktion gehören oder muß sich auf eine Spalte beziehen, die in der GROUP BY - Klausel angeführt ist und somit zum Gruppierungsschlüssel gehört.

Im Prinzip kann die HAVING-Klausel sogar bei fehlender GROUP BY - Klausel eingesetzt werden. In diesem Fall wird die durch die FROM- und WHERE-Klausel festgelegte Tabelle als gruppierte Tabelle aufgefaßt, die nur eine einzige Gruppe hat. Genaugenommen sind die Dinge in SQL-99 so geregelt, daß in diesem Fall implizit GROUP BY () ergänzt wird, wodurch eine gruppierte Tabelle festgelegt wird, die nur aus einer Gruppe besteht.[16] Diese einzige Gruppe umfaßt dann natürlich alle Zeilen der entsprechenden Tabelle. Wir haben es also auch dann mit einer regulären gruppierten Tabelle zu tun, wenn die HAVING-Klausel bei fehlender GROUP BY - Klausel eingesetzt wird.

Ganz analog wird vorgegangen, wenn die SELECT-Abfrage zwar Gruppenfunktionen in der SELECT-Liste hat, aber weder eine GROUP BY - noch eine HAVING-Klausel aufweist (Beispiele 3.14–3.19). Auch hier wird implizit GROUP BY () ergänzt, so daß es sich auch in diesem Fall um eine reguläre gruppierte Tabelle handelt, die eben nur aus einer einzigen Gruppe besteht.

---

[16]Die ()-Spezifikation (die Originalbezeichnung des Standards lautet *grand total*) gehört nicht zum Sprachumfang von Core SQL. Explizit kann GROUP BY () somit erst im vollen Sprachumfang von SQL-99 verwendet werden.

3.2   Grundbausteine der SQL-Sprache

In diesem Abschnitt wird auf die Sprachelemente eingegangen, die als
Grundbausteine der SQL-Sprache dienen. Die meisten dieser Grundbausteine sind uns bereits in den Beispielen des vorigen Abschnitts begegnet,
und wir wollen uns jetzt mit den für Core SQL relevanten Details vertraut machen. Im einzelnen handelt es sich bei diesen grundlegenden
Sprachelementen um: SQL-Zeichenvorrat und Bezeichner (3.2.1), numerische Werte (3.2.2), Zeichenketten (3.2.3), Datentypen zur adäquaten
Unterstützung von Datums- und Zeitangaben (3.2.4), Werte mit einem
benutzerdefinierten Typ (3.2.5) sowie Wertausdrücke (3.2.6).

3.2.1   SQL-Zeichenvorrat und Bezeichner

Zunächst machen wir uns mit dem SQL-Zeichenvorrat, also dem Alpha-
bet der SQL-Sprache, vertraut. Weiters befassen wir uns in diesem Un-
terabschnitt mit den Regeln, nach denen Bezeichner, beispielsweise Tabellennamen oder Spaltennamen, aufgebaut sind.

3.2.1.1   SQL-Zeichenvorrat

Wir verstehen hier unter dem SQL-Zeichenvorrat (*SQL terminal characters*) diejenigen Zeichen, die für die SQL-Sprache benötigt werden oder
— um es ganz konkret zu sagen — über die Ihre Tastatur verfügen sollte, wenn Sie SQL-Anweisungen eingeben wollen. Die Zeichen des SQL-
Zeichenvorrats heißen SQL-Zeichen (*SQL language characters*) und werden folgendermaßen eingeteilt:

1. Lateinische Buchstaben

    a) lateinische Großbuchstaben: A, B, ..., Z

    b) lateinische Kleinbuchstaben: a, b, ..., z

2. Ziffern: 0, 1, ..., 9

3. SQL-Sonderzeichen: siehe Tabelle 3.1

Die 26 lateinischen Buchstaben (*simple Latin letters*) gibt es als Groß-
und als Kleinbuchstaben (*simple Latin upper case letters* und *simple*

Latin lower case letters). Die 26 SQL-Sonderzeichen (*SQL special cha-racters*) sind in der Tabelle 3.1 zusammengestellt.[17] Die Tabelle gibt auch die Bezeichnungen an, die der SQL-Standard für die einzelnen Sonder-zeichen verwendet.

⎵	space	,	comma	?	question mark
"	double quote	–	minus sign	[	left bracket
%	percent	.	period	]	right bracket
&	ampersand	/	solidus	^	circumflex
'	quote	:	colon	_	underscore
(	left paren	;	semicolon	|	vertical bar
)	right paren	<	less than operator	{	left brace
*	asterisk	=	equals operator	}	right brace
+	plus sign	>	greater than operator		

Tabelle 3.1: SQL-Sonderzeichen

Der SQL-Standard sieht übrigens einen eigenen Zeichensatz (*character set*) für die SQL-Zeichen vor. Dieser heißt `SQL_CHARACTER` und umfaßt gerade die 88 SQL-Zeichen.

3.2.1.2 Bezeichner

Bezeichner (*identifier*) werden gebraucht, um Namen für verschiedene SQL-Objekte — beispielsweise Tabellen, Tabellenspalten, Schemata etc. — zu bilden. In SQL ist ein Bezeichner entweder ein regulärer Bezeichner oder ein begrenzter Bezeichner.

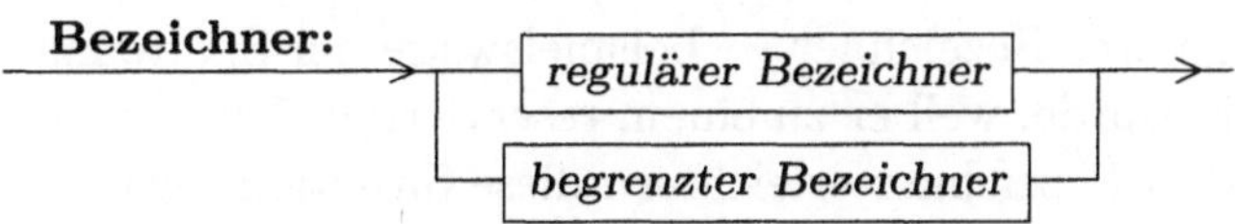

Reguläre Bezeichner (*regular identifier*). Wenn man sich auf reguläre Bezeichner beschränkt, die nur aus SQL-Zeichen bestehen, ist man immer auf der sicheren Seite, weil solche reguläre Bezeichner von jeder SQL-konformen Implementierung unterstützt werden müssen. Der reguläre Bezeichner muß mit einem lateinischen Buchstaben beginnen, dem eine beliebige Sequenz aus lateinischen Buchstaben, Ziffern oder Underscore-Symbolen '_' folgen kann. Der gesamte reguläre Bezeichner darf aber

---

[17]Um das Leerzeichen sichtbar zu machen, wird es durch ⎵ dargestellt.

in Core SQL nicht länger als 18 Zeichen sein. Es dürfen sowohl Groß-buchstaben als auch Kleinbuchstaben verwendet werden. Das ist aber nur eine Äußerlichkeit, da für reguläre Bezeichner immer die Regel von der "Unerheblichkeit der Kleinschreibung" gilt: Kleinbuchstaben werden gewissermaßen in die entsprechenden Großbuchstaben übersetzt. Die folgenden Bezeichner sind gültige reguläre Bezeichner:

```
MENGE       ABC789        A
Menge       H2_0          REGULAR_IDENTIFIER
menge       X__1          LR_TABELLE
```

Die Bezeichner in der ersten Spalte sind übrigens alle äquivalent. Sie stellen nur verschiedene Repräsentationen desselben Bezeichners dar.

Es liegt auf der Hand, daß kein regulärer Bezeichner mit einem *reservierten Wort* der SQL-Sprache[18] zusammenfallen darf (genauer: daß kein regulärer Bezeichner zu einem reservierten Wort äquivalent sein darf). In diesem Zusammenhang sei darauf hingewiesen, daß kein reserviertes Wort der SQL-Sprache eine Ziffer enthält. Die wenigen reservierten Wörter, die ein Underscore-Symbol enthalten, beginnen mit `CURRENT_`, `SESSION_`, `SYSTEM_` bzw. `TIMEZONE_` oder enden mit `_LENGTH`. Bei Beachtung dieser Konventionen ist es also nicht schwer, reservierte Wörter zu vermeiden. Der Standard wird sich auch bei zukünftigen Revisionen an diese Konventionen halten.

Die **begrenzten Bezeichner** (*delimited identifier*) wurden in SQL-92 vor allem dazu eingeführt, um den Übergang auf diese zweite Sprachgeneration von SQL zu erleichtern. In SQL-92 hat der Sprachumfang gegenüber SQL-89 gewaltig zugenommen. Wegen der vielen zusätzlichen reservierten Wörter (z.B. `ALTER`, `CATALOG`, `DATE`) konnte es passieren, daß ein bisher gültiger regulärer Bezeichner — beispielsweise der Spaltenname `DATE` — unzulässig wurde, weil er zu einem reservierten Wort geworden war. Die begrenzten Bezeichner erleichtern diese Situation insofern, als man den nun unzulässigen regulären Bezeichner `DATE` zum begrenzten Bezeichner `"DATE"` machen und damit im wesentlichen beibehalten kann. Auch SQL-99 hat die Liste der reservierten Wörter wieder beträchtlich verlängert. Durch die Verwendung begrenzter Bezeichner kann man sich natürlich auch gegen zukünftige reservierte Wörter absichern.

---

[18]In SQL umfaßt der Überbegriff des Schlüsselworts neben den reservierten Wörtern (*reserved words*) — z.B. `ALTER`, `CATALOG`, `DATE` — auch nicht-reservierte Wörter (*non-reserved words*) — z.B. `DATA`, `PASCAL`. Ein regulärer Bezeichner muß sich nur von den *reservierten* Wörtern unterscheiden, aber nicht notwendigerweise von den *nicht-reservierten* Wörtern.

Ein begrenzter Bezeichner wird links und rechts von doppelten Hochkommas '"' begrenzt. Dazwischen kann eine beliebige Sequenz aus Groß- und Kleinbuchstaben, Ziffern und Sonderzeichen (inklusive dem Leerzeichen) stehen. Insbesondere darf diese Sequenz jetzt mit einem beliebigen Zeichen, also ohne weiteres auch mit einer Ziffer oder einem Sonderzeichen beginnen. Im Gegensatz zu einem regulären Bezeichner ist die Groß- bzw. Kleinschreibung für einen begrenzten Bezeichner immer von Relevanz. Die Bezeichner `"DATE"` und `"Date"` sind somit nicht äquivalent. Für ein doppeltes Hochkomma *in* der Sequenz müssen zwei doppelte Hochkommas '""' unmittelbar nebeneinander geschrieben werden. Bezüglich der Länge der Sequenz gilt die gleiche Regelung wie für reguläre Bezeichner: In Core SQL darf die Länge der Sequenz 18 Zeichen nicht überschreiten. Einige Beispiele:

```
"MENGE"      "CATALOG"      "Auch das geht"
"Menge"      "ALTER"        """Core SQL"""
"menge"      "DATE"         "100+900=1000"
```

Ein regulärer und ein begrenzter Bezeichner werden als äquivalent betrachtet, wenn der reguläre Bezeichner — nach Übersetzung eventueller Klein- in Großbuchstaben — mit dem von den begrenzenden doppelten Hochkommas '"' befreiten begrenzten Bezeichner übereinstimmt. Beim begrenzten Bezeichner wird dabei keine Übersetzung vorgenommen. Die Bezeichner `MENGE`, `Menge`, `menge` und `"MENGE"` sind somit alle äquivalent. Hingegen sind `Menge` und `"Menge"` nicht äquivalent. Ebensowenig `menge` und `"menge"`.

Zeichensätze für Bezeichner. Jede standardkonforme Implementierung muß selbstverständlich (reguläre und begrenzte) Bezeichner unterstützen, die sich auf SQL-Zeichen — also auf Zeichen des Zeichensatzes `SQL_CHARACTER` (vgl. 3.2.1.1) — beschränken. Der Standard sieht aber ausdrücklich vor, daß eine Implementierung darüber hinaus auch andere Zeichen in Bezeichnern zulassen darf,[19] was vor allem im Zusammenhang mit den sogenannten "Internationalisierungsaspekten" von SQL gesehen

---

[19]Der maßgebliche Zeichensatz ist der Zeichensatz des entsprechenden Moduls (vgl. 6.1). Nicht alle Module einer Implementierung müssen denselben Zeichensatz haben. Der Zeichensatz eines jeden Moduls muß aber immer alle SQL-Zeichen umfassen. Der SQL-Standard sieht außerdem den Zeichensatz `SQL_IDENTIFIER` vor, der alle Zeichen enthalten muß, welche die Implementierung insgesamt für Bezeichner unterstützt. Natürlich muß auch `SQL_IDENTIFIER` zumindest die SQL-Zeichen umfassen, also eine (möglicherweise unechte) Obermenge von `SQL_CHARACTER` sein.

werden muß. Auch bei unserer L-R-P-Datenbank wird offenbar vorausgesetzt, daß das Nummernzeichen '#' in Bezeichnern verwendet werden darf, obwohl es kein SQL-Zeichen ist (vgl. Tabelle 3.1). In jedem Fall muß ein regulärer Bezeichner aber mit einem Buchstaben beginnen. Es würde den Rahmen dieser Darstellung sprengen, hier auf alle Details einzugehen, die im vollen Sprachumfang von SQL-99 bei voller Ausschöpfung der Internationalisierungsmöglichkeiten geregelt werden müssen. Der SQL-99 greift zu diesem Zweck im wesentlichen auf die Definitionen und Regelungen des Unicode-Standards zurück.[20]

3.2.2 Numerische Werte

Jeder numerische Wert hat einen numerischen Typ. Wie sich zeigen wird, ist die von SQL bereitgestellte Palette numerischer Typen ziemlich reichhaltig. Einen wichtigen Spezialfall der numerischen Werte stellen die numerischen Literale dar, wobei 'Literal' einfach die SQL-Bezeichnung für eine Konstante ist. In numerischen Wertausdrücken können numerische Werte mit Hilfe der üblichen arithmetischen Operatoren zu komplexeren arithmetischen Ausdrücken ('eigentlichen Wertausdrücken') verknüpft werden, wobei die syntaktische Kategorie der numerischen Wertausdrücke aber auch einzelne numerische Werte — beispielsweise ein numerisches Literal oder eine Spaltenreferenz auf eine numerische Spalte — umfaßt. Schließlich sieht der Standard noch einige numerische Funktionen vor. Das sind eingebaute Funktionen ('built-in functions'), die als Ergebnis einen numerischen Wert liefern.

3.2.2.1 Numerischer Typ

Wie andere gängige Programmiersprachen unterscheidet auch SQL bei den *numerischen Typen* zwischen *Festkommatypen* und *Gleitkommatypen*. Die offiziellen Bezeichnungen des SQL-Standards lauten *exact numeric type* und *approximate numeric type*.

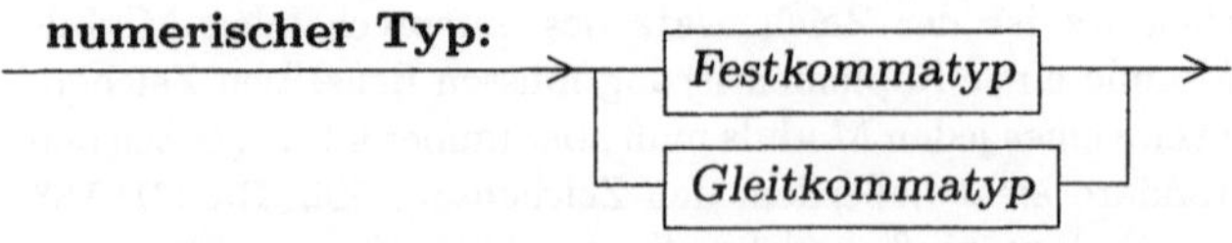

---

[20]Der am Unicode-Standard und an seiner Relevanz für die Internationalisierungsbestrebungen von SQL interessierte Leser sei auf [Unicode96] und [McKenna99] verwiesen.

Beim *Festkommatyp* sind die folgenden Untertypen vorgesehen:

Festkommatyp:

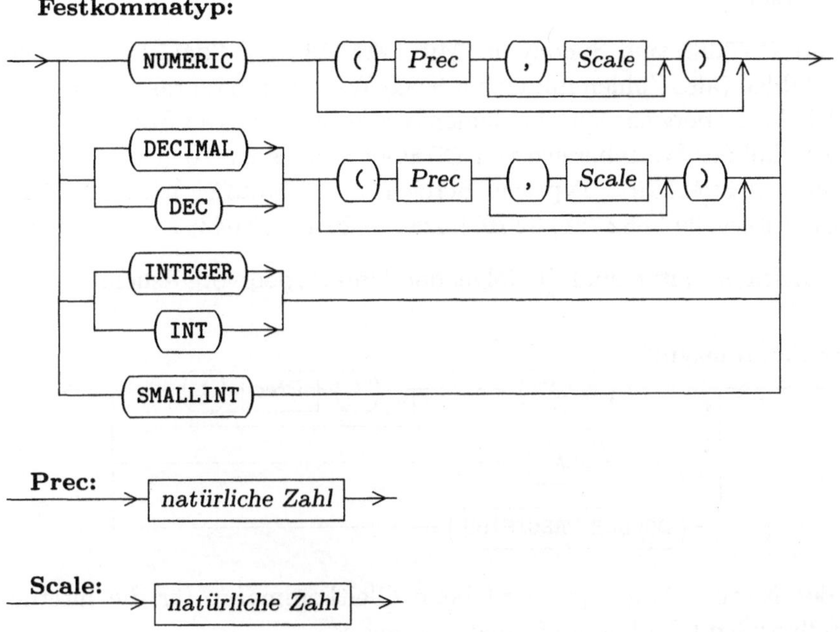

Prec: natürliche Zahl

Scale: natürliche Zahl

Die *Prec*-Angabe muß mindestens 1 betragen und gibt die Anzahl der dezimalen Ziffern an. Die *Scale*-Angabe muß mindestens 0 betragen und gibt die Anzahl der dezimalen Nachkommastellen an. Natürlich muß gelten: $Prec \geq Scale$. Wird die *Scale*-Angabe weggelassen, so wird implizit ein Wert von 0 angenommen. Wird die *Prec*-Angabe weggelassen, wird ein *implementationsdefinierter* Defaultwert genommen.

Der SQL-Standard unterscheidet zwischen implementationsdefinierten (*implementation-defined*) und implementationsabhängigen (*implementation-dependent*) Sprachkonstrukten. In beiden Fällen können verschiedene Implementierungen hinsichtlich dieser Sprachkonstrukte voneinander abweichen. Wird ein solches Sprachkonstrukt im Standard als implementationsdefiniert erklärt, so *muß* der Hersteller spezifizieren, wie er das entsprechende Konstrukt implementiert hat. Für bloß implementationsabhängige Konstrukte ist das nicht erforderlich.

DEC und DECIMAL sind Synonyme. Der Unterschied zwischen NUMERIC und DECIMAL besteht darin, daß die SQL-Implementierung bei DECIMAL auch eine größere Anzahl von Stellen vorsehen kann als der *Prec*-Wert angibt, während sie bei NUMERIC vollständig an den *Prec*-Wert gebunden ist. Die Anzahl der Dezimalstellen, die bei **DECIMAL** — in Abhängigkeit vom *Prec*-Wert — tatsächlich verwendet werden, ist wieder implementationsdefiniert.

INT und **INTEGER** sind Synonyme. Mit **INTEGER** bzw. **SMALLINT** können ganze Zahlen (also Zahlen mit einem *Scale*-Wert von 0) repräsentiert werden. Die Wertebereiche sind implementationsdefiniert. Der Standard legt nur fest, daß der Wertebereich von **INTEGER** mindestens so groß sein muß wie der von **SMALLINT**. Typische Bereiche für **SMALLINT** bzw. **INTEGER** sind die Intervalle $[-32\,768, 32\,767]$ bzw. $[-2\,147\,483\,648, 2\,147\,483\,647]$.

Beim *Gleitkommatyp* sind die folgenden Untertypen vorgesehen:

Gleitkommatyp:

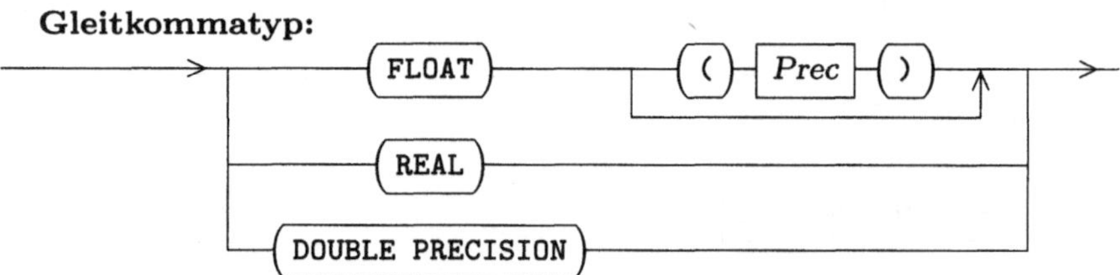

Wie der Name schon sagt, wird beim Gleitkommatyp für die interne Darstellung ein Gleitkommaformat verwendet.

Der *Prec*-Wert bei **FLOAT** gibt die geforderte binäre Genauigkeit an, also die Stellenanzahl der binären Mantisse. Die Implementierung kann auch eine größere binäre Genauigkeit vorsehen als der *Prec*-Wert spezifiziert. Wird die *Prec*-Angabe weggelassen, wird ein implementationsdefinierter Defaultwert genommen.

Bei **REAL** wird eine implementationsdefinierte interne Gleitkommadarstellung genommen.

Bei **DOUBLE PRECISION** wird ebenfalls eine implementationsdefinierte interne Gleitkommadarstellung genommen, bei der die Genauigkeit aber größer sein muß als bei **REAL**.

Jeder Datentyp — und somit auch jeder numerische Typ — umfaßt auch den **NULL**wert. Dieser stellt eine spezielle Markierung für einen fehlenden Wert dar und unterscheidet sich von allen eigentlichen Werten des Datentyps (vgl. 2.2.2 und 3.3.3).

Werte mit einem numerischen Typ sind ohne Einschränkung miteinander *vergleichbar* (vgl. 3.3.1.1). In einigen Sprachkonstrukten bzw. Anweisungen von SQL müssen Wertzuweisungen vorgenommen werden. Dazu gehört ein zuzuweisender Wert V und eine wertaufnehmende Dateninstanz T. Wenn V und T vergleichbar sind, sind sie grundsätzlich auch *zuweisungskompatibel*. V und T sind also insbesondere dann zuweisungskompatibel, wenn beide einen numerischen Typ haben. Bei einer solchen Wertzuweisung wird nach den folgenden *Zuweisungsregeln* vorgegangen:

a) Wenn V ein NULLwert ist, wird ein NULLwert auf T übernommen.[21] Ansonsten (dann ist V also ein richtiger numerischer Wert):

b) Wenn der Typ von T eine Darstellung des numerischen Wertes von V zuläßt, bei der keine führenden signifikanten Stellen verlorengehen, wird die Zuweisung vorgenommen. Wenn T einen Festkommatyp hat, muß dabei gegebenenfalls gerundet oder abgeschnitten werden.[22]

c) Andernfalls muß eine Ausnahmebedingung *data exception — numeric value out of range* gesetzt werden.[23]

Die oben eingeführte und auf der Vergleichbarkeit beruhende *Zuweisungskompatibilität* ist im allgemeinen ausreichend. In manchen Situationen (vgl. 4.4.3.2) muß aber ein strengerer Maßstab angelegt werden, wobei auf die sogenannte *Typpräzedenz* zurückgegriffen wird. Dazu werden die maximalen Prec-Werte der numerischen Typen betrachtet[24] und die numerischen Typen entsprechend ihrem maximalen Prec-Wert in eine Rangordnung gebracht. Da diese Prec-Werte letztlich implementationsdefiniert sind, können die resultierenden Ränge zwischen zwei standardkonformen

---

[21]Der Vollständigkeit halber sei schon hier auf die folgende Spezialität der Modulsprache bzw. von eingebettetem SQL hingewiesen: Hier könnte es sich bei V auch um eine Host-Parameter- bzw. eingebettete Variablenspezifikation handeln. In diesem Fall muß die Tatsache, daß es sich bei V um einen NULLwert handelt, durch einen Indikatorparameter bzw. eine Indikatorvariable mit einem Wert von -1 signalisiert werden (vgl. 6.1 und 7.1).

[22]Ob gerundet oder abgeschnitten wird, ist implementationsdefiniert.

[23]Der Standard unterscheidet *Ausnahmebedingungen (exception conditions)* und *Abschlußbedingungen (completion conditions)*. Eine Ausnahmebedingung wird immer dann gesetzt, wenn ein unbehebbarer Fehler auftritt, der zum Abbruch der Anweisung führen muß. Wenn die Anweisung ordnungsgemäß durchgeführt werden kann oder wenn bei ihrer Durchführung nur besondere Konstellationen auftreten, die zwar nicht den Abbruch der Anweisung nach sich ziehen, auf die aber trotzdem hingewiesen werden soll, spricht der Standard von einer Abschlußbedingung. Üblicherweise würde man in letzterem Fall von einer Warnung sprechen. Auf die Ausnahme- und Abschlußbedingungen wird in 6.3 weiter eingegangen.

[24]Wenn ein Prec-Wert dezimal spezifiziert ist (DECIMAL, NUMERIC), wird er vorher auf das entsprechende binäre Äquivalent umgerechnet.

Implementierungen variieren. Als Beispiel wollen wir von der folgenden Rangordnung ausgehen:

`SMALLINT` $\prec$ `INT` $\prec$ `DEC` $\simeq$ `NUMERIC` $\prec$ `FLOAT` $\simeq$ `REAL` $\prec$ `DOUBLE PRECISION`

Dabei bedeutet: `A` $\prec$ `B`, daß `A` Vorrang (Präzedenz) vor `B` hat. Man sagt auch, daß `A` einen besseren Rang hat als `B` oder daß `B` einen schlechteren Rang als `A` hat. `A` und `B` können auch den gleichen Rang haben: `A` $\simeq$ `B`. Ausgehend von obiger Rangordnung kann man für jeden numerischen Typ `DT` seine *Typpräzedenzliste* bilden. Das ist eine Liste aller Typnamen mit dem gleichen oder einem schlechteren Rang als `DT` gemäß der obigen Rangordnung, wobei diese Liste jeweils mit `DT` beginnt. Unter Zugrundelegung obiger Rangordnung wäre beispielsweise die Typpräzedenzliste für `NUMERIC`: (`NUMERIC` $\simeq$ `DEC` $\prec$ `FLOAT` $\simeq$ `REAL` $\prec$ `DOUBLE PRECISION`). Wenn zur Beurteilung von Kompatibilitätsfragen von der Typpräzedenzliste ausgegangen wird, gelten nur die Typen T_i in der Typpräzedenzliste von `DT` als kompatibel mit dem Typ `DT`. Wenn V einen `NUMERIC` Datentyp hätte, wäre eine Zuweisung auf T unter Zugrundelegung der obigen Typpräzedenzliste zulässig, wenn der Typ von T `REAL` wäre. Die Zuweisung wäre aber unzulässig, wenn der Typ von T `INTEGER` wäre (dabei könnten unter Umständen Nachkommastellen von V verlorengehen). Je besser der Rang von T_i in der Typpräzedenzliste ist, desto "kompatibler" ist T_i mit dem Typ `DT`.

3.2.2.2 Numerische Literale

Wie das folgende Syntaxdiagramm zeigt, kann ein numerisches Literal wahlweise auch ein negatives '–' oder positives '+' Vorzeichen aufweisen.

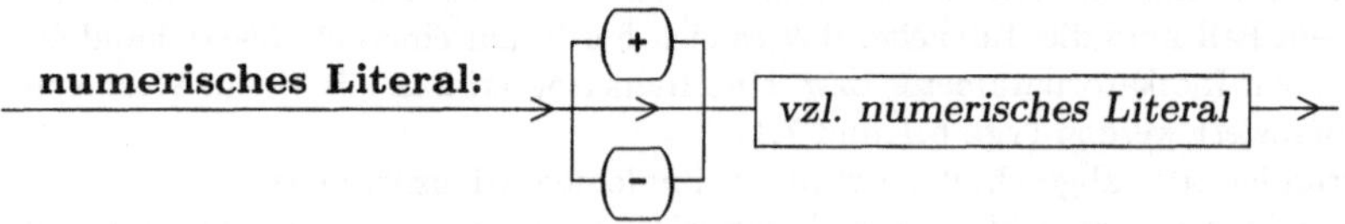

Das von einem etwaigen Vorzeichen befreite numerische Literal wird *vorzeichenloses numerisches Literal* genannt.[25]

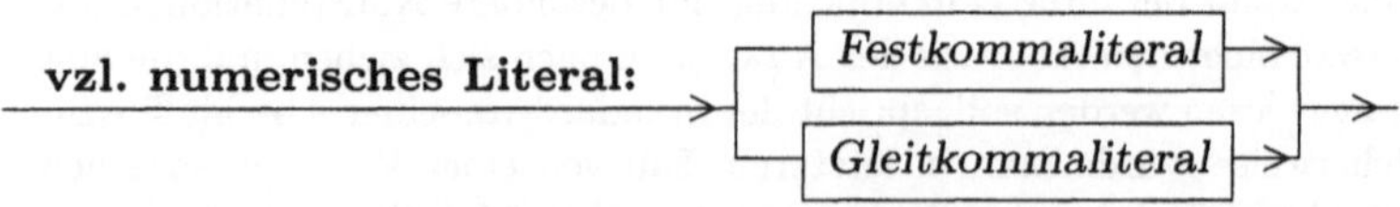

---

[25] Aus Platzgründen wird in den Syntaxdiagrammen für 'vorzeichenlos' immer die Abkürzung 'vzl.' verwendet.

Analog zum numerischen Typ (vgl. 3.2.2.1) gibt es auch beim vorzeichenlosen numerischen Literal *Festkommaliterale* und *Gleitkommaliterale*. Ein Festkommaliteral ist folgendermaßen aufgebaut:

Festkommaliteral:

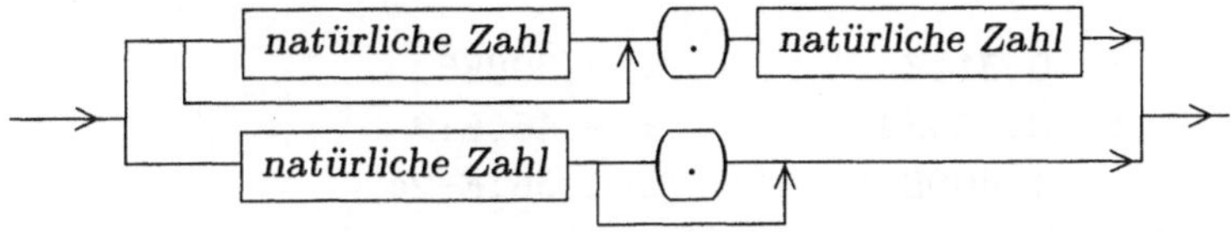

Die folgenden Beispiele zeigen einige gültige Festkommaliterale:

0	50	3.14159
1	50.	0.12345
100	50.0	.12345

Ein Festkommaliteral ist vom Festkommatyp. Wenn das Festkommaliteral keinen Dezimalpunkt aufweist, wird dieser unmittelbar nach der letzten Ziffer angenommen. Der *Prec*-Wert p ergibt sich aus der Anzahl der Ziffern des Festkommaliterals. Der *Scale*-Wert s entspricht der Anzahl der Nachkommastellen. Hinsichtlich des von der Implementierung vorzusehenden Festkommatyps legt sich der Standard nicht gänzlich fest und scheint neben NUMERIC(p,s) auch DECIMAL(p,s) zuzulassen. Für ganzzahlige Festkommaliterale (also für $s = 0$) scheint auch INTEGER oder SMALLINT in Betracht zu kommen.[26]

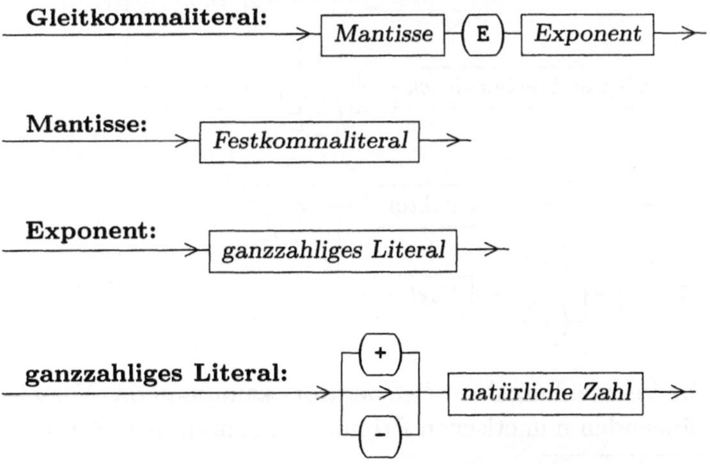

---

[26]Solange der Wert des Festkommaliterals exakt repräsentiert und sein *Scale*-Wert beibehalten wird, ist das eigentlich auch belanglos.

natürliche Zahl:

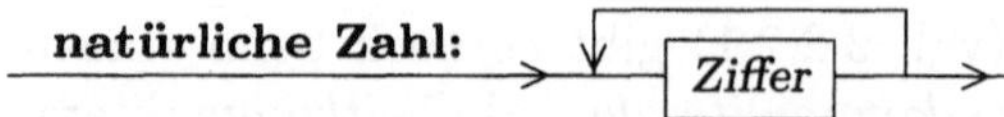

Ein Gleitkommaliteral besteht also aus einer Mantisse m und einem Exponenten x. Der Zahlenwert ist durch $m \times 10^x$ festgelegt. Die folgenden Beispiele zeigen einige gültige Gleitkommaliterale.

1	0.314E1		4	2.998E5
2	3.140E0		5	9.460E12
3	31.400E-1		6	1.661E-24

Die Gleitkommaliterale in der ersten Spalte sind äquivalent und haben alle den Wert 3.14. Die Gleitkommaliterale in der zweiten Spalte zeigen, daß die Gleitkommanotation in erster Linie zur Darstellung von Zahlen gedacht ist, deren Absolutbetrag entweder sehr groß (4, 5) oder sehr klein ist (6). Ein Gleitkommaliteral ist natürlich vom Gleitkommatyp. Dabei ergibt sich der *Prec*-Wert aus der Anzahl der signifikanten Stellen der Mantisse.[27]

3.2.2.3 Numerische Wertausdrücke

Ein numerischer Wertausdruck repräsentiert einen numerischen Wert. Wie die folgenden Syntaxdiagramme zeigen, kann man in einem numerischen Wertausdruck die üblichen arithmetischen Operatoren verwenden:

numerischer Wertausdruck:

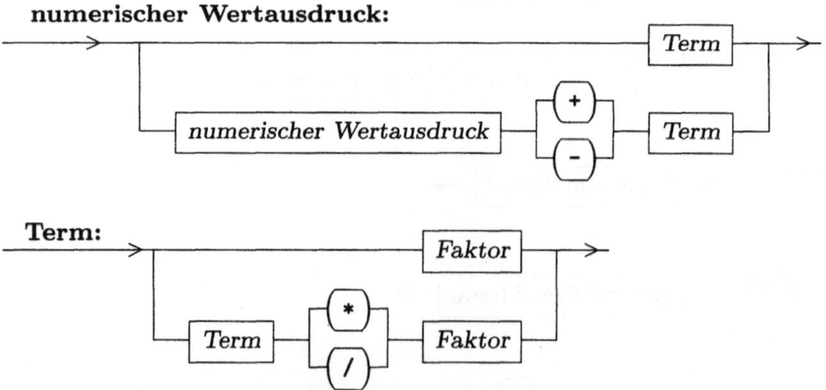

Durch monadische Verwendung des '−'-Operators kann man das Vorzeichen des darauf folgenden numerischen Primary umkehren. Aus Symme-

---

[27]Da für die interne Darstellung ein binäres Gleitkommaformat verwendet wird, liegt es in der Natur der Sache, daß eine ganz exakte Repräsentation des Wertes des (dezimalen) Gleitkommaliterals im allgemeinen nicht möglich ist.

triegründen kann auch der '+'-Operator monadisch verwendet werden,
was aber keine Wirkung hat.

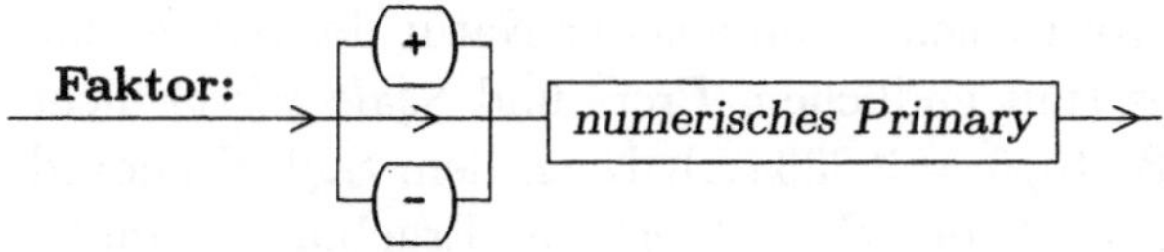

Schließlich gelangt man zu den sogenannten *numerischen Primaries* als
ultimativen Wertelieferanten der numerischen Wertausdrücke. Ein numerisches Primary kann ein *primärer Wertausdruck* (beispielsweise ein vorzeichenloses numerisches Literal, eine Spaltenreferenz oder ein geklammerter Wertausdruck) oder eine *numerische Funktion* sein.[28]

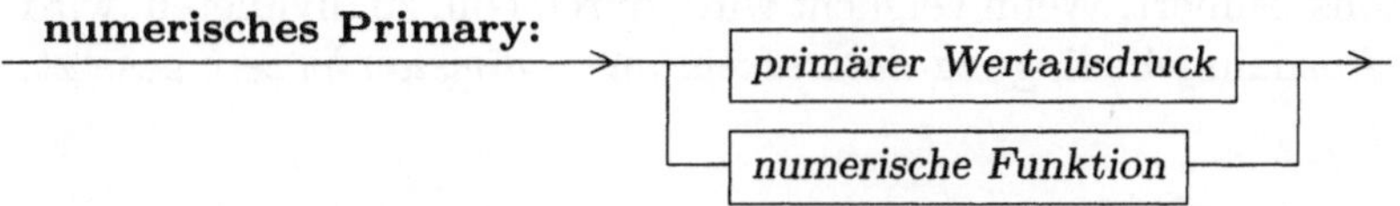

Wenn ein numerischer Wertausdruck mehrere arithmetische Operatoren
enthält, gelten die üblichen Prioritäten, also: Vorzeichen vor "Punktrech-
nung" vor "Strichrechnung" und innerhalb der gleichen Prioritätsstufe
von links nach rechts. Um eine andere Reihenfolge der Auswertung vorzugeben, können Klammern gesetzt werden.[29]

Wenn beide Operanden einer zweistelligen Operation vom *Festkommatyp* sind, ist auch das Ergebnis der Operation vom Festkommatyp. Der
Prec-Wert des Ergebnisses ist in jedem Falle implementationsdefiniert.
Der *Scale*-Wert s des Ergebnisses ergibt sich nach den folgenden Regeln,
wobei s_1 und s_2 die *Scale*-Werte der beiden Operanden sind:

a) Für *Addition* und *Subtraktion* gilt: $s = \max(s_1, s_2)$. Wenn der implementationsdefinierte *Prec*-Wert für das mathematische Resultat
   nicht ausreicht, wird eine Ausnahmebedingung *data exception —
   numeric value out of range* gesetzt.

b) Für die *Multiplikation* gilt: $s = s_1 + s_2$. Wenn der implementationsdefinierte *Prec*-Wert für das mathematische Resultat nicht aus-

---

[28]Ein vollständiger Überblick über die primären Wertausdrücke wird in 3.2.6.2 gegeben. Auf die numerischen Funktionen wird im nächsten Abschnitt bzw. im
   Rahmen von 3.2.3.4 eingegangen.

[29]Syntaktisch gesehen wird ein Wertausdruck durch Klammerung wieder zu einem
   primären Wertausdruck (vgl. 3.2.6.2).

reicht, wird eine Ausnahmebedingung *data exception — numeric value out of range* gesetzt.

c) Bei der *Division* ergibt es sich schon aus der Natur der Sache, daß ein exaktes Ergebnis (mit endlichem *Prec-* und *Scale-*Wert) nicht immer existiert (z.B. $10/3 = 3.333\ldots$). Nach dem SQL-Standard ist bei der Division auch der *Scale-*Wert des Ergebnisses implementationsdefiniert. Wenn führende signifikante Stellen des mathematischen Ergebnisses abgeschnitten werden müßten, wird eine Ausnahmebedingung *data exception — numeric value out of range* gesetzt. "Verluste auf der rechten Seite" können, wie eben besprochen, schon aus theoretischen Gründen nicht ausgeschlossen werden. Ob dabei gerundet oder abgeschnitten wird, ist implementationsdefiniert. Wenn versucht wird, durch Null zu dividieren, wird die Ausnahmebedingung *data exception — division by zero* gesetzt.

Wenn einer der beiden Operanden einer zweistelligen Operation vom *Gleitkommatyp* ist, dann ist auch das Ergebnis der Operation vom Gleitkommatyp. Der *Prec-*Wert ist dabei implementationsdefiniert. Sollte der Exponent des mathematischen Resultats nicht in dem von der Implementierung vorgesehenen Exponenten der internen Gleitkommadarstellung Platz finden, wird eine Ausnahmebedingung *data exception — numeric value out of range* gesetzt. Selbstverständlich wird auch hier die Ausnahmebedingung *data exception — division by zero* gesetzt, wenn versucht wird, durch Null zu dividieren.

3.2.2.4   Numerische Funktionen

Diese eingebauten Funktionen ('built-in functions') heißen deshalb numerische Funktionen, weil sie einen numerischen Wert liefern. Da alle in Core SQL vorgesehenen numerischen Funktionen, nämlich:

- `CHARACTER_LENGTH`
- `OCTET_LENGTH`
- `BIT_LENGTH`
- `POSITION`

mit Zeichenketten zu tun haben, werden sie in 3.2.3.4 gemeinsam mit den Zeichenketten-Funktionen besprochen.

3.2.3 Zeichenketten

Jeder Zeichenkettenwert hat einen Zeichenketten-Typ. In Core SQL gibt
es Zeichenketten fixer und variabler Länge. Auch bei den Zeichenketten
gibt es analog zu den numerischen Werten Zeichenketten-Literale und
Zeichenketten-Wertausdrücke. Die Struktur der Zeichenketten-Wertausdrücke ist sehr einfach, da es nur eine einzige Operation, nämlich die
Verkettung, gibt. Die Kategorie der Zeichenketten-Wertausdrücke umfaßt
aber auch einzelne Zeichenkettenwerte — beispielsweise ein Zeichenketten-Literal oder eine Spaltenreferenz auf eine Spalte mit einem Zeichenketten-Typ. Schließlich gibt es noch Zeichenketten-Funktionen, das sind
eingebaute Funktionen ('built-in functions'), deren Ergebnis eine Zeichenkette ist. Wie bereits erwähnt, haben auch alle in Core SQL verfügbaren numerischen Funktionen mit Zeichenketten zu tun und werden
daher gemeinsam mit den Zeichenketten-Funktionen besprochen.

3.2.3.1 Zeichenketten-Typ

Die Einteilung in Zeichenketten *fixer Länge* und Zeichenketten *variabler
Länge* schlägt sich natürlich auch in dem folgenden Syntaxdiagramm für
den Zeichenketten-Typ nieder.

Zeichenketten-Typ:

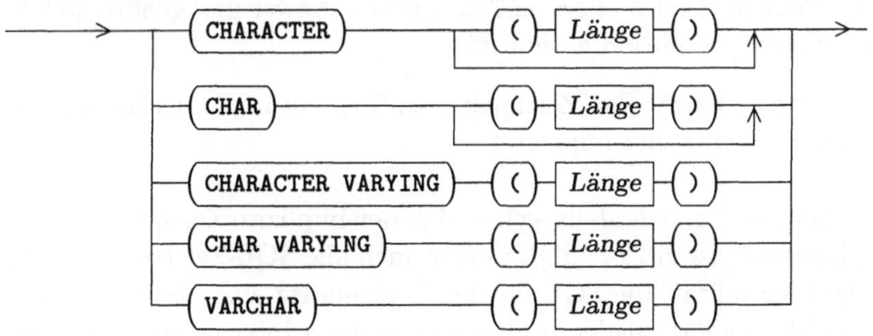

CHARACTER und **CHAR** sind Synonyme und spezifizieren eine Zeichenkette fixer Länge. Die Länge muß mindestens 1 betragen. Die maximale
Länge ist implementationsdefiniert. Wird die Längenangabe weggelassen, so wird implizit eine Länge von 1 angenommen. Auch **CHARACTER
VARYING**, **CHAR VARYING** und **VARCHAR** sind Synonyme. Damit kann eine Zeichenkette variabler Länge spezifiziert werden. Die Länge legt die

maximale Länge der entsprechenden Zeichenkette fest. Bei Zeichenketten variabler Länge darf die Längenangabe, die auch hier mindestens 1 betragen muß, nicht weggelassen werden.

Die folgenden Beispiele zeigen einige Zeichenketten-Typen:

1	`CHARACTER (20)`	5	`CHAR`
2	`CHAR (20)`	6	`CHARACTER VARYING (255)`
3	`CHARACTER (1)`	7	`CHAR VARYING (255)`
4	`CHAR (1)`	8	`VARCHAR (255)`

Die mit 1 und 2 numerierten Zeichenketten-Typen sind äquivalent. Ebenso die unter 3, 4 und 5 bzw. 6, 7 und 8 angeführten Zeichenketten-Typen.

Zu einem Zeichenketten-Typ gehört im Prinzip auch ein Zeichensatz. In Core SQL können Zeichensätze allerdings nicht explizit angesprochen oder sonstwie manipuliert werden. Die explizite Festlegung des zum Zeichenketten-Typ gehörenden Zeichensatzes ist erst im vollen Sprachumfang möglich. Der Standard sieht aber die folgenden Regeln zur impliziten Bestimmung des zum Zeichenketten-Typ gehörenden Zeichensatzes vor. Diese Regeln kommen immer dann zur Anwendung, wenn der Zeichenketten-Typ keinen expliziten Zeichensatz festlegt, also insbesondere auch in Core SQL.

- Wenn der Zeichenketten-Typ in einer Spaltendefinition auftritt, dann ist der Zeichensatz des Schemas implizit, zu dem die Tabelle der **CREATE TABLE** - bzw. **ALTER TABLE** - Anweisung gehört, welche die Spaltendefinition enthält.[30]

- Ansonsten ist für den Zeichenketten-Typ ein implementationsdefinierter Zeichensatz implizit.[31]

Diese Regeln stellen jedenfalls sicher, daß der implizite Zeichensatz eines Zeichenketten-Typs in Core SQL immer auch alle SQL-Zeichen umfassen muß. Die Flexibilität, die SQL für den Zeichensatz eines Zeichenketten-Typs vorsieht, gehört wieder zu den sogenannten Internationalisierungsaspekten von SQL (vgl. 3.2.1.2), die freilich erst im vollen Sprachumfang zum Tragen kommen.

---

[30]Der Zeichensatz des Schemas kann erst im vollen Sprachumfang explizit festgelegt werden. Daher wird in Core SQL immer ein implementationsdefinierter impliziter Zeichensatz des Schemas wirksam. Dieser muß aber jedenfalls alle SQL-Zeichen umfassen. Vgl. 4.6.1.

[31]Auch dieser implementationsdefinierte Zeichensatz muß zumindest alle SQL-Zeichen umfassen.

Jeder Datentyp — und somit auch jeder Zeichenketten-Typ — umfaßt auch den NULLwert. Dieser stellt eine spezielle Markierung für einen fehlenden Wert dar und unterscheidet sich von allen eigentlichen Werten des Datentyps (vgl. 2.2.2 und 3.3.3).

Bezüglich der *Vergleichbarkeit* von Zeichenkettenwerten läßt der Standard den Implementierungen einigen Spielraum. Es ist aber davon auszugehen, daß die Vergleichbarkeit von Werten mit einem Zeichenketten-Typ in Core SQL immer gewährleistet ist. Jedenfalls muß die Vergleichbarkeit gewährleistet sein, wenn man sich auf SQL-Zeichen beschränkt (vgl. 3.3.1.1).

In einigen Sprachkonstrukten bzw. Anweisungen von SQL müssen Wertzuweisungen vorgenommen werden. Dazu gehört ein zuzuweisender Wert V und eine wertaufnehmende Dateninstanz T. Wenn V und T vergleichbar sind, sind sie grundsätzlich auch *zuweisungskompatibel*. In Core SQL sind V und T also insbesondere dann zuweisungskompatibel, wenn beide einen Zeichenketten-Typ haben. Bei einer solchen Wertzuweisung wird nach den folgenden *Zuweisungsregeln* vorgegangen:

a) Wenn V ein NULLwert ist, wird ein NULLwert auf T übernommen.[32] Ansonsten (dann ist V also ein richtiger Zeichenkettenwert):

b) Sei T vom Typ *Zeichenkette fixer Länge* und sei ℓ_T die fixe Länge von T und ℓ_V die fixe oder aktuelle Länge von V.

  i) $\ell_T \geq \ell_V$: Hier treten keine Probleme bei der Zuweisung auf. Wenn $\ell_T > \ell_V$, wird T rechts mit Leerzeichen aufgefüllt.

  ii) $\ell_T < \ell_V$: Wenn nur Leerzeichen abgeschnitten werden müssen, kann die Zuweisung durchgeführt werden. Ansonsten muß eine Ausnahmebedingung *data exception — string data, right truncation* gesetzt werden.

c) Sei T vom Typ *Zeichenkette variabler Länge* und sei ℓ_T die maximale Länge von T und ℓ_V die fixe oder aktuelle Länge von V.

  i) $\ell_T \geq \ell_V$: Die Zuweisung macht auch hier keine Probleme und ℓ_V wird als aktuelle Länge von T übernommen.

---

[32]Der Vollständigkeit halber sei schon hier auf die folgende Spezialität der Modulsprache bzw. von eingebettetem SQL hingewiesen: Hier könnte es sich bei V auch um eine Host-Parameter- bzw. eingebettete Variablenspezifikation handeln. In diesem Fall muß die Tatsache, daß es sich bei V um einen NULLwert handelt, durch einen Indikatorparameter bzw. eine Indikatorvariable mit einem Wert von -1 signalisiert werden (vgl. 6.1 und 7.1).

ii) $\ell_T < \ell_V$: Wenn die letzten $\ell_V - \ell_T$ Zeichen von V nur Leerzeichen sind, werden sie abgeschnitten und der Anfang von V auf T übernommen, wobei die aktuelle Länge von T auf den Maximalwert ℓ_T gesetzt wird. Ansonsten muß eine Ausnahmebedingung *data exception — string data, right truncation* gesetzt werden.

Die oben eingeführte und auf der Vergleichbarkeit beruhende *Zuweisungskompatibilität* ist im allgemeinen ausreichend. In manchen Situationen (vgl. 4.4.3.2) muß aber ein strengerer Maßstab angelegt werden. Dabei wird auf das Konzept der *Typpräzedenz* zurückgegriffen, auf das bereits in 3.2.2.1 eingegangen worden ist. Für die in Core SQL verfügbaren Zeichenketten-Typen wird die Rangordnung CHAR $\prec$ VARCHAR zugrundegelegt. Somit ist die Typpräzedenzliste von CHAR: (CHAR $\prec$ VARCHAR). Die Typpräzedenzliste von VARCHAR besteht nur aus: (VARCHAR). Unter Zugrundelegung der Typpräzedenz wäre somit eine Zuweisung von V auf T unzulässig, wenn V den Typ VARCHAR und T den Typ CHAR hätte (dabei würde die Information über die aktuelle Länge von V verlorengehen).

3.2.3.2   Zeichenketten-Literale

Die zum Zeichenketten-Literal gehörenden Objektzeichen werden auf beiden Seiten durch Quote-Symbole '’’ begrenzt (vgl. 3.2.1.1):

```
'Olefin'
'Oesterreich'
'+ ist ein SQL-Sonderzeichen'
```

Die Quote-Symbole werden in diesem Zusammenhang also als Metazeichen verwendet. Wenn das Quote-Symbol als Objektzeichen verwendet werden muß, so sind dafür zwei Quote-Symbole unmittelbar nebeneinander zu setzen:[33]

```
'Wie geht''s?'
'DON''T'
```

Zeichenketten-Literale sind vom Typ Zeichenkette mit fixer Länge. Die maximal zulässige Länge eines Zeichenketten-Literals ist daher implementationsdefiniert (vgl. 3.2.3.1). Obwohl ein Zeichenketten-Typ sonst

---

[33]Das ist völlig analog zur Regelung für begrenzte Bezeichner, die ein doppeltes Hochkomma enthalten (vgl. 3.2.1.2).

mindestens die Länge 1 haben muß, sind im Prinzip auch *leere* Zeichenketten-Literale '''' möglich. Allerdings darf eine Implementierung leere Zeichenketten-Literale implementationsdefiniert ausschließen.

Zu einem Zeichenketten-Typ — und damit auch zu einem Zeichenketten-Literal — gehört im Prinzip auch ein Zeichensatz. Wie bereits erwähnt, können Zeichensätze in Core SQL allerdings nicht explizit angesprochen oder sonstwie manipuliert werden (vgl. 3.2.3.1). Daher ist auch die explizite Festlegung des zum Zeichenketten-Literal gehörenden Zeichensatzes erst im vollen Sprachumfang möglich. Wenn für ein Zeichenketten-Literal kein expliziter Zeichensatz festgelegt wird, ist der Zeichensatz des Moduls implizit (vgl. 6.1). Diese Regelung, die natürlich in Core SQL immer zur Anwendung kommt, stellt sicher, daß der implizite Zeichensatz des Zeichenketten-Literals jedenfalls alle SQL-Zeichen umfaßt.[34] Die Flexibilität, die SQL für den Zeichensatz eines Zeichenketten-Literals vorsieht, gehört wieder zu den sogenannten Internationalisierungsaspekten (vgl. 3.2.1.2).

3.2.3.3 Zeichenketten-Wertausdrücke

Die folgenden Diagramme zeigen die in Core SQL gültige Syntax für einen Zeichenketten-Wertausdruck.

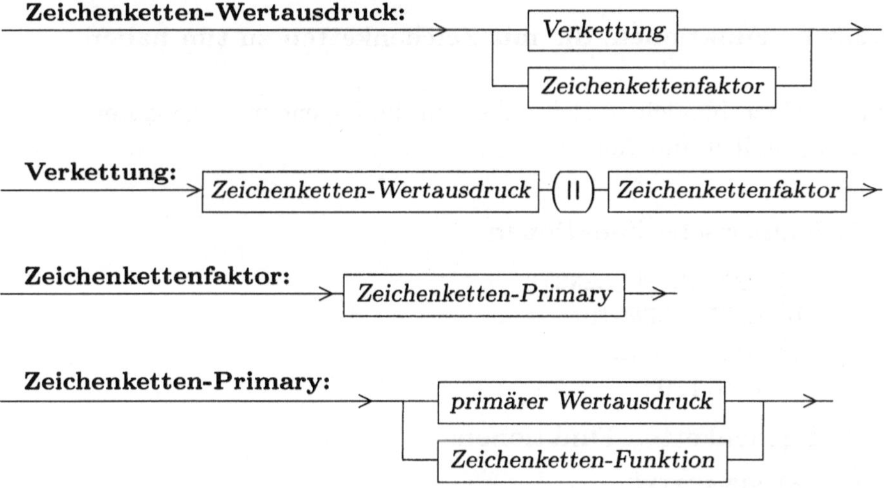

---

[34]Weil der Zeichensatz des Moduls in Core SQL alle SQL-Zeichen enthalten muß (vgl. 6.1).

Für Zeichenketten gibt es nur einen einzigen Operator, nämlich die *Verkettung* (*concatenation*) '||'. Beispielsweise hat die Verkettung

```
'PRODUKTNAME: ' || 'Olefin'
```

als Resultat den Zeichenkettenwert

```
'PRODUKTNAME: Olefin'.
```

Andere Beispiele wären:

```
'Produktname: ' || PNAME
'Lagerort: ' || ORT
'Gebinde: ' || GEBINDE
```

Wenn beide Zeichenketten *fixe* Länge haben, hat auch das Ergebnis fixe Länge. Die Länge darf aber die implementationsdefinierte Maximallänge für Zeichenketten fixer Länge nicht übersteigen. Wenn eine der beiden beteiligten Zeichenketten *variable* Länge hat, dann hat das Ergebnis variable Länge. Wenn die Ergebnislänge die implementationsdefinierte Maximallänge für Zeichenketten variabler Länge übersteigen sollte, wird eine Ausnahmebedingung *data exception — string data, right truncation* gesetzt. Das Setzen dieser Ausnahmebedingung unterbleibt aber, wenn nur Leerzeichen abgeschnitten werden müssen.

3.2.3.4   Funktionen, die mit Zeichenketten zu tun haben

Im einzelnen handelt es sich dabei um die folgenden eingebauten Funktionen ('built-in functions'):

1. **Numerische Funktionen:**

    a) CHARACTER_LENGTH
    b) OCTET_LENGTH
    c) BIT_LENGTH
    d) POSITION

2. **Zeichenketten-Funktionen:**

    a) SUBSTRING
    b) TRIM
    c) LOWER und UPPER (Überbegriff: FOLD)

Die numerischen Funktionen haben Zeichenketten-Wertausdrücke als Argumente. Sie liefern als Funktionswert einen ganzzahligen Festkommawert. Die Zeichenketten-Funktionen liefern einen Zeichenkettenwert.

ad 1a) CHARACTER_LENGTH (Synonym: CHAR_LENGTH) hat als Argument einen Zeichenketten-Wertausdruck. Als Ergebnis wird die Anzahl der Zeichen des Arguments abgeliefert. Beispielsweise liefert der Funktionsaufruf CHARACTER_LENGTH ('Zeichenkette') als Ergebnis den Wert 12.

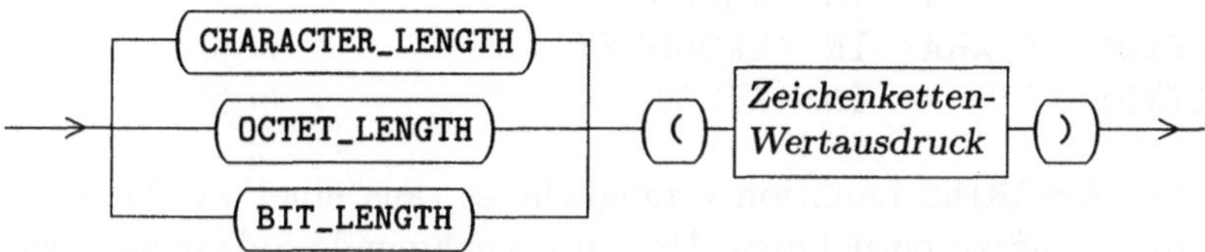

ad 1b) OCTET_LENGTH ist analog zu CHARACTER_LENGTH, nur daß jetzt die Anzahl der 'Oktete' — üblicherweise würde man 'Bytes' sagen — des Arguments abgeliefert wird. Während CHARACTER_LENGTH die logische Länge der Zeichenkette (also die Anzahl der Zeichen) angibt, erhält man bei OCTET_LENGTH die physische Länge (also die zur Speicherung der Zeichenkette benötigten 'Oktete'). Die physische Länge hängt von der Art der Speicherung ab und muß daher nicht unbedingt mit der logischen Länge übereinstimmen.

ad 1c) BIT_LENGTH kann analog zu den beiden anderen LENGTH-Funktionen verwendet werden, nur daß nun die zur Speicherung der Zeichenkette benötigten Bits zurückgegeben werden. Zwischen der BIT_LENGTH und der OCTET_LENGTH besteht der folgende Zusammenhang:

$$\texttt{OCTET\_LENGTH}(\textit{Kette}) = \left\lceil \frac{\texttt{BIT\_LENGTH}(\textit{Kette})}{8} \right\rceil$$

ad 1d) POSITION untersucht, ob eine Zeichenkette in einer anderen Zeichenkette als 'Substring' vorkommt und liefert gegebenenfalls die entsprechende Position. Das folgende Diagramm zeigt die Syntax:

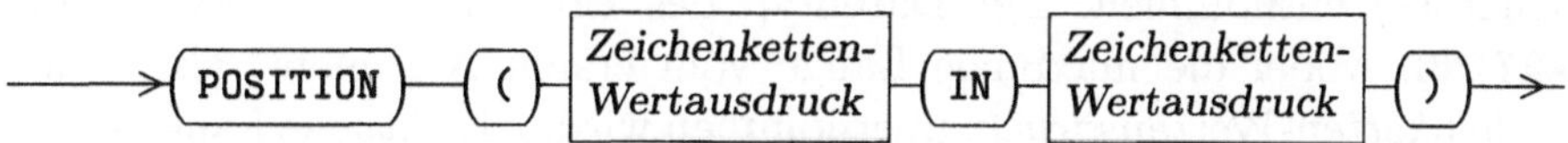

Beide Argumente sind vom Zeichenketten-Typ. Das Ergebnis ist eine ganze Zahl, die angibt, an welcher Position der zweiten Zeichenkette die erste Zeichenkette als 'Substring' auftritt. Bei mehrfachen Vorkommnissen ist das erste maßgeblich. Kommt die erste Zeichenkette in der zweiten Zeichenkette nicht vor, so wird 0 abgeliefert. Wenn die erste Zeichenkette leer ist (also die Länge null hat), wird 1 geliefert. Beispiele:

```
POSITION  ('AHA' IN 'XXAHAYYY')        ergibt  3
POSITION  ('AHA' IN 'XXAHAHAYYY')      ergibt  3
POSITION  ('AHA' IN 'AHA')             ergibt  1
POSITION  ('AHA' IN 'AHAHA')           ergibt  1
POSITION  ('AHA' IN 'XXOHOYYY')        ergibt  0
POSITION  (''    IN 'XYZ')             ergibt  1
```

ad 2a)   Die SUBSTRING-Funktion ermöglicht es, aus einer Zeichenkette einen 'Substring' zu entnehmen. Der zu entnehmende Substring wird durch Startposition und Längenangabe spezifiziert. Die Syntax ist folgendermaßen festgelegt:

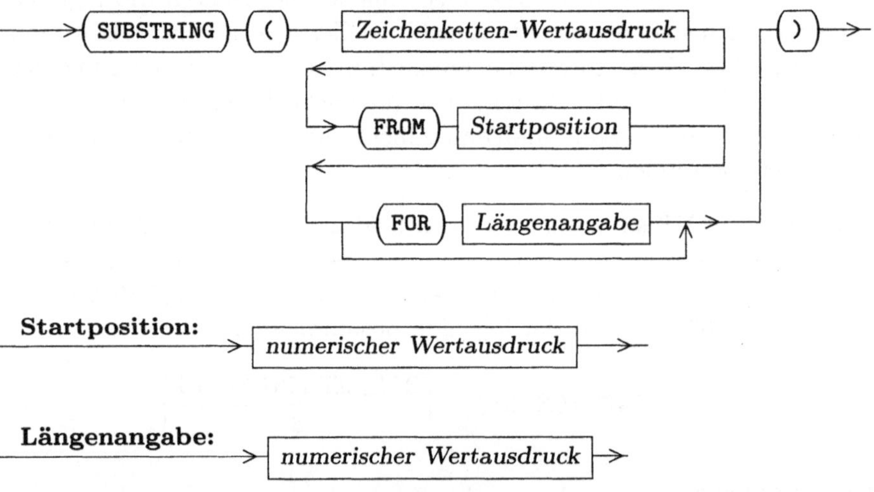

Startposition:

Längenangabe:

Startposition und *Längenangabe* müssen dabei ganzzahlige numerische Wertausdrücke sein. Wird die Längenangabe weggelassen, so wird der gesamte rechte Teilstring (von der Startposition bis zum Ende der Zeichenkette) entnommen. Der Datentyp des Ergebnisses ist CHARACTER VARYING, wobei die maximale Länge vom ersten Argument, also dem *Zeichenketten-Wertausdruck*, übernommen wird. Als aktuelle Länge wird die Längenangabe bzw. die Länge des rechten Teilstrings genommen.

ad 2b)   Die TRIM-Funktion dient dazu, die als *Trim-Source* angegebene Zeichenkette zu "stutzen". Das *Trim-Zeichen* muß ein Zeichenketten-

Wertausdruck der Länge 1 sein. Wenn kein Trim-Zeichen angegeben ist, wird defaultmäßig das Leerzeichen angenommen. In Abhängigkeit von der *Trim-Spezifikation* werden alle führenden (`LEADING`) bzw. nachgezogenen (`TRAILING`) Trim-Zeichen weggeschnitten oder beides (`BOTH`). Bei fehlender Trim-Spezifikation wird defaultmäßig `BOTH` angenommen.

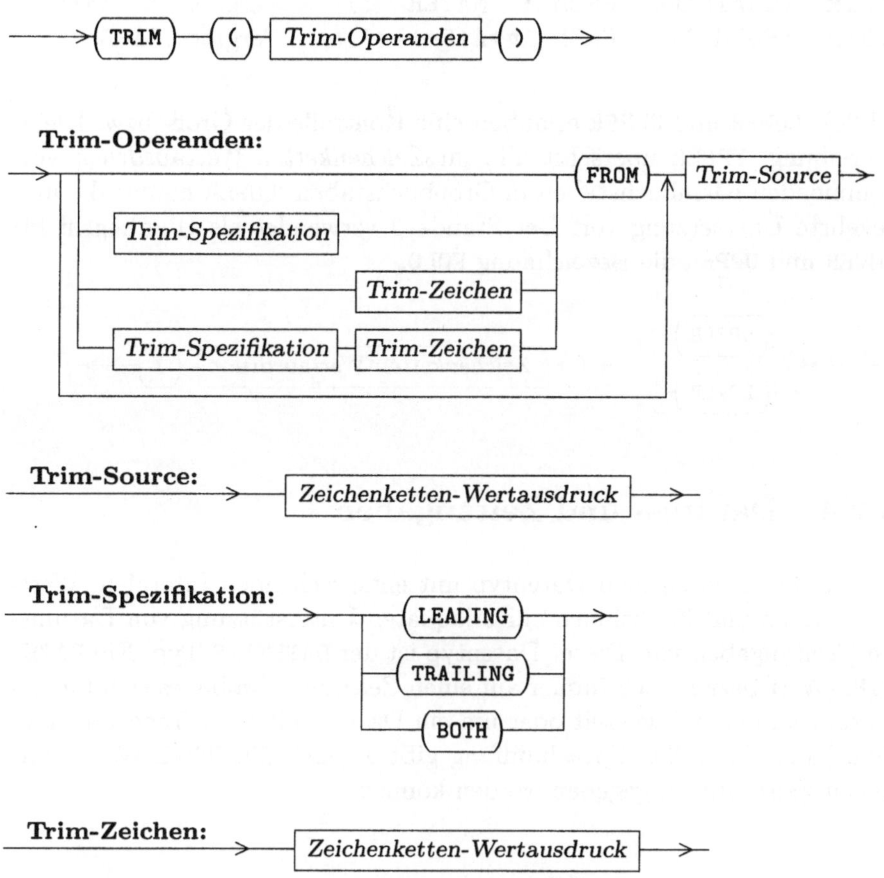

Der Datentyp des Ergebnisses ist `CHARACTER VARYING`, wobei die maximale Länge von der *Trim-Source* übernommen wird. Die aktuelle Länge kann höchstens der (aktuellen) Länge der Trim-Source entsprechen und hängt natürlich davon ab, wieviele Zeichen bei Durchführung der `TRIM`-Funktion abgeschnitten werden. Eine typische Anwendung der `TRIM`-Funktion besteht darin, eine Zeichenkette fixer Länge in eine Zeichenkette variabler Länge umzuwandeln und sie dabei von den nachgezogenen Leerzeichen zu befreien: `TRIM(TRAILING FROM FIXE_ZEICHENKETTE)`. Vielleicht sind auch die folgenden Beispiele hilfreich.

```
TRIM  (BOTH  ' '  FROM '  MAYER  ')      ergibt  'MAYER'
TRIM  (BOTH       FROM '  MAYER  ')      ergibt  'MAYER'
TRIM  (     ' '   FROM '  MAYER  ')      ergibt  'MAYER'
TRIM  (           FROM '  MAYER  ')      ergibt  'MAYER'
TRIM  (            '  MAYER  ')          ergibt  'MAYER'
TRIM  (LEADING    FROM '  MAYER  ')      ergibt  'MAYER  '
TRIM  (TRAILING   FROM '  MAYER  ')      ergibt  '  MAYER'
TRIM  (BOTH  '*'  FROM '**A*B****')      ergibt  'A*B'
```

ad 2c) LOWER und UPPER erlauben eine Kontrolle der Groß- bzw. Kleinschreibung. UPPER übersetzt alle im *Zeichenketten-Wertausdruck* vorkommenden Kleinbuchstaben in Großbuchstaben. LOWER nimmt die um-
gekehrte Übersetzung vor. Der Standard verwendet als Überbegriff für
LOWER und UPPER die Bezeichnung FOLD.

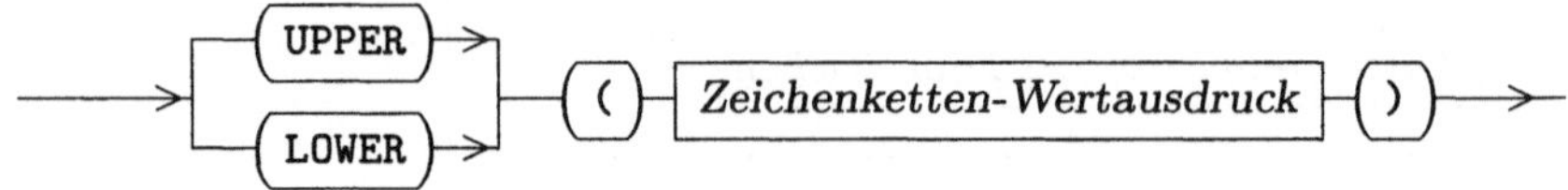

3.2.4   Datums- und Zeitangaben

SQL sieht einen eigenen Datentyp mit entsprechenden Literalen, Wertausdrücken und Funktionen zur adäquaten Unterstützung von Datums-
und Zeitangaben vor. Dieser Datentyp ist der DATETIME-Typ. Ein DATE-
TIME-Wert bezieht sich immer auf einen *Zeitpunkt*, wobei es sich um ein
Datum, um eine Tageszeit oder um ein Datum mit einer Tageszeit handeln kann. Im vollen Sprachumfang gibt es auch INTERVAL-Werte, mit
denen *Zeiträume* angegeben werden können.

3.2.4.1   DATETIME-Literale

Es gibt drei Arten von DATETIME-Literalen, nämlich:

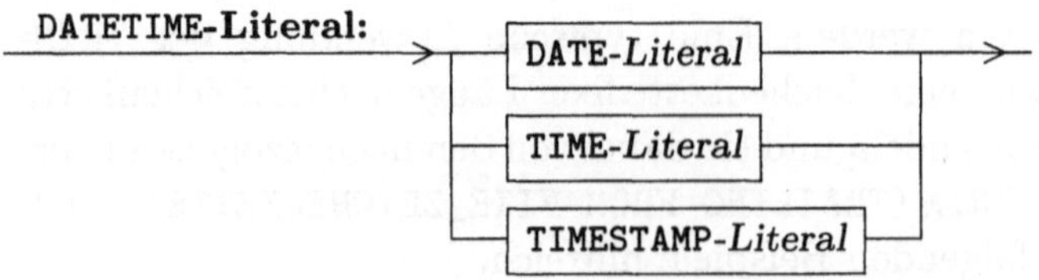

a) Ein **DATE-Literal** spezifiziert ein *Datum*. Für ein DATE-Literal muß das
Format DATE ʼyyyy-mm-ddʼ eingehalten werden. Die folgenden Literale
sind gültige DATE-Literale:

```
DATE  ʼ1999-12-31ʼ
DATE  ʼ1999-02-28ʼ
DATE  ʼ2000-02-29ʼ
DATE  ʼ2000-04-30ʼ
```

Der Standard legt fest, daß ein DATE-Literal ein gültiges (gregorianisches)
Datum zwischen dem 1. Jänner des Jahres 1 (DATE ʼ0001-01-01ʼ) und
dem 31. Dezember des Jahres 9999 (DATE ʼ9999-12-31ʼ) sein muß. Die
folgenden "DATE-Literale" wären daher unzulässig:

```
DATE  ʼ2000-1-1ʼ
DATE  ʼ1999-02-29ʼ
DATE  ʼ1985-04-31ʼ
DATE  ʼ2011-13-15ʼ
```

b) Ein **TIME-Literal** spezifiziert eine gültige *Tageszeit*. Die folgenden
Beispiele zeigen einige gültige TIME-Literale:

```
TIME  ʼ11:30:00ʼ
TIME  ʼ09:20:59ʼ
TIME  ʼ17:02:25ʼ
TIME  ʼ00:00:00ʼ
TIME  ʼ23:59:59ʼ
```

Die obigen Beispiele weisen darauf hin, daß für ein TIME-Literal das folgende Format verwendet werden muß:

```
TIME  ʼhh:mm:ssʼ
```

Die Wertebereiche für die einzelnen Felder sind:

```
hh :     00 – 23
mm :     00 – 59
ss :     00 – 61
```

Die etwas seltsam anmutende obere Grenze beim Sekundenwert wurde
deshalb vorgesehen, um noch einen Spielraum für eine Schaltsekunde zu
haben. Solche Schaltsekunden müssen manchmal eingeschoben werden,

um die offizielle Normalzeit (UTC[35]) mit der astronomischen Zeit zu synchronisieren.

c) Schließlich gibt es noch eine dritte Art von **DATETIME**-Literalen, nämlich **TIMESTAMP-Literale**. Diese stellen eine Kombination eines **DATE**- mit einem **TIME**-Literal dar, wodurch eine *Datumsangabe* mit einer *Zeit* versehen werden kann. Wie die folgenden Beispiele zeigen, beginnt ein **TIMESTAMP**-Literal mit der Datumsangabe, die wie bei **DATE**-Literalen aufgebaut ist. Darauf folgt die Zeitangabe, die einem **TIME**-Literal entspricht. Zwischen der Datums- und der Zeitkomponente muß genau ein Leerzeichen stehen:

```
TIMESTAMP '1999-05-30 16:10:30'
TIMESTAMP '2004-02-29 07:45:58'
```

In einem **TIMESTAMP**-Literal kann der Sekundenwert auch bis zu 6 Nachkommastellen haben. Somit sind auch die beiden folgenden **TIMESTAMP**-Literale zulässig:

```
TIMESTAMP '1999-05-30 16:10:30.00'
TIMESTAMP '2004-02-29 07:45:58.123456'
```

3.2.4.2   DATETIME-**Typ**

Auch beim **DATETIME**-Typ werden die Untertypen **DATE**, **TIME** und **TIME-STAMP** unterschieden, welche vollständig mit den entsprechenden Literalen korrespondieren:

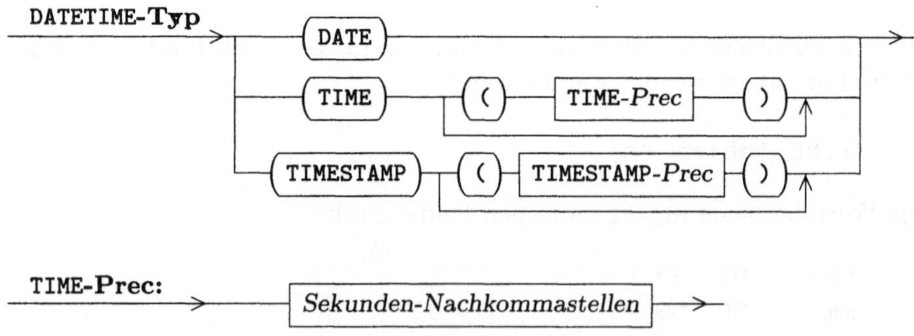

---

[35]UTC ist die Abkürzung für *Universal Time Coordinated*, die der *Greenwich Mean Time (GMT)* oder auch *mittleren Greenwich-Zeit (MGZ)* bzw. *westeuropäischen Zeit (WEZ)* entspricht. Die UTC wird übrigens im ISO-Standard *Data elements and Interchange Formats — Information Interchange — Representation of Dates and Times* [ISO 8601:1988] beschrieben.

TIMESTAMP-**Prec:**

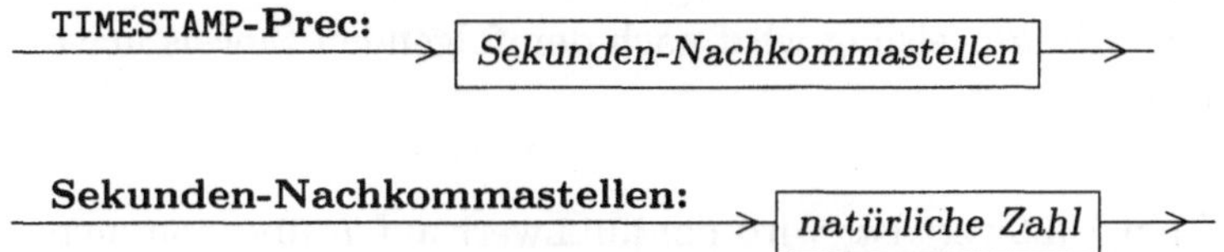

Sekunden-Nachkommastellen:

Durch die optionale Angabe von TIME-Prec bzw. TIMESTAMP-Prec kann die Anzahl der Nachkommastellen des Sekundenwertes für TIME bzw. TIMESTAMP explizit festgelegt werden. Die Möglichkeiten dieser Option sind allerdings sehr bescheiden: Für TIME-Prec ist nur der Wert 0 zulässig. Wenn keine Angabe erfolgt, wird implizit 0 angenommen. Der Sekundenwert des TIME-Untertyps ist also in jedem Fall ganzzahlig und die einzige Wahlmöglichkeit besteht darin, diese Tatsache auch explizit zu bestätigen. Für TIMESTAMP-Prec sind zwei Werte zulässig, nämlich 0 und 6. Wenn keine Angabe erfolgt, wird implizit der Wert 6 angenommen. Beim TIMESTAMP-Untertyp kann man also für den Sekundenwert entweder auf Nachkommastellen verzichten oder den sonst implizit gewählten Wert bestätigen. Die folgenden Beispiele decken somit alle in Core SQL möglichen Untertypen des DATETIME-Typs ab:

```
DATE
TIME                    -- Time Precision 0
TIME(0)                 -- Time Precision 0
TIMESTAMP               -- Timestamp Precision 6
TIMESTAMP(6)            -- Timestamp Precision 6
TIMESTAMP(0)            -- Timestamp Precision 0
```

Jeder Datentyp — und somit auch jeder DATETIME-Typ — umfaßt auch den NULLwert. Dieser stellt eine spezielle Markierung für einen fehlenden Wert dar und unterscheidet sich von allen eigentlichen Werten des Datentyps (vgl. 2.2.2 und 3.3.3).

Werte vom DATETIME-Typ sind nicht unbeschränkt miteinander *vergleichbar*. Vielmehr können nur Werte desselben Untertyps (also DATE, TIME bzw. TIMESTAMP) miteinander verglichen werden (vgl. 3.3.1.1).

In einigen Sprachkonstrukten bzw. Anweisungen von SQL müssen Wertzuweisungen vorgenommen werden. Dazu gehört ein zuzuweisender Wert V und eine wertaufnehmende Dateninstanz T. Wenn V und T vergleichbar sind, sind sie grundsätzlich auch *zuweisungskompatibel*. Für DATETIME-Typen läuft das darauf hinaus, daß V und T nur dann zuweisungskompatibel sind, wenn beide denselben Untertyp (also DATE, TIME bzw. TIMESTAMP) haben.

Bei einer solchen Wertzuweisung wird nach den folgenden *Zuweisungsregeln* vorgegangen:

a) Wenn V ein NULLwert ist, wird ein NULLwert auf T übernommen.

b) Ansonsten kann sich bei TIME und TIMESTAMP die Notwendigkeit zum Runden oder Abschneiden von Sekunden-Nachkommastellen ergeben. Es ist implementationsdefiniert, ob in solchen Fällen gerundet oder abgeschnitten wird.

Bei der Beurteilung der Kompatibilität aufgrund des — im allgemeinen strengeren — Konzepts der *Typpräzedenz* (vgl. 3.2.2.1) ergibt sich bei den DATETIME-Typen kein Unterschied zur gewöhnlichen *Zuweisungskompatibilität*: Die Typpräzedenzlisten für DATE, TIME bzw. TIMESTAMP sind nämlich (DATE), (TIME) bzw. (TIMESTAMP), enthalten also jeweils keinen anderen Datentyp. Auch unter Zugrundelegung der Typpräzedenz sind DATE, TIME und TIMESTAMP somit jeweils nur mit sich selbst kompatibel.

3.2.4.3 DATETIME-Wertausdrücke

Ein DATETIME-Wertausdruck liefert einen Wert vom Typ DATETIME (also: DATE, TIME oder TIMESTAMP). Wie die folgenden Syntaxdiagramme zeigen, fällt ein DATETIME-Wertausdruck mit einem DATETIME-Primary zusammen. In Core SQL gibt es also keine Operatoren für einen DATETIME-Wertausdruck.

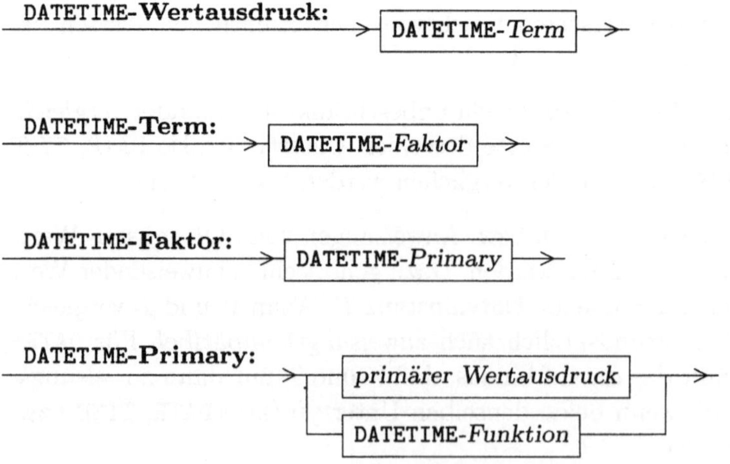

3.2.4.4 DATETIME-Funktionen

In Core SQL sind die folgenden drei eingebauten ('built-in') DATETIME-Funktionen verfügbar:

a) CURRENT_DATE

b) LOCALTIME

c) LOCALTIMESTAMP

ad a) CURRENT_DATE ist eine Funktion ohne Argumente, die als Ergebnis das *aktuelle Datum* liefert. Der Typ des Ergebnisses ist natürlich der DATE-Untertyp von DATETIME.

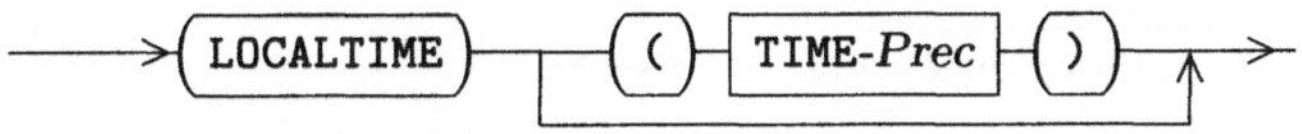

Wenn CURRENT_DATE beispielsweise am 5. August 2000 aufgerufen wird, dann ergibt sich der Wert DATE '2000-08-05'.

ad b) LOCALTIME liefert als Ergebnis die *aktuelle Ortszeit*. Der Typ des Ergebnisses ist der TIME-Untertyp von DATETIME. Hinsichtlich des optionalen Arguments ist alles genauso geregelt, wie beim TIME-Untertyp von DATETIME (vgl. 3.2.4.2): Der einzige für TIME-Prec zulässige Wert ist 0. Wenn keine Angabe erfolgt, wird implizit 0 angenommen. Der Sekundenwert von LOCALTIME ist also in jedem Fall ganzzahlig und die einzige Wahlmöglichkeit besteht darin, diese Tatsache auch explizit zu bestätigen.

Wenn LOCALTIME beispielsweise genau zu Mittag aufgerufen wird, ergibt sich der Wert TIME '12:00:00'.

ad c) LOCALTIMESTAMP liefert als Ergebnis das *aktuelle Datum* inklusive der *aktuellen Ortszeit*. Der Typ des Ergebnisses ist der TIMESTAMP-Untertyp von DATETIME. Hinsichtlich des optionalen Arguments ist alles genauso geregelt, wie beim TIMESTAMP-Untertyp von DATETIME (vgl. 3.2.4.2): Für TIMESTAMP-Prec sind nur zwei Werte zulässig, nämlich 0 und 6. Wenn keine Angabe erfolgt, wird implizit der Wert 6 angenommen. Man kann also für den Sekundenwert von LOCALTIMESTAMP entweder auf Nachkommastellen verzichten oder den sonst implizit gewählten Wert bestätigen.

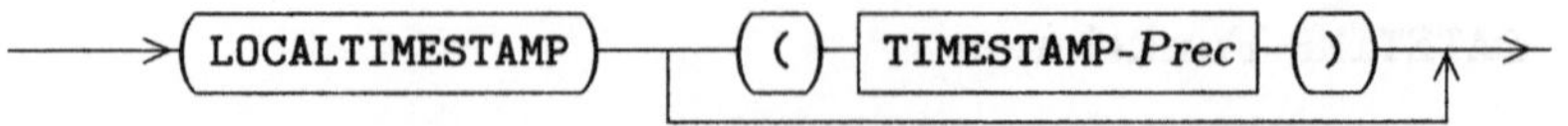

Wenn `LOCALTIMESTAMP` beispielsweise am 5. August 2000 zu Mittag aufgerufen wird, ergibt sich `TIMESTAMP '2000-08-05 12:00:00.000000'`.

3.2.5 Werte mit einem benutzerdefinierten Typ

Die bisher besprochenen Werte haben alle einen gewöhnlichen, vordefinierten Datentyp. In SQL-92 gab es nur solche vordefinierte Datentypen, die man häufig auch als eingebaute Datentypen (built-in datatypes) bezeichnet. Der Standard schließt sich dieser Bezeichnungsweise aber nicht an, sondern spricht von *predefined types*, was wir als *vordefinierte Typen* übernehmen.

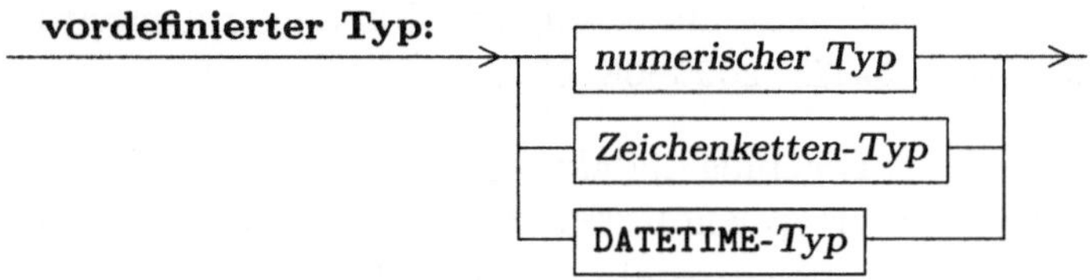

Alle in Core SQL verfügbaren vordefinierten Datentypen sind bereits besprochen worden (3.2.2–3.2.4). In SQL-99 besteht nun auch die Möglichkeit, benutzerdefinierte Typen (*user-defined types*) zu definieren und zu verwenden.

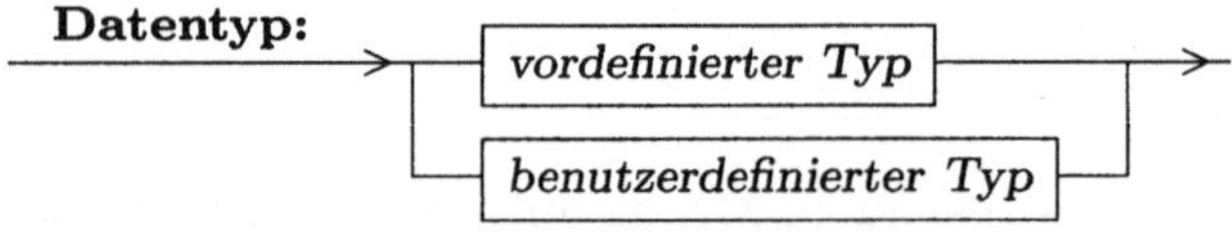

Ein benutzerdefinierter Typ wird durch seinen benutzerdefinierten Typnamen identifiziert.

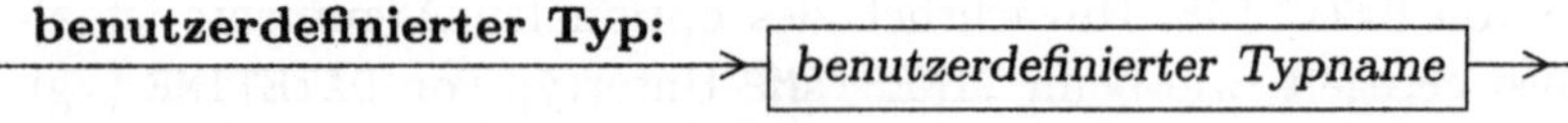

In Core SQL kann ein benutzerdefinierter Typ nur ein sogenannter *distinct type* sein.[36] Wenn wir im weiteren von 'benutzerdefinierten Typen'

---

[36]Im vollen Sprachumfang von SQL-99 gibt es noch eine zweite Spielart benutzerdefinierter Typen, nämlich die *structured types*.

sprechen, verstehen wir darunter immer solche 'distinct types'. Ein benutzerdefinierter Typ basiert auf einem vordefinierten Typ — dem sogenannten Source-Typ, von dem der benutzerdefinierte Typ den Wertevorrat
und die interne Repräsentation der Werte übernimmt. Als erste Annähe-
rung könnte man somit sagen, daß der Source-Typ bei der Definition des
benutzerdefinierten Typs nur einen neuen Namen bekommt. Dazu kommt
aber noch eine ganz wesentliche Eigenschaft, nämlich daß für benutzerdefinierte Typen das strenge Typkonzept (*strong typing*) maßgeblich ist.
Das bedeutet, daß ein benutzerdefinierter Typ zu allen anderen Datentypen inklusive seinem Source-Typ inkompatibel ist: Werte eines benutzerdefinierten Typs sind nur mit Werten desselben benutzerdefinierten
Typs vergleichbar. Auch sonst dürfen Werte eines benutzerdefinierten
Typs nur dort verwendet werden, wo sie ausdrücklich erwartet werden.
Unzulässige Typen werden zurückgewiesen. Dadurch stellt das strenge
Typkonzept sicher, daß auf einen benutzerdefinierten Typ nur passende
Operationen angewendet werden können.

Ein benutzerdefinierter Typ wird durch eine **CREATE TYPE** - Anweisung
definiert. Er kann dann im Prinzip überall verwendet werden, wo ein Datentyp vorgesehen ist, beispielsweise zur Definition einer Tabellenspalte.
Eine Spaltenreferenz auf eine solche Spalte wäre ein typisches Beispiel
für einen Wertausdruck mit einem benutzerdefinierten Typ. Ein benutzerdefinierter Typ hat keine eigenen Literale. Naheliegenderweise gibt es
auch keine eingebauten Funktionen für einen benutzerdefinierten Typ.
Bei Ausführung der **CREATE TYPE** - Anweisung werden aber automatisch
zwei mit dem benutzerdefinierten Typ verknüpfte Cast-Funktionen definiert, mit Hilfe derer Typkonversionen zwischen dem benutzerdefinierten
Typ und seinem Source-Typ vorgenommen werden können.

3.2.5.1 Benutzerdefinierter Typ

Ein benutzerdefinierter Typ (BDT) kann im Prinzip durch einen Standard, eine Implementierung oder eine Anwendung definiert werden. In
den beiden ersten Fällen wird der BDT gewissermaßen schon mit der Implementierung mitgeliefert. Im letzten Fall muß er vom Benutzer durch
eine **CREATE TYPE** - Anweisung definiert werden. Diese gehört zu den
Schemaanweisungen, die im 4. Kapitel behandelt werden. Es erscheint
aber zweckmäßig, schon hier auf die **CREATE TYPE** - Anweisung einzugehen, soweit das für das Verständnis der benutzerdefinierten Typen notwendig ist. Wie das folgende Syntaxdiagramm zeigt, ist die Syntax der

CREATE TYPE - Anweisung (*user-defined type definition*) in Core SQL ganz einfach.

CREATE TYPE - Anweisung:

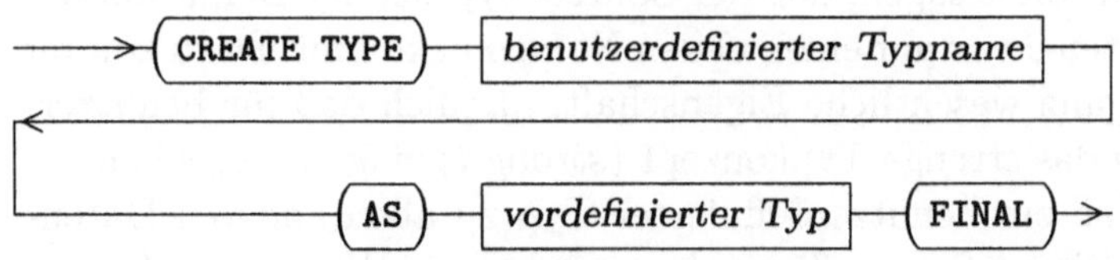

Der durch die **CREATE TYPE** - Anweisung definierte Typ erhält den angegebenen *benutzerdefinierten Typnamen*. Dieser ist ein *schema-qualifizierter Typname*, was bedeutet, daß er wahlweise mit einem Schemanamen qualifiziert werden kann (vgl. 4.3.1).

Die Syntax schreibt für einen *distinct type* (also die einzige in Core SQL mögliche Spielart eines BDT) die Spezifikation von **FINAL** vor. Wir wollen hier nicht weiter auf die Bedeutung dieser Spezifikation eingehen. Wir müßten uns sonst mit Konzepten[37] auseinandersetzen, die erst für den vollen Sprachumfang von SQL-99 von Relevanz sind.

Betrachten wir als Beispiel die folgende **CREATE TYPE** - Anweisung, durch die der benutzerdefinierte Typ **MEINTYP** definiert wird:

```
CREATE TYPE MEINTYP
        AS DECIMAL(10,2) FINAL;
```

Unser BDT hat also den benutzerdefinierten Typnamen **MEINTYP**. Der Source-Typ von **MEINTYP** ist der (vordefinierte) Typ **DECIMAL(10,2)**.

Jeder Datentyp — und somit auch jeder BDT — umfaßt auch den **NULL**wert. Dieser stellt eine spezielle Markierung für einen fehlenden Wert dar und unterscheidet sich von allen eigentlichen Werten des Datentyps (vgl. 2.2.2 und 3.3.3).

Für einen BDT ist das strenge Typkonzept maßgeblich. Das bedeutet, daß ein BDT zu allen anderen Datentypen inklusive seinem eigenen Source-Typ inkompatibel ist. Bezüglich der *Vergleichbarkeit* läuft das darauf hinaus, daß Werte eines BDT nur mit Werten desselben BDT vergleichbar sind, wobei die Ordnungsrelation des Source-Typs zugrundegelegt wird (vgl. 3.3.1.1). Um Vergleiche mit Werten eines anderen Typs

---

[37]Insbesondere mit dem Untertypkonzept.

durchführen zu können, muß eine explizite Typkonversion vorgenommen werden, wozu auf die im folgenden besprochenen Cast-Funktionen zurückgegriffen wird.

In einigen Sprachkonstrukten bzw. Anweisungen von SQL müssen Wertzuweisungen vorgenommen werden, wozu ein zuzuweisender Wert V und eine wertaufnehmende Dateninstanz T gehören. Bei den vordefinierten Typen setzt die *Zuweisungskompatibilität* von V und T immer deren Vergleichbarkeit voraus und selbstverständlich ist die Zuweisungskompatibilität immer gegeben, wenn V und T denselben BDT haben. Bei den benutzerdefinierten Typen wird die Koppelung der Zuweisungskompatibilität an die Vergleichbarkeit — und damit das strenge Typkonzept — etwas gelockert. V und T gelten als zuweisungskompatibel, wenn eine der folgenden Bedingungen erfüllt ist:

i) Sowohl V als auch T haben den BDT.

ii) V hat den BDT und T den dazugehörigen Source-Typ.

iii) V hat den Source-Typ und T den BDT. Genaugenommen darf V in diesem Fall sogar einen vom Source-Typ verschiedenen Typ haben, solange dessen Typpräzedenzliste den Source-Typ enthält.

Wie die folgenden für die Durchführung einer Wertzuweisung maßgeblichen *Zuweisungsregeln* zeigen, werden für die Fälle ii) und iii) implizite Typkonversionen vorgenommen:

a) Wenn V ein NULLwert ist, wird ein NULLwert auf T übernommen.

b) Ansonsten:

i) Wenn sowohl V als auch T den BDT haben, gibt es keine Komplikationen und die Wertzuweisung wird vorgenommen.

ii) Wenn V den BDT und T den dazugehörigen Source-Typ hat, wird V vor Durchführung der Wertzuweisung implizit auf den Source-Typ konvertiert. Der konvertierte Wert von V entspricht effektiv dem Ergebnis von FNCTS(V), wobei FNCTS die zum BDT gehörende 'cast to source'-Funktion ist (vgl. 3.2.5.2).

iii) Wenn V den Source-Typ und T den BDT hat, wird V vor Durchführung der Wertzuweisung implizit auf den BDT konvertiert. Der konvertierte Wert von V entspricht effektiv dem Ergebnis von FNCTD(V), wobei FNCTD die zum BDT gehörende 'cast to distinct' - Funktion ist (vgl. 3.2.5.2).

Die oben eingeführte *Zuweisungskompatibilität* für die benutzerdefinierten Typen bedeutet eine gewisse Lockerung des strengen Typkonzepts, die auf eine bequemere Handhabung der benutzerdefinierten Typen abzielt. In manchen Situationen (vgl. 4.4.3.2) muß aber auch für Wertzuweisungen das (ganz) strenge Typkonzept beachtet werden, was wieder mit Hilfe der *Typpräzedenz* bewerkstelligt wird, auf die bereits in 3.2.2.1 eingegangen worden ist. Sei BDTNAME der Name eines benutzerdefinierten Typs. Dann besteht die Typpräzedenzliste von BDTNAME ausschließlich aus: (BDTNAME). Unter Zugrundelegung der Typpräzedenz ist ein BDT somit nur mit sich selbst kompatibel.

3.2.5.2   Cast-Funktionen

Um Typkonversionen zwischen einem BDT und seinem Source-Typ vornehmen zu können, werden bei der Ausführung der CREATE TYPE - Anweisung automatisch auch zwei zum BDT gehörende Cast-Funktionen definiert, nämlich:

- Die 'cast to distinct' - Funktion: Diese erwartet ein Argument des Source-Typs[38] und liefert dafür den entsprechenden Wert des (distinct) BDT. Die 'cast to distinct' - Funktion übernimmt als Namen den benutzerdefinierten Typnamen des BDT, in unserem Beispiel also MEINTYP.

- Die 'cast to source' - Funktion: Diese akzeptiert nur Argumente des (distinct) BDT und liefert dafür den entsprechenden Wert des Source-Typs. Für die 'cast to source' - Funktion wird der Name aus dem Source-Typ abgeleitet. In Core SQL kann es sich dabei in Abhängigkeit vom Source-Typ nur um einen der folgenden Namen handeln: CHAR, VARCHAR, SMALLINT, INTEGER, DECIMAL, NUMERIC, REAL, FLOAT, DOUBLE, DATE, TIME, TIMESTAMP. Für unser Beispiel wäre der Name der 'cast to source' - Funktion also DECIMAL.

Da ein BDT den Wertevorrat und die interne Repräsentation der Werte von seinem Source-Typ übernimmt, realisieren beide Cast-Funktionen

---

[38]Für das Argument der 'cast to distinct' - Funktion kommt im Prinzip auch ein anderer Typ T als der Source-Typ in Frage. Der Source-Typ muß aber zur Typpräzedenzliste von T gehören. Das ergibt sich übrigens aus den für den Aufruf von SQL-Funktionen maßgeblichen Regeln, die natürlich auch für die Cast-Funktionen zur Anwendung kommen.

eigentlich nur die identische Abbildung. Das Argument und der zurückgegebene Funktionswert unterscheiden sich aber durch ihren Typ.

Der Aufruf einer 'cast to distinct' - Funktion ist ein wichtiger Fall eines benutzerdefinierten Wertausdrucks. Diese werden im folgenden Abschnitt behandelt, wobei insbesondere auch auf die Verwendung der Cast-Funktionen eingegangen wird.

3.2.5.3 Benutzerdefinierte Wertausdrücke

Ein benutzerdefinierter Wertausdruck repräsentiert einen Wert des entsprechenden benutzerdefinierten Typs.[39] Es liegt in der Natur der Sache, daß es für einen benutzerdefinierten Wertausdruck keine Operatoren oder eingebauten Funktionen geben kann. Solche Wertausdrücke laufen daher unmittelbar auf einen sogenannten *primären Wertausdruck* hinaus.

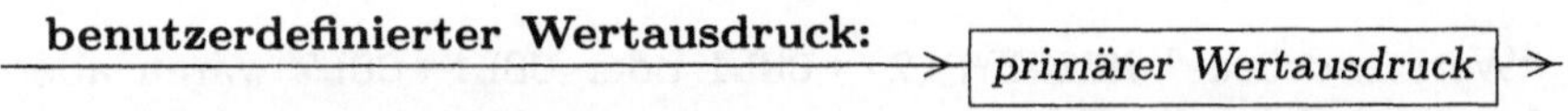

Der primäre Wertausdruck (typischerweise eine Spaltenreferenz oder ein Aufruf der 'cast to distinct' - Funktion) muß natürlich denselben benutzerdefinierten Typ haben.[40]

Die folgenden Beispiele sollen zeigen, wie sich das strenge Typkonzept auf die Verwendung von Wertausdrücken mit einem benutzerdefinierten Typ auswirkt. Wir gehen dabei wieder vom benutzerdefinierten Typ `MEINTYP` aus, der auf dem Source-Typ `DECIMAL(10,2)` basiert, und nehmen an, daß `COL1` und `COL2` Tabellenspalten mit dem Datentyp `MEINTYP` sind. `COL3` ist eine weitere Tabellenspalte, die aber mit dem Datentyp `DECIMAL(10,2)` — also dem Source-Typ von `MEINTYP` — definiert ist.

Der Vergleich `COL1 < COL2` ist zulässig. Das bedeutet unter anderem auch, daß eine Spaltenreferenz auf `COL1` als Sortierschlüssel in einer `ORDER`

---

[39]Angesichts der Tatsache, daß ein BDT den Wertevorrat nur von seinem (vordefinierten) Source-Typ übernimmt, wäre es zutreffender statt der Bezeichnung 'benutzerdefinierter Wertausdruck' die Bezeichnung 'Wertausdruck mit einem benutzerdefinierten Typ' zu verwenden (der Standard spricht von *user-defined type value expressions*). Um die Terminologie und auch die Syntaxdiagramme einigermaßen kompakt zu halten, haben wir uns dennoch für die erste Bezeichnungsweise entschieden.

[40]Ein vollständiger Überblick über alle in Core SQL verfügbaren *primären Wertausdrücke* wird in 3.2.6.2 gegeben.

BY - Klausel oder als Gruppierungsschlüssel in einer GROUP BY - Klausel verwendet werden kann.

Hingegen ist der Vergleich COL1 < COL3 unzulässig, obwohl der Source-Typ von COL1 mit dem Typ von COL3 identisch ist. Auch COL1 < 2.50 ist nicht erlaubt. Um solche Vergleiche durchführen zu können, muß man eine explizite Typkonversion vornehmen, wozu man auf eine der beiden mit dem benutzerdefinierten Typ MEINTYP verknüpften Cast-Funktionen zurückgreifen kann, also:

COL1 < MEINTYP(2.50) oder DECIMAL(COL1) < 2.50.

Während der (numerische) Wertausdruck 2 + COL3 vollkommen in Ordnung ist, wäre der "Wertausdruck" 2 + COL1 unzulässig. Man müßte auch hier eine explizite Typkonversion vornehmen:

2 + DECIMAL(COL1) .

Die "Wertausdrücke" MEINTYP(2) + COL1 oder COL1 * COL2 wären aber unzulässig, weil für die Operanden eines numerischen Wertausdrucks ein numerischer Typ vorausgesetzt wird.

Ein typisches Beispiel für ein Sprachkonstrukt von SQL, das eine Wertzuweisung realisiert, ist die SET-Klausel der UPDATE-Anweisung (vgl. 5.3). Durch SET COL1 = 2.50 wird COL1 der Wert 2.50 zugewiesen. Während der Vergleich COL1 < 2.50 unzulässig ist, ist diese SET-Klausel vollkommen in Ordnung, weil Zuweisungskompatibilität gegeben ist. Man kann natürlich auch hier eine explizite Typkonversion vornehmen, was auf die folgende Formulierung hinausläuft: SET COL1 = MEINTYP(2.50). Das ist aber gewissermaßen eine Fleißaufgabe, weil die Typkonversion sowieso implizit vorgenommen wird.

Es sei in diesem Zusammenhang noch darauf hingewiesen, daß Core SQL für Typkonversionen ein universell einsetzbares Konstrukt bereitstellt, nämlich die CAST-Spezifikation (vgl. 3.2.6.2). Diese kann insbesondere auch dazu verwendet werden, um Typkonversionen zwischen einem BDT und seinem Source-Typ vorzunehmen. Obwohl dabei effektiv auf die entsprechende Cast-Funktion des BDT zurückgegriffen wird, erscheint es uns schon aus Gründen der Durchgängigkeit und Orthogonalität empfehlenswert, auch in solchen Fällen die CAST-Spezifikation zu verwenden. Damit können die in den obigen Beispielen enthaltenen Typkonversionen folgendermaßen bewerkstelligt werden: CAST(2.50 AS MEINTYP) bzw. in die andere Richtung durch CAST(COL1 AS DECIMAL(10,2)).

3.2.6 Wertausdrücke

3.2.6.1 Überblick

In Core SQL sieht das Syntaxdiagramm für den Wertausdruck (*value expression*) folgendermaßen aus:

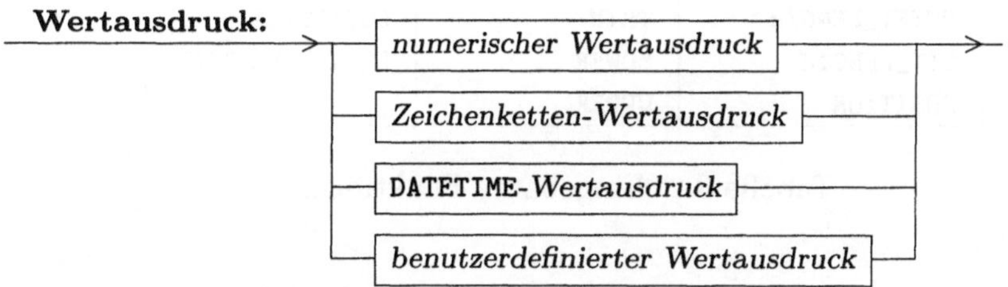

Die einzelnen datentypspezifischen Wertausdrücke sind in 3.2.2.3, 3.2.3.3, 3.2.4.3 und 3.2.5.3 schon vollständig besprochen worden. Insbesondere sind die Struktur der entsprechenden Wertausdrücke anhand der Syntaxdiagramme beschrieben und die anwendbaren Operatoren und ihre Wirkungen dargestellt worden. Bei allen datentypspezifischen Wertausdrücken mit Ausnahme des benutzerdefinierten Wertausdrucks gelangt man schließlich zu den sogenannten *Primaries* als ultimativen Wertelieferanten. Im einzelnen handelt es sich dabei um:

- numerisches Primary

  - primärer Wertausdruck
  - numerische Funktion

- Zeichenketten-Primary

  - primärer Wertausdruck
  - Zeichenketten-Funktion

- DATETIME-Primary

  - primärer Wertausdruck
  - DATETIME-Funktion

Die Übersicht zeigt, daß jedes Primary ein *primärer Wertausdruck* oder eine entsprechende *eingebaute Funktion* sein kann. Der Datentyp des primären Wertausdrucks muß natürlich mit dem Datentyp des Primary übereinstimmen. Ein benutzerdefinierter Wertausdruck führt unmittelbar auf einen primären Wertausdruck, der natürlich in diesem Fall einen benutzerdefinierten Typ haben muß. Die eingebauten Funktionen wurden bereits in 3.2.2.4, 3.2.3.4 und 3.2.4.4 besprochen. Die folgende Tabelle faßt noch einmal alle in Core SQL verfügbaren eingebauten Funktionen zusammen.

numerische	Zeichenketten	Datetime
CHARACTER_LENGTH	SUBSTRING	CURRENT_DATE
OCTET_LENGTH	TRIM	LOCALTIME
BIT_LENGTH	LOWER	LOCALTIMESTAMP
POSITION	UPPER	

Tabelle 3.2: Eingebaute Funktionen

3.2.6.2   Primäre Wertausdrücke

Wenn ein Primary keine eingebaute Funktion ist, muß es ein *primärer Wertausdruck* sein. Auch ein benutzerdefinierter Wertausdruck läuft auf einen primären Wertausdruck hinaus (vgl. 3.2.5.3). Das folgende Syntaxdiagramm zeigt, welche primären Wertausdrücke es in Core SQL gibt:

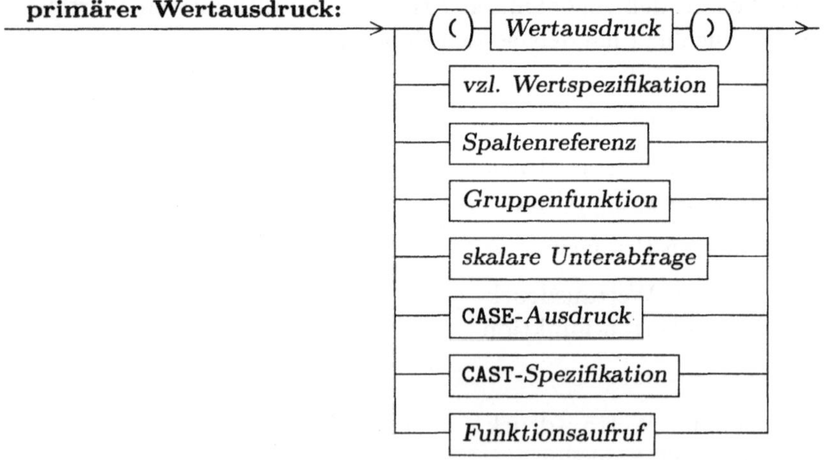

1. Geklammerter Wertausdruck. In Wertausdrücken können zur Vorgabe von Prioritäten bei der Auswertung oder auch bloß zur Verbesserung der Lesbarkeit Klammern gesetzt werden. Syntaktisch gilt ein geklammerter Wertausdruck als *primärer Wertausdruck*, ansonsten ändert sich durch die Klammerung natürlich nichts am Datentyp oder am Wert.

2. Vorzeichenlose Wertspezifikation. In dieser Kategorie werden die folgenden Konstrukte zusammengefaßt:

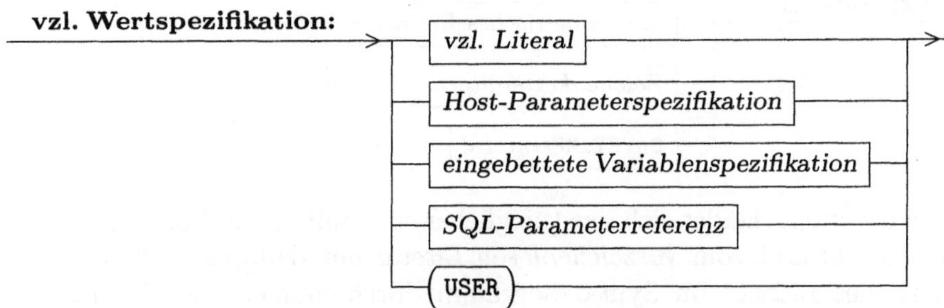

Neben der vorzeichenlosen Wertspezifikation gibt es auch die (möglicherweise mit einem Vorzeichen versehene) *Wertspezifikation*, die sich von der vorzeichenlosen Wertspezifikation nur dadurch unterscheidet, daß das *vorzeichenlose Literal* im Syntaxdiagramm durch ein (möglicherweise mit einem Vorzeichen versehenes) *Literal* ersetzt ist.

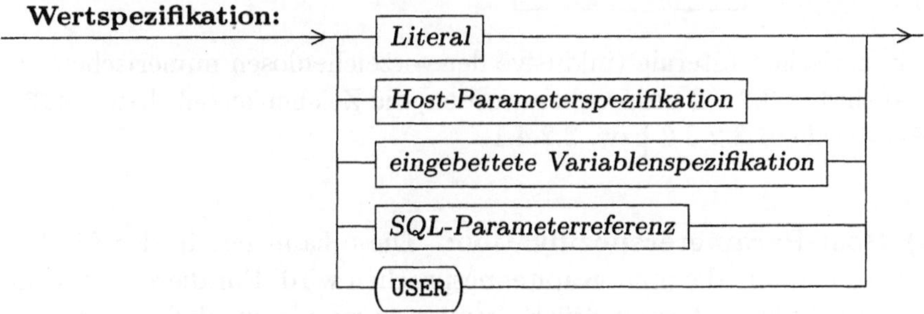

Neben der *Wertspezifikation* und der *vorzeichenlosen Wertspezifikation* sieht der Standard noch eine dritte Spielart vor, nämlich die *einfache Wertspezifikation*. Bei einer einfachen Wertspezifikation ist USER ausgeschlossen, außerdem sind keine NULLwerte zulässig (vgl. 3.3.3).

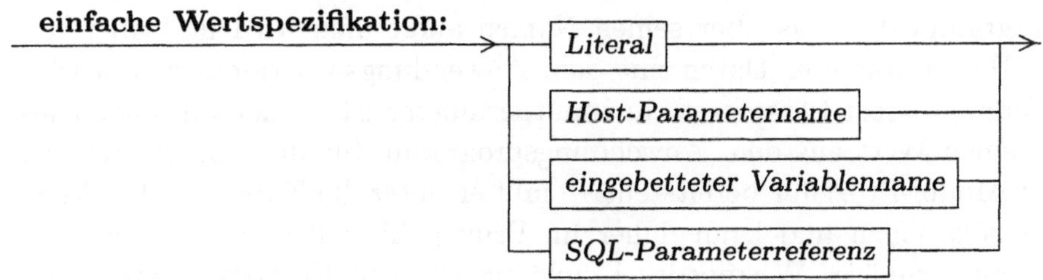

2. a) Vorzeichenloses Literal: Die Literale inklusive der vorzeichenlosen Literale sind bereits in 3.2.2–3.2.4 vollständig besprochen worden.

vzl. Literal:

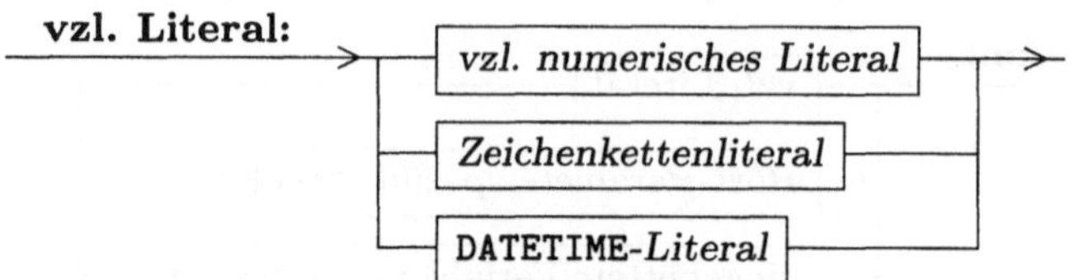

Wieder unterscheidet sich das (möglicherweise mit einem Vorzeichen versehene) *Literal* vom *vorzeichenlosen Literal* nur dadurch, daß 'vzl. numerisches Literal' im Syntaxdiagramm durch 'numerisches Literal' zu ersetzen ist. Ein *numerisches Literal* kann im Unterschied zu einem *vorzeichenlosen numerischen Literal* ein optionales Vorzeichen aufweisen.

Literal:

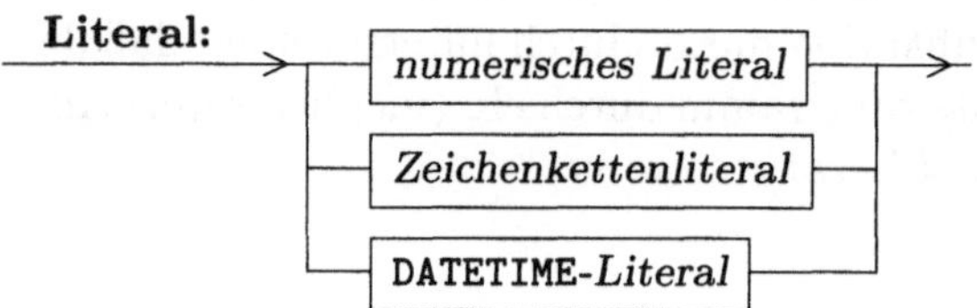

Die numerischen Literale (inklusive der vorzeichenlosen numerischen Literale) sind in 3.2.2.2 besprochen worden, die Zeichenketten- bzw. DATE-TIME-Literale in 3.2.3.2 bzw. 3.2.4.1.

2. b) Host-Parameterspezifikation: Diese kann nur in der *Modulsprache* auftreten, die im 6. Kapitel besprochen wird. Für diese Übersicht über die primären Wertausdrücke genügt es zu wissen, daß die Modulsprache ein eigener Binding-Style (vgl. 3.5.4) ist, mit Hilfe dessen man SQL-Anweisungen aus einem Anwendungsprogramm absetzen und somit auf die SQL-Datenbank zugreifen kann. Dazu sieht die Modulsprache *Modul-Prozeduren* vor. Eine Modul-Prozedur enthält genau eine SQL-Anweisung und hat mindestens einen Host-Parameter. Aus der Sicht des Anwendungsprogramms stellt eine Modul-Prozedur ein externes Unterprogramm dar, das über seinen Namen aufgerufen wird und über seine Host-Parameter Daten mit dem Anwendungsprogramm austauscht. Wenn ein Host-Parameter ein Inputparameter ist — der Parameter also einen Wert aus dem Anwendungsprogramm für die SQL-Anweisung der Modul-Prozedur bereitstellt — fällt er unter die Kategorie der Wertspezifikationen und kann daher im Prinzip überall verwendet werden, wo ein primärer Wertausdruck zulässig ist. Um Host-Parameter einer

Modul-Prozedur zu referenzieren, sieht SQL das Konstrukt der *Host-Parameterspezifikation* vor, auf die im 6. Kapitel näher eingegangen wird.

2. c) Eingebettete Variablenspezifikation: Diese kann nur in *eingebettetem SQL* auftreten, das im 7. Kapitel behandelt wird. Um diesen Überblick vollständig zu halten, muß schon hier kurz auf die eingebettete Variablenspezifikation eingegangen werden. Im Unterschied zur *Modulsprache* gibt es in *eingebettetem SQL* keine explizite Schnittstelle zwischen den Anweisungen des Anwendungsprogramms und den SQL-Anweisungen. Vielmehr werden die SQL-Anweisungen einfach ins Anwendungsprogramm geschrieben — eben eingebettet — so als ob die SQL-Sprache ein Teil der Host-Sprache wäre. In eingebettetem SQL wird der Datenaustausch zwischen dem enthaltenden Anwendungsprogramm und den eingebetteten SQL-Anweisungen mit Hilfe *eingebetteter Variablen* bewerkstelligt. Insbesondere übernimmt die *eingebettete Variablenspezifikation* in einer eingebetteten SQL-Anweisung die Rolle, welche die *Host-Parameterspezifikation* in der SQL-Anweisung einer Modul-Prozedur hat. Auf die Einzelheiten wird in Kapitel 7 eingegangen.

2. d) SQL-Parameterreferenz: Eine wichtige Neuerung von SQL-99 sind die sogenannten Schema-Routinen (vgl. 4.4). Diese werden nicht aus einem in einer Host-Sprache geschriebenen Anwendungsprogramm aufgerufen, sondern — durch einen Prozedur- bzw. Funktionsaufruf — unmittelbar aus SQL. Der Datenaustausch mit einer Schema-Routine wird mit Hilfe von SQL-Parametern bewerkstelligt. Wenn es sich bei einer Schema-Routine um eine SQL-Routine handelt, enthält sie jeweils eine SQL-Anweisung und die *SQL-Parameterreferenz* dient dazu, einen SQL-Parameter in der SQL-Anweisung der SQL-Routine ansprechen zu können. Wenn es sich um einen Inputparameter handelt, fällt die dazugehörige SQL-Parameterreferenz unter die Kategorie der Wertspezifikationen und kann daher im Prinzip überall verwendet werden, wo ein primärer Wertausdruck zulässig ist. Somit entspricht die SQL-Parameterreferenz der Host-Parameterspezifikation der Modulsprache bzw. der eingebetteten Variablenspezifikation von eingebettetem SQL.

2. e) USER: Die USER-Spezifikation hat keine Argumente und liefert eine Zeichenkette ab. Ob es sich dabei um eine Zeichenkette fester oder variabler Länge handelt, ist implementationsdefiniert, ebenso die Länge bzw. Maximallänge der abgelieferten Zeichenkette. Der SQL-Standard legt nur fest, daß der *Zeichensatz* der gelieferten Zeichenkette `SQL_IDENTIFIER` ist (vgl. 3.2.1.2). Der Wert der von `USER` abgelieferten Zeichenkette ist eine Benutzerkennung (*authorization identifier*), nämlich die sogenannte laufende Benutzerkennung (*current authorization identifier*).

Bei der Ausführung einer SQL-Anweisung muß bekannt sein, welcher Benutzer für die Absetzung der Anweisung verantwortlich ist. Die Benutzerkennung dieses Benutzers wird die laufende Benutzerkennung genannt. Wenn zur Ausführung einer Anweisung spezielle Berechtigungen erforderlich sind, muß die laufende Benutzerkennung über diese Berechtigungen verfügen (vgl. 4.5).

3. Spaltenreferenz.   Fast in jedem Beispiel von 3.1 ist eine Spaltenreferenz vorgekommen. Auch die Syntax ist uns schon aus 3.1.3 bekannt. Der Vollständigkeit halber wiederholen wir das Syntaxdiagramm an dieser Stelle:

Spaltenreferenz:

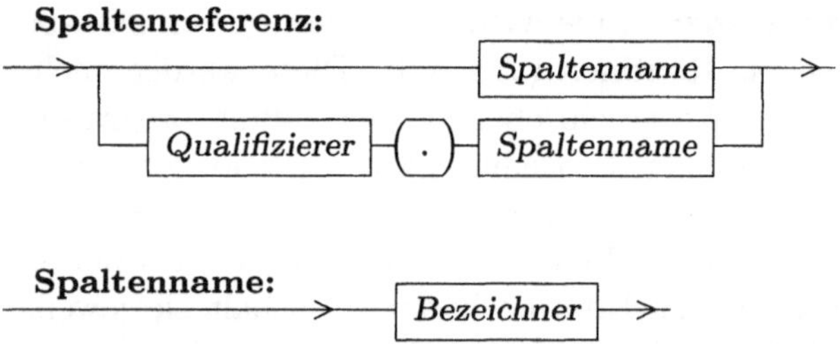

Spaltenname:

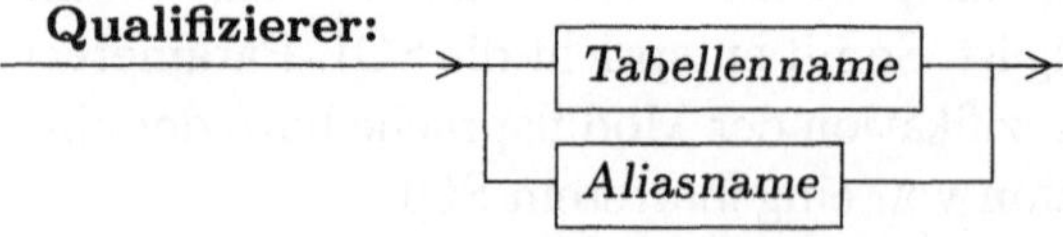

Der Spaltenname einer Spaltenreferenz kann wahlweise auch einen Tabellen- oder Aliasnamen als Qualifizierer haben.

Qualifizierer:

Ein Tabellenname ist ein sogenannter *schema-qualifizierter Name*, worunter der Standard einen wahlweise mit einem Schemanamen qualifizierten Bezeichner versteht (vgl. 4.1.1). Ein Aliasname (*correlation name*) muß immer ein einfacher Bezeichner sein.

Aliasname:

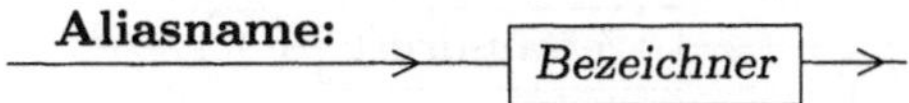

Der Datentyp einer Spaltenreferenz entspricht natürlich dem Datentyp
der Tabellenspalte, auf welche sich die Spaltenreferenz bezieht. Üblicherweise handelt es sich bei einer Spaltenreferenz um eine direkte Referenz.
Im Zusammenhang mit Unterabfragen kann es aber auch zu sogenannten *äußeren* Referenzen kommen, worauf in 3.3.2.2 und 3.4 noch näher
eingegangen wird.

4. Gruppenfunktion. Diese wurde bereits in 3.1.3 anhand der Beispiele 3.14–3.22 eingeführt. Dabei haben wir die Gruppenfunktionen eingeteilt in solche, die auf einer *gesamten Tabelle* operieren (COUNT(*))
und solche, die auf einer *einzelnen Spalte* einer Tabelle operieren (ALL-
und DISTINCT-Gruppenfunktionen). Wie am Ende von Abschnitt 3.1.3
besprochen, handelt es sich in SQL-99 bei dieser Tabelle immer um eine
sogenannte *Gruppe*, also eine horizontale Teiltabelle.

Gruppenfunktion:

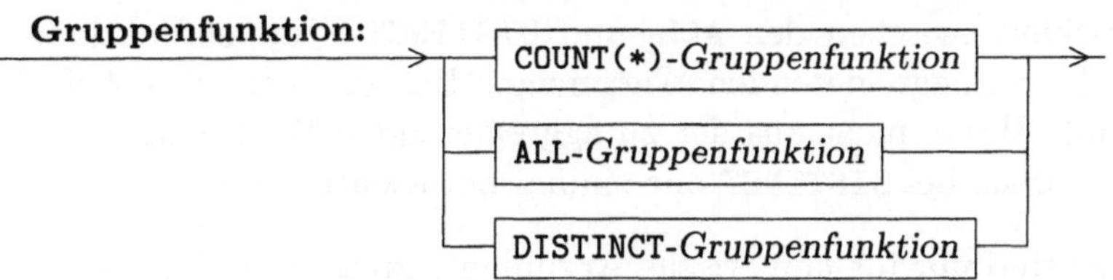

COUNT(*) zählt die Zeilen der entsprechenden Gruppe. Wenn es in der
Gruppe mehrfach vorkommende Zeilen geben sollte, wird jede mehrfache
Zeile mitgezählt. Da die Anzahl der Zeilen nur eine nichtnegative ganze Zahl sein kann, ist für das Ergebnis ein ganzzahliger Festkommatyp
vorgesehen, der *Scale*-Wert muß also 0 sein. Der *Prec*-Wert ist implementationsdefiniert.

COUNT(*)-Gruppenfunktion:

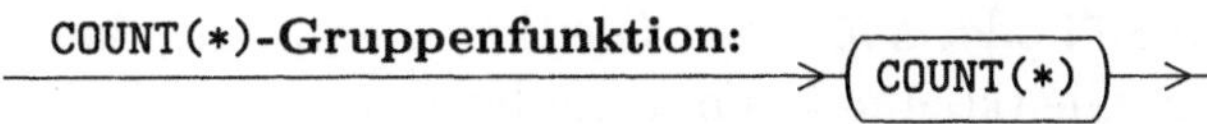

Die ALL- und die DISTINCT-Gruppenfunktionen sind ganz analog aufgebaut. Deshalb fassen wir die Syntax beider Varianten in einem einzigen
Syntaxdiagramm zusammen.

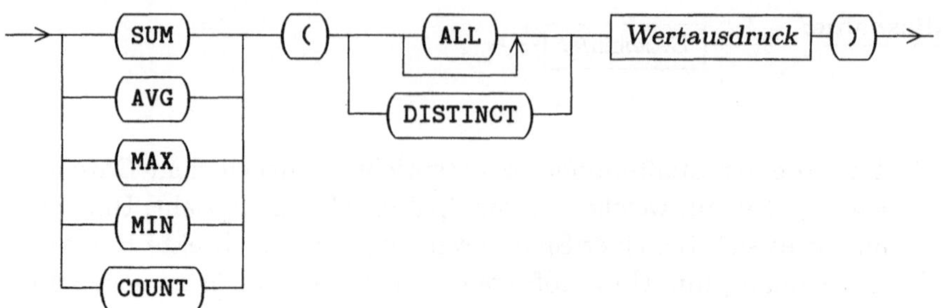

Wenn weder **ALL** noch **DISTINCT** angegeben ist, wird implizit **ALL** angenommen. Die **ALL**- und **DISTINCT**-Gruppenfunktionen operieren auf einer
Spalte der entsprechenden Gruppe und aggregieren die Spaltenwerte. Die
Spalte ist dabei durch einen Wertausdruck festgelegt, es kann sich also
auch um eine berechnete oder besser abgeleitete Spalte handeln.[41] Der
Wertausdruck darf aber nicht wiederum eine Gruppenfunktion enthalten. Auch Unterabfragen (vgl. 3.3.2) sind nicht erlaubt. Außerdem gilt
die folgende Einschränkung im Zusammenhang mit äußeren Referenzen
(vgl. 3.3.2): Wenn der Wertausdruck eine Spaltenreferenz enthält, die eine äußere Referenz ist, dann darf der Wertausdruck neben dieser äußeren
Referenz keine weiteren Spaltenreferenzen enthalten.

Der Unterschied zwischen den **ALL**- und **DISTINCT**-Gruppenfunktionen
besteht in der zu aggregierenden Wertmenge: Bei **ALL** werden mehrfach
vorkommende Werte nicht aus der zu aggregierenden Wertmenge eliminiert, während sie bei **DISTINCT** nur einmal berücksichtigt werden.

SUM und **AVG** sind nur für numerische Argumente zulässig und berechnen
die Summe bzw. den Durchschnitt der zu aggregierenden Wertmenge.
Wenn das Argument einen Festkommatyp hat, ist auch das Ergebnis vom
Festkommatyp. Bei **SUM** wird der *Scale*-Wert des Arguments übernommen. Der *Prec*-Wert ist implementationsdefiniert. Wenn der *Prec*-Wert
für das Ergebnis nicht ausreichen sollte, wird eine Ausnahmebedingung
data exception — numeric value out of range gesetzt. Bei **AVG** sind *Prec*-
und *Scale*-Wert implementationsdefiniert, dürfen aber nicht kleiner als
die entsprechenden Werte des Arguments sein.

Wenn das Argument von **SUM** oder **AVG** einen Gleitkommatyp hat, dann
ist auch das Ergebnis vom Gleitkommatyp mit implementationsdefinier-
tem *Prec*-Wert, der aber nicht kleiner als der *Prec*-Wert des Arguments
sein darf. Bei **SUM** könnte es im Prinzip auch hier passieren, daß der Er-

---

[41]Nämlich dann, wenn der Wertausdruck ein 'eigentlicher' Wertausdruck ist
    (vgl. 3.1.1).

gebniswert zu groß für den implementationsdefinierten Gleitkommatyp
wird. Auch in diesem Fall wird die Ausnahmebedingung *data exception
— numeric value out of range* gesetzt.

MAX und **MIN** bestimmen das Maximum bzw. Minimum der zu aggregierenden Wertmenge, wobei das Ergebnis den Datentyp des Arguments
übernimmt. Bei **MAX** und **MIN** macht es offenbar keinen Unterschied, ob
man die **ALL**- oder **DISTINCT**-Variante wählt.

COUNT bestimmt die Anzahl der Elemente in der zu aggregierenden Wertmenge. Es muß sich somit immer eine nichtnegative ganze Zahl ergeben.
Der Datentyp des Ergebnisses entspricht daher dem von **COUNT(*)**: Es
handelt sich um einen ganzzahligen Festkommatyp, der *Scale*-Wert muß
also 0 sein. Der *Prec*-Wert ist implementationsdefiniert.

Es wurde bereits in 3.1.3 darauf hingewiesen, daß bei der Verwendung der
ALL- und **DISTINCT**-Gruppenfunktionen in Core SQL genaugenommen
einige unschöne und das Verständnis erschwerende Einschränkungen zu
beachten sind. Es handelt sich dabei um die folgenden Einschränkungen:

- **COUNT** kann nur als **DISTINCT**-, aber nicht auch als **ALL**-Gruppen-
  funktion verwendet werden.
- Das Argument einer **ALL**-Gruppenfunktion ist ein *Wertausdruck*,
  während das Argument einer **DISTINCT**-Gruppenfunktion nur eine
  Spaltenreferenz sein darf.
- Wenn der Wertausdruck im Argument einer **ALL**-Gruppenfunktion
  eine äußere Referenz enthält (vgl. 3.3.2), muß der Wertausdruck —
  wie bei den **DISTINCT**-Gruppenfunktionen — eine Spaltenreferenz
  sein.
- In einer **SELECT**-Abfrage darf das Schlüsselwort **DISTINCT** höchstens
  einmal vorkommen (wobei aber Vorkommnisse in etwaigen Unterabfragen nicht zählen).

Diese von Entry SQL übernommenen Einschränkungen stören die Sym-
metrie und konzeptionelle Gleichwertigkeit der **ALL**- und **DISTINCT**-Grup-
penfunktionen. Sie sind logisch nicht nachvollziehbar, sondern haben
letztlich nur implementationsbezogene Gründe. Wir haben uns daher
hier und in 3.1.3 an den Regelungen des vollen Sprachumfangs orientiert.
Diese sind leichter nachvollziehbar und wurden auch schon von vielen auf
SQL-92 basierenden Produkten unterstützt.

5. skalare Unterabfrage. Um diese Besprechung der primären Wertausdrücke vollständig zu halten, müssen wir bei der skalaren Unterabfrage etwas vorgreifen. Eine *Unterabfrage* repräsentiert eine Tabelle, die durch einen Abfrageausdruck definiert ist.[42] Syntaktisch gesehen entspricht die Unterabfrage einfach dem definierenden Abfrageausdruck, der allerdings geklammert werden muß:

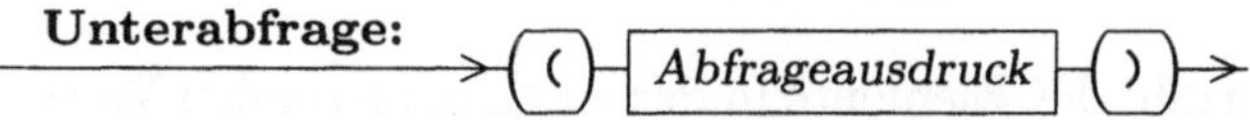

Die Syntax von SQL sieht nur ganz wenige Plätze vor, an denen eine Unterabfrage ohne weitere Einschränkungen vorkommen darf. In Core SQL ist das ausschließlich im Rahmen einiger weniger Prädikate zulässig (vgl. 3.3.2). Ganz anders sieht die Situation für die *skalare Unterabfrage* aus, das ist eine Unterabfrage deren Ergebnistabelle den Grad 1 und eine Kardinalität ≤ 1 hat.

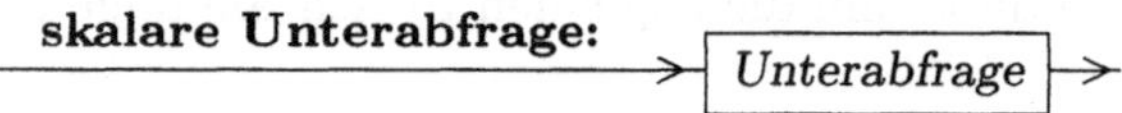

In Core SQL darf eine skalare Unterabfrage im Prinzip überall verwendet werden, wo ein Wertausdruck zulässig ist, weil ein *primärer Wertausdruck* unter anderem eben auch eine *skalare Unterabfrage* sein kann. Die skalare Unterabfrage übernimmt dabei natürlich den Datentyp und den Wert der (einzigen) Spalte der Ergebnistabelle der Unterabfrage. Wenn das Ergebnis der Unterabfrage eine leere Tabelle ist, dann ist der Wert des primären Wertausdrucks der NULLwert (vgl. 3.3.3). Wenn die Ergebnistabelle mehr als eine Zeile enthält, wird eine Ausnahmebedingung *cardinality violation* gesetzt.

6. CASE-Ausdruck. Dieser ermöglicht es, einen von mehreren Werten in Abhängigkeit von einer Bedingung auszuwählen und als Ergebnis abzuliefern.

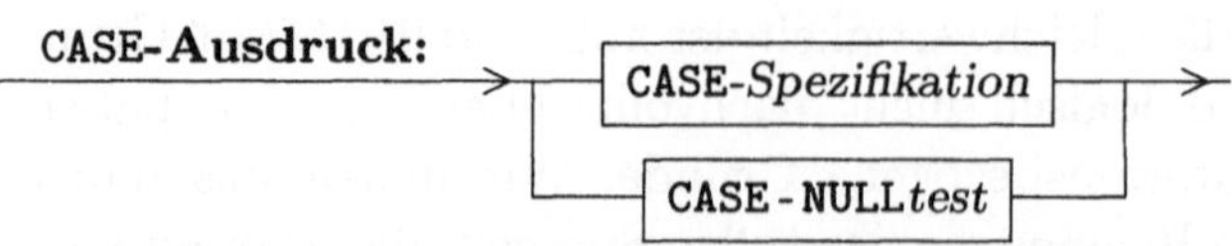

---

[42]Der wichtigste Fall eines Abfrageausdrucks, nämlich die SELECT-Abfrage, ist uns schon bekannt. Auf die übrigen Varianten wird in 3.5 eingegangen.

Wie man sieht, hat der **CASE**-Ausdruck mehrere Spielarten. Die gewöhnliche Spielart ist die **CASE**-Spezifikation. Der **CASE**-**NULL**test hat mit **NULL**werten zu tun (vgl. 3.3.3), worauf ja schon die Bezeichnung hinweist.

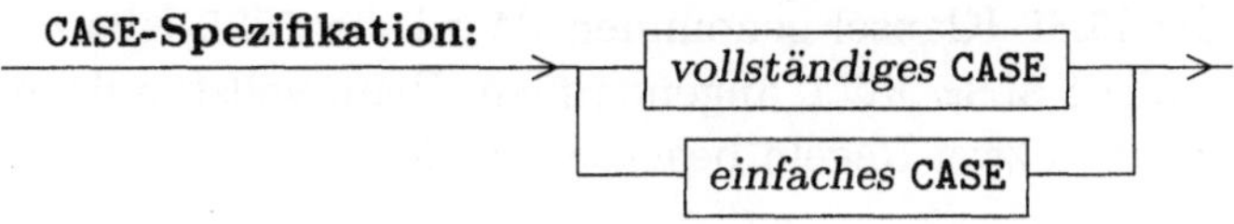

Bei der **CASE**-Spezifikation gibt es wieder zwei Spielarten, nämlich ein *vollständiges* **CASE** und ein *einfaches* **CASE**, wobei das *vollständige* **CASE** das allgemeinere Konstrukt darstellt.

vollständiges CASE:

vollständige WHEN-Klausel:

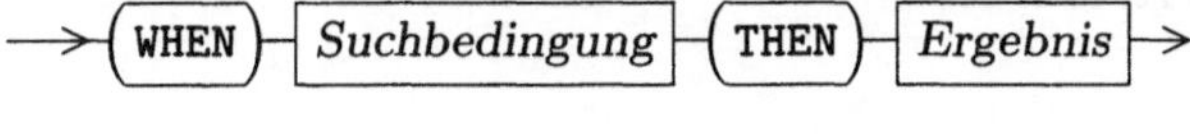

ELSE-Klausel:

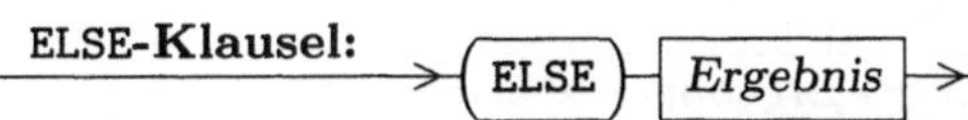

Ergebnis:

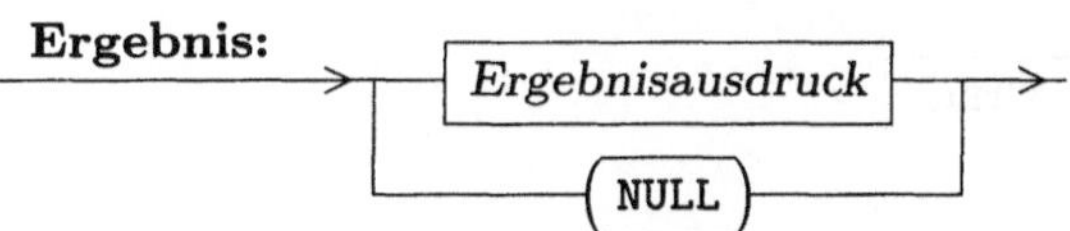

Ergebnisausdruck:

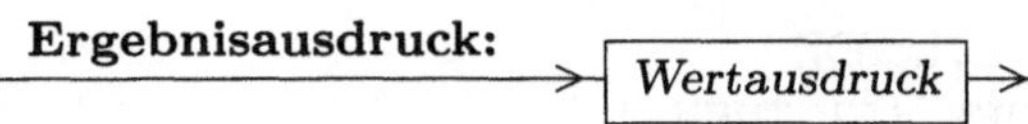

Ein Beispiel zum *vollständigen* **CASE**:

```
CASE
    WHEN L.MENGE< 300 THEN 'klein'
    WHEN L.MENGE< 500 THEN 'ausreichend'
    WHEN L.MENGE<1000 THEN 'bequem'
    ELSE                  'riesig'
END
```

Je nachdem, welchen Wert L.MENGE hat, wird die Zeichenkette 'klein',
'ausreichend' etc. als Ergebnis geliefert. Dabei wird das Ergebnis der
ersten *vollständigen* WHEN-Klausel genommen, deren Suchbedingung *wahr*
ergibt. Wenn keine der Suchbedingungen den Wahrheitswert *wahr* ergibt,
wird das *Ergebnis* der ELSE-Klausel genommen. Wird die ELSE-Klausel
weggelassen, wird implizit ELSE NULL angenommen. Beim vollständigen
CASE müssen die folgenden zwei Regeln beachtet werden:

a) Mindestens ein *Ergebnis* (nach THEN bzw. ELSE) muß ein *Wertausdruck* sein. Es darf also vernünftigerweise nicht für alle *Ergebnisse*
NULL angegeben werden.

b) Da das Ergebnis der CASE-Spezifikation den Datentyp der *Ergebnisausdrücke* übernimmt, müssen diese zumindest vergleichbar sein.[43]

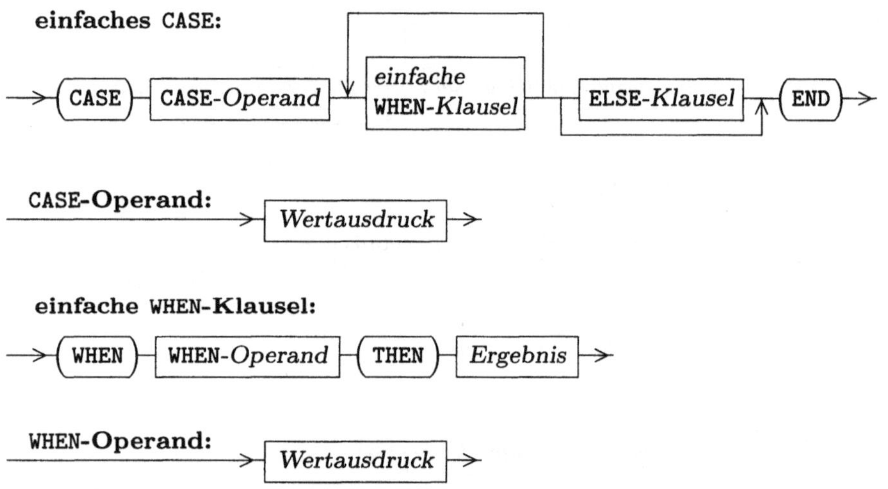

einfaches CASE:

CASE-Operand:

einfache WHEN-Klausel:

WHEN-Operand:

Ein Beispiel zum *einfachen* CASE:

```
CASE L.LCODE
     WHEN 'A' THEN 1
     WHEN 'B' THEN 2
     WHEN 'C' THEN 3
     ELSE        0
END
```

---

[43]Wenn die Typen der einzelnen *Ergebnisausdrücke* dabei nicht vollständig übereinstimmen, kommt es zu einer *Typausweitung*. Die dabei anzuwendenden Regeln
legen den Typ des Ergebnisses so fest, daß es für keinen der beteiligten Werte zu
einem Datenverlust kommen kann. Hinsichtlich der entsprechenden Details muß
auf das SQL-Standarddokument verwiesen werden.

Tatsächlich ist das *einfache* CASE nur eine Abkürzung für das folgende
vollständige CASE:

```
CASE
    WHEN L.LCODE='A' THEN 1
    WHEN L.LCODE='B' THEN 2
    WHEN L.LCODE='C' THEN 3
    ELSE              0
END
```

Es ist leicht einzusehen, daß der CASE-Operand und die WHEN-Operanden
vergleichbar sein müssen (also vergleichbare Datentypen haben müssen).
Da das *einfache* CASE gemäß obiger Äquivalenz nur ein Speziallfall des
vollständigen CASE ist, müssen natürlich auch hier die Regeln a) und b)
beachtet werden. Der Vollständigkeit halber muß noch erwähnt werden,
daß der CASE-Operand eines einfachen CASE keinen Aufruf einer Funktion enthalten darf,[44] die *möglicherweise nichtdeterministisch* ist oder die
möglicherweise SQL-Daten modifiziert (vgl. 4.4.1.3).

Wie die Bezeichnung vermuten läßt, hat der CASE-NULLtest mit NULL-
werten zu tun. Auch hier gibt es wieder zwei Spielarten, nämlich NULLIF
und COALESCE:

CASE-NULLtest:

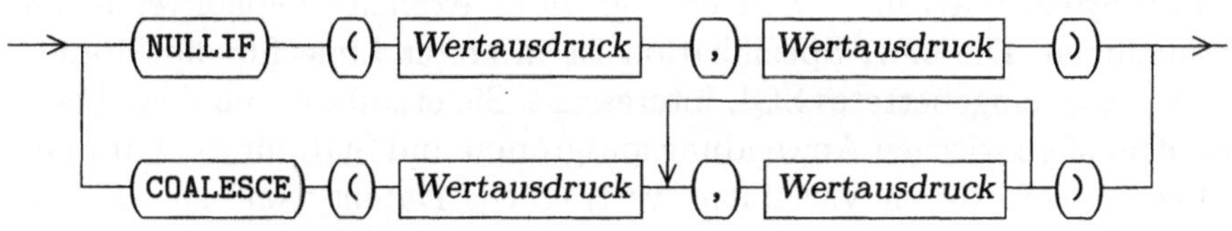

Beide Spielarten des CASE-NULLtests können — ebenso wie das *einfache*
CASE — auf das *vollständige* CASE-Konstrukt zurückgeführt werden.

NULLIF(v_1, v_2) ist eine Kurzform von:

```
CASE
    WHEN v1 = v2 THEN NULL
    ELSE              v1
END
```

---

[44]Genaugenommen sind auch *indirekte Vorkommnisse* solcher Funktionsaufrufe verboten. Auch darauf wird im Rahmen von 4.4.1.3 eingegangen.

NULLIF liefert also den NULLwert, wenn die Werte der beiden Argumente gleich sind. Wenn die Werte verschieden sind, wird der Wert des ersten Arguments geliefert. COALESCE$(v_1, v_2, \ldots, v_n)$ ist äquivalent zu:

```
CASE
    WHEN   v1   IS NOT NULL THEN  v1
    WHEN   v2   IS NOT NULL THEN  v2
    WHEN   v3   IS NOT NULL THEN  v3

      .
      .
      .

    WHEN  vn-1 IS NOT NULL THEN  vn-1
    ELSE                         vn
END
```

Dabei muß — wie auch aus dem Syntaxdiagramm ersichtlich — gelten: $n \geq 2$. COALESCE$(v_1, v_2, \ldots, v_n)$ liefert also den Wert des ersten Arguments, das überhaupt einen (richtigen) Wert hat. Wenn alle Argumente NULLwerte aufweisen, wird auch ein NULLwert abgeliefert.

Da auch die beiden Spielarten des CASE-NULLtests auf das *vollständige* CASE zurückgeführt werden, müssen auch hier die Regeln a) und b) beachtet werden.

7. CAST-Spezifikation.   Diese ermöglicht es, explizite Typkonversionen vorzunehmen. Die CAST-Spezifikation ist in erster Linie für die Modulsprache bzw. eingebettetes SQL interessant. Sie erlaubt es nämlich, beim Datentransfer zwischen Anwendungsprogramm und SQL für die Parameter bzw. eingebetteten Variablen "verträgliche Datentypen" zu wählen. Man denke beispielsweise an einen DATE-Wert von SQL, der einem in C geschriebenen Anwendungsprogramm zur Verfügung gestellt werden soll. Da es in C keine DATETIME-Typen gibt, könnte man den DATE-Wert mittels CAST in einen Zeichenkettenwert umwandeln, der dann problemlos an das C-Programm übergeben werden kann.

CAST-Spezifikation:

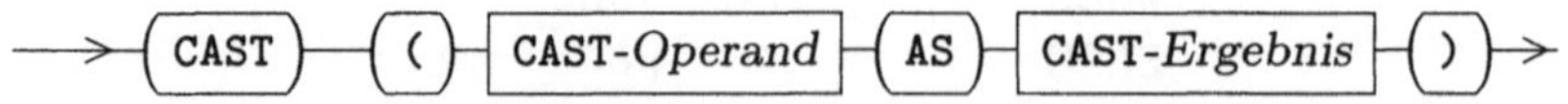

Der als CAST-Operand aufscheinende Wertausdruck wird auf den Datentyp konvertiert, der durch das CAST-Ergebnis festgelegt ist.

CAST-Operand:

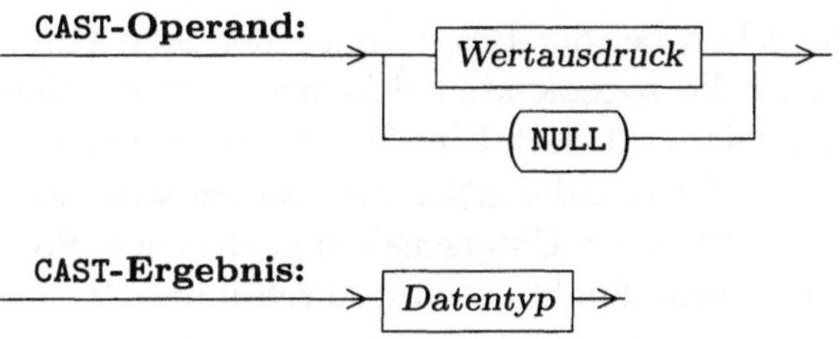

CAST-Ergebnis:

Durch die **CAST**-Spezifikation werden alle "vernünftigen" Typkonversionen unterstützt. Beispielsweise könnte man die oben angesprochene Typkonversion eines **DATE**-Wertes auf eine Zeichenkette durch die folgende **CAST**-Spezifikation bewerkstelligen: **CAST (ABLAUFDATUM AS CHARACTER VARYING (10))**. Die Einzelheiten würden den Rahmen dieser Darstellung sprengen und es muß diesbezüglich auf das Standarddokument verwiesen werden.

Für den Fall, daß ein benutzerdefinierter Typ (BDT) involviert ist — weil als **CAST**-Ergebnis ein BDT angegeben ist oder weil der Datentyp des **CAST**-Operanden ein BDT ist —, greift die **CAST**-Spezifikation auf die entsprechende zum BDT gehörende Cast-Funktion zurück (vgl. 3.2.5). Der andere beteiligte Datentyp muß in diesem Fall mit dem Source-Typ des BDT identisch sein.[45]

Das Syntaxdiagramm zeigt, daß der **CAST**-Operand auch **NULL** sein kann. Damit hat es folgende Bewandtnis: Jeder Datentyp umfaßt auch den **NULL**wert (vgl. 3.2.2–3.2.5, 3.3.3). Die regulären Werte eines Datentyps können im allgemeinen durch Literale repräsentiert werden. Jedes Literal hat dabei einen genau definierten Datentyp. Für den **NULL**wert hingegen kann es kein Literal geben, weil der **NULL**wert nach der SQL-Konzeption eben zu *allen* Datentypen gehört. SQL sieht zwar die **NULL**-Spezifikation vor. Diese darf aber nur an einigen wenigen Stellen der SQL-Sprache verwendet werden (beispielsweise in der **SET**-Klausel einer **UPDATE**-Anweisung oder in der Werteliste einer **INSERT**-Anweisung), wobei der entsprechende Datentyp aus dem Kontext erschlossen werden kann. Somit kann die gegenständliche Variante der **CAST**-Spezifikation als Hilfskonstruktion verstanden werden, die von SQL aus Vollständigkeitsgründen vorgesehen wurde, um in Sonderfällen ein "NULL-Literal" für einen bestimmten Datentyp simulieren zu können.

---

[45]Wenn der BDT als **CAST**-Ergebnis angegeben ist und somit auf die 'cast to distinct' - Funktion zurückgegriffen wird, kommt für den **CAST**-Operanden im Prinzip auch ein anderer Typ T als der Source-Typ in Frage. Das setzt aber voraus, daß der Source-Typ zur Typ-Präzedenzliste von T gehört (vgl. Fußnote [38] in 3.2.5.2).

8. Funktionsaufruf. Wie schon bei der Besprechung der SQL-Parameterreferenz erwähnt, stellen die sogenannten Schema-Routinen eine wichtige Neuerung von SQL-99 dar (vgl. 4.4). Eine Schema-Routine kann eine Schema-Prozedur oder eine Schema-Funktion sein, wobei sich diese Einteilung mit der auch sonst üblichen Unterscheidung zwischen Prozeduren und Funktionen deckt: Eine Funktion wird durch ihren Namen aufgerufen, während eine Prozedur nur im Rahmen einer `CALL`-Anweisung aufgerufen werden kann. Ein *Funktionsaufruf* stellt einen primären Wertausdruck dar und kann somit im Prinzip überall verwendet werden, wo ein Wertausdruck zulässig ist. Der Funktionswert resultiert aus den beim Funktionsaufruf angegebenen Argumenten. Die Details werden im Rahmen von 4.4.3.2 besprochen.

3.3 Suchbedingungen und Prädikate anhand von Beispielen

Die in der `WHERE`- bzw. `HAVING`-Klausel auftretende *Suchbedingung* (vgl. 3.1.1 bzw. 3.1.3) ist ein sogenannter Boolescher oder auch logischer Ausdruck. Dieser verknüpft Wahrheitswerte und liefert als Ergebnis wieder einen Wahrheitswert ab. Die Wahrheitswerte müssen ja irgendwo herkommen und die ultimativen Wahrheitswertelieferanten für die Suchbedingung sind die *Prädikate* (*predicates*). In den bisherigen Beispielen ist nur ein einziges Prädikat vorgekommen, nämlich das *Vergleichsprädikat* (*comparison predicate*). In SQL gibt es noch eine ganze Reihe weiterer Prädikate. Insgesamt kann man die Prädikate einteilen in Prädikate *ohne Unterabfrage*, die auch *einfache* Prädikate genannt werden, und Prädikate *mit Unterabfrage*.[46] Die einfachen Prädikate werden in 3.3.1 besprochen, die Prädikate mit Unterabfrage in 3.3.2. Schließlich wird in 3.3.3 darauf eingegangen, daß SQL tatsächlich eine *dreiwertige Logik* unterstützt. Man benötigt nämlich einen dritten Wahrheitswert *unbekannt*, der immer dann zustandekommt, wenn für ein Prädikat aufgrund von `NULL`werten nicht entschieden werden kann, ob es *wahr* oder *falsch* ist.

---

[46]Es wurde bereits in 3.2.6.2 erwähnt, daß die Syntax von SQL nur einige wenige Plätze vorsieht, an denen eine allgemeine Unterabfrage auftreten kann. In Core SQL handelt es sich bei diesen Plätzen gerade um die Prädikate mit Unterabfrage. Andererseits kann eine skalare Unterabfrage in Core SQL im Prinzip überall verwendet werden, wo ein Wertausdruck zulässig ist, was natürlich unter anderem auch im Rahmen eines einfachen Prädikats vorkommen kann. Genaugenommen müßte man also von 'Prädikaten mit allgemeinen Unterabfragen' sprechen.

Wir fassen zunächst einmal die Syntax der *Suchbedingung* zusammen. Diese ist uns im wesentlichen schon aus den **WHERE**- bzw. **HAVING**-Klauseln der Beispiele bekannt.

Suchbedingung:

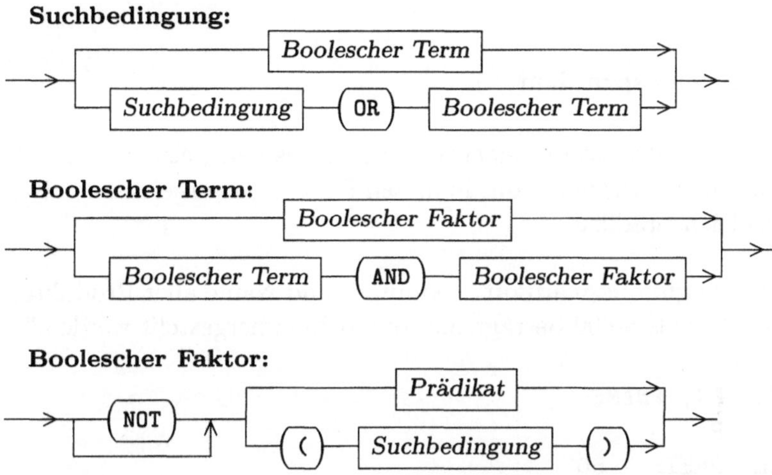

Die Booleschen Operatoren **NOT**, **AND** und **OR** haben dabei die üblichen Prioritäten (vgl. 3.1.1): **NOT** hat die höchste Priorität. Auf der nächsten Prioritätsstufe kommt **AND**, die niedrigste Priorität hat **OR**. Innerhalb der gleichen Prioritätsstufe wird von links nach rechts ausgewertet. Um eine andere Auswertungsreihenfolge festzulegen, können natürlich zusätzlich Klammern gesetzt werden.

Aus den bisherigen Beispielen ist uns erst ein einziges Prädikat bekannt, nämlich das Vergleichsprädikat. Insgesamt sind in Core SQL die folgenden Prädikate verfügbar:

Prädikat:

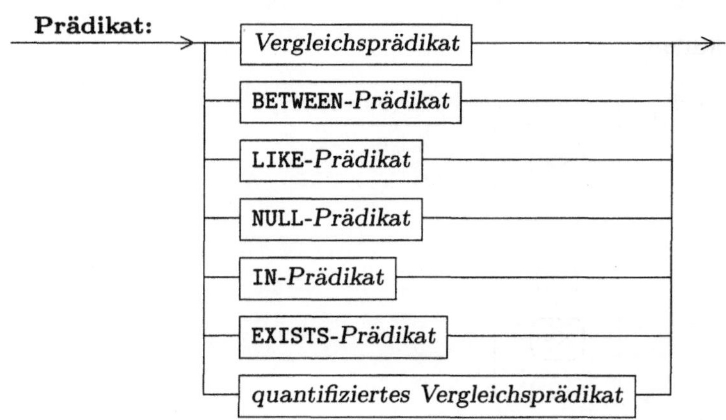

3.3.1   Einfache Prädikate

Unter dieser Bezeichnung fassen wir das Vergleichs-, BETWEEN-, LIKE- und das NULL-Prädikat zusammen.

3.3.1.1   Vergleichsprädikat

Das Vergleichsprädikat ist uns eigentlich schon aus den Beispielen in 3.1 bekannt. Das einzige Prädikat, das in diesen Beispielen vorgekommen ist, war das Vergleichsprädikat.

Bsp. 3.23: Vergleichsprädikat. "Nummer und Name aller Produkte, deren Preis mehr als 50.00 beträgt und die in Linz hergestellt werden."

```
SELECT P#, PNAME
FROM   P
WHERE  PREIS > 50
       AND
       ORT = 'Linz';

           --  -----
Ergebnis:  P#  PNAME
           --  -----
           P2  Delta
           P3  Sigma
```

In der Suchbedingung der WHERE-Klausel kommen zwei Vergleichsprädikate vor. Beim ersten handelt es sich um einen numerischen Vergleich, beim zweiten um einen Zeichenkettenvergleich. Das Syntaxdiagramm für das Vergleichsprädikat lautet folgendermaßen:

Vergleichsprädikat:

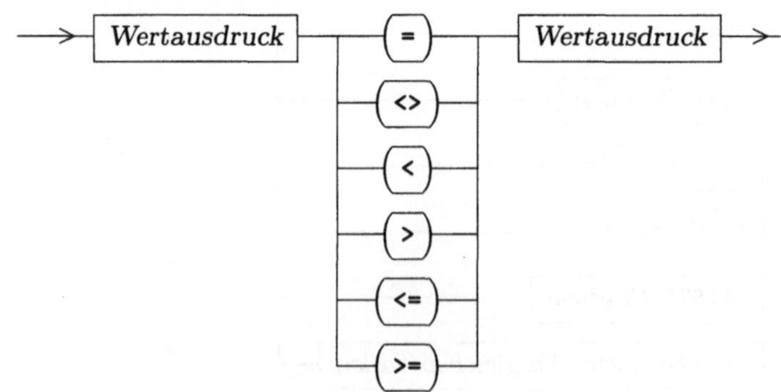

Die Vergleichsoperatoren werden wie in **Pascal** geschrieben. Die beiden beteiligten Wertausdrücke müssen *vergleichbar* sein, wobei die folgenden Möglichkeiten in Betracht kommen:

- Numerischer Vergleich: Werte mit einem numerischen Typ sind ohne Einschränkungen miteinander vergleichbar (vgl. 3.2.2.1) und man spricht in diesem Fall von einem numerischen Vergleich. Das Ergebnis eines numerischen Vergleichs entspricht der mathematischen Ordnungsrelation zwischen den jeweiligen Zahlen.

- Zeichenkettenvergleich: Wenn die beiden Wertausdrücke im Vergleichsprädikat einen Zeichenketten-Typ haben, spricht man von einem Zeichenkettenvergleich. Obwohl der Standard den Implementierungen hinsichtlich der Vergleichbarkeit von Zeichenkettenwerten einigen Spielraum läßt, ist davon auszugehen, daß Zeichenkettenwerte in Core SQL ohne Einschränkungen miteinander vergleichbar sind (vgl. 3.2.3.1).[47] Um Zeichenketten vergleichen zu können, wird von der Ordnungsrelation[48] zwischen den einzelnen Zeichen ausgegangen, die in bekannter Weise lexikographisch auf Zeichenketten erweitert wird. Dabei hängt die Ordnungsrelation zwischen den einzelnen Zeichen von der Implentierung ab. Es ist durchaus zulässig, daß verschiedene Zeichen von der Ordnungsrelation als gleich eingestuft werden, beispielsweise 'a' = 'A'. Man kann aber davon ausgehen, daß 'A' < 'B' < 'C' < ... < 'Z' und '0' < '1' < ... < '9'. Wenn die beiden zu vergleichenden Zeichenketten verschiedene Längen aufweisen, wird die kürzere Zeichenkette so behandelt, als ob sie auf der rechten Seite durch Leerzeichen auf die größere Länge aufgefüllt worden wäre.

- Vergleich von `DATETIME`-Werten: Wertausdrücke vom Typ `DATETIME` sind nicht unbeschränkt miteinander vergleichbar. Vielmehr können nur Werte desselben Untertyps — also `DATE`, `TIME` bzw. `TIMESTAMP` — miteinander verglichen werden (vgl. 3.2.4.2). Das Ergebnis eines solchen Vergleichs entspricht der zeitlichen Ordnung zwischen den jeweiligen Zeitpunkten.

- Vergleich von benutzerdefinierten Werten: Werte mit einem benutzerdefinierten Typ sind nur mit Werten desselben benutzerdefinierten Typs vergleichbar. Für den Vergleich ist die Ordnungsrelation des Source-Typs maßgeblich (vgl. 3.2.5).

---

[47] Jedenfalls muß die Vergleichbarkeit gewährleistet sein, wenn man sich auf SQL-Zeichen beschränkt.

[48] Der Standard spricht in diesem Zusammenhang von einer *Collation*.

Bsp. 3.24: Vergleichsprädikat. "Nummer und Name aller Produkte, die billiger sind als Produkt P3."

```
SELECT P#, PNAME
FROM   P
WHERE  PREIS < ( SELECT PREIS
                 FROM   P
                 WHERE  P# = 'P3' );
```

Ergebnis:
```
           --  -----
           P#  PNAME
           --  -----
           P1  Alpha
           P4  Omega
```

In diesem Beispiel tritt zum ersten Mal eine *skalare Unterabfrage* auf. Eine skalare Unterabfrage ist ein primärer Wertausdruck und kann daher im Prinzip überall verwendet werden, wo ein Wertausdruck zulässig ist.[49] Eine skalare Unterabfrage ist eine Unterabfrage, deren Ergebnistabelle nur eine einzige Spalte und (höchstens) eine Zeile hat.[50] Die Ergebnistabelle wird dabei durch einen in Klammern eingeschlossenen Abfrageausdruck festgelegt (vgl. 3.2.6.2). In unserem Beispiel ist der Abfrageausdruck eine SELECT-Abfrage.[51] Unterabfragen, deren Abfrageausdruck eine SELECT-Abfrage ist, treten besonders häufig auf, und wir werden sie im weiteren auch als SELECT-Unterabfragen bezeichnen.

3.3.1.2 BETWEEN-Prädikat

Mit Hilfe des BETWEEN-Prädikats kann getestet werden, ob ein Wert zu einem bestimmten Intervall gehört, wobei es sich bei dem Intervall um ein abgeschlossenes Intervall handelt, die Randpunkte gehören also noch dazu. Wie sich zeigen wird, kann das BETWEEN-Prädikat auf das Vergleichsprädikat zurückgeführt werden.

---

[49] In Entry SQL konnte eine skalare Unterabfrage nur an einem einzigen Platz verwendet werden, nämlich als rechter Komparand des Vergleichsprädikats. Das ist also gerade der Platz, an dem die skalare Unterabfrage auch in diesem Beispiel auftritt.

[50] Ob die Ergebnistabelle tatsächlich höchstens eine Zeile hat, läßt sich erst bei der Durchführung der entsprechenden Abfrage feststellen. Wenn die Ergebnistabelle mehr als eine Zeile enthält, wird eine Ausnahmebedingung *cardinality violation* gesetzt. Wenn die Ergebnistabelle leer ist, dann liefert die skalare Unterabfrage einen NULLwert (vgl. 3.2.6.2 und 3.3.3).

[51] Das ist der einzige uns bisher bekannte, aber auch der wichtigste Fall eines Abfrageausdrucks. Auf die übrigen Varianten wird in 3.5 eingegangen.

Bsp. 3.25: BETWEEN-Prädikat. "Produktnummer, Produktname und Preis für alle Produkte, deren Preis zwischen 45.00 und 75.00 liegt."

```
SELECT  P#, PNAME, PREIS
FROM    P
WHERE   PREIS  BETWEEN  45.00 AND 75.00;
```

```
            --  -----  -----
Ergebnis:   P#  PNAME  PREIS
            --  -----  -----
            P1  Alpha  50.00
            P3  Sigma  75.00
```

Tatsächlich ist diese Abfrage äquivalent zur folgenden Abfrage mit zwei Vergleichsprädikaten in der Suchbedingung:

```
SELECT  P#, PNAME, PREIS
FROM    P
WHERE   PREIS >= 45.00
        AND
        PREIS <= 75.00;
```

Genaugenommen wäre das BETWEEN-Prädikat also entbehrlich. Vielen Benutzern wird aber die erste Formulierung der obigen Abfrage mit Hilfe des BETWEEN-Prädikats natürlicher und bequemer erscheinen. Die genaue Syntax zeigt das folgende Syntaxdiagramm:

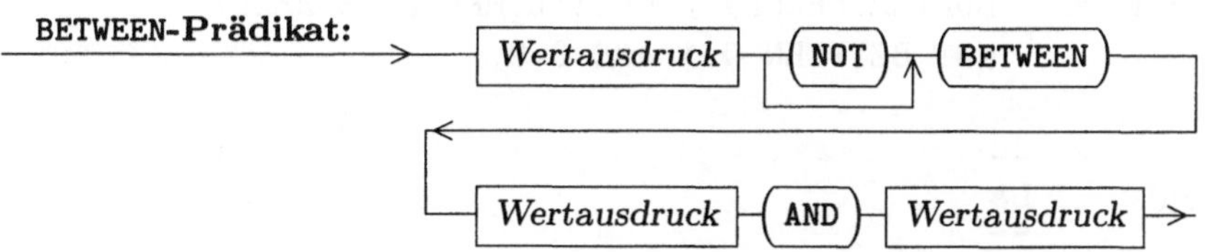

Wie eben erwähnt, wird das BETWEEN-Prädikat folgendermaßen auf das Vergleichsprädikat zurückgeführt:

$$v \text{ BETWEEN } \alpha \text{ AND } \omega \quad \equiv \quad v >= \alpha \text{ AND } v <= \omega.$$

Die negierte Form des BETWEEN-Prädikats

$$v \text{ NOT BETWEEN } \alpha \text{ AND } \omega$$

ist äquivalent zur Suchbedingung

$$\text{NOT } (v \text{ BETWEEN } \alpha \text{ AND } \omega).$$

Bsp. 3.26: BETWEEN-Prädikat. "Name und Rohstoffnummer für alle Rohstoffe von `Eltex` bis `Olefin` entsprechend der alphabetischen Reihenfolge der Namen."

```
SELECT RNAME, R#
FROM   R
WHERE  RNAME  BETWEEN  'Eltex' AND 'Olefin'
ORDER  BY RNAME;
```

Ergebnis:

```
       ------  --
       RNAME   R#
       ------  --
       Eltex   R6
       Glutin  R1
       Olefin  R2
```

Bsp. 3.27: BETWEEN-Prädikat. "Die Nummern aller Lagerstätten, deren mengenmäßige Auslastung nicht zwischen 10 und 90% liegt."

```
SELECT   L.L#
FROM     L, LR
WHERE    L.L# = LR.L#
GROUP BY L.L#, L.MENGE
HAVING   SUM(LR.MENGE) / CAST(L.MENGE AS REAL)
         NOT BETWEEN 0.1 AND 0.9;
```

Ergebnis:

```
       --
       L#
       --
       L2
       L3
       L4
       L5
```

Für diese Abfrage bilden wir zunächst einen Gleichheits-Verbund der L- und LR-Tabelle über die gemeinsame Spalte `L#`. Dieser Verbund wird dann gruppiert, wobei der zusammengesetzte Gruppierungsschlüssel aus

L.L# und L.MENGE besteht (statt L.L# könnte man genausogut LR.L# nehmen). L.MENGE muß deshalb in den Gruppierungsschlüssel aufgenommen werden, weil diese Spalte sonst in der Suchbedingung der HAVING-Klausel nicht als "freie" Spalte, sondern nur im Argument einer Gruppenfunktion verwendet werden dürfte (vgl. 3.1.3).[52] Jede Gruppe der gruppierten Tabelle entspricht exakt einem Lager. Das BETWEEN-Prädikat tritt in der HAVING-Klausel auf. Dadurch qualifizieren sich gerade diejenigen Gruppen, deren mengenmäßige Auslastung nicht in dem angegebenen Interval liegt. Man beachte auch die Verwendung der CAST-Spezifikation (vgl. 3.2.6.2), durch die eine ganzzahlige Division vermieden wird (vgl. 3.2.2.3). Bei der Besprechung der äußeren Referenzen in 3.3.2.2 wird eine alternative Lösung dieses Beispiels vorgestellt, bei der eine skalare Unterabfrage mit einer äußeren Referenz verwendet wird.

3.3.1.3 LIKE-Prädikat

Mit diesem Prädikat kann für eine Tabellenspalte vom Zeichenketten-Typ geprüft werden, ob der enthaltene Zeichenkettenwert eine bestimmte Bauart hat.

Bsp. 3.28: LIKE-Prädikat. "Alle Rohstoffnamen, deren zweiter Buchstabe ein l ist."

```
SELECT  RNAME
FROM    R
WHERE   RNAME LIKE '_l%';
```

```
          ------
Ergebnis: RNAME
          ------
          Glutin
          Olefin
          Alumat
          Eltex
```

---

[52]An sich wäre ein einheitlicher Wert innerhalb der Gruppe schon dadurch sichergestellt, daß L# der Primärschlüssel der Tabelle L ist und der Wert von L.MENGE daher von L.L# funktional abhängig ist. Im vollen Sprachumfang von SQL-99 wird dem Rechnung getragen. Dort können auch nicht zum Gruppierungsschlüssel gehörende Spalten frei verwendet werden, wenn sie in der gruppierten Tabelle vom Gruppierungsschlüssel funktional abhängig sind. Für unser Beispiel bedeutet das, daß man L.MENGE nicht in die GROUP BY - Klausel aufnehmen müßte.

Offenbar steht in der auf LIKE folgenden Zeichenkette das Underscore-symbol '_' für ein beliebiges Zeichen — analog zum Fragezeichen '?' in MS-DOS. Das Prozentzeichen '%' symbolisiert eine Zeichenkette beliebiger Länge ≥ 0, was dem Stern '*' in MS-DOS entspricht.

Bsp. 3.29: **LIKE-Prädikat.** "Alle Lagerorte, in deren Namen kein z vorkommt."

```
SELECT DISTINCT ORT
FROM    L
WHERE   ORT NOT LIKE '%z%';
```

```
             ----
Ergebnis:    ORT
             ----
             Wien
```

Die beiden Beispiele zeigen, daß das LIKE-Prädikat dazu dient, Zeichen-ketten einer bestimmten Bauart zu erkennen. Das Syntaxdiagramm sieht folgendermaßen aus:

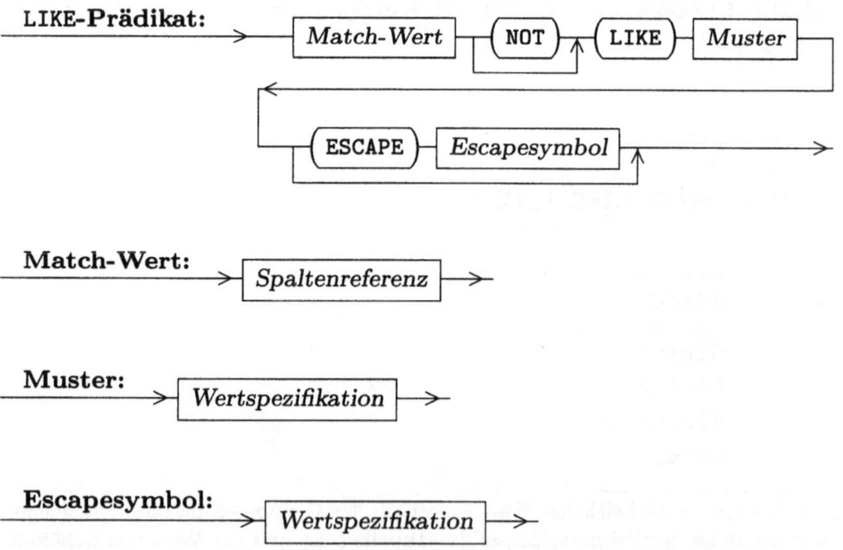

Die als *Match-Wert* angegebene Spaltenreferenz und die Wertspezifika-tion des *Musters* müssen Zeichenketten repräsentieren. Das *Escapesym-bol* muß eine *Zeichenkette* der Länge 1 sein.

Im *Muster* wird die Bauart der Zeichenkette beschrieben, die im *Match-Wert* erkannt werden soll. Zur Beschreibung der Bauart können im Muster die Metazeichen '_' und '%' verwendet werden. Das Underscoresymbol '_' symbolisiert dabei ein beliebiges Zeichen — analog zum Fragezeichen '?' in MS-DOS. Das Prozentzeichen '%' symbolisiert eine Zeichenkette beliebiger Länge ≥ 0, was dem Stern '*' in MS-DOS entspricht. Alle übrigen Zeichen des Musters sind Objektzeichen, stehen also für sich selbst.

Nach diesen Regeln könnten das Prozentzeichen oder das Underscoresymbol nicht als Objektzeichen im Muster verwendet werden und somit könnte man beispielsweise nicht nach Zeichenketten abfragen, die mit einem Prozentzeichen oder einem Underscoresymbol beginnen. Um auch solche Abfragen mit dem LIKE-Prädikat formulieren zu können, kann im Bedarfsfall ein beliebiges *Escapesymbol* definiert werden. Wenn ein Prozentzeichen oder ein Underscoresymbol im Muster als Objektzeichen interpretiert werden soll, muß man ihm das definierte Escapesymbol als Metazeichen voranstellen. Beispielsweise kann man mit dem LIKE-Prädikat:

```
ZEICHENKETTE LIKE '\%%' ESCAPE '\'
```

auf Zeichenketten abfragen, die mit einem Prozentzeichen beginnen. Allerdings kann nun auch das Escapesymbol nicht mehr ohne weiteres als Objektzeichen verwendet werden. Wenn das Escapesymbol im Muster als Objektzeichen interpretiert werden soll, muß man ihm ebenfalls das definierte Escapesymbol als Metazeichen voranstellen. Wenn man beispielsweise auf Zeichenketten abfragen will, die mit '\%' beginnen, kann man das mit dem folgenden LIKE-Prädikat bewerkstelligen:

```
ZEICHENKETTE LIKE '\\\%%' ESCAPE '\' .
```

Es fällt allerdings schwer, sich eine Situation vorzustellen, in der man wirklich auf diese Möglichkeit zurückgreifen muß, die sich praktisch immer durch Wahl eines anderen Escapesymbols vermeiden lassen sollte.

Die negierten Formen des LIKE-Prädikats

$$\textit{Match-Wert} \text{ NOT LIKE } \textit{Muster}$$

bzw.

$$\textit{Match-Wert} \text{ NOT LIKE } \textit{Muster} \text{ ESCAPE } \textit{Escapesymbol}$$

sind natürlich äquivalent zu den Suchbedingungen

$$\text{NOT } (\textit{Match-Wert} \text{ LIKE } \textit{Muster})$$

bzw.

> NOT (*Match-Wert* LIKE *Muster* ESCAPE *Escapesymbol*).

3.3.1.4 NULL-Prädikat

Mit Hilfe des NULL-Prädikats kann festgestellt werden, ob der Wert eines Wertausdrucks ein richtiger Wert oder ein NULLwert ist.

Bsp. 3.30: NULL-Prädikat. "Rohstoffnummern für alle Rohstoffe, bei denen unter RCODE der NULLwert gespeichert ist." Wir wollen (nur für dieses Beispiel) annehmen, daß das für den Rohstoff R5 der Fall ist.

```
SELECT  R#
FROM    R
WHERE   RCODE IS NULL;
```

```
             --
Ergebnis:    R#
             --
             R5
```

Auf die NULLwertproblematik ist bereits in 2.2.2 eingegangen worden. Wie sich NULLwerte im einzelnen auf das Ergebnis einer Abfrage auswirken, wird in 3.3.3 besprochen werden. Jedenfalls stellt das NULL-Prädikat die einzige Möglichkeit dar, explizit auf NULLwerten abzufragen. Die Syntax ist ganz einfach, nämlich:

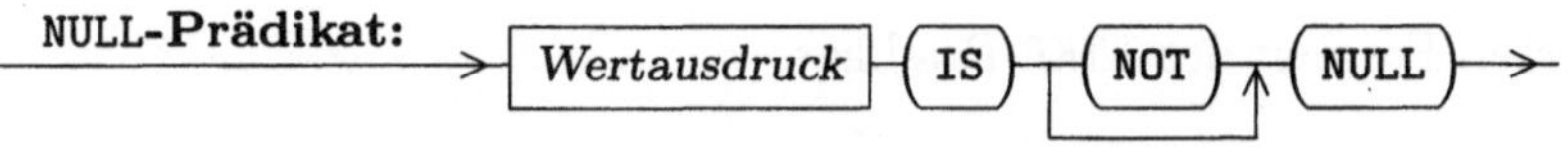

In Core SQL ist die negierte Form des NULL-Prädikats

$$v \text{ IS NOT NULL}$$

äquivalent zur Suchbedingung

$$\text{NOT } (v \text{ IS NULL}).$$

3.3.2 Prädikate mit Unterabfragen

Unter dieser Bezeichnung werden das **IN**-, **EXISTS**- und das quantifizierte Vergleichsprädikat zusammengefaßt. Es wurde schon in der Einleitung zu 3.3 darauf hingewiesen, daß es sich bei diesen Prädikaten um die einzigen Sprachkonstrukte von Core SQL handelt, im Rahmen derer allgemeine Unterabfragen — also Unterabfragen, die über skalare Unterabfragen (vgl. 3.2.6.2 und 3.3.1.1, Bsp. 3.24) hinausgehen — vorkommen können.

3.3.2.1 IN-Prädikat

Mit Hilfe des **IN**-Prädikats kann festgestellt werden, ob ein Wert als Element in einer Menge vorkommt. Die Menge kann dabei durch eine Unterabfrage oder durch eine Werteliste angegeben werden.

Bsp. 3.31: IN-Prädikat mit einer Unterabfrage. "Namen aller Produkte, zu deren Herstellung Rohstoff **R4** notwendig ist." Diese Abfrage könnte man natürlich auch ohne **IN**-Prädikat realisieren, nämlich durch einen Verbund der **P**- mit der **PR**-Tabelle. Hier interessiert uns aber die Lösung mit dem **IN**-Prädikat.

```
SELECT PNAME
FROM   P
WHERE  P#  IN (SELECT P#
               FROM   PR
               WHERE  R# = 'R4');


              -----
Ergebnis:     PNAME
              -----
              Delta
              Omega
```

Hinter **IN** steht eine *Unterabfrage*, bei der es sich wie im Beispiel 3.24 um eine **SELECT**-Unterabfrage handelt. Anders als im Beispiel 3.24 ist die Unterabfrage hier aber keine skalare, sondern eine allgemeine Unterabfrage. Durch diese Unterabfrage wird die Menge aller Produktnummern gebildet, zu deren Produktion der Rohstoff **R4** erforderlich ist. Das Ergebnis der Unterabfrage ist die Tabelle:

```
--
P#
--
P2
P4
```

Diese Tabelle repräsentiert die Menge { P2, P4 }. Das IN-Prädikat testet nun für jede Produktnummer der umgebenden SELECT-Abfrage, ob sie Element dieser Menge ist. Das setzt natürlich voraus, daß der Wertausdruck vor IN und die Elemente der Menge vergleichbar sind (vgl. 3.3.1.1). Sollte die Menge leer sein — also die Ergebnistabelle der Unterabfrage eine leere Tabelle sein —, ergibt sich für das IN-Prädikat der Wahrheitswert *falsch*.

Wenn man die durch die Unterabfrage repräsentierte Menge schon kennt, kann man auch die andere Variante des IN-Prädikats verwenden, nämlich das **IN-Prädikat mit Werteliste**. Damit läßt sich die obige SELECT-Abfrage folgendermaßen formulieren:

```
SELECT PNAME
FROM   P
WHERE  P#  IN ( 'P2', 'P4' );
```

Die Syntax des IN-Prädikats ist folgendermaßen festgelegt:

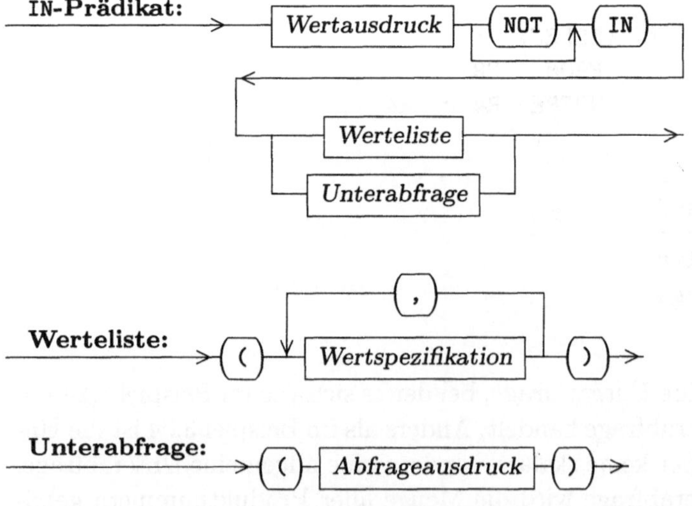

Bei der Variante mit Werteliste müssen die Wertspezifikationen mit dem Wertausdruck vergleichbar sein. Bei der Variante mit Unterabfrage muß die Ergebnistabelle der Unterabfrage den Grad 1 haben[53] und der Spaltentyp muß mit dem Wertausdruck vergleichbar sein. Der Wertausdruck v wird mit den Elementen $\{x_1, x_2, \ldots, x_n\}$ der Werteliste bzw. der einspaltigen Ergebnistabelle der Unterabfrage verglichen. Wenn die Ergebnistabelle leer ist,[54] ergibt sich der Wahrheitswert *falsch*. Sonst ist die positive Form des IN-Prädikats äquivalent zur Suchbedingung

$$(v = x_1)\ \text{OR}\ (v = x_2)\ \text{OR}\ \ldots\ \text{OR}\ (v = x_n),$$

wodurch eben gerade getestet wird, ob der Wert v Element der Menge $M = \{x_1, x_2, \ldots, x_n\}$ ist. Die negierte Form

$$v\ \text{NOT IN}\ M$$

entspricht natürlich der Suchbedingung

$$\text{NOT}\ (v\ \text{IN}\ M).$$

Bezüglich der Unterabfragen sei hier noch einmal darauf hingewiesen, daß diese durch einen Abfrageausdruck definiert werden und daß SELECT-Unterabfragen, also Unterabfragen deren definierender Abfrageausdruck eine SELECT-Abfrage ist, bei weitem den wichtigsten Fall darstellen. Auf die übrigen in Core SQL verfügbaren Abfrageausdrücke wird in 3.5 eingegangen.

Bsp. 3.32: IN-Prädikat mit mehrfach verschachtelter Unterabfrage. "Namen aller Produkte, zu deren Herstellung ein Rohstoff mit RCODE-Wert C benötigt wird."

```
SELECT PNAME
FROM   P
WHERE  P#  IN (SELECT P#
               FROM   PR
               WHERE  R#  IN (SELECT R#
                              FROM   R
                              WHERE  RCODE = 'C'));
```

---

[53]Im vollen Sprachumfang kann der linke Operand des IN-Prädikats auch ein *Zeilenwert*, also ein Vektor von Werten sein, in welchem Fall der Grad der Ergebnistabelle mit der Anzahl der Komponenten des Zeilenwerts übereinstimmen muß. In Core SQL muß der linke Komparand ein skalarer Wert sein, woraus sich die Einschränkung auf den Grad 1 der Ergebnistabelle ergibt. Die Unterabfrage des IN-Prädikats ist also nur hinsichtlich ihrer Kardinalität allgemeiner als eine skalare Unterabfrage.

[54]Eine leere Werteliste entspricht nicht der Syntax und würde daher zu einem Syntaxfehler führen.

```
              -----
Ergebnis:     PNAME
              -----
              Alpha
```

Unterabfragen können im Prinzip beliebig tief verschachtelt sein. In diesem Beispiel liefert die innerste Unterabfrage das Ergebnis:

```
    --
    R#
    --
    R2
    R6
```

Die umgebende Unterabfrage liefert:

```
    --
    P#
    --
    P1
```

Und daraus folgt dann das Ergebnis der gesamten Abfrage. Man beachte, daß man die Abfrage dieses Beispiels auch mit einem dreifachen Verbund realisieren könnte:

```
SELECT  DISTINCT PNAME
FROM    P, PR, R
WHERE   P.P# = PR.P#
        AND
        R.R# = PR.R#
        AND
        R.RCODE = 'C';
```

3.3.2.2 EXISTS-Prädikat

Mit Hilfe des EXISTS-Prädikats kann getestet werden, ob die Ergebnistabelle einer Unterabfrage wenigstens eine Zeile enthält oder leer ist. Das EXISTS-Prädikat stellt das SQL-Pendant zum Existenzquantor des Relationenkalküls dar.

Bsp. 3.33: EXISTS-Prädikat. "Namen aller Produkte, zu deren Herstellung Rohstoff **R4** notwendig ist." Diese Abfrage wurde in Beispiel 3.31 mit Hilfe des **IN**-Prädikats formuliert.

```
SELECT  PNAME
FROM    P
WHERE   EXISTS (SELECT *
                FROM   PR
                WHERE  P# = P.P#
                AND
                R# = 'R4');
```

Das **EXISTS**-Prädikat testet, ob in der Ergebnistabelle der dazugehörigen Unterabfrage wenigstens eine Zeile existiert, in welchem Fall der Wahrheitswert *wahr* geliefert wird. Ist das Resultat der Unterabfrage leer, ergibt sich der Wahrheitswert *falsch*. Das Syntaxdiagramm des **EXISTS**-Prädikats lautet:

EXISTS-Prädikat:

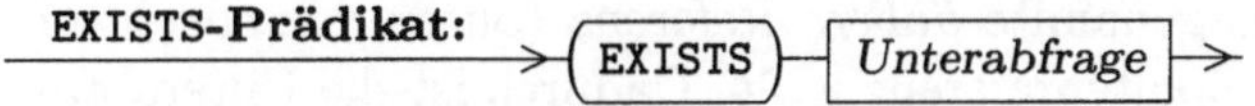

Auch beim **EXISTS**-Prädikat gilt in Core SQL an sich die Einschränkung, daß eine unmittelbar in der Unterabfrage auftretende **SELECT**-Abfrage nur eine einzige Ergebnisspalte in der **SELECT**-Liste haben darf. Da es beim **EXISTS**-Prädikat nur darum geht, ob das Ergebnis der Unterabfrage leer ist oder nicht, ist diese Einschränkung logisch nicht nachvollziehbar und wird im vollen Sprachumfang von SQL-99 auch aufgehoben.[55]

Andererseits darf in der **SELECT**-Liste einer **SELECT**-Unterabfrage des **EXISTS**-Prädikats der Stern '*' auch dann verwendet werden, wenn die Ergebnistabelle mehr als eine Spalte hat.[56] Von dieser bequemen Möglichkeit wird praktisch immer Gebrauch gemacht. Es ist aber selbstverständlich zulässig, die obige Abfrage auch folgendermaßen zu formulieren:

---

[55]Letztlich geht diese Einschränkung auf SQL-86 zurück. Eben deshalb, weil es beim **EXISTS**-Prädikat ja nicht um die Werte in den Zeilen der Ergebnistabelle geht, sondern nur darum, ob überhaupt eine Zeile vorhanden ist, stellt die Einspaltigkeit keine wirkliche Beeinträchtigung dar. Außerdem wird diese Beschränkung durch die anschließend besprochene Möglichkeit relativiert, daß **SELECT** * verwendet werden kann.

[56]Genaugenommen hat **SELECT** * in diesem — und nur in diesem — Kontext nicht die übliche Bedeutung, sondern ist einer **SELECT**-Abfrage mit einem beliebigen Literal in der **SELECT**-Liste äquivalent, also beispielsweise **SELECT** 'irgendetwas'.

```
SELECT  PNAME
FROM    P
WHERE   EXISTS (SELECT P#
               FROM    PR
               WHERE   P# = P.P#
               AND
               R# = 'R4');
```

Das laufende Beipiel ist als Bsp. 3.31 schon mit dem IN-Prädikat gelöst
worden. Die letzte Formulierung zeigt, wie das IN-Prädikat durch das
EXISTS-Prädikat "simuliert" werden kann. Tatsächlich ist eine solche Simulation des IN-Prädikats durch das EXISTS-Prädikat immer möglich
— aber nicht umgekehrt.[57] Somit ist das IN-Prädikat gewissermaßen redundant. Andererseits mag die Formulierung des laufenden Beispiels mit
Hilfe des IN-Prädikats vielen Benutzern natürlicher und bequemer erscheinen, so daß gegen seine Verwendung nichts einzuwenden ist.

Äußere Referenzen.   In der Unterabfrage von Beispiel 3.33 kommt
zum ersten Mal eine sogenannte *äußere Referenz* (*outer reference*) vor,
und zwar in Form der Spaltenreferenz P.P#. Dadurch ist die Unterabfrage mit der umgebenden Abfrage gekoppelt. Während in den bisherigen
Beispielen das Ergebnis der Unterabfrage immer unabhängig von der
umgebenden (Unter-)Abfrage war und daher nur einmal gebildet werden
mußte, ist das nun nicht mehr der Fall. Vielmehr hängt das Ergebnis
jetzt von der jeweiligen Zeile der umgebenden (Unter-)Abfrage ab und
muß daher für jede Zeile neu ermittelt werden. Der Standard spricht in
diesem Zusammenhang treffend von einer *correlated subquery*, was man
als Kurzform für 'eine Unterabfrage, die durch eine äußere Referenz von
einer umgebenden (Unter-)Abfrage abhängt' verstehen kann.

Es ist kein Zufall, daß wir den äußeren Referenzen gerade bei der Besprechung des EXISTS-Prädikats zum ersten Mal begegnen, weil in der Unterabfrage des EXISTS-Prädikats praktisch immer eine äußere Referenz
vorkommt. Es muß aber darauf hingewiesen werden, daß äußere Referenzen im Prinzip in jeder Unterabfrage vorkommen können, was nicht
nur für die (allgemeinen) Unterabfragen der Prädikate mit Unterabfragen gilt, sondern auch für die skalaren Unterabfragen (vgl. 3.2.6.2). Wir
werden daher am Ende dieses Exkurses auch zwei Beispiele für skalare
Unterabfragen mit äußeren Referenzen bringen.

---

[57]Beispielsweise geht es in 3.35 um eine Abfrage, die nur mit Hilfe des EXISTS-Prädikats formuliert werden kann.

Bei einer äußeren Referenz geht es also um eine Unterabfrage, die durch eine Spaltenreferenz — zu der man dann eben 'äußere Referenz' sagt — mit einer umgebenden (Unter-)Abfrage gekoppelt ist, und wir wollen bei der weiteren Besprechung der äußeren Referenzen davon ausgehen, daß alle beteiligten (Unter-)Abfragen durch SELECT-Abfragen definiert sind.[58] Eine äußere Referenz kann in diesem Fall nur in der WHERE- oder HAVING-Klausel der SELECT-Unterabfrage auftreten, welche die entsprechende Spaltenreferenz unmittelbar enthält.

Ein ganz wesentlicher Begriff zum Verständnis der äußeren Referenzen ist der Begriff des *Geltungsbereichs* der durch eine Spaltenreferenz *bezogenen Tabelle*. Der Geltungsbereich der bezogenen Tabelle ist einfach eine die Spaltenreferenz umgebende SELECT-(Unter-)Abfrage, nämlich gerade diejenige umgebende SELECT-(Unter-)Abfrage, in deren FROM-Klausel der explizite oder implizite Qualifizierer der Spaltenreferenz erklärt ist. Der Qualifizierer einer Spaltenreferenz kann dabei ein Tabellenname oder ein Aliasname sein (vgl. 3.1.2, Bsp. 3.13). Wenn mehrere ineinander verschachtelte SELECT-(Unter-)Abfragen als umgebende Geltungsbereiche in Betracht kommen, schafft die Regel der 'engsten Lokalität' des Geltungsbereichs Ordnung. Diese Regel besagt, daß der Geltungsbereich auf die innerste umschließende (Unter-)Abfrage beschränkt ist, in deren FROM-Klausel der entsprechende Qualifizierer erklärt ist. Wenn die Spaltenreferenz einen expliziten Qualifizierer enthält, ist das völlig unproblematisch. Wenn die Spaltenreferenz nur ein einfacher Spaltenname ist, muß zuerst der implizite Qualifizierer der Spaltenreferenz bestimmt werden, was wieder mit Hilfe der Regel der 'engsten Lokalität' geschieht: Die innerste umschließende SELECT-(Unter-)Abfrage in deren FROM-Klausel ein Qualifizierer erklärt ist, dessen zugehörige Tabelle eine Spalte mit dem Spaltennamen der Spaltenreferenz aufweist, legt den impliziten Qualifizierer der einfachen Spaltenreferenz und damit auch den Geltungsbereich der bezogenen Tabelle fest.

Die Spaltenreferenz P.P# unseres Beispiels hat einen expliziten Qualifizierer, nämlich den Tabellennamen P. Dieser ist in der FROM-Klausel der äußeren SELECT-Abfrage erklärt. Daher ist der Geltungsbereich der Spaltenreferenz P.P# die gesamte SELECT-Abfrage. Die Spaltenreferenzen P# und R# weisen keinen expliziten Qualifizierer auf. Zur Bestimmung der impliziten Qualifizierer untersuchen wir zuerst die FROM-Klausel der unmittelbar umgebenden SELECT-Unterabfrage. Dort ist der Tabellenname PR erklärt. Die dazugehörige Tabelle weist sowohl eine Spalte P# als auch

---

[58]Ansonsten kommen nur Verbundausdrücke mit einer Verbundbedingung in Frage, worauf in 3.5.1.2 eingegangen wird.

eine Spalte R# auf. Daher sind die beiden Spaltenreferenzen P# und R#
implizit mit dem Tabellennamen PR qualifiziert und der Geltungsbereich
der von beiden Spaltenreferenzen bezogenen Tabelle, also von PR, ist die
SELECT-Unterabfrage des EXISTS-Prädikats.

Mit Hilfe des Begriffs des *Geltungsbereichs der bezogenen Tabelle* kann
nun ganz einfach geklärt werden, ob es sich bei einer Spaltenreferenz in
einer WHERE- oder HAVING-Klausel um eine *direkte* oder um eine *äußere
Referenz* handelt:

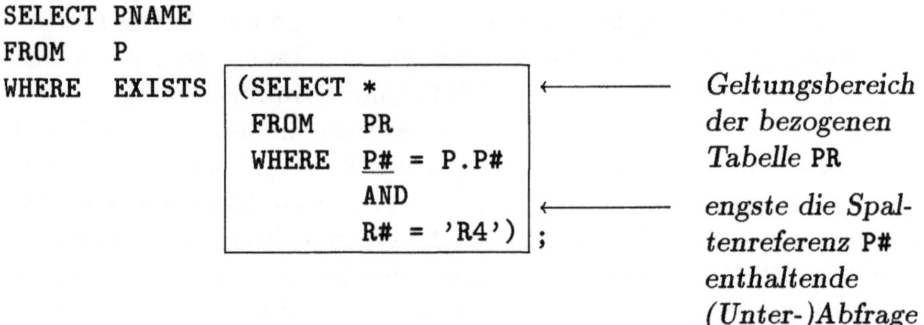

Wenn die engste die Spaltenreferenz enthaltende SELECT-(Unter-)Abfrage
mit dem Geltungsbereich der bezogenen Tabelle zusammenfällt, handelt
es sich um eine *direkte Referenz*.

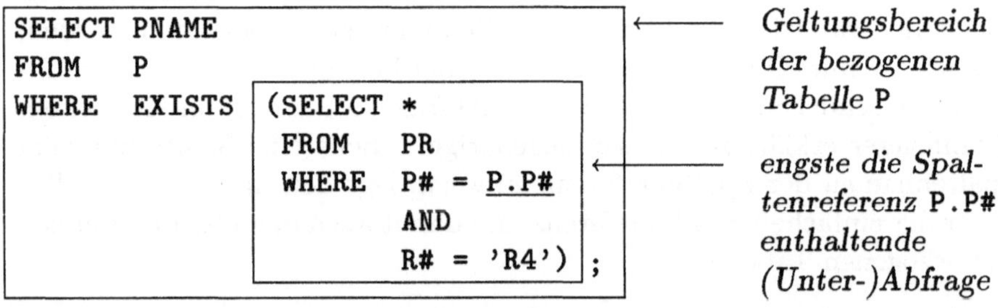

Wenn hingegen die engste die Spaltenreferenz enthaltende SELECT-(Un-
ter-)Abfrage in den Geltungsbereich der bezogenen Tabelle hineingeschachtelt ist,[59] handelt es sich um eine *äußere Referenz*.

Zum Abschluß dieses Exkurses folgen zwei Beispiele von skalaren Unterabfragen mit äußeren Referenzen. Das erste Beispiel stellt eine alternative Lösungsmöglichkeit von Bsp. 3.27 dar, bei dem es um die Nummern

---

[59]In diesem Fall kann es sich bei der engsten die Spaltenreferenz enthaltenden
(Unter-)Abfrage natürlich nur um eine Unterabfrage handeln.

aller Lagerstätten gegangen ist, deren mengenmäßige Auslastung nicht zwischen 10 und 90% liegt:

```
SELECT L#
FROM   L
WHERE  (SELECT SUM(MENGE)
          FROM   LR
          WHERE  L# = L.L#) / CAST(MENGE AS REAL)
       NOT BETWEEN 0.1 AND 0.9;
```

Im nächsten Beispiel kommen wir auf die Abfrage von Bsp. 3.12 zurück, bei der es um eine erweiterte Version der Produktstrukturtabelle PR gegangen ist, die neben den Informationen der Tabelle PR auch die Produktbezeichnung und den Rohstoffnamen enthalten soll. Der Einsatz der zwei skalaren Unterabfragen mit äußeren Referenzen vermeidet hier den dreifachen Verbund der ursprünglichen Formulierung:

```
SELECT PR.*, (SELECT PNAME FROM P WHERE P.P# = PR.P#),
             (SELECT RNAME FROM R WHERE R.R# = PR.R#)
FROM   PR;
```

Bsp. 3.34: Abfrage mit verneintem EXISTS-Prädikat. "Namen aller Produkte, zu deren Herstellung Rohstoff R4 nicht gebraucht wird."

```
SELECT PNAME
FROM   P
WHERE  NOT EXISTS (SELECT *
                     FROM   PR
                     WHERE  P# = P.P#
                     AND
                     R# = 'R4');
```

```
                   -----
Ergebnis:          PNAME
                   -----
                   Alpha
                   Sigma
```

Natürlich kann das EXISTS-Prädikat auch verneint werden. Die obige SELECT-Abfrage kann folgendermaßen verbalisiert werden: "Namen aller

Produkte, für die es keine 'Produktstrukturzeile' mit Rohstoff R4 gibt."
Dieses Beispiel könnte auch mit Hilfe des IN-Prädikats gelöst werden,
wobei die äußere Referenz wegfällt:

```
SELECT PNAME
FROM   P
WHERE  P# NOT IN (SELECT P#
                  FROM   PR
                  WHERE  R# = 'R4');
```

Bsp. 3.35: Abfrage mit verneintem EXISTS-Prädikat. "Namen derjenigen Rohstoffe, die für die Herstellung eines jeden Produkts notwendig
sind" (vgl. 2.4.1 bzw. 2.4.3, Beispiel 3).

```
SELECT RNAME
FROM   R
WHERE  NOT EXISTS
          (SELECT *
           FROM   P
           WHERE  NOT EXISTS
                     (SELECT *
                      FROM   PR
                      WHERE  R# = R.R#
                      AND
                      P# = P.P#));
```

```
           ------
Ergebnis:  RNAME
           ------
           Glutin
```

Die obige SELECT-Abfrage könnte folgendermaßen verbalisiert werden:
"Jeder Rohstoff, für den es kein Produkt gibt, das diesen Rohstoff nicht
enthält." Dieses Beispiel kann im Gegensatz zu den Beispielen 3.33 und
3.34 nicht mit Hilfe des IN-Prädikats gelöst werden. Das hat damit zu
tun, daß die entsprechende Abfrage in der Relationenalgebra auf eine
Division hinausläuft (vgl. 2.4.1, Beispiel 3) und daß man die relatio-
nenalgebraische Division in SQL nur mit Hilfe der verneinten Form des
EXISTS-Prädikats realisieren kann. Damit ist das EXISTS-Prädikat notwendig, um SQL die volle Funktionalität des Relationenmodells zu geben. Für derartige Abfragen ist es manchmal hilfreich, zunächst eine
"FORALL-Verbalisierung" zu finden. Aufgrund der logischen Beziehungen

zwischen dem FORALL- und dem EXISTS-Quantor (vgl. 2.4.3) kann man
diese Formulierung dann in eine FORALL-freie Form bringen, welche sich
meistens besser als Ausgangspunkt für die Formulierung der entsprechenden SELECT-Abfrage eignet.

Eine FORALL-Verbalisierung der gegenständlichen Abfrage wäre beispielsweise: "Jeder Rohstoff, bei dem *für alle* Produkte gilt, daß sie diesen
Rohstoff enthalten." Die entsprechende FORALL-freie Form lautet: "Jeder Rohstoff, für den *kein* Produkt *existiert*, das diesen Rohstoff *nicht*
enthält", und diese Formulierung entspricht im wesentlichen der obigen
SELECT-Abfrage.

Bsp. 3.36: Abfrage mit verneintem EXISTS-Prädikat. "Nummern
der Lager, in denen alle Rohstoffe vorrätig sind, die im Lager L1 vorhanden sind" (vgl. 2.4.1 bzw. 2.4.3, Beispiel 4).

```
     SELECT L#
     FROM   L
     WHERE  NOT EXISTS
                (SELECT *
                 FROM   LR LRX
                 WHERE  L# = 'L1'
                 AND    NOT EXISTS
                            (SELECT *
                             FROM   LR LRY
                             WHERE  LRY.L# = L.L#
                             AND
                             LRY.R# = LRX.R#));

                   --
Ergebnis:      L#
                   --
               L1
               L3
```

Diese Abfrage läßt sich relationenalgebraisch wieder auf eine Division
zurückführen. Wenn man versucht, die obige SELECT-Abfrage zu verbali-
sieren, erhält man so etwas Ähnliches wie: "Jedes im Resultat aufscheinende Lager muß folgendes erfüllen: Es darf keinen im Lager L1 gelagerten Rohstoff geben, der nicht auch in unserem Lager vorhanden ist." Wie
bereits beim vorigen Beispiel erwähnt, erhält man eine solche Formulierung manchmal einfacher über den Umweg einer FORALL-Formulierung:
"Jedes im Resultat aufscheinende Lager muß folgendes erfüllen: *Für je-*

den im Lager L1 gelagerten Rohstoff muß gelten, daß er auch in unserem
Lager vorhanden ist". Man beachte bei diesem Beispiel auch die Verwendung von Aliasnamen, die für diese Abfrage zwingend notwendig sind,
und die beiden äußeren Referenzen in der innersten Unterabfrage.

3.3.2.3   Quantifiziertes Vergleichsprädikat

Das quantifizierte Vergleichsprädikat hat zwei Varianten, nämlich das
SOME- und das ALL-quantifizierte Vergleichsprädikat. Durch das quantifizierte Vergleichsprädikat wird eine Wertausdruck w mit allen Elementen einer Menge $\{x_1, x_2, \ldots, x_n\}$ verglichen, wobei diese Menge durch
eine Unterabfrage festgelegt wird. Mit Hilfe des SOME-quantifizierten Vergleichsprädikats kann festgestellt werden, ob wenigstens ein Element den
Vergleich erfüllt. Das ALL-quantifizierte Vergleichsprädikat testet, ob alle
Elemente den Vergleich erfüllen.

Bsp. 3.37: Abfrage mit SOME-quantifiziertem Vergleichsprädikat.
"Namen aller Produkte, zu deren Herstellung Rohstoff R4 notwendig ist."
Das ist die gleiche Abfrage wie in den Beispielen 3.31 und 3.33.

```
SELECT  PNAME
FROM    P
WHERE   P# = SOME (SELECT  P#
                   FROM    PR
                   WHERE   R# = 'R4');
```

Nach den Formulierungen mittels Verbund, IN-Prädikat und EXISTS-
Prädikat ist das nun schon die vierte Möglichkeit, die obige Abfrage in
SQL auszudrücken und natürlich ergibt sich dabei immer das gleiche
Resultat. Statt des Vergleichsoperators '=' ist auch jeder andere für das
Vergleichsprädikat vorgesehene Vergleichsoperator zulässig. Anstelle des
Schlüsselwortes SOME kann als Synonym wahlweise auch ANY verwendet
werden. Das SOME-quantifizierte Vergleichsprädikat ergibt den Wahrheits-
wert *wahr*, wenn es in der durch die Unterabfrage gebildeten einspaltigen
Tabelle mindestens ein Element gibt, für das der Vergleich mit dem Wertausdruck auf der linken Seite *wahr* ergibt. Wenn der Vergleich mit dem
Wertausdruck auf der linken Seite für alle Elemente *falsch* ergibt oder
wenn die Unterabfrage eine leere Ergebnistabelle hat, erhält das SOME-
quantifizierte Vergleichsprädikat den Wahrheitswert *falsch*. Das Syntaxdiagramm lautet:

SOME-quantifiziertes Vergleichsprädikat:

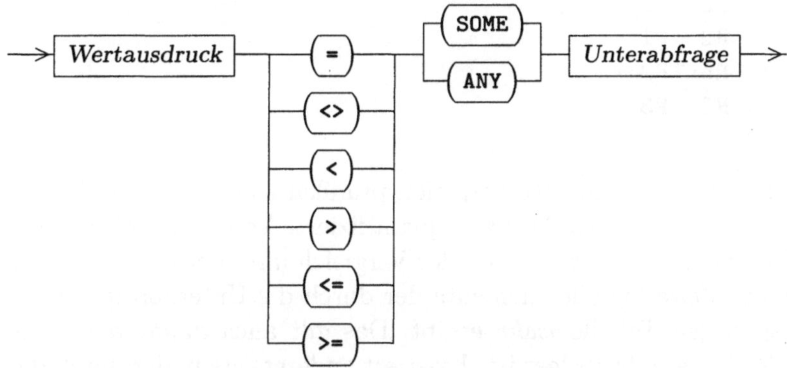

Es bereitet keine besonderen Schwierigkeiten sich zu überlegen, wie man
das **SOME**-quantifizierte Vergleichsprädikat mit Hilfe des **EXISTS**-Prädi-
kats ausdrücken kann. Eine solche "Simulation" ist immer möglich, indem man den Vergleichsoperator und den Wertausdruck auf der linken Seite des quantifizierten Vergleichsprädikats in die Unterabfrage des
EXISTS-Prädikats einbaut. Für unser laufendes Beispiel lautet das dem
SOME-quantifizierten Vergleichsprädikat entsprechende **EXISTS**-Prädikat
folgendermaßen:

```
SELECT  PNAME
FROM    P
WHERE   EXISTS (SELECT P#
               FROM    PR
               WHERE   PR.R# = 'R4'
               AND
               P.P# = PR.P#);
```

Bsp. 3.38: Abfrage mit ALL-quantifiziertem Vergleichsprädikat.
"Bestimme diejenigen Rohstoffe, die jeweils nur zur Herstellung eines
einzigen Produkts benötigt werden, und gib ihre Rohstoffnummer und
die Nummer des entsprechenden Produkts aus."

```
SELECT  R#, P#
FROM    PR PRX
WHERE   R# <> ALL (SELECT R#
                  FROM    PR PRY
                  WHERE   PRY.P# <> PRX.P#);
```

```
                 --   --
Ergebnis:    R#   P#
                 --   --
             R2   P1
             R5   P2
             R3   P3
```

Auch für das **ALL**-quantifizierte Vergleichsprädikat kann jeder Vergleichsoperator verwendet werden. Das **ALL**-quantifizierte Vergleichsprädikat ergibt den Wahrheitswert *wahr*, wenn der Vergleich mit dem Wertausdruck
auf der linken Seite für alle Elemente der durch die Unterabfrage gebildeten einspaltigen Tabelle *wahr* ergibt. Das gilt auch dann, wenn das
Ergebnis der Unterabfrage leer ist. Existiert andererseits in der durch die
Unterabfrage gebildeten einspaltigen Tabelle mindestens ein Element, für
das der Vergleich mit dem Wertausdruck auf der linken Seite *falsch* ergibt, so erhält das **ALL**-quantifizierte Vergleichsprädikat den Wahrheitswert *falsch*. Das Syntaxdiagramm lautet:

ALL-quantifiziertes Vergleichsprädikat:

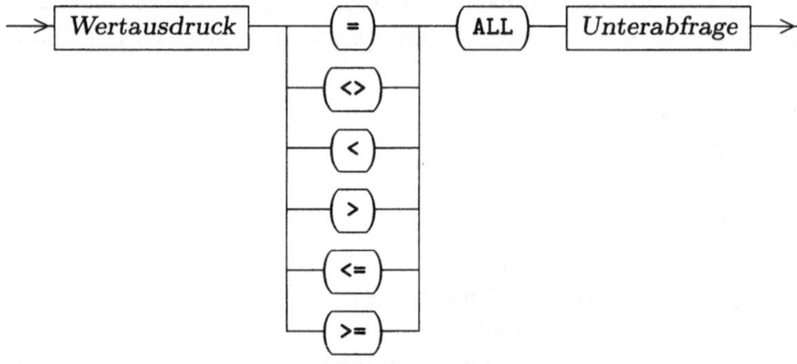

Auch das **ALL**-quantifizierte Vergleichsprädikat läßt sich immer mit Hilfe des **EXISTS**-Prädikats ausdrücken. Für das gegenständliche Beispiel
lautet die entsprechende Standardauflösung mit dem **EXISTS**-Prädikat:

```
SELECT R#, P#
FROM   PR PRX
WHERE  NOT EXISTS (SELECT R#
                   FROM   PR PRY
                   WHERE  PRY.P# <> PRX.P#
                   AND
                   NOT (PRY.R# <> PRX.R#));
```

Wenn man nicht ganz so schematisch auflöst, wird man in der letzten Zeile der obigen **SELECT**-Abfrage den zu '<>' inversen Vergleichsoperator '=' verwenden, wodurch man sich die Verneinung ersparen kann.

Da ein quantifiziertes Vergleichsprädikat nur ein **SOME**- oder ein **ALL**-quantifiziertes Vergleichsprädikat sein kann, sieht das Syntaxdiagramm für das gesamte quantifizierte Vergleichsprädikat folgendermaßen aus:

quantifiziertes Vergleichsprädikat:

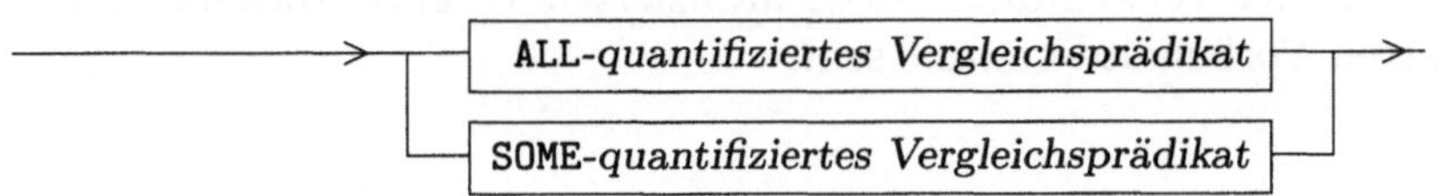

Sowohl in SQL-Lehrbüchern als auch in der wissenschaftlichen Literatur werden gegenüber dem quantifizierten Vergleichsprädikat von SQL einige — wie auch wir glauben — nicht unberechtigte Vorbehalte laut. Wir geben im folgenden einen kurzen Überblick über die Gründe dafür.

a) *Redundanzbezogene Gründe:* Da man das quantifizierte Vergleichsprädikat immer durch das **EXISTS**-Prädikat ausdrücken kann, ist es überflüssig. Dieses Argument allein wollen wir nicht gelten lassen. Es würde genauso für das **IN**-Prädikat zutreffen, mit dem man aber manche Abfragen besonders natürlich und bequem formulieren kann.

b) *Sprachlogische Gründe:* Eine englischsprachige Verbalisierung der SQL-Abfrage 3.38 mit dem **ALL**-quantifizierten Vergleichsprädikat könnte lauten: "Raw material and product number for those materials and products where the material is different from *any* material contained in other products." Gerade hier darf aber in SQL nicht das **ANY**-quantifizierte, sondern muß das **ALL**-quantifizierte Vergleichsprädikat verwendet werden!

c) *Gründe aus dem Relationenmodell:* Die quantifizierten Vergleichsprädikate von SQL haben nur in einem sehr eingeschränkten Sinn mit den Quantoren des Relationenkalküls — und damit mit den entsprechenden Quantoren der Prädikatenlogik, also dem Allquantor und dem Existenzquantor — zu tun. Benötigt man die volle Funktionalität der Quantoren, muß man sowieso auf das **EXISTS**-Prädikat zurückgreifen. Insbesondere könnte man meinen, daß das **ALL**-quantifizierte Vergleichsprädikat das SQL-Pendant des Allquantors wäre. Das ist aber nicht der Fall. Ähnliches gilt auch für SOME (bzw. ANY), das als SQL-Pendant des Existenzquantors aufgefaßt werden könnte. Somit sind die Bezeichnung 'quantifiziertes Vergleichsprädikat' und auch die Schlüsselwörter ALL und SOME (bzw. ANY) für die 'Quantoren' etwas irreführend und können zu Mißverständnissen und Fehlern führen.

Da das quantifizierte Vergleichsprädikat nun einmal zur SQL-Sprache gehört, erscheint ein pragmatischer Standpunkt angebracht. Man sollte sich aber bei der Verwendung des quantifizierten Vergleichsprädikats der angeführten Vorbehalte bewußt sein.

3.3.3   NULLwerte und dreiwertige Logik

Wir wissen bereits von der Besprechung der Integritätsbedingungen des relationalen Modells, daß NULLwerte in einem praxisgerechten DBMS unterstützt werden müssen (vgl. 2.2.2), wobei wir unter einem NULL-wert eine spezielle Markierung für fehlende Datenwerte oder ein nicht zutreffendes Attribut verstehen. In SQL umfaßt jeder Datentyp auch den NULLwert (vgl. 3.2.2–3.2.5). Es gibt ein spezielles Prädikat, nämlich das NULL-Prädikat, mit dem geprüft werden kann, ob ein Wertausdruck ein richtiger Wert oder ein NULLwert ist (vgl. 3.3.1.4). Die NULLwerte wirken sich in vielerlei Hinsicht auf die Auswertung von Prädikaten und SELECT-Abfragen aus. Eine der gravierendsten Auswirkungen besteht darin, daß man mit den klassischen Wahrheitswerten *wahr* und *falsch* nicht mehr das Auslangen findet. Vielmehr benötigt man einen dritten Wahrheits-wert *unbekannt*, der immer dann zustandekommt, wenn für ein Prädikat aufgrund von NULLwerten nicht entschieden werden kann, ob es *wahr* oder *falsch* ist. Man spricht in diesem Zusammenhang von einer *drei-wertigen Logik*. Aus Gründen einer klareren Darstellung haben wir diese und alle übrigen Auswirkungen der NULLwerte bisher nicht weiter pro-blematisiert. Alle notwendigen Ergänzungen werden in diesem Abschnitt zusammengefaßt.

SELECT DISTINCT, GROUP BY und ORDER BY.   Im Zusammenhang mit SELECT DISTINCT, GROUP BY und ORDER BY werden NULLwerte als identisch betrachtet. Das bedeutet, daß die dritte und die sechste Zeile der folgenden Tabelle — ebenso wie die erste und die fünfte Zeile — als Duplikate betrachtet werden. Die NULLwerte in der Tabelle werden dabei durch '–' repräsentiert.

```
-----  ----
LCODE  ORT
-----  ----
  B    Graz
  A    Wien
  -    Linz
  C    Wien
  B    Graz
  -    Linz
  C    Ried
```

Für SELECT DISTINCT läuft das darauf hinaus, daß die dritte und die sechste Zeile im Ergebnis auf eine einzige Zeile reduziert werden. GROUP BY LCODE bewirkt, daß die dritte und die sechste Zeile in dieselbe Gruppe kommen. Entsprechend folgen in der durch ORDER BY LCODE sortierten Tabelle die dritte und die sechste Zeile umittelbar aufeinander. Außerdem werden NULLwerte durch ORDER BY so behandelt, als ob sie kleiner (bzw. größer) als alle richtigen Werte wären. Wenn man also die obige Tabelle nach LCODE sortiert, werden die dritte und sechste Zeile zu den ersten (bzw. letzten) beiden Zeilen in der sortierten Tabelle. Welche dieser beiden Möglichkeiten gewählt wird, bleibt der Implementierung überlassen.[60]

Wertausdrücke. Wenn ein in die Berechnung eines Wertausdrucks eingehender Wert ein NULLwert ist, dann ergibt der gesamte Wertausdruck einen NULLwert. Insbesondere ist auch eine skalare Unterabfrage ein (primärer) Wertausdruck. Wenn ihre Ergebnistabelle leer ist, liefert die skalare Unterabfrage einen NULLwert.

Gruppenfunktionen. Bei COUNT(*) werden mehrfach vorkommende Zeilen immer mitgezählt. Das gilt auch dann, wenn die mehrfach vorkommenden Zeilen NULLwerte enthalten. Für die übrigen Gruppenfunktionen, also für die ALL- und DISTINCT-Gruppenfunktionen, gilt folgende Regelung: Wenn sich unter den zu aggregierenden Werten NULLwerte befinden, werden diese nicht in die Aggregierung miteinbezogen. Wenn die von NULLwerten befreite zu aggregierende Wertmenge leer ist, wird als Ergebnis der Gruppenfunktionen SUM, AVG, MAX und MIN der NULLwert geliefert. COUNT liefert in einem solchen Fall natürlich die Zahl 0. Wenn aus der zu aggregierenden Wertmenge NULLwerte eliminiert werden mußten, wird überdies eine Abschlußbedingung *warning — null value eliminated in set function* gesetzt.

---

[60]Genaugenommen müßte es heißen: Welche dieser beiden Möglichkeiten gewählt wird, ist *implementationsdefiniert*. Vgl. 3.2.2.1.

Suchbedingungen und Prädikate. Die Wirkungen der WHERE-
und HAVING-Klausel wurden folgendermaßen definiert: Durch die WHERE-
Klausel werden *Zeilen* aus der durch die FROM-Klausel definierten Tabelle ausgewählt, wobei jede Zeile genommen wird, für welche die Suchbedingung den Wahrheitswert *wahr* ergibt. Die HAVING-Klausel ist das
gruppenorientierte Pendant zur zeilenorientierten WHERE-Klausel. Durch
die HAVING-Klausel werden *Gruppen* aus einer gruppierten Tabelle ausgewählt, wobei jede Gruppe genommen wird, für welche die Suchbedingung den Wahrheitswert *wahr* ergibt. Bei diesen Formulierungen wurde
schon darauf geachtet, daß sie auch unter der dreiwertigen Logik von SQL
ihre Gültigkeit behalten. Die Zeilen bzw. Gruppen, die sich nicht qualifizieren, sind also diejenigen, für welche die Suchbedingung den Wahrheitswert *falsch* oder den Wahrheitswert *unbekannt* ergibt. Wenn die
Suchbedingung einen Booleschen Operator enthält, gelten die folgenden
dreiwertigen Wahrheitsfunktionen. Wir verwenden dabei die Kurzformen
w, f und $?$ für die drei Wahrheitswerte:

NOT			OR	w	$?$	f		AND	w	$?$	f
w	f		w	w	w	w		w	w	$?$	f
$?$	$?$		$?$	w	$?$	$?$		$?$	$?$	$?$	f
f	w		f	w	$?$	f		f	f	f	f

Da die Prädikate die ultimativen Wahrheitswertelieferanten sind, muß
nun für die einzelnen Prädikate angegeben werden, welche Wahrheitswerte sich ergeben, wenn NULLwerte involviert sind:

• **Vergleichsprädikat:** Wenn einer der beiden Operanden ein NULLwert
ist, ergibt sich der Wahrheitswert *unbekannt.*

• **BETWEEN-Prädikat:** X BETWEEN A AND B ist äquivalent zu X >= A
AND X <= B und die Ermittlung des Wahrheitswertes läßt sich somit auf
das Vergleichsprädikat zurückführen.

• **LIKE-Prädikat:** X LIKE A ergibt den Wahrheitswert *unbekannt*, wenn
X oder A NULLwerte sind.

• **NULL-Prädikat:** Das NULL-Prädikat liefert den Wahrheitswert *wahr*,
wenn der angesprochene Spaltenwert ein NULLwert ist, ansonsten wird
der Wahrheitswert *falsch* geliefert. Das NULL-Prädikat nimmt also nur
die beiden klassischen Wahrheitswerte an.

• **EXISTS-Prädikat:** Das EXISTS-Prädikat liefert genau dann den Wahrheitswert *wahr*, wenn das Ergebnis der Unterabfrage mindestens eine

Zeile enthält. Dabei kann diese Zeile durchaus auch einen oder mehrere NULLwerte aufweisen oder nur aus einem NULLwert bestehen. Wenn das Ergebnis der Unterabfrage leer ist, liefert das EXISTS-Prädikat den Wahrheitswert *falsch*. Auch das EXISTS-Prädikat nimmt also nur die beiden klassischen Wahrheitswerte an.

- **SOME-quantifiziertes Vergleichsprädikat:** Durch das SOME-quantifizierte Vergleichsprädikat wird ein Wertausdruck w mit allen Elementen $\{x_1, x_2, \ldots, x_n\}$ der einspaltigen Ergebnistabelle einer Unterabfrage verglichen. Wenn diese Tabelle leer ist, ergibt sich der Wahrheitswert *falsch*. Ansonsten ist das SOME-quantifizierte Vergleichsprädikat äquivalent zur Bedingung

$$(w * x_1) \text{ OR } (w * x_2) \text{ OR } \ldots \text{ OR } (w * x_n),$$

wobei $*$ für den im SOME-quantifizierten Vergleichsprädikat angegebenen Vergleichsoperator steht.

- **ALL-quantifiziertes Vergleichsprädikat:** Durch das ALL-quantifizierte Vergleichsprädikat wird ein Wertausdruck w mit allen Elementen $\{x_1, x_2, \ldots, x_n\}$ der einspaltigen Ergebnistabelle einer Unterabfrage verglichen. Wenn diese Tabelle leer ist, ergibt sich der Wahrheitswert *wahr*. Ansonsten ist das ALL-quantifizierte Vergleichsprädikat äquivalent zur Bedingung

$$(w * x_1) \text{ AND } (w * x_2) \text{ AND } \ldots \text{ AND } (w * x_n),$$

wobei $*$ für den im ALL-quantifizierten Vergleichsprädikat angegebenen Vergleichsoperator steht.

- **IN-Prädikat:** A IN (SELECT...) ist äquivalent zu A = SOME (SELECT...). A IN $(x_1, x_2, \ldots, x_n)$ ist äquivalent zu $(A = x_1)$ OR $(A = x_2)$ OR $\ldots$ OR $(A = x_n)$.

3.4 Zusammenfassung: SELECT-Abfrage

Wir haben nun die SELECT-Abfrage und ihre Klauseln ausführlich besprochen und ihren Einsatz zur Formulierung von Abfragen anhand zahlreicher Beispiele gezeigt. Die SELECT-Abfrage ist der wichtigste Fall eines Abfrageausdrucks und stellt auch einen wesentlichen Baustein für die übrigen Abfrageausdrücke dar (vgl. 3.5). Dieser Abschnitt bringt eine abschließende Zusammenfassung der Syntax und Semantik der SELECT-Abfrage. Der SQL-Standardterm für die SELECT-Abfrage lautet übrigens *query specification*. Das Syntaxdiagramm sieht folgendermaßen aus:

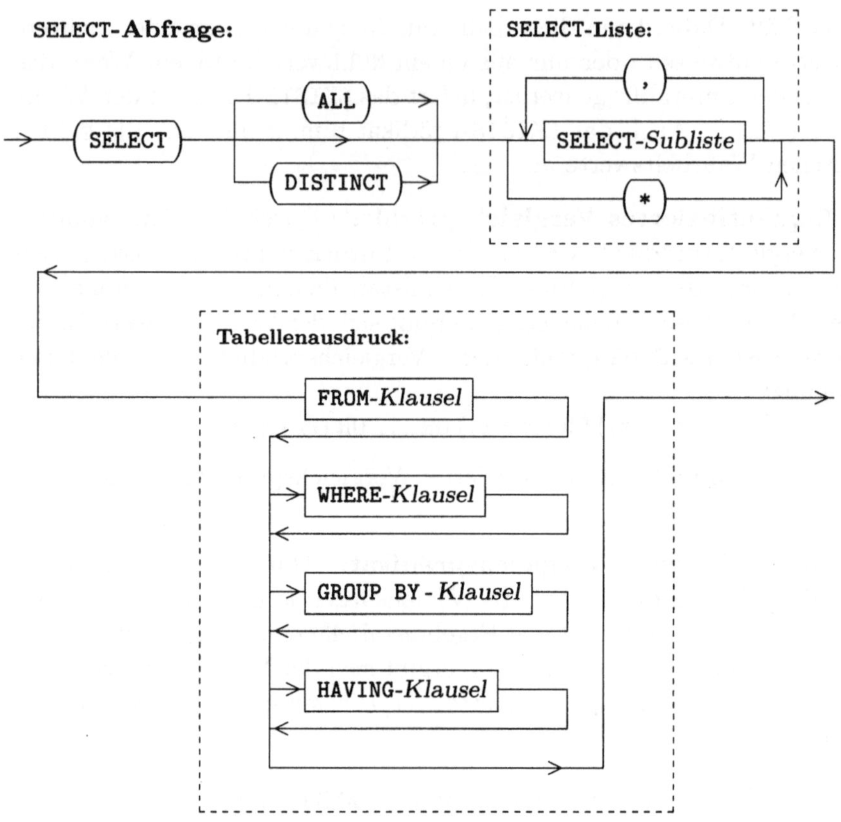

Unsere Bezeichnungen **SELECT**-Liste, **SELECT**-Subliste, Tabellenausdruck, **FROM**-Klausel, **WHERE**-Klausel, **GROUP BY** - Klausel und **HAVING**-Klausel sind wortgetreue Übersetzungen der entsprechenden Standard-Terme (*select list, select sublist, table expression, from clause, where clause, group by clause, having clause*). Außerdem verwendet der SQL-Standard als Überbegriff für **ALL** und **DISTINCT** die Bezeichnung *set quantifier*. Im folgenden werden die Bestandteile der **SELECT**-Abfrage, die zu beachtenden Regeln und die entsprechenden Wirkungen besprochen.

ALL und **DISTINCT**: Wenn weder **ALL** noch **DISTINCT** angegeben sind, ist **ALL** implizit. Die Wirkung von **DISTINCT** besteht darin, daß mehrfach vorkommende Zeilen aus der Ergebnistabelle der **SELECT**-Abfrage entfernt werden, während bei **ALL** alle Duplikate erhalten bleiben.[61]

---

[61]Es sei hier an die mit den Gruppenfunktionen zusammenhängende Einschränkung für das Schlüsselwort **DISTINCT** in Core SQL erinnert: Dieses darf in einer **SELECT**-Abfrage insgesamt höchstens einmal vorkommen, wobei aber etwaige Vorkommnisse in hineingeschachtelten Unterabfragen außer Ansatz bleiben (vgl. 3.2.6.2).

SELECT-Liste: Die Syntax ist folgendermaßen geregelt:

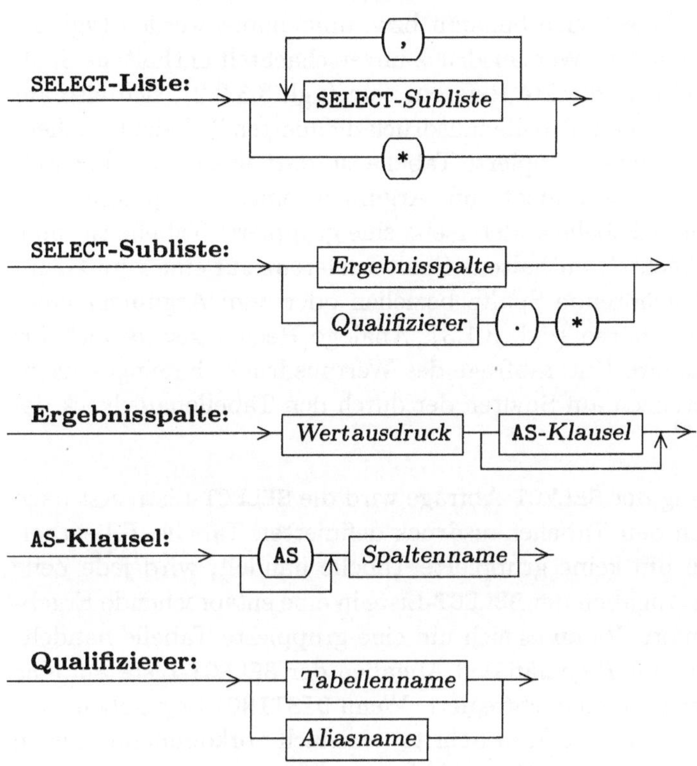

Durch die **SELECT**-Liste werden die Spalten der Ergebnistabelle der **SE-LECT**-Abfrage festgelegt. Wenn die **SELECT**-Liste nur aus einem Stern * besteht, werden alle Spalten der durch den Tabellenausdruck definierten Tabelle in ihrer natürlichen Reihenfolge übernommen (vgl. Bsp. 3.3).

Sonst ergeben sich die durch die **SELECT**-Sublisten festgelegten Spalten in der Reihenfolge der **SELECT**-Sublisten. Wenn eine **SELECT**-Subliste ein "qualifizierter Stern" ist, beispielsweise L.*, gilt das als Abkürzung für alle Spalten der durch den *Qualifizierer* spezifizierten Tabelle in ihrer natürlichen Reihenfolge (vgl. Bsp. 3.9).[62]

---

[62]Wie wir bei der Besprechung der **FROM**-Klausel gleich sehen werden, kann dort auch ein Verbundausdruck als Tabellenreferenz verwendet werden. Der Vollständigkeit halber weisen wir schon hier auf die folgende Regelung für diesen Fall hin: Wenn der Qualifizierer des qualifizierten Sterns zu einer an einem Verbundausdruck beteiligten Tabelle gehört, sind etwaige gemeinsame Spalten nicht inkludiert, weil gemeinsame Spalten eines Verbundausdrucks nur durch ihre einfachen Spaltennamen angesprochen werden können (vgl. 3.5.1).

Wenn die SELECT-Subliste eine Ergebnisspalte ist, wird die Spalte durch den entsprechenden Wertausdruck festgelegt. Die Ergebnisspalte kann mit Hilfe der AS-Klausel auch benannt bzw. umbenannt werden (vgl. etwa Bsp. 3.2). Jede in dem Wertausdruck unverschachtelt enthaltene Spaltenreferenz [63] muß eine direkte Referenz sein (vgl. 3.3.2.2), sich also auf eine Spalte der durch den Tabellenausdruck definierten Tabelle beziehen. Wenn diese Tabelle keine gruppierte Tabelle ist, darf eine unverschachtelt enthaltene Spaltenreferenz nicht zum Argument einer Gruppenfunktion gehören. Wenn diese Tabelle andererseits eine gruppierte Tabelle ist, muß sich eine unverschachtelt enthaltene Spaltenreferenz auf eine zum Gruppierungsschlüssel gehörende Spalte beziehen oder zum Argument einer Gruppenfunktion gehören (vgl. 3.1.3). Analoge Regeln gelten auch für etwaige in eine skalare Unterabfrage des Wertausdrucks hineingeschachtelte äußere Referenzen auf Spalten der durch den Tabellenausdruck definierten Tabelle.[64]

Bei der Ausführung der SELECT-Abfrage wird die SELECT-Liste erst nach Bildung der durch den Tabellenausdruck definierten Tabelle T bearbeitet. Wenn es sich um keine gruppierte Tabelle handelt, wird jede Zeile von T gemäß den Angaben der SELECT-Liste in eine entsprechende Ergebniszeile transformiert. Wenn es sich um eine gruppierte Tabelle handelt, wird jede Gruppe von T gemäß den Angaben der SELECT-Liste auf eine entsprechende Ergebniszeile aggregiert. Wenn DISTINCT angegeben worden ist, werden in einem letzten Schritt mehrfach vorkommende Zeilen aus der Ergebnistabelle der SELECT-Abfrage entfernt.

Tabellenausdruck: Der Tabellenausdruck umfaßt die FROM-, WHERE-, GROUP BY- und HAVING-Klausel. Durch die einzelnen Klauseln des Tabellenausdrucks wird schrittweise eine Tabelle definiert, die — wenigstens konzeptionell — auch schrittweise gebildet wird. Jeder Schritt resultiert dabei in einer (Zwischen-)Tabelle, und wir wollen die entsprechenden Tabellen im weiteren als FROM-, WHERE-, GROUP BY- und HAVING-Tabelle bzw. kürzer als F-, W-, G- und H-Tabelle bezeichnen. Da die FROM-Klausel nicht weggelassen werden darf, gibt es immer eine F-Tabelle. Die übrigen

---

[63]Eine Spaltenreferenz kann auch in eine skalare Unterabfrage des Wertausdrucks hineingeschachtelt sein. Ein Beispiel für eine solche skalare Unterabfrage in der SELECT-Liste ist in 3.3.2.2 gegeben worden.

[64]Eine unverschachtelt in der SELECT-Liste enthaltene Spaltenreferenz darf also keine äußere Referenz sein. Obwohl sich im Standarddokument keine explizite Regelung finden läßt, ist in Analogie dazu anzunehmen, daß auch eine in die SELECT-Liste hineingeschachtelte äußere Referenz nicht aus der SELECT-Abfrage hinausweisen darf.

Klauseln operieren jeweils auf der Ergebnistabelle der zuletzt angewende-
ten Klausel und modifizieren diese, um zu ihrer eigenen Ergebnistabelle
zu kommen. Das Ergebnis der letzten vorhandenen Klausel ist auch die
Ergebnistabelle T des gesamten Tabellenausdrucks.

FROM-Klausel: Die FROM-Klausel ist die erste Klausel des Tabellenausdrucks und auch die einzige Klausel, die nicht weggelassen werden darf.
Die FROM-Klausel enthält eine oder mehrere Tabellenreferenzen, wobei
der Geltungsbereich der Tabellenreferenzen bzw. der durch sie angesprochenen Tabellen die SELECT-Abfrage ist, zu der die FROM-Klausel gehört.

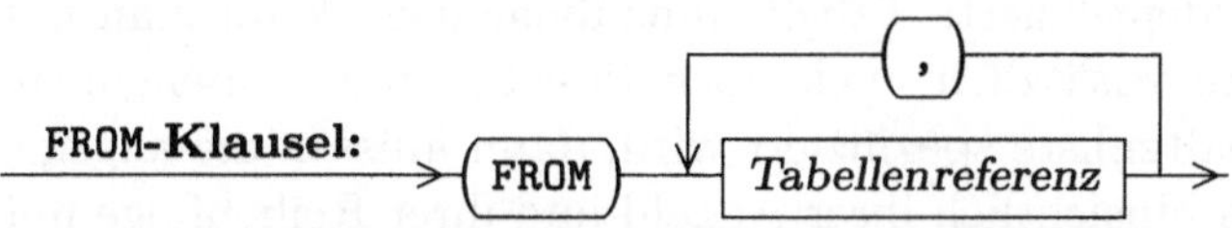

Durch die FROM-Klausel wird die F-Tabelle festgelegt. Wenn die FROM-
Klausel nur eine einzige Tabellenreferenz enthält, entspricht die F-Tabelle
dieser Tabellenreferenz. Wenn die FROM-Klausel mehrere Tabellenreferenzen enthält, entspricht die F-Tabelle dem kartesischen Produkt der Tabellenreferenzen. Das Syntaxdiagramm für die Tabellenreferenz[65] (*table
reference*) sieht in Core SQL folgendermaßen aus:

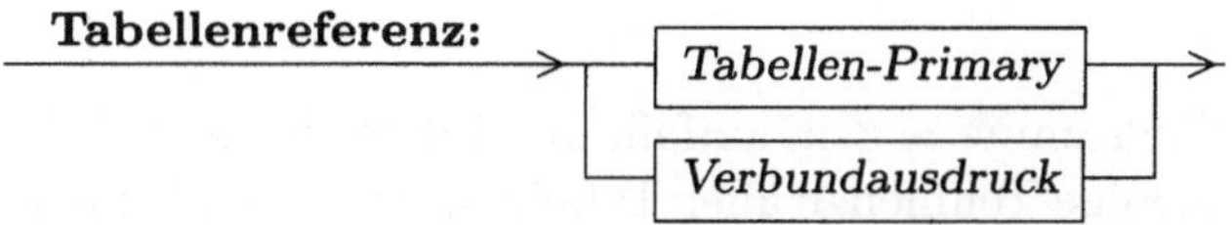

Eine Tabellenreferenz ist also ein (ungeklammerter) Verbundausdruck
oder ein Tabellen-Primary. Das *Tabellen-Primary*[66] (*table primary*) hat
wieder zwei Varianten. In Core SQL kann es sich dabei um einen Tabellennamen oder um einen geklammerten Verbundausdruck handeln.

Tabellen-Primary:

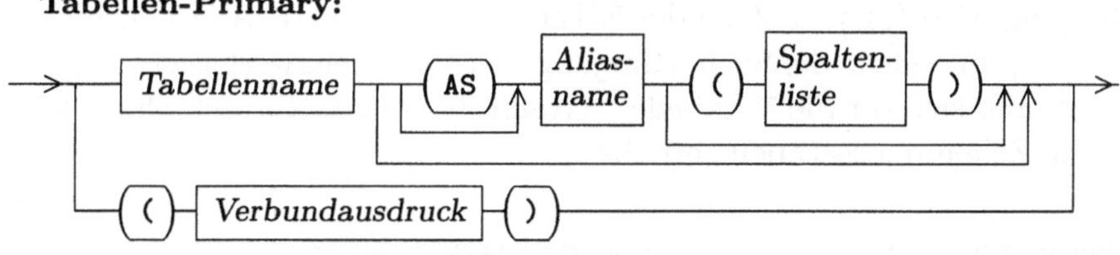

---

[65] Außer in der FROM-Klausel kann eine Tabellenreferenz nur noch im Rahmen eines
  Verbundausdrucks auftreten (vgl. 3.5.1).
[66] Außer als Tabellenreferenz kann ein Tabellen-Primary nur noch im Rahmen eines
  Verbundausdrucks auftreten (vgl. 3.5.1).

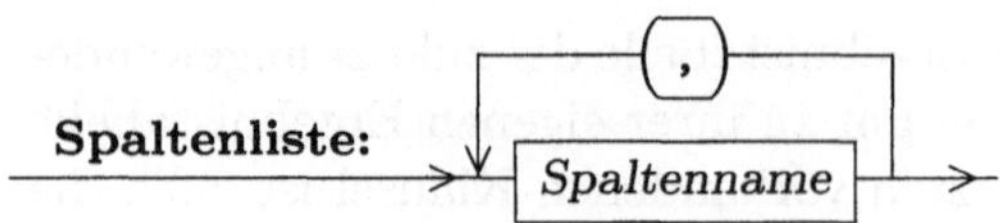

Bei der uns bereits aus 3.1.1 bekannten Variante mit einem Tabellennamen kann wahlweise ein *Aliasname* festgelegt werden, wobei vor dem Aliasnamen auch das Füllwort **AS** verwendet werden darf. Außerdem besteht die Möglichkeit, eine Spaltenliste anzugeben. Mit dieser letzten Möglichkeit hat es folgende Bewandtnis: So wie es ein Aliasname (die Bezeichnung des Standards lautet *correlation name*) ermöglicht, die durch den *Tabellennamen* identifizierte Tabelle umzubenennen, kann man mit Hilfe der Spaltenliste zusätzlich auch noch ihre Spalten umbenennen. Wenn eine solche Spaltenliste spezifiziert wird, dann müssen die angegebenen Spaltennamen hinsichtlich ihrer Anzahl und ihrer Reihenfolge mit der entsprechenden Tabelle korrespondieren. Analog zum dazugehörigen Aliasnamen *verdecken* die durch die Spaltenliste definierten neuen Spaltennamen die ursprünglichen Spaltennamen.

Bei der zweiten Variante handelt es sich um einen geklammerten *Verbundausdruck*, wodurch — natürlich ebenso wie durch einen unmittelbar als Tabellenreferenz verwendeten ungeklammerten Verbundausdruck — die Ergebnistabelle einer expliziten Verbundoperation angesprochen werden kann.

Wie die obigen Syntaxdiagramme zeigen, umfaßt die Kategorie der Tabellen-Primaries genau diejenige Teilmenge aller Tabellenreferenzen, bei der ein etwaiger Verbundausdruck geklammert sein muß. Durch diese Einschränkung gegenüber der Kategorie der Tabellenreferenzen können syntaktische Mehrdeutigkeiten bei den Verbundausdrücken vermieden werden. Die Verbundausdrücke werden in 3.5.1 besprochen.

WHERE-Klausel: Diese enthält eine *Suchbedingung* (vgl. 3.3). Die Suchbedingung wird für jede Zeile der **F**-Tabelle ausgewertet. Alle Zeilen der **F**-Tabelle, für welche die Suchbedingung den Wahrheitswert *wahr* ergibt, qualifizieren sich für die **W**-Tabelle.[67] Wenn die **WHERE**-Klausel fehlt, bleiben alle Zeilen der **F**-Tabelle erhalten.

---

[67]Genausogut könnte man sagen: Alle Zeilen der **F**-Tabelle, für welche die Suchbedingung den Wahrheitswert *falsch* bzw. *unbekannt* ergibt, werden eliminiert.

Eine unverschachtelt in der Suchbedingung auftretende Spaltenreferenz[68] ist eine direkte Referenz oder eine äußere Referenz (vgl. 3.3.2.2). Eine direkte Referenz bezieht sich auf eine Spalte der F-Tabelle und darf daher nicht zum Argument einer Gruppenfunktion gehören. Bei einer äußeren Referenz ist die SELECT-Abfrage S, zu der die WHERE-Klausel gehört, in den Geltungsbereich G der bezogenen Tabelle hineingeschachtelt. Die entsprechende Spaltenreferenz ist in diesem Fall so zu beurteilen, als ob sie eine gewöhnliche direkte Referenz in der Klausel von G wäre, in die S hineingeschachtelt ist. Dabei kann es sich um die WHERE- oder HAVING-Klausel oder um die SELECT-Liste von G handeln.

GROUP BY - Klausel: Die in der GROUP BY - Klausel angegebenen Spaltenreferenzen definieren einen Gruppierungsschlüssel. Wenn mehrere Spaltenreferenzen angegeben sind, handelt es sich um einen zusammengesetzten Gruppierungsschlüssel. Die Spaltenreferenzen müssen sich dabei auf Spalten der F-Tabelle beziehen.[69]

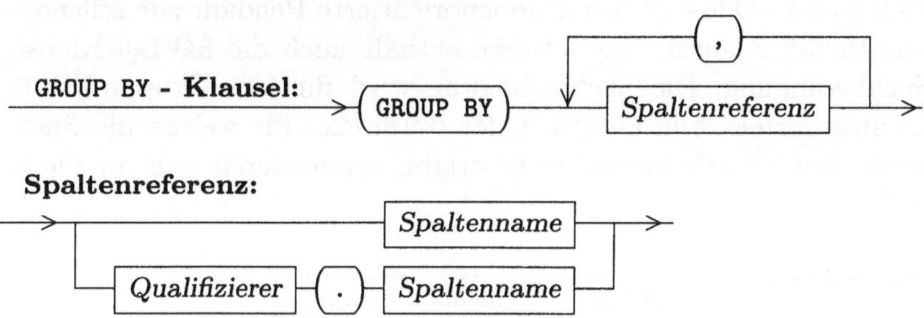

Durch die GROUP BY - Klausel wird die ursprüngliche Tabelle, das ist also die W- oder — bei fehlender WHERE-Klausel — die F-Tabelle, in *Gruppen* eingeteilt. Alle Zeilen mit demselben Wert des Gruppierungsschlüssels kommen in dieselbe Gruppe. Für jeden in der ursprünglichen Tabelle auftretenden Wert des Gruppierungsschlüssels ergibt sich also je eine Gruppe. Jede Gruppe besteht aus einer oder mehreren Zeilen der ursprünglichen Tabelle und stellt somit eine horizontale Teiltabelle dar. Die sich ergebende G-Tabelle unterscheidet sich nur durch diese Gruppeneinteilung von der ursprünglichen Tabelle.

Wenn eine SELECT-Abfrage eine GROUP BY - Klausel aufweist, dann bezeichnet man die durch sie definierte Tabelle als *gruppierte* Tabelle. In diesem Zusammenhang sei an die Regeln für Spaltenreferenzen in der

---

[68]Eine in der Suchbedingung enthaltene Spaltenreferenz kann ja auch in eine Unterabfrage der Suchbedingung hineingeschachtelt sein.

[69]Die Spalten der F-Tabelle sind natürlich mit denen der W-Tabelle identisch.

SELECT-Liste einer gruppierten Tabelle erinnert. Diese Regeln, die schon oben bei der SELECT-Liste gebracht worden sind (vgl. auch 3.1.3), stellen letztlich sicher, daß jede Gruppe auf eine einzige Zeile der Ergebnistabelle der SELECT-Abfrage aggregiert werden kann.

Auch wenn eine SELECT-Abfrage keine GROUP BY - Klausel, aber eine HAVING-Klausel hat, definiert sie eine reguläre gruppierte Tabelle. In SQL-99 sind die Dinge dabei so geregelt (vgl. 3.1.3), daß in diesem Fall implizit GROUP BY () ergänzt wird, wodurch eine gruppierte Tabelle mit einem leeren Gruppierungsschlüssel festgelegt wird.[70] Das bewirkt, daß die G-Tabelle aus einer einzigen Gruppe besteht, die alle Zeilen der ursprünglichen Tabelle umfaßt. Ganz analog wird vorgegangen, wenn die SELECT-Abfrage weder eine GROUP BY - noch eine HAVING-Klausel hat, ihre SELECT-Liste aber Gruppenfunktionen aufweist (Beispiele 3.14–3.19). Auch hier wird implizit GROUP BY () ergänzt.

HAVING-Klausel: Diese ist das gruppenorientierte Pendant zur zeilenorientierten WHERE-Klausel. Wie letztere enthält auch die HAVING-Klausel eine Suchbedingung. Die Suchbedingung wird für jede Gruppe der G-Tabelle ausgwertet. Alle Gruppen der G-Tabelle, für welche die Suchbedingung den Wahrheitswert *wahr* ergibt, qualifizieren sich für die H-Tabelle.[71]

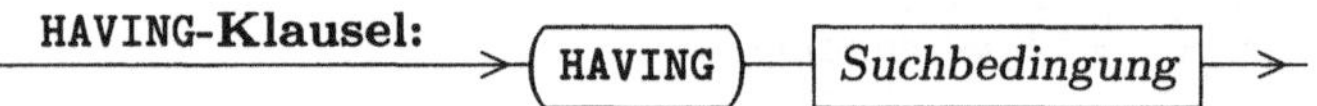

Eine unverschachtelt in der Suchbedingung auftretende Spaltenreferenz[72] ist eine direkte Referenz oder eine äußere Referenz (vgl. 3.3.2.2). Eine direkte Referenz bezieht sich auf eine Gruppe der G-Tabelle, und es gelten für sie daher die gleichen Regeln wie für Spaltenreferenzen in der SELECT-Liste einer gruppierten Tabelle: Sie müssen sich auf eine zum Gruppierungsschlüssel gehörende Spalte beziehen oder zum Argument einer Gruppenfunktion gehören. Diese Regeln stellen sicher, daß für jede Gruppe ein einheitlicher Wahrheitswert der Suchbedingung zustandekommt (vgl. auch 3.1.3). Bei einer äußeren Referenz ist die SELECT-Abfrage S, zu der die HAVING-Klausel gehört, in den Geltungsbereich G

---

[70]Die ()-Spezifikation gehört nicht zum Sprachumfang von Core SQL. Explizit kann GROUP BY () somit erst im vollen Sprachumfang von SQL-99 verwendet werden.

[71]Genausogut könnte man sagen: Alle Gruppen der G-Tabelle, für welche die Suchbedingung den Wahrheitswert *falsch* bzw. *unbekannt* ergibt, werden eliminiert.

[72]Eine in der Suchbedingung enthaltene Spaltenreferenz kann ja auch in eine Unterabfrage der Suchbedingung hineingeschachtelt sein.

der bezogenen Tabelle hineingeschachtelt. Die entsprechende Spaltenreferenz ist in diesem Fall so zu beurteilen, als ob sie eine gewöhnliche direkte Referenz in der Klausel von G wäre, in die S hineingeschachtelt ist. Dabei kann es sich um die WHERE- oder HAVING-Klausel oder um die SELECT-Liste von G handeln.

Abschließend sei noch darauf hingewiesen, daß im Rahmen der obigen Ausführungen zur Erklärung der Wirkungen der SELECT-Abfrage effektiv ein Algorithmus angegeben worden ist, mit Hilfe dessen sich die Auswertung einer SELECT-Abfrage konzeptionell nachvollziehen läßt. Dabei wird zunächst schrittweise die durch den Tabellenausdruck definierte Tabelle gebildet, wobei jeder einzelne Schritt jeweils mit einer Klausel des Tabellenausdrucks verknüpft ist. Aus der Ergebnistabelle des Tabellenausdrucks wird dann in einem letzten Schritt die endgültige Ergebnistabelle der SELECT-Abfrage abgeleitet, wofür die Angaben in der SELECT-Liste und eine allfällige DISTINCT-Spezifikation maßgeblich sind.

Um die Auswertung der Suchbedingungen in der WHERE- bzw. HAVING-Klausel bei Vorliegen von Unterabfragen besser nachvollziehen zu können, sind *verschachtelte Schleifen* als konzeptionelles Modell hilfreich. Die Suchbedingung in der WHERE-Klausel einer SELECT-Abfrage wird sukzessive für jede *Zeile* der entsprechenden F-Tabelle ausgewertet. Insofern impliziert jede WHERE-Klausel eine Schleife. Analog wird die Suchbedingung in der HAVING-Klausel einer SELECT-Abfrage sukzessive für jede *Gruppe* der entsprechenden G-Tabelle ausgewertet und somit impliziert auch jede HAVING-Klausel eine Schleife. Damit läßt sich die Auswertung einer Suchbedingung mit Unterabfragen konzeptionell auf verschachtelte Schleifen ('nested loops') zurückführen. Die Werte äußerer Referenzen werden dabei von umgebenden Schleifen zur Verfügung gestellt. Die Werte direkter Referenzen werden von der laufenden Schleife geliefert.

3.5 Abfrageausdrücke

Die Abfrageausdrücke umfassen alle in SQL vorgesehenen Abfragemöglichkeiten. Den typischen und wichtigsten Fall eines Abfrageausdrucks stellt die SELECT-Abfrage dar, die zu den *Nichtverbund-Ausdrücken* gehört. Die Nichtverbund-Ausdrücke stellen außerdem SQL-Konstrukte für den UNION-, EXCEPT- und INTERSECT-Operator der Relationenalgebra bereit. Demgegenüber realisiert SQL mit den *Verbundausdrücken* explizite Konstrukte für die Verbundoperationen.

Abfrageausdruck:

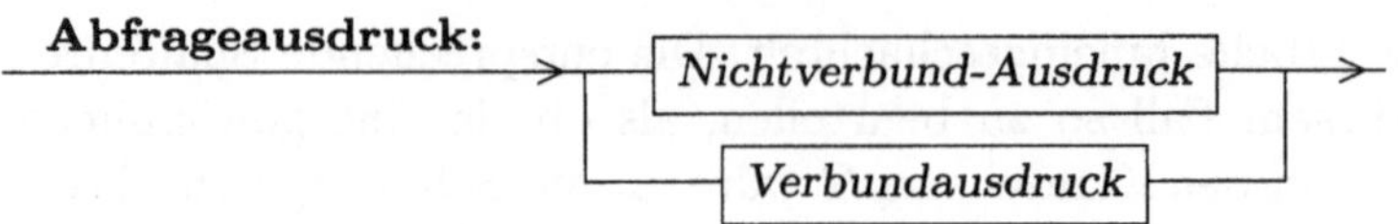

Wir gehen im folgenden Abschnitt 3.5.1 zunächst auf die Verbundausdrücke ein. Die Nichtverbund-Ausdrücke werden anschließend in 3.5.2 besprochen. In Abschnitt 3.5.3 werden alle Sprachkonstrukte von Core-SQL zusammengestellt, in denen Abfrageausdrücke auftreten können. Auf die Verwendung eines Abfrageausdrucks im Rahmen einer direkten Abfrageanweisung wird in 3.5.4 gesondert eingegangen. Dieser letzte Abschnitt enthält auch einen kurzen Überblick über direktes SQL.

3.5.1   Verbundausdrücke

In Core SQL ist eigentlich nur eine einzige Variante der Verbundausdrücke vorgesehen, nämlich der qualifizierte Verbund. Wir orientieren uns in diesem Abschnitt aber am vollen Sprachumfang von SQL-99, wo die folgenden Verbundausdrücke (*joined tables*) verfügbar sind:[73]

Verbundausdruck:

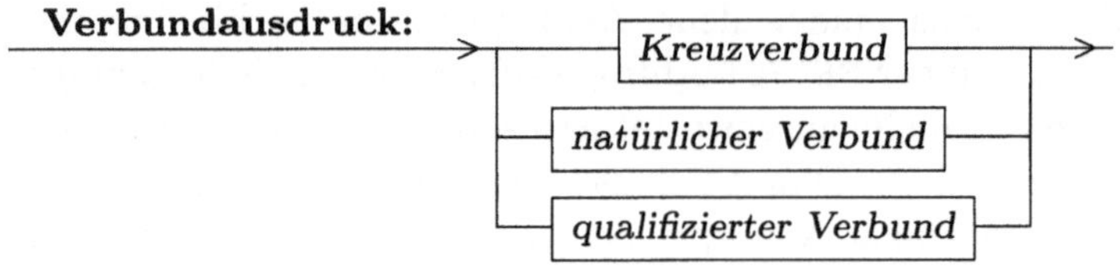

Sowohl beim natürlichen Verbund (*natural join*) als auch beim qualifizierten Verbund (*qualified join*) kann man jeweils eine innere und eine äußere Variante unterscheiden:

natürlicher Verbund:

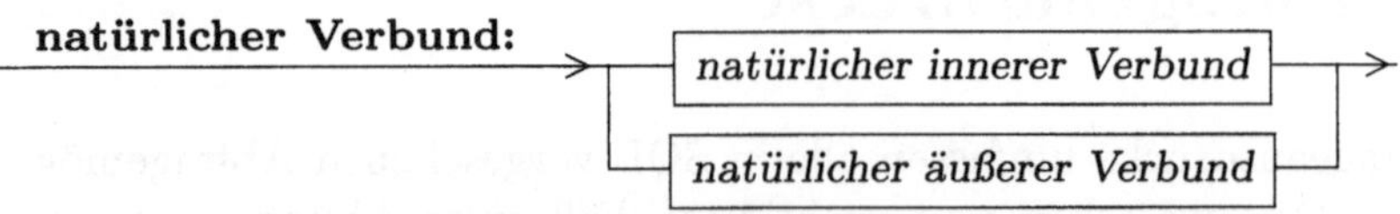

---

[73]Tatsächlich haben wir dabei den Vereinigungsverbund (*union join*) weggelassen, der in SQL-99 zur *deprecated feature* erklärt worden ist. 'Deprecated feature' ist der SQL-Terminus für überholte Sprachelemente, die man wegen des Prinzips der Aufwärtskompatibiliät aber (noch) nicht eliminieren wollte. Von der weiteren Verwendung solcher Sprachelemente wird aber abgeraten, da sie in zukünftigen Sprachversionen wahrscheinlich endgültig aufgehoben werden.

qualifizierter Verbund:

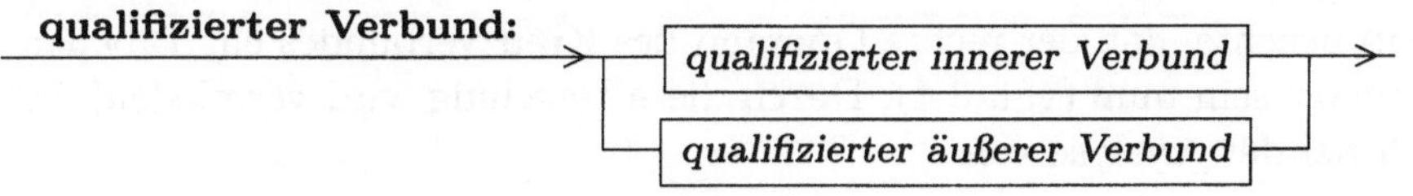

Wegen der engen Verwandtschaft der inneren und der äußeren Verbunde untereinander werden wir für die weitere Besprechung der Verbundausdrücke die folgende Einteilung zugrundelegen:

1) Kreuzverbund

2) innerer Verbund

    a) natürlicher innerer Verbund
    b) qualifizierter innerer Verbund

        i) mit Verbundbedingung
       ii) mit Verbundspaltenliste

3) äußerer Verbund

    a) natürlicher äußerer Verbund
    b) qualifizierter äußerer Verbund

        i) mit Verbundbedingung
       ii) mit Verbundspaltenliste

3.5.1.1 Kreuzverbund

Der Standard bezeichnet den Kreuzverbund als *cross join*. Die Syntax ist folgendermaßen festgelegt:

Kreuzverbund:

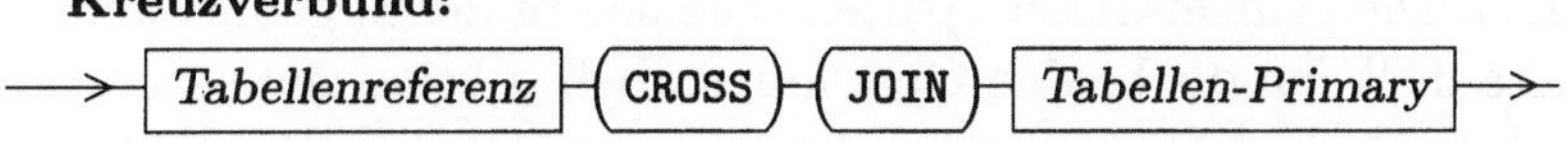

Eigentlich handelt es sich dabei um gar keinen richtigen *Verbund*, sondern nur um ein gewöhnliches *Produkt*. Das Ergebnis des Kreuzverbundes entspricht nämlich dem der folgenden SELECT-Abfrage:

```
A CROSS JOIN B   ≡   SELECT *
                     FROM   A,B
```

Man beachte, daß der rechte Operand des Kreuzverbundes ein Tabellen-Primary sein muß (vgl. 3.4). Durch diese Regelung wird vermieden, daß sich bei der Analyse von

```
T1 CROSS JOIN T2 CROSS JOIN T3
```

eine syntaktische Mehrdeutigkeit ergibt. Vielmehr kann dieser dreifache Kreuzverbund nur als

```
(T1 CROSS JOIN T2) CROSS JOIN T3
```

interpretiert werden. Mit Hilfe des *Kreuzverbundes* könnte man das Beispiel 3.8 aus 3.1.2 wahlweise auch folgendermaßen formulieren:

```
L CROSS JOIN P;
```

3.5.1.2   Innerer Verbund

Beim inneren Verbund (*inner join*) muß zwischen dem natürlichen inneren Verbund und dem qualifizierten inneren Verbund mit seinen beiden Varianten (nämlich dem qualifizierten inneren Verbund mit Verbundbedingung bzw. mit Verbundspaltenliste) unterschieden werden.

a) Natürlicher innerer Verbund. Im üblichen Sprachgebrauch wird das Adjektiv 'innerer' hier weggelassen. Das gilt auch für die Syntax. Wenn nämlich das Schlüsselwort **INNER** fehlt, wird es implizit angenommen. Der natürliche Verbund wurde bereits im Rahmen der Relationenalgebra besprochen (vgl. 2.4.1): Er wird über die *gemeinsamen Spalten* durchgeführt, also über die Spalten mit den gleichen unqualifizierten Spaltennamen in den beiden beteiligten Tabellen. Die Datentypen korrespondierender gemeinsamer Spalten müssen dabei vergleichbar sein (vgl. 3.3.1.1). Die gemeinsamen Spalten scheinen in der Ergebnistabelle nur einmal auf. Wenn die beiden Operandentabellen keine gemeinsamen Spalten haben, dann fällt der natürliche Verbund mit dem Produkt zusammen.

natürlicher innerer Verbund:

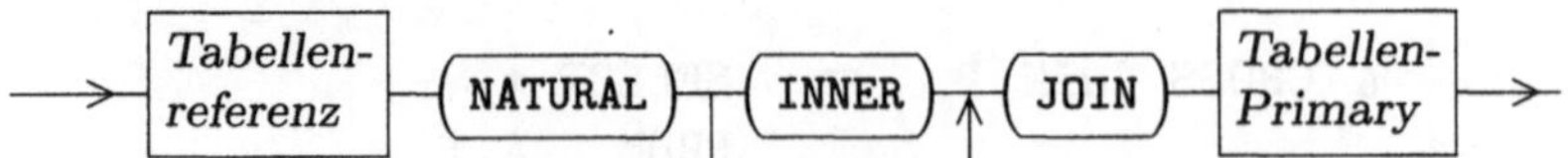

Die Einzelheiten werden vom SQL-Standard folgendermaßen geregelt:
Korrespondierende gemeinsame Spalten müssen zumindest *vergleichbar*
sein.[74] Zur Bildung der Ergebnistabelle des natürlichen Verbundes müssen korrespondierende gemeinsame Spalten auf Gleichheit überprüft werden, wobei effektiv das Vergleichsprädikat eingesetzt wird. In der Ergebnistabelle eines natürlichen inneren Verbundes kann daher niemals eine
gemeinsame Spalte auftreten, die einen NULLwert enthält.[75]

In der Ergebnistabelle scheinen zuerst die gemeinsamen Spalten auf (in
der Reihenfolge ihres Auftretens im ersten Operanden). Dann kommen
die nichtgemeinsamen Spalten des ersten Operanden (in ihrer natürlichen
Reihenfolge). Zuletzt kommen die nichtgemeinsamen Spalten des zweiten
Operanden (wieder in ihrer natürlichen Reihenfolge). In der Ergebnistabelle können die gemeinsamen Spalten nur über ihre *unqualifizierten*
Spaltennamen angesprochen werden. Die nichtgemeinsamen Spalten des
Ergebnisses können wahlweise auch über ihre *qualifizierten* Spaltennamen angesprochen werden. Wie beim Kreuzverbund werden auch beim
natürlichen Verbund syntaktische Mehrdeutigkeiten dadurch vermieden,
daß der rechte Operand ein Tabellen-Primary sein muß.

In Beispiel 3.9 aus dem Abschnitt 3.1.2 mußten wir den natürlichen Verbund durch eine entsprechende SELECT-Abfrage "simulieren", nämlich
durch:

```
SELECT L.*, P#, PNAME, PREIS
FROM   L, P
WHERE  L.ORT = P.ORT;
```

Mit Hilfe des expliziten Konstrukts für den natürlichen Verbund läßt sich
diese Abfrage eleganter und knapper formulieren:

```
L NATURAL JOIN P;
```

Die Ergebnistabelle stimmt selbstverständlich im wesentlichen mit jener
der SELECT-Formulierung überein. Man beachte aber die folgenden Abweichungen: Die Reihenfolge der Spalten in der Ergebnistabelle stimmt

---

[74]Wenn die Typen der beiden korrespondierenden Spalten nicht vollständig übereinstimmen, kommt es zu einer *Typausweitung*. Die dabei anzuwendenden Regeln
legen den Typ der Ergebnisspalte so fest, daß es für keinen der beteiligten Spaltenwerte zu einem Datenverlust kommen kann. Hinsichtlich der entsprechenden
Details muß auf das SQL-Standarddokument verwiesen werden.

[75]Wenn einer der beiden Komparanden des Vergleichsprädikats ein NULLwert ist,
ergibt sich der Wahrheitswert *unbekannt* (vgl. 3.3.3). Zeilen, in denen eine gemeinsame Spalte einen NULLwert hat, können sich daher niemals für die Ergebnistabelle
des natürlichen Verbundes qualifizieren.

nicht überein. Auch die vollständigen Spaltennamen der Ergebnistabelle sind verschieden, weil die gemeinsame Spalte ORT keinen qualifizierenden Tabellennamen hat.

```
ORT    L.L#    L.LCODE   L.MENGE   P.P#   P.PNAME   P.PREIS
----   ----    -------   -------   ----   -------   -------
Wien   L2         C        500     P1     Alpha      50.00
Wien   L2         C        500     P4     Omega      40.00
Wien   L3         C       1500     P1     Alpha      50.00
Wien   L3         C       1500     P4     Omega      40.00
Linz   L4         B       1000     P2     Delta      95.00
Linz   L4         B       1000     P3     Sigma      75.00
```

b) Qualifizierter innerer Verbund. Im üblichen Sprachgebrauch wird das Adjektiv 'innerer' auch hier meistens weggelassen und man spricht somit einfach von einem 'qualifizierten Verbund'. Das folgende Syntaxdiagramm zeigt, daß auch das Schlüsselwort INNER ein pures Füllwort ist. Wenn INNER fehlt, wird es implizit angenommen.

qualifizierter innerer Verbund:

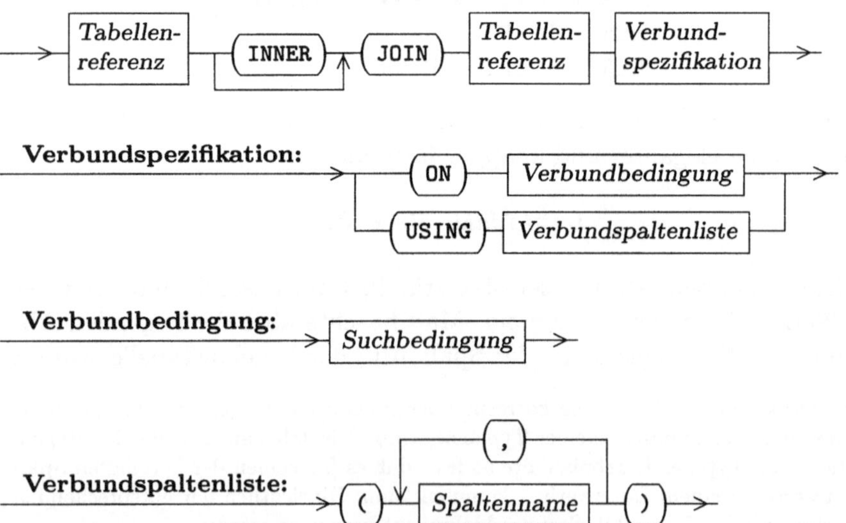

Die Verbundspezifikation legt fest, ob es sich um einen qualifizierten inneren Verbund mit einer *Verbundbedingung* oder mit einer *Verbundspaltenliste* handelt.

i) Der **innere Verbund mit Verbundbedingung** kann auf eine SELECT-Abfrage zurückgeführt werden. Die Ergebnistabelle des inneren Verbundes mit Verbundbedingung entspricht nämlich der Ergebnistabelle der folgenden SELECT-Abfrage:

```
A JOIN B ON Suchbedingung   ≡   SELECT *
                                FROM    A, B
                                WHERE   Suchbedingung
```

In der Suchbedingung enthaltene Spaltenreferenzen beziehen sich typischerweise auf Spalten der durch die Tabellenreferenzen A und B repräsentierten Tabellen. Eine solche Spaltenreferenz kann nicht nur eine *direkte*, sondern auch eine *äußere* Referenz sein, nämlich dann, wenn sie aus einer in die Suchbedingung hineingeschachtelten Unterabfrage vorgenommen wird. Andererseits kann der Verbund mit Verbundbedingung im Prinzip auch als Unterabfrage in die Suchbedingung eines umgebenden Verbundes mit Verbundbedingung oder in die Suchbedingung der WHERE- oder HAVING-Klausel bzw. in die SELECT-Liste einer umgebenden SELECT-Abfrage hineingeschachtelt sein. Dabei kann es zu äußeren Referenzen kommen, die gewissermaßen über den enthaltenden Verbund mit Verbundbedingung hinausweisen.[76]

ii) Der **innere Verbund mit Verbundspaltenliste** ist dem natürlichen Verbund sehr ähnlich. Man hat hier die Möglichkeit, in der auf USING folgenden Spaltenliste die Joinspalten explizit anzugeben. Es muß sich dabei aber um eine Teilmenge der gemeinsamen Spalten gemäß (i) handeln. Der natürliche Verbund wird jetzt nur über die in der Spaltenliste angegebenen Spalten ausgeführt. Die übrigen gemeinsamen Spalten werden dabei wie nichtgemeinsame Spalten behandelt. Die Reihenfolge der Spaltennamen in der Spaltenliste ist unerheblich. Ansonsten ist alles genauso wie beim natürlichen Verbund geregelt. Werden alle gemeinsamen Spalten in der Spaltenliste angeführt, dann geht der Verbund mit Verbundspaltenliste in einen gewöhnlichen natürlichen Verbund über. Ein Beispiel:

```
L JOIN LR USING (L#)
```

---

[76]Für alle diese Fälle sind die in 3.3.2.2 und 3.4 angegebenen Regeln sinngemäß anzuwenden: Die engste enthaltende Unterabfrage kann eben auch ein Verbundausdruck sein, der eine Verbundbedingung mit einer entsprechenden Spaltenreferenz aufweist. Ebenso kann auch der Geltungsbereich der bezogenen Tabelle ein Verbundausdruck mit einer Verbundbedingung sein, in welche die äußere Referenz hineingeschachtelt ist.

Die Ergebnistabelle lautet:

L#	L.ORT	L.LCODE	L.MENGE	LR.R#	LR.MENGE	LR.BWERT
L1	Graz	A	1000	R1	500	4.00
L1	Graz	A	1000	R3	300	10.00
L2	Wien	C	500	R2	200	32.50
L2	Wien	C	500	R6	300	40.00
L3	Wien	C	1500	R1	400	5.00
L3	Wien	C	1500	R2	100	33.00
L3	Wien	C	1500	R3	500	9.00
L3	Wien	C	1500	R4	200	11.00
L3	Wien	C	1500	R5	200	25.00
L3	Wien	C	1500	R6	100	35.00
L4	Linz	B	1000	R5	1000	23.00
L5	Graz	B	300	R1	200	5.00
L5	Graz	B	300	R5	100	30.00

3.5.1.3   Äußerer Verbund

Genauso wie beim inneren Verbund gibt es auch beim äußeren Verbund
(*outer join*) einen natürlichen und einen qualifizierten äußeren Verbund.
Wie die Diagramme zeigen, entspricht die Syntax jener des jeweiligen
inneren Verbundes. Statt des optionalen Schlüsselwortes INNER für den
inneren Verbund muß aber nun eines der Schlüsselwörter für den äußeren Verbundtyp (LEFT, RIGHT oder FULL) angegeben werden. Das darauf
folgende OUTER ist hingegen ein pures Füllwort, das schon durch LEFT,
RIGHT oder FULL impliziert wird.

natürlicher äußerer Verbund:

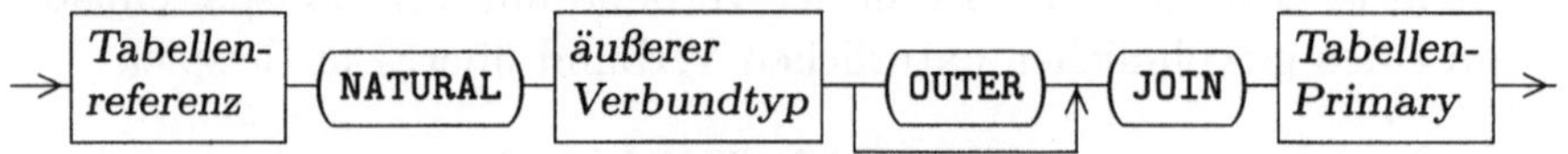

qualifizierter äußerer Verbund:

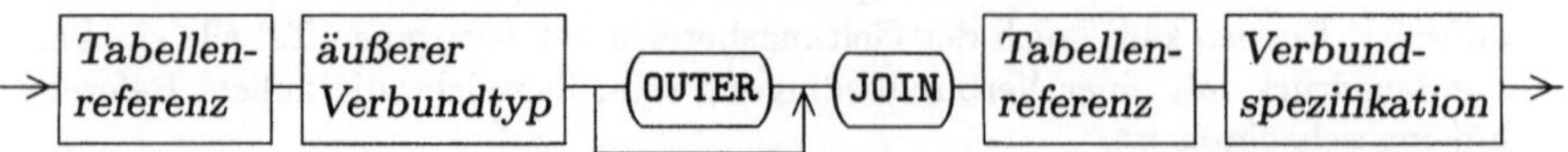

äußerer Verbundtyp:

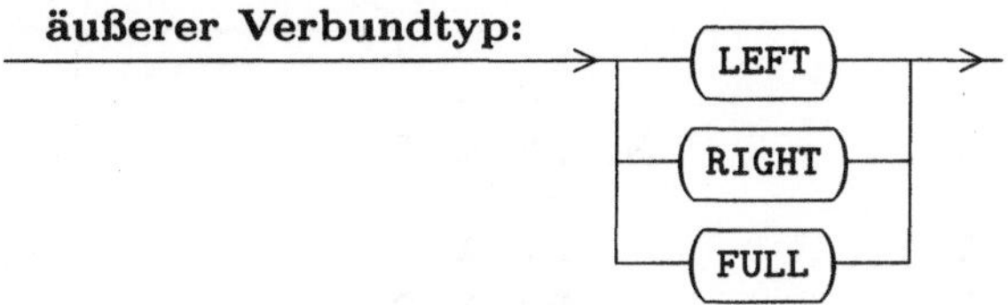

Auch hinsichtlich der Semantik bauen die äußeren Verbundoperationen auf den inneren Verbundoperationen auf. Konzeptionell kann man den äußeren Verbund in zwei Schritte zerlegen:

Schritt 1: Durchführung des entsprechenden *inneren Verbundes*.

Schritt 2: Dem Ergebnis von Schritt (1) werden *Zeilen hinzugefügt*, um im Gesamtergebnis die volle Information des linken (LEFT), rechten (RIGHT) oder beider Operanden (FULL) zu repräsentieren.

LEFT: Diejenigen Zeilen des *linken* Operanden, die am inneren Verbund nicht beteiligt sind, werden hinzugefügt. Um Kompatibilität zum Ergebnis gemäß Schritt (1) herzustellen, müssen die restlichen Spalten der hinzugefügten Zeilen (also die Spalten, die im inneren Verbund ihre Werte vom rechten Operanden übernehmen) mit NULLwerten aufgefüllt werden.

RIGHT: Diejenigen Zeilen des *rechten* Operanden, die am inneren Verbund nicht beteiligt sind, werden hinzugefügt. Um Kompatibilität zum Ergebnis gemäß Schritt (1) herzustellen, müssen die restlichen Spalten der hinzugefügten Zeilen (also die Spalten, die im inneren Verbund ihre Werte vom linken Operanden übernehmen) mit NULLwerten aufgefüllt werden.

FULL: Die am inneren Verbund nicht beteiligten Zeilen *beider* Operanden werden hinzugefügt, also sowohl die unter LEFT als auch die unter RIGHT angeführten Zeilen.

Es sei noch darauf hingewiesen, daß es in Schritt (2) auch in solchen Spalten zu NULLwerten kommen kann, für die in den ursprünglichen Operandentabellen NULLwerte ausgeschlossen worden sind.

In den nachfolgenden Beispielen zu den verschiedenen Varianten des äußeren Verbundes werden wir die folgenden beiden Tabellen verwenden:

```
      --  -  -                    --  -  -
A:   A#  C  N              B:    B#  C  N
      --  -  -                    --  -  -
     A1  X  1                     B1  X  1
     A2  X  2                     B2  X  2
     A3  Y  3                     B3  Y  3
     A4  Z  4                     B4  W  1
```

a) Natürlicher äußerer Verbund. Betrachten wir dazu als Beispiel:

```
        A  NATURAL LEFT OUTER JOIN  B;
```

Das Ergebnis lautet:

```
      -  -  ----  ----
      C  N  A.A#  B.B#
      -  -  ----  ----
      X  1  A1    B1   ⎫
      X  2  A2    B2   ⎬  Schritt 1
      Y  3  A3    B3   ⎭
      Z  4  A4    --   } Schritt 2
```

Hätte man diesen Verbundausdruck mit **RIGHT** bzw. **FULL** spezifiziert, dann wären in Schritt 2 die Zeilen

```
   W  1  --  B4        bzw.      Z  4  A4  --
                                 W  1  --  B4
```

hinzugefügt worden.

b) Qualifizierter äußerer Verbund.

　　i) Für den **äußeren Verbund mit Verbundbedingung** betrachten
　　wir das folgende Beispiel:

```
      A RIGHT OUTER JOIN B ON A.N < B.N AND A.C = B.C;
```

Das Ergebnis lautet:

```
   ----  ---  ---  ----  ---  ---
   A.A#  A.C  A.N  B.B#  B.C  B.N
   ----  ---  ---  ----  ---  ---
   A1    X    1    B2    X    2   } Schritt 1

   --    -    -    B1    X    1   ⎫
   --    -    -    B3    Y    3   ⎬ Schritt 2
   --    -    -    B4    W    1   ⎭
```

Hätte man diesen Verbundausdruck mit LEFT bzw. FULL spezifiziert, dann wären in Schritt 2 die Zeilen

```
A2  X  2  --  -  -      bzw.      A2  X  2  --  -  -
A3  Y  3  --  -  -               A3  Y  3  --  -  -
A4  Z  4  --  -  -               A4  Z  4  --  -  -
                                 --  -  -  B1  X  1
                                 --  -  -  B3  Y  3
                                 --  -  -  B4  W  1
```

hinzugefügt worden.

ii) Der folgende Verbundausdruck ist ein Beispiel für einen **äußeren
Verbund mit Verbundspaltenliste**:

```
A  FULL  OUTER  JOIN  B  USING (C);
```

Das Ergebnis lautet:

```
-  ----  ---  ----  ---
C  A.A#  A.N  B.B#  B.N
-  ----  ---  ----  ---
X  A1    1    B1    1   ⎫
X  A1    1    B2    2   ⎪
X  A2    2    B1    1   ⎬ Schritt 1
X  A2    2    B2    2   ⎪
Y  A3    3    B3    3   ⎭
Z  A4    4    --    -   ⎫ Schritt 2
W  --    -    B4    1   ⎭
```

Hätte man diesen Verbundausdruck mit LEFT bzw. RIGHT spezifiziert, dann wären in Schritt 2 die Zeilen

```
Z  A4  4  --  -      bzw.      W  --  -  B4  1
```

hinzugefügt worden.

3.5.1.4 Verbundausdrücke als Tabellenreferenzen

Wenn ein Verbundausdruck als Tabellenreferenz verwendet wird, dann
übernimmt die Tabellenreferenz bzw. die durch die Tabellenreferenz repräsentierte Tabelle die Spaltennamen des Verbundausdrucks. Für diejenigen Spalten des Verbundausdrucks, die einen qualifizierten Spaltennamen haben, wird auch der entsprechende Qualifizierer mitübernommen.

Für Spalten des Verbundausdrucks, die keinen qualifizierten Spaltennamen haben,[77] kann nur der unqualifizierte Spaltenname von der Tabellenreferenz übernommen werden. Diese Regeln gelten natürlich ebenso für einen (geklammerten) Verbundausdruck, der als Tabellen-Primary auftritt.

3.5.2 Nichtverbund-Ausdrücke

Der wichtigste Vertreter der Nichtverbund-Ausdrücke und der Abfrageausdrücke insgesamt, nämlich die SELECT-Abfrage, ist bereits vollständig besprochen worden (vgl. insbesondere 3.4). Ansonsten stellen die Nichtverbund-Ausdrücke (*non-join query expressions*) explizite Konstrukte für die *Mengenoperationen* bereit.[78] Obwohl in Core SQL nur die UNION-Ausdrücke vorgesehen sind, besprechen wir in diesem Abschnitt auch die EXCEPT- und INTERSECT-Ausdrücke, die völlig analog aufgebaut sind: Damit sind im vollen Sprachumfang — zusammen mit dem Kreuzverbund für das kartesische Produkt — explizite Konstrukte für alle vier traditionellen Mengenoperationen der Relationenalgebra (vgl. 2.4.1) verfügbar.

Nichtverbund-Ausdruck:

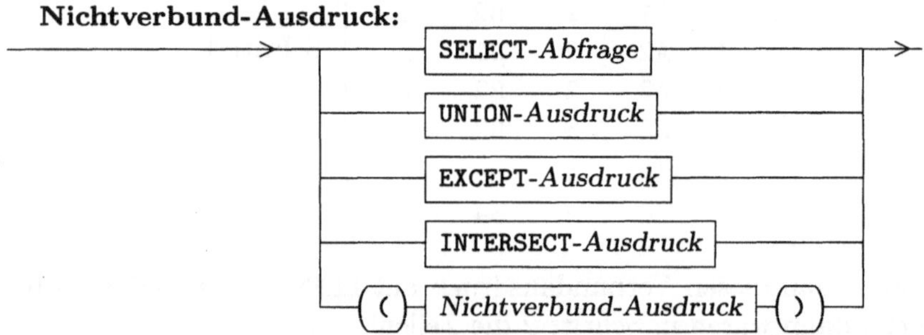

Wie das Syntaxdiagramm zeigt, umfassen die Nichtverbund-Ausdrücke neben der SELECT-Abfrage und den drei Mengenausdrücken auch den geklammerten Nichtverbund-Ausdruck. Dadurch hat man die Möglichkeit, die Prioritäten bei der Auswertung eines zusammengesetzten Nichtverbund-Ausdrucks zu beeinflussen.

---

[77]Das trifft für alle gemeinsamen Spalten eines inneren oder äußeren natürlichen Verbundes und für alle in der Spaltenliste eines inneren oder äußeren Verbundes mit Verbundbedingung angeführten Spalten zu.

[78]Statt der nicht besonders aussagekräftigen Bezeichnung *Nichtverbund-Ausdruck* wäre daher eine Bezeichnung wie *Mengenausdruck* möglicherweise besser. Um uns aber nicht zu weit von der Terminologie des Standards zu entfernen, bleiben wir trotzdem bei *Nichtverbund-Ausdruck*.

3.5.2.1 UNION-Ausdruck

Selbstverständlich handelt es sich hier um das SQL-Pendant zum UNION-Operator der Relationenalgebra (vgl. 2.4.1). Die Syntax des UNION-Ausdrucks wird durch die folgenden Syntaxdiagramme beschrieben.[79]

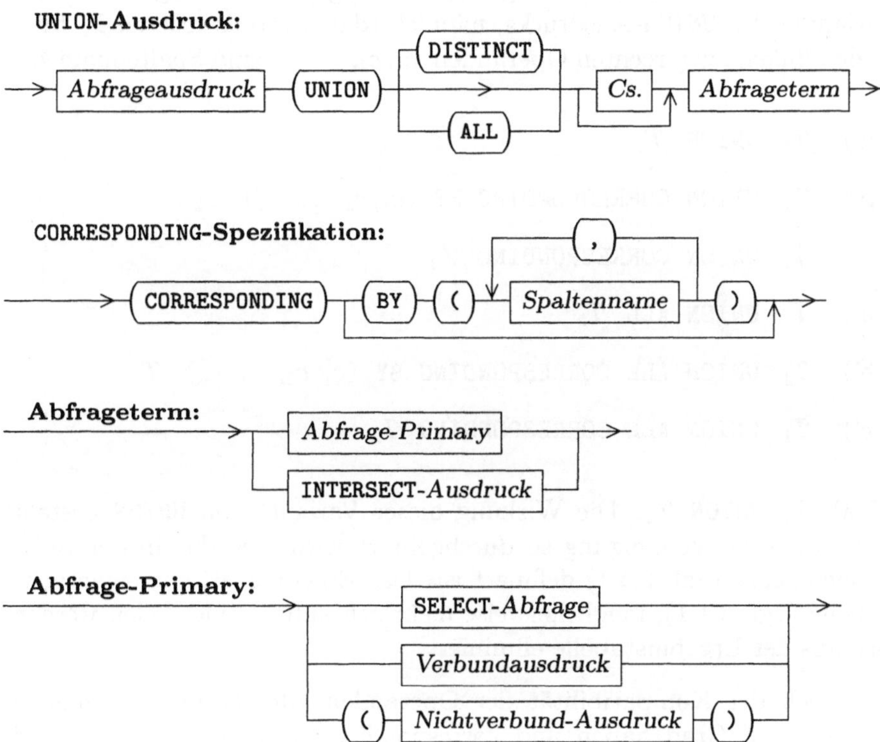

Die beiden Operanden von UNION müssen selbstverständlich Tabellenwerte repräsentieren: Dabei ist der linke Operand ein *Abfrageausdruck*, der rechte Operand ein *Abfrageterm*. Damit reflektiert die Syntax die Prioritäten der Operationen, nämlich: *Verbundoperationen* vor INTERSECT vor UNION bzw. EXCEPT. Wie üblich wird bei Operationen gleicher Priorität von links nach rechts vorgegangen, wobei durch Klammersetzung eine andere Auswertungsreihenfolge vorgegeben werden kann.

Der UNION-Operator hat zwei Varianten, nämlich UNION DISTINCT und UNION ALL. Wenn weder DISTINCT noch ALL angegeben ist, wird implizit

---

[79] Aus Platzgründen muß in diesen und in den Diagrammen der übrigen Mengenausdrücke die Abkürzung *Cs.* für die CORRESPONDING-Spezifikation verwendet werden.

DISTINCT angenommen. Das von der **SELECT**-Abfrage gewohnte Default-Konzept wird hier also umgedreht. Bei der **DISTINCT**-Variante werden Duplikate aus der Ergebnistabelle eliminiert. Bei der **ALL**-Variante werden Duplikate in der Ergebnistabelle belassen.

Unter Berücksichtigung aller Wahlmöglichkeiten beim **UNION**-Operator bzw. bei der **CORRESPONDING**-Spezifikation ergeben sich insgesamt sechs Varianten des **UNION**-Ausdrucks, nämlich (dabei repräsentieren T_1 bzw. T_2 den linken bzw. rechten Operanden, $c_1, c_2, \ldots, c_n$ sind Spaltennamen):

a) T_1 `UNION` T_2

b) T_1 `UNION CORRESPONDING BY` $(c_1, c_2, \ldots, c_n)$ T_2

c) T_1 `UNION CORRESPONDING` T_2

a′) T_1 `UNION ALL` T_2

b′) T_1 `UNION ALL CORRESPONDING BY` $(c_1, c_2, \ldots, c_n)$ T_2

c′) T_1 `UNION ALL CORRESPONDING` T_2

ad a) T_1 `UNION` T_2: Die Wirkung dieser Variante von **UNION** besteht darin, daß die Vereinigung so durchgeführt wird, wie das in der Relationenalgebra (vgl. 2.4.1) definiert ist. Das Ergebnis ist eine eigentliche Tabelle (vgl. 3.1.1), möglicherweise mehrfach auftretende Zeilen werden also aus der Ergebnistabelle eliminiert.

Bezüglich der Kompatibilität der Operanden gilt: T_1 und T_2 müssen den gleichen Grad haben und korrespondierende Spalten von T_1 und T_2 müssen zumindest vergleichbar sein, damit für die entsprechende Ergebnisspalte ein einheitlicher Datentyp zustande kommen kann.[80] Korrespondierende Spalten sind dabei jeweils die beiden ersten, die beiden zweiten etc. Spalten von T_1 bzw. T_2. Der Standard verlangt aber nicht, daß die Namen korrespondierender Spalten übereinstimmen. Es ist sogar zulässig, daß einzelne oder alle Spalten von T_1 oder T_2 überhaupt keinen Namen haben.

---

[80]Die Dinge sind hier analog zu den Verbundoperationen geregelt, bei denen es zu einer Verschmelzung korrespondierender Spalten kommt (vgl. Fußnote [74]): Wenn die Typen korrespondierender Spalten nicht vollständig übereinstimmen, wird eine *Typausweitung* vorgenommen. Die dabei anzuwendenden Regeln legen den Typ der Ergebnisspalte so fest, daß es für keinen der beteiligten Spaltenwerte zu einem Datenverlust kommen kann. Hinsichtlich der entsprechenden Details muß auf das SQL-Standarddokument verwiesen werden.

Der Grad der Ergebnistabelle entspricht dem Grad von T_1 bzw. T_2. Hinsichtlich der Spaltennamen der Ergebnistabelle gilt: Wenn zwei korrespondierende Spalten übereinstimmende Spaltennamen haben, dann übernimmt die entsprechende Ergebnisspalte den Spaltennamen. Ansonsten hat die entsprechende Ergebnisspalte eben keinen Spaltennamen.[81]

Ein Beispiel ist sicher angebracht. In diesem und den weiteren Beispielen zu den verschiedenen Varianten der Mengenoperationen werden wir auf die beiden folgenden Tabellen zurückgreifen:

```
     -- - - ---                    -- - - ---
A:   A# C N  P               B:   B# N C  Q
     -- - - ---                    -- - - ---
     A1 W 1  1.0                   B1 1 W  1.0
     A2 W 1  1.0                   B2 1 W  1.0
     A3 X 2  2.0                   B3 2 X  2.0
     A4 X 2  2.0                   B4 4 Z  4.0
     A5 Y 3  3.0
```

Der `UNION`-Ausdruck

```
(SELECT C,N,P FROM A) UNION (SELECT C,N,Q FROM B)
```

ergibt die Tabelle

```
     - - ---
     C N
     - - ---
     W 1 1.0
     X 2 2.0
     Y 3 3.0
     Z 4 4.0
```

ad b) T_1 `UNION CORRESPONDING BY` $(c_1, c_2, \ldots, c_n)$ T_2: Bei dieser Variante werden nur die in der `CORRESPONDING`-Spaltenliste angegebenen Spalten in die Vereinigung einbezogen. Dabei sind c_1, c_2, $\ldots$, c_n (unqualifizierte) Spaltennamen, die zu gemeinsamen Spalten[82] von T_1 und T_2 gehören müssen.

---

[81]Der SQL-Standard versucht die Problematik *namenloser* Spalten zu übertünchen, indem er in solchen Fällen die Vergabe eines implementationsabhängigen Spaltennamens vorschreibt. Ein solcher Name bleibt aber dem Benutzer oder der Anwendung vollständig verborgen und löst das Problem somit nur recht vordergründig. Wir werden daher auch weiterhin von namenlosen Spalten sprechen.

[82]Eine gemeinsame Spalte ist eine Spalte, deren unqualifizierter Spaltenname in beiden beteiligten Tabellen auftritt (vgl. 3.5.1.2).

T_1 und T_2 sind kompatibel, wenn die (unqualifizierten) Spaltennamen von T_1 und T_2 eindeutig sind und wenn es mindestens eine gemeinsame Spalte gibt. Jede Spalte c_j der CORRESPONDING-Spaltenliste muß eine gemeinsame Spalte sein, und die entsprechenden korrespondierenden Spalten müssen zumindest vergleichbar sein. Die Spalten der Ergebnistabelle haben die Namen c_1, c_2, ..., c_n. Ihre Reihenfolge in der Ergebnistabelle entspricht der Reihenfolge in der CORRESPONDING-Spaltenliste. Variante b) läßt sich folgendermaßen auf Variante a) zurückführen (dazu versehen wir die Ergebnistabellen von T_1 bzw. T_2 mit den Tabellennamen A_1 bzw. A_2):

$$T_1 \text{ UNION CORRESPONDING BY } (c_1, c_2, \ldots, c_n) \ T_2$$

ist äquivalent zu

$$(\text{SELECT } c_1, c_2, \ldots, c_n \text{ FROM } A_1) \text{ UNION } (\text{SELECT } c_1, c_2, \ldots, c_n \text{ FROM } A_2)$$

Beispiel:

```
(SELECT * FROM A) UNION CORRESPONDING BY (C) (SELECT * FROM B)
```

hat die Ergebnistabelle

```
 _
 C
 _
 W
 X
 Y
 Z
```

ad c) T_1 UNION CORRESPONDING T_2: Während es Variante b) ermöglicht, eine Auswahl aus den gemeinsamen Spalten von T_1 und T_2 zu treffen und nur die ausgewählten Spalten in die Vereinigungsoperation einzubeziehen, werden bei der gegenständlichen Variante alle gemeinsamen Spalten in die Vereinigung einbezogen. Seien γ_1, γ_2, ..., γ_m die Namen der gemeinsamen Spalten in der Reihenfolge ihres Auftretens in T_1. Dann ist

$$T_1 \text{ UNION CORRESPONDING } T_2$$

äquivalent zu

$$T_1 \text{ UNION CORRESPONDING BY } (\gamma_1, \gamma_2, \ldots, \gamma_m) \ T_2$$

Auch sonst ist alles völlig analog zu Variante b) geregelt. Es sei insbesondere daran erinnert, daß T_1 und T_2 mindestens eine gemeinsame Spalte haben müssen.

Beispiel:

```
(SELECT * FROM A) UNION CORRESPONDING (SELECT * FROM B)
```

hat die Ergebnistabelle

```
- -
C N
- -
W 1
X 2
Y 3
Z 4
```

ad a′, b′, c′) Die ALL-Varianten: Diese unterscheiden sich von den entsprechenden DISTINCT-Varianten nur dadurch, daß möglicherweise mehrfach vorkommende Zeilen hier nicht aus der Ergebnistabelle entfernt werden. Das Ergebnis ist somit im allgemeinen eine uneigentliche Tabelle (vgl. 3.1.1). Genauer: Sei v eine bestimmte Zeile, die n_1-mal in T_1 und n_2-mal in T_2 vorkommt ($n_1 \geq 0$, $n_2 \geq 0$). Dann enthält die Ergebnistabelle genau $n_1 + n_2$ Exemplare von v.

Beispielsweise hat der UNION-Ausdruck

```
(SELECT * FROM A) UNION ALL CORRESPONDING (SELECT * FROM B)
```

die Ergebnistabelle

```
- -
C N
- -
W 1
W 1
W 1
W 1
X 2
X 2
X 2
Y 3
Z 4
```

3.5.2.2 EXCEPT-Ausdruck

Wie das Diagramm zeigt, entspricht die Syntax des **EXCEPT**-Ausdrucks
vollständig dem **UNION**-Ausdruck.

EXCEPT-Ausdruck:

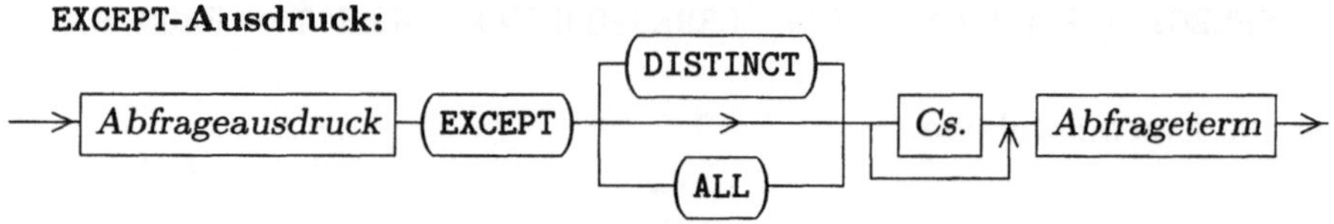

Die drei **DISTINCT**-Varianten bilden die mengenmäßige Differenz (vgl.
2.4.1), wobei ansonsten alles analog zu den entsprechenden Varianten
von **UNION** geregelt ist. Die **ALL**-Varianten realisieren die dazugehörigen
"uneigentlichen" Pendants. Genauer: Sei v eine bestimmte Zeile, die n_1-
mal in T_1 und n_2-mal in T_2 vorkommt ($n_1 \geq 0$, $n_2 \geq 0$). Dann enthält
die Ergebnistabelle genau max $\{n_1 - n_2, 0\}$ Exemplare von v (also $n_1 - n_2$
Exemplare, wenn $n_1 > n_2$ bzw. 0 Exemplare, wenn $n_1 \leq n_2$).

Beispiele:

```
(SELECT * FROM A) EXCEPT CORRESPONDING BY (C) (SELECT * FROM B)
```

hat die Ergebnistabelle

```
    ─
    C
    ─
    Y
```

Die entsprechende **ALL**-Variante

```
(SELECT * FROM A)
            EXCEPT ALL CORRESPONDING BY (C)
                            (SELECT * FROM B)
```

hat demgegenüber das Resultat

```
    ─
    C
    ─
    X
    Y
```

3.5.2.3   INTERSECT-Ausdruck

Auch die Syntax des INTERSECT-Ausdrucks entspricht fast vollständig jener des UNION- bzw. EXCEPT-Ausdrucks. Die einzige Abweichung betrifft die beiden Operanden: T_1 ist nun ein Abfrageterm und T_2 ein Abfrage-Primary.[83] Ansonsten ist alles analog zu UNION bzw. EXCEPT geregelt.

INTERSECT-Ausdruck:

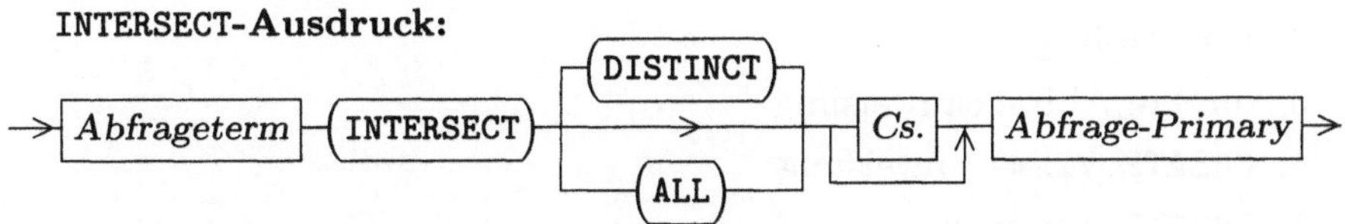

Die DISTINCT-Varianten sind wieder für den "eigentlichen" Durchschnitt gemäß Relationenalgebra (vgl. 2.4.1) zuständig. Die ALL-Varianten bilden die dazugehörigen "uneigentlichen" Durchschnitte. Genauer: Sei v eine bestimmte Zeile, die n_1-mal in T_1 und n_2-mal in T_2 vorkommt ($n_1 \geq 0$, $n_2 \geq 0$). Dann enthält die Ergebnistabelle genau min $\{n_1, n_2\}$ Exemplare von v.

Beispiele:

```
(SELECT * FROM A) INTERSECT CORRESPONDING (SELECT * FROM B)
```

hat die Ergebnistabelle

```
C N
- -
W 1
X 2
```

Die entsprechende ALL-Variante

```
(SELECT * FROM A) INTERSECT ALL CORRESPONDING (SELECT * FROM B)
```

hat demgegenüber das Resultat

```
C N
- -
W 1
W 1
X 2
```

---

[83]Wie bereits oben erwähnt spiegelt die Syntax damit die gegenüber UNION bzw. EXCEPT höhere Priorität von INTERSECT wider.

3.5.3   Verwendung von Abfrageausdrücken

In diesem Abschnitt wird ein Überblick über alle Spachkonstrukte gegeben, in denen Abfrageausdrücke vorkommen können. In Core SQL kann ein Abfrageausdruck in den folgenden Sprachkonstrukten auftreten:

1. Abfrageausdruck
2. Unterabfrage
3. direkte Abfrageanweisung
4. **CREATE VIEW**-Anweisung
5. **INSERT**-Anweisung
6. Cursorspezifikation

ad 1) **Abfrageausdruck** (*query expression*). Offenbar kann ein Abfrageausdruck als Teilkonstrukt wieder einen Abfrageausdruck enthalten, beispielsweise als Operand von **UNION** oder im Rahmen einer Unterabfrage (vgl. ad 2).

ad 2) **Unterabfrage** (*subquery*). Eine Unterabfrage repräsentiert eine Tabelle, die durch einen Abfrageausdruck definiert ist. Syntaktisch gesehen entspricht eine Unterabfrage einfach dem definierenden Abfrageausdruck, der allerdings geklammert werden muß.

a) Die Syntax von SQL sieht nur ganz wenige Plätze vor, an denen eine *allgemeine Unterabfrage* vorkommen kann. In Core SQL ist das ausschließlich im Rahmen der folgenden Prädikate möglich:

   - **IN**-Prädikat
   - **EXISTS**-Prädikat
   - quantifiziertes Vergleichsprädikat

   In Core SQL sind die Unterabfragen dieser Prädikate allerdings nur hinsichtlich ihrer Kardinalität allgemeiner als skalare Unterabfragen, weil der Grad der Ergebnistabelle in Core SQL nicht größer als 1 sein darf (vgl. 3.3.2).

b) Ganz anders sieht die Situation für *skalare Unterabfragen* aus, also für Unterabfragen, deren Ergebnistabelle den Grad 1 und eine Kardinalität ≤ 1 hat. Als primäre Wertausdrücke (vgl. 3.2.6.2) können diese im Prinzip überall verwendet werden, wo Wertausdrücke zulässig sind.

ad 3) **Direkte Abfrageanweisung** (*direct select statement: multiple rows*). Der Abfrageausdruck der direkten Abfrageanweisung bestimmt ihre Ergebnistabelle (vgl. 3.5.4).

ad 4) `CREATE VIEW`-**Anweisung** (*view definition*). Wir nennen den in der `CREATE VIEW` - Anweisung enthaltenen Abfrageausdruck die Viewformel. Dadurch wird ein *View* definiert (vgl. 4.2.1).

ad 5) `INSERT`-**Anweisung** (*insert statement*). Die durch eine `INSERT`-Anweisung einzufügenden Zeilen können durch eine Werteliste oder durch einen Abfrageausdruck spezifiziert werden (vgl. 5.2).

ad 6) **Cursorspezifikation** (*cursor specification*). Wir nennen den in der Cursorspezifikation enthaltenen Abfrageausdruck die Cursorformel. Dadurch wird in der Modulsprache bzw. in eingebettetem SQL eine *Cursortabelle*, also die zu einem *Cursor* gehörende Tabelle definiert (vgl. 6.2.2.1).

3.5.4   Direkte Abfrageanweisung

Die direkte Abfrageanweisung (*direct select statement: multiple rows*) stellt gewissermaßen den Schlußstein des vorliegenden Kapitels dar, in dem es um die Abfragemöglichkeiten von SQL gegangen ist. Alle in den Beispielen dieses Kapitels ausformulierten Abfragen waren direkte Abfrageanweisungen. Das Syntaxdiagramm zeigt, daß die direkte Abfrageanweisung aus einem Abfrageausdruck und einer optionalen `ORDER BY` - Klausel besteht.

direkte Abfrageanweisung:

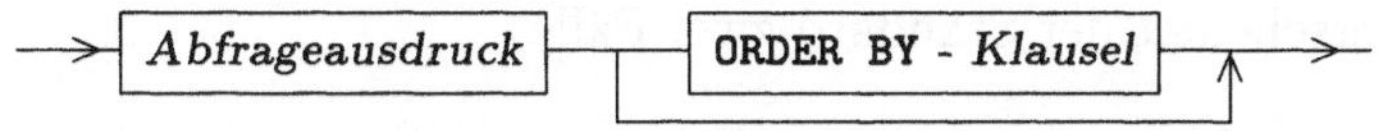

Die Abfrageausdrücke und ihre Wirkungen sind schon vollständig besprochen worden. Es bleibt also nur mehr die `ORDER BY` - Klausel (vgl. 3.1.1) übrig, mit Hilfe derer die Zeilen der Ergebnistabelle des Abfrageausdrucks in eine bestimmte Ordnung gebracht werden können (vgl. Beispiele 3.5–3.7). Die gewünschte Ordnung wird dabei durch einen oder mehrere Sortierschlüssel und die Spezifikation von `ASC` bzw. `DESC` festgelegt. `ASC` legt für den entsprechenden Sortierschlüssel eine aufsteigende, `DESC` eine absteigende Sortierordnung fest. Wenn nichts angegeben wird, ist `ASC` implizit.

ORDER BY - Klausel:

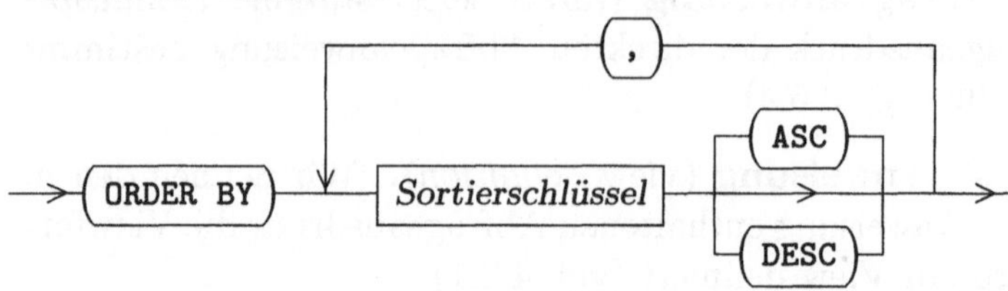

In SQL-92 war als Sortierschlüssel nur eine Spalte der Ergebnistabelle des Abfrageausdrucks zulässig. In SQL-99 werden die Dinge liberaler gehandhabt. Der Sortierschlüssel kann jetzt auch ein Wertausdruck sein:

Sortierschlüssel:

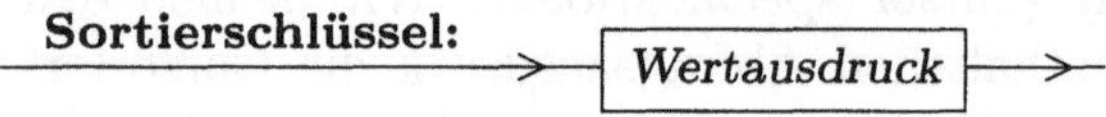

Man darf sogar nach Spalten bzw. nach (durch einen Wertausdruck definierten) abgeleiteteten Spalten sortieren, die gar nicht zur Ergebnistabelle des Abfrageausdrucks gehören.[84] Die Einzelheiten sind folgendermaßen geregelt:

Ein als Sortierschlüssel angegebener Wertausdruck darf keine Unterabfrage und keine Gruppenfunktion enthalten, muß aber (mindestens) eine Spaltenreferenz aufweisen. Im allgemeinen müssen sich die im Wertausdruck vorkommenden Spaltenreferenzen auf Ergebnisspalten des Abfrageausdrucks der direkten Abfrageanweisung beziehen. Unter Beachtung dieser Einschränkung können die für die Sortierung maßgeblichen Werte des Sortierschlüssels den Zeilen der Ergebnistabelle entnommen werden.

Wenn der Abfrageausdruck eine **SELECT**-Abfrage ist, darf der Wertausdruck sogar Referenzen auf Spalten enthalten, die nicht zur Ergebnistabelle des Abfrageausdrucks (in diesem Fall also der **SELECT**-Abfrage) gehören. Hier unterscheidet der Standard zwei Fälle:

1) Der den Sortierschlüssel darstellende Wertausdruck ist äquivalent zu einem Wertausdruck, der in der **SELECT**-Liste als Wertausdruck einer Ergebnisspalte (vgl. 3.4) aufscheint. In diesem Fall muß weiter unterschieden werden, ob die entsprechende Ergebnisspalte eine **AS**-Klausel hat oder nicht:

   a) Wenn sie eine **AS**-Klausel hat, dann ist die Wirkung so, als ob der entsprechende Spaltenname als Sortierschlüssel angegeben worden wäre.

---

[84]Diese Möglichkeit kommt allerdings nur in Betracht, wenn der Abfrageausdruck eine **SELECT**-Abfrage ist.

b) Wenn sie keine **AS**-Klausel hat, dann ist die Wirkung so, als ob die Ergebnisspalte einen von allen anderen Spaltennamen verschiedenen Spaltennamen hätte und dieser als Sortierschlüssel angegeben worden wäre.

2) Ansonsten (in diesem Fall handelt es sich also um einen Wertausdruck, der eine Spaltereferenz auf eine nicht zur Ergebnistabelle der **SELECT**-Abfrage gehörende Spalte enthält, wobei der Wertausdruck diesmal aber nicht äquivalent zum Wertausdruck einer Ergebnisspalte in der **SELECT**-Liste ist) müssen die folgenden Punkte beachtet werden:

a) Es darf sich nicht um **SELECT DISTINCT** handeln.

b) Die **SELECT**-Abfrage darf keine gruppierte Tabelle festlegen.

c) Jede im Wertausdruck enthaltene Spaltenreferenz C_j auf eine nicht zur Ergebnistabelle der **SELECT**-Abfrage gehörende Spalte, muß sich auf ein Spalte des Tabellenausdrucks (vgl. 3.4) der **SELECT**-Abfrage beziehen.

Dieser Fall wird so behandelt, als ob die C_j in der **SELECT**-Liste als Ergebnisspalten angegeben worden wären. Der Standard nennt diese implizit hinzugefügten Ergebnisspalten *extended sort key columns*. Diese werden allerdings nach der Sortierung wieder entfernt, gehören also nicht zum Ergebnis der direkten Abfrageanweisung.

Die direkte Abfrageanweisung gehört zu direktem SQL, das eine eigene interaktive Teilsprache darstellt. Direktes SQL ist in erster Linie für den Endbenutzer gedacht, bietet aber auch den natürlichsten Zutritt, um dem SQL-Novizen die grundlegenden Konzepte und Sprachkonstrukte von SQL näherzubringen. Dementsprechend orientieren auch wir uns in Teil II des Buches an direktem SQL. Direktes SQL umfaßt gerade die direkt ausführbaren Anweisungen von SQL.

direkte SQL-Anweisung:

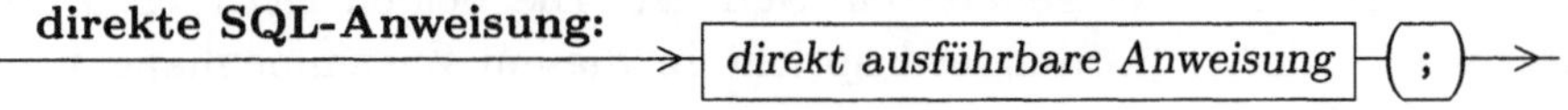

Das Syntaxdiagramm zeigt, daß jede direkt abgesetzte SQL-Anweisung mit einem Strichpunkt versehen werden muß, worauf ja auch die zahlreichen Beispiele dieses Kapitels hingewiesen haben. Die direkt ausführbaren Anweisungen werden folgendermaßen eingeteilt:

direkt ausführbare Anweisung:

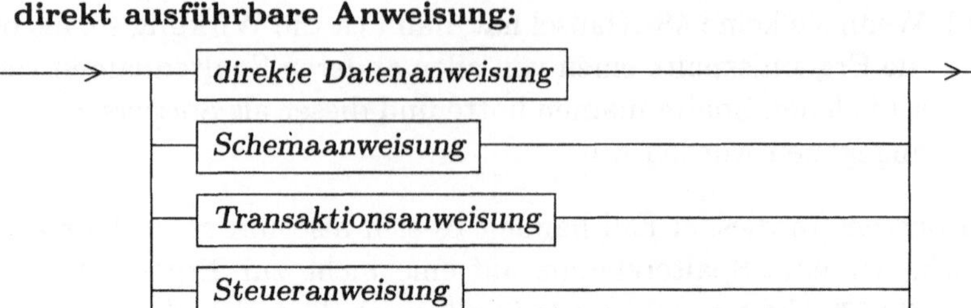

Der SQL-Standard bezeichnet die DML-Anweisungen als *Datenanweisungen*. Die direkten Datenanweisungen[85] stellen somit die in SQL direkt ausführbaren Anweisungen der DML dar.

direkte Datenanweisung:

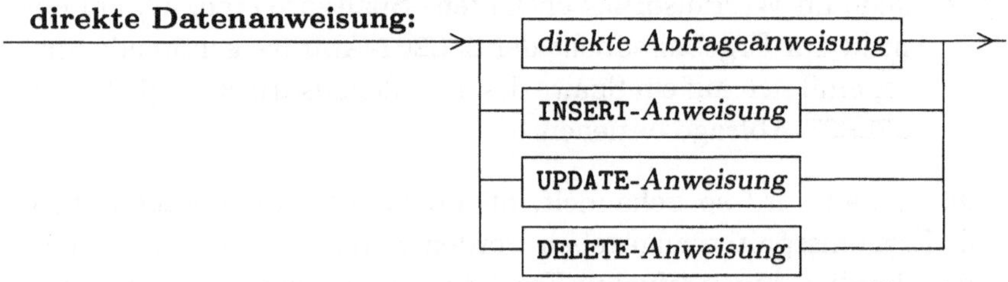

Der SQL-Standard bezeichnet die DDL-Anweisungen als *Schemaanweisungen* (vgl. Kapitel 4). Wie das Syntaxdiagramm zeigt, gibt es auch noch die *Transaktionsanweisungen*, auf die in 8.4 näher eingegangen wird. Außerdem sind in SQL-99 noch die *Steueranweisungen* hinzugekommen (vgl. 4.4.3.1).[86] Schließlich sieht der Standard mit den *implementationsdefinierten direkten Anweisungen* die Möglichkeit vor, daß eine Implementierung zusätzliche direkt ausführbare Anweisungen bereitstellt.

Das Syntaxdiagramm für die direkt ausführbare Anweisung gibt uns Gelegenheit darauf hinzuweisen, daß *direktes SQL*, also die für den Endbenutzer vorgesehene, interaktive Teilsprache, keineswegs isoliert von der *Modulsprache* bzw. *eingebettetem SQL* ist. Die beiden letzteren Teilsprachen — der SQL-Standard spricht in diesem Zusammenhang von Binding-Styles — sind dazu vorgesehen, um SQL-Anweisungen aus einem Anwendungsprogramm (z.B. einem C- oder COBOL-Programm) absetzen und damit auf die SQL-Datenbank zugreifen zu können. Wenn

---

[85]Die direkte Abfrageanweisung wurde eben besprochen. Auf die direkt ausführbaren Mutationsanweisungen wird im Rahmen von Kapitel 5 eingegangen.

[86]Für die direkte Verwendung kommt dabei nur die **CALL**-Anweisung in Betracht.

man von den implementationsdefinierten direkten Anweisungen absieht, gibt es nur eine einzige Anweisung, die ausschließlich direkt ausgeführt werden kann und daher nur in direktem SQL verfügbar ist, nämlich die in diesem Kapitel behandelte direkte Abfrageanweisung. Alle anderen direkt ausführbaren Anweisungen können auch in den beiden anderen Binding-Styles verwendet werden.

3.6 Übungsaufgaben

Als erstes wollen wir uns die sechs Übungsaufgaben aus Kapitel 2 vornehmen (vgl. 2.4.1 bzw. 2.4.3). Die Aufgaben 3.6.8–3.6.18 sind wirklich schwierig und gehen zum Teil an die Grenzen der Abfragemöglichkeiten von Core SQL.

Aufg. 3.6.1: Namen aller Rohstoffe, die im Lager L2 vorhanden sind.

Aufg. 3.6.2: Namen aller Rohstoffe, die in Graz vorrätig sind.

Aufg. 3.6.3: Namen derjenigen Rohstoffe, die für die Herstellung eines jeden Produkts notwendig sind.

Aufg. 3.6.4: Nummern der Lager, in denen alle Rohstoffe vorrätig sind, die im Lager L1 vorhanden sind.

Aufg. 3.6.5: Alle Orte, in denen der Rohstoff R3 nicht verfügbar ist.

Aufg. 3.6.6: Alle Paare von Produktnummern, bei denen die beiden Produkte am gleichen Ort produziert werden.

Aufg. 3.6.7: Alle Rohstoffnamen, die höchstens 5 Zeichen lang sind und nicht auf 'x' enden.

Aufg. 3.6.8: Namen der Rohstoffe, die in allen Orten gelagert sind.

Aufg. 3.6.9: Ermitteln Sie den Ort oder die Orte mit der größten Lagerkapazität (wenn es an einem Ort mehrere Lager gibt, müssen deren Kapazitäten zusammengezählt werden).

Aufg. 3.6.10: Lagernummer, Lagerort und freie Lagerkapazität für jedes Lager. Zeilen mit einer freien Kapazität von null sollen in der Ergebnistabelle nicht aufscheinen. Die Tabelle soll absteigend nach der freien Lagerkapazität sortiert sein.

Aufg. 3.6.11: Für jeden Rohstoff soll festgestellt werden, ob es ein (oder mehrere) Lager gibt, in dem mindestens ein Drittel der Gesamtmenge dieses Rohstoffs verfügbar ist. Die Ergebnistabelle soll Rohstoffnummer, Lagernummer und Menge ausweisen und nach Rohstoffnummer und Lagernummer sortiert sein.

Aufg. 3.6.12: Nummern der Rohstoffe, für die eine Dritteldeckung gemäß Aufg. 3.6.11 in mehreren Lagern (es könnte sich dabei um maximal drei Lager handeln) gegeben ist.

Aufg. 3.6.13: Um Mutationen besser verfolgen zu können, wurde die Tabelle **LR** um die Spalten **SACHBEARBEITER** und **ZEITPUNKT** erweitert (die entsprechenden **ALTER TABLE** - Anweisungen werden in Aufgabe 4.9.2 behandelt). **SACHBEARBEITER** ist vom Typ **VARCHAR(128)** und enthält die Benutzerkennung des Benutzers, der die Mutation vorgenommen hat. **ZEITPUNKT** ist vom Typ **TIMESTAMP** und enthält Datum und Uhrzeit der Mutation. Formulieren Sie eine Abfrage, die alle heute (also zum aktuellen Datum) eingefügten oder geänderten Zeilen der in dieser Weise erweiterten Tabelle **LR** liefert.

Aufg. 3.6.14: Zur Erstellung des Jahresabschlusses wird eine Aufstellung aller Rohstoffe mit dem entsprechenden bilanzrechtlichen Wertansatz benötigt. Dabei ist jede Einlagerung mit ihrem tatsächlichen Beschaffungswert zu bewerten, es sei denn der Wiederbeschaffungswert am Bilanzstichtag wäre geringer. In letzterem Fall ist die Einlagerung mit dem Wiederbeschaffungswert am Bilanzstichtag zu bewerten. Formulieren Sie eine entsprechende Abfrage, die für jeden gelagerten Rohstoff seine Rohstoffnummer und den bilanzrechtlichen Wertansatz seines gesamten Lagerbestandes zeigt. Die Wiederbeschaffungswerte zum Bilanzstichtag betragen: **R1**: 4.50, **R2**: 31.00, **R3**: 10.00, **R4**: 10.50, **R5**: 25.00, **R6**: 22.50. Entwickeln Sie je eine Lösungsvariante für die folgenden Annahmen:

a) Die Wiederbeschaffungswerte am Bilanzstichtag sind nicht gespeichert und sollen in die Abfrage "einprogrammiert" werden.

b) Die Wiederbeschaffungswerte am Bilanzstichtag sind in der (zusätzlichen) Spalte **BWERT** der Tabelle **R** gespeichert.

Aufg. 3.6.15: Formulieren Sie eine Abfrage, deren Ergebnistabelle für jede Rohstoffnummer die Namen der Produkte zeigt, zu deren Erzeugung der Rohstoff verwendet wird. Die Ergebnistabelle soll auch für jeden derzeit nicht zur Erzeugung eines Produkts verwendeten Rohstoff eine Zeile haben. Die zweite Spalte soll in diesem Fall anstelle eines Produktnamens 'derzeit nicht verwendet' enthalten.

Aufg. 3.6.16: Ermitteln Sie die freie Lagerkapazität für jeden Lagercode. Die Ergebnistabelle soll für jeden Lagercodewert eine Zeile haben, welche die aufsummierten freien Kapazitäten aller Lager mit diesem Lagercodewert zeigt.

Aufg. 3.6.17: Formulieren Sie eine Abfrage, in deren Ergebnistabelle alle Produkte und Rohstoffe zusammengefaßt werden, wobei die Nummer (P# bzw. R#), der Name (PNAME bzw. RNAME) und der Preis (PREIS bzw. der maximale BWERT aller Einlagerungen des Rohstoffs) ersichtlich gemacht werden sollen.

Aufg. 3.6.18: Lösen Sie die folgenden beiden Aufgaben unter Verwendung des EXCEPT-Operators: a) Aufg. 3.6.5, b) Aufg. 3.6.8.

Kapitel 4

Schemaanweisungen

Jede Datenbanksprache muß DDL-Anweisungen bereitstellen, damit die Struktur der Datenbasis entsprechend dem zugrundeliegenden Datenmodell beschrieben werden kann (vgl. 1.2). Es wurde bereits in 3.5.4 erwähnt, daß die DDL-Anweisungen von SQL als *Schemaanweisungen* bezeichnet werden. Das hat damit zu tun, daß jede Tabelle in SQL zu einem Schema gehört. Jedes Schema hat einen bestimmten Benutzer als Besitzer. Der Besitzer eines Schemas ist auch Besitzer aller zu seinem Schema gehörenden Tabellen und sonstigen Schemaobjekte. Mit Hilfe der Schemaanweisungen können die Schemaobjekte definiert bzw. deren Definitionen gegebenenfalls modifiziert oder wieder entfernt werden. Dementsprechend teilt der SQL-Standard die Schemaanweisungen folgendermaßen ein:

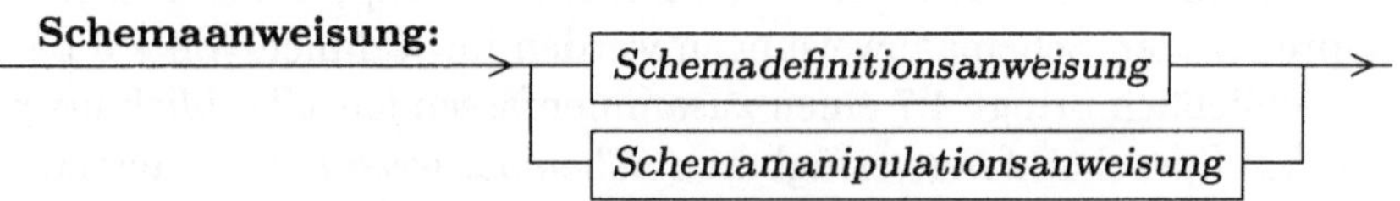

Die *Schemadefinitionsanweisungen* dienen zum Definieren eines Schemas und aller darin enthaltenen Objekte. Durch Ausführung einer Schemadefinitionsanweisung wird die Definition des entsprechenden Schemaobjekts dauerhaft gespeichert. Der SQL-Standard spricht in diesem Zusammenhang davon, daß der *Deskriptor* des entsprechenden Schemaobjekts angelegt wird. Durch Ausführung einer entsprechenden *Schemamanipulationsanweisung* kann die Definition eines Schemaobjekts, also sein Deskriptor, wieder entfernt bzw. modifiziert werden. Dabei stellen die Schemadefinitionssanweisungen gewissermaßen die reinen DDL-Anweisungen dar, während es bei den Schemamanipulationsanweisungen zu Überschneidungen von DDL- und DML-Aspekten kommen kann.

Die obige Einteilung der Schemaanweisungen deckt sich im wesentlichen mit dem Kriterium, ob eine Schemaanweisung nur *selbständig* verwendet werden darf oder ob sie zusätzlich auch als *Schemaelement* im Rahmen einer **CREATE SCHEMA** - Anweisung auftreten kann. Die Schemamanipulationsanweisungen dürfen nur selbständig verwendet werden. Hingegen können alle Schemadefinitionsanweisungen bis auf die **CREATE SCHEMA** - Anweisung selbst zusätzlich auch als Schemaelemente einer **CREATE SCHEMA** - Anweisung auftreten. Dahinter steht die Philosophie des Standards, daß ein neues Schema zunächst durch eine **CREATE SCHEMA** - Anweisung definiert wird. Wenn sich später die Notwendigkeit von Erweiterungen, Anpassungen, Modifikationen etc. ergibt, kann das durch selbständig abgesetzte Schemaanweisungen bewerkstelligt werden.

In diesem Kapitel wird auf alle in Core SQL verfügbaren Schemaanweisungen eingegangen, die jeweils gemeinsam mit den dazugehörigen Schemaobjekten besprochen werden: Die in 4.1 behandelten *Basistabellen* stellen zweifellos die typischen und wichtigsten Schemaobjekte dar. Es gibt aber auch virtuelle Tabellen oder *Views*, auf die in 4.2 eingegangen wird. In 4.3 werden die mit den *benutzerdefinierten Typen* (vgl. 3.2.5) verknüpften Schemaanweisungen behandelt. Die benutzerdefinierten Typen stellen eine bereits in Core SQL verfügbare Neuerung von SQL-99 dar. Das trifft auch für die *Schema-Routinen* zu, mit denen wir uns in 4.4 beschäftigen. Um auf ein Schemaobjekt zugreifen zu können, muß man über eine entsprechende *Berechtigung* verfügen, worauf in 4.5 eingegangen wird. Auch ein *Schema* wird durch einen Deskriptor beschrieben. Die entsprechenden Schemaanweisungen werden im Rahmen von 4.6 behandelt. Schließlich bringt 4.7 einen zusammenfassenden *Überblick* über alle im vollen Sprachumfang verfügbaren *Schemaanweisungen*. Schemata und Schemaobjekte gehören zu einer umfassenderen Struktur, nämlich der *SQL-Umgebung*, worauf in 4.8 eingegangen wird.

4.1 Basistabellen

Es liegt auf der Hand, daß die DDL eine Anweisung zur Definition von Tabellen bereitstellen muß. Die entsprechende Schemaanweisung ist die **CREATE TABLE** - Anweisung, die zu den Schemadefinitionsanweisungen von SQL gehört. Der SQL-Standard verwendet für die **CREATE TABLE** -

Anweisung die Bezeichnung *table definition*. Dementsprechend wollen wir
CREATE TABLE - Anweisung und *Tabellendefinition* im weiteren als Synonyme verwenden. Die Tabellen, die durch **CREATE TABLE** definiert werden (bzw. in der Diktion des Standards: deren Deskriptoren angelegt
werden), sind dauerhaft gespeicherte Tabellen. Die entsprechende SQL-
Bezeichnung lautet Basistabelle (*base table*). Das Gegenstück zu den
Basistabellen bilden die *virtuellen Tabellen* oder *Views*, auf die wir in
4.2 eingehen werden.

Bsp. 4.1: Definition der Tabellen der L-R-P-Datenbank. Es liegt
nahe, als einleitendes Beispiel für diesen Abschnitt auf die fünf Tabellen
unserer L-R-P-Datenbank zurückzugreifen (vgl. 2.3 und 3.1) und zu zeigen, wie diese in SQL definiert werden können. Das kann mit Hilfe der
folgenden fünf **CREATE TABLE** - Anweisungen bewerkstelligt werden, die
übrigens auch darauf hinweisen, daß zur Definition der Tabellenspalten
nur einfache Datentypen verwendet werden können. Im vollen Sprachumfang von SQL-99 werden aber auch Domänen im Sinne des Relationenmodells unterstützt (vgl. 2.1.1).

```
CREATE TABLE L
   ( L#      CHAR(5)       NOT NULL,
     ORT     VARCHAR(15)   NOT NULL,
     LCODE   CHAR          NOT NULL,
     MENGE   INTEGER       NOT NULL,
    PRIMARY KEY (L#) );


CREATE TABLE R
   ( R#      CHAR(6)       NOT NULL,
     RNAME   VARCHAR(20)   NOT NULL,
     RCODE   CHAR          NOT NULL,
     GEBINDE VARCHAR(15)   NOT NULL,
    PRIMARY KEY (R#) );


CREATE TABLE P
   ( P#      CHAR(6)       NOT NULL,
     PNAME   VARCHAR(20)   NOT NULL,
     ORT     VARCHAR(15)   NOT NULL,
     PREIS   DECIMAL(6,2)  NOT NULL,
    PRIMARY KEY (P#) );
```

```
CREATE TABLE LR
  ( L#      CHAR(5)        NOT NULL,
    R#      CHAR(6)        NOT NULL,
    MENGE   INTEGER        NOT NULL,
    BWERT   DECIMAL(6,2)   NOT NULL,
   PRIMARY KEY (L#, R#),
   FOREIGN KEY (L#)   REFERENCES L,
   FOREIGN KEY (R#)   REFERENCES R );


CREATE TABLE PR
  ( P#      CHAR(6)    NOT NULL,
    R#      CHAR(6)    NOT NULL,
    MENGE   SMALLINT   NOT NULL,
   PRIMARY KEY (P#, R#),
   FOREIGN KEY (P#)   REFERENCES P,
   FOREIGN KEY (R#)   REFERENCES R );
```

Nach Ausführung einer **CREATE TABLE** - Anweisung existiert eine leere
Tabelle mit dem entsprechenden Namen. Die **CREATE TABLE** - Anweisung
wird gleich anschließend unter 4.1.1 besprochen. Um den durch **CREATE
TABLE** angelegten Deskriptor einer Basistabelle wieder zu entfernen, sieht
SQL die **DROP TABLE** - Anweisung vor, auf die in 4.1.2 eingegangen wird.
Schließlich gibt es noch die **ALTER TABLE** - Anweisung, mit Hilfe derer
der Deskriptor einer bereits bestehenden Tabelle modifiziert werden kann
(vgl. 4.1.3).

4.1.1   Anlegen einer Tabellendefinition

Wir beginnen zunächst mit dem Syntaxdiagramm einer etwas eingeschränkten Variante der **CREATE TABLE** - Anweisung, die nur die essenti-
ellen Bestandteile enthält und einen für die obige Definition der L-R-P-
Datenbank ausreichenden Ausschnitt aus dem anschließend besprochenen, vollständigen Syntaxdiagramm darstellt. Das Syntaxdiagramm impliziert die Reihenfolge: Spaltendefinitionen vor **PRIMARY KEY** - Definition vor **UNIQUE**-Definitionen vor **FOREIGN KEY** - Definitionen. Diese Reihenfolge ist an sich vernünftig, weil sie die Lesbarkeit verbessert, wird
aber vom SQL-Standard nicht vorausgesetzt. Als Oberbegriff für **PRIMARY
KEY -**, **UNIQUE-** und **FOREIGN KEY** - Definition wird die Bezeichnung *Tabellenbedingungsdefinition (table constraint definition)* verwendet.

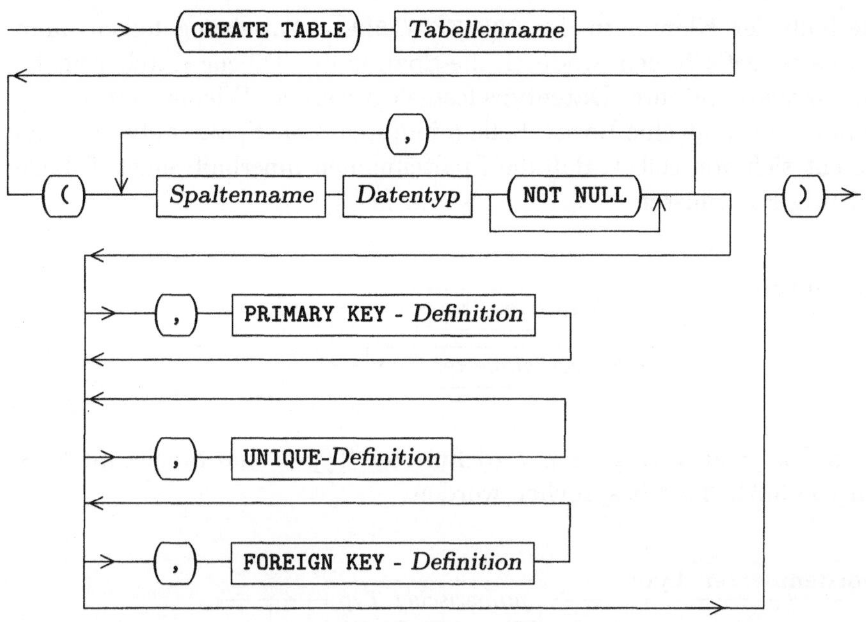

Nach **CREATE TABLE** ist der Tabellenname der zu definierenden Tabelle anzugeben. Ein Tabellenname ist ein sogenannter *schema-qualifizierter Name*, worunter der Standard einen wahlweise mit einem Schemanamen qualifizierten Bezeichner versteht. Der Schemaname gibt dabei das Schema an, zu dem die Tabelle gehört.

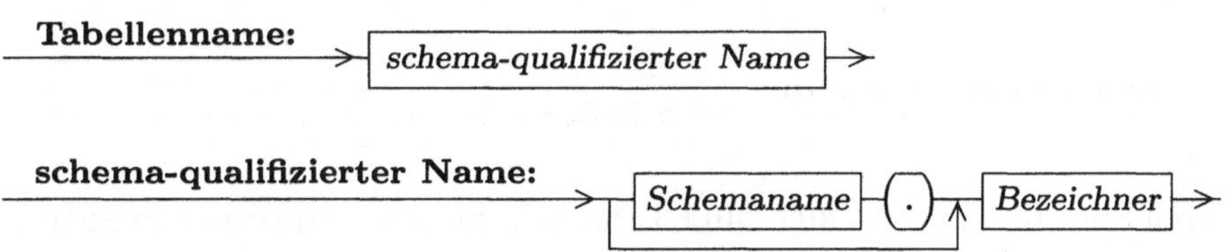

In Core SQL muß der Schemaname ein einfacher Bezeichner sein, der mit der Benutzerkennung des Besitzers übereinstimmt (vgl. 4.6).

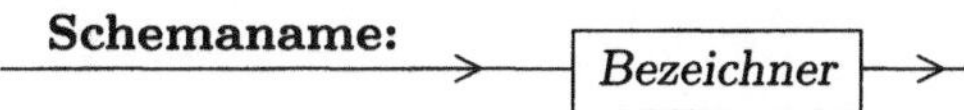

Wenn der Schemaname fehlt, wird er implizit ergänzt (vgl. 4.6.3). Insbesondere wird implizit immer der Schemaname des zu definierenden Schemas ergänzt, wenn die **CREATE TABLE** - Anweisung als Schemaelement in einer **CREATE SCHEMA** - Anweisung auftritt (vgl. 4.6.1).

Innerhalb der Klammern der **CREATE TABLE** - Anweisung folgen dann
die *Spaltendefinitionen*, wodurch die Spalten der Tabelle durch Angabe
ihres Namens und ihres Datentyps festgelegt werden. Wie das Syntaxdiagramm zeigt, muß eine Basistabelle mindestens eine Spalte aufweisen. Es
versteht sich von selbst, daß die Spaltennamen innerhalb einer Tabelle
eindeutig sein müssen.

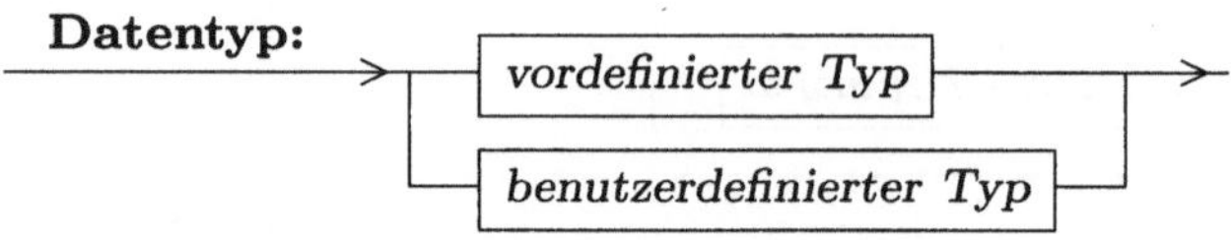

Die in Core SQL verfügbaren vordefinierten Typen sind bereits im Rahmen von 3.2.2–3.2.4 besprochen worden.

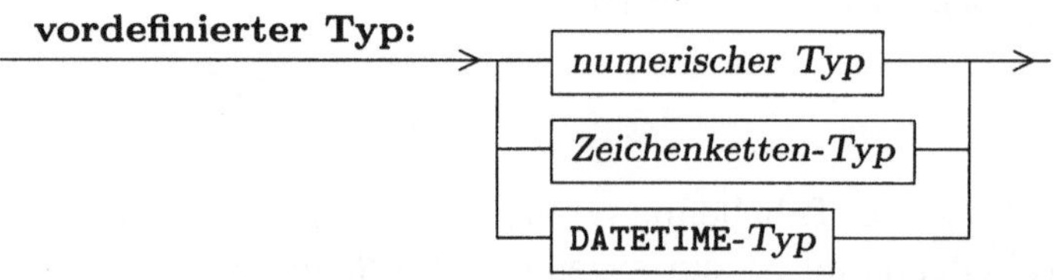

Auf den benutzerdefinierten Typ ist in 3.2.5 eingegangen worden. Auf
die Details der Definition und Entfernung des Deskriptors eines benutzerdefinierten Typs kommen wir in 4.3 zurück.

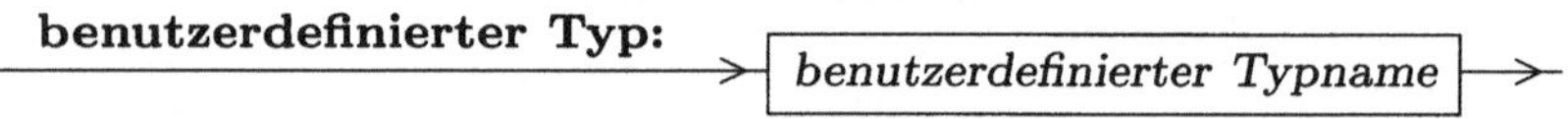

Durch Spezifikation von **NOT NULL** kann man für die entsprechende Spalte
NULLwerte ausschließen, und man sollte von dieser Option Gebrauch machen, wann immer das möglich ist. Die **NOT NULL** - Spezifikation gehört zu
den *Spaltenbedingungsdefinitionen*. Auf die übrigen Spaltenbedingungsdefinitionen wird weiter unten eingegangen.

Mittels der **PRIMARY KEY** - Definition wird der *Primärschlüssel* der Tabelle angegeben, der auch ein zusammengesetzter Schlüssel sein kann.
In letzterem Fall müssen eben alle beteiligten Schlüsselkomponenten in
der Spaltenliste angeben werden. Für jede am Primärschlüssel beteiligte
Spalte ist die **NOT NULL** - Spezifikation implizit. Wenn also für eine zum

Primärschlüssel gehörende Spalte nicht explizit NOT NULL angegeben worden ist, folgt die NOT NULL - Spezifikation implizit aus der Zugehörigkeit der Spalte zum Primärschlüssel.

PRIMARY KEY - Definition:

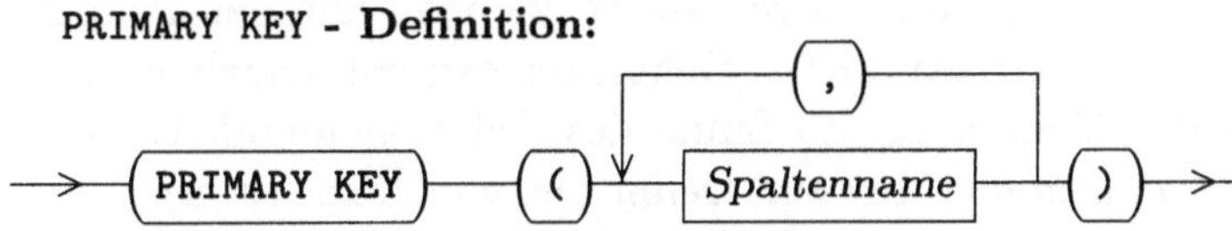

Natürlich darf in einer Tabellendefinition nur eine einzige PRIMARY KEY - Definition vorkommen. Aus dem Syntaxdiagramm ist aber ersichtlich, daß die PRIMARY KEY - Definition auch weggelassen werden kann, was nicht ganz im Einklang mit den Integritätsbedingungen des Relationenmodells steht. Es mögen vielleicht in der Praxis hie und da "uneigentliche Relationen" auftreten, die tatsächlich keinen Primärschlüssel haben. Es wäre aber jedenfalls modellkonformer gewesen, die PRIMARY KEY - Definition immer vorzuschreiben und den Benutzer in solchen (seltenen) Fällen zu zwingen, die Verantwortung zu übernehmen — etwa durch Angabe von NO PRIMARY KEY. Durch die PRIMARY KEY - Definition wird eine Integritätsbedingung festgelegt, deren Wirkung darin besteht, daß das DBMS die entsprechende Tabelle automatisch auf *Entitätsintegrität* überprüft (vgl. 2.2.2): Keine Komponente des Primärschlüssels darf den NULLwert annehmen, und jede Zeile der Tabelle muß einen eindeutigen Primärschlüsselwert haben.

UNIQUE-Definition:

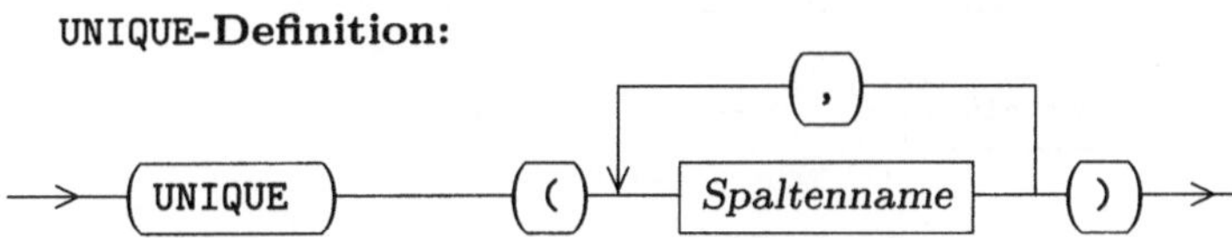

Mittels der UNIQUE-Definition kann man für die in der Spaltenliste angegebene Spalte bzw. angegebenen Spalten festlegen, daß ihre Werte bzw. Wertekombinationen für jede Zeile der Tabelle *eindeutig* sein müssen. Die UNIQUE-Spalten dürfen nicht mit anderen UNIQUE-Spalten oder mit Spalten eines PRIMARY KEY überlappen. In Core SQL setzt die UNIQUE-Definition die NOT NULL - Spezifikation für jede beteiligte Spalte voraus.

Das läuft im wesentlichen auf die explizite Definition eines *Schlüsselkandidaten* hinaus (vgl. 2.2.1). Tatsächlich war in SQL-86 noch keine PRIMARY KEY - Definition vorgesehen, so daß auch der *Primärschlüssel* einer Tabelle nur durch eine **UNIQUE**-Definition festgelegt werden konnte. Wurden mehrere **UNIQUE**-Definitionen für eine Tabelle gemacht, konnte man den Primärschlüssel nicht mehr von den übrigen Schlüsselkandidaten unterscheiden. Diese Situation hat sich in SQL-89 und den folgenden Standardgenerationen insofern verbessert, als man nun den Primärschlüssel mittels der **PRIMARY KEY** - Definition explizit angeben kann — aber eben leider nicht muß. Im Sinne des Relationenmodells ist es ratsam, **UNIQUE**-Definitionen nur zur Definition von (expliziten) *Alternativschlüsseln* zu verwenden, den Primärschlüssel jedoch immer durch **PRIMARY KEY** zu definieren. Durch die **UNIQUE**-Definition wird eine Integritätsbedingung festgelegt, deren Wirkung jener der **PRIMARY KEY** - Definition entspricht: Keine Komponente des Alternativschlüssels darf den **NULL**wert annehmen und jede Zeile der Tabelle muß einen eindeutigen Wert für den Alternativschlüssel haben. Die Einhaltung dieser Bedingungen wird vom DBMS automatisch überprüft.

Mittels der **FOREIGN KEY** - Definition wird ein *Fremdschlüssel* der Tabelle festgelegt. Da eine Tabelle ohne weiteres mehrere Fremdschlüssel haben kann, können natürlich auch mehrere **FOREIGN KEY** - Definitionen in einer Tabellendefinition auftreten, für jeden Fremdschlüssel eine.

FOREIGN KEY - Definition:

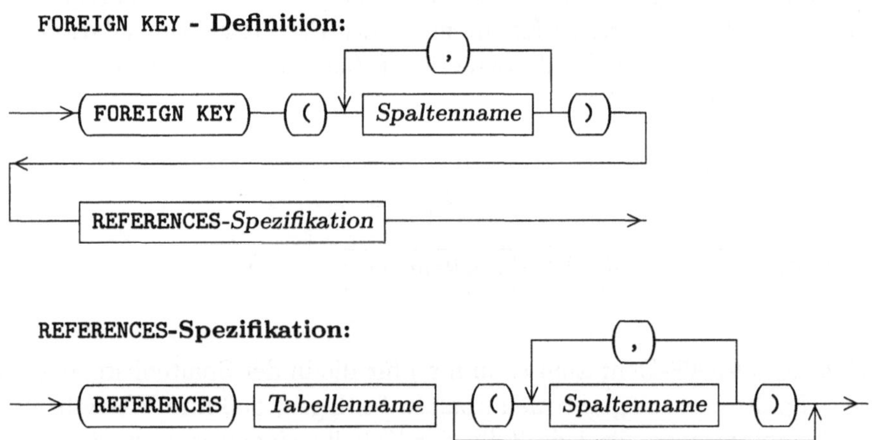

REFERENCES-Spezifikation:

In der auf **FOREIGN KEY** folgenden Spaltenliste werden die zum Fremdschlüssel gehörenden Spalten angegeben. Der Standard nennt diese Spalten die *referenzierenden* Spalten. Selbstverständlich kann es sich dabei auch nur um eine einzige Spalte handeln. Auf **REFERENCES** muß der Name der bezogenen Tabelle folgen.

Gemäß dem Relationenmodell muß einem Fremdschlüssel der Primärschlüssel der bezogenen Tabelle entsprechen, und dieser Primärschlüssel muß daher in der bezogenen Tabelle durch **PRIMARY KEY** festgelegt sein. Namensgleichheit der Schlüsselkomponenten ist dabei nicht notwendig, die Datentypen müssen aber übereinstimmen. Die Zuordnung korrespondierender Schlüsselkomponenten erfolgt über deren Position in der **FOREIGN KEY** - Spaltenliste bzw. in der **PRIMARY KEY** - Spaltenliste der bezogenen Tabelle. Die Spaltenliste in der **REFERENCES**-Spezifikation zur Angabe der *referenzierten* Spalten ist in diesem Fall an sich überflüssig. Wenn trotzdem referenzierte Spalten angegeben werden, muß die Spaltenliste gerade die zum **PRIMARY KEY** der bezogenen Tabelle gehörenden Spalten umfassen. Die referenzierten Spalten können dabei im Prinzip in beliebiger Reihenfolge angegeben werden. Natürlich muß aber bei den referenzierenden Spalten dieselbe Reihenfolge eingehalten werden, um die (positionelle) Zuordnung zu ermöglichen.

Durch die **FOREIGN KEY** - Definition wird eine Integritätsbedingung festgelegt, deren Wirkung darin besteht, daß das DBMS die beiden beteiligten Tabellen automatisch auf *referentielle Integrität* überprüft. Das bedeutet, daß für jeden in der referenzierenden Tabelle auftretenden Fremdschlüsselwert gelten muß (vgl. 2.2.2):

1. Er enthält entweder in keiner seiner Komponenten einen NULLwert (*vollständig definiert*) oder mindestens eine seiner Komponenten weist einen NULLwert auf (*partiell annulliert*).[1]

2. Wenn der Fremdschlüsselwert vollständig definiert ist, muß es in der bezogenen Tabelle einen übereinstimmenden Primärschlüsselwert geben.

Der SQL-Standard läßt es auch zu, daß sich der Fremdschlüssel auf einen bloß durch **UNIQUE** definierten Schlüsselkandidaten der bezogenen Tabelle bezieht, selbst dann, wenn die bezogene Tabelle einen expliziten, mittels **PRIMARY KEY** definierten Primärschlüssel besitzt. Die Regeln für diese Variante der **FOREIGN KEY** - Definition entsprechen den Regeln für die bereits besprochene, dem Relationenmodell konforme Variante. Allerdings *muß* jetzt auf den Namen der bezogenen Tabelle in der **REFERENCES**-Spezifikation eine Liste der referenzierten Spalten folgen, die gerade die entsprechenden **UNIQUE**-Spalten der bezogenen Tabelle umfaßt. Wie oben

---

[1]Das ist eine leichte Verwässerung der referentiellen Integrität gemäß dem Relationenmodell, welches in diesem Fall verlangt, daß *alle* Komponenten des Fremdschlüssels mit NULLwerten markiert (*vollständig annulliert*) sein müssen.

müssen korrespondierende Schlüsselkomponenten den gleichen Datentyp
haben und die Zuordnung erfolgt über die Position der Spaltennamen in
der **FOREIGN KEY** - bzw. in der **REFERENCES**-Spaltenliste. Ansonsten entspricht die Wirkung dem Fall, daß durch die **FOREIGN KEY** - Definition
der Primärschlüssel der referenzierten Tabelle angesprochen wird.

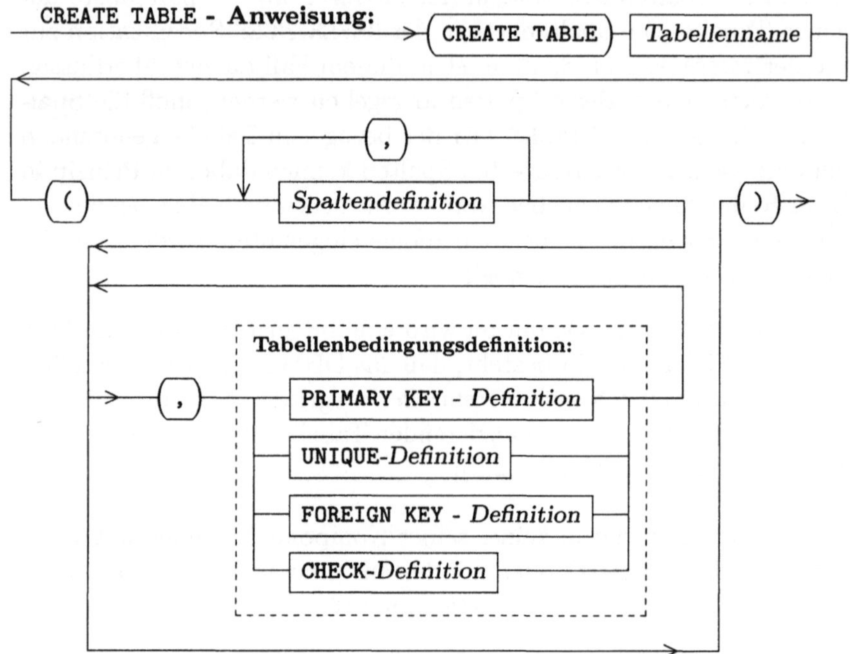

Wenden wir uns nun dem Syntaxdiagramm der vollständigen **CREATE
TABLE** - Anweisung von Core SQL zu. Die aus dem obigen Syntaxdiagramm hervorgehende Reihenfolge: Spaltendefinitionen vor Tabellenbedingungsdefinitionen ist zwar vernünftig, wird aber vom Standard nicht
vorausgesetzt. Abgesehen von der **CHECK**-Definition wurden bereits alle
Tabellenbedingungsdefinitionen besprochen. Während die durch die übrigen Tabellenbedingungsdefinitionen festgelegten Integritätsbedingungen
den inhärenten Integritätsbedingungen des Relationenmodells entsprechen, ermöglicht es die **CHECK**-Definition, zusätzliche benutzerdefinierte Integritätsbedingungen festzulegen (vgl. 1.3), deren Einhaltung vom
DBMS automatisch überwacht wird.

Der wesentliche Bestandteil der CHECK-Definition ist die Suchbedingung. Wenn es in der Tabelle eine Zeile gibt, für welche die Suchbedingung den Wahrheitswert *falsch* annimmt, dann verstößt die Tabelle gegen die CHECK-Bedingung. Jede Anweisung, deren Durchführung zu einer Verletzung einer CHECK-Bedingung oder einer anderen Integritätsbedingung führen würde, wird zurückgewiesen. Für die Suchbedingung der CHECK-Definition gelten die folgenden Einschränkungen: In der Suchbedingung auftretende Spaltenreferenzen dürfen sich nur auf Spalten der Tabelle beziehen, zu der die CHECK-Definition gehört. Die Suchbedingung darf keine Unterabfrage, Gruppenfunktion, USER-Spezifikation oder DATETIME-Funktion enthalten. Außerdem darf die Suchbedingung keine Host-Parameterspezifikation, eingebettete Variablenspezifikation oder SQL-Parameterreferenz enthalten.[2] Der Vollständigkeit halber muß noch erwähnt werden, daß die Suchbedingung auch keinen Aufruf einer Funktion enthalten darf,[3] die *möglicherweise nichtdeterministisch* ist oder die *möglicherweise SQL-Daten modifiziert* (vgl. 4.4.1.3).

Bsp. 4.2: CHECK-Definition. "Es soll durch zwei CHECK-Tabellenbedingungen für die LR-Tabelle sichergestellt werden, daß der Beschaffungswert eines Rohstoffes nicht negativ sein darf und daß die eingelagerte Menge eines Rohstoffes zwischen 0 und 1500 liegen muß."

```
CHECK ( BWERT >= 0.0 )

CHECK ( MENGE BETWEEN 0 AND 1500 )
```

Selbstverständlich könnte man die beiden CHECK-Tabellenbedingungen auch folgendermaßen zusammmefassen:

```
CHECK ( MENGE BETWEEN 0 AND 1500 AND BWERT >= 0.0 )
```

Die wesentlichen Bestandteile der *Spaltendefinition*, nämlich der Spaltenname und der Datentyp der zu definierenden Spalte, sind uns bereits bekannt. Auch die NOT NULL - Spezifikation, die ebenfalls zu den Spaltenbedingungsdefinitionen gehört, wurde bereits besprochen.

---

[2]Für direktes SQL ist das sowieso ausgeschlossen.

[3]Genaugenommen sind auch *indirekte Vorkommnisse* solcher Funktionsaufrufe verboten, ebenso auch indirekte Vorkommnisse der USER-Spezifikation oder einer DATETIME-Funktion. Bei der Besprechung der DETERMINISTIC-Charakteristik von SQL-Routinen in 4.4.1.3 wird erklärt, was wir unter einem solchen indirekten Vorkommnis zu verstehen haben.

Spaltendefinition:

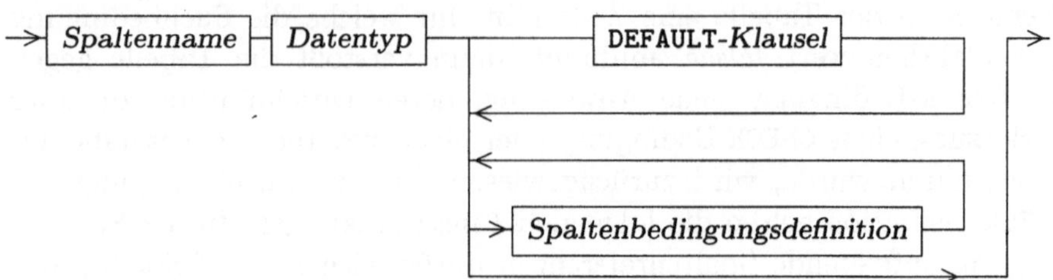

Mit Hilfe der **DEFAULT**-Klausel können Defaultwerte für eine Spalte festgelegt werden.

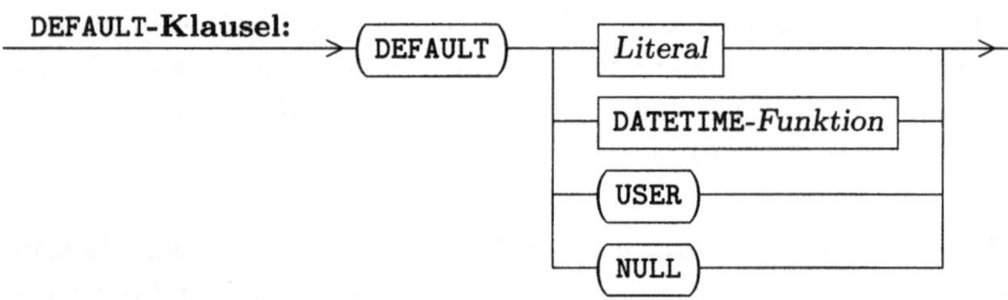

Wenn für eine Spalte keine **DEFAULT**-Klausel vorgesehen ist, wird für fehlende Datenwerte implizit der **NULL**wert eingetragen, es sei denn, die Spalte wäre mit einer **NOT NULL** - Spezifikation versehen. Die gleiche Wirkung wird auch erzielt, wenn man in der **DEFAULT**-Klausel der Spalte explizit **NULL** angibt. Man kann somit sagen, daß der Default der **DEFAULT**-Klausel **NULL** ist.[4] Für eine Spalte mit einem benutzerdefinierten Typ (vgl. 3.2.5) kommt in einer allfälligen **DEFAULT**-Klausel übrigens nur die Spezifikation von **NULL** in Frage.

Die eigentliche Funktion der **DEFAULT**-Klausel liegt aber darin, einen vom Benutzer vorgesehenen *echten Datenwert* als Defaultwert für die entsprechende Spalte festlegen zu können. Es wurde bereits darauf hingewiesen, daß **NULL**werte tunlichst zu vermeiden sind, und die **DEFAULT**-Klausel bietet hier die Möglichkeit, daß bei einem fehlenden Datenwert statt des **NULL**werts das in der Klausel angegebene Literal oder der von der angegebenen **DATETIME**-Funktion oder **USER**-Spezifikation gelieferte Wert als echter Datenwert eingetragen werden kann. Es liegt auf der Hand, daß der Datentyp des Defaultwerts dabei mit dem Datentyp der Spalte kom-

---

[4]Es ist übrigens nicht verboten, für eine mit **NOT NULL** versehene Spalte als Defaultwert **NULL** anzugeben. In diesem Fall setzt sich gewissermaßen die **NOT NULL** - Spezifikation durch. Die Wirkung ist die gleiche, als ob die **DEFAULT**-Klausel gar nicht vorhanden wäre.

patibel sein muß. Wenn ein Literal als Defaultwert angegeben ist, müssen
die folgenden Regeln beachtet werden:

- Ist die Spalte vom Typ *Zeichenkette* mit (maximaler) Länge ℓ,
  dann muß auch das Literal ein Zeichenketten-Literal sein, dessen
  Länge $\leq \ell$ ist.

- Ist die Spalte vom Typ *Festkomma*, dann muß auch das Literal ein
  (möglicherweise mit einem Vorzeichen versehenes) Festkommaliteral sein, das sich ohne Verlust an signifikanten Stellen im Spaltentyp
  darstellen läßt.

- Ist die Spalte vom Typ *Gleitkomma*, dann kann es sich um ein
  beliebiges numerisches Literal handeln.

- Ist die Spalte vom Typ DATETIME, dann muß das Literal ein DATE-
  TIME-Literal desselben Untertyps (also DATE, TIME oder TIMESTAMP)
  sein.

Wenn als Defaultwert eine DATETIME-Funktion (vgl. 3.2.4.4) angegeben
wird, muß es sich um eine DATETIME-Spalte desselben Untertyps handeln.
Beispielsweise könnte man durch CURRENT_DATE automatisch das Datum
erfassen, an dem eine Zeile in die Tabelle eingefügt worden ist.

Schließlich kann in der DEFAULT-Klausel auch USER angegeben werden.
USER liefert eine Zeichenkette implementationsdefinierter Länge, welche
die *laufende Benutzerkennung* enthält, worunter der SQL-Standard den
für die Ausführung einer Anweisung verantwortlichen Benutzer versteht
(vgl. 3.2.6.2). Die Spalte muß daher ebenfalls einen Zeichenketten-Typ
haben und der Standard verlangt, daß als (maximale) Länge der Zeichenkette mindestens 128 vorgesehen wird. Mit Hilfe der USER-Spezifikation
läßt sich beispielsweise die Benutzerkennung des Benutzers, der die entsprechende Zeile in die Tabelle eingefügt hat, automatisch erfassen.

Spaltenbedingungsdefinition:

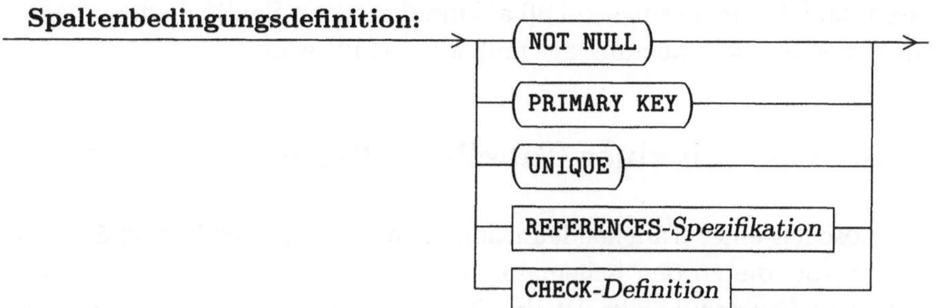

Immer wenn eine Tabellenbedingungsdefinition nur eine einzige Spalte betrifft, kann man an ihrer Stelle eine *Spaltenbedingungsdefinition* verwenden. Dadurch daß die Spaltenbedingung gleich in der Spaltendefinition der betroffenen Spalte enthalten ist, wird die Übersichtlichkeit verbessert und auch dem softwaretechnischen Lokalitätsprinzip entsprochen. Der SQL-Standard führt jede Spaltenbedingungsdefinition auf eine *äquivalente Tabellenbedingungsdefinition* zurück. Nach der Definition einer Spaltenbedingung — also bei ihrer internen Repräsentation und hinsichtlich ihrer Wirkungen — gibt es nicht den geringsten Unterschied zu einer Tabellenbedingung. Im folgenden wird für jede Spaltenbedingungsdefinition die entsprechende Tabellenbedingungsdefinition angegeben. Wir nehmen dabei an, daß die Spalte, deren Spaltendefinition die jeweilige Spaltenbedingung enthält, den Namen C hat.

- Die NOT NULL - Spaltenbedingungsdefinition ist äquivalent zur Tabellenbedingungsdefinition CHECK (C IS NOT NULL).

- Die PRIMARY KEY - Spaltenbedingungsdefinition ist äquivalent zur Tabellenbedingungsdefinition PRIMARY KEY (C).

- Die UNIQUE-Spaltenbedingungsdefinition ist äquivalent zur Tabellenbedingungsdefinition UNIQUE (C).

- Die Spaltenbedingungsdefinition REFERENCES T ist äquivalent zur Tabellenbedingungsdefinition FOREIGN KEY (C) REFERENCES T. Die Spaltenbedingungsdefinition REFERENCES T(X) entspricht der Tabellenbedingungsdefinition FOREIGN KEY (C) REFERENCES T(X).

- Sei *SB* eine Suchbedingung, die nur Spaltenreferenzen auf die Spalte C enthält. Dann ist die Spaltenbedingungsdefinition CHECK (*SB*) äquivalent zur Tabellenbedingungsdefinition CHECK (*SB*).

Aus dem Syntaxdiagramm für die Spaltendefinition ist ersichtlich, daß eine Spaltendefinition auch mehrere Spaltenbedingungsdefinitionen aufweisen darf. In einem solchen Fall akkumulieren die Spaltenbedingungen: Jede einzelne Spaltenbedingung muß also erfüllt sein.

4.1.2 Löschen einer Tabellendefinition

Zum Löschen einer Tabellendefinition sieht SQL die DROP TABLE - Anweisung vor, die zu den Schemamanipulationsanweisungen gehört. Wie das Syntaxdiagramm zeigt, ist die Syntax der DROP TABLE - Anweisung

ganz einfach: Nach **DROP TABLE** ist der Name der Basistabelle anzugeben, deren Definition gelöscht werden soll. Darauf muß in Core SQL
das Schlüsselwort **RESTRICT** folgen. Dadurch wird das **DROP**-Verhalten
der **DROP TABLE** - Anweisung angegeben, worauf gleich unten noch näher
eingegangen wird.

DROP TABLE - Anweisung:

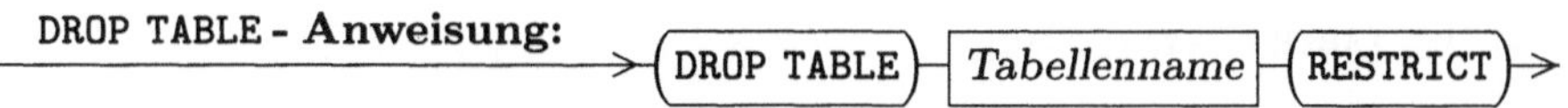

Durch Ausführung von **DROP TABLE** wird nicht nur die Tabellendefinition,
also der *Deskriptor* der Basistabelle,[5] aus der Datenbank entfernt, sondern auch alle in der Tabelle gespeicherten *Daten* (man kann natürlich
keine Tabelleninhalte in der Datenbank belassen, für die keine Tabellendefinition mehr existiert). Strenggenommen ist die **DROP TABLE** - Anweisung somit keine reine DDL-Anweisung. Vielmehr kommt es hier —
wie bei den übrigen Schemamanipulationsanweisungen — zu einer Überschneidung mit den Mutationsanweisungen der DML, insbesondere mit
der **DELETE**-Anweisung (vgl. 5.4).

Es könnte nun der Fall eintreten, daß sich eine andere Basistabelle mit
einem Fremdschlüssel auf die Tabelle bezieht, deren Definition gelöscht
werden soll. Dadurch ist die entsprechende **FOREIGN KEY** - Bedingung
von der zu löschenden Tabelle *abhängig*. Auch ein View könnte dadurch
von der zu löschenden Tabelle abhängig sein, daß in der Definition des
Views (vgl. 4.2.1) auf die Tabelle Bezug genommen wird, deren Deskriptor gelöscht werden soll. Schließlich könnte auch eine SQL-Routine durch
eine Tabellenreferenz in ihrer Prozeduranweisung von der zu löschenden
Tabelle abhängig sein (vgl. 4.4.1).

Im vollen Sprachumfang kann das in solchen Fällen gewünschte **DROP**-
Verhalten (*drop behavior*) durch das Schlüsselwort **CASCADE** bzw. **RE-
STRICT** festgelegt werden: Unter **RESTRICT** wird die **DROP TABLE** - Anweisung zurückgewiesen, wenn es ein abhängiges Objekt gibt. Unter **CASCADE**
hingegen 'kaskadiert' die **DROP TABLE** - Anweisung. Das bedeutet, daß bei
der Löschung der Tabellendefinition auch die Definitionen abhängiger
Objekte miterfaßt werden. In Core SQL hat man allerdings keine solche
Wahlmöglichkeit: Hier muß, wie dem Syntaxdiagramm zu entnehmen ist,
immer **RESTRICT** angegeben werden.

---

[5]Der Deskriptor der Basistabelle umfaßt natürlich neben allen zur Basistabelle
gehörenden Spaltendefinitionen auch alle dazugehörigen Tabellen- und Spaltenbedingungsdefinitionen.

4.1.3   Ändern einer Tabellendefinition

Um eine bereits bestehende Tabellendefinition zu ändern, gibt es die
ALTER TABLE - Anweisung, die so wie DROP TABLE zu den Schemamanipulationsanweisungen gehört.

ALTER TABLE - Anweisung:

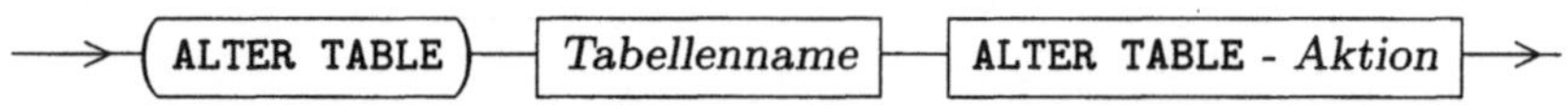

Auf ALTER TABLE folgt der Name der Basistabelle, deren Definition geändert werden soll. Anschließend muß die ALTER TABLE - Aktion — also
die ins Auge gefaßte Änderungsaktion — spezifiziert werden. Im vollen
Sprachumfang von SQL-99 sind die folgenden ALTER TABLE - Aktionen
vorgesehen:

ALTER TABLE - Aktion:

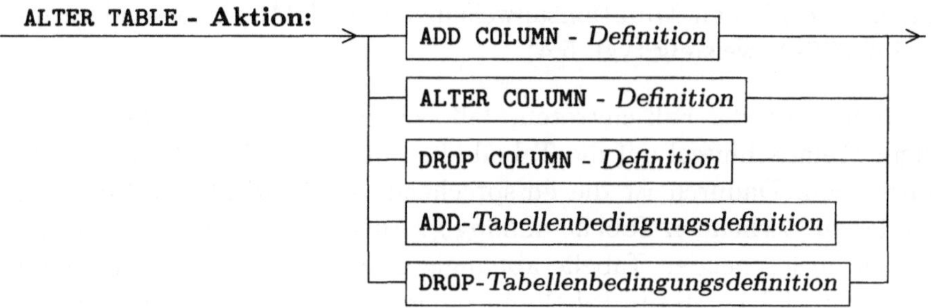

Die ersten drei Änderungsaktionen betreffen die Spalten der Basistabelle (Hinzufügen, Ändern bzw. Entfernen einer Spaltendefinition). Die
beiden letzten Änderungsaktionen betreffen das Hinzufügen bzw. Entfernen einer Tabellenbedingungsdefinition. Die einzige schon in Core SQL
verfügbare ALTER TABLE - Aktion ist die ADD COLUMN - Aktion, und wir
gehen daher im folgenden nur auf diese näher ein:

ADD COLUMN - Definition:

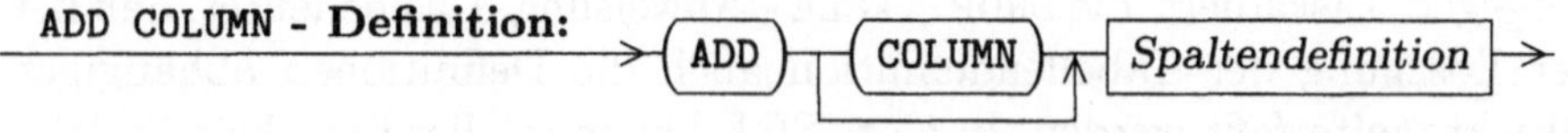

Durch die ADD COLUMN - Definition wird eine zusätzliche Spaltendefinition in die Definition einer Basistabelle aufgenommen. COLUMN ist nur ein
Füllwort, das aber die Verständlichkeit und Lesbarkeit verbessert. Die
Spaltendefinition wurde bereits im Rahmen der CREATE TABLE - Anweisung besprochen. Die ADD COLUMN - Aktion wirkt sich im wesentlichen

so aus, als ob die zusätzliche Spaltendefinition bereits in der ursprünglichen **CREATE TABLE** - Anweisung vorhanden gewesen wäre. Allerdings wird nun — anders als bei **CREATE TABLE** — die entsprechende Basistabelle in der Regel nicht mehr leer sein, und es müssen daher auch Werte für die neue Spalte abgespeichert werden. Es liegt auf der Hand, daß dazu der (explizite oder implizite) Defaultwert der Spalte genommen wird. Man sieht also, daß es auch bei der **ALTER TABLE** - Anweisung zu einer Überschneidung von DDL- und DML-Aspekten kommt.

4.2 Views

Neben den Basistabellen unterstützt SQL auch virtuelle Tabellen (*viewed tables* oder *views*). Wir werden sie der Kürze halber meistens als *Views* bezeichnen. Während Basistabellen tatsächlich in der Datenbank gespeichert sind, belegen Views keinen eigenen Speicherplatz. Sie werden vielmehr aus Basistabellen abgeleitet. Die Vorschrift zur Ableitung des Views (die Viewformel) ist in seiner Definition enthalten und wird immer dann ausgeführt, wenn der View angesprochen wird. Tatsächlich wird dabei auf die Daten der letztlich zugrundeliegenden Basistabellen zugegriffen und nicht etwa eine temporäre Tabelle angelegt. Der Benutzer kann mit diesen virtuellen Tabellen (fast) genauso arbeiten wie mit Basistabellen — ja es braucht ihm nicht einmal bewußt zu sein, daß eine bestimmte Tabelle gar keine Basistabelle, sondern ein View ist. Das ist ein großer Vorteil und eine Annehmlichkeit des Viewkonzepts in SQL.

Ein weiterer Vorteil des Viewkonzepts besteht darin, daß man damit auf die Informations- bzw. Verarbeitungserfordernisse jedes Benutzers oder jeder Benutzerklasse optimal zugeschnittene Tabellen bereitstellen kann, ohne daß es dabei zu zusätzlicher Redundanz (mit all ihren Nachteilen und Anomalien) in der Datenbank kommt. Darüber hinaus wird durch das Viewkonzept in einem gewissen Ausmaß auch dem Gesichtspunkt der logischen Datenunabhängigkeit (vgl. 1.3) Rechnung getragen. Daraus sieht man, daß SQL mit seinen Views vor allem die externe oder individuelle Schicht des 3-Ebenen-Architekturkonzepts (vgl. 1.2) unterstützt. Allerdings weicht die SQL-Terminologie von der des 3-Ebenen-Architekturkonzepts ab: Dort versteht man unter einem (externen) View den gesamten für einen bestimmten Benutzer relevanten Ausschnitt aus der Datenbank. In SQL hingegen ist ein View nur eine einzige, für den Benutzer relevante virtuelle Tabelle. Ein weiterer Aspekt, den SQL durch das Viewkonzept teilweise abdeckt, ist der Datenschutz.

Views werden in SQL mittels der **CREATE VIEW** - Anweisung definiert.
Der SQL-Standard verwendet die Bezeichnung *view definition*. Dementsprechend wollen wir *Viewdefinition* und **CREATE VIEW** - Anweisung als
Synonyme verwenden. Die folgenden Beispiele sollen das Viewkonzept
und die Verwendung der **CREATE VIEW** - Anweisung illustrieren:

Bsp. 4.3: Horizontale Teiltabelle. "Der View soll alle Einlagerungen
der LR-Tabelle enthalten, die das Lager L3 betreffen."

```
CREATE VIEW LR_L3
    AS SELECT *
       FROM   LR
       WHERE  L# = 'L3';
```

Dadurch wird ein View mit dem Namen **LR_L3** definiert. Die Viewformel — also die Vorschrift zur Ableitung des Views — ist einfach eine
SELECT-Abfrage auf die zugrundeliegende Tabelle **LR**. Um sich die virtuelle Tabelle **LR_L3** anzusehen, könnte man die folgende **SELECT**-Abfrage
absetzen:

```
SELECT *
FROM   LR_L3;
```

Die Ergebnistabelle sieht natürlich folgendermaßen aus:

```
                --  --  ------  -----
Ergebnis:       L#  R#  MENGE   BWERT
                --  --  ------  -----
                L3  R1    400    5.00
                L3  R2    100   33.00
                L3  R3    500    9.00
                L3  R4    200   11.00
                L3  R5    200   25.00
                L3  R6    100   35.00
```

Tatsächlich kann diese **SELECT**-Abfrage in eine äquivalente **SELECT**-Abfrage auf die zugrundeliegende Basistabelle aufgelöst werden. Das ist ohne weiteres zu bewerkstelligen, weil die Viewformel selbst eine **SELECT**-Abfrage ist und hat den Vorteil, daß zu jedem Zeitpunkt auf die gerade
aktuellen Daten zugegriffen werden kann.

Aus dem Beispiel sieht man, daß der View die Spaltennamen der Ergebnistabelle der Viewformel (also der LR-Tabelle) geerbt hat. Man kann aber — durch Angabe einer Spaltenliste nach dem Tabellennamen in der CREATE VIEW - Anweisung — auch eigene Spaltennamen für den View definieren. Es ist klar, daß diese Spaltenliste genauso viele Elemente haben muß, wie die (explizite oder implizite) Spaltenliste in der definierenden SELECT-Abfrage. Mittels der folgenden CREATE VIEW - Anweisung könnte man für den View andere, für den entsprechenden Benutzer besser geeignete Spaltennamen definieren:

```
CREATE VIEW ROHSTOFFE_L3 (LAGER#,ROHSTOFF#,MENGE,BWERT)
     AS SELECT *
        FROM   LR
        WHERE  L# = 'L3';
```

Bsp. 4.4: View mit einem Wertausdruck. "Der View soll für jedes Produkt aus der P-Tabelle die Produktnummer und den um 10% erhöhten Preis enthalten."

```
CREATE VIEW NEUE_P_PREISE (PRODUKT#, NEUER_PREIS)
        AS SELECT P#, PREIS*1.1
        FROM   P;
```

Die zweite Spalte in der SELECT-Liste hat als Wertausdruck keinen Spaltennamen. Daher kann auch kein Spaltenname an den View vererbt werden, und es *muß* eine explizite Spaltenliste in der Viewdefinition angegeben werden.[6] Das Beispiel illustriert auch, daß in einem View durchaus Daten dazukommen können, die in den zugrundeliegenden Tabellen gar nicht explizit enthalten sind. Abgesehen von der zusätzlichen, berechneten Spalte ist dieser View ein Beispiel für eine *vertikale Teiltabelle*.

Bsp. 4.5: View, der auf mehreren Tabellen definiert ist. "Der View soll Nummer und Kapazität aller Lager zeigen, in denen der Rohstoff R1 vorrätig ist. Außerdem soll für jedes Lager auch die vorhandene Menge von Rohstoff R1 ausgewiesen werden."

---

[6]Natürlich könnte man in der SELECT-Liste der Viewformel die AS-Klausel zur Benennung der Ergebnisspalte verwenden. Daher wäre eine explizite Spaltenliste in der Viewdefinition eigentlich entbehrlich. Die folgenden Beispiele sind daher in dem Sinn zu verstehen, daß die dort mitunter auftretende "Notwendigkeit" einer expliziten Spaltenliste stets durch Verwendung der AS-Klausel umgangen werden könnte.

```
CREATE VIEW VORRAT_R1 (L#,   GESAMTMENGE, R1_MENGE)
         AS SELECT  L.L#, L.MENGE,     LR.MENGE
            FROM    L, LR
            WHERE   R# = 'R1'
            AND
            L.L# = LR.L#;
```

Die Notwendigkeit einer Spaltenliste in der Viewdefinition ergibt sich hier daraus, daß die unqualifizierten Spaltennamen der **SELECT**-Liste nicht eindeutig sind. Da nur die unqualifizierten Spaltennamen vererbt werden können, müssen auch in diesem Fall explizite Spaltennamen für den View definiert werden. Das Beispiel zeigt außerdem, daß einem View durchaus mehrere Tabellen zugrundeliegen können.

Bsp. 4.6: View, der auf einem anderen View definiert ist. "Der View soll nur Zeilen für diejenigen Lager aus **VORRAT_R1** enthalten, in denen mindestens 250 Mengeneinheiten von Rohstoff **R1** vorrätig sind."

```
CREATE VIEW GROSSER_VORRAT_R1
        AS  SELECT *
            FROM   VORRAT_R1
            WHERE  R1_MENGE >= 250;
```

Ein View kann auch auf einem oder mehreren anderen Views definiert sein. Bei diesem Beispiel ist es übrigens wieder möglich, die Spaltennamen aus der **SELECT**-Abfrage zu übernehmen.

Bsp. 4.7: Gruppierter View. "Der View soll für jeden Rohstoff den minimalen, maximalen und durchschnittlichen Beschaffungswert enthalten."

```
CREATE VIEW BWERTE ( R#,
                     MINIMUM,
                     MAXIMUM,
                     DURCHSCHNITT )
        AS SELECT  R#,
                   MIN(BWERT),
                   MAX(BWERT),
                   SUM(MENGE*BWERT)/SUM(MENGE)
           FROM    LR
           GROUP BY R#;
```

Hier handelt es sich um einen sogenannten *gruppierten View*. Von einem gruppierten View spricht man dann, wenn die Viewformel eine gruppierte Tabelle definiert — also wenn die Viewformel eine `SELECT`-Abfrage mit einer (expliziten oder impliziten) `GROUP BY` - Klausel ist (vgl. 3.1.3, 3.4).

Die bisherigen Beispiele haben — neben der rein technischen Seite — auch einige Aspekte illustriert, die SQL durch sein Viewkonzept unterstützt. Das folgende Beispiel geht noch auf den Gesichtspunkt des *Datenschutzes* ein und soll damit diese Demonstration vervollständigen.

Bsp. 4.8: View zur Maskierung sensibler Informationen. Wir wollen für dieses Beispiel annehmen, daß die Spalte `BWERT` der `LR`-Tabelle sensible Informationen enthält, die dem Sachbearbeiter in seinem View verborgen bleiben sollen.

```
CREATE VIEW LR_PUBLIK
        AS  SELECT  L#, R#, MENGE
            FROM    LR;
```

Der View `LR_PUBLIK` ist eine vertikale Teiltabelle von `LR`, der die sensible Spalte `BWERT` nicht zeigt und natürlich erst recht nicht zugänglich macht.

Im folgenden Abschnitt 4.2.1 wird auf die Einzelheiten der `CREATE VIEW` - Anweisung eingegangen. In 4.2.2 wird die `DROP VIEW` - Anweisung besprochen, mit der man den Deskriptor eines Views wieder entfernen kann.

4.2.1   Anlegen einer Viewdefinition

Die `CREATE VIEW` - Anweisung gehört ebenso wie die `CREATE TABLE` - Anweisung zu den Schemadefinitionsanweisungen. Durch Ausführung der `CREATE VIEW` - Anweisung wird die Definition (der Deskriptor) eines Views angelegt.

`CREATE VIEW` - **Anweisung:**

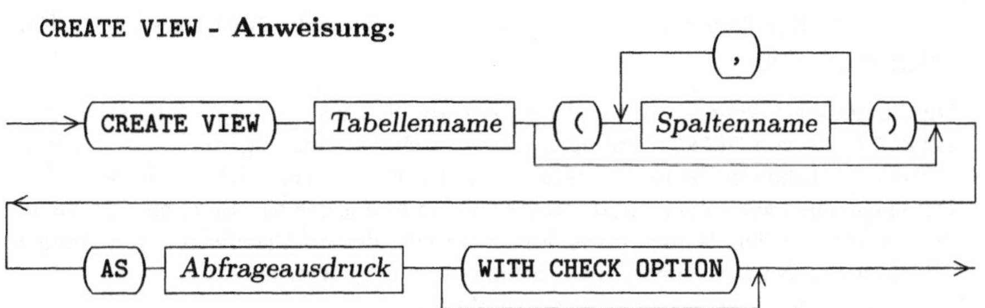

Der *Tabellenname* (vgl. 4.1.1) legt den Namen des zu definierenden Views
fest. Es versteht sich von selbst, daß der Tabellenname eindeutig sein
muß. Es darf also weder eine Basistabelle noch einen anderen View mit
dem gleichen Tabellennamen geben.

Wenn die *Spaltenliste* nach dem Tabellennamen weggelassen wird, erbt
der View die Spaltennamen der Ergebnistabelle des Abfrageausdrucks.
Wird eine Spaltenliste angegeben, dann erhält der View die dort festgelegten Spaltennamen. Die Spaltenliste muß für jede Spalte der Ergebnistabelle des Abfrageausdrucks einen Spaltennamen aufweisen. Um sicherzustellen, daß jede Spalte des Views einen (eindeutigen) Spaltennamen
hat, *muß* in den folgenden Fällen eine Spaltenliste angegeben werden:[7]

- Wenn die Ergebnistabelle des Abfrageausdrucks 'namenlose' Spalten aufweist.

- Wenn die Ergebnistabelle des Abfrageausdrucks mehrdeutige Spaltennamen aufweist.

Der auf **AS** folgende Abfrageausdruck repräsentiert die *Viewformel*, die
der wichtigste Bestandteil einer jeden Viewdefinition ist. Ein als Viewformel verwendeter Abfrageausdruck muß folgende Bedingungen erfüllen:

- Der Abfrageausdruck darf keine Zirkelbezüge oder rekursiven Bezü-
  ge aufweisen. Das heißt, daß der Name des zu definierenden Views
  nicht einmal indirekt in der Viewformel vorkommen darf.[8]

- Der Abfrageausdruck darf keine Host-Parameterspezifikation, eingebettete Variablenspezifikation oder SQL-Parameterreferenz enthalten.[9]

Die Viewformel definiert den View und stellt eine Vorschrift zur Ableitung des Views aus den zugrundeliegenden Tabellen dar. Der SQL-
Standard legt fest, daß bei Verwendung eines Views in einer DML-An-
weisung die Wirkung so sein muß, als ob der als Viewformel angegebene
Abfrageausdruck im Rahmen der verwendenden Anweisung ausgewertet
worden wäre, damit er stets dem aktuellen Status der zugrundeliegenden
Tabellen entspricht.

---

[7]Die Spaltenliste könnte aber in Core SQL durch Einsatz der **AS**-Klausel in der
SELECT-Liste von **SELECT**-Abfragen bzw. durch Verwendung der Spaltenlisten-
Option für Tabellen-Primaries stets vermieden werden (vgl. 3.4 und Fußnote[6]).

[8]Dabei sprechen wir von einem indirekten Vorkommnis des Viewnamens *VN*, wenn
die Viewformel den Namen eines Views enthält, dessen Viewformel den Namen
VN oder den Namen eines Views enthält, dessen Viewformel . . . .

[9]Für direktes SQL ist das sowieso ausgeschlossen.

Die zugrundeliegenden Tabellen sind diejenigen Tabellen (Basistabellen oder Views), deren Daten in die Ergebnistabelle des Abfrageausdrucks eingehen. Um die einem Abfrageausdruck zugrundeliegenden Tabellen zu definieren, führen wir zunächst die einem Abfrageausdruck *zugrundeliegenden Tabellennamen* ein:

a) Einem `UNION`-, `EXCEPT` -, `INTERSECT`- bzw. Verbundausdruck liegen die zugrundeliegenden Tabellennamen seiner beiden Operanden zugrunde.

b) Einer `SELECT`-Abfrage liegen die zugrundeliegenden Tabellennamen der Tabellenreferenzen in ihrer `FROM`-Klausel zugrunde.

c) Wenn eine Tabellenreferenz ein Verbundausdruck ist, dann liegen ihr die dem Verbundausdruck zugrundeliegenden Tabellennamen zugrunde.

d) Wenn eine Tabellenreferenz ein Tabellenname ist, dann ist dieser der zugrundeliegende Tabellenname der Tabellenreferenz.

Nach möglicherweise wiederholter Anwendung dieser Regeln gelangt man am Ende immer zu Regel d) und damit zu einem dem Abfrageausdruck zugrundeliegenden Tabellennamen. Die *zugrundeliegenden Tabellen* eines Abfrageausdrucks sind natürlich die durch die zugrundeliegenden Tabellennamen bezeichneten Basistabellen oder Views.[10]

Im weiteren wird auch noch der Begriff der *letztlich zugrundeliegenden Basistabellen* eines Abfrageausdrucks A benötigt. Um diese zu bestimmen, geht man von den A zugrundeliegenden Tabellen aus:

a) Wenn eine A zugrundeliegende Tabelle eine Basistabelle ist, dann ist sie auch eine letztlich zugrundeliegende Basistabelle von A.

b) Wenn eine A zugrundeliegende Tabelle andererseits ein View ist, dann sind alle seiner Viewformel letztlich zugrundeliegenden Basistabellen auch letztlich zugrundeliegende Basistabellen von A.

Nach möglicherweise mehrfacher Anwendung dieser Regeln hat man gewissermaßen alle zugrundeliegenden Views eliminiert und damit die dem Abfrageausdruck letztlich zugrundeliegenden Basistabellen bestimmt.[11]

---

[10]Die so definierten *zugrundeliegenden Tabellen* eines Abfrageausdrucks entsprechen den *leaf underlying tables* des Standarddokuments.

[11]Die so definierten *letztlich zugrundeliegenden Basistabellen* eines Abfrageausdrucks entsprechen den *leaf generally underlying tables* des Standarddokuments.

Mutierbare Views. Ein View heißt mutierbar (*updatable*), wenn die Viewformel eine mutierbare Tabelle definiert. In Core SQL ist das genau dann der Fall, wenn die Viewformel eine SELECT-Abfrage ist, welche die folgenden Bedingungen erfüllt:

a) Es darf sich bei der SELECT-Abfrage um kein 'SELECT DISTINCT' handeln.

b) Wenn die SELECT-Liste Ergebnisspalten enthält, dann dürfen die Wertausdrücke dieser Ergebnisspalten nur Spaltenreferenzen (also keine 'eigentlichen' Wertausdrücke) sein. Keine Spaltenreferenz darf dabei mehrfach vorkommen. Die Verwendung der AS-Klausel ist aber zulässig. Ebenso darf 'SELECT *' verwendet werden. Im Prinzip darf auch ein qualifizierter Stern in der SELECT-Liste vorkommen, der aber in diesem Fall das einzige Element der SELECT-Liste sein muß.[12]

c) Die FROM-Klausel darf nur eine einzige Tabellenreferenz enthalten, die sich auf eine Basistabelle oder einen mutierbaren View bezieht.

d) Die SELECT-Abfrage darf keine gruppierte Tabelle definieren, was darauf hinausläuft, daß die SELECT-Abfrage keine (explizite oder implizite) GROUP BY - Klausel haben darf (vgl. 3.1.3, 3.4).[13]

Alle diese Einschränkungen zielen darauf ab, daß die durch die Viewformel definierte Tabelle V nur eine einzige letztlich zugrundeliegende Basistabelle B hat, und daß eine umkehrbar eindeutige Abbildung zwischen den Zeilen und Spalten von V und den Zeilen und Spalten einer Teiltabelle von B sichergestellt ist.[14]

---

[12] Wegen Regel c) läuft ein qualifizierter Stern hier auf das gleiche hinaus, wie ein unqualifizierter Stern.

[13] Wenn durch die SELECT-Abfrage eine gruppierte Tabelle definiert wird, spricht man von einem *gruppierten View* (vgl. Bsp. 4.7). Während es in SQL-92 eine Reihe von Einschränkungen für die Verwendung gruppierter Views gab, können sie in Core SQL genauso verwendet werden, wie alle übrigen nicht mutierbaren Views. Die Kategorie der gruppierten Views ist daher für SQL-99 eigentlich nicht mehr von Relevanz.

[14] Die obigen für Core SQL maßgeblichen Einschränkungen für den Abfrageausdruck einer mutierbaren Tabelle wurden im wesentlichen von SQL-92 übernommen. Sie sind teilweise restriktiver als notwendig, schließen also manche Tabellen als nicht mutierbar aus, obwohl sie im Prinzip doch mutierbar wären (vgl. dazu etwa [Date97, 184-187]). Dem hat man im vollen Sprachumfang von SQL-99 mit einer entsprechenden Erweiterung dieser Einschränkungen Rechnung getragen.

Die nicht mutierbaren Views werden manchmal auch als *read-only* Views
bezeichnet. Wenn ein View nicht mutierbar ist, kann er nur abgefragt
werden. Mutierbare Views hingegen können genauso wie Basistabellen
abgefragt und mutiert werden. Auch die `CHECK OPTION` kann nur für
mutierbare Views verwendet werden. Die Wirkung dieser Option besteht
im wesentlichen darin, daß bei Vornahme von Mutationsoperationen sichergestellt wird, daß sich die Mutationen nur auf den durch den View
definierten Ausschnitt aus der letztlich zugrundeliegenden Basistabelle auswirken können. Die Einzelheiten werden im Rahmen der Mutationsoperationen in Kapitel 5 besprochen werden. In Core SQL muß bei
der Verwendung der `CHECK OPTION` die folgende Einschränkung beachtet
werden: Wenn ein (mutierbarer) View mit der `CHECK OPTION` definiert
ist, dann darf die Viewformel keine Unterabfrage enthalten.

4.2.2 Löschen einer Viewdefinition

Zum Löschen einer Viewdefinition sieht Core SQL die `DROP VIEW` - Anweisung vor. Diese gehört wie die `DROP TABLE` - und die `ALTER TABLE` -
Anweisung zu den Schemamanipulationsanweisungen. Die Syntax entspricht der `DROP TABLE` - Anweisung:

`DROP VIEW` - Anweisung:
$$\longrightarrow (\text{DROP VIEW}) - \boxed{\textit{Tabellenname}} - (\text{RESTRICT}) \longrightarrow$$

Durch Ausführung der `DROP VIEW` - Anweisung wird der Deskriptor des
angegebenen Views entfernt. Da ein View nur eine virtuelle Tabelle ist,
kann es dabei — im Unterschied zu `DROP TABLE` — niemals zu einer
gleichzeitigen Löschung von Tabelleninhalten kommen.

Analog zur `DROP TABLE` - Anweisung kann auch hier der Fall eintreten,
daß es von der zu löschenden Viewdefinition abhängige Objekte gibt. Bei
`DROP VIEW` kommen als abhängige Objekte andere Views in Frage, in
deren Viewformel auf den zu löschenden View Bezug genommen wird.
Auch eine SQL-Routine kann durch eine Tabellenreferenz in ihrer Prozeduranweisung vom zu löschenden View abhängig sein (vgl. 4.4.1).

Im vollen Sprachumfang kann das in solchen Fällen gewünschte `DROP`-
Verhalten (*drop behavior*) durch das Schlüsselwort `CASCADE` bzw. `RE-`
`STRICT` festgelegt werden: Unter `RESTRICT` wird die `DROP VIEW` - Anweisung zurückgewiesen, wenn es ein abhängiges Objekt gibt. Unter `CASCADE`
hingegen 'kaskadiert' die `DROP VIEW` - Anweisung. Das bedeutet, daß bei

der Löschung der Viewdefinition auch die Definitionen abhängiger Objekte miterfaßt werden. In Core SQL hat man allerdings keine solche Wahlmöglichkeit: Als `DROP`-Verhalten muß hier immer `RESTRICT` angegeben werden.

4.3 Benutzerdefinierte Typen

Die benutzerdefinierten Typen (*user-defined types*) sind uns im wesentlichen schon aus 3.2.5 bekannt. Zu den Datentypen gehören nicht nur vordefinierte (eingebaute) Typen wie `INTEGER`, `CHAR` oder `DATE`, sondern auch benutzerdefinierte Typen, die erst in SQL-99 dazugekommen sind. In Core SQL kann ein benutzerdefinierter Typ nur ein sogenannter *distinct typ* sein, und wenn wir hier von benutzerdefinierten Typen (BDT) sprechen, meinen wir immer solche *distinct types*. Ein BDT basiert auf einem vordefinierten Typ, dem Source-Typ des BDT, dessen Wertevorrat und interne Repräsentation der Werte vom BDT übernommen werden. Für einen BDT ist das strenge Typkonzept maßgeblich. Das bedeutet, daß ein BDT zu allen anderen Datentypen inklusive seinem Source-Typ inkompatibel ist. Das strenge Typkonzept kommt allerdings nur bei Vergleichen voll zum Tragen. Bei Wertzuweisungen wird das strenge Typkonzept etwas gelockert.

Bsp. 4.9: Benutzerdefinierte Typen. Dieses Beispiel soll zeigen, wie man sich durch einen BDT gegen unsinnige Vergleiche absichern kann. Betrachten wir dazu die folgende Abfrage:

```
SELECT PNAME
FROM   P , R
WHERE  P# = R#;
```

Obwohl diese Abfrage syntaktisch vollkommen korrekt ist, kann man sich nur schwer einen Anwendungsbezug vorstellen, wo diese Abfrage sinnvoll ist. Schuld daran ist offensichtlich der Vergleich der beiden Primärschlüssel: P# = R#. Ein solcher Vergleich kann verhindert werden, indem man für die beiden Primärschlüssel je einen benutzerdefinierten Typ definiert und bei der Definition der P- bzw. R-Tabelle verwendet.

```
CREATE TYPE PNR
    AS CHAR(6) FINAL;
```

```
CREATE TYPE RNR
    AS CHAR(6) FINAL;

CREATE TABLE P
 ( P# PNR NOT NULL,
   ...              );

CREATE TABLE R
 ( R# RNR NOT NULL,
   ...              );
```

Die obige (sinnlose) SELECT-Abfrage verursacht jetzt einen Syntaxfehler und wird daher zurückgewiesen. Wenn diese Abfrage aus irgendwelchen Gründen trotzdem durchgeführt werden soll, muß man explizite Typkonversionen vornehmen. Mit Hilfe der Cast-Funktionen ließe sich das folgendermaßen bewerkstelligen:

```
SELECT PNAME
FROM   P, R
WHERE  CHAR(P#) = CHAR(R#);
```

Eine andere Möglichkeit wäre:

```
SELECT PNAME
FROM   P, R
WHERE  P# = PNR(CHAR(R#));
```

Es wurde schon in 3.2.5.3 darauf hingewiesen, daß es aus Gründen der Durchgängigkeit und Orthogonalität empfehlenswert erscheint, statt der Cast-Funktionen das universell einsetzbare Konstrukt der CAST-Spezifikation (vgl. 3.2.6.2) zu verwenden. Damit erhält man die folgenden Formulierungen der obigen Abfrage:

```
SELECT PNAME
FROM   P, R
WHERE  CAST(P# AS CHAR(6)) = CAST(R# AS CHAR(6));
```

beziehungsweise

```
SELECT PNAME
FROM   P, R
WHERE  P# = CAST(CAST(R# AS CHAR(6)) AS PNR);
```

Wegen des strengen Typkonzepts muß man jetzt allerdings auch in der folgenden (vernünftigen) Abfrage für Vergleichbarkeit sorgen:

```
SELECT PNAME
FROM   P
WHERE  P# = CAST('P1' AS PNR);
```

Dadurch ist man aber auch weitgehend dagegen geschützt, daß sinnlose Abfragen bzw. Vergleiche "unbeabsichtigt passieren".

Ein BDT wird durch die **CREATE TYPE** - Anweisung definiert. Diese gehört zu den Schemadefinitionsanweisungen. Der Standard verwendet die Bezeichnung *user-defined type definition*. Es sei darauf hingewiesen, daß ein BDT (genauer: der durch die **CREATE TYPE** - Anweisung angelegte Deskriptor des BDT) ein Schemaobjekt ist und — ebenso wie alle anderen in dem Schema enthaltenen Objekte — dem Besitzer des Schemas gehört. Durch Ausführung einer **DROP TYPE** - Anweisung kann der Deskriptor des BDT wieder entfernt werden. Obwohl die **CREATE TYPE** - Anweisung an sich schon in 3.2.5.1 besprochen worden ist, fassen wir der Vollständigkeit halber in 4.3.1 noch einmal kurz alles Wesentliche zusammen. Die **DROP TYPE** - Anweisung wird in 4.3.2 besprochen.

4.3.1   Anlegen einer Typdefinition

Ein benutzerdefinierter Typ wird durch Ausführung einer **CREATE TYPE** - Anweisung definiert (vgl. 3.2.5.1). In Core-SQL sieht das Syntaxdiagramm der **CREATE TYPE** - Anweisung folgendermaßen aus:

CREATE TYPE - Anweisung:

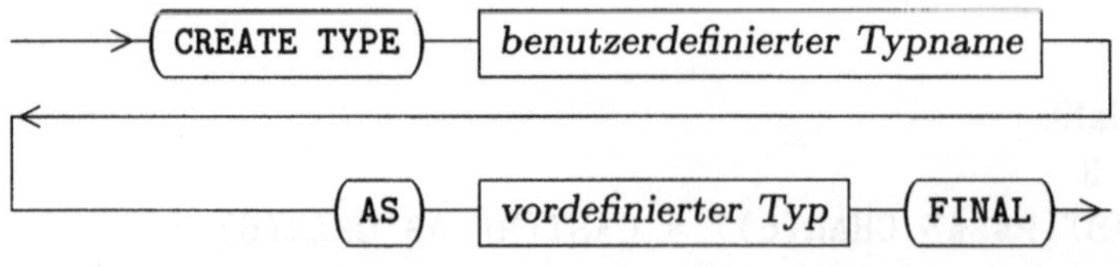

Der zu definierende BDT erhält den angegebenen *benutzerdefinierten Typnamen*. Dieser ist ein *schema-qualifizierter Typname*, kann also wahlweise mit einem Schemanamen qualifiziert werden. In Core SQL muß der Schemaname ein einfacher Bezeichner sein, der mit der Benutzerkennung des Besitzers übereinstimmt (vgl. 4.6). Wenn der Schemaname fehlt, wird er implizit ergänzt (vgl. 4.6.3). Insbesondere wird implizit immer der Schemaname des zu definierenden Schemas ergänzt, wenn die **CREATE TYPE** - Anweisung als Schemaelement in einer **CREATE SCHEMA** - Anweisung auftritt (vgl. 4.6.1).

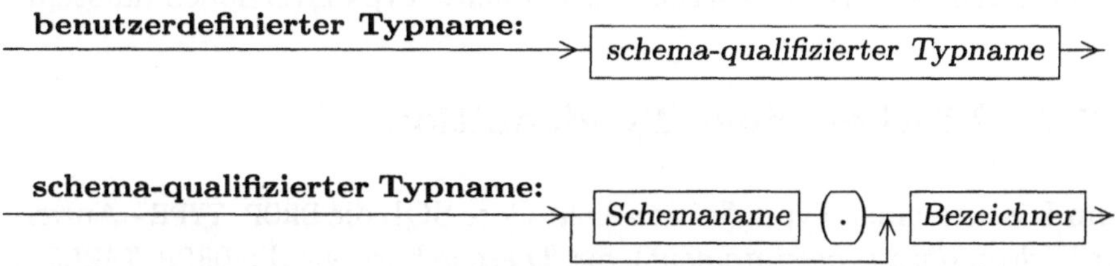

Der auf **AS** folgende *vordefinierte Typ* gibt den Source-Typ des BDT an. Für einen *distinct type* (also die einzige in Core SQL vorgesehene Möglichkeit) muß **FINAL** angegeben werden.

BDTs unterliegen dem strengen Typkonzept und sind daher zu allen anderen Datentypen inkompatibel, was sogar ihren eigenen Source-Typ betrifft. Um Typkonversionen zwischen dem BDT und seinem Source-Typ zu ermöglichen, werden bei der Ausführung der **CREATE TYPE** - Anweisung zwei Cast-Funktionen definiert, nämlich die 'cast to distinct' - und die 'cast to source' - Funktion (vgl. 3.2.5.2).

- Die 'cast to distinct' - Funktion akzeptiert Argumente des Source-Typs (oder auch eines anderen Typs, dessen Typpräzedenzliste den Source-Typ enthält[15]) und liefert dafür den entsprechenden Wert des (distinct) BDT. Die 'cast to distinct' - Funktion übernimmt als Namen den benutzerdefinierten Typnamen des BDT.

- Die 'cast to source' - Funktion akzeptiert nur Argumente des (distinct) BDT und liefert dafür den entsprechenden Wert des Source-Typs. Für die 'cast to source' - Funktion wird der Name aus dem Source-Typ abgeleitet. In Core SQL kann es sich dabei in Abhängigkeit vom Source-Typ nur um einen der folgenden Namen handeln: **CHAR, VARCHAR, SMALLINT, INTEGER, DECIMAL, NUMERIC, REAL, FLOAT, DOUBLE, DATE, TIME, TIMESTAMP**.

---

[15]Das ergibt sich übrigens aus den für den Aufruf von SQL-Funktionen maßgeblichen Regeln (vgl. 4.4.3.2), die natürlich auch für die Cast-Funktionen zur Anwendung kommen.

Wenn Wertzuweisungen oder CAST-Spezifikationen vorgenommen werden, bei denen ein BDT involviert ist, wird effektiv immer auf die entsprechende Cast-Funktion zurückgegriffen. Obwohl der Standard die explizite
Verwendung von Cast-Funktionen nicht ausschließt, empfehlen wir stattdessen die CAST-Spezifikation (vgl. 3.2.6.2) zu verwenden, die das universell einsetzbare Sprachkonstrukt für explizite Typkonversionen darstellt.

4.3.2 Löschen einer Typdefinition

Zum Löschen einer Typdefinition sieht Core SQL die DROP TYPE - Anweisung (*drop data type statement*) vor. Diese gehört wie die DROP TABLE -,
ALTER TABLE - oder DROP VIEW - Anweisung zu den Schemamanipulationsanweisungen. Die Syntax entspricht der DROP TABLE - bzw. DROP
VIEW - Anweisung:

DROP TYPE - Anweisung:

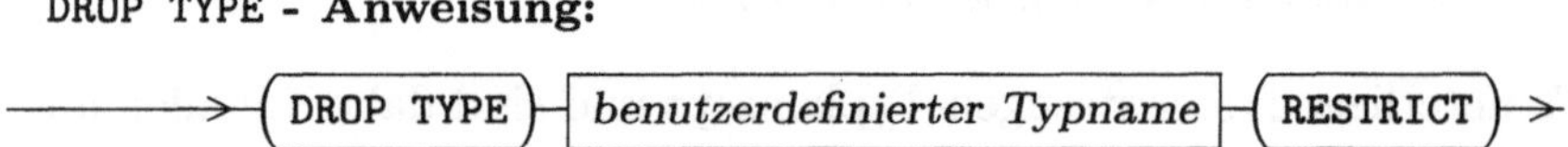

Wenn der Ausführung der DROP TYPE - Anweisung nichts entgegensteht,
wird der Deskriptor des BDT mit dem angegebenen *benutzerdefinierten
Typnamen* inklusive seiner beiden Cast-Funktionen entfernt. Allerdings
kann es auch hier Objekte geben, die von der zu löschenden Typdefinition
abhängig sind. Als abhängige Objekte kommen vor allem Basistabellen
in Betracht, die eine auf dem zu löschenden BDT definierte Spalte haben,
oder SQL-Routinen mit einem auf dem zu löschenden BDT definierten
SQL-Parameter oder Funktionswert. Der Vollständigkeit halber geben
wir im folgenden alle in Core SQL möglichen abhängigen Objekte an:

- Basistabellen oder Views mit einer Spalte, die auf dem zu löschenden BDT definiert ist.

- Basistabellen mit einer CHECK-Bedingung, in welcher der benutzerdefinierte Typname des zu löschenden BDT oder eine seiner Cast-
Funktionen verwendet wird.

- Views, in deren Viewformel der benutzerdefinierte Typname des zu
löschenden BDT oder eine seiner Cast-Funktionen verwendet wird.

- SQL-Routinen mit einem auf dem BDT definierten SQL-Parameter
oder Funktionswert (vgl. 4.4.1). Die Cast-Funktionen des BDT stellen aber kein Hindernis für die Löschung seiner Typdefinition dar.

- SQL-Routinen, in deren Prozeduranweisung der benutzerdefinierte
  Typname des zu löschenden BDT oder eine seiner Cast-Funktionen
  verwendet wird.

Im vollen Sprachumfang kann das in solchen Fällen gewünschte DROP-
Verhalten (*drop behavior*) durch das Schlüsselwort CASCADE bzw. RE-
STRICT festgelegt werden: Unter RESTRICT wird die DROP TYPE - Anweisung zurückgewiesen, wenn es ein abhängiges Objekt gibt. Unter CASCADE
hingegen 'kaskadiert' die DROP TYPE - Anweisung. Das bedeutet, daß
beim Löschen der Typdefinition auch die Definitionen abhängiger Objekte miterfaßt werden. In Core SQL hat man allerdings keine Wahlmöglichkeit: Als DROP-Verhalten muß hier immer RESTRICT angegeben werden.

4.4   Schema-Routinen

Ebenso wie die benutzerdefinierten Typen gehören auch die *Schema-Routinen* zu den bereits in Core SQL verfügbaren Erweiterung von SQL-99.
In SQL-92 und den früheren Sprachversionen gab es nur *Modul-Routinen*.
Diese gehören zum Binding-Style der Modulsprache (vgl. Kapitel 6) und
treten nur als Modul-Prozeduren auf. Eine Modul-Prozedur enthält eine Prozeduranweisung und wird aus einem Anwendungsprogramm (dem
Host-Programm) aufgerufen, das in einer konventionellen Programmiersprache (der Host-Sprache) geschrieben ist. Als Host-Sprachen kommen
dabei Ada, C, COBOL, Fortran, MUMPS, Pascal und PL/I in Frage und
die Modul-Prozedur wird vom Host-Programm als externes Unterprogramm aufgerufen. Eine Modul-Prozedur ist kein Schemaobjekt, sondern
gehört zu einem sogenannten Modul. Die Mechanismen zur Erzeugung,
Verwaltung und Entfernung von Modulen sind nicht im Standard geregelt, sondern bleiben vollständig implementationsdefiniert (vgl. 4.8). Die
Modul-Prozeduren werden im 6. Kapitel besprochen.

Demgegenüber wird eine Schema-Routine nicht aus einem in einer Host-
Sprache geschriebenen Anwendungsprogramm, sondern eben von SQL
aufgerufen. Der zweite wesentliche Unterschied besteht darin, daß eine
Schema-Routine, wie eine Basistabelle, ein View oder ein benutzerdefinierter Typ, ein Schemaobjekt ist. Die Erzeugung, Verwaltung und Entfernung erfolgt somit durch SQL-Schemaanweisungen und wird daher
vollständig vom SQL-Standard geregelt. Wir beschränken uns in dieser Darstellung auf *SQL-Routinen*. Das sind Schema-Routinen, deren

Rumpf eine Prozeduranweisung enthält,[16] was eine Gemeinsamkeit mit den Modul-Routinen bzw. Modul-Prozeduren darstellt.

In Core SQL kann eine Schema-Routine entweder eine *Schema-Prozedur* oder eine *Schema-Funktion* sein, wobei sich diese Einteilung mit der auch sonst üblichen Unterscheidung zwischen Prozeduren und Funktionen deckt: Eine Funktion wird durch ihren Namen aufgerufen, während eine Prozedur durch eine CALL-Anweisung aufgerufen wird. Ein Funktionsaufruf stellt einen primären Wertausdruck dar (vgl. 3.2.6.2). Der Wert dieses Wertausdrucks ist der für die mitgegebenen Argumente ermittelte Funktionswert.[17] Hingegen stellt die CALL-Anweisung mit dem in ihr enthaltenen Prozeduraufruf keinen Wertausdruck, sondern eben eine SQL-Anweisung dar und darf daher nur dort verwendet werden, wo SQL-Anweisungen vorgesehen sind. Die folgenden Beispiele sollen die Definition und die Verwendung von Schema-Prozeduren und Schema-Funktionen motivieren. Wie bereits erwähnt, beschränken wir uns dabei auf *SQL-Prozeduren* und *SQL-Funktionen*.

Bsp. 4.10: SQL-Funktion QUARTALROM. "Zur Motivation dieser Funktion kann man sich vorstellen, daß sie für bestimmte Quartalsangaben nötig ist, bei denen das Quartal römisch zu schreiben ist. Als Input wird eine ganze Zahl zwischen 1 und 4 erwartet. Als Funktionswert soll die entsprechende römische Darstellung als Zeichenkette geliefert werden."

```
CREATE FUNCTION QUARTALROM (QUARTALNUM INTEGER)
    RETURNS VARCHAR(3)
    CONTAINS SQL
    RETURN CASE QUARTALNUM
            WHEN 1 THEN 'I'
            WHEN 2 THEN 'II'
            WHEN 3 THEN 'III'
            WHEN 4 THEN 'IV' END;
```

---

[16]Daneben sieht SQL-99 auch sogenannte externe Routinen (*external routines*) vor, das sind Schema-Routinen, deren Rumpf Anweisungen einer anderen Programmiersprache enthält, wofür wieder Ada, C, COBOL, Fortran, MUMPS, Pascal oder PL/I in Frage kommen. Der Standard verlangt von einer standardkonformen Implementierung, daß sie Schema-Routinen vorsehen muß, wobei es sich um SQL-Routinen oder um externe Routinen handeln kann.

[17]Auch die eingebauten Funktionen von SQL fallen unter die Wertausdrücke (vgl. 3.2.6.1). Allerdings ist für die Aufrufe der meisten eingebauten Funktionen eine spezielle Syntax vorgesehen. Die beiden zu einem benutzerdefinierten Typ gehörenden Cast-Funktionen (vgl. 4.3.1) werden aber genauso wie reguläre Schema-Funktionen aufgerufen.

Durch die obige **CREATE FUNCTION** - Anweisung wird eine SQL-Funktion mit dem Namen **QUARTALROM** definiert. Diese hat einen Inputparameter **QUARTALNUM**. Der Typ dieses Parameters ist **INTEGER**. Die **RETURNS**-Klausel legt fest, daß der Funktionswert den Typ **VARCHAR(3)** hat. Die Zugriffs-Charakteristik der Funktion ist **CONTAINS SQL**. Das ist gewissermaßen die harmloseste Zugriffs-Charakteristik, weil dabei auf keine SQL-Daten zugegriffen wird. In Core SQL kann die Prozeduranweisung einer SQL-Funktion nur eine **RETURN**-Anweisung sein. Der Wertausdruck der **RETURN**-Anweisung legt fest, wie der Funktionswert gebildet wird. Ein Funktionsaufruf könnte beispielsweise im Rahmen des Zeichenketten-Wertausdrucks: `'Quartal ' || QUARTALROM(4)` erfolgen.

Bsp. 4.11: SQL-Funktion LAGERWERT. "Als Input wird eine Lagernummer erwartet. Die Funktion soll den Lagerwert des entsprechenden Lagers berechnen, worunter wir hier den akkumulierten Beschaffungswert aller dort eingelagerten Rohstoffe verstehen."

```
CREATE FUNCTION LAGERWERT (LNR CHAR(5))
   RETURNS DECIMAL (8,2)
   READS SQL DATA
   RETURN (SELECT SUM(MENGE * BWERT)
           FROM   LR
           WHERE  LR.L# = LNR);
```

Die oben definierte Funktion **LAGERWERT** hat einen Inputparameter **LNR** mit dem Datentyp **CHAR(5)**. Durch die **RETURNS**-Klausel wird festgelegt, daß der Funktionswert den Typ **DECIMAL(8,2)** hat. Die Zugriffs-Charakteristik ist **READS SQL DATA**, was bedeutet, daß beim Funktionsaufruf ein lesender Zugriff auf SQL-Daten stattfindet. Diese Zugriffs-Charakteristik ist deshalb notwendig, weil der Wertausdruck der **RETURN**-Anweisung eine skalare Unterabfrage ist. Beispiel eines Funktionsaufrufs:

```
SELECT L#, ORT, LAGERWERT(L#)
FROM   L ;
```

Bsp. 4.12: SQL-Prozedur DELETE_FROM_PR. "Als Input wird eine Produktnummer erwartet. Die zu definierende Prozedur soll alle Zeilen, die das entsprechende Produkt betreffen, aus der PR-Tabelle löschen."

```
CREATE PROCEDURE DELETE_FROM_PR (PNR CHAR(6))
   MODIFIES SQL DATA
   DELETE FROM  PR
          WHERE P# = PNR;
```

Durch die obige **CREATE PROCEDURE** - Anweisung wird die SQL-Prozedur
DELETE_FROM_PR definiert. Diese hat den Inputparameter **PNR** mit dem
Datentyp **CHAR(6)**. Die Prozeduranweisung ist eine DELETE-Anweisung.[18]
Da diese zu den Mutationsanweisungen gehört, muß als Zugriffs-Charak-
teristik **MODIFIES SQL DATA** angegeben werden. Der Aufruf einer SQL-
Prozedur kann nur im Rahmen einer CALL-Anweisung erfolgen:

```
CALL DELETE_FROM_PR ('P4');
```

Eine Schema-Prozedur bzw. Schema-Funktion wird durch eine **CREATE
PROCEDURE** - bzw. **CREATE FUNCTION** - Anweisung definiert. Die für SQL-
Prozeduren bzw. SQL-Funktionen zu verwendenden Varianten dieser beiden Anweisungen werden in 4.4.1 behandelt. Der durch die Definition
angelegte Deskriptor einer Schema-Routine kann durch eine entsprechende **DROP**-Anweisung wieder entfernt werden, worauf in 4.4.2 eingegangen
wird. In 4.4.3 werden alle für den Aufruf einer SQL-Routine maßgeblichen Regeln zusammengestellt. Schließlich wird in 4.4.4 noch ein Überblick über die mit den Schema-Routinen verknüpften Steueranweisungen
gegeben.

4.4.1 Anlegen der Definition einer SQL-Routine

Schema-Prozeduren bzw. Schema-Funktionen werden durch eine **CREATE
PROCEDURE** - bzw. **CREATE FUNCTION** - Anweisung definiert. Durch Ausführung dieser Schemadefinitionsanweisungen wird der Deskriptor einer
Schema-Prozedur bzw. Schema-Funktion angelegt. Wie bereits erwähnt
beschränken wir uns im Rahmen dieser Darstellung auf die für SQL-
Prozeduren bzw. SQL-Funktionen zu verwendenden Varianten dieser beiden Anweisungen.

4.4.1.1 CREATE PROCEDURE - Anweisung

Schema-Prozeduren werden durch eine **CREATE PROCEDURE** - Anweisung
definiert. Für SQL-Prozeduren sind die Dinge folgendermaßen geregelt:

CREATE PROCEDURE - Anweisung:

$$\longrightarrow \left(\,\text{CREATE}\,\right) - \boxed{SQL\text{-}Prozedur} \longrightarrow$$

---

[18] Wir müssen hier einen kleinen Vorgriff auf Kapitel 5 machen. Die Verwendung der
DELETE-Anweisung in obigem Beispiel ist aber auch ohne Erklärung verständlich.

Für die Definition einer SQL-Prozedur ist das folgende Syntaxdiagramm maßgeblich:

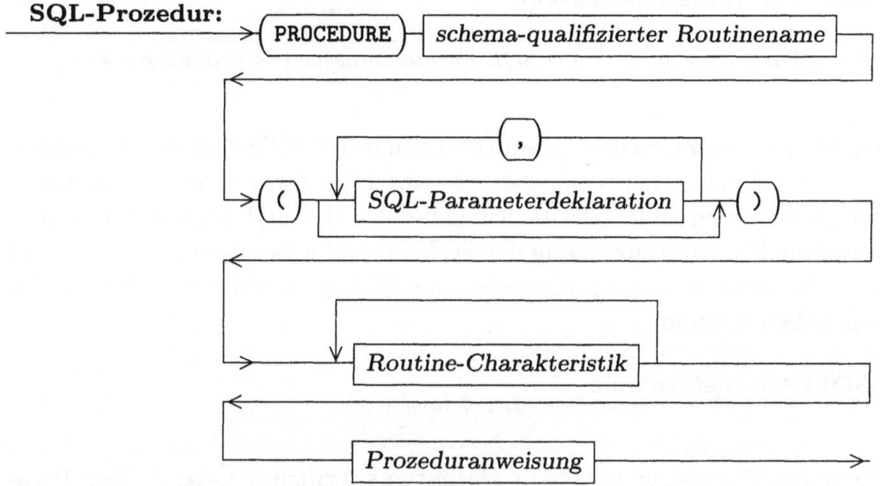

Ein *schema-qualifizierter Routinename* ist ein schema-qualifizierter Name (vgl. 4.1.1), kann also wahlweise mit einem Schemanamen qualifiziert werden. In Core SQL muß der Schemaname ein einfacher Bezeichner sein, der mit der Benutzerkennung des Besitzers übereinstimmt (vgl. 4.6). Wenn der Schemaname fehlt, wird er implizit ergänzt (vgl. 4.6.3). Insbesondere wird implizit immer der Schemaname des zu definierenden Schemas ergänzt, wenn die **CREATE PROCEDURE** - Anweisung als Schemaelement in einer **CREATE SCHEMA** - Anweisung auftritt (vgl. 4.6.1). Die Benutzerkennung des Besitzers wird auch als Benutzerkennung der SQL-Routine übernommen (vgl. 4.5.1).

In Core SQL muß der schema-qualifizierte Routinename eindeutig sein, es darf also in dem entsprechenden Schema keine Schema-Prozedur mit dem gleichen Namen geben. Der beim Prozeduraufruf verwendete Routinename muß dem bei der Definition festgelegten schema-qualifizierten Routinenamen entsprechen.

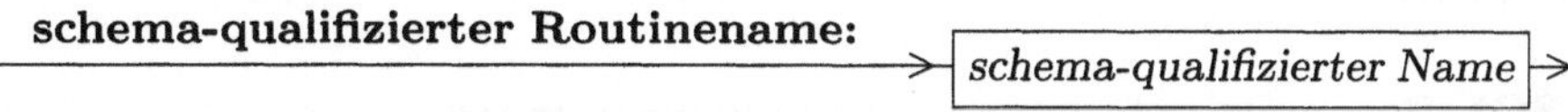

Auf den schema-qualifizierten Routinenamen folgt eine Liste von *SQL-Parameterdeklarationen*. Wie das Syntaxdiagramm zeigt, darf die Liste auch leer sein. Die umschließenden Klammern müssen aber immer vorhanden sein. Jede SQL-Parameterdeklaration beschreibt einen Parameter der SQL-Prozedur.

SQL-Parameterdeklaration:

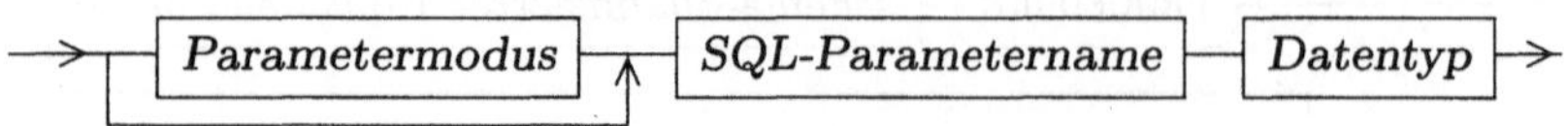

Der *SQL-Parametername* ist ein Bezeichner mit Hilfe dessen der Parameter in der Prozeduranweisung durch eine SQL-Parameterreferenz angesprochen werden kann. Der Geltungsbereich des SQL-Parameternamens ist auf die Prozeduranweisung der SQL-Prozedur beschränkt. Es versteht sich von selbst, daß alle Parameter einer SQL-Prozedur verschiedene Namen haben müssen.

SQL-Parametername:

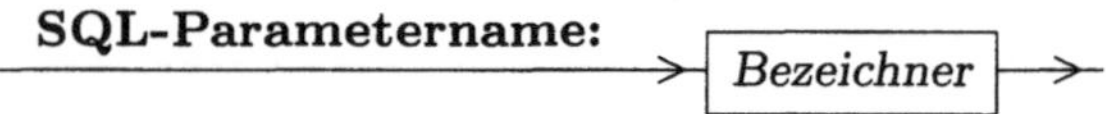

Für jeden Parameter muß sein *Datentyp* spezifiziert werden. Der *Parametermodus* gibt an, ob es sich um einen Inputparameter (IN), Outputparameter (OUT) oder um einen als In- *und* Outputparameter (INOUT) dienenden Parameter handelt. Wenn kein Parametermodus angegeben ist, wird implizit IN, also ein Inputparameter angenommen.

Parametermodus:

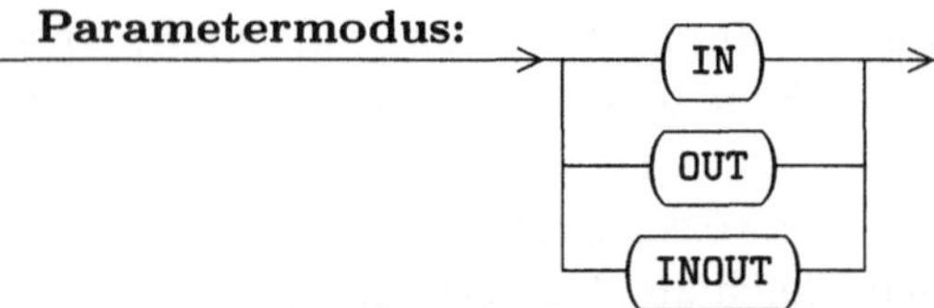

Wie schon erwähnt dient der SQL-Parametername dazu, den Parameter in der Prozeduranweisung durch SQL-Parameterreferenzen ansprechen zu können. Über die Inputparameter können der SQL-Prozedur bei ihrem Aufruf Werte für die Ausführung der Prozeduranweisung mitgegeben werden. Nach Ausführung der Prozeduranweisung kann die SQL-Prozedur über ihre Outputparameter gegebenenfalls Ergebniswerte zurückgeben.

SQL-Parameterreferenz:

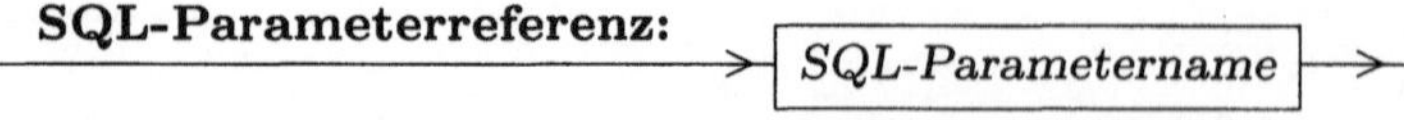

Wenn es sich um einen Inputparameter handelt, gilt eine dazugehörige SQL-Parameterreferenz als *Wertspezifikation* (vgl. 3.2.6.2) und kann somit überall dort in der Prozeduranweisung verwendet werden, wo Wertspezifikationen zulässig sind.

Wertspezifikation:

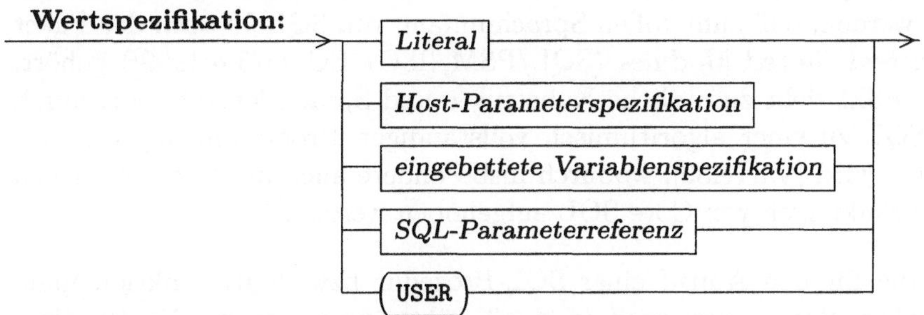

Wenn es sich um einen Outputparameter handelt, gilt eine dazugehörige SQL-Parameterreferenz als *Zielspezifikation* und kann somit nur dort verwendet werden, wo die Syntax der Prozeduranweisung eine Zielspezifikation vorsieht.[19] Wenn es sich um einen In- und Outputparameter (`INOUT`) handelt, darf die dazugehörige SQL-Parameterreferenz als Wertspezifikation *und* als Zielspezifikation verwendet werden.

Zielspezifikation:

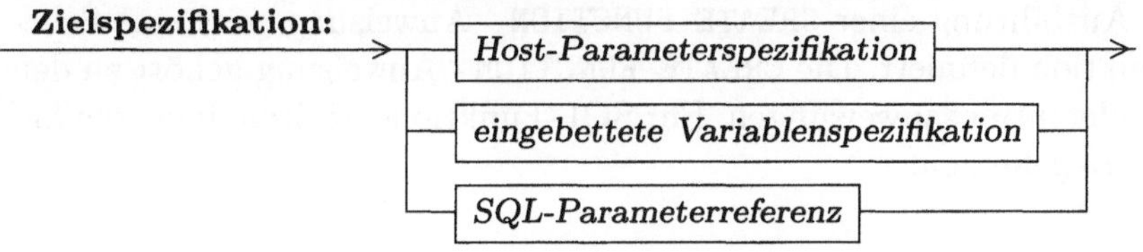

In 6.4 sind alle in Core SQL verfügbaren Prozeduranweisungen zusammengestellt. Die Prozeduranweisung einer SQL-Prozedur darf aber keine Transaktionsanweisung (vgl. 8.4) und auch keine Schemaanweisung sein.[20] Von den Steueranweisungen kommt nur die `CALL`-Anweisung in Betracht (vgl. 4.4.3.1). Der Vollständigkeit halber sei noch erwähnt, daß die Prozeduranweisung einer SQL-Prozedur weder einen (Host-) Parameternamen (vgl. 6.1) noch einen eingebetteten Variablennamen (vgl. 7.1) enthalten darf.

An dieser Stelle erscheinen ein paar Worte darüber angebracht, daß im Rumpf einer SQL-Prozedur nur eine einzige Anweisung erlaubt ist. Diese Regelung stellt — trotz der Mächtigkeit der einzelnen SQL-Anweisungen

---

[19]In Core SQL kommen dafür nur die `SELECT INTO` - Anweisung (vgl. 6.2.1) bzw. die `FETCH INTO` - Anweisung (vgl. 6.2.2.3) in Frage.

[20]Was die Schemaanweisungen anlangt, scheint der Standard davon auszugehen, daß eine Implementierung standardkonform bleibt, auch wenn sie gewisse Schemaanweisungen zuläßt.

— eine deutliche Beschränkung dar. Diese Beschränkung wird natürlich
erst recht für SQL-Funktionen spürbar, für die überhaupt nur die RETURN-
Anweisung als Prozeduranweisung verwendet werden kann. Dazu muß gesagt werden, daß zum vollen Sprachumfang von SQL-99 auch das Paket
Persistent Stored Modules (SQL/PSM [ISO/IEC 9075-4:1999]) gehört.
SQL/PSM sieht zusätzliche Konstrukte und Sprachelemente vor, durch
die SQL zu einer algorithmisch vollständigen Programmiersprache erweitert wird [Varvel89], wodurch insbesondere auch die angesprochenen
Beschränkungen von Core SQL aufgehoben werden.[21]

Auf die für den Aufruf einer SQL-Prozedur bzw. SQL-Funktion maßgeblichen Regelungen wird in 4.4.3 näher eingegangen. Die Routine-
Charakteristiken werden im Anschluß an die CREATE FUNCTION - Anweisung für SQL-Prozeduren und SQL-Funktionen gemeinsam besprochen.

4.4.1.2   CREATE FUNCTION - Anweisung

Durch Ausführung einer CREATE FUNCTION - Anweisung wird eine Schema-Funktion definiert. Die CREATE FUNCTION - Anweisung gehört zu den
Schemadefinitionsanweisungen. Für SQL-Funktionen gelten dabei die folgenden Regelungen:

CREATE FUNCTION - **Anweisung:**
$$\longrightarrow \left(\text{CREATE}\right) - \boxed{SQL\text{-}Funktion} \longrightarrow$$

Wie aus dem Syntaxdiagramm ersichtlich, entspricht die Syntax einer
SQL-Funktion weitgehend jener einer SQL-Prozedur. Insbesondere hat
auch eine SQL-Funktion einen schema-qualifizierten Routinenamen, für
den sich keinerlei Änderung gegenüber einer SQL-Prozedur ergibt. Der
beim Funktionsaufruf zu verwendende Routinename muß dem bei der
Definition festgelegten schema-qualifizierten Routinenamen entsprechen.
Auch bei einer SQL-Funktion wird die Benutzerkennung des Besitzers der
SQL-Funktion als Benutzerkennung der SQL-Routine (vgl. 4.5.1) übernommen.

---

[21] In diesem Zusammenhang sind Schleifen- und Verzweigungsanweisungen sowie die
zusammengesetzten Anweisungen von SQL/PSM zu nennen. Im Geltungsbereich
einer zusammengesetzten Anweisung können auch SQL-Variable definiert werden,
für die es explizite Wertzuweisungen gibt und die als Wert- und Zielspezifikationen
verwendet werden können.

SQL-Funktion:

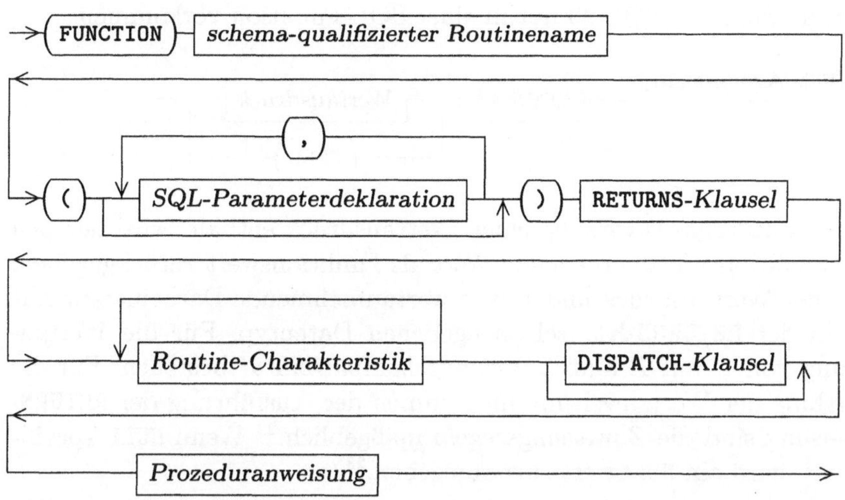

Die SQL-Parameterdeklarationen einer SQL-Funktion dürfen keinen Parametermodus enthalten, was darauf hinausläuft, daß implizit `IN` angenommen wird. Die Parameter einer SQL-Funktion können also nur Inputparameter sein. Mit Hilfe der **RETURNS**-Klausel wird der zu übergebende Funktionswert durch Angabe seines Datentyps beschrieben.

Wenn die SQL-Funktion einen oder mehrere Parameter mit einem benutzerdefinierten Typ hat, schreibt die Syntax eine `DISPATCH`-Klausel vor. Ansonsten, also wenn es keinen Parameter mit einem benutzerdefinierten Typ gibt, darf keine `DISPATCH`-Klausel verwendet werden.

Die **DISPATCH**-Klausel wurde nur deshalb vorgesehen, um bereits heute antizipierte Kompatibilitätsprobleme mit einer zukünftigen Standardgeneration zu vermeiden. Für SQL-99 hat sie keine substantiellen Wirkungen. Ein Verstoß gegen obige Regeln führt aber zu einem Syntaxfehler.

In Core SQL kann die Prozeduranweisung einer SQL-Funktion nur eine **RETURN**-Anweisung sein. Die **RETURN**-Anweisung gehört zu den Steueranweisungen (*control statements*). In Core SQL gibt es nur noch eine zweite Steueranweisung, nämlich die schon erwähnte **CALL**-Anweisung, auf die in 4.4.3.1 eingegangen wird. Eine RETURN-Anweisung kann auch im vollen Sprachumfang von SQL-99 nur in einer SQL-Funktion vorkommen.

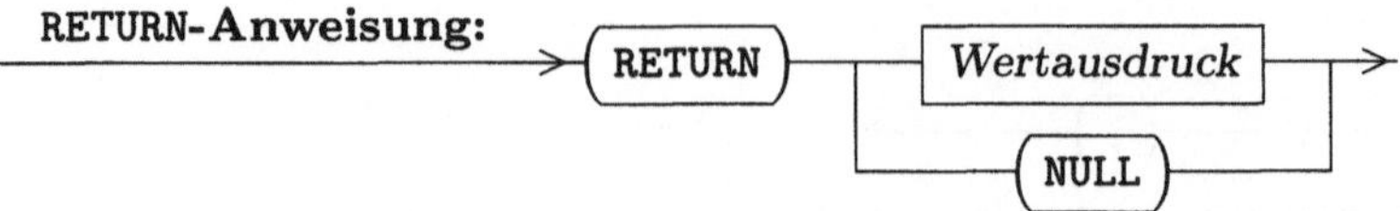

Wenn die RETURN-Anweisung einen Wertausdruck enthält, wird der sich beim Funktionsaufruf ergebende Wert als Funktionswert zurückgegeben. Sei V der Wertausdruck und T eine wertaufnehmende Dateninstanz mit dem in der RETURNS-Klausel angegebenen Datentyp. Für die Wertzuweisung von V auf T muß *Zuweisungskompatibilität* bestehen. Für die Vornahme der Wertzuweisung im Rahmen der Ausführung der RETURN-Anweisung sind die *Zuweisungsregeln* maßgeblich.[22] Wenn NULL spezifiziert ist, wird ein NULLwert zurückgegeben.[23]

4.4.1.3   Routine-Charakteristik

In Core SQL kommen für SQL-Routinen die im folgenden angeführten Routine-Charakteristiken in Betracht. Davon ist nur die *Zugriffs-Charakteristik* zwingend vorgeschrieben. Alle übrigen Routine-Charakteristiken dürfen weggelassen werden. In diesem Fall werden jeweils implizite Annahmen wirksam. Es versteht sich von selbst, daß keine Routine-Charakteristik mehrfach vorkommen darf. Die NULL CALL - Klausel ist nur für SQL-Funktionen zulässig. Alle anderen Routine-Charakteristiken können für SQL-Routinen und SQL-Funktionen verwendet werden.

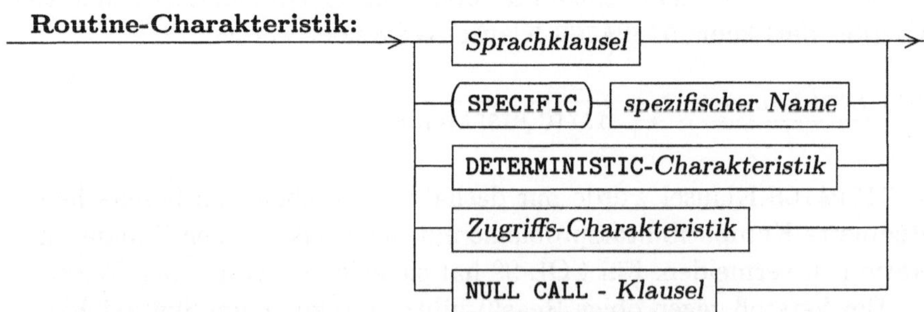

---

[22]Die Zuweisungskompatibilität und die Zuweisungsregeln sind bei der Besprechung der in Core SQL verfügbaren Datentypen behandelt worden (vgl. 3.2.2 – 3.2.5).

[23]Um es ganz exakt zu sagen: Der zurückgegebene Funktionswert ist in diesem Fall CAST (NULL AS DT), wobei DT für den in der RETURNS-Klausel spezifizierten Datentyp steht. Vgl. dazu die Besprechung der CAST-Spezifikation in 3.2.6.2.

Sprachklausel. Diese gibt die Programmiersprache an, die im Rumpf
der Schema-Routine verwendet wird. Für die Sprachklausel einer SQL-
Routine muß natürlich **SQL** angegeben werden. Das ist auch die implizite Annahme, wenn die Sprachklausel weggelassen wird. Im allgemeinen
kommen außerdem **Ada, C, COBOL, Fortran, MUMPS, Pascal** und **PL/I** in
Betracht.

Sprachklausel:

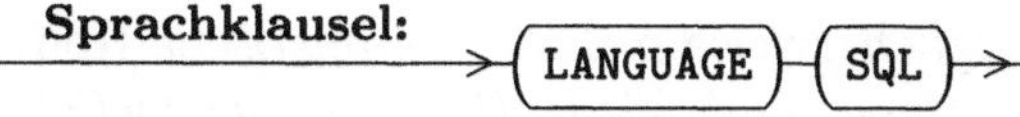

SPECIFIC-Klausel. Mit Hilfe dieser Klausel kann der Routine ein spezifischer Name (*specific name*) gegeben werden. Ein spezifischer Name ist
ein schema-qualifizierter Name (vgl. 4.1.1), also ein wahlweise mit einem
Schemanamen qualifizierter Bezeichner.

spezifischer Name:

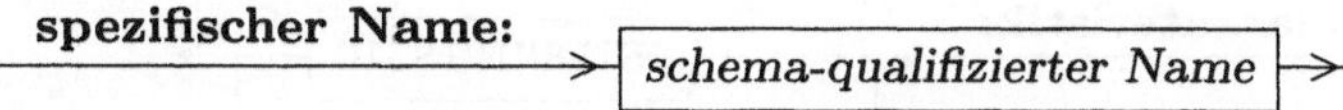

Wenn der spezifische Name einen Schemanamen umfaßt, muß dieser mit
dem (expliziten oder impliziten) Schemanamen des schema-qualifizierten
Routinenamens übereinstimmen. Dieser Schemaname wird auch implizit
ergänzt, wenn der spezifische Name keinen Schemanamen umfaßt. Wenn
bei der Definition der Routine kein spezifischer Name festgelegt wird, ist
ein implementationsabhängiger spezifischer Name implizit.

Jede Schema-Prozedur bzw. Schema-Funktion muß einen im jeweiligen
Schema eindeutigen spezifischen Namen haben. In Core SQL ist an sich
auch der schema-qualifizierte Routinename eindeutig. Im vollen Sprachumfang ist diese Eindeutigkeit aber nicht mehr gewährleistet, weil Routinenamen überladen (overloaded) werden können. Das ist der eigentliche
Grund, warum SQL-99 den spezifischen Namen vorsieht. Obwohl es insbesondere in Core SQL nicht notwendig ist, einen spezifischen Namen zu
vergeben, erscheint das im allgemeinen doch empfehlenswert. Man kann
dabei ohne weiteres einen mit dem schema-qualifizierten Routinenamen
übereinstimmenden spezifischen Namen wählen.

DETERMINISTIC-Charakteristik. Diese Routine-Charakteristik hat
damit zu tun, daß eine Routine nicht unbedingt deterministisch zu sein
braucht. 'Nichtdeterministisch' bedeutet, daß zwei Aufrufe einer Routine mit den gleichen Argumenten zu verschiedenen Ergebnissen führen
können, obwohl der Status der Datenbank bei beiden Aufrufen gleich ist.

Einfache Beispiele nichtdeterministischer Routinen sind SQL-Funktionen, die den Wert von **USER** oder einer **DATETIME**-Funktion abfragen und als Funktionswert zurückgeben. Natürlich hängt das Ergebnis in diesen beiden Fällen nur von der laufenden Benutzerkennung bzw. vom Zeitpunkt des Aufrufs ab. Leider kann es auch weniger offensichtliche Gründe für nichtdeterministisches Verhalten geben, die allerdings erst im vollen Sprachumfang von SQL-99 eintreten können. Daher unterscheidet SQL-99 *deterministische* und *möglicherweise nichtdeterministische* Routinen, wobei recht pragmatisch vorgegangen wird: Wenn bei der Definition der entsprechenden SQL-Routine als **DETERMINISTIC**-Charakteristik **DETERMINISTIC** angegeben wird, gilt die Routine als *deterministisch*.[24] Wenn andererseits **NOT DETERMINISTIC** angegeben wird, gilt die Routine als *möglicherweise nichtdeterministisch*. Letzteres ist auch die implizite Annahme, wenn eine explizite **DETERMINISTIC**-Charakteristik fehlt.

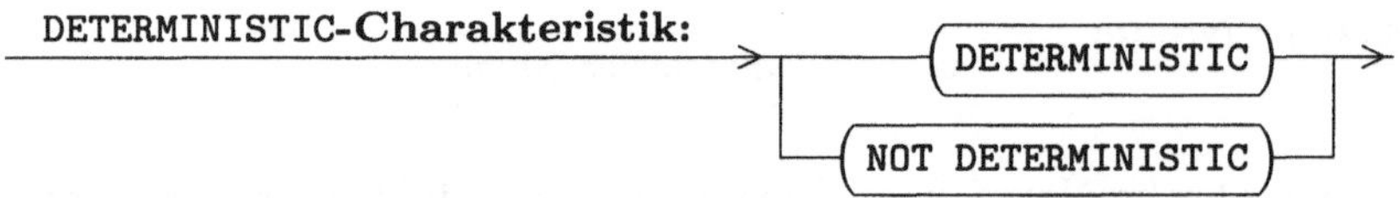

In Core SQL gibt es nur zwei Fälle, wo die **DETERMINISTIC**-Charakteristik einer Schema-Routine tatsächlich von Relevanz ist: Die Suchbedingung einer **CHECK**-Definition (vgl. 4.1.1) bzw. der **CASE**-Operand eines einfachen **CASE** (vgl. 3.2.6.2) dürfen nicht einmal indirekt den Aufruf einer möglicherweise nichtdeterministischen Funktion enthalten.[25]

---

[24]Der Standard stellt es einer Implementierung allerdings frei, bei der Definition einer Schema-Routine, für die **DETERMINISTIC** spezifiziert ist, auf implementationsdefinierte Weise zu überprüfen, ob das tatsächlich zutrifft und die entsprechende **CREATE FUNCTION** - bzw. **CREATE PROCEDURE** - Anweisung andernfalls zurückzuweisen.

[25]Um zu erklären, was unter einem *indirekten Vorkommnis* eines Funktionsaufrufs der Funktion F zu verstehen ist, gehen wir von einer Suchbedingung SB aus. Diese könnte (im Rahmen einer Unterabfrage) im Prinzip auch einen Viewnamen enthalten. Wenn in der Viewformel der entsprechenden Viewdefinition ein Funktionsaufruf oder der Name eines anderen Views vorkommt, sind das bezüglich SB indirekte Vorkommnisse. Ebenso kann die Suchbedingung SB einen Funktionsaufruf enthalten und der Wertausdruck der **RETURN**-Anweisung der entsprechenden Funktionsdefinition könnte im Prinzip wieder einen Viewnamen oder einen Funktionsaufruf enthalten. Auch diese Vorkommnisse wären bezüglich SB indirekte Vorkommnisse. Um zu überprüfen, ob SB den Aufruf der Funktion F indirekt enthält, muß man alle indirekten Vorkommnisse von Viewnamen bzw. Funktionsaufrufen in der angegebenen Weise daraufhin überprüfen, ob man auf ein indirektes Vorkommnis eines Funktionsaufrufs von F stößt. Der Standard verwendet in diesem Zusammenhang den Begriff des *general containment*.

Zugriffs-Charakteristik. Die Zugriffs-Charakteristik ist die einzige
Routine-Charakteristik, die explizit vorhanden sein muß. Für SQL-Routinen kommen die folgenden Ausprägungen in Frage:

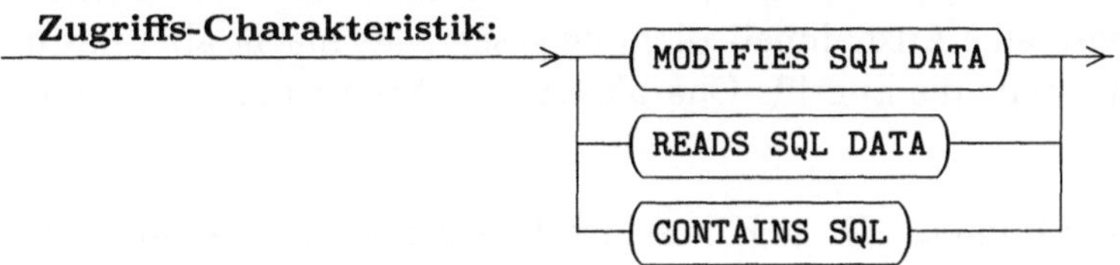

Auch hinsichtlich der Zugriffs-Charakteristik werden die Dinge vom Standard pragmatisch geregelt:

- Eine SQL-Routine *modifiziert möglicherweise SQL-Daten*, wenn als Zugriffs-Charakteristik `MODIFIES SQL DATA` angegeben ist.

- Eine SQL-Routine *liest möglicherweise SQL-Daten*, wenn als Zugriffs-Charakteristik `READS SQL DATA` angegeben ist.

- Eine SQL-Routine *enthält möglicherweise SQL*, wenn als Zugriffs-Charakteristik `CONTAINS SQL` angegeben ist.

- `MODIFIES SQL DATA` ist dann anzugeben, wenn die Prozeduranweisung der SQL-Routine eine Mutationsanweisung ist oder eine solche enthält[26] oder wenn die Prozeduranweisung den Aufruf einer SQL-Routine enthält, die *möglicherweise SQL-Daten modifiziert*.

- `READS SQL DATA` ist anzugeben, wenn die Prozeduranweisung der SQL-Routine eine andere Datenanweisung als eine Mutationsanweisung ist oder eine solche enthält oder wenn die Prozeduranweisung eine Unterabfrage oder den Aufruf einer SQL-Routine enthält, die *möglicherweise SQL-Daten liest*.

- `CONTAINS SQL` ist die schwächste Zugriffs-Charakteristik, die in allen übrigen Fällen anzugeben ist.

Wie bei der `DETERMINISTIC`-Charakteristik werden diese Bedingungen
bei der Definition der SQL-Routine im allgemeinen nicht kontrolliert.[27]

---

[26]Das gleiche gilt für eine Schemaanweisung, wenn die Implementierung Schemaanweisungen in einer SQL-Routine überhaupt zuläßt (vgl. Fußnote[20]).

[27]Der Standard stellt es einer Implementierung aber auch hier frei, bei der Definition der SQL-Routine auf implementationsdefinierte Weise zu überprüfen, ob die angegebene Zugriffs-Charakteristik nicht zu schwach ist und die `CREATE FUNCTION` - bzw. `CREATE PROCEDURE` - Anweisung andernfalls zurückzuweisen.

Anders als bei der DETERMINISTIC-Charakteristik werden diese Bedingungen aber beim Aufruf der SQL-Routine bzw. bei der Ausführung der enthaltenen Prozeduranweisung überprüft. Wenn das tatsächliche Zugriffsverhalten der SQL-Routine durch ihre Zugriffs-Charakteristik nicht gedeckt ist, wird eine Ausnahmebedingung gesetzt. Es macht aber natürlich nichts aus, wenn die Zugriffs-Charakteristik stärker ist als notwendig.

NULL CALL - Klausel.   Diese Klausel ist die einzige Routine-Charakteristik, die nur für Funktionen anwendbar ist. Wenn CALL ON NULL INPUT angegeben ist, wird die Auswertung der RETURN-Anweisung auch dann in Angriff genommen, wenn eines oder mehrere Argumente beim Funktionsaufruf NULLwerte sind. Bei RETURNS NULL ON NULL INPUT wird in einem solchen Fall gar keine Auswertung versucht, sondern gleich ein NULLwert zurückgegeben. Wenn eine CREATE FUNCTION - Anweisung keine NULL CALL - Klausel enthält, wird implizit CALL ON NULL INPUT angenommen.

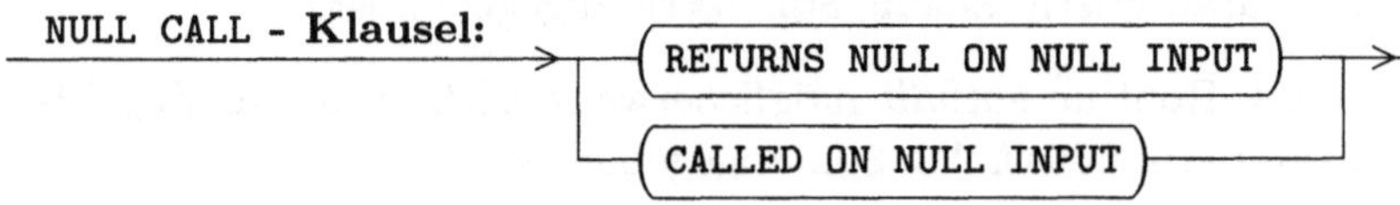

SQL-Pfad der SQL-Routine.   Zum Deskriptor einer jeden SQL-Routine R gehört auch ihr SQL-Pfad, wobei ein SQL-Pfad eine geordnete Menge von Schemanamen ist. Der *SQL-Pfad der SQL-Routine* wird bei der Ausführung der CREATE PROCEDURE - bzw. CREATE FUNCTION - Anweisung festgelegt und ist der maßgebliche SQL-Pfad zur Bestimmung der aufzurufenden Routine für einen in der Prozeduranweisung von R vorkommenden Routineaufruf.

Sei C die CREATE PROCEDURE - bzw. CREATE FUNCTION - Anweisung, mit der R definiert wird. Dann ergibt sich der SQL-Pfad der SQL-Routine nach folgenden Regeln:

1) Wenn C als Schemaelement in einer CREATE SCHEMA - Anweisung auftritt, wird der SQL-Pfad des entsprechenden Schemas übernommen (vgl. 4.6.1).

2) Sonst hängt es vom Binding-Style ab:

   a) In direktem SQL wird der SQL-Pfad der SQL-Sitzung übernommen (vgl. 8.3).

   b) Sonst wird der SQL-Pfad des Moduls übernommen (vgl. 6.1).

4.4.2 Löschen der Definition einer SQL-Routine

Zum Löschen der Definition einer SQL-Routine bzw. allgemeiner einer Schema-Routine sieht Core SQL die DROP ROUTINE - Anweisung vor. Diese gehört wie alle DROP-Anweisungen zu den Schemamanipulationsanweisungen. Auch die Syntax ist analog:

DROP ROUTINE - Anweisung:

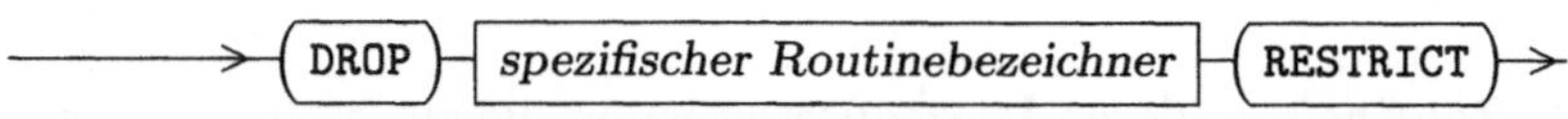

Die zu löschende Routine wird durch den *spezifischen Routinebezeichner* identifiziert.

spezifischer Routinebezeichner:

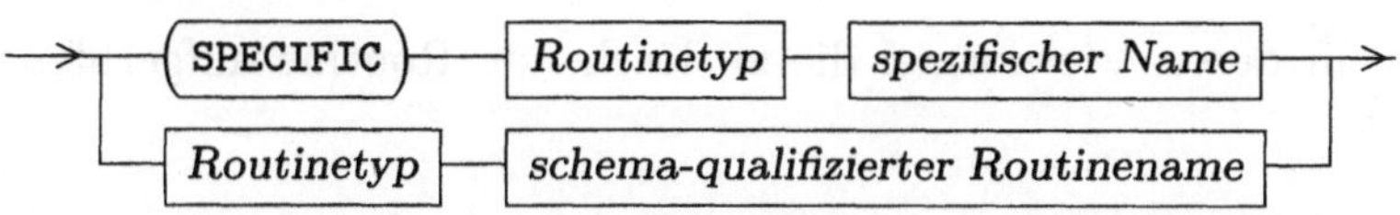

Durch die zwei Varianten des spezifischen Routinebezeichners werden zwei Alternativen zur Identifikation der zu löschenden Routine geboten: Die erste Variante hat das Schlüsselwort SPECIFIC und die zu löschende Routine wird hier durch ihren *spezifischen Namen* identifiziert. Es ist zulässig, in einem Schema eine Schema-Funktion und eine Schema-Prozedur mit demselben *spezifischen Namen* zu haben. In einem solchen Fall muß daher der jeweils zutreffende *Routinetyp* (also FUNCTION bzw. PROCEDURE) angegeben werden. Sonst genügt der Überbegriff ROUTINE.

Routinetyp:

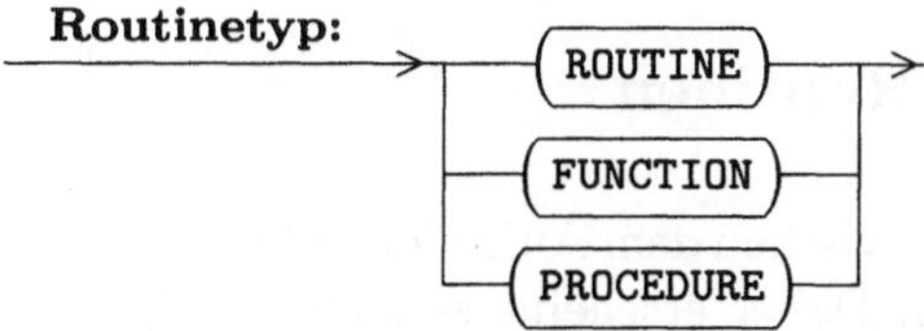

Bei der zweiten Variante wird die zu löschende Routine durch ihren *schema-qualifizierten Routinenamen* identifiziert. Bezüglich des Routinetyps gelten die bei der ersten Variante angeführten Regeln sinngemäß.[28]

---

[28]In Core SQL ist es wegen der Eindeutigkeit des schema-qualifizierten Routinenamens immer möglich, auch die zweite Variante zu verwenden. Im vollen Sprachumfang ist das wegen Überladens (overloading) nicht mehr automatisch gewährleistet. Daher sieht die Syntax der zweiten Variante nach dem schema-qualifizierten Routinenamen noch eine optionale Liste von Datentypen vor, die mit den Daten-

Durch die DROP ROUTINE - Anweisung können nur explizit definierte Routinen gelöscht werden, also insbesondere nicht die beiden zu einem benutzerdefinierten Typ gehörenden Cast-Funktionen.[29] Wenn der Durchführung der DROP ROUTINE - Anweisung nichts entgegensteht, wird der Deskriptor der durch den spezifischen Routinebezeichner identifizierten Routine entfernt. Allerdings kann es auch hier von der zu löschenden Routine abhängige Objekte geben, wobei die folgenden Möglichkeiten in Betracht kommen:

- SQL-Routinen, in deren Prozeduranweisung die zu löschende Routine aufgerufen wird.

- Basistabellen mit einer CHECK-Bedingung, in der die zu löschende Routine aufgerufen wird.[30]

- Views, in deren Viewformel die zu löschende Routine aufgerufen wird.[30]

Im vollen Sprachumfang kann das in solchen Fällen gewünschte DROP-Verhalten durch das Schlüsselwort CASCADE bzw. RESTRICT festgelegt werden: Unter RESTRICT wird die DROP ROUTINE - Anweisung zurückgewiesen, wenn es ein abhängiges Objekt gibt. Unter CASCADE 'kaskadiert' die DROP ROUTINE - Anweisung, was bedeutet, daß auch die Definitionen abhängiger Objekte miterfaßt werden. In Core SQL hat man allerdings keine Wahlmöglichkeit: Als DROP-Verhalten muß hier immer RESTRICT angegeben werden.

4.4.3   Aufrufe von SQL-Routinen

Es gibt beträchtliche Unterschiede zwischen dem Aufruf einer SQL-Prozedur und dem einer SQL-Funktion. Daher erscheint es zweckmäßig, die Aufrufe von SQL-Prozeduren bzw. von SQL-Funktionen gesondert zu besprechen.

---

typen der Parameter der zu löschenden Routine.übereinstimmen müssen. In Core SQL kann sich aber nie die Notwendigkeit ergeben, diese Option zu verwenden. Daher haben wir sie im Syntaxdiagramm weggelassen.

[29]Diese werden bei Ausführung einer CREATE TYPE - Anweisung angelegt und gehen durch Ausführung einer entsprechenden DROP TYPE - Anweisung zusammen mit dem benutzerdefinierten Typ unter (vgl. 4.3).

[30]In Core SQL kann es sich in diesem Fall nur um einen Funktionsaufruf handeln.

4.4.3.1 Prozeduraufruf

Eine Prozedur kann nur im Rahmen einer CALL-Anweisung aufgerufen werden. Die CALL-Anweisung gehört zu den *Steueranweisungen* von Core SQL.[31]

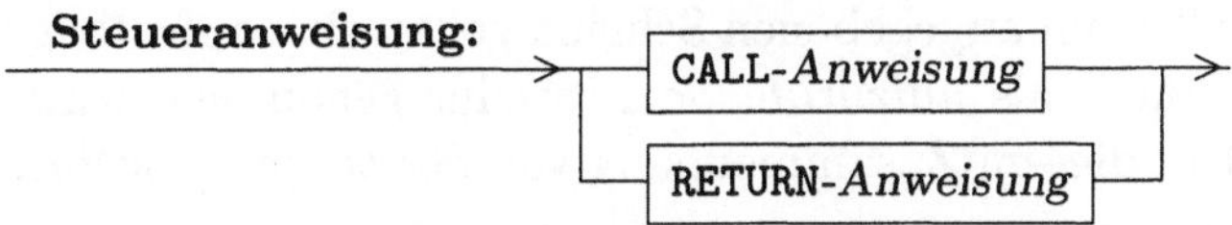

Eine CALL-Anweisung muß einen Prozeduraufruf enthalten und kann im Prinzip überall verwendet werden, wo eine SQL-Anweisung zulässig ist.

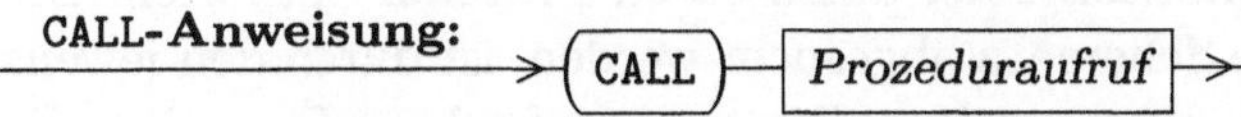

Das Syntaxdiagramm für den Prozeduraufruf sieht folgendermaßen aus:

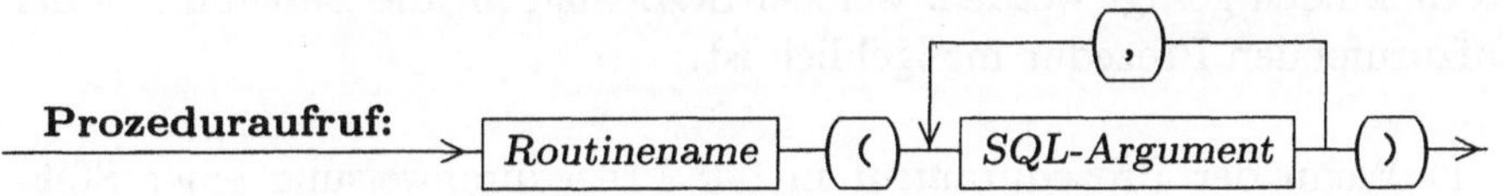

Der *Routinename* besteht aus einem Bezeichner, der den unqualifizierten Routinenamen darstellt. Dieser kann wahlweise mit dem Schemanamen des Schemas qualifiziert werden, zu dem die Definition der Prozedur gehört.

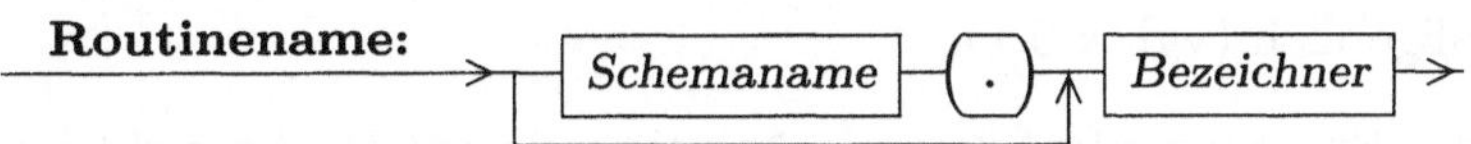

Nach dem Routinenamen kommt eine möglicherweise leere Liste von SQL-Argumenten.

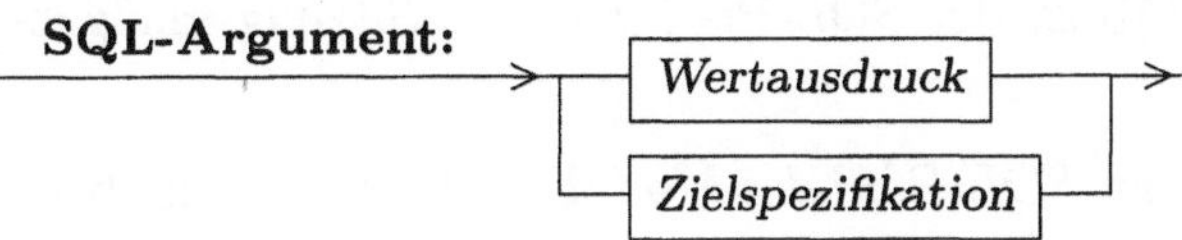

Wenn der im Prozeduraufruf *PA* angegebene unqualifizierte Routinename mit einem Schemanamen qualifiziert ist, dann muß es im entsprechenden

---

[31]Auf die andere in Core SQL verfügbare Steueranweisung, nämlich die RETURN-Anweisung, ist schon in 4.4.1.2 eingegangen worden.

Schema eine aufrufbare Prozedur geben. Dabei heißt eine Prozedur *auf-rufbar* (*invocable*), wenn ihr unqualifizierter Name mit dem unqualifizier-ten Routinenamen in *PA* und die Anzahl ihrer SQL-Parameter mit der Anzahl der SQL-Argumente von *PA* übereinstimmen.[32] Außerdem setzt die Aufrufbarkeit einer Prozedur voraus, daß der entsprechende Benutzer über die **EXECUTE**-Berechtigung für die Prozedur verfügt (vgl. 4.5). Der Standard verlangt, daß es im angegebenen Schema genau eine aufrufbare Prozedur *R* gibt, die dann als *aufzurufende* Prozedur genommen wird. Der Standard spricht in diesem Zusammenhang von der *subject routine*.

Wenn der Routinename im Prozeduraufruf *PA* keinen Schemanamen hat, kommt der SQL-Pfad ins Spiel. Ein SQL-Pfad ist eine geordnete Menge von Schemanamen. Die entsprechenden Schemata werden daraufhin ab-gesucht, ob sie die Definition einer aufrufbaren Prozedur enthalten. Die Reihenfolge, in der die Schemata abgesucht werden, ist durch den jeweils maßgeblichen SQL-Pfad vorgegeben. Die erste aufrufbare Prozedur, die auf diese Weise gefunden wird, ist die *aufzurufende* Prozedur *R*.

Es muß noch gesagt werden, welcher SQL-Pfad für die Bestimmung der aufzurufenden Prozedur maßgeblich ist:

1) Wenn der Prozeduraufruf in der Prozeduranweisung einer SQL-Routine enthalten ist, ist immer der *SQL-Pfad* der enthaltenden *SQL-Routine* maßgeblich (vgl. 4.4.1.3).

2) Wenn der Prozeduraufruf in einer Schemadefinitionsanweisung auf-tritt, die als Schemaelement in einer **CREATE SCHEMA** - Anweisung verwendet wird, ist immer der *SQL-Pfad* des entsprechenden *Sche-mas* maßgeblich (vgl. 4.6.1).

3) Wenn der Prozeduraufruf in einer Anweisung auftritt, die nicht im Rahmen einer **CREATE SCHEMA** - Anweisung verwendet wird, hängt es vom Binding Style ab:

   a) In direktem SQL ist der *SQL-Pfad der SQL-Sitzung* maßgeb-lich (vgl. 8.3).

   b) Ansonsten ist der *SQL-Pfad des Moduls* maßgeblich (vgl. 6.1).

Zwischen den SQL-Argumenten und den SQL-Parametern müssen Wert-zuweisungen vorgenommen werden, was voraussetzt, daß die Argumente

---

[32]Es sei daran erinnert, daß Core SQL in einem Schema höchstens eine Schema-Prozedur mit einem gegebenen unqualifizierten Routinenamen erlaubt.

und Parameter *zuweisungskompatibel*[33] sind. Sei n die Anzahl der Parameter von R. Wenn R mindestens einen Parameter hat ($n \geq 1$), müssen die folgenden Bedingungen beachtet werden. Dabei symbolisieren wir die Parameter von R durch P_i und die korrespondierenden Argumente durch A_i ($1 \leq i \leq n$).

a) Wenn P_i ein Inputparameter (IN) ist, muß A_i ein Wertausdruck sein. Für die Zuweisung von A_i auf P_i muß die Zuweisungskompatibilität gegeben sein.

b) Wenn P_i ein Outputparameter (OUT) ist, muß A_i eine Zielspezifikation (also eine Host-Parameter- bzw. eingebettete Variablenspezifikation oder eine SQL-Parameterreferenz) sein. Für die Zuweisung von P_i auf A_i muß Zuweisungskompatibilität bestehen.

c) Wenn P_i ein In- und Outputparameter (INOUT) ist, muß A_i eine Zielspezifikation sein, welche die unter b) angeführten Bedingungen erfüllt. Darüber hinaus muß auch für die Zuweisung von A_i auf P_i die Zuweisungskompatibilität gegeben sein.

Ein Prozeduraufruf wird folgendermaßen ausgeführt:

- Zunächst werden die Wertausdrücke aller SQL-Argumente A_i, die zu IN- oder INOUT-Parametern gehören, ausgewertet. Die resultierenden Werte werden dann unter Anwendung der gewöhnlichen *Zuweisungsregeln*[34] den korrespondierenden SQL-Parametern P_i der aufzurufenden Prozedur R zugewiesen. Die Outputparameter (OUT) von R erhalten implementationsdefinierte Werte.

- Anschließend wird die Prozeduranweisung von R mit den P_i zugewiesenen Werten ausgeführt.

- Nach ordnungsgemäßer Ausführung der Prozeduranweisung müssen die Werte etwaiger OUT- oder INOUT-Parameter P_i von R den korrespondierenden SQL-Argumenten A_i zugewiesen werden. Wie bereits erwähnt, muß ein solches Argument eine Zielspezifikation sein.

---

[33]Die entsprechenden Regeln sind bei der Besprechung der in Core SQL verfügbaren Datentypen behandelt worden (vgl. 3.2.2.1, 3.2.3.1, 3.2.4.2 und 3.2.5.1).

[34]Auch die Zuweisungsregeln sind bei der Besprechung der in Core SQL verfügbaren Datentypen behandelt worden (vgl. 3.2.2.1, 3.2.3.1, 3.2.4.2 und 3.2.5.1). Wir bezeichnen sie hier als 'gewöhnliche Zuweisungsregeln', damit es zu keiner Verwechslung mit den 'externen Zuweisungsregeln' kommen kann.

i) Wenn A_i eine Host-Parameter- oder eingebettete Variablenspezifikation ist, wird die Zuweisung von P_i auf A_i gemäß den *externen Zuweisungsregeln*[35] vorgenommen.

ii) Wenn A_i eine SQL-Parameterreferenz ist, wird die Zuweisung von P_i auf A_i gemäß den gewöhnlichen *Zuweisungsregeln* vorgenommen.

Der Prozeduraufruf kann natürlich nur dann ordnungsgemäß durchgeführt werden, wenn bei Vornahme der Wertzuweisungen zwischen den SQL-Argumenten und den SQL-Parametern und bei der Ausführung der Prozeduranweisung keine Ausnahmebedingung gesetzt werden muß. Eine Ausnahmebedingung muß insbesondere auch in folgenden Fällen gesetzt werden:

- Wenn im Rahmen der Auswertung der Prozeduranweisung versucht wird, eine Transaktionsanweisung (vgl. 8.4) abzusetzen, wird eine Ausnahmebedingung *SQL routine exception — prohibited SQL-statement attempted* gesetzt.[36]

- Wenn im Rahmen der Auswertung der Prozeduranweisung versucht wird, eine SQL-Anweisung abzusetzen, die durch die Zugriffs-Charakteristik der SQL-Prozedur nicht gedeckt ist, wird eine entsprechende Ausnahmebedingung gesetzt, nämlich: *SQL routine exception — reading SQL-data not permitted* bzw. *SQL routine exception — modifying SQL-data not permitted.*[37]

4.4.3.2 Funktionsaufruf

Während eine Prozedur nur im Rahmen einer `CALL`-Anweisung aufgerufen werden kann, stellt ein Funktionsaufruf einen (primären) Wertausdruck dar (vgl. 3.2.6.2). Ein Funktionsaufruf kann somit im Prinzip überall verwendet werden, wo ein Wertausdruck zulässig ist.

---

[35] Die 'externen Zuweisungsregeln' haben mit der Modulsprache bzw. eingebettetem SQL zu tun und werden in 6.2.1 behandelt.

[36] Es steht einer Implementierung übrigens frei, schon bei der Definition einer SQL-Routine zu überprüfen, ob sie eine Transaktionsanweisung enthält und die entsprechende `CREATE`-Anweisung gegebenenfalls als syntaktisch inkorrekt zurückzuweisen.

[37] Der Standard stellt es einer Implementierung auch hier frei, schon bei der Definition einer SQL-Routine auf implementationsdefinierte Weise zu überprüfen, ob die angegebene Zugriffs-Charakteristik nicht zu schwach ist und die `CREATE FUNCTION` - bzw. `CREATE PROCEDURE` - Anweisung andernfalls zurückzuweisen. Vgl. dazu auch 4.4.1.3.

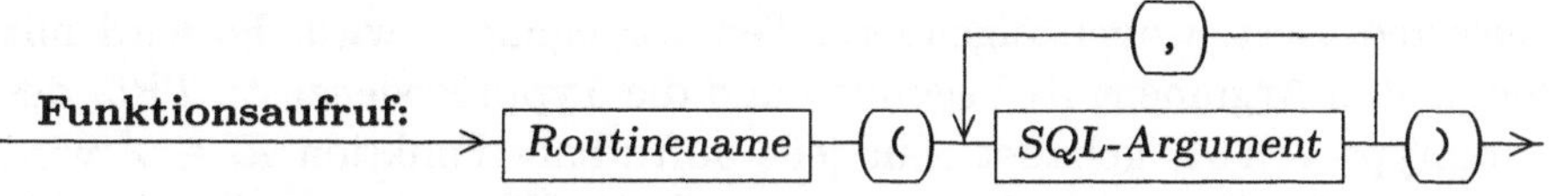

Bezüglich des Routinenamens ergeben sich keine Änderungen gegenüber dem Prozeduraufruf. Insbesondere kann auch der Routinename einer Funktion wahlweise mit dem Schemanamen des Schemas qualifiziert werden, zu dem die Definition der Funktion gehört. Da eine Funktion nur Inputparameter haben kann, gilt für die SQL-Argumente eines Funktionsaufrufs, daß es sich dabei nur um Wertausdrücke handeln kann.

Wenn der im Funktionsaufruf *FA* angegebene unqualifizierte Routinename mit einem Schemanamen qualifiziert ist, dann muß es im entsprechenden Schema eine aufrufbare Funktion geben. Dabei heißt eine Funktion *aufrufbar*, wenn ihr unqualifizierter Name mit dem unqualifizierten Routinenamen in *FA* und die Anzahl n ihrer SQL-Parameter P_i mit der Anzahl der SQL-Argumente A_i von *FA* übereinstimmt.[38] Außerdem muß für jeden SQL-Parameter P_i gelten, daß sein Datentyp zur *Typpräzedenzliste* des Datentyps des korrespondierenden SQL-Arguments A_i gehört.[39] Die Aufrufbarkeit einer Funktion setzt überdies voraus, daß der entsprechende Benutzer über die **EXECUTE**-Berechtigung für die Funktion verfügt (vgl. 4.5). In Core SQL muß es im angegebenen Schema genau eine aufrufbare Funktion F geben, die dann als *aufzurufende* Funktion F genommen wird.

Wenn der Routinename im Funktionsaufruf *FA* keinen Schemanamen hat, kommt wieder der SQL-Pfad ins Spiel, wobei der maßgebliche SQL-Pfad nach den gleichen Regeln bestimmt wird, wie bei einem Prozeduraufruf. Alle Schemata in dem für den Funktionsaufruf maßgeblichen SQL-Pfad werden nach aufrufbaren Funktionen abgesucht. Alle gefundenen aufrufbaren Funktionen werden in der Menge $\mathcal{F}$ der aufrufbaren Funktionen zusammengefaßt.

Wenn *FA* kein SQL-Argument hat ($n = 0$), muß $\mathcal{F}$ genau eine aufrufbare Funktion enthalten, die als *aufzurufende* Funktion F genommen wird. Wenn *FA* mindestens ein SQL-Argument hat ($n \geq 1$), wird die aufrufbare Funktion in $\mathcal{F}$ bestimmt, deren Parameterdatentypen am besten zu den Datentypen der SQL-Argumente passen. Dazu wird $\mathcal{F}$ schritt-

---

[38] Es sei daran erinnert, daß Core SQL in einem Schema höchstens eine Funktion mit einem gegebenen unqualifizierten Routinenamen erlaubt.

[39] Es sei darauf hingewiesen, daß das im allgemeinen eine strengere Bedingung als die für einen Prozeduraufruf geforderte Zuweisungskompatibilität ist.

weise reduziert, wobei folgendermaßen vorgegangen wird: Es wird mit dem ersten Argument A_1 begonnen und die Typpräzedenzliste TPL_1 des Datentyps von A_1 gebildet. Für jede aufrufbare Funktion $F_j \in \mathcal{F}$ wird der Rang des Parameterdatentyps von P_1 in TPL_1 festgestellt. Nur die aufrufbaren Funktionen mit dem besten Rang überleben. Alle anderen werden aus $\mathcal{F}$ eliminiert. Wenn $\mathcal{F}$ nach diesem Durchgang noch mehr als eine aufrufbare Funktion enthält und wenn man noch nicht beim letzten Argument angelangt ist, wird das Verfahren mit dem zweiten Argument fortgesetzt, wenn nötig mit dem dritten... Das Verfahren wird abgebrochen, wenn nur mehr eine einzige aufrufbare Funktion übrigbleibt oder wenn es keine weiteren Argumente mehr gibt. Wenn $\mathcal{F}$ am Ende nur eine einzige Funktion enthält, ist diese die aufzurufende Funktion F. Sonst wird diejenige Funktion ausgewählt, deren Schemaname die beste Position im SQL-Pfad hat.

Auch bei einem Funktionsaufruf müssen Wertzuweisungen zwischen den SQL-Argumenten A_i und den SQL-Parametern P_i vorgenommen werden. Bezüglich der Kompatibilität kann es keine Probleme geben, weil der Datentyp von P_i zur Typpräzedenzliste des Datentyps von A_i gehören muß, was eine strengere Bedingung als die Zuweisungskompatibilität darstellt. Der Funktionsaufruf wird folgendermaßen durchgeführt:

- Zunächst werden die Wertausdrücke aller SQL-Argumente A_i ausgewertet. Wenn einer der resultierenden Werte ein NULLwert ist und wenn in der NULL CALL - Klausel von F RETURNS NULL ON NULL INPUT spezifiziert worden ist, wird ein NULLwert als Funktionswert zurückgegeben.

- Sonst werden die sich ergebenden Werte den korrespondierenden SQL-Parametern P_i der aufzurufenden Funktion F unter Anwendung der gewöhnlichen *Zuweisungsregeln* zugewiesen und die Prozeduranweisung von F ausgeführt. In Core SQL kann diese nur eine RETURN-Anweisung sein. Der sich aufgrund der Parameterwerte P_i durch Ausführung der RETURN-Anweisung ergebende Wert wird als Funktionswert zurückgegeben (vgl. 4.4.1.2).

Der Funktionsaufruf kann natürlich nur dann ordnungsgemäß durchgeführt werden, wenn bei Vornahme der Wertzuweisungen zwischen den SQL-Argumenten und den SQL-Parametern und bei der Ausführung der Prozeduranweisung keine Ausnahmebedingung gesetzt werden muß. In diesem Zusammenhang sei — neben den bereits beim Prozeduraufruf erwähnten Ausnahmebedingungen — insbesondere auf die folgende Ausnahmebedingung hingewiesen: Wenn im Rahmen des Aufrufs einer SQL-Funktion keine RETURN-Anweisung abgesetzt wird, führt das zum Setzen der Ausnahmebedingung *SQL routine exception — function executed no return statement*.

4.4.4 Überblick: Steueranweisungen

In Core SQL sind die folgenden zwei Steueranweisungen (*control statements*) verfügbar, die beide mit den Schema-Routinen zu tun haben:

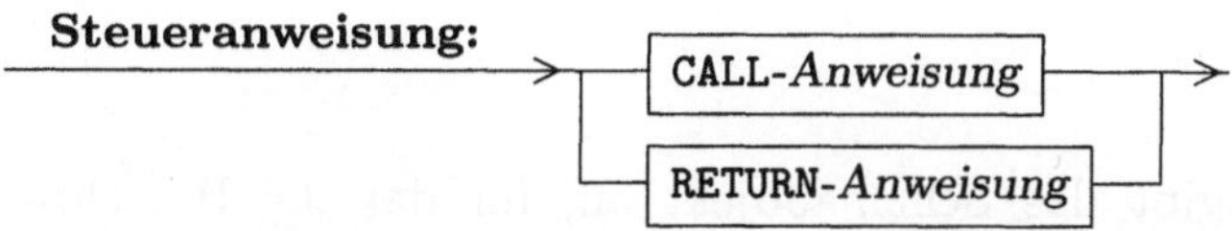

Mit der CALL-Anweisung kann eine Schema-Prozedur aufgerufen werden. In Core SQL muß die Prozeduranweisung einer SQL-Funktion eine RETURN-Anweisung sein, und das ist der einzige Platz, wo die RETURN-Anweisung verwendet werden darf.

- Bezüglich der Verwendbarkeit der Steueranweisungen in den verschiedenen *Binding-Styles* (vgl. 3.5.4) — also in direktem SQL, der Modulsprache und in eingebettetem SQL — gilt: Alle Steueranweisungen können in jedem Binding-Style eingesetzt werden.[40]

- Hinsichtlich der *Transaktionsverarbeitung* gilt: Die Steueranweisungen benötigen im allgemeinen nicht den Rahmen einer Transaktion und lösen auch keine aus. Nur wenn eine RETURN-Anweisung eine Unterabfrage enthält, benötigt sie den Rahmen einer Transaktion bzw. löst ihre Ausführung eine Transaktion aus (vgl. 8.4).

Zum Abschluß gibt die folgende Tabelle noch für jede Steueranweisung die entsprechende Bezeichnung des Standards und eine Referenz zu dem Abschnitt an, in dem die jeweilige Anweisung besprochen worden ist:

call statement   CALL - Anweisung (4.4.3.1)

return statement   RETURN - Anweisung (4.4.1.2)

---

[40]Die RETURN-Anweisung kann dabei natürlich nur im Rahmen eines Funktionsaufrufs ausgeführt werden.

4.5 Berechtigungen

In SQL wird dem Gesichtspunkt des Datenschutzes in erster Linie durch
die Berechtigungen (*privileges*) Rechnung getragen (vgl. 1.3). Damit können Zugriffsrechte für Schemaobjekte vergeben und entzogen und damit
der Zugriff auf die Objekte kontrolliert werden. Zur Definition einer Berechtigung gehören die folgenden Bestandteile:

a) Objekt
b) Berechtigungsaktion
c) Gewährender
d) Berechtigter
e) Weitergaberecht

ad a) Das **Objekt** gibt das Schemaobjekt an, für das die Berechti-
gung eingeräumt wird. In Core SQL kommen Basistabellen, Views (bzw.
Spalten von Basistabellen oder Views), benutzerdefinierte Typen und
Schema-Routinen als Objekte in Betracht.

ad b) Durch die **Berechtigungsaktion** wird die erlaubte Zugriffsart spezifiziert. Wenn es sich bei dem Objekt um eine Basistabelle oder einen
View handelt, spricht man von einer *Tabellenberechtigung*. Für eine Tabellenberechtigung sind die folgenden Berechtigungsaktionen anwendbar:

- INSERT
- UPDATE
- DELETE
- SELECT
- REFERENCES [41]

Wenn es sich bei dem Objekt um eine Spalte einer Basistabelle oder eines Views handelt, spricht man von einer *Spaltenberechtigung*. Für eine
Spaltenberechtigung sind die folgenden Berechtigungsaktionen anwendbar:

- INSERT[42]
- UPDATE

---

[41]Für Views ist die REFERENCES-Berechtigungsaktion erst im vollen Sprachumfang
für gewisse Integritätsbedingungen notwendig.

[42]Die INSERT-Berechtigung kann erst im vollen Sprachumfang explizit auf Spalten eingeschränkt werden. Trotzdem werden auch schon in Core SQL INSERT-
Spaltenberechtigungen intern berücksichtigt und verwaltet.

- SELECT[43]

- REFERENCES

Abgesehen von **DELETE** gibt es also für jede Tabellenberechtigungsaktion
eine entsprechende Spaltenberechtigungsaktion. Das kommt daher, daß
eine Spaltenberechtigung nur eine eingeschränkte Tabellenberechtigung
ist, wobei die entsprechende Berechtigungsaktion eben auf einzelne Spalten der Tabelle eingeschränkt wird. Da eine Tabellenzeile nur im ganzen
gelöscht werden kann, kann die **DELETE**-Berechtigungsaktion auch nicht
auf einzelne Spalten einer Tabelle eingeschränkt werden. Wenn einem Benutzer eine bestimmte Tabellenberechtigungsaktion (außer **DELETE**) eingeräumt wird, dann erhält er automatisch auch die entsprechende Spaltenberechtigungsaktion für jede Spalte der betreffenden Tabelle.

Wenn es sich bei dem Objekt um einen benutzerdefinierten Typ handelt,
spricht man von einer *Verwendungsberechtigung*. Für eine Verwendungsberechtigung muß die Berechtigungsaktion

- USAGE

angegeben werden.[44]

Wenn es sich bei dem Objekt um eine Schema-Routine handelt, spricht
man von einer *Ausführungsberechtigung*. Für eine Ausführungsberechtigung muß die Berechtigungsaktion

- EXECUTE

angegeben werden.

Die Tabellen- bzw. Spaltenberechtigungen zielen unmittelbar auf den
Datenschutz ab, indem nur ein mit der dazu erforderlichen Berechtigung ausgestatteter Benutzer auf eine Tabelle bzw. ihre Spalten zugreifen
darf. Die Vergabe einer solchen Berechtigung setzt wegen der damit verbundenen Risiken ein besonderes Vertrauensverhältnis zum Berechtigten
voraus. Während die mit der Vergabe einer **INSERT-**, **UPDATE-**, **DELETE-**

---

[43]Auch die **SELECT**-Berechtigung kann erst im vollen Sprachumfang explizit auf
   Spalten eingeschränkt werden. Trotzdem werden auch schon in Core SQL **SELECT**-
   Spaltenberechtigungen intern berücksichtigt und verwaltet.

[44]Im Prinzip benötigt man auch für Zeichensätze eine Verwendungsberechtigung. In Core SQL gibt es nur von der Implementierung bereitgestellte Zeichensätze, die weder explizit angesprochen noch sonstwie manipuliert werden können (vgl. 3.2.3). Für einen von der Implementierung bereitgestellten Zeichensatz
   erhält jeder Benutzer (**PUBLIC**) automatisch die **USAGE**-Berechtigungsaktion.

oder **SELECT**-Berechtigung grundsätzlich verknüpften Risiken klar auf der Hand liegen, werden die Beeinträchtigungen, welche die Gewährung einer **REFERENCES**-Berechtigung nach sich ziehen kann, manchmal übersehen. Diese bestehen vor allem darin, daß der Tabellenbesitzer eine Zeile seiner Tabelle nicht mehr löschen kann, wenn sich der Berechtigte mit einem **FOREIGN KEY** - Wert auf diese Zeile bezieht. Auch eine vom Tabellenbesitzer intendierte Änderung einer referenzierten **PRIMARY KEY** - oder **UNIQUE**-Spalte seiner Tabelle unterliegt analogen Beschränkungen.

Die Ausführungsberechtigung ist zum Aufrufen einer Schema-Routine notwendig. Insbesondere wenn die Schema-Routine SQL-Daten liest oder modifiziert (vgl. 4.4.1.3), ist auch hier ein besonderes Vertrauensverhältnis zum Berechtigten erforderlich. Hingegen steht bei einer Verwendungsberechtigung der Gesichtspunkt der systematischen Kontrolle der Verwendung und Ausbreitung des entsprechenden Objekts im Vordergrund.

ad c) Der **Gewährende** (*grantor*) ist derjenige Benutzer, der die Berechtigung gewährt hat. Ein Benutzer kann eine Berechtigung nur dann gewähren, wenn er selbst über diese Berechtigung verfügt und auch das Weitergaberecht für diese Berechtigung hat. Im Rahmen von SQL wird ein Benutzer durch seine Benutzerkennung (*authorization identifier*) repräsentiert. Die Berechtigungen, die ein bestimmter Benutzer **A** den übrigen Benutzern eingeräumt hat (die von ihm *weitergewährten Berechtigungen*), sind somit gerade diejenigen Berechtigungen, bei denen als Gewährender die Benutzerkennung von **A** eingetragen ist. Für den Besitzer eines Objekts gibt es natürlich keinen anderen Benutzer, der ihm die Berechtigungen an seinem Objekt (seine *Besitzerberechtigungen*) gewährt hat. Damit auch in Besitzerberechtigungen ein Gewährender eingetragen werden kann, sieht SQL für den Gewährenden zusätzlich den speziellen Wert **_SYSTEM** vor.

ad d) Der **Berechtigte** (*grantee*) ist derjenige Benutzer, dem die Berechtigung eingeräumt worden ist. Ebenso wie der Gewährende wird auch der Berechtigte durch seine Benutzerkennung repräsentiert. SQL sieht für den Berechtigten auch die "virtuelle Benutzerkennung" **PUBLIC** vor. Damit kann eine bestimmte Berechtigung durch einen einzigen Eintrag an die gesamte Benutzergemeinschaft vergeben werden, wobei auch nach dem Zeitpunkt der Eintragung der Berechtigung hinzukommende Benutzer miteinbezogen sind. Demzufolge sind die tatsächlich verfügbaren Berechtigungen (*applicable privileges*) eines Benutzers gerade diejenigen Berechtigungen, bei denen als Berechtigter die Benutzerkennung des entsprechenden Benutzers oder die virtuelle Benutzerkennung **PUBLIC** eingetragen ist.

ad e) Für jede Berechtigung muß festgehalten werden, ob sie auch das **Weitergaberecht** (die `GRANT`-Option) beinhaltet oder nicht. Nur wenn der Berechtigte einer Berechtigung auch über das Weitergaberecht verfügt, kann er die Berechtigung seinerseits an andere Benutzer weitergewähren.

Der Deskriptor einer Berechtigung muß alle fünf eben besprochenen Bestandteile umfassen. So wie alle übrigen Schemaobjekte gehört auch jede Berechtigung zu einem Schema, das den Deskriptor der Berechtigung enthält. Alle Berechtigungen, die der Besitzer eines Schemas anderen Benutzern an seinen Schemaobjekten eingeräumt hat, gehören ebenfalls zu seinem Schema. Die Berechtigungen, die dem Besitzer eines Schemaobjekts zukommen, gehören zu einem besonderen Schema, nämlich zum Informationsschema (also zum Schema `INFORMATION_SCHEMA`, vgl. 4.8).

Das Grundprinzip der Berechtigungen besteht darin, daß ein Benutzer gewisse 'sensible' Operationen nur dann vornehmen darf, wenn er über die dazu erforderlichen Berechtigungen verfügt. Um dieses Grundprinzip umzusetzen, muß für die Ausführung einer jeden Anweisung bekannt sein, welcher Benutzer für die Absetzung der Anweisung verantwortlich ist. Weiters muß festgelegt sein, welche Operationen bzw. Anweisungen 'sensibel' sind und über welche Berechtigungen der verantwortliche Benutzer zu ihrer Ausführung verfügen muß.

Der erste Punkt wird vom SQL-Standard so operationalisiert, daß für die Absetzung einer jeden Anweisung eine laufende Benutzerkennung (*current authorization identifier*) festgelegt ist, die den verantwortlichen Benutzer repräsentiert. Bezüglich des zweiten Punktes legt der SQL-Standard für gewisse Anweisungen bzw. Sprachkonstrukte Zugriffsregeln (*access rules*) fest. Diese geben die Berechtigungen an, über welche die laufende Benutzerkennung zur Ausführung der Anweisung verfügen muß. Wenn die laufende Benutzerkennung nicht über die erforderlichen Berechtigungen verfügt, wird eine Ausnahmebedingung *syntax error or access rule violation* gesetzt, was zur Zurückweisung der Anweisung führt. In 4.5.1 wird auf die Regeln eingegangen, nach denen sich die laufende Benutzerkennung ergibt. Die mit Zugriffsregeln versehenen Anweisungen bzw. Sprachkonstrukte und die zu ihrer Ausführung erforderlichen Berechtigungen werden in 4.5.2 zusammengestellt.

Im allgemeinen ändert sich die Menge der Berechtigungen, über die ein Benutzer verfügt, mit dem Zeitablauf. Zusätzliche Berechtigungen können dazukommen und bestehende Berechtigungen können wegfallen. Eine Berechtigung an einem Schemaobjekt kann im wesentlichen aus zwei

Gründen hinzukommen: Weil die Berechtigung für den Besitzer eines Schemaobjekts bei der Definition des Objekts automatisch angelegt wird (Besitzerberechtigung) oder weil die Berechtigung dem Berechtigten explizit durch eine **GRANT**-Anweisung gewährt wird (weitergewährte Berechtigung). Analog kann eine bestehende Berechtigung im wesentlichen aus zwei Gründen wegfallen: Weil der Deskriptor des Schemaobjekts, auf das sich die Berechtigung bezieht, gelöscht wird oder weil die Berechtigung dem Berechtigten explizit durch eine **REVOKE**-Anweisung entzogen wird. Die bei der Definition eines Schemaobjekts einzutragenden Besitzerberechtigungen werden in 4.5.3 besprochen. Auf die **GRANT**- bzw. **REVOKE**-Anweisung wird in 4.5.4 bzw. 4.5.5 eingegangen. In 4.5.6 wird dargestellt, wie sich die Löschung des Deskriptors eines Schemaobjekts auf die Berechtigungen auswirkt.

4.5.1   Die laufende Benutzerkennung

Die laufende Benutzerkennung (*current authorization identifier*) repräsentiert den für die Ausführung einer Anweisung verantwortlichen Benutzer. Wenn für eine Anweisung besondere Berechtigungen erforderlich sind, wird immer überprüft, ob die laufende Benutzerkennung über diese Berechtigungen verfügt. Der Wert der jeweils gültigen laufenden Benutzerkennung kann übrigens mit der **USER**-Spezifikation abgefragt werden (vgl. 3.2.6.2). Die **laufende Benutzerkennung** ergibt sich nach folgenden Regeln:

1) Während der Ausführung einer **CREATE SCHEMA** - Anweisung wird immer die Benutzerkennung des entsprechenden Schemas genommen.

2) Während der Ausführung einer SQL-Routine wird die Benutzerkennung der entsprechenden SQL-Routine genommen.

3) In allen übrigen Fällen gilt in Abhängigkeit vom Binding-Style:

   a) In der Modulsprache wird die Benutzerkennung des Moduls genommen, zu dem die Anweisung gehört. Nur wenn dieser Modul keine Benutzerkennung hat, wird statt dessen die Benutzerkennung der SQL-Sitzung genommen.

   b) In direktem und eingebettetem SQL[45] wird die Benutzerkennung der SQL-Sitzung genommen.

---

[45]Eigentlich könnte man eingebettetes SQL, das ja effektiv auf die Modulsprache abgebildet wird (vgl. 7.2), unter a) subsumieren. In Core SQL ist aber die Spezi-

Die obigen Regeln zeigen, daß zur Ermittlung der laufenden Benutzerkennung auf vier andere Benutzerkennungen zurückgegriffen wird, nämlich auf die Benutzerkennung des Schemas, die Benutzerkennung der SQL-Routine, die Benutzerkennung des Moduls und die Benutzerkennung der SQL-Sitzung. Diese sind folgendermaßen festgelegt:

Die **Benutzerkennung des Schemas** (*schema authorization identifier*) repräsentiert den Besitzer des Schemas und damit aller zum Schema gehörenden Schemaobjekte. Die Benutzerkennung des Schemas ergibt sich aus der Besitzerklausel des Schemas in der entsprechenden **CREATE SCHEMA** - Anweisung (vgl. 4.6.1).

Die **Benutzerkennung der SQL-Routine** (*routine authorization identifier*) repräsentiert den für die Ausführung der zur SQL-Routine gehörenden Prozeduranweisung verantwortlichen Benutzer. Die Benutzerkennung der SQL-Routine gibt den Besitzer der SQL-Routine an und entspricht somit der Benutzerkennung des Schemas, zu dem die SQL-Routine gehört (vgl. 4.4.1).

Die **Benutzerkennung des Moduls** (*module authorization identifier*) repräsentiert den für die Ausführung der zum Modul gehörenden Anweisungen verantwortlichen Benutzer. Die Benutzerkennung des Moduls gibt den Besitzer des Moduls an und kann in der Besitzerklausel des Moduls spezifiziert werden. Während ein Schema bzw. eine SQL-Routine immer einen Besitzer hat, sind besitzerlose Module durchaus zulässig. Wenn für einen Modul keine Benutzerkennung spezifiziert wird, kommen also keine Regeln zur impliziten Ermittlung des Modulbesitzers zur Anwendung, sondern der entsprechende Modul hat in diesem Fall eben keinen Besitzer (vgl. 6.1).

In Hinblick auf die obige Regel 3a) bedeutet das, daß die laufende Benutzerkennung für einen Modul mit Besitzer bereits zum Zeitpunkt der Definition des Moduls festgelegt wird. Hingegen ergibt sich die laufende Benutzerkennung für einen besitzerlosen Modul — durch Übernahme der Benutzerkennung der SQL-Sitzung — erst zur Ausführungszeit.

Die **Benutzerkennung der SQL-Sitzung** (*SQL-session authorization identifier*) ist in Core SQL nur implementationsdefiniert. Jede SQL-Sit-

---

fikation einer Benutzerkennung für den abgeleiteten Modul, zu dem die eingebetteten SQL-Anweisungen effektiv gehören, nicht vorgesehen. Somit wird in Core SQL immer die Benutzerkennung der SQL-Sitzung als laufende Benutzerkennung des abgeleiteten Moduls übernommen.

zung muß aber eine solche Benutzerkennung haben (vgl. 8.3). Der Standard stellt es einer Implementierung ausdrücklich frei, zusätzliche implementationsdefinierte Beschränkungen für die Benutzerkennung der SQL-Sitzung vorzusehen.[46]

4.5.2   Zugriffsregeln

In diesem Abschnitt werden alle Anweisungen bzw. Sprachkonstrukte von Core SQL zusammengestellt, für die der SQL-Standard Zugriffsregeln (*access rules*) vorsieht. Wenn die laufende Benutzerkennung (vgl. 4.5.1) eine zur Ausführung einer Anweisung erforderliche Zugriffsregel nicht erfüllt, wird — wie bereits erwähnt — eine Ausnahmebedingung *syntax error or access rule violation* gesetzt, was zur Zurückweisung der entsprechenden Anweisung führt.

Schemaanweisungen.

(*R.1*) **CREATE SCHEMA** - Anweisung: Für die Ausführung einer **CREATE SCHEMA** - Anweisung sind besondere implementationsdefinierte Berechtigungen erforderlich.

(*R.2*) Für die Ausführung *aller übrigen Schemaanweisungen* muß die laufende Benutzerkennung mit der Benutzerkennung des Besitzers des betroffenen Schemas übereinstimmen.[47] Das bedeutet, daß die Definitionen von Schemaobjekten nur von ihren Besitzern angelegt, modifiziert und gelöscht werden können. Diese Regelung gilt im Prinzip auch für **GRANT** bzw. **REVOKE**. Allerdings muß die laufende Benutzerkennung hier nicht im Besitz des von der Berechtigung betroffenen Objekts sein. Es genügt, wenn sie selbst über die zu gewährende Berechtigung (einschließlich dem Weitergaberecht) verfügt bzw. wenn die zu entziehende Berechtigung zu den von ihr eingeräumten Berechtigungen gehört.

---

[46]Der Standard selbst schlägt in diesem Zusammenhang die folgende mögliche Beschränkung vor: Wenn in einer SQL-Sitzung Anweisungen ausgeführt werden, die zu einem Modul mit Besitzer gehören, muß die Benutzerkennung der SQL-Sitzung mit der des Modulbesitzers übereinstimmen.

[47]Während der Ausführung einer **CREATE SCHEMA** - Anweisung wird immer die Benutzerkennung des Schemabesitzers als laufende Benutzerkennung genommen (vgl. 4.5.1). Somit ist die gegenständliche Zugriffsregel für Schemadefinitionsanweisungen, die als Schemaelemente einer **CREATE SCHEMA** - Anweisung auftreten, automatisch erfüllt.

Views.

(*R.3*) Der Besitzer des Views muß über die SELECT-Tabellenberechtigung
für jede in der Viewformel enthaltene Tabellenreferenz verfügen.

Integritätsbedingungen.

(*R.4*) FOREIGN KEY - *Tabellenbedingung*: Der Besitzer der Basistabelle, zu der die FOREIGN KEY - Bedingung gehört, muß über die
REFERENCES-Spaltenberechtigung für jede referenzierte Spalte verfügen.

Benutzerdefinierte Typen.

(*R.5*) Wenn ein benutzerdefinierter Typ als Datentyp in einer Spaltendefinition verwendet wird, muß der Besitzer der entsprechenden
Basistabelle über die USAGE-Verwendungsberechtigung für den benutzerdefinierten Typ verfügen.

(*R.6*) Wenn ein benutzerdefinierter Typ als Datentyp eines SQL-Para-
meters einer SQL-Routine oder als RETURNS-Datentyp einer SQL-
Funktion verwendet wird, muß der Besitzer der entsprechenden
SQL-Routine über die USAGE-Verwendungsberechtigung für den
benutzerdefinierten Typ verfügen.

(*R.7*) Wenn eine Cast-Funktion eines benutzerdefinierten Typs explizit aufgerufen wird, muß die laufende Benutzerkennung über die
EXECUTE-Berechtigung für die entsprechende Cast-Funktion verfügen (vgl. auch Zugriffsregel (*R.8*)). Das gleiche gilt, wenn zur
Durchführung einer CAST-Spezifikation auf eine Cast-Funktion zurückgegriffen werden muß (vgl. 3.2.6.2).

Schema-Routinen.

(*R.8*) Um eine Schema-Routine aufrufen zu können, muß die laufende
Benutzerkennung über die EXECUTE-Berechtigung für die aufzurufende Schema-Routine verfügen.

GRANT- und REVOKE-Anweisung.

(*R.9*) Die laufende Benutzerkennung muß wenigstens über eine Berechtigung für das durch die GRANT- bzw. REVOKE-Anweisung spezifizierte
Objekt verfügen.

INSERT-Anweisung.

(*I.1*) Die laufende Benutzerkennung muß zur Ausführung der INSERT-Anweisung über die INSERT-Tabellenberechtigung für die in der INSERT-Anweisung spezifizierte Tabelle verfügen.

(*I.2*) Die laufende Benutzerkennung muß über die SELECT-Tabellenberechtigung für jede in einem Abfrageausdruck der INSERT-Anweisung referenzierte Tabelle verfügen.

UPDATE-Anweisungen.   Darunter fallen die folgenden zwei Anweisungen:

    cursorunabhängige UPDATE-Anweisung (vgl. 5.3)

    cursorgebundene   UPDATE CURRENT - Anweisung (vgl. 6.2.2.4)

Bei der cursorunabhängigen UPDATE-Anweisung werden die zu ändernden Zeilen durch eine Suchbedingung festgelegt. Bei der cursorgebundenen UPDATE CURRENT - Anweisung, wird die jeweils zu ändernde Zeile hingegen durch einen Cursor festgelegt. Die folgenden Zugriffsregeln gelten für beide Varianten der UPDATE-Anweisung:

(*U.1*) Die laufende Benutzerkennung muß zur Ausführung der UPDATE-Anweisung über die UPDATE-Spaltenberechtigung für jede (auf der linken Seite einer SET-Klausel) spezifizierte Spalte verfügen.

(*U.2*) Wenn der Wertausdruck (auf der rechten Seite) einer SET-Klausel eine *Tabellenreferenz* oder eine *Spaltenreferenz* enthält, dann muß die laufende Benutzerkennung zur Ausführung der UPDATE-Anweisung über die SELECT-Tabellenberechtigung für die entsprechende Tabelle verfügen.

Für die *cursorunabhängige* UPDATE-Anweisung gilt überdies die folgende Zugriffsregel:

(*U.3*) Wenn die Suchbedingung eine *Tabellenreferenz* oder eine *Spaltenreferenz* enthält, dann muß die laufende Benutzerkennung zur Ausführung der UPDATE-Anweisung über die SELECT-Tabellenberechtigung für die entsprechende Tabelle verfügen.

Bei der *cursorgebundenen* UPDATE CURRENT - Anweisung werden die zu ändernden Zeilen durch einen (mutierbaren) Cursor festgelegt, wobei sich die jeweils zu ändernde Zeile aus der augenblicklichen Position des Cursors ergibt, an den die UPDATE CURRENT - Anweisung gebunden ist. Die

entsprechende Cursorspezifikation muß dabei Zugriffsregel (C) erfüllen,[48]
die bei der **UPDATE CURRENT** - Anweisung an die Stelle von Zugriffsregel (*U.3*) tritt.

DELETE-Anweisungen. Darunter fallen die folgenden zwei Anweisungen:

> cursorunabhängige **DELETE**-Anweisung (vgl. 5.4)
>
> cursorgebundene   **DELETE CURRENT** - Anweisung (vgl. 6.2.2.5)

Bei den **DELETE**-Anweisungen liegen die Dinge völlig analog zu den eben
besprochenen **UPDATE**-Anweisungen. Auch hier steht also der cursorunabhängigen **DELETE**-Anweisung die cursorgebundene **DELETE CURRENT** -
Anweisung gegenüber. Bei der cursorunabhängigen **DELETE**-Anweisung
werden die zu löschenden Zeilen durch eine Suchbedingung festgelegt. Bei
der cursorgebundenen **DELETE CURRENT** - Anweisung, wird die jeweils zu
löschende Zeile durch einen Cursor bestimmt. Die folgende Zugriffsregel
ist für beide Varianten verbindlich:

(*D.1*) Die laufende Benutzerkennung muß zur Ausführung der **DELETE**-
Anweisung über die **DELETE**-Tabellenberechtigung für die in der
DELETE-Anweisung spezifizierte Tabelle verfügen.

Für die *cursorunabhängige* **DELETE**-Anweisung gilt überdies die folgende Zugriffsregel, die der Regel (*U.3*) für die cursorunabhängige **UPDATE**-
Anweisung entspricht:

(*D.2*) Wenn die Suchbedingung eine *Tabellenreferenz* oder eine *Spaltenreferenz* enthält, dann muß die laufende Benutzerkennung zur Ausführung der **DELETE**-Anweisung über die **SELECT**-Tabellenberech-
tigung für die entsprechende Tabelle verfügen.

Bei der *cursorgebundenen* **DELETE CURRENT** - Anweisung werden die zu
löschenden Zeilen durch einen (mutierbaren) Cursor festgelegt, wobei sich
die jeweils zu löschende Zeile aus der augenblicklichen Position des Cursors ergibt, an den die **DELETE CURRENT** - Anweisung gebunden ist. Die
entsprechende Cursorspezifikation muß dabei Zugriffsregel (C) erfüllen,[48]
die bei der **DELETE CURRENT** - Anweisung an die Stelle von Zugriffsregel (*D.2*) tritt.

---

[48]Auf Zugriffsregel (C) wird am Ende des laufenden Abschnitts unter 'Cursorspezifikation' eingegangen.

Abfrageanweisungen. Darunter wollen wir die folgenden drei Anweisungen subsumieren:

cursorunabhängige:

- direkte Abfrageanweisung (vgl. 3.5.4)
- `SELECT INTO` - Anweisung (vgl. 6.2.1)

cursorgebundene:

- `FETCH INTO` - Anweisung (vgl. 6.2.2.3)

Bei den cursorunabhängigen Abfrageanweisungen wird das Ergebnis der Abfrage durch einen Abfrageausdruck bzw. durch eine `SELECT`-Abfrage spezifiziert. Für die beiden cursorunabhängigen Abfrageanweisungen gilt die folgende Zugriffsregel:

(s) Für jede im Abfrageausdruck der *direkten Abfrageanweisung* bzw. der `SELECT`-Abfrage der `SELECT INTO` - Anweisung[49] enthaltene Tabellenreferenz muß die laufende Benutzerkennung über die `SELECT`-Tabellenberechtigung für die entsprechende Tabelle verfügen.

Durch die *cursorgebundene* `FETCH INTO` - Anweisung kann der entsprechende Cursor jeweils auf eine bestimmte Zeile der Cursortabelle positioniert und die Spaltenwerte dieser Zeile dadurch zugänglich gemacht werden. Die dazugehörige Cursorspezifikation muß die folgende Zugriffsregel (c) erfüllen, die bei der `FETCH INTO` - Anweisung an die Stelle von Zugriffsregel (s) tritt.

Cursorspezifikation. Für eine Cursorspezifikation gilt die folgende Zugriffsregel (c), die bei Ausführung der `OPEN`-Anweisung für den entsprechenden Cursor überprüft wird:

(c) Für jede im Abfrageausdruck der Cursorspezifikation enthaltene Tabellenreferenz muß die laufende Benutzerkennung über die `SELECT`-Tabellenberechtigung für die entsprechende Tabelle verfügen.

---

[49] Weil in der `SELECT INTO` - Anweisung zwischen der `SELECT`-Liste und dem *Tabellenausdruck* eine `INTO`-Klausel auftritt (vgl. 6.2.1), müßte man genaugenommen folgendermaßen formulieren: "Für jede im *Tabellenausdruck* oder in der `SELECT`-Liste der `SELECT INTO` - Anweisung enthaltene Tabellenreferenz muß die laufende Benutzerkennung ...".

4.5.3   Anlegen der Definition eines Schemaobjekts

Bei der Definition von Schemaobjekten müssen für den Besitzer auch
die ihm zukommenden Berechtigungen eingetragen werden. Die Eintragung dieser Besitzerberechtigungen erfolgt implizit bei der Definition aller Schemaobjekte, bei denen der Zugriff bzw. die Verwendung an Berechtigungen gebunden ist, also bei:

1) Basistabellen,

2) Views,

3) benutzerdefinierten Typen,

4) Schema-Routinen.

ad 1) Basistabellen

a) Eine Basistabelle wird durch eine **CREATE TABLE** - Anweisung definiert.
Durch erfolgreiche Ausführung der **CREATE TABLE** - Anweisung wird die
laufende Benutzerkennung zum Besitzer der Basistabelle. Die erfolgreiche Ausführung der **CREATE TABLE** - Anweisung setzt unter anderem
voraus, daß die laufende Benutzerkennung die entsprechenden in 4.5.2
angegebenen Zugriffsregeln, insbesondere $(R.4)$ und $(R.5)$, erfüllt. Für
den Besitzer der Basistabelle werden die Tabellenberechtigungen **INSERT**,
UPDATE, **DELETE**, **SELECT** und **REFERENCES** eingetragen. Weiters werden
für jede Spalte der Tabelle die Spaltenberechtigungen **INSERT**, **UPDATE**,
SELECT und **REFERENCES** eingetragen. Für alle diese bei der Ausführung
der entsprechenden **CREATE TABLE** - Anweisung implizit definierten Berechtigungen wird als Berechtigter der Besitzer der Basistabelle und als
Gewährender **_SYSTEM** eingetragen. Alle Berechtigungen umfassen auch
die **GRANT**-Option. Der Besitzer der Basistabelle erhält somit alle anwendbaren Berechtigungen für seine Tabelle.

b) Analoges gilt auch für die **ADD COLUMN** - Änderungsaktion der **ALTER
TABLE** - Anweisung. Für die der Tabellendefinition hinzugefügte Spaltendefinition werden für den Besitzer der Tabelle die Spaltenberechtigungen **INSERT**, **UPDATE**, **SELECT** und **REFERENCES** mit **GRANT**-Option und
_SYSTEM als Gewährendem eingetragen. Die vollständige Regelung lautet:
Für jede existierende Tabellenberechtigung P, die als Objekt die entsprechende Tabelle und als Aktion **INSERT**, **UPDATE**, **SELECT** oder **REFERENCES**
aufweist, wird eine neue Spaltenberechtigung für die hinzugekommene
Spalte eingetragen, wobei Aktion, Berechtigter, Gewährender und Weitergaberecht von P übernommen werden. Dadurch wird dem Grundsatz

Rechnung getragen, daß einem Benutzer, dem eine bestimmte Berechtigung (außer DELETE) an der gesamten Tabelle gewährt worden ist, die entsprechende Berechtigung automatisch auch für jede Spalte der Tabelle zukommt.

ad 2) Views

a) Durch erfolgreiche Ausführung der CREATE VIEW - Anweisung wird die laufende Benutzerkennung zum Besitzer des Views. Die erfolgreiche Ausführung der CREATE VIEW - Anweisung setzt unter anderem voraus, daß die laufende Benutzerkennung die entsprechenden in 4.5.2 angegebenen Zugriffsregeln, insbesondere $(R.3)$ und $(R.8)$ erfüllt. Der Besitzer des Views erhält die SELECT-Tabellenberechtigung für den View und die SELECT-Spaltenberechtigung für jede Spalte des Views. Als Gewährender wird _SYSTEM eingetragen. Die GRANT-Option wird nur dann eingetragen, wenn der Besitzer des Views für jede gemäß Zugriffsregel $(R.3)$ erforderliche SELECT-Tabellenberechtigung und für jede gemäß Zugriffsregel $(R.8)$ erforderliche EXECUTE-Ausführungsberechtigung auch über die GRANT-Option verfügt.

b) Für einen mutierbaren View kommen auch die INSERT-, UPDATE- und DELETE-Berechtigung in Frage. Sei T der in der Viewformel auftretende Tabellenname der dem View zugrundeliegenden Basistabelle oder des dem View zugrundeliegenden (mutierbaren) Views (vgl. 4.2.1). Wenn der Besitzer des mutierbaren Views über die INSERT- bzw. UPDATE- bzw. DELETE-Tabellenberechtigung an T verfügt, bekommt er die entsprechende Tabellenberechtigung auch für seinen View eingetragen. Wenn er für die entsprechende Berechtigung an T auch die GRANT-Option hat, dann wird diese übernommen. Als Gewährender wird _SYSTEM eingetragen. Für INSERT und UPDATE impliziert die Tabellenberechtigung auch die entsprechenden Spaltenberechtigungen für alle Spalten des Views.

Für jede Spalte CV des Views V gibt es eine korrespondierende Spalte CT in T.[50] Für jede Spalte CV, für die der Besitzer des Views über die UPDATE-Spaltenberechtigung an der korrespondierenden Spalte CT von T verfügt, wird ihm auch die UPDATE-Spaltenberechtigung an CV eingetragen. Wenn er für die Spaltenberechtigungen an CT zusätzlich die GRANT-Option hat, dann wird diese auch für CV übernommen. Als Gewährender wird _SYSTEM eingetragen.

---

[50]Die Regeln für mutierbare Views stellen sicher, daß eine solche Korrespondenz gewährleistet ist. Vgl. 4.2.1.

c) REFERENCES-Berechtigungen für Views sind erst im vollen Sprachumfang für gewisse Integritätsbedingungen erforderlich. In Core SQL gibt es keine Zugriffsregel, die eine REFERENCES-Berechtigung für einen View voraussetzt.

ad 3) Benutzerdefinierte Typen

Durch erfolgreiche Ausführung der CREATE TYPE - Anweisung wird die laufende Benutzerkennung zum Besitzer des benutzerdefinierten Typs. Die Ausführung der CREATE TYPE - Anweisung ist an keine besonderen Zugriffsregeln gebunden. Der Besitzer des benutzerdefinierten Typs erhält die USAGE-Berechtigung für seinen Typ und die EXECUTE-Berechtigungen für die beiden zum benutzerdefinierten Typ gehörenden Cast-Funktionen. Diese Berechtigungen umfassen die GRANT-Option, als Gewährender wird jeweils _SYSTEM eingetragen.

ad 4) Schema-Routinen

Durch erfolgreiche Ausführung der CREATE PROCEDURE - bzw. CREATE FUNCTION - Anweisung wird die laufende Benutzerkennung zum Besitzer der entsprechenden Schema-Routine. Die Benutzerkennung des Besitzers stellt auch die Benutzerkennung der Schema-Routine dar (vgl. 4.5.1). Der Besitzer erhält die EXECUTE-Ausführungsberechtigung für seine Schema-Routine, wobei als Gewährender _SYSTEM eingetragen wird. Für eine SQL-Routine setzt die erfolgreiche Ausführung der CREATE PROCEDURE - bzw. CREATE FUNCTION - Anweisung insbesondere voraus, daß der Besitzer der SQL-Routine alle für die Ausführung der Prozeduranweisung der SQL-Routine notwendigen Zugriffsregeln erfüllt. Die GRANT-Option erhält der Besitzer einer SQL-Routine nur dann, wenn er auch alle für die Ausführung der Prozeduranweisung der SQL-Routine notwendigen Berechtigungen inklusive der GRANT-Option besitzt.

4.5.4 Die GRANT-Anweisung

Mit Hilfe der GRANT-Anweisung können Berechtigungen weitergewährt werden. Das setzt natürlich voraus, daß die laufende Benutzerkennung, welche die GRANT-Anweisung ausführen und die Berechtigungen damit weitergewähren möchte, selbst über die zu gewährenden Berechtigungen einschließlich der GRANT-Option verfügt. Außerdem kann die GRANT-Anweisung als Nebenwirkung auch die implizite Eintragung von Besitzerberechtigungen bzw. des Weitergaberechts für bereits bestehende Be-

sitzerberechtigungen für den oder die Begünstigten der **GRANT**-Anweisung
nach sich ziehen. In Core SQL sieht das Syntaxdiagramm der **GRANT**-Anweisung folgendermaßen aus:

GRANT - Anweisung:

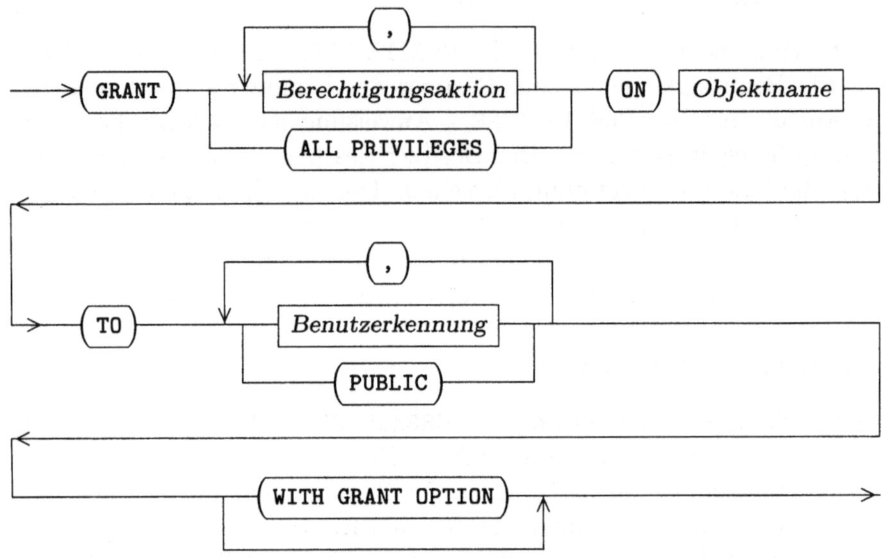

Durch den *Objektnamen* wird das Schemaobjekt spezifiziert, für das die
Berechtigungen eingeräumt werden sollen. In Core SQL kommen die folgenden Objektnamen in Betracht:

Objektname:

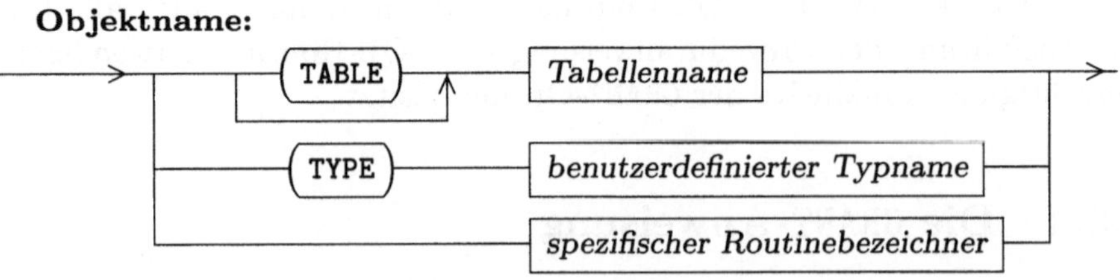

Wenn die **GRANT**-Anweisung selbständig verwendet wird, muß die Definition des spezifizierten Objekts, also dessen Deskriptor, zur Ausführungszeit bereits existieren. Wenn die **GRANT**-Anweisung hingegen als Schemaelement verwendet wird, braucht die Definition des spezifizierten Objekts erst in der die **GRANT**-Anweisung enthaltenden **CREATE SCHEMA** - Anweisung zu erfolgen.

Berechtigungsaktion:

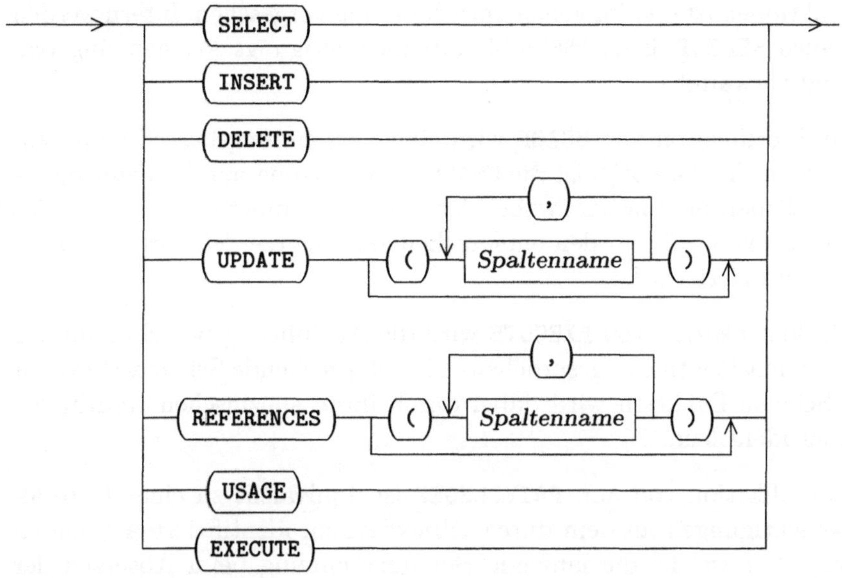

Wenn als Berechtigungsaktion

SELECT, INSERT, UPDATE, DELETE oder **REFERENCES**

spezifiziert wird, werden die entsprechenden Tabellenberechtigungsaktionen angesprochen. Dabei implizieren

SELECT, INSERT, UPDATE und **REFERENCES**

auch die gleichnamigen Spaltenberechtigungsaktionen für alle Spalten der entsprechenden Tabelle. Durch Spezifikation von

UPDATE (C) oder **REFERENCES** (C)

werden die entsprechenden Spaltenberechtigungsaktionen für Spalte C angesprochen. Dabei erlaubt der Standard auch die Angabe mehrerer Spalten in der Spaltenliste, beispielsweise

UPDATE $(C_1, C_2, \ldots, C_n)$,

als Kurzform für die n Spaltenberechtigungsaktionen

UPDATE (C_1), **UPDATE** (C_2), $\ldots$, **UPDATE** (C_n).

Die explizite Spezifikation von **SELECT**- bzw. **INSERT**-Spaltenberechtigungsaktionen ist erst im vollen Sprachumfang vorgesehen. Intern werden aber auch **SELECT**- bzw. **INSERT**-Spaltenberechtigungsaktionen eingetragen und verwaltet.

Durch Spezifikation von **USAGE** wird eine Verwendungsberechtigung angesprochen. In Core SQL ist die **USAGE**-Berechtigung nur für benutzerdefinierte Typen anwendbar, wobei der benutzerdefinierte Typ durch das Schlüsselwort **TYPE** und den entsprechenden benutzerdefinierten Typnamen identifiziert wird.

Durch Spezifikation von **EXECUTE** wird die Ausführungsberechtigung für eine Schema-Routine angesprochen. Die entsprechende Schema-Prozedur oder Schema-Funktion wird dabei durch ihren spezifischen Routinebezeichner identifiziert.

Die Spezifikation von **ALL PRIVILEGES** ist äquivalent zu einer Liste aller Berechtigungen an dem durch Objektnamen identifizierten Schemaobjekt, über welche die laufende Benutzerkennung beim Absetzen der **GRANT**-Anweisung inklusive dem Weitergaberecht verfügt.[51]

Wie das folgende Syntaxdiagramm zeigt, ist eine Benutzerkennung ein einfacher Bezeichner. Eine Implementierung darf zusätzliche implementationsdefinierte Einschränkungen für ihre Benutzerkennungen vorsehen. Der Standard überläßt es auch der Implementierung, wie Benutzerkennungen angelegt bzw. entfernt werden und wie die Zuordnung zu den entsprechenden realen Benutzern erfolgt (vgl. 4.8.1).

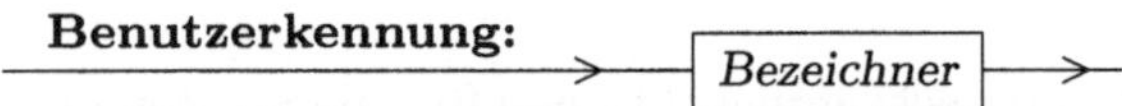

Benutzerkennung:

Die Verwendung von **PUBLIC** als individuelle Benutzerkennung ist aus naheliegenden Gründen verboten. Durch Spezifikation der "virtuellen Benutzerkennung" **PUBLIC** können Berechtigungen an alle Benutzer[52] weitergegeben werden, wobei auch später hinzukommende neue Benutzer miteinbezogen sind. Die Syntax läßt es zu, in derselben **GRANT**-Anweisung neben **PUBLIC** auch explizite Benutzerkennungen zu spezifizieren. Das erscheint zunächst überflüssig. Es kann aber manchmal sinnvoll sein, von

---

[51]Wenn die **GRANT**-Anweisung als Schemaelement einer **CREATE SCHEMA**-Anweisung auftritt, gelten die diesbezüglichen Bemerkungen bei der Besprechung von *Objektname* sinngemäß.

[52]Genaugenommen müßte es heißen: "an alle Benutzerkennungen der SQL-Umgebung" (vgl. 4.8.1).

dieser Möglichkeit Gebrauch zu machen, wenn man bedenkt, daß eine explizit gewährte Berechtigung auch nur explizit — also nicht durch REVOKE ... FROM PUBLIC (vgl. 4.5.5) — entzogen werden kann.

Die **expliziten Wirkungen** der GRANT-Anweisung bestehen darin, daß die in der GRANT-Anweisung spezifizierten Berechtigungen gewährt werden. Alle Bestandteile ergeben sich dabei in naheliegender Weise aus der GRANT-Anweisung:

a) Das Objekt ergibt sich aus dem angegebenen Objektnamen.

b) Die Berechtigungsaktionen sind entweder explizit spezifiziert (inklusive etwaiger impliziter Spaltenberechtigungsaktionen) oder es handelt sich — bei ALL PRIVILEGES — überhaupt um alle für das Objekt anwendbaren Berechtigungsaktionen.[53]

c) Der Gewährende ist die laufende Benutzerkennung der GRANT-Anweisung.

d) Die Berechtigten sind die spezifizierten Benutzerkennungen bzw. die virtuelle Benutzerkennung PUBLIC.

e) Das Weitergaberecht ergibt sich daraus, ob WITH GRANT OPTION spezifiziert ist oder nicht.

Wenn gemäß (b) nur eine einzige Berechtigungsaktion (explizit oder implizit) und gemäß (d) nur eine einzige Benutzerkennung (inklusive der virtuellen Benutzerkennung PUBLIC) spezifiziert sind, wird durch die GRANT-Anweisung nur eine einzige Berechtigung spezifiziert. Ansonsten sind es mehrere, für jede Kombination aus Berechtigungsaktion und Benutzerkennung je eine.

Von den durch die GRANT-Anweisung spezifizierten Berechtigungen können selbstverständlich nur diejenigen weitergewährt werden, über welche die laufende Benutzerkennung mit dem Weitergaberecht verfügt.[54] Die spezifizierten und tatsächlich verfügbaren Berechtigungen heißen *identifizierte* Berechtigungen. Wenn die laufende Benutzerkennung für eine in der GRANT-Anweisung spezifizierte Berechtigungsaktion an einem

---

[53]Wie bereits erwähnt, ist ALL PRIVILEGES an sich nicht so rigoros zu verstehen, sondern meint nur alle Berechtigungsaktionen, über welche die laufende Benutzerkennung tatsächlich mit dem Weitergaberecht verfügt.

[54]Oder etwas technischer ausgedrückt: Damit eine durch die GRANT-Anweisung spezifizierte Berechtigung B tatsächlich gewährt werden kann, muß es eine eingetragene Berechtigung mit dem Weitergaberecht geben, welche die laufende Benutzerkennung oder PUBLIC als Berechtigten hat und in den Bestandteilen (a) und (b) mit B übereinstimmt.

Objekt nicht selbst über die entsprechende Berechtigung verfügt oder
— im Falle von **ALL PRIVILEGES** — es überhaupt keine identifizierte
Berechtigung gibt, wird eine Abschlußbedingung *warning — privilege
not granted* gesetzt. Im übrigen muß die laufende Benutzerkennung der
GRANT-Anweisung natürlich die entsprechenden Zugriffsregeln, insbesondere (*R.9*) erfüllen.

Bei der Eintragung der identifizierten Berechtigungen wird darauf geachtet, daß die Menge aller eingetragenen Berechtigungen frei von Redun-
danzen bleibt:

- Wenn es von einer Berechtigung mehrere, in allen Bestandteilen
  übereinstimmende Exemplare gibt, wird nur ein einziges Exemplar
  eingetragen.

- Wenn zwei Berechtigungen in allen Bestandteilen bis auf das Weitergaberecht übereinstimmen, wird nur die Berechtigung mit der
  GRANT-Option eingetragen.

Die **Nebenwirkungen** der **GRANT**-Anweisung werden am besten durch
ein Beispiel motiviert. Nehmen wir an, der Besitzer eines Views hat die
SELECT-Tabellenberechtigung an seinem View ohne das Weitergaberecht,
weil ihm für einen in der Viewformel vorkommenden Tabellennamen T
die **GRANT**-Option in der **SELECT**-Tabellenberechtigung fehlt. Wenn ihm
durch eine spätere **GRANT**-Anweisung die **SELECT**-Tabellenberechtigung
für T inklusive der **GRANT**-Option *explizit* gewährt wird, wird ihm als *Nebenwirkung* auch die **GRANT**-Option für die **SELECT**-Tabellenberechtigung
an seinem View eingetragen. Durch diesen Nachtrag ist das Ergebnis das
gleiche, als ob er schon bei der Definition seines Views das Weitergaberecht für die **SELECT**-Tabellenberechtigung an T gehabt hätte.

Auf diese Weise wird für alle Schemaobjekte vorgegangen, bei deren Definition der Umfang der für den Besitzer einzutragenden Besitzerberechtigungen von der Verfügbarkeit anderer Berechtigungen abhängt. Diese
Schemaobjekte sind: Views und Schema-Routinen.[55] Wenn der Besitzer
eines solchen Objekts durch eine **GRANT**-Anweisung zusätzliche Berechtigungen erhält, die den Umfang der bei der Definition des Objekts einzutragenden Berechtigungen erweitert hätten, dann wird der Umfang der

---

[55]Der Besitzer einer Basistabelle oder eines benutzerdefinierten Typs wird schon bei
der Definition mit allen anwendbaren Berechtigungen inklusive dem Weitergaberecht ausgestattet (vgl. 4.5.3). Daher kann die **GRANT**-Anweisung hier zu keiner
Erweiterung der Besitzerberechtigungen führen.

für sein Objekt eingetragenen Besitzerberechtigungen entsprechend erweitert. Somit verfügt der Besitzer dann über alle Besitzerberechtigungen, über die er verfügen würde, wenn er sein Schemaobjekt erst jetzt definiert hätte. Für einen solchen als Nebenwirkung der GRANT-Anweisung vorgenommenen Nachtrag kommen die folgenden Berechtigungen bzw. das Weitergaberecht dafür in Frage:

Für den Besitzer eines Views können nachgetragen werden (vgl. 4.5.3):

a) Das Weitergaberecht für die SELECT-Tabellenberechtigung.

b) Für einen mutierbaren View kommen auch die INSERT-, UPDATE-oder DELETE-Tabellenberechtigung (eventuell mit dem Weitergaberecht) bzw. das Weitergaberecht für eine bereits bestehende IN-SERT-, UPDATE- oder DELETE-Tabellenberechtigung in Frage. Im Fall von INSERT und UPDATE impliziert die jeweilige Tabellenberechtigung auch alle entsprechenden Spaltenberechtigungen bzw. das Weitergaberecht dafür.

c) Für einen mutierbaren View kommt außerdem der Nachtrag einer UPDATE-Spaltenberechtigung (eventuell mit dem Weitergaberecht) bzw. des Weitergaberechts für eine bereits bestehende UPDATE-Spaltenberechtigung in Betracht.

Für den Besitzer einer SQL-Routine kommt nur der Nachtrag der GRANT-Option für die EXECUTE-Berechtigung in Frage (vgl. 4.5.3).

4.5.5 Die REVOKE-Anweisung

Mit Hilfe der REVOKE-Anweisung können Berechtigungen bzw. das Weitergaberecht für Berechtigungen wieder entzogen werden. Das kann natürlich nur unter der Voraussetzung geschehen, daß die laufende Benutzerkennung, welche die REVOKE-Anweisung absetzt, die zu entziehende Berechtigung früher einmal gewährt hat und daß diese Berechtigung noch eingetragen ist.

Außerdem kann die REVOKE-Anweisung als Nebenwirkung auch die implizite Löschung von Berechtigungen bzw. des Weitergaberechts für Berechtigungen (im vollen Sprachumfang sogar die Löschung der Definitionen von Schemaobjekten) nach sich ziehen. Das folgende Syntaxdiagramm der REVOKE-Anweisung geht etwas über den Sprachumfang von Core SQL hinaus, weil Core SQL die Spezifikation von GRANT OPTION FOR noch nicht vorsieht.

REVOKE - Anweisung:

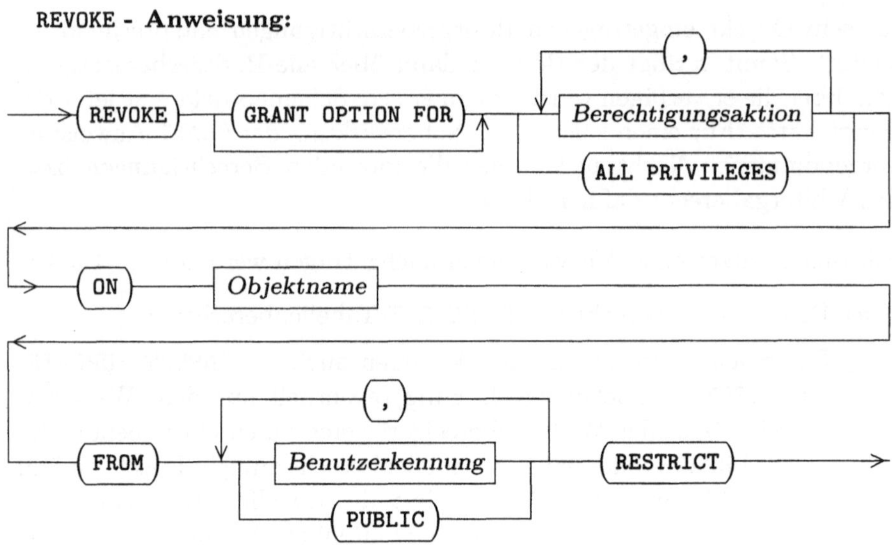

Die **REVOKE**-Anweisung ist das Gegenstück zur **GRANT**-Anweisung und entspricht dieser auch sinngemäß bis auf zwei Abweichungen: Durch Spezifikation von **GRANT OPTION FOR** kann das Weitergaberecht allein angesprochen werden. Außerdem muß ein **DROP**-Verhalten angegeben werden, und in Core SQL kommt dafür nur **RESTRICT** in Frage.

Die **expliziten Wirkungen** der **REVOKE**-Anweisung bestehen darin, daß die in der **REVOKE**-Anweisung spezifizierten Berechtigungen bzw. **GRANT**-Optionen von Berechtigungen wieder entzogen werden. Alle Bestandteile ergeben sich in naheliegender Weise aus der **REVOKE**-Anweisung:

a) Das Objekt ergibt sich aus dem angegebenen Objektnamen.

b) Die Berechtigungsaktionen sind entweder explizit spezifiziert (inklusive etwaiger impliziter Spaltenberechtigungsaktionen) oder es handelt sich — bei **ALL PRIVILEGES** — überhaupt um alle dem Berechtigten an dem Objekt eingeräumten Berechtigungsaktionen.

c) Der Gewährende ist die laufende Benutzerkennung der **REVOKE**-Anweisung.

d) Die Berechtigten sind die spezifizierten Benutzerkennungen bzw. die virtuelle Benutzerkennung **PUBLIC**.

e) Wenn in der **REVOKE**-Anweisung **GRANT OPTION FOR** spezifiziert ist, soll nur das Weitergaberecht entzogen werden, die angesprochene Berechtigung an sich aber bestehen bleiben.

Wenn gemäß (b) nur eine einzige Berechtigungsaktion (explizit oder implizit) und gemäß (d) nur eine einzige Benutzerkennung (einschließlich der virtuellen Benutzerkennung PUBLIC) spezifiziert ist, wird durch die REVOKE-Anweisung nur eine einzige Berechtigung spezifiziert. Ansonsten werden mehrere Berechtigungen spezifiziert, für jede Kombination aus Berechtigungsaktion und Benutzerkennung je eine.

Von diesen durch die REVOKE-Anweisung spezifizierten Berechtigungen können natürlich nur diejenigen entzogen werden, über welche die Berechtigten tatsächlich verfügen.[56] Außerdem kann eine explizit gewährte Berechtigung auch nur explizit — also nicht durch REVOKE ... FROM PUBLIC — entzogen werden. Die spezifizierten und tatsächlich verfügbaren Berechtigungen heißen — wie bei der GRANT-Anweisung — die *identifizierten* Berechtigungen. Es gilt in Analogie zur GRANT-Anweisung: Wenn es für eine durch die REVOKE-Anweisung spezifizierte Berechtigung keine entsprechende Eintragung gibt oder — im Falle von ALL PRIVILEGES — es überhaupt keine identifizierte Berechtigung gibt, wird eine Abschluß-bedingung *warning — privilege not revoked* gesetzt. Im übrigen muß die laufende Benutzerkennung der REVOKE-Anweisung natürlich die entsprechenden Zugriffsregeln, insbesondere (*R.9*) erfüllen.

Die Wirkungen der REVOKE-Anweisung sind davon abhängig, ob GRANT OPTION FOR angegeben ist oder nicht:

- Wenn GRANT OPTION FOR nicht angegeben ist, sind alle identifizierten Berechtigungseinträge zu löschen.

- Wenn GRANT OPTION FOR angegeben ist, wird aus den identifizierten Berechtigungseinträgen nur das Weitergaberecht gestrichen.

Wir müssen noch auf das DROP-Verhalten der REVOKE-Anweisung eingehen, für das in Core SQL nur RESTRICT angegeben werden kann. Im vollen Sprachumfang ist auch CASCADE vorgesehen. Damit hat es folgende Bewandtnis: Eine durch REVOKE explizit entzogene Berechtigung bzw. das entzogene Weitergaberecht für eine Berechtigung kann eine Voraussetzung für die Eintragung einer anderen Berechtigung bzw. eines Weitergaberechts darstellen. Die expliziten Wirkungen der REVOKE-Anweisung

---

[56]Oder etwas technischer ausgedrückt: Damit eine durch die REVOKE-Anweisung spezifizierte Berechtigung B tatsächlich entzogen werden kann, muß es eine eingetragene Berechtigung geben, welche in den Bestandteilen (a), (b), (c) und (d) mit B übereinstimmt. Wenn gemäß (e) nur das Weitergaberecht entzogen werden soll, muß dieses natürlich in der entsprechenden Berechtigung eingetragen sein.

können somit dazu führen, daß die Voraussetzungen zur Gewährung anderer Berechtigungen bzw. des Weitergaberechts für andere Berechtigungen wegfallen. Diese hängen nun sozusagen "in der Luft", weil die Voraussetzungen zu ihrer Eintragung nicht mehr gegeben sind. Davon können auch die Deskriptoren anderer Schemaobjekte (beispielsweise eines Views) betroffen sein, weil ihr Besitzer eine für ihre Definition vorausgesetzte Berechtigung verliert oder eine zu ihrer Definition nötige Zugriffsregel nicht mehr erfüllt (vgl. 4.5.3). Um die Menge aller eingetragenen Berechtigungen und auch der übrigen, von gewissen Berechtigungen abhängigen Deskriptoren konsistent zu halten,[57] gibt es im Prinzip zwei Möglichkeiten:

Eine Möglichkeit besteht darin, als **Nebenwirkung** der `REVOKE`-Anweisung auch alle Berechtigungen, eingetragenen Weitergaberechte und Deskriptoren von anderen Schemaobjekten zu löschen, die eine zu ihrer Definition vorausgesetzte Berechtigung verlieren oder eine zu ihrer Definition nötige Zugriffsregel nicht mehr erfüllen, was natürlich weitere Nebenwirkungen nach sich ziehen kann. Diese Möglichkeit kann erst im vollen Sprachumfang gewählt werden, indem man als `DROP`-Verhalten `CASCADE` angibt. In Core SQL muß immer `RESTRICT` angegeben werden, was auf die zweite Möglichkeit hinausläuft: Unter `RESTRICT` wird die `REVOKE`-Anweisung im allgemeinen zurückgewiesen, wenn Nebenwirkungen ausgelöst würden. Die einzigen zulässigen Nebenwirkungen bestehen im Streichen von Weitergaberechten.

Im Zusammenhang mit den Nebenwirkungen der `REVOKE`-Anweisung entwickelt der Standard eine recht reichhaltige Terminologie. Die wichtigsten Begriffe lauten: *unmittelbar abhängige* Berechtigung, *modifizierte* Berechtigung, *Abhängigkeitsgraph* und *aufgegebene* Berechtigung. Dieses begriffliche Instrumentarium erleichtert die Analyse der Situation, die aus den expliziten Wirkungen der `REVOKE`-Anweisung resultiert, und ermöglicht eine auf dem Abhängigkeitsgraph der Berechtigungen basierende, effektive Bestimmung der gegebenenfalls erforderlichen Nebenwirkungen.

Das folgende abschließende Beispiel soll die `REVOKE`-Anweisung und ihre Wirkungen illustrieren: Nehmen wir an, Benutzerkennung `A` ist Besitzer

---

[57]Das bedeutet, daß für jede eingetragene Berechtigung zu jedem Zeitpunkt (und nicht bloß zum Zeitpunkt ihrer Eintragung) die Voraussetzungen für ihre Eintragung erfüllt sein müssen. Das gilt natürlich analog für ein eingetragenes Weitergaberecht und den Deskriptor eines Schemaobjekts, dessen Definition bestimmte Berechtigungen voraussetzt.

der Tabelle **T**, die natürlich zu seinem Schema **A** gehört. Benutzerkennung **A** hat Benutzerkennung **B** die **SELECT**-Berechtigung mitsamt dem Weitergaberecht durch

(1)   **GRANT SELECT ON T TO B WITH GRANT OPTION**

eingeräumt. Nachdem Benutzer **B** durch diese **GRANT**-Anweisung über die **SELECT**-Berechtigung an **T** verfügt, kann er einen View **V** auf Tabelle **T** definieren:

(2)   **CREATE VIEW V AS SELECT * FROM A.T WHERE ...**

Dadurch wird er zum Besitzer von **V** und bekommt die **SELECT**-Berechtigung an **V** mit der **GRANT**-Option eingetragen, da er auch für die **SELECT**-Berechtigung an **A.T** das Weitergaberecht hat. Benutzerkennung **B** ihrerseits gewährt die **SELECT**-Berechtigung für Tabelle **T** mittels

(3)   **GRANT SELECT ON A.T TO C**

an Benutzerkennung **C** weiter. Außerdem erhält Benutzerkennung **C** von **B** durch

(4)   **GRANT SELECT ON V TO C**

die **SELECT**-Berechtigung für den View **V**. Tabelle 4.1 zeigt die resultierenden Berechtigungen, inklusive der Besitzerberechtigung B_0 von Benutzer **A** an seiner Tabelle **T**.[58]

	Aktion	Objekt	Berechtigter	Gewährender	GRANT-Option
B_0	SELECT	A.T	A	_SYSTEM	ja
B_1	SELECT	A.T	B	A	ja
B_2	SELECT	B.V	B	_SYSTEM	ja
B_3	SELECT	A.T	C	B	nein
B_4	SELECT	B.V	C	B	nein

Tabelle 4.1: Deskriptoren der resultierenden Berechtigungen

Benutzerkennung **B** könnte die beiden durch (3) bzw. (4) an **C** gewährten Berechtigungen B_3 bzw. B_4 mittels

(5)   **REVOKE SELECT ON A.T FROM C RESTRICT**

---

[58]Die mit den **SELECT**-Tabellenberechtigungen verknüpften **SELECT**-Spaltenberechtigungen wurden weggelassen.

bzw.

(6)   **REVOKE SELECT ON V FROM C RESTRICT**

wieder entziehen. Nach Durchführung dieser beiden **REVOKE**-Anweisungen
hätte Benutzer **A** keine Probleme, die **REVOKE**-Anweisung

(7)   **REVOKE GRANT OPTION FOR SELECT ON T FROM B RESTRICT**

auszuführen. Die Wirkung von (7) würde darin bestehen, daß aus den
SELECT-Berechtigungen B_1 und B_2 jeweils die **GRANT**-Option gestrichen
wird. Die **REVOKE**-Anweisung

(8)   **REVOKE SELECT ON T FROM B RESTRICT**

wird aber zurückgewiesen. Die durch diese **REVOKE**-Anweisung identifizierte Berechtigung B_1 ist nämlich Voraussetzung für die **SELECT**-Be-
rechtigung B_2 von Benutzer **B** an seinem View **V**.

Wenn Benutzer **B** vorher nicht (5) und (6) abgesetzt und damit die Berechtigungen B_3 und B_4 gelöscht hätte, käme es auch zur Zurückweisung
von (7). B_3 setzt nämlich die **GRANT**-Option in B_1 und B_4 die **GRANT**-
Option in B_2 voraus. Beide Einträge der **GRANT**-Option würden durch
Ausführung von (7) wegfallen.

Im vollen Sprachumfang kann man die Durchführung der **REVOKE**-Anwei-
sung durch Spezifikation von **CASCADE** erzwingen, wobei aber auch alle
Nebenwirkungen zum Tragen kommen. Das bedeutet, daß bei der eben
besprochenen Ausführung von (7) mit einem **DROP**-Verhalten von **CASCADE**
nicht nur die **GRANT**-Optionen aus B_1 und B_2 gestrichen werden, sondern
als Nebenwirkungen auch die Berechtigungen B_3 und B_4 untergehen.

4.5.6   Löschen der Definition eines Schemaobjekts

Es versteht sich von selbst, daß nach dem Löschen des Deskriptors eines Schemaobjekts keine Berechtigungen an dem gelöschten und somit
nicht mehr existierenden Objekt bestehen bleiben können. Es müssen
daher als Nebenwirkung der entsprechenden **DROP**-Anweisung auch alle
Berechtigungen an dem zu löschenden Schemaobjekt gestrichen werden.
Das betrifft nicht nur die Besitzerberechtigungen an dem zu entfernenden
Schemaobjekt, sondern auch allfällige weitergewährte Berechtigungen an
diesem Objekt. Die folgende Aufstellung gibt alle Schemaobjekte an, bei
deren Definition Besitzerberechtigungen eingetragen werden (vgl. 4.5.3)

und deren Löschung folglich auch die eben angegebenen Nebenwirkungen mitumfassen muß:

1) Basistabellen,
2) Views,
3) benutzerdefinierte Typen,
4) Schema-Routinen.

ad 1) Basistabellen

Die Definition einer Basistabelle wird mit der DROP TABLE - Anweisung gelöscht. Die erfolgreiche Ausführung der DROP TABLE - Anweisung setzt unter anderem voraus, daß es keine von der zu löschenden Basistabelle abhängigen Objekte gibt, weil in Core SQL als DROP-Verhalten nur RESTRICT in Frage kommt (vgl. 4.1.2). Sei T der Name der Basistabelle, deren Definition gelöscht werden soll. Wenn die DROP TABLE - Anweisung erfolgreich ausgeführt werden kann, wird der Deskriptor der Basistabelle T und alle Berechtigungen an T entfernt.

ad 2) Views

Die Definition eines Views wird mit der DROP VIEW - Anweisung gelöscht. Die erfolgreiche Ausführung der DROP VIEW - Anweisung setzt unter anderem voraus, daß es keine vom zu löschenden View abhängigen Objekte gibt, weil in Core SQL als DROP-Verhalten nur RESTRICT in Frage kommt (vgl. 4.2.2). Sei V der Name des Views, dessen Definition gelöscht werden soll. Wenn die DROP VIEW - Anweisung erfolgreich ausgeführt werden kann, wird der Deskriptor des Views V und alle Berechtigungen an V entfernt.

ad 3) Benutzerdefinierte Typen

Die Definition eines benutzerdefinierten Typs wird mit der DROP TYPE - Anweisung gelöscht. Die erfolgreiche Ausführung der DROP TYPE - Anweisung setzt unter anderem voraus, daß es keine vom zu löschenden Typ abhängigen Objekte gibt, weil in Core SQL als DROP-Verhalten nur RESTRICT in Frage kommt (vgl. 4.3.2). Sei BDT der Name des benutzerdefinierten Typs, dessen Definition gelöscht werden soll. Wenn die DROP TYPE - Anweisung erfolgreich ausgeführt werden kann, wird der Deskriptor von BDT inklusive seiner beiden Cast-Funktionen und alle Berechtigungen an BDT und den zum BDT gehörenden Cast-Funktionen entfernt.

ad 4) Schema-Routinen

Die Definition einer Schema-Routine wird mit der DROP ROUTINE - Anweisung gelöscht. Die erfolgreiche Ausführung der DROP ROUTINE - Anweisung setzt unter anderem voraus, daß es keine von der zu löschenden Routine abhängigen Objekte gibt, weil in Core SQL als DROP-Verhalten nur RESTRICT in Frage kommt (vgl. 4.4.2). Sei R der Name der Schema-Routine, deren Definition gelöscht werden soll. Wenn die DROP ROUTINE - Anweisung erfolgreich ausgeführt werden kann, wird der Deskriptor der Schema-Routine R und alle Berechtigungen an R entfernt.

4.6 Schemata

Von der Besprechung der Berechtigungen im vorigen Abschnitt ist uns bekannt, daß jedes Schemaobjekt genau einen Besitzer hat. Die Schemaobjekte eines Benutzers — also alle seine Tabellen (Basistabellen oder Views), benutzerdefinierten Typen und Schema-Routinen — werden in einem *Schema* zusammengefaßt, zu dem auch die vom Benutzer weitergewährten Berechtigungen gehören. Jedes Schema hat einen Schemanamen und einen Besitzer, wobei der Besitzer durch seine Benutzerkennung identifiziert wird. Die Benutzerkennung des Schemabesitzers wird *Benutzerkennung des Schemas* genannt und der Besitzer des Schemas ist gleichzeitig der Besitzer aller zum Schema gehörenden Schemaobjekte. In Core SQL wird die Benutzerkennung des Schemas zwingend als *Schemaname* übernommen. Diese Regelung hat natürlich zur Folge, daß ein Benutzer in Core SQL nicht mehrere Schemata besitzen kann. Auf der nächsthöheren Ebene werden Schemata zu einem *Katalog* zusammengefaßt. In der Regel werden die in einem Katalog zusammengefaßten Schemata logisch oder organisatorisch zusammengehören. In Core SQL ist die explizite Verwendung von Katalognamen zwar noch nicht vorgesehen, trotzdem gehört ein Schema auch schon in Core SQL immer zu einem bestimmten Katalog.

Ein Schema wird durch Ausführen einer CREATE SCHEMA - Anweisung definiert, wodurch der Deskriptor des Schemas angelegt wird. Dieser kann später durch Ausführen einer DROP SCHEMA - Anweisung wieder entfernt werden. Auf die CREATE SCHEMA - bzw. DROP SCHEMA - Anweisung wird in 4.6.1 bzw. 4.6.2 eingegangen. Die Namen der diversen Schemaobjekte können wahlweise auch mit dem Schemanamen des enthaltenden Schemas qualifiziert werden. Wenn der Name eines Schemaobjekts keinen qualifizierenden Schemanamen beinhaltet, wird implizit ein entsprechender Schemaname ergänzt. Die impliziten oder expliziten Schemanamen müssen im Prinzip auch einem Katalog zugeordnet werden. Da die explizite Verwendung von Katalognamen in Core SQL noch nicht vorgesehen ist, kann diese Zuordnung nur durch implizite Qualifizierung mit einem Katalognamen erfolgen. Alle diesbezüglichen Regeln werden in 4.6.3 behandelt.

4.6.1 Anlegen einer Schemadefinition

Die Definition eines Schemas wird mit der **CREATE SCHEMA** - Anweisung (*schema definition*) angelegt. Zur Ausführung einer **CREATE SCHEMA** - Anweisung sind gemäß Zugriffsregel (*R.1*) besondere implementationsdefinierte Berechtigungen erforderlich (vgl. 4.5.2). In Core SQL sieht das Syntaxdiagramm folgendermaßen aus:

CREATE SCHEMA - Anweisung:

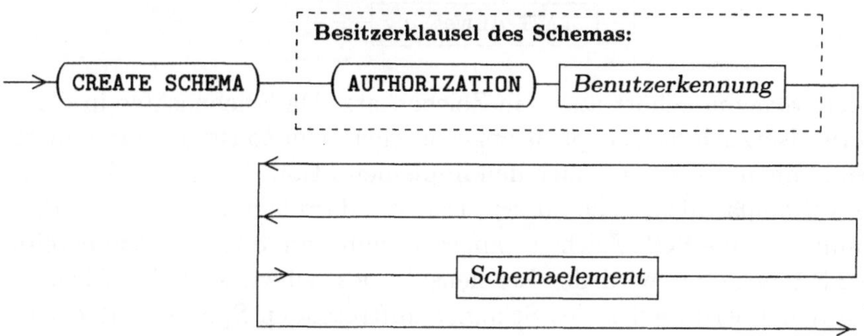

In der *Besitzerklausel des Schemas* wird die Benutzerkennung des Schemas festgelegt.[59] Die *Benutzerkennung des Schemas* gibt den Besitzer des Schemas und damit der zum Schema gehörenden Schemaobjekte an. Während der Ausführung der **CREATE SCHEMA** - Anweisung wird die Benutzerkennung des Schemas auch als laufende Benutzerkennung genommen (vgl. 4.5.1). Jedes Schema hat einen *Schemanamen*. In Core SQL kann der Schemaname nicht frei gewählt werden. Vielmehr wird die Benutzerkennung des Schemas automatisch als Schemaname übernommen.

---

[59]Wir haben den Standardterm *schema name clause* als 'Besitzerklausel des Schemas' eingedeutscht, weil dadurch die Entsprechung zur 'Besitzerklausel des Moduls' (*module authorization clause*) deutlicher wird (vgl. 6.1).

Als Schemaelemente einer **CREATE SCHEMA** - Anweisung können alle Schemadefinitionsanweisungen mit Ausnahme der **CREATE SCHEMA** - Anweisung selbst verwendet werden. Das Syntaxdiagramm zeigt, daß es beim Anlegen einer Schemadefinition auch zulässig ist, zunächst mit einem leeren Schema zu beginnen und die Definitionen der dazugehörigen Schemaobjekte erst später durch selbständige Schemadefinitionsanweisungen 'inkrementell' hinzuzufügen. Bezüglich der zur Durchführung der einzelnen Schemadefinitionsanweisungen notwendigen Berechtigungen und der im Zuge der Durchführung einzutragenden neuen Berechtigungen sei auf Abschnitt 4.5 verwiesen.

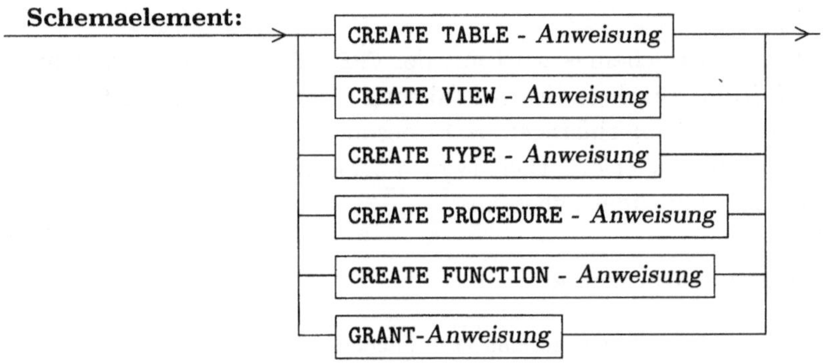

Zu jedem Schema gehört auch ein Zeichensatz. Da Zeichensätze in Core SQL grundsätzlich nicht explizit angesprochen oder sonstwie manipuliert werden können, kann man auch den implementationsdefinierten *Zeichensatz des Schemas* nicht beeinflussen. Der Standard legt aber fest, daß dieser zumindest alle SQL-Zeichen umfassen muß (vgl. 3.2.1.1). Wie bereits aus 3.2.3.1 bekannt, wird der Zeichensatz des Schemas als Zeichensatz aller in den Basistabellen des Schemas auftretenden Spalten mit einem Zeichenketten-Typ genommen.

Zu einem Schema gehört im Prinzip auch sein *Default-Katalogname*. Obwohl die explizite Verwendung von Katalognamen in Core SQL noch nicht vorgesehen ist, hat jedes Schema einen Default-Katalognamen. Dieser legt fest, zu welchem Katalog das Schema gehört. Der Default-Katalogname des Schemas wird zur impliziten Qualifizierung aller in der **CREATE SCHEMA** - Anweisung enthaltenen Schemanamen verwendet. In Core SQL ergibt sich der Default-Katalogname des Schemas folgendermaßen (vgl. 4.6.3):

- In direktem SQL wird immer der Default-Katalogname der SQL-Sitzung genommen.

- Sonst wird der Default-Katalogname des Moduls genommen, zu
  dem die **CREATE SCHEMA** - Anweisung gehört.

Schließlich gehört zu einem Schema noch sein *SQL-Pfad*. Ein SQL-Pfad
ist eine geordnete Menge von Schemanamen, wobei diese mit dem jeweiligen Katalognamen qualifiziert sind. Alle Schemata im *SQL-Pfad des
Schemas* müssen dem Default-Katalog des Schemas zugeordnet sein. Das
durch die **CREATE SCHEMA** - Anweisung zu definierende Schema muß immer zum SQL-Pfad des Schemas gehören, ebenso das Informationsschema (vgl. 4.8). Die explizite Definition oder Verwendung von SQL-Pfaden
ist erst im vollen Sprachumfang vorgesehen. In Core SQL ist der SQL-Pfad des Schemas daher nur implementationsdefiniert. Wenn die **CREATE
SCHEMA** - Anweisung einen Routineaufruf mit einem einfachen Routinenamen enthält, wird der SQL-Pfad des Schemas zur Bestimmung der
aufzurufenden Routine eingesetzt (vgl. 4.4.3). Auch wenn in der **CREATE
SCHEMA** - Anweisung ein einfacher schema-qualifizierter Typname als Datentyp auftritt, wird zur impliziten Ergänzung des fehlenden Schemanamens auf den SQL-Pfad des Schemas zurückgegriffen (vgl. 4.6.3).

4.6.2 Löschen einer Schemadefinition

Der Deskriptor eines Schemas kann mittels der **DROP SCHEMA** - Anweisung
gelöscht werden. Diese gehört zu den Schemamanipulationsanweisungen
und wird an sich erst im vollen Sprachumfang unterstützt. Für ein praxistaugliches DBMS ist eine derartige Anweisung aber unverzichtbar, und
daher wollen auch wir kurz auf die **DROP SCHEMA** - Anweisung eingehen,
obwohl sie eigentlich nicht zu Core SQL gehört. Das Syntaxdiagramm
sieht folgendermaßen aus.

DROP SCHEMA - Anweisung:

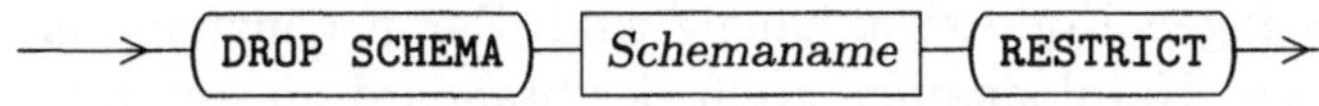

Der Schemaname bezeichnet natürlich das Schema, dessen Definition
gelöscht werden soll. Es muß sich dabei um ein existierendes Schema der
laufenden Benutzerkennung handeln, welche die **DROP SCHEMA** - Anweisung absetzt (vgl. 4.5.2, Zugriffsregel (*R.2*)). Unter **RESTRICT** muß das
zu löschende Schema leer sein. Wenn die zu löschende Schemadefinition
noch Deskriptoren von Schemaobjekten enthält, wird die **DROP SCHEMA** -
Anweisung in diesem Fall zurückgewiesen. Wie für die übrigen **DROP-**

Anweisungen kommt im vollen Sprachumfang von SQL-99 grundsätzlich auch ein `DROP`-Verhalten von `CASCADE` in Frage, in welchem Fall noch im Schema vorhandene Deskriptoren mit untergehen, wobei es zu einem weiteren 'Kaskadieren' kommen kann.

4.6.3   Implizite Schemanamen und Katalognamen

Tabellennamen,[60] schema-qualifizierte Routinenamen und spezifische Namen sind *schema-qualifizierte Namen* (vgl. 4.1.1, 4.4.1), also Namen, die einen optionalen Schemanamen umfassen. Das gleiche gilt für benutzerdefinierte Typnamen. Diese sind *schema-qualifizierte Typnamen* und auch hier ist der qualifizierende Schemaname nur optional (vgl. 4.3.1). Auch der beim Aufruf einer Schema-Routine zu verwendende *Routinename* kann wahlweise mit einem Schemanamen qualifiziert werden (vgl. 4.4.3). Für alle diese Namen sieht der Standard ein System von Regeln zur impliziten Ergänzung fehlender Schemanamen vor.

Es wurde bereits erwähnt, daß Schemata auf der nächsthöheren Ebene zu Katalogen zusammengefaßt werden. Jedes Schema gehört somit zu einem Katalog und im vollen Sprachumfang kann der entsprechende Katalogname zur Qualifizierung eines einfachen Schemanamens verwendet werden. Auch hier sieht der Standard Regeln zur impliziten Ergänzung fehlender Katalognamen vor. In Core SQL ist die explizite Verwendung von Katalognamen zwar noch nicht vorgesehen, trotzdem kommen die Regeln zur impliziten Ergänzung fehlender Katalognamen zur Anwendung.

Die im folgenden zusammengestellten Regeln geben an, welcher Katalogname bzw. Schemaname jeweils implizit zu ergänzen ist, um einen vollständigen Schemanamen bzw. einen vollständigen qualifizierten Namen zu erhalten. Diese Regeln dienen nicht nur der Bequemlichkeit des Benutzers, sondern erhöhen auch die Flexibilität, weil die implizit ergänzten Namen vom jeweiligen Kontext abhängig sind. Zur Ergänzung der fehlenden Schema- bzw. Katalognamen greift der Standard im wesentlichen auf die folgenden Schema- und Katalognamen zurück:

- Der *Schemaname* eines *Schemas* wird bei Durchführung der entsprechenden `CREATE SCHEMA` - Anweisung festgelegt und ergibt sich

---

aus der Besitzerklausel des Schemas. In Core SQL wird die Benutzerkennung des Schemas als Schemaname übernommen. Auch der *Default-Katalogname des Schemas* wird bei Durchführung der **CREATE SCHEMA** - Anweisung festgelegt. In Core SQL handelt es sich dabei immer nur um einen implementationsdefinierten Namen (vgl. 4.6.1).

– Der *Default-Schemaname des Moduls* kann in der Besitzerklausel des Moduls explizit angegeben werden. Wenn die Angabe fehlt, muß eine Benutzerkennung des Moduls vorhanden sein, die dann als Default-Schemaname des Moduls übernommen wird. Der *Default-Katalogname des Moduls* ist in Core SQL nur implementationsdefiniert (vgl. 6.1 und 7.2).

– Jede SQL-Sitzung hat einen *Default-Schemanamen* und *Default-Katalognamen der Sitzung*. Diese werden zu Beginn der Sitzung auf implementationsdefinierte Werte gesetzt und können in Core SQL nicht geändert werden (vgl. 8.3).

4.6.3.1 Implizite Katalognamen

Wenn ein **schema-qualifizierter Name**, ein **schema-qualifizierter Typname** oder ein **Routinename** einen expliziten Schemanamen umfaßt, wird dieser nach folgenden Regeln implizit mit einem Katalognamen qualifiziert:

1) Wenn der entsprechende Name in einer Schemadefinitionsanweisung auftritt, die als Schemaelement in einer **CREATE SCHEMA** - Anweisung verwendet wird, ist der Default-Katalogname des zu definierenden Schemas implizit.

2) Wenn der Name in einer Anweisung auftritt, die nicht im Rahmen einer **CREATE SCHEMA** - Anweisung verwendet wird, gilt in Abhängigkeit vom Binding Style:

   a) In direktem SQL ist der Default-Katalogname der SQL-Sitzung implizit.

   b) Ansonsten ist der Default-Katalogname des Moduls implizit.

4.6.3.2　Implizite Schemanamen

Für einen **schema-qualifizierten Namen** gelten die folgenden Regeln zur impliziten Ergänzung eines fehlenden Schemanamens:

1) Wenn der schema-qualifizierte Name in einer Schemadefinitionsanweisung auftritt, die als Schemaelement in einer **CREATE SCHEMA** - Anweisung verwendet wird, ist immer der Schemaname des Schemas inklusive dem Default-Katalognamen des Schemas implizit.

2) Wenn der schema-qualifizierte Name in einer Anweisung auftritt, die nicht im Rahmen einer **CREATE SCHEMA** - Anweisung verwendet wird, hängt es vom Binding Style ab:

    a) In direktem SQL wird der Default-Schemaname der SQL-Sitzung inklusive dem Default-Katalognamen der SQL-Sitzung genommen.

    b) Ansonsten wird der Default-Schemaname des Moduls inklusive dem Default-Katalognamen des Moduls genommen.

Ein **schema-qualifizierter Typname** kann nur ein benutzerdefinierter Typname sein. Wenn ein solcher schema-qualifizierter Typname nicht als *Datentyp*[61] auftritt, gelten für die implizite Ergänzung eines fehlenden Schemanamens genau die gleichen Regeln, wie für schema-qualifizierte Namen (siehe oben).

Wenn der schema-qualifizierte Typname andererseits als *Datentyp* auftritt, wird für die implizite Ergänzung eines fehlenden Schemanamens der jeweils maßgebliche SQL-Pfad herangezogen:

1) Wenn der schema-qualifizierte Typname in einer Schemadefinitionsanweisung auftritt, die als Schemaelement in einer **CREATE SCHEMA** - Anweisung verwendet wird, ist immer der *SQL-Pfad* des entsprechenden *Schemas* maßgeblich. Jedes Schema in diesem Pfad kann nur zum Default-Katalog des Schemas gehören (vgl. 4.6.1).

2) Wenn der schema-qualifizierte Typname in einer Anweisung auftritt, die nicht im Rahmen einer **CREATE SCHEMA** - Anweisung verwendet wird, hängt es vom Binding Style ab:

---

[61]Für die Verwendung als Datentyp kommen nur die Vorkommnisse von Datentyp in einer Spaltendefinition, **CAST**-Spezifikation, SQL-Parameterdeklaration einer SQL-Routine oder in der **RETURNS**-Klausel einer SQL-Funktion in Frage.

a) In direktem SQL ist der *SQL-Pfad der SQL-Sitzung* maßgeblich (vgl. 8.3).

b) Ansonsten ist der *SQL-Pfad des Moduls* maßgeblich. Jedes Schema in diesem Pfad kann nur zum Default-Katalog des Moduls gehören (vgl. 6.1).

Die im maßgeblichen SQL-Pfad angegebenen Schemata werden in der durch den SQL-Pfad vorgegebenen Reihenfolge durchsucht. Der Schemaname und Katalogname des ersten Schemas, das den Deskriptor eines benutzerdefinierten Typs mit einem übereinstimmenden einfachen benutzerdefinierten Typnamen enthält, wird zur impliziten Ergänzung des fehlenden Schemanamens und zu seiner weiteren impliziten Qualifizierung verwendet.

Ein **Routinename** kann nur im Rahmen eines Prozeduraufrufs bzw. eines Funktionsaufrufs auftreten. Wenn der Routinenamen dabei keinen qualifizierenden Schemanamen umfaßt, wird zur Bestimmung der aufzurufenden Prozedur bzw. Funktion auf den maßgeblichen SQL-Pfad zurückgegriffen. Auf die diesbezüglichen Regelungen wurde in 4.4.3.1 eingegangen.

4.7 Überblick: Schemaanweisungen

Es sei zunächst daran erinnert, daß der SQL-Standard die Schemaanweisungen (*SQL schema statements*) in *Schemadefinitionsanweisungen* und *Schemamanipulationsanweisungen* einteilt, wobei in die erste Gruppe die "reinen" DDL-Anweisungen fallen, während es in der zweiten Gruppe zu gewissen Überschneidungen von DDL- und DML-Aspekten kommen kann.

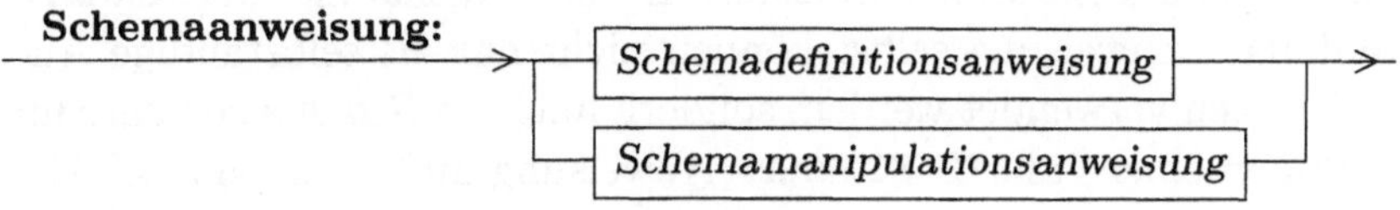

Mit Hilfe der Schemadefinitionsanweisungen wird das Schema eines Benutzers definiert, also alle seine Basistabellen, Views, benutzerdefinierten Typen, Schema-Routinen und die Rechte, die er anderen Benutzern an seinen Objekten einräumt. Durch die Schemamanipulationsanweisungen können die Deskriptoren der entsprechenden Schemaobjekte wieder aus dem Schema entfernt bzw. geändert[62] werden.

Schemadefinitionsanweisung:

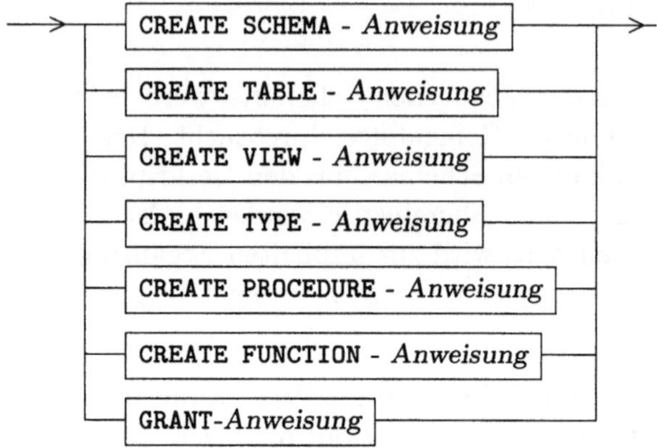

Schemamanipulationsanweisung:

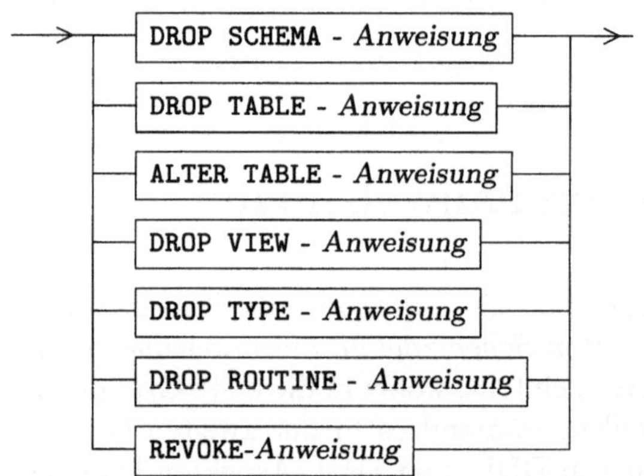

- Alle Schemadefinitionsanweisungen mit Ausnahme der **CREATE SCHEMA** - Anweisung selbst können nicht nur als selbständige Anweisungen verwendet werden, sondern auch als *Schemaelemente* im Rahmen einer **CREATE SCHEMA** - Anweisung auftreten (vgl. 4.6.1).

- Bezüglich der Verwendbarkeit der Schemaanweisungen in den verschiedenen *Binding-Styles* (vgl. 3.5.4) — also in direktem SQL, der

---

[62]In Core SQL gibt es nur eine einzige Schemamanipulationsanweisung zur Änderung eines bestehenden Deskriptors, nämlich die **ALTER TABLE** - Anweisung.

Modulsprache und in eingebettetem SQL — gilt, daß die Schemaanweisungen in jedem Binding-Style eingesetzt werden können.

- Hinsichtlich der *Transaktionsverarbeitung* (vgl. 8.4) gilt: Alle Schemaanweisungen können ausschließlich im Rahmen einer Transaktion auftreten bzw. lösen eine solche aus.

Zum Abschluß gibt die folgende Tabelle für jede Schemaanweisung die entsprechende Bezeichnung des Standards und Referenzen zu den Abschnitten an, in denen die jeweilige Anweisung besprochen worden ist.

schema definition	`CREATE SCHEMA` - Anweisung (4.6.1)
table definition	`CREATE TABLE` - Anweisung (4.1.1)
view definition	`CREATE VIEW` - Anweisung (4.2.1)
user-defined type definition	`CREATE TYPE` - Anweisung (3.2.5.1, 4.3.1)
schema procedure	`CREATE PROCEDURE` -Anweisung (4.4.1.1)
schema function	`CREATE FUNCTION` -Anweisung (4.4.1.2)
grant statement	`GRANT` - Anweisung (4.5.4)
drop schema statement	`DROP SCHEMA` - Anweisung (4.6.2)
drop table statement	`DROP TABLE` - Anweisung (4.1.2)
alter table statement	`ALTER TABLE` - Anweisung (4.1.3)
drop view statement	`DROP VIEW` - Anweisung (4.2.2)
drop data type statement	`DROP TYPE` - Anweisung (4.3.2)
drop routine statement	`DROP ROUTINE` - Anweisung (4.4.2)
revoke statement	`REVOKE` - Anweisung (4.5.5)

4.8   Die SQL-Umgebung

Im Verlaufe dieses Kapitels haben wir alle in Core SQL vorgesehenen Schemaobjekte (Basistabellen, Views, benutzerdefinierte Typen, Schema-Routinen und Berechtigungen) kennengelernt. Es ist uns bekannt, daß jedes Schemaobjekt zu einem Schema gehört und daß Schemata auf der nächsthöheren Ebene zu Katalogen zusammengefaßt werden. Diese strukturellen Vorgaben von SQL sind verbindlich und gehören zum Konzept der *SQL-Umgebung*. Die vollständige Struktur und die weiteren Komponenten der SQL-Umgebung werden im folgenden Abschnitt 4.8.1 besprochen. Im Rahmen der SQL-Umgebung sind auch zwei besondere Schemata vorgesehen, nämlich das *Informationsschema* und das *Definitionssche-ma*. Die Namen dieser beiden Schemata sind `INFORMATION_SCHEMA` und `DEFINITION_SCHEMA`. Mit Hilfe dieser beiden Schemata realisiert SQL das *Data Dictionary* (vgl. 1.3), worauf in 4.8.2 näher eingegangen wird.

4.8.1 Komponenten der SQL-Umgebung

Schemaobjekte haben ebenso wie die enthaltenden Schemata und Kataloge dauerhaften Bestand. Das bedeutet insbesondere, daß die Definitionen und Daten dieser Objekte über das Ende der SQL-Sitzung hinaus erhalten bleiben. SQL sieht zur Systematisierung und Strukturierung der dauerhaften SQL-Objekte das Konzept der *SQL-Umgebung* (*SQL-environment*) vor, das als Abstraktion einer realen relationalen DBMS-Installation aufgefaßt werden kann. Eine SQL-Umgebung umfaßt die folgenden Komponenten:

- Eine *SQL-Implementierung* (*SQL-implementation*), die zumindest Core SQL im Binding-Style der Modulsprache oder in eingebettetem SQL unterstützt. Der SQL-Standard geht dabei effektiv von einer Client-Server-Architektur aus: Die SQL-Implementierung besteht also aus einem SQL-Client und einem oder mehreren SQL-Servern (vgl. 8.1).

- Eine Menge von *Benutzerkennungen* (vgl. 4.5). Die Benutzerkennungen repräsentieren die Benutzer der SQL-Umgebung und müssen in der SQL-Umgebung eindeutig sein. Die für eine Benutzerkennung zulässigen Bezeichner können noch zusätzlichen implementationsdefinierten Einschränkungen unterliegen.

- Eine Menge von *Modulen* (vgl. 6.1, 7.2). Durch einen Modul werden SQL-Anweisungen zusammengefaßt und zur Ausführung bereitgestellt. Wenn ein Modul einen Modulnamen hat, dann muß dieser in der SQL-Umgebung eindeutig sein. Ein Modul muß aber nicht unbedingt einen Namen haben, so daß auch namenlose Module zu einer SQL-Umgebung gehören können. Ein Modul kann einen Besitzer haben, es sind aber auch besitzerlose Module zulässig (vgl. 4.5.1 und 6.1).

- Eine Menge von *Katalogen*. Die für einen Katalognamen zulässigen Bezeichner können noch zusätzlichen implementationsdefinierten Einschränkungen unterliegen. Es sei daran erinnert, daß explizite Katalognamen erst im vollen Sprachumfang verwendet werden können (vgl. 4.6). Ein Katalog umfaßt eine Menge von Schemata. Jedes *Schema* hat einen Besitzer, der auch Besitzer aller zum Schema gehörenden *Schemaobjekte* ist. In Core SQL gibt es die folgenden Schemaobjekte: Basistabellen (vgl. 4.1), Views (vgl. 4.2), benutzerdefinierte Typen (vgl. 3.2.5.1 und 4.3), Schema-Routinen (vgl. 4.4) und Berechtigungen (vgl. 4.5). Für jedes Schemaobjekt wird bei seiner Definition ein Deskriptor angelegt. Zu einer Basistabelle gehören neben ihrem Deskriptor auch die gespeicherten Tabelleninhalte. Im Standarddokument wird die Gesamtheit aller in den Schemata einer SQL-Umgebung abgelegten Daten unter der Bezeichnung *SQL-Daten* (*SQL-data*) subsumiert.

- In jedem Katalog gibt es ein *Informationsschema*, in dem die SQL-Objekte des Katalogs durch Views auf die Basistabellen des Definitionsschemas beschrieben werden. Diese Views sind so konzipiert, daß ein jeder Benutzer nur die ihm zugänglichen Objekte des Katalogs abfragen kann. Im *Definitionsschema* werden die Deskriptoren aller Objekte durch geeignete Basistabellen repräsentiert. Mit Hilfe dieser beiden Schemata realisiert SQL das nunmehr standardisierte *Data Dictionary*, worauf im nächsten Abschnitt 4.8.2 genauer eingegangen wird.

Die oben angeführten, vom Standard vorgeschriebenen Komponenten einer SQL-Umgebung können durch zusätzliche, implementationsdefinierte Elemente ergänzt werden. Es muß überhaupt darauf hingewiesen werden, daß der Standard mit dem Konzept der SQL-Umgebung gewissermaßen nur Rahmenbedingungen vorgibt. Zumindest für die höheren Komponenten der SQL-Umgebung bleibt die konkrete Realisierung weitgehend dem Hersteller überlassen. Insbesondere sieht der Standard keinerlei DDL-Anweisungen für Benutzerkennungen oder Kataloge vor. Auch für Module fehlen entsprechende Anweisungen. Die Mechanismen zur Erzeugung, Verwaltung und Entfernung dieser SQL-Objekte, die dazu erforderlichen Berechtigungen etc. sind alle nur implementationsdefiniert.

4.8.2 Das Data Dictionary

Bei der Definition eines Schemaobjekts bzw. eines Schemas wird ein entsprechender Deskriptor angelegt. Auch für jede Berechtigung existiert ein Deskriptor. Der Standard versteht unter einem *Deskriptor* einfach alle zur Beschreibung eines Objekts notwendigen Angaben. Die Deskriptoren müssen natürlich in irgendeiner Form gespeichert werden. Einerseits sind

sie für die Operationen des DBMS notwendig, um die Gültigkeit und
Zulässigkeit von Abfragen und Mutationen überprüfen und den physischen Datenzugang herstellen zu können. Andererseits sind sie auch für
die Informationsbedürfnisse des Benutzers von vitalem Interesse, wenn
sich dieser beispielsweise einen Überblick über die Definitionen seiner
Objekte verschaffen will.

Zu einer Datenbank gehört daher nicht nur ihre *Extension*, worunter die
gespeicherten Objektdaten verstanden werden, sondern auch ihre *Intension*, worunter die gespeicherten Metadaten verstanden werden, das sind
"Daten über Daten", welche die Struktur der Datenbank beschreiben.
In SQL-99 besteht die Extension aus den gespeicherten Tabelleninhalten, während die Intension aus den gespeicherten Deskriptoren besteht.
Insbesondere wenn man auf die Informationsbedürfnisse der Benutzer ab-
stellt, bezeichnet man die in der Intension zusammengefaßten Metadaten
auch als *Data Dictionary*.

Um auf die vorhandenen Speichermethoden zurückgreifen zu können und
dem Benutzer einen einheitlichen Zugriff auf Extension und Intension
der Datenbank zu ermöglichen, wird das Data Dictionary in relationalen
DBMS in der Regel als ein spezielles Schema implementiert. Bei einer derartigen Kopplung von extensionaler und intensionaler Information spricht
man auch von einem *aktiven* Data Dictionary, weil sich das Data Dictionary bei Änderungen des Datenbankaufbaus automatisch mitverändert.
Demgegenüber sind *passive* Data Dictionaries von der eigentlichen Datenbank getrennt und müssen explizit dem jeweils aktuellen Stand angepaßt werden. Wenn ein Data Dictionary durch anwendungs- und benutzerbezogene Informationen über die Verwendung der Daten ergänzt
wird, spricht man von einem *Repository*.

Ab SQL-92 hat auch das Data Dictionary Berücksichtigung im Standard
gefunden, wobei der Standard selbst die Bezeichnung 'Data Dictionary'
jedoch nicht verwendet. Vorher mußte das Data Dictionary zwangsläufig
produktspezifisch bleiben. SQL-99 verfügt schon in Core SQL über ein
aktives Data Dictionary, zu dessen Realisierung auf zwei besondere Schemata zurückgegriffen wird, nämlich auf das *Definitionsschema* und das
Informationsschema. Die Schemanamen dieser beiden Schemata sind vorgegeben und lauten, wie bereits oben erwähnt, `DEFINITION_SCHEMA` und
`INFORMATION_SCHEMA`.

Das Definitionsschema enthält Basistabellen, welche die jeweils aktuellen Angaben der Deskriptoren aller Schemata und ihrer Schemaobjekte
repräsentieren. Auf das Definitionsschema und seine Tabellen kann aller-

dings nicht unmittelbar zugegriffen werden, was dadurch erreicht wird,
daß `DEFINITION_SCHEMA` nicht als Schemaname verwendet werden darf.
Der Zugriff auf die Tabellen des Definitionsschemas kann somit nur über
die Views der Informationsschemata in den einzelnen Katalogen erfolgen. Jedes Informationsschema enthält nämlich Views auf die Tabellen
des Definitionsschemas. Diese Views sind so definiert, daß sie einen für die
laufende Benutzerkennung (vgl. 4.5.1) relevanten Ausschnitt der im Definitionsschema repräsentierten Deskriptoren bieten. Der 'relevante Ausschnitt' ist dabei so zu verstehen, daß nur diejenigen Angaben der Deskriptoren in den Views sichtbar werden, die Objekte des entsprechenden
Katalogs betreffen, an denen die laufende Benutzerkennung über Berechtigungen verfügt. Der Standard legt fest, daß für die Views des Informationsschemas die `SELECT`-Berechtigung inklusive dem Weitergaberecht an
`PUBLIC` zu gewähren ist. Somit kann jeder Benutzer durch ganz gewöhnliche Abfrageanweisungen auf diese Views zugreifen.[63] Die Views des Informationsschemas sind *selbstbeschreibend*. Auch sie gehören ja zu den
Objekten des Katalogs, an denen der Benutzer (`SELECT`-) Berechtigungen
hat. Folglich kann sich jeder Benutzer in den Views des Informationsschemas auch über deren eigene Deskriptoren informieren.

Die Viewdefinitionen des Informationsschemas sind verbindlich. Das bedeutet, daß jede standardkonforme SQL-Implementierung entsprechende
Views bereitstellen muß. Die Tabellendefinitionen des Definitionsschemas
haben demgegenüber nur den Zweck, eine konkrete Basis für die zum Informationsschema gehörenden `CREATE VIEW` - Anweisungen bereitzustellen. Natürlich bleibt es einer SQL-Implementierung unbenommen, die
Definitionen der Basistabellen des Definitionsschemas aus dem Standard
zu übernehmen. Der Standard erlaubt es aber ausdrücklich, das Definitionsschema auch anders zu realisieren. Er bezeichnet das Definitionsschema in diesem Zusammenhang sogar als ein fiktives Schema. Die einzige
Bedingung besteht darin, daß die Views des Informationsschemas dem
Standard entsprechen müssen. Diese Regelung muß vor dem Hintergrund
gesehen werden, daß das Data Dictionary unter SQL-86 und SQL-89 noch
nicht standardisiert und daher völlig produktspezifisch war. Der Standard
hat versucht, die notwendige Umstellung dadurch zu erleichtern, daß er
es dem Hersteller ermöglicht, die interne Struktur seines bisherigen Data Dictionaries im wesentlichen beizubehalten. Es müssen nur die Views

---

[63]Ein Benutzer kann sogar eigene, auf seine persönlichen Erfordernisse zugeschnittene Views auf den Views des Informationsschemas definieren. Da die `SELECT`-
Berechtigungen an den letzteren mit dem Weitergaberecht ausgestattet sind,
könnte er die `SELECT`-Berechtigungen für seine speziellen Views auch an andere Benutzer weitergewähren.

des Informationsschemas als standardkonforme Schnittstelle zum Definitionsschema bereitgestellt werden. Im Grunde macht sich der SQL-Standard mit diesem Zutritt die Möglichkeit zunutze, die Heterogenität der zugrundeliegenden Struktur mittels Views zu verbergen (vgl. 4.2).

Zweifellos stellen die Basistabellen des Definitionsschemas bzw. die darauf definierten Views des Informationsschemas die wesentlichen Objekte dieser beiden Schemata dar. Der Vollständigkeit halber sei erwähnt, daß auch einige Objekte anderer Art enthalten sind, die aber nur eine dienende Funktion haben. Außerdem geht der Standard davon aus, daß auch die Deskriptoren aller eingebauten Funktionen zum Informationsschema gehören. Der Standard weist ausdrücklich darauf hin, daß eine Implementierung zusätzliche Views in das Informationsschema aufnehmen bzw. vorhandene Views durch zusätzliche Spalten erweitern darf.

Es würde den Rahmen dieser Darstellung sprengen, im einzelnen auf die Definitionen der Tabellen und übrigen Objekte des Definitions- und Informationsschemas einzugehen, zumal da diese Definitionen auch Sprachkonstrukte verwenden, die erst im vollen Sprachumfang von SQL-99 verfügbar sind. Wir wollen uns daher im folgenden auf einige typische Beispiele beschränken. Diese zeigen, daß die Tabellen des Informationsschemas wie gewöhnliche Tabellen abgefragt werden können, womit den Anwendungen bzw. Benutzern ein komfortabler Zugriff auf die Informationen des Data Dictionaries geboten wird. In den Beispielen greifen wir auf die Tabellen der L-R-P-Datenbank zurück, von denen wir annehmen wollen, daß sie sich im Schema `LRP_SCHEMA` befinden.

Bsp. 4.13: Um für jede Tabelle der L-R-P-Datenbank festzustellen, ob es sich dabei um eine Basistabelle oder einen View handelt, kann man die folgende Abfrage absetzen:

```
SELECT  TABLE_NAME, TABLE_TYPE
FROM    INFORMATION_SCHEMA.TABLES
WHERE   TABLE_SCHEMA = 'LRP_SCHEMA';
```

```
Ergebnis:   TABLE_NAME   TABLE_TYPE
            ----------   ----------
                  L      BASE TABLE
                 LR      BASE TABLE
                  P      BASE TABLE
                 PR      BASE TABLE
                  R      BASE TABLE
```

Der View **TABLES** enthält Informationen über die Tabellen des Benutzers. In diesem Beispiel werden die Spalten **TABLE_NAME**, **TABLE_SCHEMA** und **TABLE_TYPE** verwendet. Alle diese Spalten enthalten Zeichenkettenwerte. Daher ist der Schemaname **'LRP_SCHEMA'** in diesem Kontext als Zeichenketten-Literal anzugeben. Die Spalte **TABLE_TYPE** kann in Core SQL die Werte **'BASE TABLE'** bzw. **'VIEW'** haben.

Bsp. 4.14: Die folgende Abfrage liefert Spaltennamen, Spaltentyp und Tabellennamen für jede Tabelle der L-R-P-Datenbank, deren Tabellennamen mit 'L' beginnt. Die Ergebnistabelle ist nach den Tabellennamen sortiert:

```
SELECT COLUMN_NAME, DATA_TYPE, TABLE_NAME
FROM   INFORMATION_SCHEMA.COLUMNS
WHERE  TABLE_SCHEMA = 'LRP_SCHEMA'
       AND
       TABLE_NAME LIKE 'L%'
ORDER BY TABLE_NAME;
```

Ergebnis:

COLUMN_NAME	DATA_TYPE	TABLE_NAME
L#	CHARACTER	L
ORT	CHARACTER VARYING	L
LCODE	CHARACTER	L
MENGE	INTEGER	L
L#	CHARACTER	LR
R#	CHARACTER	LR
MENGE	INTEGER	LR
BWERT	DECIMAL	LR

Der entsprechende View des Informationsschemas heißt **COLUMNS**. In obiger Abfrage werden die Spalten **COLUMN_NAME**, **DATA_TYPE**, **TABLE_NAME** und **TABLE_SCHEMA** verwendet. Auch alle diese Spalten haben einen Zeichenketten-Typ. In Core SQL kann **DATA_TYPE** die folgenden Werte annehmen: **'CHARACTER'**, **'CHARACTER VARYING'**, **'SMALLINT'**, **'INTEGER'**, **'DECIMAL'**, **'NUMERIC'**, **'FLOAT'**, **'REAL'**, **'DOUBLE PRECISION'**, **'DATE'**, **'TIME'**, **'TIMESTAMP'**, **'USER-DEFINED'**.

Bsp. 4.15: Wenn man wissen möchte, in welchen Tabellen der L-R-P-Datenbank eine Spalte mit dem Namen **R#** vorkommt, kann man sich darüber durch die folgende Abfrage des Views **COLUMNS** informieren:

```
SELECT  TABLE_NAME
FROM    INFORMATION_SCHEMA.COLUMNS
WHERE   TABLE_SCHEMA = 'LRP_SCHEMA' AND COLUMN_NAME = 'R#';
```

```
           ----------
Ergebnis:  TABLE_NAME
           ----------

              LR
              R
              PR
```

Alle verwendeten Spalten des Views COLUMNS sind uns bereits aus dem
vorigen Beispiel bekannt.

Bsp. 4.16:   Durch dieses letzte Beispiel soll der Aspekt der Selbst-
beschreibung des Informationsschemas illustriert werden, wobei 'Selbst-
beschreibung' bedeutet, daß auch die Tabellen des Informationsschemas
selbst im Informationsschema beschrieben werden. Somit kann man sich
durch die folgende Abfrage über die Spaltennamen des zum Informationsschema gehörenden Views SCHEMATA informieren:

```
SELECT  COLUMN_NAME
FROM    INFORMATION_SCHEMA.COLUMNS
WHERE   TABLE_SCHEMA = 'INFORMATION_SCHEMA'
        AND
        TABLE_NAME = 'SCHEMATA';
```

```
           -----------------------------------
Ergebnis:  COLUMN_NAME
           -----------------------------------
           CATALOG_NAME
           SCHEMA_NAME
           SCHEMA_OWNER
           DEFAULT_CHARACTER_SET_CATALOG
           DEFAULT_CHARACTER_SET_SCHEMA
           DEFAULT_CHARACTER_SET_NAME
           SQL_PATH
```

Dieses Beispiel zeigt, daß die Spaltennamen des Views SCHEMATA die für
Core SQL geltende Beschränkung auf maximal 18 Zeichen (vgl. 3.2.1.2)
nicht erfüllen. SQL-99 sieht daher den alternativen View SCHEMATA_S mit
kürzeren Spaltennamen vor. Beispielsweise wird in SCHEMATA_S anstatt
DEFAULT_CHARACTER_SET_CATALOG der Spaltenname DEF_CHAR_SET_CAT

verwendet. SQL-99 sieht für jede Tabelle des Informationsschemas mit einem zu langen Tabellen- oder Spaltennamen eine alternative Tabelle mit kurzen Namen vor.[64] Diese alternativen Tabellen müssen verwendet werden, wenn die Implementierung keine längeren Bezeichner unterstützt, also insbesondere auch in Core SQL.

4.9 Übungsaufgaben

Aufg. 4.9.1: In unserer L-R-P-Datenbank fehlen Tabellen, die eine Speicherung von Informationen über die Mitarbeiter und deren Einsatz bei der Herstellung der Produkte erlauben. Deshalb sollen die Tabellen M und PM angelegt werden. Tabelle M soll die Mitarbeiterdaten enthalten. Jeder Mitarbeiter ist durch seine Mitarbeiternummer M# (Zeichenkette mit fixer Länge 6) eindeutig identifizierbar. M# soll daher auch als Primärschlüssel genommen werden. Weiters soll die Tabelle eine Spalte für den Namen des Mitarbeiters (20 Stellen) und seine Verwendungsfunktion vorsehen. Diese kann die Werte H (Hilfsarbeiter), F (Facharbeiter), A (Aushilfskraft), S (Schichtführer) und V (Verwaltung) annehmen. Als Defaultwert ist F vorzusehen. Weitere Spalten sind das Eintrittsjahr (ganzzahlig, größer als 1990) und die Gehaltsstufe (ganzzahlig, 1-10). Für alle Spalten bis auf die Verwendungsfunktion sind fehlende Werte auszuschließen.

Tabelle PM soll die produktionsbezogenen Daten für die (in der Herstellung tätigen) Mitarbeiter und Produkte zusammenfassen. Dabei ist je eine Spalte für die Vorgabezeit und die Entlohnungsform vorzusehen. Die Vorgabezeit ist eine positive Festkommazahl mit 3 Vor- und 2 Nachkommastellen. Die Entlohnungsform ist durch A (Akkord) bzw. G (Gehalt) zu codieren. Der Defaultwert ist G.

Geben Sie geeignete CREATE TABLE - Anweisungen zur Definition dieser beiden Tabellen an. Versuchen Sie dabei möglichst viele Integritätsbedingungen zu berücksichtigen.

Aufg. 4.9.2: Aufgabe 3.6.13 setzt die beiden zusätzlichen Spalten SACHBEARBEITER und ZEITPUNKT in der Tabelle LR voraus. Formulieren Sie entsprechende ALTER TABLE - Anweisungen.

Aufg. 4.9.3: Gehen Sie davon aus, daß Sie der für die L-R-P-Datenbank verantwortliche Benutzer und Besitzer des entsprechenden Schemas sind.

---

[64]Dabei ist 'kurz' natürlich als 'höchstens 18 Zeichen lang' zu interpretieren.

Hinsichtlich der Berechtigungen für Tabelle M sind die folgenden Vorgaben umzusetzen: Alle Benutzer sind mit einer weiterzugewährenden SELECT-Berechtigung auszustatten. Nur die Benutzer MAIER und MUELLER dürfen Zeilen einfügen und löschen. Sie dürfen diese Berechtigungen aber nicht weitergeben. MAIER darf außerdem die Verwendungsfunktion ändern, die entsprechende Berechtigung aber nicht weitergewähren.

Aufg. 4.9.4: MAIER mißbraucht seine UPDATE-Berechtigung, indem er sich selbst eine bessere Verwendungsfunktion verschafft. Entziehen Sie ihm daher die UPDATE-Berechtigung.

Aufg. 4.9.5: Verwenden Sie in der Viewformel des Beispiels 4.5 einen Verbundausdruck als Tabellenreferenz.

Aufg. 4.9.6: Definieren Sie den View GESAMTVORGABEZEIT. Dieser soll für jedes Produkt die gesamte Vorgabezeit zeigen, wobei sich diese als Summe der Vorgabezeiten der entsprechenden Mitarbeiter ergibt. Ist dieser View mutierbar?

Aufg. 4.9.7: Definieren Sie den View MITWIRKUNG. Dieser soll für jeden Mitarbeiter die Produkte zeigen, an deren Herstellung der Mitarbeiter beteiligt ist. Die Mitarbeiter und die Produkte sollen durch ihre Namen repräsentiert werden. Ist dieser View mutierbar?

Aufg. 4.9.8: Definieren Sie den View M_PRODUKTION. Dieser soll für die in der Produktion tätigen Mitarbeiter (das sind alle Mitarbeiter mit einer von V verschiedenen Verwendungsfunktion) die Daten der M-Tabelle zeigen. Ist dieser View mutierbar?

Aufg. 4.9.9: Entfernen Sie die Deskriptoren aller im Rahmen der bisherigen Aufgaben angelegten Tabellen.

Aufg. 4.9.10: Über welche Berechtigungen muß die laufende Benutzerkennung zur Ausführung der folgenden Anweisungen verfügen?

```
a)   SELECT PNAME
     FROM    P
     WHERE   NOT EXISTS (SELECT *
                         FROM    PR
                         WHERE   P# = P.P#  AND
                                 R# = 'R4');
```

```
b)    CREATE VIEW VORRAT_R1 (L#,    GESAMTMENGE, R1_MENGE)
                 AS SELECT  L.L#, L.MENGE,        LR.MENGE
                 FROM   L, LR
                 WHERE  R# = 'R1'  AND  L.L# = LR.L#;
```

Aufg. 4.9.11: Entwickeln Sie die SQL-Funktion MAXBW, die für einen beliebigen Rohstoff den maximalen Beschaffungswert liefert. MAXBW erwartet eine Rohstoffnummer (CHAR(6)) als Argument. Der Funktionswert hat den Datentyp DECIMAL(6,2). In der entsprechenden CREATE FUNCTION - Anweisung sollen alle Routine-Charakteristiken explizit angegeben werden.

Aufg. 4.9.12: Verwenden Sie die SQL-Funktion MAXBW in einer anderen SQL-Funktion, mit der eine ABC-Analyse der Rohstoffe vorgenommen werden kann. Dabei gilt ein Rohstoff als A-Stoff, wenn sein maximaler Beschaffungswert größer als 30 ist, und als C-Stoff, wenn sein maximaler Beschaffungswert kleiner als 10 ist. Ansonsten gilt er als B-Stoff.

Aufg. 4.9.13: Entwickeln Sie eine SQL-Funktion BILANZWERT zur Lösung von Aufgabe 3.6.14. Diese Funktion hat einen Parameter für die Rohstoffnummer (CHAR(6)) und einen zweiten für den tatsächlichen Beschaffungswert (DECIMAL(6,2)) einer Einlagerung des entsprechenden Rohstoffs. Der Funktionswert hat den Datentyp DECIMAL(6,2). Wenn der tatsächliche Beschaffungswert (T) größer ist, als der Wiederbeschaffungswert zum Bilanzstichtag (W), soll der Wiederbeschaffungswert W als Funktionswert geliefert werden, ansonsten der tatsächliche Beschaffungswert T. Die Wiederbeschaffungswerte zum Bilanzstichtag sollen in die Funktion BILANZWERT "einprogrammiert" werden. Zeigen Sie auch, wie Aufgabe 3.6.14 mit Hilfe dieser SQL-Funktion gelöst werden kann.

Aufg. 4.9.14: In Weiterführung von Aufgabe 4.9.1 sollen für die beiden ganzzahligen Spalten von Tabelle M (also für das Eintrittsjahr und die Gehaltsstufe) benutzerdefinierte Typen definiert werden.

a) Definieren Sie entsprechende benutzerdefinierte Typen.

b) Verwenden Sie diese in der CREATE TABLE - Anweisung für Tabelle M.

Aufg. 4.9.15: Für diese Aufgabe wollen wir annehmen, daß es den benutzerdefinierten Typ MENGE gibt, der durch die CREATE TYPE - Anweisung: CREATE TYPE MENGE AS INTEGER FINAL definiert worden ist. Es soll weiters davon ausgegangen werden, daß die Spalten L.MENGE und

LR.MENGE diesen benutzerdefinierten Typ haben. Welche der folgenden
Operationen sind unter diesen Annahmen unzulässig?

a)   `L.MENGE >= LR.MENGE`

b)   `L.MENGE IS NULL`

c)   `L.MENGE <> LR.MENGE`

d)   `L.MENGE > PR.MENGE`

e)   `L.MENGE > 10`

f)   `LR.MENGE < CAST(10 AS MENGE)`

g)   `CAST(LR.MENGE AS INTEGER) <= 20`

h)   `LR.MENGE * LR.BWERT`

i)   `SET L.MENGE = 10`

Kapitel 5

Datenanweisungen

Jede Datenbanksprache muß DML-Anweisungen bereitstellen, damit Abfragen und Mutationen vorgenommen werden können (vgl. 1.2). Es wurde bereits in 3.5.4 erwähnt, daß die DML-Anweisungen von SQL als *Datenanweisungen* bezeichnet werden. In direktem SQL steht für Abfragen die direkte Abfrageanweisung zur Verfügung. Diese besteht im wesentlichen aus einem Abfrageausdruck und wurde in 3.5.4 bereits ausführlich besprochen. Die übrigen direkten Datenanweisungen sind die INSERT-, UPDATE- und DELETE-Anweisung, mit Hilfe derer die Mutationen vorgenommen werden können. Manchmal wird als Überbegriff für diese Mutationsanweisungen die Bezeichnung Update-Anweisungen verwendet. Wie bereits erwähnt, ziehen wir wegen der Mehrdeutigkeit des Wortes 'Update' die — vielleicht etwas unübliche, jedenfalls aber eindeutige — Bezeichnung 'Mutationen' vor (vgl. 1.2).

Während alle Schemaanweisungen — also die DDL-Anweisungen von SQL — grundsätzlich in jedem Binding-Style verwendet werden können, ist das bei den Datenanweisungen nicht der Fall. Nur die INSERT-, UPDATE- und DELETE-Anweisung können in jedem Binding-Style verwendet werden. Die direkte Abfrageanweisung steht ausschließlich für direktes SQL zur Verfügung. Alle übrigen Datenanweisungen gehören nicht zu direktem SQL sondern können nur in der Modulsprache bzw. in eingebettetem SQL eingesetzt werden.

Hinsichtlich der Verwendbarkeit in den verschiedenen Binding-Styles besteht also ein auffälliger Unterschied zwischen den Schemaanweisungen und den Datenanweisungen: Während die Schemaanweisungen universell eingesetzt werden können, lassen sich bei den Datenanweisungen die

Erfordernisse der einzelnen Binding-Styles offenbar nicht so einfach unter einen Hut bringen. Das ist auch leicht einzusehen, wenn man bedenkt, daß sich die Schemaanweisungen nur mit den Definitionen der verschiedenen SQL-Objekte — also ihren Deskriptoren — befassen und somit nur die interne Sphäre von SQL betreffen. Demgegenüber geht es bei den Datenanweisungen um die Tabelleninhalte, beispielsweise um die Ergebnistabelle einer Abfrageanweisung oder um die Menge der in eine Basistabelle einzufügenden neuen Zeilen, womit typischerweise ein Datentransfer zwischen der SQL-Datenbank und dem Anwender verbunden ist, der über die interne Sphäre von SQL hinausgeht.

Insbesondere wenn SQL aus einem Anwendungsprogramm verwendet wird, ergibt sich daher die Notwendigkeit, eine Brücke zwischen den Datenstrukturen der Host-Sprache (skalare Werte) und den Datenstrukturen von SQL (Tabellen) zu schlagen,[1] und das ist der wesentliche Grund für die speziellen Datenanweisungen der Modulsprache bzw. von eingebettetem SQL. Wie wir sehen werden, wird dieser Brückenschlag in erster Linie mit Hilfe des Cursorkonzepts bewerkstelligt (vgl. 6.2.2).

In diesem Kapitel werden die universell, also auch in den übrigen Binding-Styles verwendbaren direkten Datenanweisungen besprochen, nämlich die **INSERT-**, **UPDATE-** und **DELETE-**Anweisung (5.2–5.4). Der Vollständigkeit halber wird in 5.1 auch kurz auf die direkte Abfrageanweisung eingegangen, obwohl diese schon in 3.5.4 behandelt worden ist. Schließlich wird in 5.5 ein Überblick über alle in Core SQL verfügbaren Datenanweisungen gegeben. Dieser ist analog zum entsprechenden Überblick 4.7 für die Schemaanweisungen aufgebaut.

5.1   Direkte Abfrageanweisung

Wie der Name schon sagt ist die direkte Abfrageanweisung (*direct select statement: multiple rows*) nur in direktem SQL verfügbar. Wir wiederholen hier der Vollständigkeit halber nur das Syntaxdiagramm, das zeigt, daß die direkte Abfrageanweisung im wesentlichen aus einem Abfrageausdruck besteht. Dieser kann wahlweise noch mit einer **ORDER BY** - Klausel versehen werden. Alle Einzelheiten der direkten Abfrageanweisung sind bereits im Rahmen von 3.5.4 besprochen worden.

---

[1]Die damit zusammenhängenden Probleme werden häufig unter der Bezeichnung *Impedance Mismatch* zusammengefaßt.

direkte Abfrageanweisung:

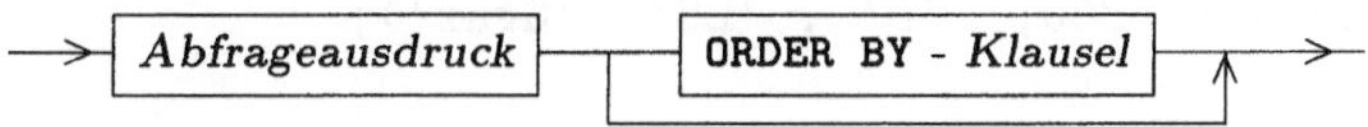

Die direkte Abfrageanweisung kann weder in der Modulsprache noch in eingebettetem SQL verwendet werden, weil die Host-Sprachen keine geeigneten Strukturen aufweisen, um die Ergebnistabelle der direkten Abfrageanweisung aufzunehmen und zu bearbeiten (vgl. 6.2). Wenn man sich auf Abfragen mit einzeiligen Ergebnistabellen beschränkt, kann stattdessen die `SELECT INTO` - Anweisung verwendet werden (vgl. 6.2.1). Um auch allgemeine Abfragen — also Abfragen mit mehrzeiligen Ergebnistabellen — bewältigen zu können, muß auf das Cursorkonzept und die cursorgebundene `FETCH INTO` - Anweisung zurückgegriffen werden (vgl. 6.2.2.3).

5.2 Einfügen von Zeilen

Bsp. 5.1: Einfügen einer einzelnen Zeile mittels Werteliste. Für dieses Beispiel nehmen wir an, daß die gemäß Beispiel 4.1 definierte L-Tabelle noch leer ist. Die Eingabe der L-Tabelle könnte dann durch die folgenden fünf `INSERT`-Anweisungen bewerkstelligt werden:

```
INSERT INTO L VALUES ('L1', 'Graz', 'A', 1000);
INSERT INTO L VALUES ('L2', 'Wien', 'C',  500);
INSERT INTO L VALUES ('L3', 'Wien', 'C', 1500);
INSERT INTO L VALUES ('L4', 'Linz', 'B', 1000);
INSERT INTO L VALUES ('L5', 'Graz', 'B',  300);
```

Man kann nach dem Tabellennamen auch eine explizite Spaltenliste angeben. Zum Beispiel könnte man das Einfügen der letzten Zeile auch mit der folgenden `INSERT`-Anweisung bewerkstelligen:

```
INSERT INTO L ( L# ,   ORT  , LCODE, MENGE)
       VALUES ('L5', 'Graz',  'B' ,   300);
```

Ja, man könnte die letzte `INSERT`-Anweisung sogar folgendermaßen formulieren (diese Variante, welche die Spalten der L-Tabelle unnötigerweise permutiert, ist aber nicht unbedingt empfehlenswert):

```
INSERT INTO L (MENGE, LCODE,  L# ,  ORT  )
       VALUES (  300,  'B' , 'L5', 'Graz');
```

Bsp. 5.2: Einfügen einer Zeilenmenge mittels Abfrageausdruck.
Nehmen wir an, es soll eine neue Basistabelle angelegt werden, die stati-
stische Informationen über die Lagerorte enthält. Im einzelnen soll diese
Tabelle den Ortsnamen, die gesamte dort verfügbare Lagerkapazität, die
Anzahl der Lager und eine Statusinformation aufweisen. Die entsprechen-
de Tabellendefinition sieht folgendermaßen aus:

```
CREATE TABLE LAGERORTE
    ( ORT     VARCHAR(15) NOT NULL,
      MENGE   INTEGER,
      ANZAHL  SMALLINT,
      STATUS  SMALLINT DEFAULT 10,
    PRIMARY KEY (ORT) );
```

Alle zur Eingabe benötigten Werte können durch eine **SELECT**-Abfrage
aus der L-Tabelle abgeleitet werden. Damit läßt sich die folgende **INSERT**-
Anweisung mit einem Abfrageausdruck (der bei diesem Beispiel eine **SE-**
LECT-Abfrage ist) formulieren:

```
INSERT INTO LAGERORTE (ORT, MENGE,      ANZAHL )
       SELECT          ORT, SUM(MENGE), COUNT(*)
       FROM            L
       GROUP BY        ORT;
```

Die in die Tabelle eingefügten Werte können mittels der **SELECT**-Abfrage
SELECT * FROM LAGERORTE abgefragt werden und die Ergebnistabelle
sieht folgendermaßen aus:

```
Ergebnis:   ----  -----  ------  ------
            ORT   MENGE  ANZAHL  STATUS
            ----  -----  ------  ------
            Graz  1300        2      10
            Wien  2000        2      10
            Linz  1000        1      10
```

Bei diesem Beispiel darf die Spaltenliste nach **INSERT INTO LAGERORTE**
nicht weggelassen werden, weil die einzufügenden Zeilen nicht alle Spalten der *Zieltabelle* umfassen. Für die fehlende Spalte **STATUS** wird vom

System der Defaultwert 10 ergänzt. Wäre kein expliziter Defaultwert festgelegt, wäre für **STATUS** der **NULL**wert eingefügt worden ("der Default
der **DEFAULT**-Klausel ist **NULL**"). Nebenbei bemerkt, würde die Tabelle
LAGERORTE die Lösung von Aufgabe 3.6.9 zu einer Trivialität machen.

Die vorangegangenen Beispiele haben bereits die wesentlichen Aspekte
und Varianten der **INSERT**-Anweisung gezeigt, und wir können uns daher
dem Syntaxdigramm und den zu beachtenden Regeln zuwenden.

INSERT-Anweisung:

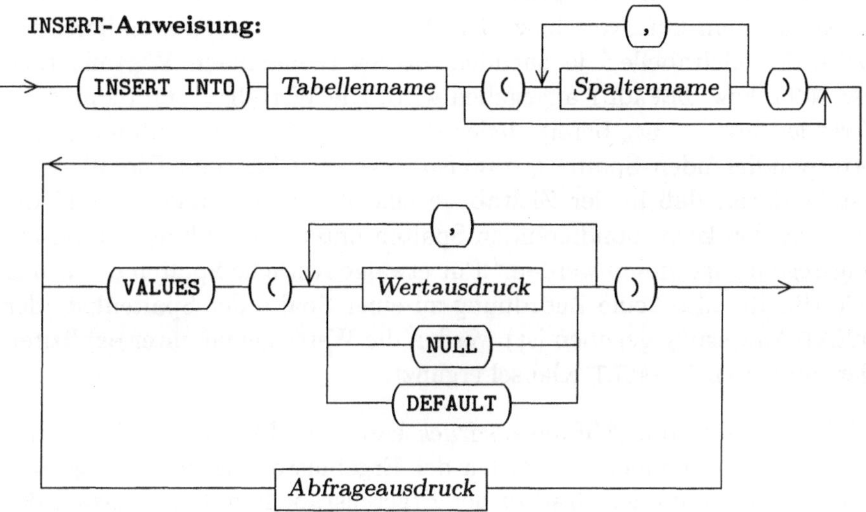

Der *Tabellenname* muß eine Basistabelle oder einen mutierbaren View
bezeichnen und die entsprechende Tabelle soll im weiteren die *zu mutierende Tabelle* genannt werden. In jedem Fall legt die zu mutierende
Tabelle auch die sogenannte *Zieltabelle* fest. Das ist jene Basistabelle,
die tatsächlich von der Mutation betroffen wird: Wenn die zu mutierende Tabelle selbst eine Basistabelle ist, dann ist die Zieltabelle mit der zu
mutierenden Tabelle identisch. Wenn die zu mutierende Tabelle andererseits ein mutierbarer View ist, dann ist die Zieltabelle die diesem View
letztlich zugrundeliegende Basistabelle (vgl. 4.2.1).

Die *Spaltennamen* der Spaltenliste müssen Spalten der zu mutierenden
Tabelle bezeichnen. Dabei darf kein Spaltenname mehrfach in der Spaltenliste vorkommen. Wird keine explizite Spaltenliste angegeben, so werden implizit alle Spalten der zu mutierenden Tabelle in der Reihenfolge
ihrer Definition angenommen — also analog zu einem '*' in der **SELECT**-
Liste einer **SELECT**-Abfrage. Man spricht in diesem Fall von einer impliziten Spaltenliste.

Bei der Variante mit *Werteliste* kann jeweils nur eine einzelne Zeile eingefügt werden. Die diese Zeile repräsentierende Werteliste folgt auf das Schlüsselwort `VALUES`. Die Werteliste muß genauso viele Elemente aufweisen, wie die explizite oder implizite Spaltenliste der `INSERT`-Anweisung. Die Zuordnung der Elemente auf die Spalten s_i der zu mutierenden Tabelle erfolgt über die Position in den beiden Listen. Die Zuordnung der Elemente auf die Spalten der zu mutierenden Tabelle impliziert natürlich auch eine Zuordnung auf die Spalten der Zieltabelle. Der durch ein Element repräsentierte Wert ist der Wert des Wertausdrucks bzw. ein `NULL`wert bzw. der Defaultwert der korrespondierenden Spalte der Zieltabelle,[2] je nachdem ob als Element ein Wertausdruck bzw. `NULL` bzw. `DEFAULT` angegeben wird. Die Werteliste stellt somit die Werte w_1, w_2, ..., w_m bereit. Jeder Wert w_i, $1 \leq i \leq m$, muß mit seiner korrespondierenden Spalte s_i *zuweisungskompatibel* sein. Die Wirkung besteht darin, daß in der Zieltabelle eine neue Zeile angelegt und die Werte w_i den korrespondierenden Spalten unter Anwendung der *Zuweisungsregeln* zugewiesen werden.[3] Für etwaige restliche Spalten der neuen Zeile (für die also keine Zuordnung zu einer Spalte der Spaltenliste der `INSERT`-Anweisung gegeben ist) werden die Werte gemäß ihrer expliziten oder impliziten `DEFAULT`-Klausel ergänzt.

Bei der Variante mit *Abfrageausdruck* kann eine Menge von Zeilen eingefügt werden, nämlich alle Zeilen der Ergebnistabelle des Abfrageausdrucks. Dabei muß der Grad m der Ergebnistabelle mit der Anzahl der Spalten der expliziten oder impliziten Spaltenliste der `INSERT`-Anweisung übereinstimmen. Die Zuordnung der Spalten der Ergebnistabelle auf die Spalten s_i der zu mutierenden Tabelle erfolgt über deren Position in der Ergebnistabelle bzw. in der Spaltenliste. In Core SQL muß der Abfrageausdruck überdies *unabhängig* von der zu mutierenden Tabelle sein.[4] Eine Zeile der Ergebnistabelle stellt Werte w_1, w_2, ..., w_m bereit. Jeder Wert w_i, $1 \leq i \leq m$, muß mit seiner korrespondierenden Spalte s_i zu-

---

[2] Wenn die korrespondierende Spalte der Zieltabelle keine `DEFAULT`-Klausel hat, wird auch als Defaultwert ein `NULL`wert genommen ("der Default der `DEFAULT`-Klausel ist `NULL`").

[3] Auf die Zuweisungskompatibilität und die Zuweisungsregeln ist bei der Besprechung der einzelnen Datentypen in 3.2 eingegangen worden.

[4] Das bedeutet, daß dem Abfrageausdruck oder etwaigen (möglicherweise nur indirekt, vgl. 4.4.1.3) im Abfrageausdruck enthaltenen Unterabfragen die Zieltabelle nicht letztlich zugrundeliegen darf (vgl. 4.2.1). Tatsächlich ist diese Unabhängigkeitsbedingung nicht wirklich notwendig, da immer zuerst der Abfrageausdruck ausgewertet wird und die Zeilen seiner Ergebnistabelle erst im nächsten Schritt eingefügt werden. Daher wird diese Unabhängigkeitsbedingung im vollen Sprachumfang auch aufgehoben.

weisungskompatibel sein. Die Wirkung besteht darin, daß für jede Zeile der Ergebnistabelle eine neue Zeile in der Zieltabelle angelegt und die Werte w_i den korrespondierenden Spalten unter Anwendung der *Zuweisungsregeln* zugewiesen werden. Für etwaige restliche Spalten der neuen Zeilen (für die also keine Zuordnung zu einer Spalte der Spaltenliste der INSERT-Anweisung gegeben ist) werden die Werte gemäß ihrer expliziten oder impliziten DEFAULT-Klausel ergänzt.

Abschließend wollen wir an dieser Stelle noch alle Fälle zusammenstellen, in denen es zu einer Zurückweisung der INSERT-Anweisung kommen kann:

- Wenn bei den im Rahmen der INSERT-Anweisung vorzunehmenden Wertzuweisungen Komplikationen auftreten, die zum Setzen einer Ausnahmebedingung führen.

- Wenn der Benutzer, der die INSERT-Anweisung ausführen will, nicht über die INSERT-Berechtigung für die zu mutierende Tabelle oder über die SELECT-Berechtigung für eine in einem Abfrageausdruck der INSERT-Anweisung referenzierte Tabelle verfügt (vgl. 4.5.2).

- Wenn es durch Ausführung der INSERT-Anweisung zur Verletzung einer Integritätsbedingung käme. Es könnte sich dabei um eine NOT NULL -, UNIQUE-, CHECK-, PRIMARY KEY - oder FOREIGN KEY - Bedingung handeln (vgl. 4.1.1).

- Wenn die zu mutierende Tabelle ein mutierbarer View ist, der mit einer CHECK OPTION versehen ist (vgl. 4.2.1) und wenn eine durch die INSERT-Anweisung einzufügende Zeile gar nicht zum View gehört. Üblicherweise wird nämlich nicht kontrolliert, ob eine einzufügende Zeile überhaupt zum View gehört. Vielmehr wird die entsprechende Zielzeile gebildet und in die Zieltabelle (also in die dem mutierbaren View letztlich zugrundeliegende Basistabelle, vgl. 4.2.1) eingefügt. Die CHECK OPTION bewirkt, daß für jede einzufügende Zeile überprüft wird, ob sie auch tatsächlich die Suchbedingung der WHERE-Klausel der Viewformel erfüllt — also, mit anderen Worten: ob sie zum View gehört. Wenn ein mutierbarer View auf einem mutierbaren View definiert ist, der auf einem mutierbaren View definiert ist ..., dann muß die einzufügende Zeile zu allen Views in dieser Kette gehören.

- Schließlich kann es auch deshalb zur Zurückweisung der INSERT-Anweisung kommen, weil die Zugriffsart der laufenden Transaktion nur READ ONLY ist (vgl. 8.4).

5.3   Ändern von Zeilen

Bsp. 5.3:   Ändern einer einzelnen Zeile. In der Tabelle LAGERORTE
(vgl. Bsp. 5.2) soll der STATUS von Graz auf 15 geändert werden.

```
UPDATE LAGERORTE
      SET     STATUS =   15
      WHERE      ORT = 'Graz';
```

Nach Durchführung der UPDATE-Anweisung sieht die Tabelle folgendermaßen aus:

```
             ----   -----   ------   ------
LAGERORTE:   ORT    MENGE   ANZAHL   STATUS
             ----   -----   ------   ------
             Graz   1300       2       15
             Wien   2000       2       10
             Linz   1000       1       10
```

Bsp. 5.4:   Selektives Ändern von Zeilen. Für alle Lagerorte mit
mindestens 2 Lagern soll STATUS auf 20 geändert werden.

```
UPDATE LAGERORTE
      SET     STATUS  = 20
      WHERE ANZAHL >=   2;
```

Es werden genau diejenigen Zeilen geändert, für welche die Suchbedingung in der WHERE-Klausel den Wahrheitswert *wahr* ergibt. Nach Durchführung der UPDATE-Anweisung sieht die Tabelle folgendermaßen aus:

```
             ----   -----   ------   ------
LAGERORTE:   ORT    MENGE   ANZAHL   STATUS
             ----   -----   ------   ------
             Graz   1300       2       20
             Wien   2000       2       20
             Linz   1000       1       10
```

Bsp. 5.5:   Ändern aller Zeilen einer Tabelle. Der Statuswert soll
für jeden Lagerort auf 25 gesetzt werden.

```
UPDATE LAGERORTE
      SET    STATUS = 25;
```

Wird die WHERE-Klausel weggelassen, so werden alle Zeilen geändert. Nach Durchführung der UPDATE-Anweisung sieht die Tabelle folgendermaßen aus:

```
           ----   -----   ------   ------
LAGERORTE: ORT    MENGE   ANZAHL   STATUS
           ----   -----   ------   ------
           Graz   1300        2       25
           Wien   2000        2       25
           Linz   1000        1       25
```

Bsp. 5.6: 'Eigentlicher' Wertausdruck in der SET-Klausel. Der Statuswert soll für jeden Lagerort um das Fünffache von ANZAHL erhöht werden.

```
UPDATE LAGERORTE
    SET   STATUS = STATUS + 5*ANZAHL;
```

Die auf SET folgende Wertzuweisung wird SET-Klausel genannt. Die rechte Seite einer SET-Klausel darf ein Wertausdruck sein. Darin auftretende Spaltenreferenzen beziehen sich auf die zu ändernde Zeile, wobei die Werte vor Durchführung der UPDATE-Anweisung genommen werden. Dasselbe gilt auch für Spaltenreferenzen in der WHERE-Klausel.

```
           ----   -----   ------   ------
LAGERORTE: ORT    MENGE   ANZAHL   STATUS
           ----   -----   ------   ------
           Graz   1300        2       35
           Wien   2000        2       35
           Linz   1000        1       30
```

Bsp. 5.7: Mehrere SET-Klauseln. Dieses Beispiel ist etwas konstruiert. Es soll zeigen, daß die Wertzuweisungen der SET-Klauseln *parallel* durchgeführt werden und daß auch bei der Auswertung der WHERE-Klausel immer die ursprünglichen Spaltenwerte zugrunde gelegt werden.

```
UPDATE LAGERORTE
    SET   ANZAHL = (STATUS+5)/10,
          STATUS = 10*ANZAHL
    WHERE STATUS IN (20, 30);
```

Nach Durchführung der UPDATE-Anweisung sieht die Tabelle folgendermaßen aus:

```
             ----    -----    ------    ------
LAGERORTE:   ORT     MENGE    ANZAHL    STATUS
             ----    -----    ------    ------
             Graz    1300         2        35
             Wien    2000         2        35
             Linz    1000         3        10
```

Die vorangegangenen Beispiele haben bereits die wesentlichen Aspekte und Verwendungsmöglichkeiten der UPDATE-Anweisung illustriert, und wir können uns daher dem Syntaxdiagramm und den zu beachtenden Regeln zuwenden.

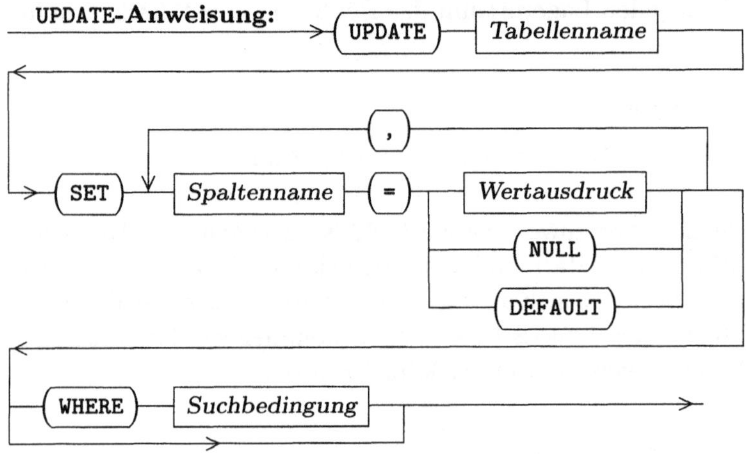

Wie bei der INSERT-Anweisung muß der *Tabellenname* eine Basistabelle oder einen mutierbaren View bezeichnen und die entsprechende Tabelle wird im weiteren die *zu mutierende Tabelle* genannt. Auch die letztlich von der Mutation betroffene *Zieltabelle* ergibt sich ebenso wie bei der INSERT-Anweisung.

Auf das Schlüsselwort SET folgt eine Liste von SET-Klauseln. Die linke Seite der SET-Klausel muß ein *Spaltenname* s_i der zu mutierenden Tabelle sein, der die zu ändernde Spalte bezeichnet. Wenn mehrere SET-Klauseln vorhanden sind, darf derselbe Spaltenname nicht mehrfach vorkommen. Die rechte Seite w_i ist ein *Wertausdruck*, NULL oder DEFAULT. Wenn der Wertausdruck Spaltenreferenzen enthält, muß es sich dabei um Spalten der zu mutierenden Tabelle handeln. Der Wertausdruck darf keine Gruppenfunktionen enthalten und muß in Core SQL *unabhängig* von der zu mutierenden Tabelle sein.[5]

---

[5]Das bedeutet, daß keiner (möglicherweise nur indirekt enthaltenen Unterabfrage,

Wenn die UPDATE-Anweisung eine WHERE-Klausel aufweist, dann muß ihre Suchbedingung SB eine korrekte Suchbedingung der folgenden SELECT-Abfrage sein, wobei T die zu mutierende Tabelle bezeichnet:

$$\text{SELECT * FROM } T \text{ WHERE } SB;$$

Außerdem muß die Suchbedingung (ebenso wie die Wertausdrücke auf den rechten Seite der SET-Klauseln) in Core SQL *unabhängig* von der zu mutierenden Tabelle sein. Die Suchbedingung darf überdies nicht einmal indirekt den Aufruf einer SQL-Routine enthalten, die möglicherweise SQL-Daten modifiziert (vgl. 4.4.1.3).

Die Wirkung der UPDATE-Anweisung besteht natürlich darin, daß die durch die SET-Klauseln repräsentierten Wertzuweisungen für jede durch die WHERE-Klausel festgelegte Zeile der Zieltabelle vorgenommen werden. Um die Wirkung exakt beschreiben zu können, ersetzen wir zunächst die rechten Seiten w_i aller SET-Klauseln durch äquivalente Wertausdrücke v_i:

- Wenn die rechte Seite w_i NULL ist, ersetzen wir sie durch den Wertausdruck $v_i = \text{CAST (NULL AS } DT_i)$, wobei DT_i der Datentyp der Spalte s_i ist.

- Wenn die rechte Seite w_i DEFAULT ist, ersetzen wir sie durch den Wertausdruck $v_i = \text{CAST } (\textit{Default} \text{ AS } DT_i)$, wobei *Default* der Defaultwert der korrespondierenden Spalte der Zieltabelle ist. Wenn diese einen expliziten Defaultwert hat, ist *Default* aus der DEFAULT-Klausel zu übernehmen. Sonst ist NULL einzusetzen.

- Wenn die rechte Seite w_i ein Wertausdruck ist, wird dieser übernommen: $v_i = w_i$.

Betrachten wir nun die folgende SELECT-Abfrage:

$$\text{SELECT } v_1, v_2, \ldots, v_m \text{ FROM } T \text{ WHERE } SB;$$

Sei **x** eine bestimmte Zeile der WHERE-Tabelle dieser SELECT-Abfrage (vgl. 3.4). Dann entspricht jeder Zeile **x** in eindeutiger Weise sowohl eine Zeile **z** der Zieltabelle als auch eine Zeile $\mathbf{v} = (v_1, v_2, \ldots, v_m)$ der Ergebnistabelle. Die Spaltennamen s_1, s_2, ..., s_m legen die zu modifizierenden Zielspalten von **z** fest. Diese Zielspalten von **z** werden durch

---

vgl. 4.4.1.3) die Zieltabelle letztlich zugrundeliegen darf (vgl. 4.2.1). Tatsächlich ist diese Unabhängigkeitsbedingung nicht wirklich notwendig, da immer zuerst die Suchbedingung bzw. die Wertausdrücke der SET-Klauseln ausgewertet werden und die eigentliche Änderung von Zeilen erst im nächsten Schritt erfolgt. Auch diese Unabhängigkeitsbedingung wird daher im vollen Sprachumfang aufgehoben.

die korrespondierenden Werte in **v** ersetzt. Jeder Wert v_i, $1 \leq i \leq m$, muß mit seiner korrespondierenden Spalte *zuweisungskompatibel* sein. Bei der Vornahme der Wertzuweisung werden wieder die *Zuweisungsregeln* angewandt. Die restlichen Spalten von **z** behalten ihre ursprünglichen Werte. Auf diese Weise wird für jede Zeile **x** der WHERE-Tabelle der obigen SELECT-Abfrage verfahren. Sollte die UPDATE-Anweisung keine WHERE-Klausel haben, so fehlt diese auch in obiger SELECT-Abfrage und somit betrifft die UPDATE-Anweisung in diesem Fall alle Zeilen der zu mutierenden Tabelle.

Abschließend wollen wir an dieser Stelle noch alle Fälle zusammenstellen, in denen es zu einer Zurückweisung der UPDATE-Anweisung kommen kann:

- Wenn bei den im Rahmen der UPDATE-Anweisung vorzunehmenden Wertzuweisungen Komplikationen auftreten, die zum Setzen einer Ausnahmebedingung führen.

- Wenn der Benutzer, der die UPDATE-Anweisung ausführen will, nicht über die UPDATE-Berechtigung für eine zu ändernde Spalte s_i oder über die SELECT-Berechtigung für eine in der Suchbedingung oder in einem Wertausdruck einer SET-Klausel der UPDATE-Anweisung referenzierte Tabelle verfügt (vgl. 4.5.2).

- Wenn es durch Ausführung der UPDATE-Anweisung zur Verletzung einer Integritätsbedingung käme. Es könnte sich dabei um eine NOT NULL -, UNIQUE-, CHECK-, PRIMARY KEY - oder FOREIGN KEY - Bedingung handeln (vgl. 4.1.1).

- Wenn die zu mutierende Tabelle ein mutierbarer View ist, der mit der CHECK OPTION versehen ist (vgl. 4.2.1) und wenn eine durch die UPDATE-Anweisung geänderte Zeile nicht mehr zum View gehört. Normalerweise wird nämlich die entsprechende Zeile ohne weitere Überprüfung in der Zieltabelle (also in der dem mutierbaren View letztlich zugrundeliegenden Basistabelle, vgl. 4.2.1) geändert. Die CHECK OPTION bewirkt, daß für jede geänderte Zeile überprüft wird, ob sie noch die Suchbedingung der WHERE-Klausel der Viewformel erfüllt — also, mit anderen Worten: ob sie noch zum View gehört. Wenn ein mutierbarer View auf einem mutierbaren View definiert ist, der auf einem mutierbaren View definiert ist ..., dann muß die geänderte Zeile zu allen Views in dieser Kette gehören.

- Schließlich kann es auch deshalb zur Zurückweisung der UPDATE-Anweisung kommen, weil die Zugriffsart der laufenden Transaktion nur READ ONLY ist (vgl. 8.4).

Die UPDATE-Anweisung ist ebenso wie die INSERT-Anweisung cursorunabhängig und in allen Binding-Styles verwendbar. Zur Änderung von Zeilen gibt es noch eine cursorgebundene Datenanweisung, nämlich die UPDATE CURRENT - Anweisung (vgl. 6.2.2.4). Als cursorgebundene Anweisung kann diese nur in der Modulsprache bzw. in eingebettetem SQL verwendet werden (vgl. Kapitel 6 bzw. 7).

5.4 Löschen von Zeilen

Bsp. 5.8: Löschen einer einzelnen Zeile. In der Tabelle LAGERORTE (vgl. Bsp. 5.2) soll die Zeile für Linz gelöscht werden.

```
DELETE FROM  LAGERORTE
       WHERE ORT = 'Linz';
```

Die Suchbedingung der WHERE-Klausel legt die zu löschende Zeile fest.

Bsp. 5.9: Selektives Löschen von Zeilen. Alle Lagerorte, deren Statuswert größer als 20 ist, sollen gelöscht werden:

```
DELETE FROM  LAGERORTE
       WHERE STATUS > 20;
```

Bei diesem Beispiel trifft die Suchbedingung der WHERE-Klausel auf mehrere Zeilen zu. Jede dieser Zeilen wird gelöscht.

Bsp. 5.10: Löschen aller Zeilen einer Tabelle. Alle Zeilen der Tabelle LAGERORTE sollen gelöscht werden:

```
DELETE FROM  LAGERORTE;
```

Wenn die WHERE-Klausel fehlt, werden alle Zeilen gelöscht, was der Regelung bei der UPDATE-Anweisung entspricht. Die Tabelle LAGERORTE ist jetzt zwar leer, ihr Deskriptor ist aber immer noch vorhanden.

Die obigen Beispiele haben bereits die wesentlichen Aspekte und Verwendungsmöglichkeiten der DELETE-Anweisung gezeigt, und wir können uns daher dem Syntaxdiagramm und den zu beachtenden Regeln zuwenden.

DELETE-Anweisung:

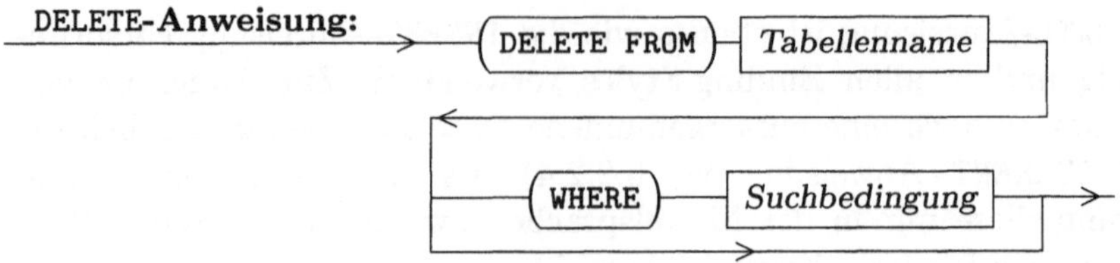

Wie bei der **INSERT**- und der **UPDATE**-Anweisung muß der *Tabellenname* eine Basistabelle oder einen mutierbaren View bezeichnen und die entsprechende Tabelle wird im weiteren die *zu mutierende Tabelle* genannt. Auch die letztlich von der Mutation betroffene *Zieltabelle* ergibt sich wie bei den beiden anderen Mutationsanweisungen.

Wenn die **DELETE**-Anweisung eine **WHERE**-Klausel aufweist, dann muß ihre Suchbedingung SB eine korrekte Suchbedingung der folgenden **SELECT**-Abfrage sein, wobei T die zu mutierende Tabelle bezeichnet:

$$\texttt{SELECT} \; * \; \texttt{FROM} \; T \; \texttt{WHERE} \; SB \, ;$$

Außerdem muß die Suchbedingung in Core SQL *unabhängig* von der zu mutierenden Tabelle sein.[6] Die Suchbedingung darf überdies nicht einmal indirekt den Aufruf einer SQL-Routine enthalten, die möglicherweise SQL-Daten modifiziert (vgl. 4.4.1.3).

Die Zeilen der Ergebnistabelle der obigen **SELECT**-Abfrage legen die zu löschenden Zielzeilen fest und die Wirkung der **DELETE**-Anweisung besteht darin, daß diese Zeilen aus der Zieltabelle gelöscht werden. Wenn die **DELETE**-Anweisung keine **WHERE**-Klausel aufweist, dann werden alle Zeilen der Zieltabelle gelöscht.

Abschließend wollen wir an dieser Stelle noch alle Fälle zusammenstellen, in denen es zu einer Zurückweisung der **DELETE**-Anweisung kommen kann:[7]

- Wenn der Benutzer, der die **DELETE**-Anweisung ausführen will, nicht über die **DELETE**-Berechtigung für die zu mutierende Tabelle oder

---

[6]Das bedeutet, daß keiner (möglicherweise nur indirekt enthaltenen Unterabfrage, vgl. 4.4.1.3) die Zieltabelle letztlich zugrundeliegen darf (vgl. 4.2.1). Tatsächlich ist diese Unabhängigkeitsbedingung nicht wirklich notwendig, da immer zuerst die Suchbedingung ausgewertet wird und die eigentliche Löschung von Zeilen erst im nächsten Schritt erfolgt. Auch diese Unabhängigkeitsbedingung wird daher im vollen Sprachumfang aufgehoben.

[7]Durch Ausführung einer **DELETE**-Anweisung kann es — im Gegensatz zu den beiden anderen Mutationsanweisungen — nie zur Verletzung einer **CHECK OPTION** kommen: Eine nicht zu einem mutierbaren View gehörende Zeile kann auch nicht aus dem View gelöscht werden.

über die **SELECT**-Berechtigung für eine in der Suchbedingung der
DELETE-Anweisung referenzierte Tabelle verfügt (vgl. 4.5.2).

- Wenn es durch Ausführung der **DELETE**-Anweisung zur Verletzung
  einer Integritätsbedingung käme. Dafür kommt bei der **DELETE**-
  Anweisung nur eine **FOREIGN KEY** - Bedingung in Frage (vgl. 4.1.1).

- Schließlich kann es auch deshalb zur Zurückweisung der **DELETE**-
  Anweisung kommen, weil die Zugriffsart der laufenden Transaktion
  nur **READ ONLY** ist (vgl. 8.4).

Die eben besprochene **DELETE**-Anweisung ist cursorunabhängig und in allen Binding-Styles verwendbar. Zum Löschen von Zeilen einer mutierbaren Tabelle gibt es noch eine cursorgebundene Datenanweisung, nämlich
die **DELETE CURRENT** - Anweisung (vgl. 6.2.2.5). Als cursorgebundene Anweisung kann diese nur in der Modulsprache bzw. in eingebettetem SQL
verwendet werden (vgl. Kapitel 6 bzw. 7).

5.5 Überblick: Datenanweisungen

Wie bereits erwähnt bezeichnet der Standard die DML-Anweisungen
als Datenanweisungen (*SQL-data statements*). Das folgende Syntaxdiagramm umfaßt alle in Core SQL vorgesehenen Datenanweisungen:

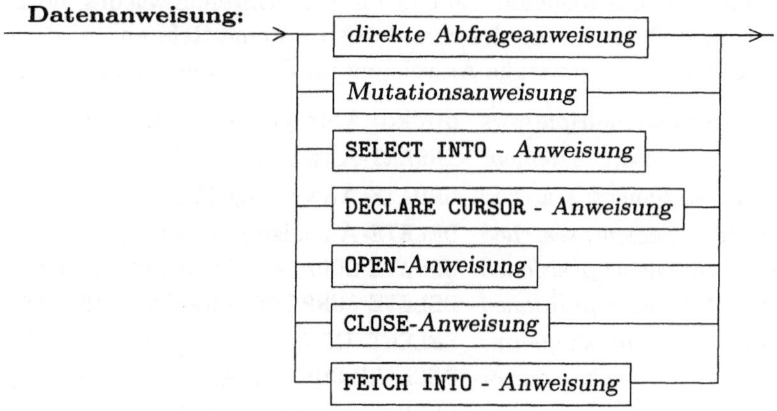

Die Mutationsanweisungen werden dabei vom Standard *SQL-data change
statements* genannt. Insgesamt gibt es in Core SQL die folgenden Mutationsanweisungen:

Mutationsanweisung:

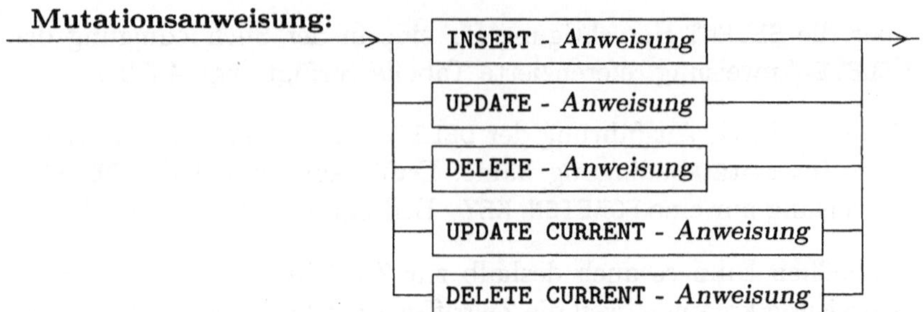

- Bezüglich der Verwendbarkeit der Datenanweisungen in den verschiedenen *Binding-Styles* (vgl. 3.5.4) — also in direktem SQL, der Modulsprache und in eingebettetem SQL — gilt:

  - Die *direkte Abfrageanweisung* kann nur in direktem SQL verwendet werden.

  - Die **INSERT**-, **UPDATE**- und **DELETE**-Anweisung kann in jedem Binding-Style eingesetzt werden.

  - Alle übrigen Datenanweisungen können nur in der Modulsprache bzw. in eingebettetem SQL verwendet werden.

- Hinsichtlich der *Transaktionsverarbeitung* (vgl. 8.4) gilt: Mit Ausnahme der **DECLARE CURSOR** - Anweisung können alle Datenanweisungen nur im Rahmen einer Transaktion auftreten bzw. lösen eine solche aus.

Zum Abschluß gibt die folgende Tabelle für jede Datenanweisung noch die entsprechende Bezeichnung des Standards und eine Referenz zu dem Abschnitt an, in dem die jeweilige Anweisung im Detail besprochen wird.

direct select statement: multiple rows	direkte Abfrageanweisung (3.5.4)
insert statement	INSERT-Anweisung (5.2)
update statement: searched	UPDATE-Anweisung (5.3)
delete statement: searched	DELETE-Anweisung (5.4)
update statement: positioned	UPDATE CURRENT-Anweisung (6.2.2.4)
delete statement: positioned	DELETE CURRENT-Anweisung (6.2.2.5)
select statement: single row	SELECT INTO - Anweisung (6.2.1)
declare cursor	DECLARE CURSOR-Anweisung (6.2.2.1)
open statement	OPEN-Anweisung (6.2.2.2)
close statement	CLOSE-Anweisung (6.2.2.6)
fetch statement	FETCH INTO - Anweisung (6.2.2.3)

5.6 Übungsaufgaben

Aufg. 5.6.1: Fügen Sie in die Tabelle P eine Zeile für das Produkt Gamma ein. Die Produktnummer ist P5, der Herstellungsort Wien und der Preis beträgt 100.00.

Aufg. 5.6.2: Löschen Sie in der Tabelle LR alle Zeilen, bei denen die eingelagerte Menge kleiner als 900 ist. Wie sieht die entsprechende DELETE-Anweisung und die Tabelle LR nach deren Durchführung aus?

Aufg. 5.6.3: Ändern Sie in der Tabelle R alle Zeilen, in denen als Gebinde Palette eingetragen ist, auf Europalette. Welche Rohstoffe sind davon betroffen?

Aufg. 5.6.4: Nehmen Sie für diese Aufgabe folgendes an: Sie haben für alle Tabellen der L-R-P-Datenbank die SELECT-Berechtigung, für LR zusätzlich alle Mutationsberechtigungen, für R und P die DELETE-Berechtigung und für die MENGE-Spalte von Tabelle L die UPDATE-Berechtigung. Welche der folgenden Mutationsanweisungen sind unter diesen Voraussetzungen unzulässig, und was ist jeweils der Grund dafür?

```
a) INSERT INTO LR VALUES ('L6', 'R6', 800, 20.00);

b) DELETE FROM  R
        WHERE RCODE = 'C';

c) UPDATE L  SET MENGE = 2000
            WHERE L#  = 'L4';

d) DELETE FROM  PR
        WHERE MENGE > 2;

e) INSERT INTO LR VALUES ('L7', 'R3', 100, NULL);

f) UPDATE P  SET ORT  = NULL
            WHERE P# = 'P3';
```

Aufg. 5.6.5: Die folgenden Anweisungen werden in der angegebenen Reihenfolge durchgeführt:

```
CREATE VIEW L_WIEN
     AS
        SELECT * FROM  L
        WHERE  ORT = 'Wien';
```

```
INSERT INTO L_WIEN VALUES
        ('L6', 'Lienz', 'B', 600);

SELECT DISTINCT ORT
FROM    L;
```

Wie sieht die Ergebnistabelle der letzten Abfrageanweisung aus? Wie sieht die Ergebnistabelle aus, wenn bei der Definition des Views L_WIEN die CHECK OPTION angegeben wird?

Aufg. 5.6.6: Es soll eine Basistabelle angelegt werden, die für jedes Produkt die akkumulierte Menge der bei seiner Herstellung verbrauchten Rohstoffe ersichtlich macht. Definieren Sie eine solche Tabelle und geben Sie eine INSERT-Anweisung an, welche die gewünschten Tabelleninhalte einfügt. Halten Sie die Vorgangsweise dieser Aufgabe im allgemeinen für sinnvoll?

Aufg. 5.6.7: Zu Kalkulationszwecken soll für jedes Produkt der nach Abzug der Rohstoffkosten verbleibende Deckungsbeitrag ermittelt werden. Die Rohstoffe sind dabei jeweils mit dem maximalen Beschaffungswert anzusetzen. Formulieren Sie eine entsprechende direkte Abfrageanweisung. Die Ergebnistabelle soll die Spalten P#, PREIS, ROHSTOFFKOSTEN und DECKUNGSBEITRAG aufweisen. Bei der Formulierung der Abfrageanweisung können Sie die SQL-Funktion MAXBW verwenden (vgl. Aufgabe 4.9.11). Diese erwartet als Argument eine Rohstoffnummer (CHAR(6)) und liefert den maximalen Beschaffungswert des entsprechenden Rohstoffs (DECIMAL(6,2)).

Aufg. 5.6.8: Es ist davon auszugehen, daß sich die Beschaffungskosten für die Rohstoffe deutlich erhöhen werden. Daher sollen die Preise aller Produkte, zu deren Erzeugung ein bestimmter Rohstoff benötigt wird, folgendermaßen angepaßt werden: Für jede zur Erzeugung des Produkts notwendige Mengeneinheit des Rohstoffs soll der Preis um einen bestimmten Betrag angehoben werden. Formulieren Sie eine entsprechende SQL-Prozedur, und rufen Sie diese für den Rohstoff R1 und einen Betrag von 4.50 auf.

Aufg. 5.6.9: Formulieren Sie eine DELETE-Anweisung, durch die alle Rohstoffe, die nicht zur Herstellung eines Produkts benötigt werden, aus Tabelle R gelöscht werden.

Teil III

SQL und Anwendungsentwicklung

Direktes SQL stellt zweifellos eine mächtige und komfortable Schnittstelle für den Endbenutzer dar. Ein DBMS muß aber vor allem auch geeignete Schnittstellen für den Anwendungsprogrammierer bereitstellen, damit auch in konventionellen Programmiersprachen (etwa in COBOL oder C) geschriebene Anwendungsprogramme SQL verwenden und damit auf die Datenbank zugreifen können. Dazu sieht der Standard gleich zwei Binding-Styles vor, nämlich die *Modulsprache* und *eingebettetes SQL*, die in den Kapiteln 6 und 7 behandelt werden. In SQL-99 muß eine standardkonforme Implementierung mindestens einen dieser Binding-Styles unterstützen. Diese Konformitätserfordernisse gelten auch für Core SQL.

Während die SQL-Umgebung (vgl. 4.8.1) und ihre Komponenten (Kataloge, Schemata, SQL-Daten, ...) dauerhaften Bestand haben, gibt es noch andere SQL-Objekte, die erst während der Ausführung von SQL-Anweisungen entstehen und im Gegensatz zu den Komponenten der SQL-Umgebung nur vorübergehenden Bestand haben. Diese mit der Ausführung von SQL-Anweisungen verknüpften Objekte sind: *SQL-Verbindungen*, *SQL-Sitzungen* und *SQL-Transaktionen*. Auf diese Laufzeitobjekte von SQL wird im 8. Kapitel eingegangen. Obwohl diese Objekte im Prinzip auch für direktes SQL von Relevanz sind, ist es in der Regel wohl nur für den Anwendungsprogrammierer notwendig, über die entsprechenden Details Bescheid zu wissen. Das ist auch der Grund, warum erst in diesem Teil des Buches auf sie eingegangen wird.

Kapitel 6

Modulsprache

Um aus einem in einer konventionellen Programmiersprache, der *Host-Sprache* (*host language*), geschriebenen Anwendungsprogramm (dem *Host-Programm*) SQL-Anweisungen absetzen und damit auf die SQL-Datenbank zugreifen zu können, sieht der Standard grundsätzlich den Binding-Style der *Modulsprache* (*module language*) vor. Die Modulsprache wird in der Praxis zwar seltener eingesetzt als eingebettetes SQL, trotzdem ist dieser Binding-Style wichtig. Seine Bedeutung liegt vor allem darin, daß er ein klares Referenzmodell darstellt. Der Standard selbst verwendet dieses Referenzmodell bei der Definition von eingebettetem SQL, das effektiv auf die Modulsprache abgebildet wird (vgl. 7.2).

Das laufende Kapitel über die Modulsprache ist folgendermaßen aufgebaut. Im Abschnitt 6.1 wird zunächst auf *Module und Modul-Prozeduren* eingegangen. Wie bereits erwähnt, ergibt sich bei der Verwendung von SQL aus einem Host-Programm die Notwendigkeit, eine Brücke zwischen den Datenstrukturen der Host-Sprachen und denen von SQL zu schlagen, wobei die damit zusammenhängenden Probleme häufig unter der Bezeichnung *Impedance Mismatch* zusammengefaßt werden. Dieser Brückenschlag wird in erster Linie mit Hilfe des Cursorkonzepts und der cursorgebundenen Datenanweisungen bewerkstelligt, die im Rahmen von 6.2 *Spezifische Datenanweisungen der Modulsprache* besprochen werden. Abschnitt 6.3 beschäftigt sich mit den in der Modulsprache verfügbaren Möglichkeiten der *Fehlerdiagnose*, wozu Core SQL den Statusparameter **SQLSTATE** mit standardisierten Fehlercodes bereitstellt. Der wesentliche Bestandteil einer jeden Modul-Prozedur ist ihre *Prozeduranweisung*. Dementsprechend wird in 6.4 ein Überblick über alle in Core SQL verwendbaren Prozeduranweisungen gegeben.

6.1 Module und Modul-Prozeduren

Die Grundidee des Binding-Styles der Modulsprache besteht darin, daß
das Host-Programm mit einem oder mehreren in der Modulsprache rea-
lisierten *Modulen* verbunden wird, wobei jeder Modul mindestens eine
Modul-Prozedur umfaßt. Jede Modul-Prozedur enthält genau eine SQL-
Anweisung, die sogenannte *Prozeduranweisung* (*SQL procedure statement*) und hat mindestens einen Host-Parameter. Die Modul-Prozeduren
werden vom Host-Programm als externe Unterprogramme aufgerufen,
um durch Ausführung der in ihnen enthaltenen Prozeduranweisung auf
die Datenbank zuzugreifen, wobei über die Host-Parameter Daten zwischen der Prozeduranweisung von SQL und dem Host-Programm ausgetauscht werden können.

Leider ist die im Zusammenhang mit den Modul-Prozeduren zu verwendende Terminologie etwas "sperrig". Beispielsweise genügten in SQL-92
noch die Bezeichnungen 'Prozedur' (*procedure*) und 'Parameter' (*parameter*). In SQL-99 muß man stattdessen 'Modul-Prozedur' — der Ori-
ginalterm des Standards lautet gar *externally-invoked procedure* — und
'Host-Parameter' (*host parameter*) sagen. Der Grund dafür besteht natürlich darin, daß in Core SQL die Schema-Prozeduren bzw. Schema-
Routinen hinzugekommen sind, wobei wir uns im Rahmen dieses Buches
auf die Darstellung der SQL-Prozeduren bzw. SQL-Routinen beschränkt
haben (vgl. 4.4).

Es wurde schon bei der Besprechung der Schema-Routinen in 4.4 auf die
Unterschiede zu den Modul-Prozeduren eingegangen. Die beiden wesentlichen Unterschiede zwischen Modul-Prozeduren und Schema-Prozeduren
sind:

- Als Schema-Routine stellt eine Schema-Prozedur ein Schemaobjekt
  dar und gehört als solches zu einem Schema. Die Definition und Verwaltung von Schema-Routinen ist im Standard genau geregelt, und
  es stehen dafür entsprechende Schemadefinitionsanweisungen zur
  Verfügung. Hingegen gehört eine Modul-Prozedur zu einem Modul.
  Die Mechanismen zur Erzeugung, Verwaltung und Entfernung von
  Modulen und die dazu notwendigen Berechtigungen werden vom
  Standard nicht geregelt, sondern bleiben vollständig implementationsdefiniert (vgl. 4.8.1).

- Eine Schema-Prozedur wird von SQL aufgerufen, während eine
  Modul-Prozedur aus einem in einer anderen Host-Sprache geschriebenen Anwendungsprogramm aufgerufen wird.

Das folgende Syntaxdiagramm zeigt die für eine Modul-Prozedur vorge-
schriebene Syntax:

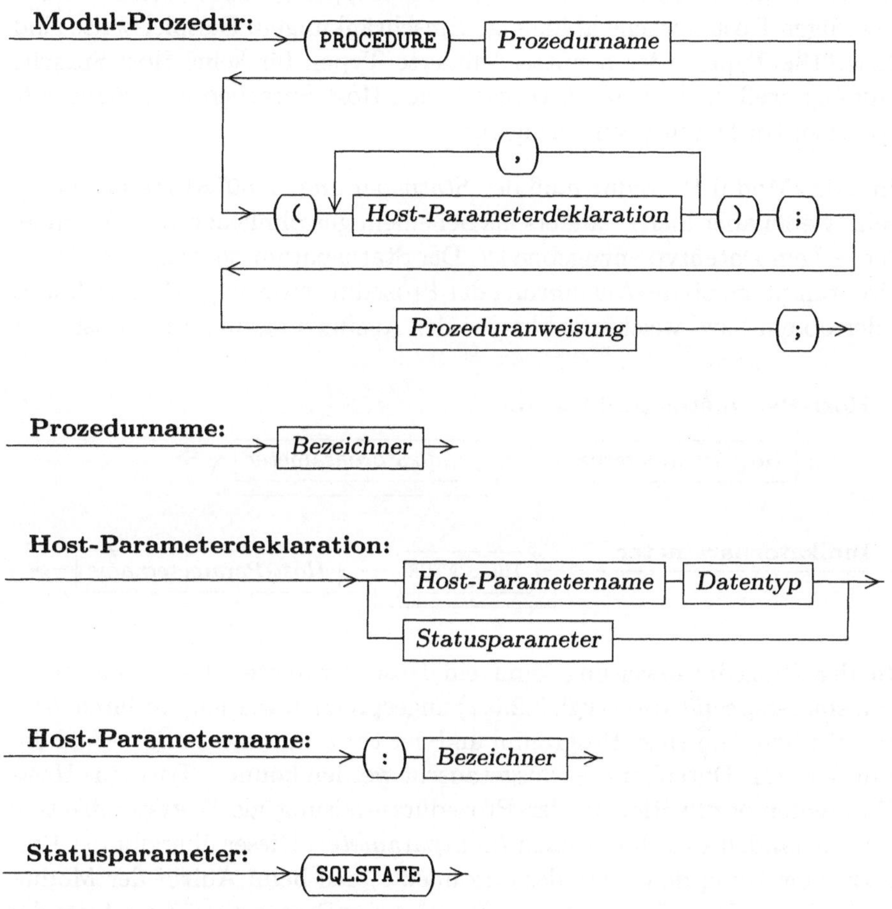

Beim Prozedurnamen ist naheliegenderweise darauf zu achten, daß dieser
im Modul eindeutig ist. Außerdem soll er auch den für Unterprogramm-
namen geltenden Regeln der jeweiligen Host-Sprache entsprechen.[1] Die
Host-Parameter werden durch Host-Parameterdeklarationen deklariert.
Wenn es sich bei einer Host-Parameterdeklaration nicht um den Statusparameter SQLSTATE handelt, wird der entsprechende Host-Parameter
durch seinen *Host-Parameternamen*, der mit einem Doppelpunkt beginnen muß, und seinen Datentyp spezifiziert.

---

[1]Welche Folgen ein Verstoß gegen die Namenskonventionen der Host-Sprache hat,
  ist implementationsabhängig.

Natürlich müssen die Host-Parameternamen innerhalb einer Modul-Prozedur eindeutig sein und alle in der Prozeduranweisung verwendeten Host-Parameter müssen in einer Host-Parameterdeklaration deklariert worden sein. Bezüglich der zulässigen Datentypen gibt es gewisse, von der jeweiligen Host-Sprache abhängige Einschränkungen. Beispielsweise sind `DATETIME`-Typen oder benutzerdefinierte Typen für keine Host-Sprache zulässig, weil die in SQL-99 vorgesehenen Host-Sprachen über keine entsprechenden Datentypen verfügen.[2]

In jeder Modul-Prozedur muß der *Statusparameter* `SQLSTATE` deklariert sein, wobei aber hier — anders als bei einem gewöhnlichen Host-Parameter — kein Datentyp anzugeben ist. Der Statusparameter zeigt dem Host-Programm an, ob die Ausführung der Prozeduranweisung erfolgreich war, oder ob ein bzw. welcher Fehler bei der Ausführung aufgetreten ist.

Host-Parameterspezifikation:

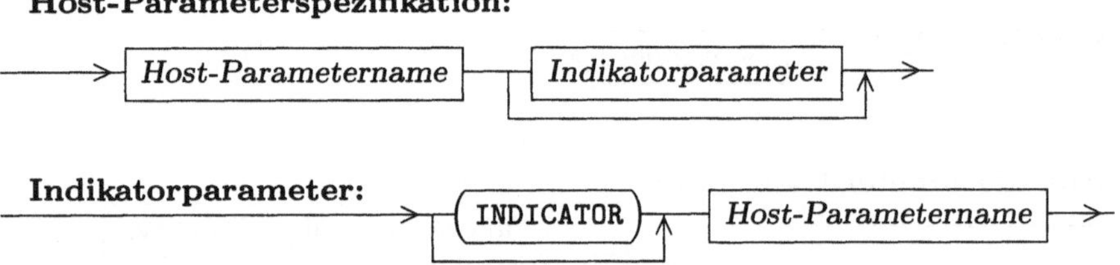

Indikatorparameter:

In der Prozeduranweisung kann ein Host-Parameter durch eine *Host-Parameterspezifikation* (vgl. 3.2.6.2) angesprochen werden, wodurch Werte zwischen dem Host-Programm und der Prozeduranweisung — und damit der SQL-Datenbank — ausgetauscht werden können. Tritt eine Host-Parameterspezifikation in der Prozeduranweisung als Wertspezifikation auf, so handelt es sich um einen *Inputparameter*. Dieser übergibt der Prozeduranweisung den Wert des Arguments, das beim Aufruf der Modul-Prozedur im Host-Programm die Position des Parameters in der Liste der Host-Parameterdeklarationen einnimmt. Dabei können `NULL`werte durch einen zur Host-Parameterspezifikation gehörenden zusätzlichen *Indikatorparameter* kenntlich gemacht werden: Wenn das Host-Programm an einen Indikatorparameter den Wert -1 übergibt, signalisiert es damit, daß der dazugehörige eigentliche Host-Parameter von SQL als `NULL`wert interpretiert werden soll.[3] Genauso wie alle übrigen Host-Parameter müs-

---

[2] Auf die Einschränkungen, welche für die Host-Sprache C beachtet werden müssen, wird weiter unten eingegangen.

[3] In SQL-92 konnte ein `NULL`wert durch einen beliebigen (ganzzahligen) negativen Wert signalisiert werden. In SQL-99 wird für einen Indikatorwert < -1 eine Ausnahmebedingung *data exception — invalid indicator parameter* gesetzt.

sen auch die Indikatorparameter in der Modul-Prozedur deklariert werden, wobei ein Festkommatyp ohne Nachkommastellen zu verwenden ist.

Zielspezifikation:

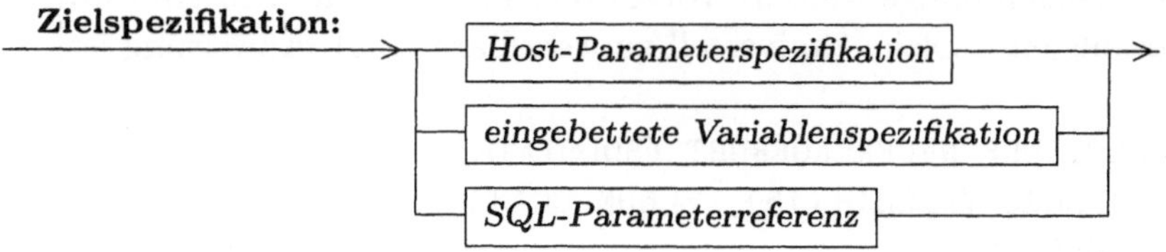

Die Syntax einer jeden SQL-Anweisung, mit Hilfe derer eine Modul-Prozedur Werte an das aufrufende Host-Programm zurückgeben kann, muß sogenannte *Zielspezifikationen* (*target specifications*) vorsehen. Tritt eine Host-Parameterspezifikation als Zielspezifikation auf, so handelt es sich bei dem entsprechenden Host-Parameter um einen *Outputparameter*. Ein Outputparameter übergibt den von der Prozeduranweisung für die Zielspezifikation bereitgestellten Wert an die Variable des Host-Programms, die beim Aufruf der Modul-Prozedur die Position des entsprechenden Parameters in der Liste der Host-Parameterdeklarationen einnimmt. Dabei können NULLwerte wiederum durch einen in der Host-Parameterspezifikation vorhandenen Indikatorparameter kenntlich gemacht werden: Wenn die Modul-Prozedur dem Host-Programm einen Indikatorparameter mit einem Wert von -1 übergibt, signalisiert sie damit, daß der dazugehörige eigentliche Host-Parameter im Host-Programm als NULLwert zu interpretieren ist. Näheres dazu folgt in 6.2.1.[4]

Der einzige Outputparameter, der nicht als Zielspezifikation auftritt, ist der Statusparameter SQLSTATE. Wie bereits erwähnt, zeigt der Statusparameter dem Host-Programm an, ob die Ausführung der Prozeduranweisung erfolgreich war, oder ob ein bzw. welcher Fehler bei der Ausführung aufgetreten ist. Fürs erste genügt es zu wissen, daß SQLSTATE eine Zeichenkette mit fixer Länge 5 liefert, die den Wert '00000' enthält, wenn die Prozeduranweisung ordnungsgemäß ausgeführt werden konnte. Auf die Einzelheiten wird in 6.3 eingegangen.

---

[4]Host-Parameter können auch gleichzeitig Input- und Outputparameter sein. In diesem Fall wird der Wert der korrespondierenden Host-Variablen zunächst als Wert für die dem Parameter entsprechende Wertspezifikation herangezogen. Nach Ausführung der Prozeduranweisung gibt die Host-Variable den Wert der Zielspezifikation an das Host-Programm zurück. SQL läßt sogar Host-Parameter zu, die weder Input- noch Outputparameter sind. Das sind nicht als Statusparameter deklarierte Host-Parameter, die aber in der Prozeduranweisung nicht vorkommen. Solche "Parameter" haben freilich keine Funktion.

Alle direkt verwendbaren SQL-Anweisungen mit Ausnahme der direkten
Abfrageanweisung können auch in der Modulsprache und in eingebettetem SQL verwendet werden (vgl. 4.7, 5.5, 4.4.4 und 8.4.4). Die folgenden
Beispiele zeigen einige Modul-Prozeduren, in denen die Prozeduranweisung jeweils eine solche "universell verwendbare" SQL-Anweisung ist:

```
PROCEDURE NEUERLAGERORT (SQLSTATE,
    :NORT VARCHAR(15), :LNUM CHARACTER(5));
UPDATE L
        SET  ORT = :NORT
        WHERE L# = :LNUM;

PROCEDURE LAGERENTNAHME (SQLSTATE,
    :LNUM CHARACTER(5), :RNUM CHARACTER(6),
    :EMENGE INTEGER);
UPDATE LR
        SET MENGE = MENGE - :EMENGE
        WHERE  L# = :LNUM AND R# = :RNUM;

PROCEDURE LAGERENTFERNUNG (SQLSTATE,
    :LNUM CHARACTER(5));
DELETE FROM  L
        WHERE L# = :LNUM;

PROCEDURE NEUESLAGER (SQLSTATE,
    :LNUMMER CHARACTER(5), :LORT VARCHAR(15),
    :LCODE CHARACTER, :LMENGE INTEGER);
INSERT INTO L
        VALUES (:LNUMMER, :LORT, :LCODE, :LMENGE);

PROCEDURE PREISLISTE (SQLSTATE);
CREATE VIEW PREISLISTE
    AS SELECT PNAME, PREIS
       FROM  P;

PROCEDURE SETTRANSAKTION (SQLSTATE);
SET TRANSACTION READ ONLY;

PROCEDURE GUTETRANSAKTION (SQLSTATE);
COMMIT;

PROCEDURE LOESCHEPNRAUSPR (SQLSTATE, :PNR CHAR(6));
CALL DELETE_FROM_PR(:PNR);
```

Es sei in diesem Zusammenhang daran erinnert, daß die Viewformel eines Views (vgl. 4.2.1), die Suchbedingung einer CHECK-Tabellenbedingung (vgl. 4.1.1) oder die Prozeduranweisung einer SQL-Routine (vgl. 4.4.1) keine Host-Parameterspezifikation oder eingebettete Variablenspezifikation enthalten darf. Es versteht sich von selbst, daß die laufende Benutzerkennung bei der Ausführung einer Anweisung immer — also auch wenn die Anweisung als Prozeduranweisung ausgeführt wird — über alle zu ihrer Ausführung erforderlichen Berechtigungen verfügen muß (vgl. 4.5.2). In 6.4 wird eine vollständige Aufstellung aller SQL-Anweisungen gegeben, die als Prozeduranweisung verwendet werden können.

Damit eine Modul-Prozedur über ihre Host-Parameter mit dem aufrufenden Host-Programm Werte austauschen kann, müssen die SQL-Datentypen der Modul-Prozedur und die Datentypen der bei ihrem Aufruf verwendeten korrespondierenden Variablen des Host-Programms kompatibel sein. Der SQL-Standard legt für jede unterstützte Host-Sprache fest, welche SQL-Datentypen für die Host-Parameter einer Modul-Prozedur zugelassen und welche Datentypen der Host-Sprache für die korrespondierenden Variablen zu verwenden sind. Wenn eine Modul-Prozedur aus einem in C geschriebenen Host-Programm aufgerufen werden soll, läßt Core SQL nur die in Tabelle 6.1 angegebenen SQL-Datentypen für ihre Host-Parameter zu, wobei die korrespondierenden C-Variablen jeweils die angegebenen C-Typen haben müssen: Bei CHARACTER und CHARACTER

Host-Parameter	C-Variable
CHARACTER(ℓ)	char[$k(\ell + 1)$]
CHARACTER VARYING(ℓ)	char[$k(\ell + 1)$]
INTEGER	long *
SMALLINT	short *
REAL	float *
DOUBLE PRECISION	double *

Tabelle 6.1: Datentypkorrespondenzen für die Host-Sprache C

VARYING gibt k die Anzahl der Bytes an, die zur Repräsentation eines Zeichens in C benötigt werden. In der Regel ist $k = 1$, wovon wir auch in den C-Beispielen ausgehen. Die Erhöhung um 1 ist notwendig, um Platz für das einen C-String abschließende Nullzeichen vorzusehen. Im Normalfall entspricht CHAR(ℓ) somit char[$\ell + 1$]. Für die dem Statusparameter SQLSTATE entsprechende Variable ist beim Aufruf der Modul-Prozedur der C-Typ char[6] zu verwenden.

Bei gewissen Datentypen reichen die vom Standard vorgeschriebenen Datentypkorrespondenzen alleine nicht aus, weil die entsprechenden Werte in der Host-Sprache anders als in SQL repräsentiert werden. Um auch in solchen Fällen Parameterwerte zwischen den Modul-Prozeduren und dem Host-Programm austauschen zu können, werden implizite Konversionen vorgenommen. Wenn Modul-Prozeduren aus der Host-Sprache C aufgerufen werden sollen, müssen solche Konversionen insbesondere bei Zeichenketten vorgesehen werden. Dabei geht es in erster Linie um das sogenannte Nullzeichen, das einen C-String abschließt. Bei Inputparametern muß dieses entfernt, bei Outputparametern ergänzt werden. Grundsätzlich kann man sagen, daß die im Standard enthaltenen und von den Implementierungen zu beachtenden Konversionsregeln sicherstellen, daß die Repräsentation solcher Parameterwerte bei der Übergabe jeweils entsprechend angepaßt wird.

Wenn der an einen Inputparameter zu übergebende Wert außerhalb des Wertebereichs des Datentyps des Inputparameters liegt oder wenn der Wert eines Outputparameters außerhalb des Wertebereichs der korrespondierenden Variablen des Host-Programms liegt, bleiben die Konsequenzen implementationsdefiniert. Wenn eine Implementierung in einem solchen Fall aber eine Ausnahmebedingung setzt, dann muß diese *data exception — invalid parameter value* lauten.

Das folgende Fragment eines C-Programms[5] zum Anlegen eines neuen Lagers soll ganz konkret zeigen, wie eine Modul-Prozedur im Rahmen eines Moduls definiert und wie sie vom Host-Programm aufgerufen wird. Bei diesem Beispiel soll — wie bei allen folgenden auch — aus Gründen der Kompaktheit auf produktspezifische Header-Dateien, praxisgerechte Benutzerführung und Eingabeprüfung, detaillierte Fehlerdiagnose etc. verzichtet werden.

```
MODULE LAGERVERWALTUNG LANGUAGE C
SCHEMA LRP_SCHEMA
PROCEDURE NEUESLAGER(SQLSTATE,
    :LNUMMER CHARACTER(5), :LORT VARCHAR(15),
    :LCODE CHARACTER, :LMENGE INTEGER);
    INSERT INTO L
          VALUES (:LNUMMER, :LORT, :LCODE, :LMENGE);
```

---

[5]Leser, welche die Details nachvollziehen möchten und mit der Programmiersprache C nicht vertraut sind, können sich beispielsweise in [Darnell96] über C informieren.

```c
#include <stdlib.h>
#include <stdio.h>
#include <string.h>

void NEUESLAGER(char[], char[], char[], char[], long *);

int main()
{
   char SQLSTATE[6], nr[6], ort[16], code[2];
   long menge;

   printf("Neues Lager eingeben\n");
   printf("Lagernummer : ");
   scanf("%5s", nr);
   printf("Ort : ");
   scanf("%15s", ort);
   printf("Lagerbedingungen : ");
   scanf("%1s", code);
   printf("Lagermenge : ");
   scanf("%ld", &menge);
   NEUESLAGER(SQLSTATE,nr,ort,code,&menge);
   if(strcmp(SQLSTATE, "00000") != 0)
      printf("Eingabefehler: SQLSTATE= %s\n", SQLSTATE);
   else
      printf("Neues Lager angelegt\n");
   exit(0);
}
```

Der Modul stellt den Kontext für die zum Modul gehörenden Prozeduren
und Cursordeklarationen her. Die Definition eines Moduls beginnt mit
der *Namensklausel*, in der ein Name für den Modul festgelegt werden
kann. Es sind auch Module ohne Namen erlaubt. Wenn ein Modulname
festgelegt wird, muß dieser in der betreffenden SQL-Umgebung eindeutig
sein.

Modulname:

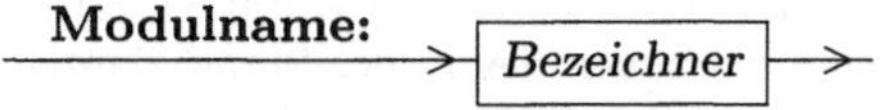

In der *Sprachklausel* muß die Programmiersprache der Anwendungsprogramme, aus denen die Prozeduren des Moduls aufgerufen werden sollen,

angegeben werden. Es kann sich dabei um **Ada, C, COBOL, Fortran, Pascal, PL/I** und **MUMPS** handeln.[6] Eine Implementierung der Modulsprache ist schon dann standardkonform, wenn sie nur eine dieser Host-Sprachen unterstützt.

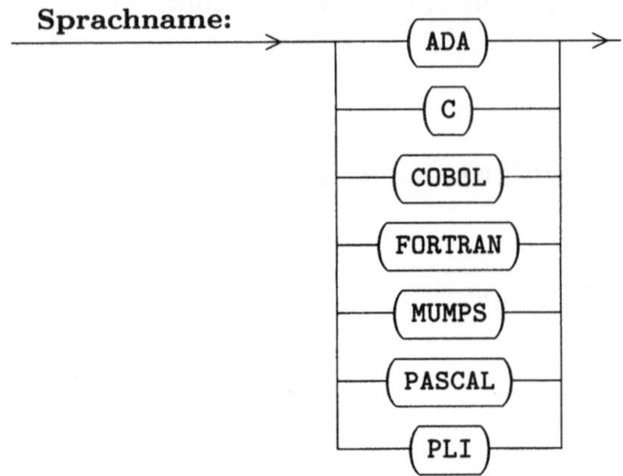

Durch die *Besitzerklausel* wird die *Benutzerkennung des Moduls* und der *Default-Schemaname des Moduls* festgelegt. Die nach **AUTHORIZATION** angegebene Benutzerkennung des Moduls identifiziert den Besitzer des Moduls. Wie in 4.5.1 besprochen, ist die Benutzerkennung des Moduls im allgemeinen die für die Ausführung von Prozeduren des Moduls maßgebliche laufende Benutzerkennung. Stimmt die Benutzerkennung der SQL-Sitzung dabei nicht mit der Benutzerkennung des Modulbesitzers überein, dann ist es implementationsdefiniert, ob der entsprechende Benutzer Prozeduren des Moduls ausführen kann bzw. unter welchen Einschränkungen er dies tun darf.[7] Fehlt die Angabe von **AUTHORIZATION** und der Benutzerkennung in der Besitzerklausel, dann hat der Modul eben keinen Besitzer, und wir sprechen in diesem Fall von einem *besitzerlosen Modul*. Für einen besitzerlosen Modul wird die Benutzerkennung der jeweiligen SQL-Sitzung als laufende Benutzerkennung genommen (vgl. 4.5.1).

---

[6]Dabei sind die folgenden ISO/IEC-Standarddokumente für die einzelnen Programmiersprachen relevant: [ISO/IEC 8652:1995] (**Ada**), [ISO/IEC 9899:1990] und [ISO/IEC 9899:1990/Amendment 1:1995] (**C**), [ISO 1989:1985] (**COBOL**), [ISO/IEC 1539-1:1997] (**Fortran**), [ISO 7185:1990] und [ISO/IEC 10206:1991] (**Pascal**), [ISO 6160:1979] (**PL/I**) und [ISO/IEC 11756:1992] (**MUMPS**). Entspricht das Host-Programm nicht den Spezifikationen des in der Sprachklausel angegebenen Sprachstandards, sind die Wirkungen von Prozeduraufrufen implementationsabhängig.

[7]Ein Verstoß gegen diese Regeln führt zum Setzen der Ausnahmebedingung *invalid authorization specification*.

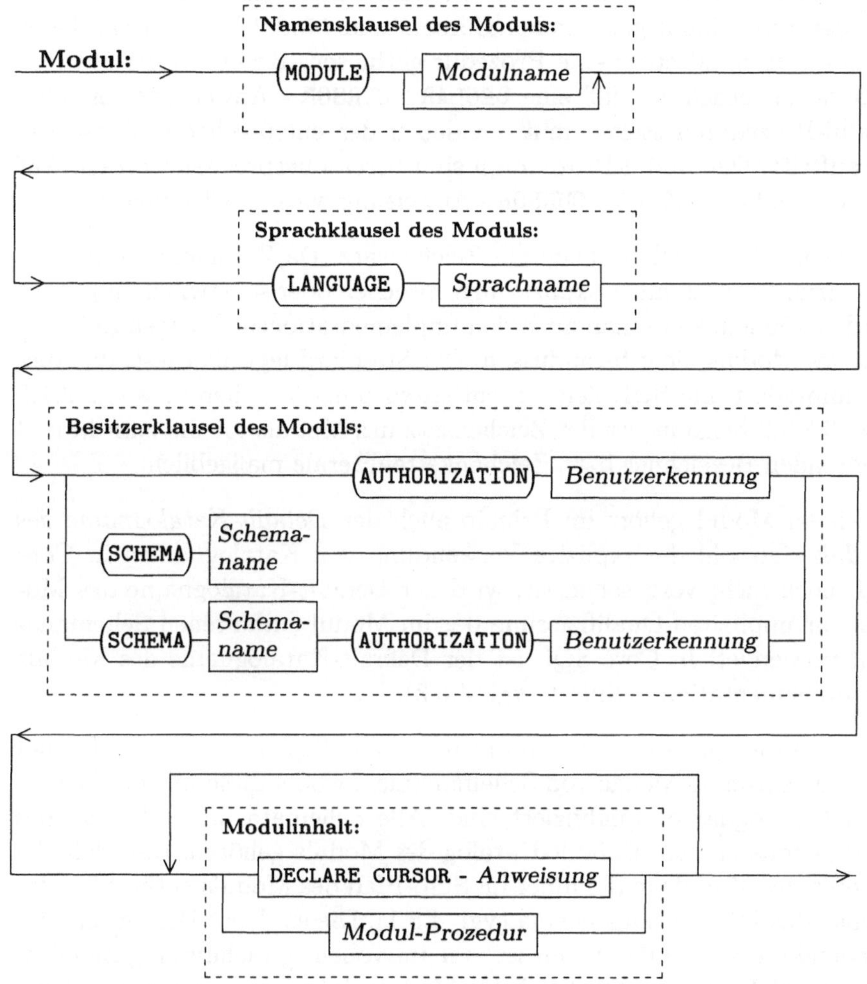

Nach **SCHEMA** kann der Default-Schemaname des Moduls explizit festgelegt werden. Wenn die Besitzerklausel keinen Schemanamen enthält,
dann muß sie die Benutzerkennung des Modulbesitzers enthalten und
diese Benutzerkennung wird dann als impliziter Default-Schemaname des
Moduls übernommen. Wie aus 4.6.3 bekannt, wird der Default-Schemaname des Moduls als impliziter Schemaname für alle im Modul enthaltenen schema-qualifizierten Namen und nicht als Datentyp auftretenden
schema-qualifizierten Typnamen ohne explizite Schemaangabe herangezogen, es sei denn, sie kommen im Rahmen einer **CREATE SCHEMA** - Anweisung vor, in welchem Fall der Name des zu definierenden Schemas
maßgeblich ist.

Schließlich kommt der eigentliche *Modulinhalt*, nämlich die Deklarationen der zum Modul gehörenden Cursors und Modul-Prozeduren. Jeder Modul muß mindestens eine Prozedur enthalten. Bezüglich der Reihenfolge ist zu beachten, daß eine **DECLARE CURSOR** - Anweisung vor allen Modul-Prozeduren stehen muß, in denen der entsprechende Cursorname auftritt. Die Modul-Prozeduren sind bereits besprochen worden. Auf Cursors und die **DECLARE CURSOR** - Anweisung wird in 6.2.2 eingegangen.

Zu jedem Modul gehört auch ein Zeichensatz. Da Zeichensätze in Core SQL grundsätzlich nicht explizit angesprochen oder sonstwie manipuliert werden können, kann man auch den implementationsdefinierten *Zeichensatz des Moduls* nicht beeinflussen. Der Standard legt aber fest, daß dieser zumindest alle SQL-Zeichen enthalten muß. Wie bereits aus 3.2.1.2 bzw. 3.2.3.2 bekannt, ist der Zeichensatz des Moduls für die zum Modul gehörenden Bezeichner bzw. Zeichenkettenliterale maßgeblich.

Zu einem Modul gehört im Prinzip auch der *Default-Katalogname des Moduls*. Obwohl die explizite Verwendung von Katalognamen in Core SQL noch nicht vorgesehen ist, wird der Default-Katalogname des Moduls zur impliziten Qualifizierung der im Modul enthaltenen Schemanamen verwendet. In Core SQL ist der Default-Katalogname des Moduls nur implementationsdefiniert (vgl. 4.6.3).

Außerdem gehört zu einem Modul noch sein *SQL-Pfad*. Ein SQL-Pfad ist eine geordnete Menge von Schemanamen, wobei diese mit dem jeweiligen Katalognamen qualifiziert sind. Alle Schemata im *SQL-Pfad des Moduls* müssen zum Default-Katalog des Moduls gehören. Das Default-Schema des Moduls muß immer im SQL-Pfad des Moduls enthalten sein, ebenso das Informationsschema (vgl. 4.8.1). Die explizite Definition oder Verwendung von SQL-Pfaden ist erst im vollen Sprachumfang möglich. In Core SQL ist der SQL-Pfad des Moduls daher nur implementationsdefiniert. Wenn der Modul den Aufruf einer Schema-Routine mit einem einfachen Routinenamen enthält, wird im allgemeinen der SQL-Pfad des Moduls zur Bestimmung der aufzurufenden Schema-Routine eingesetzt.[8] Auch wenn im Modul ein einfacher schema-qualifizierter Typname als Datentyp auftritt, wird zur impliziten Ergänzung des fehlenden Schemanamens im allgemeinen auf den SQL-Pfad des Moduls zurückgegriffen.[9]

---

[8]Nur wenn der einfache Routinename im Rahmen einer **CREATE SCHEMA** - Anweisung auftritt, wird statt dessen der SQL-Pfad des entsprechenden Schemas genommen (vgl. 4.4.3.1).

[9]Nur wenn der einfache schema-qualifizierte Typname im Rahmen einer **CREATE SCHEMA** - Anweisung auftritt, wird statt dessen der SQL-Pfad des entsprechenden Schemas genommen (vgl. 4.6.3).

Wie bereits erwähnt sind die Mechanismen zur Erzeugung, Verwaltung und Entfernung von Modulen und die dazu notwendigen Berechtigungen nicht im Standard geregelt, sondern bleiben vollständig implementationsdefiniert (vgl. 4.8.1). Der Standard schließt es grundsätzlich nicht aus, daß ein Anwendungsprogramm Prozeduren mehrerer Module verwendet oder daß ein Modul mit mehreren Anwendungsprogrammen verknüpft ist. Allerdings überläßt der Standard alle Details der Realisierung der SQL-Implementierung. So bleibt es implementationsdefiniert, wie die Verknüpfung hergestellt wird, wie die Probleme im Zusammenhang mit namensgleichen, aber zu verschiedenen Modulen gehörenden Prozeduren zu lösen sind und ob ein Anwendungsprogramm ein anderes — eventuell in einer anderen Programmiersprache geschriebenes — Anwendungsprogramm aufrufen darf.

6.2 Spezifische Datenanweisungen der Modulsprache

Wie bereits in Kapitel 5 erörtert, wird der *Impedance Mismatch* zwischen den Strukturen von SQL und denen der Host-Sprachen in erster Linie bei den Abfragen sichtbar. Die direkte Abfrageanweisung kann nicht als Prozeduranweisung einer Modul-Prozedur verwendet werden, weil die Host-Sprachen über keine geeigneten Strukturen verfügen, um die Ergebnistabelle einer direkten Abfrageanweisung aufnehmen und bearbeiten zu können. Wenn man sich auf Abfragen mit einzeiligen Ergebnistabellen beschränkt, kann man in der Modulsprache anstelle der direkten Abfrageanweisung die SELECT INTO - Anweisung verwenden, die im folgenden Abschnitt 6.2.1 behandelt wird. Um in der Modulsprache auch allgemeine Abfragen — also Abfragen mit mehrzeiligen Ergebnistabellen — bewältigen zu können, wird auf das Cursorkonzept zurückgegriffen. Cursors und die damit zusammenhängenden cursorgebundenen Datenanweisungen werden in 6.2.2 besprochen. Es handelt sich dabei um die folgenden Anweisungen: DECLARE CURSOR -, OPEN-, CLOSE- und FETCH INTO - Anweisung. Mit Hilfe eines Cursors können nicht nur allgemeine Abfragen realisiert werden, sondern man kann ihn in Verbindung mit der FETCH INTO - Anweisung auch zum Ändern und Löschen von Zeilen einer mutierbaren Tabelle einsetzen. Die entsprechenden cursorgebundenen Mutationsanweisungen sind die UPDATE CURRENT- und die DELETE CURRENT - Anweisung.

6.2.1   SELECT INTO - Anweisung

Für **SELECT**-Abfragen, deren Ergebnistabelle nur aus einer einzigen Zeile besteht, kann in der Modulsprache die **SELECT INTO** - Anweisung verwendet werden. Wenn man von der zusätzlichen **INTO**-Klausel absieht, entspricht diese syntaktisch einer **SELECT**-Abfrage und muß auch sonst den Regeln für korrekte **SELECT**-Abfragen entsprechen (vgl. 3.4).

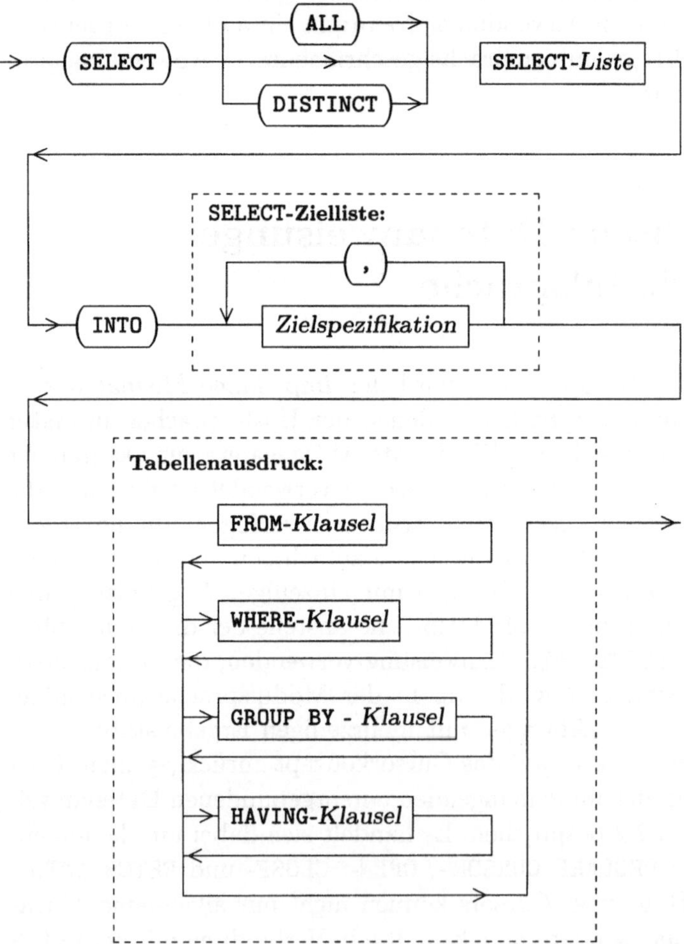

In der auf **INTO** folgenden **SELECT**-Zielliste sind die Zielspezifikationen anzugeben, welche die einzelnen Spaltenwerte der einzeiligen Ergebnistabelle der **SELECT INTO** - Anweisung aufnehmen sollen. In der Modulsprache können die Zielspezifikationen nur Host-Parameterspezifikationen sein. Die Ergebnistabelle der SELECT INTO - Anweisung entspricht der Ergebnistabelle derjenigen SELECT-Abfrage, die sich nach Streichen der INTO-Klausel ergibt. Natürlich muß die Anzahl der Zielspezifikationen in der SELECT-Zielliste mit dem Grad der Ergebnistabelle übereinstimmen. Jede Ergebnisspalte muß mit ihrem korrespondierenden Outputparameter *zuweisungskompatibel* sein (vgl. 3.2.2 – 3.2.5). Natürlich muß die laufende Benutzerkennung auch alle erforderlichen Zugriffsregeln, insbesondere Zugriffsregel (S) erfüllen (vgl. 4.5.2).

Wenn die SELECT INTO - Anweisung ordnungsgemäß ausgeführt werden kann und sich eine einzeilige Ergebnistabelle ergibt, werden die Spaltenwerte auf die korrespondierenden Outputparameter übertragen. In welcher Reihenfolge die einzelnen Spaltenwerte dabei übertragen werden, ist implementationsdefiniert. Wenn die Ergebnistabelle mehr als eine Zeile umfaßt, wird eine Ausnahmebedingung *cardinality violation* gesetzt. Wenn die Ergebnistabelle leer ist, wird eine Abschlußbedingung *no data* gesetzt. In den beiden letzten Fällen sind die Inhalte der in der SELECT-Zielliste angegebenen Outputparameter implementationsabhängig.

Wie eben erwähnt, müssen die Ergebnisspalten mit ihren korrespondierenden Outputparametern zuweisungskompatibel sein. Bei der Ausführung der SELECT INTO - Anweisung müssen die Wertzuweisungen zwischen den Ergebnisspalten und den entsprechenden Zielspezifikationen tatsächlich vorgenommen werden. Dabei sind die folgenden *externen Zuweisungsregeln* maßgeblich, die in den meisten Punkten mit den in 3.2.2 – 3.2.5 besprochenen gewöhnlichen Zuweisungsregeln übereinstimmen.[10] Es gibt aber auch einige Abweichungen, insbesondere im Zusammenhang mit den Indikatorparametern. Sonst kann man sagen, daß die gegenständlichen externen Zuweisungsregeln möglicherweise auftretende Komplikationen bei Zeichenketten etwas liberaler handhaben. In den folgenden *externen Zuweisungsregeln* bezeichnet V den zuzuweisenden Wert der Ergebnisspalte und T die korrespondierende wertaufnehmende Host-Parameterspezifikation. Die Anwendung der Regeln setzt voraus, daß V und T *zuweisungskompatibel* sind und daß der Typ von T weder ein benutzerdefinierter noch ein DATETIME-Typ ist (vgl. auch Tabelle 6.1). Regeln, die von den jeweils korrespondierenden gewöhnlichen Zuweisungsregeln abweichen, sind durch einen Apostroph (') gekennzeichnet.

---

[10]Die SELECT INTO - Anweisung könnte allerdings im Prinzip auch als Prozeduranweisung einer SQL-Prozedur auftreten (vgl. 6.4). In diesem Fall müssen die Zielspezifikationen SQL-Parameterreferenzen sein, für welche die gewöhnlichen Zuweisungsregeln maßgeblich sind.

a)' Wenn V ein NULLwert ist, muß die Host-Parameterspezifikation T einen Indikatorparameter umfassen. Dieser wird auf -1 gesetzt, um dem Anwendungsprogramm den NULLwert zu signalisieren. Sollte T keinen Indikatorparameter aufweisen, wird die Ausnahmebedingung *data exception — null value, no indicator parameter* gesetzt.

b) Wenn V einen *benutzerdefinierten* Typ hat, wird V vor Anwendung der folgenden Regeln implizit auf den Source-Typ konvertiert. Der konvertierte Wert von V entspricht effektiv dem Ergebnis von FNCTS(V), wobei FNCTS die zum benutzerdefinierten Typ von V gehörende 'cast to source'-Funktion ist (vgl. 3.2.5.2).

c) Wenn V ein *numerischer* Wert ist:

  i) Wenn der Typ von T eine Darstellung des numerischen Wertes von V zuläßt, bei der keine führenden signifikanten Stellen verlorengehen, wird die Zuweisung vorgenommen. Wenn T einen Festkommatyp hat, muß dabei gegebenenfalls gerundet oder abgeschnitten werden.[11]

  ii) Andernfalls muß eine Ausnahmebedingung *data exception — numeric value out of range* gesetzt werden.

d) Wenn V ein *Zeichenkettenwert* ist und T den Typ *Zeichenkette fixer Länge* hat, dann sei ℓ_T die fixe Länge von T und ℓ_V die fixe oder aktuelle Länge von V.

  i) $\ell_T \geq \ell_V$: Hier treten keine Probleme bei der Zuweisung auf. Wenn $\ell_T > \ell_V$, wird T rechts mit Leerzeichen aufgefüllt.

  ii)' $\ell_T < \ell_V$: Es werden nur die ersten ℓ_T Zeichen von V übernommen, die folgenden Zeichen von V müssen abgeschnitten werden. Das führt aber nicht zum Abbruch sondern nur zum Setzen einer Abschlußbedingung *warning — string data, right truncation*.

e) Wenn V ein *Zeichenkettenwert* ist und T den Typ *Zeichenkette variabler Länge* hat, dann sei ℓ_T die maximale Länge von T und ℓ_V die fixe oder aktuelle Länge von V.

  i) $\ell_T \geq \ell_V$: Die Zuweisung macht auch hier keine Probleme und ℓ_V wird als aktuelle Länge von T übernommen.

  ii)' $\ell_T < \ell_V$: Es werden nur die ersten ℓ_T Zeichen von V übernommen, wobei die aktuelle Länge von T auf den Maximalwert ℓ_T

---

[11]Ob gerundet oder abgeschnitten wird, ist implementationsdefiniert.

> gesetzt wird. Die folgenden Zeichen von V müssen abgeschnit-
> ten werden. Das führt aber nicht zum Abbruch sondern nur
> zum Setzen einer Abschlußbedingung *warning — string data,
> right truncation.*

Als Beispiel für die Verwendung der **SELECT INTO** - Anweisung folgt das
Fragment eines Anwendungsprogramms in C, das für einen vom Benutzer
eingegebenen Produktnamen die entsprechende Produktnummer durch
Aufruf der Modul-Prozedur **FINDENUMMER** liefert:

```c
#include <stdlib.h>
#include <stdio.h>
#include <string.h>
void FINDENUMMER(char[], char[], char[]);
int main()
{
    char nr[7], name[21], SQLSTATE[6];

    printf("Produktname  : ");
    scanf("%20s", name);
    FINDENUMMER(SQLSTATE,nr,name);
    if(strcmp(SQLSTATE,"00000") != 0)
       printf("Keine Produktnummer zu %s gefunden!\n",
              name);
    else
       printf("Die Nummer von Produkt %s ist %s\n",
              name, nr);
    exit(0);
}
```

Die Modul-Prozedur **FINDENUMMER** ist die einzige Prozedur des folgenden
Moduls **PRODUKTVERWALTUNG**:

```
MODULE PRODUKTVERWALTUNG LANGUAGE C
SCHEMA LRP_SCHEMA
PROCEDURE FINDENUMMER (SQLSTATE,
                       :PRODUKTNUMMER CHARACTER (6),
                       :PRODUKTNAME VARCHAR (20));
   SELECT P#
   INTO   :PRODUKTNUMMER
   FROM   P
   WHERE  PNAME = :PRODUKTNAME;
```

Die Prozeduranweisung von **FINDENUMMER** ist eine **SELECT INTO** - An-
weisung, die eine entsprechende Abfrage auf die Tabelle **P** der L-R-P-
Datenbank enthält. Die Prozedur **FINDENUMMER** hat den Inputparameter
:**PRODUKTNAME** und die beiden Outputparameter :**PRODUKTNUMMER** und
SQLSTATE.

6.2.2 Cursors

Um in der Modulsprache auch mehrzeilige Abfrageausdrücke bewältigen
und dem Host-Programm die Zeilen der Ergebnistabelle zugänglich machen zu können, wird auf das Cursorkonzept zurückgegriffen. Ein Cursor
stellt eine Art Pointer auf die Zeilen einer Tabelle dar. Ein gutes Bild
ist es, sich den Cursor als Fenster auf die Tabelle vorzustellen. In diesem
Fenster ist immer nur eine einzelne Zeile der Tabelle sichtbar.

Die typische Cursoranweisung ist die **FETCH INTO** - Anweisung. Durch
diese wird der Cursor auf eine bestimmte Zeile der Tabelle — im Re-
gelfall einfach auf die nächste Zeile — positioniert und die Spaltenwerte
dieser Zeile werden durch Outputparameter an das Host-Programm übergeben. Durch die **UPDATE CURRENT** - bzw. **DELETE CURRENT** - Anweisung
kann die Zeile, auf die der Cursor gerade positioniert ist, geändert bzw.
gelöscht werden.[12] Bevor man mit einem Cursor arbeiten kann, muß er
durch die **OPEN**-Anweisung geöffnet worden sein. Wenn der Cursor nicht
mehr benötigt wird, kann er durch die **CLOSE**-Anweisung wieder geschlossen werden. Durch die mit dem Cursorkonzept verbundene zeilenweise
Abarbeitung der Tabelle kann der oben erwähnte 'Impedance Mismatch'
überwunden werden.

6.2.2.1 DECLARE CURSOR - Anweisung

Bevor wir auf die eben aufgezählten Anweisungen näher eingehen können,
müssen wir zunächst die **DECLARE CURSOR** - Anweisung besprechen, die
auch als *Cursordeklaration* bezeichnet wird. Die **DECLARE CURSOR** - Anweisung gehört zu den (cursorgebundenen) Datenanweisungen. Sie ist
aber keine Prozeduranweisung, sondern gehört zum Modulinhalt. Durch

---

[12]Eine cursorgebundene Version der **INSERT**-Anweisung macht übrigens keinen Sinn.
Um durch Aufruf einer Modul-Prozedur Zeilen einzufügen, kann die bereits aus 5.2
bekannte, universell einsetzbare **INSERT**-Anweisung als Prozeduranweisung verwendet werden.

die **DECLARE CURSOR** - Anweisung wird der Cursorname festgelegt und
die zum Cursor gehörende Cursortabelle definiert.

DECLARE CURSOR - Anweisung:

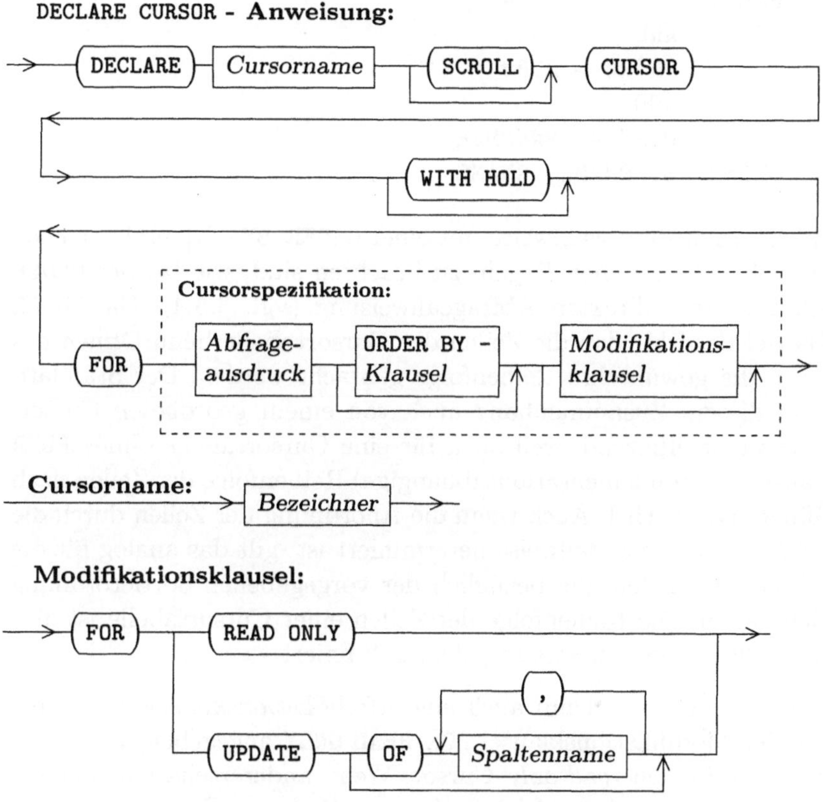

Der *Cursorname* muß natürlich eindeutig im Modul sein. Durch den Cursornamen kann der Cursor in den verwendenden Anweisungen, beispielsweise in einer **OPEN** oder **FETCH INTO** - Anweisung, angesprochen werden.
Der wichtigste Bestandteil der **DECLARE CURSOR** - Anweisung ist der Abfrageausdruck in der Cursorspezifikation. Dieser Abfrageausdruck legt
die zum Cursor gehörende *Cursortabelle* fest, und wir wollen ihn — in
Analogie zur Viewformel — als *Cursorformel* bezeichnen. Wie die folgenden Beispiele zeigen, kann die Cursorformel im Unterschied zu einer
Viewformel durchaus auch Host-Parameterspezifikationen enthalten:

```
DECLARE C1 CURSOR FOR
    SELECT PNAME
    FROM    P
    WHERE   PREIS > :PRGRENZE
```

```
DECLARE C2 CURSOR FOR
    SELECT PNAME, RNAME, MENGE
    FROM    P, R, PR
    WHERE   PR.P# = P.P#
            AND
            PR.R# = R.R#
            AND
            P.P# = :PNUMMER
    ORDER   BY PNAME, RNAME
```

Die Cursorformel kann wahlweise mit einer **ORDER BY** - Klausel versehen werden, wobei die gleichen Regeln zu beachten sind, wie bei der **ORDER BY** - Klausel einer direkten Abfrageanweisung (vgl. 3.5.4). Die **ORDER BY** - Klausel bewirkt, daß die Zeilen der Cursortabelle beim Öffnen des Cursors in die gewünschte Reihenfolge gebracht werden. Der Standard spricht in diesem Zusammenhang auch von einem *geordneten* Cursor. Das ist etwas irreführend, weil auch für eine Cursortabelle ohne **ORDER BY** - Klausel die (implementationsabhängige) Reihenfolge der Zeilen nach dem Öffnen fixiert wird. Auch wenn die Anordnung der Zeilen durch die **ORDER BY** - Klausel nur teilweise determiniert ist, gilt das analog für die Reihenfolge von Zeilen, die bezüglich der vorgegebenen Sortierordnung als gleich gelten. Die Reihenfolge der Zeilen einer Cursortabelle ist also nach dem Öffnen des Cursors in jedem Fall fixiert.

Die Cursorspezifikation kann auch eine *Modifikationsklausel* enthalten. Wenn in der Modifikationsklausel **FOR READ ONLY** angegeben wird, handelt es sich um einen *read-only* Cursor. Wenn andererseits **FOR UPDATE** angegeben wird, handelt es sich um einen *mutierbaren* Cursor. Natürlich muß die Cursorformel eines mutierbaren Cursors ein mutierbarer Abfrageausdruck sein (vgl. 4.2.1). Der Abfrageausdruck darf auch keine **ORDER BY** - Klausel haben und nicht mit **SCROLL** deklariert sein. Wenn die **DECLARE CURSOR** - Anweisung keine Modifikationsklausel aufweist, werden die folgenden impliziten Annahmen getroffen:

- Wenn die Cursorformel ein mutierbarer Abfrageausdruck ist und wenn die Cursordeklaration weder eine **ORDER BY** - Klausel noch **SCROLL** enthält, dann ist **FOR UPDATE** implizit.

- Ansonsten — also wenn die Cursorformel ein read-only Abfrageausdruck ist oder die Cursordeklaration eine **ORDER BY** - Klausel oder **SCROLL** enthält — ist **FOR READ ONLY** implizit.

Nur wenn ein Cursor mutierbar ist, kann seine Cursortabelle durch die cursorgebundenen Mutationsanweisungen **UPDATE CURRENT** bzw. **DELETE**

CURRENT mutiert werden. Mittels der optionalen Spaltenliste in der FOR
UPDATE - Spezifikation kann eine allfällige UPDATE CURRENT - Anweisung
auf die in der Spaltenliste angegebenen Spalten eingeschränkt werden.
Wenn keine Spaltenliste angegeben wird, dürfen alle Spalten der Cur-
sortabelle geändert werden, was auch für eine implizite FOR UPDATE -
Spezifikation gilt.

Wenn ein Cursor read-only ist, darf seine Cursortabelle nur mit FETCH
INTO - Anweisungen bearbeitet werden. Ein Cursor kann selbstverständlich auch dann mit FOR READ ONLY versehen werden, wenn es gemäß den
obigen Regeln an sich möglich wäre, ihn als mutierbaren Cursor zu de-
klarieren. Von dieser Option kann und soll man Gebrauch machen, um
sich gegen versehentliche Mutationen abzusichern. Eventuell kann das
DBMS dadurch auch gewisse Optimierungen vornehmen, die für mutierbare Cursors nicht möglich sind.

Für einen read-only Cursor kann SCROLL spezifiziert werden, wodurch
sich die Positionierungsmöglichkeiten des Cursors durch die FETCH INTO -
Anweisung beträchtlich erweitern. Wenn die DECLARE CURSOR - Anweisung kein SCROLL enthält, kann die Cursortabelle nur streng sequentiell
abgearbeitet werden — der Cursor also nur auf die jeweils nächste Zeile
positioniert werden. Auf die Einzelheiten wird weiter unten im Rahmen
der FETCH INTO - Anweisung eingegangen. Wie bereits erwähnt, schließen
sich die Spezifikation von SCROLL und FOR UPDATE gegenseitig aus. Obwohl SCROLL-Cursors eigentlich nicht zum Sprachumfang von Core SQL
gehören, gehen wir auf diese Spracherweiterung ein, weil sich SCROLL-
Cursors viel flexibler positionieren lassen.

Durch Spezifikation von WITH HOLD kann ein Cursor als HOLD-Cursor de-
klariert werden. In SQL-92 gab es noch keine HOLD-Cursors. Die Spezi-
fikation von WITH HOLD ist unabhängig von SCROLL, ORDER BY und der
Modifikationsklausel. Während ein Cursor ohne HOLD niemals über das
Ende der Transaktion, in der er geöffnet worden ist, im geöffneten Zustand bleiben kann, ist das für einen HOLD-Cursor sehr wohl möglich.
Nämlich genau dann, wenn er bei Abschluß der SQL-Transaktion durch
COMMIT im geöffneten Zustand ist.[13] Wenn ein HOLD-Cursor im geöffneten
Zustand geblieben ist, behält er seine Position in der neuen Transaktion
bei. Allerdings darf eine an diesen Cursor gebundene UPDATE CURRENT -
oder DELETE CURRENT - Anweisung in der neuen Transaktion erst dann

---

[13]Wenn er bei Beendigung der Transaktion im geschlossenen Zustand ist oder wenn
die Transaktion durch ROLLBACK beendet wird, ist er nachher — wie jeder andere
Cursor auch — im geschlossenen Zustand (vgl. 8.4).

ausgeführt werden, wenn vorher (in der neuen Transaktion) eine an diesen Cursor gebundene `FETCH INTO` - Anweisung abgesetzt worden ist. Wie jeder andere Cursor auch, wird ein `HOLD`-Cursor jedenfalls spätestens bei Beendigung der SQL-Sitzung geschlossen.

Im vollen Sprachumfang von SQL-99 besteht außerdem die Möglichkeit, die gewünschte *Sensitivität* eines Cursors festzulegen, wobei `SENSITIVE`, `INSENSITIVE` bzw. `ASENSITIVE` zur Auswahl stehen. Wenn keine Angabe gemacht wird, ist immer `ASENSITIVE` implizit. Auch in Core SQL, wo noch keine solche Angabe gemacht werden kann, ist jeder Cursor asensitiv. Bei der Sensitivität eines Cursors geht es darum, ob cursorunabhängige oder an einen anderen Cursor gebundene Mutationen, die vorgenommen werden, während sich der Cursor im geöffneten Zustand befindet, in der Cursortabelle sichtbar werden oder nicht. Für einen sensitiven Cursor muß eine solche Mutation sichtbar werden. Für einen insensitiven Cursor darf sie nicht sichtbar werden. Für einen asensitiven Cursor bleibt das Verhalten undefiniert: Eine solche Mutation kann sichtbar werden, es ist aber ebenso zulässig, daß sie keinen Niederschlag in der Cursortabelle findet.[14]

Zum Abschluß geben wir noch einige Beispiele zur `DELARE CURSOR` - Anweisung. Die Cursors `C3` und `C8` sind geordnet. Die Cursors `C4` – `C6` sind mutierbar. Die Cursors `C5`, `C6` und `C8` sind `HOLD`-Cursors. Die `SCROLL`-Cursors `C7` und `C8` gehören genaugenommen erst zum vollen Sprachumfang von SQL-99.

```
DECLARE C3 CURSOR FOR
    SELECT MENGE*BWERT AS LAGERSTAND
    FROM   LR
    ORDER  BY LAGERSTAND

DECLARE C4 CURSOR FOR
    SELECT *
    FROM   L

DECLARE C5 CURSOR WITH HOLD FOR
    SELECT ORT
    FROM   L
    FOR UPDATE OF ORT
```

---

[14]Natürlich müssen aber für einen mutierbaren Cursor die Auswirkungen von an ihn selbst gebundenen Mutationsanweisungen immer ihren Niederschlag in der Cursortabelle finden.

```
DECLARE C6 CURSOR WITH HOLD FOR
   SELECT *
   FROM   L


DECLARE C7 SCROLL CURSOR FOR
   SELECT ORT
   FROM   L


DECLARE C8 SCROLL CURSOR WITH HOLD FOR
   SELECT PNAME
   FROM   P
   WHERE  PREIS > :PPREIS
   ORDER  BY PNAME
```

6.2.2.2 OPEN-Anweisung

Bevor man mit einem Cursor arbeiten kann, also an diesen Cursor gebundene FETCH INTO - und — wenn es sich um einen mutierbaren Cursor
handelt — auch UPDATE CURRENT - bzw. DELETE CURRENT - Anweisungen
ausführen kann, muß der Cursor geöffnet worden sein. Dazu dient die
OPEN-Anweisung:

Ein Modul muß für jeden in ihm deklarierten Cursor genau eine Prozedur
mit der OPEN-Anweisung für den Cursor enthalten. Die entsprechende
DECLARE CURSOR - Anweisung muß dabei im Modul vor allen Prozeduren
stehen, in denen der Cursor verwendet wird, also inbesondere auch vor der
Prozedur, welche die OPEN-Anweisung für den Cursor enthält. Wenn die
Cursorspezifikation Host-Parameterspezifikationen enthält, müssen alle
entsprechenden Host-Parameter in der Prozedur deklariert sein, welche
die OPEN-Anweisung für den Cursor enthält.

Ein Cursor ist entweder im geöffneten oder im geschlossenen Zustand.
Vor Ausführung der ersten OPEN-Anweisung ist er im geschlossenen Zustand. Wenn versucht wird, eine OPEN-Anweisung für einen bereits geöffneten Cursor oder eine CLOSE-Anweisung für einen geschlossenen Cursor
durchzuführen, wird eine Ausnahmebedingung *invalid cursor state* gesetzt.

Beim Öffnen des Cursors werden zunächst alle Host-Parameter in allfälligen Host-Parameterspezifikationen der Cursorspezifikation durch die Werte der korrespondierenden Argumente ersetzt, die der Modul-Prozedur mit der OPEN-Anweisung bei ihrem Aufruf übergeben worden sind. Etwaige Vorkommnisse von USER sowie von CURRENT_DATE, LOCALTIME und LOCALTIMESTAMP in der Cursorformel werden durch die aktuellen Werte zum Zeitpunkt des Aufrufs ersetzt. Beim Öffnen des Cursors wird auch überprüft, ob die laufende Benutzerkennung alle für den Abfrageausdruck der Cursorspezifikation erforderlichen Zugriffsregeln, insbesondere Zugriffsregel (C) erfüllt (vgl. 4.5.2). Wenn alle Voraussetzungen erfüllt sind, wird die Ergebnistabelle der Cursorformel gebildet und mit dem Cursor verknüpft. Dabei wird auch die Reihenfolge der Zeilen — natürlich unter Berücksichtigung einer etwaigen ORDER BY - Klausel — fixiert. Auf die Cursortabelle kann nun durch FETCH INTO - und, wenn es sich um einen mutierbaren Cursor handelt, UPDATE CURRENT - bzw. DELETE CURRENT - Anweisungen zugegriffen werden. Unmittelbar nach dem Öffnen ist der Cursor vor der ersten Zeile der Cursortabelle positioniert.

6.2.2.3   FETCH INTO - Anweisung

Die FETCH INTO - Anweisung dient dazu, einen Cursor auf eine bestimmte Zeile der Cursortabelle zu positionieren und die Spaltenwerte dieser Zeile auf die in der FETCH-Zielliste angegebenen Zielspezifikationen zu übertragen und somit dem Host-Programm zugänglich zu machen. Der Cursor wird dabei durch seinen Cursornamen identifiziert und muß geöffnet sein. Wenn der Cursor nicht geöffnet ist, wird eine Ausnahmebedingung *invalid cursor state* gesetzt. Die Anzahl der in der FETCH-Zielliste angegebenen Zielspezifikationen muß dem Grad der Cursortabelle entsprechen und jede Spalte der Cursortabelle muß mit ihrer korrespondierenden Zielspezifikation *zuweisungskompatibel* sein (vgl. 3.2.2 – 3.2.5). In der Modulsprache müssen die Zielspezifikationen Host-Parameterspezifikationen sein.

An sich ist die Angabe einer FETCH-Orientierung erst im vollen Sprachumfang vorgesehen. Da diese Spracherweiterung die Funktionalität der FETCH INTO - Anweisung beträchtlich erhöht, geht die Darstellung hier etwas über den Umfang von Core SQL hinaus. Wenn keine explizite FETCH-Orientierung spezifiziert wird, ist NEXT implizit, wobei wahlweise das Füllwort FROM verwendet werden kann. Eine andere FETCH-Orientierung als NEXT darf nur dann angegeben werden, wenn der entsprechende Cursor in der DECLARE CURSOR - Anweisung als SCROLL-Cursor deklariert worden ist. Wenn eine explizite Angabe der **FETCH**-Orientierung erfolgt, muß das Füllwort **FROM** verwendet werden.

FETCH INTO - **Anweisung:**

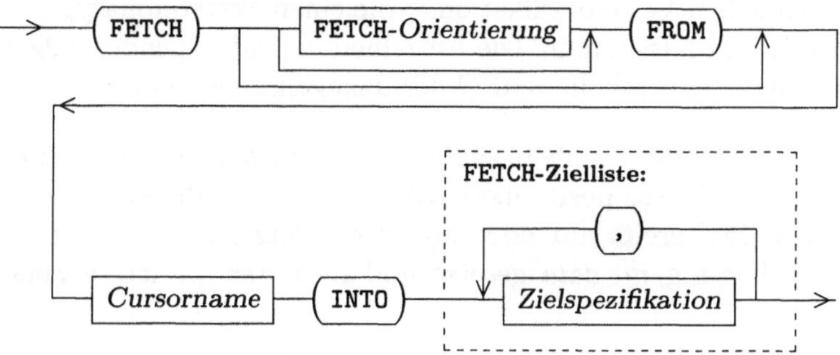

Es wurde bereits darauf hingewiesen, daß die Anordnung der Zeilen der Cursortabelle beim Öffnen des Cursors fixiert wird. Die Zeilen der Cursortabelle haben also eine fixe Reihenfolge, auch wenn der Cursor ohne **ORDER BY** - Klausel deklariert worden ist. Grundsätzlich kann und muß ein geöffneter Cursor in einer der folgenden Positionen sein:

a) Auf einer bestimmten Zeile der Cursortabelle,

b) Vor einer bestimmten Zeile der Cursortabelle,

c) Hinter der letzten Zeile der Cursortabelle.

Die Fälle b) und c) sind auch bei einer leeren Cursortabelle möglich. Im Fall a) muß die Cursortabelle natürlich mindestens eine Zeile aufweisen.

FETCH-Orientierung:

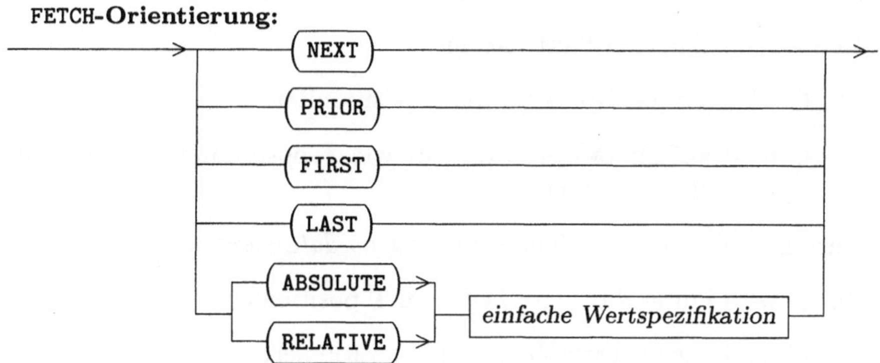

Schon die Bezeichnungen der einzelnen **FETCH**-Orientierungen weisen auf die jeweilige Wirkung hin: **NEXT** bzw. **PRIOR** positioniert auf die nächste

bzw. vorige Zeile, wobei von der aktuellen Cursorposition ausgegangen
wird. **FIRST** bzw. **LAST** positioniert auf die erste bzw. letzte Zeile. **ABSO-
LUTE** J positioniert absolut auf die J-te Zeile. **RELATIVE** J positioniert auf
die J-te Zeile relativ zur aktuellen Cursorposition. J repräsentiert dabei
den Wert der einfachen Wertspezifikation,[15] die einen Festkommatyp ohne Nachkommastellen haben muß. Die Einzelheiten sind folgendermaßen
geregelt. Sei T die Cursortabelle und C der dazugehörige Cursor:

NEXT: Wenn es eine nächste Zeile bezüglich der aktuellen Cursorposition
gibt, dann wird C auf diese positioniert. Ansonsten — in diesem Fall ist
T leer oder C steht bereits auf oder hinter der letzten Zeile — wird
eine Abschlußbedingung *no data* gesetzt und C hinter die letzte Zeile
positioniert.

PRIOR: Wenn es eine vorige Zeile bezüglich der aktuellen Cursorposition
gibt, dann wird C auf diese positioniert. Ansonsten — in diesem Fall
ist T leer oder C steht bereits auf oder vor der ersten Zeile — wird eine
Abschlußbedingung *no data* gesetzt und C vor die erste Zeile positioniert.

FIRST: Wenn es eine erste Zeile gibt, dann wird C auf diese positioniert.
Ansonsten — in diesem Fall ist T leer — wird eine Abschlußbedingung
no data gesetzt und C vor die erste Zeile positioniert.

LAST: Wenn es eine letzte Zeile gibt, dann wird C auf diese positioniert.
Ansonsten — in diesem Fall ist T leer — wird eine Abschlußbedingung
no data gesetzt und C hinter die letzte Zeile positioniert.

ABSOLUTE J: Sei N die Anzahl der Zeilen in T. Die zulässigen Werte von J
sind: $1, 2, \ldots, N$ und $-1, -2, \ldots, -N$.

Wenn J einen zulässigen Wert hat und

J > 0: C wird auf die J-te Zeile von T positioniert;

J < 0: C wird auf die (N+J+1)-te Zeile von T positioniert (das ist die
|J|-te Zeile von hinten).

Ansonsten wird eine Ausnahmebedingung *no data* gesetzt und für

J > 0: C wird hinter die letzte Zeile von T positioniert;

J $\leq$ 0: C wird vor die erste Zeile von T positioniert.

---

[15]Zur Erinnerung: eine einfache Wertspezifikation kann nur ein Literal, ein Host-
Parametername, eingebetteter Variablenname oder eine SQL-Parameterreferenz
sein, wobei keine NULLwerte zulässig sind. Vgl. 3.2.6.2.

RELATIVE J :

$J = 0$: Wenn C auf eine Zeile positioniert ist, bleibt C auf diese Zeile positioniert. Ansonsten wird eine Abschlußbedingung *no data* gesetzt, wobei auch hier die Position von C unverändert bleibt.

$J > 0$: Sei T_F die Teiltabelle von T, die alle geordneten Folgezeilen bezüglich der aktuellen Cursorposition umfaßt. Sei M die Anzahl der Zeilen in T_F. Die zulässigen Werte von J sind: $1, 2, \ldots, M$. Wenn J einen zulässigen Wert hat, dann wird C auf die J-te Zeile von T_F bzw. die entsprechende Zeile von T positioniert (das ist die J-te Folgezeile). Ansonsten — dann ist $J > M$ — wird eine Abschlußbedingung *no data* gesetzt und C hinter die letzte Zeile von T positioniert.

$J < 0$: Sei T_V die Teiltabelle von T, die alle geordneten Vorzeilen bezüglich der aktuellen Cursorposition umfaßt. Sei M die Anzahl der Zeilen in T_V. Die zulässigen Werte von J sind: $-1, -2, \ldots, -M$. Wenn J einen zulässigen Wert hat, dann wird C auf die (M+J+1)-te Zeile von T_V bzw. die entsprechende Zeile von T positioniert (das ist die |J|-te Vorzeile). Ansonsten — dann ist $J < -M$ — wird eine Abschlußbedingung *no data* gesetzt und C vor die erste Zeile von T positioniert.

NEXT und **PRIOR** sind äquivalent zu **RELATIVE 1** und **RELATIVE -1**. Auch **FIRST** und **LAST** können auf **ABSOLUTE 1** und **ABSOLUTE -1** zurückgeführt werden.[16] Wenn bei der Positionierung keine Abschlußbedingung *no data* gesetzt wird, werden die Spaltenwerte der Zeile, auf die der Cursor positioniert worden ist, auf die in der **FETCH**-Zielliste angegebenen Zielspezifikationen übertragen. Dabei gelten die im Rahmen von 6.2.1 besprochenen *externen Zuweisungsregeln*.[17] Wenn bei der Übertragung der Spaltenwerte auf die Zielspezifikationen eine Ausnahmebedingung gesetzt werden muß, bleibt die aktuelle Cursorposition unverändert.[18] Die Werte der Zielspezifikationen sind in einem solchen Fall implementationsabhängig.

---

[16] Allerdings stimmen hier die Cursorpositionen nach einer Abschlußbedingung *no data* nicht überein.

[17] Die **FETCH INTO** - Anweisung könnte allerdings im Prinzip auch als Prozeduranweisung einer SQL-Prozedur auftreten (vgl. 6.4). In diesem Fall müssen die Zielspezifikationen SQL-Parameterreferenzen sein, für welche die gewöhnlichen Zuweisungsregeln maßgeblich sind.

[18] Im allgemeinen gilt, daß die Auswirkungen von Fehlern bei der Ausführung einer cursorgebundenen Anweisung auf Zustand und Position des entsprechenden Cursors implementationsabhängig sind, es sei denn, der Standard sieht für den Fall eine Spezialregel vor, was hier zum Tragen kommt.

Das folgende Beispiel soll die Verwendung der FETCH INTO - Anweisung demonstrieren. Wir gehen dabei vom Cursor C mit der folgenden Cursordeklaration aus:

```
DECLARE C SCROLL CURSOR FOR
    SELECT L#
    FROM    L
    ORDER  BY L#
```

Cursor C wird zunächst durch Aufruf einer Modul-Prozedur mit der Prozeduranweisung

```
    OPEN C;
```

geöffnet. Dadurch wird der Cursor vor die ersten Zeile der Cursortabelle positioniert. Anschließend wird eine Modul-Prozedur mit der Prozeduranweisung

```
    FETCH C INTO :LNR;
```

aufgerufen, wobei der Outputparameter :LNR der Spalte L# der Cursortabelle entspricht. Durch Aufruf dieser Prozedur wird der Cursor C auf die 1. Zeile der Cursortabelle positioniert und :LNR erhält dementsprechend den Wert L1. Für die weiteren FETCH INTO - Anweisungen gibt die folgende Tabelle 6.2 jeweils die FETCH-Orientierung, die resultierende Cursorposition, den Wert von :LNR und gegebenenfalls die Abschlußbedingung *no data* an:

FETCH-Orientierung	Cursorposition	:LNR
PRIOR	vor 1	*no data*
ABSOLUTE 3	3	L3
PRIOR	2	L2
RELATIVE 2	4	L4
FIRST	1	L1
LAST	5	L5
NEXT	hinter 5	*no data*
ABSOLUTE -2	4	L4
RELATIVE -3	1	L1

Tabelle 6.2: Cursorposition

6.2.2.4 UPDATE CURRENT - Anweisung

Wie bereits in 4.5.2 und im 5. Kapitel erwähnt, können Mutationen in der Modulsprache auch durch die cursorgebundenen Versionen der UPDATE- und DELETE-Anweisung vorgenommen werden. Um die Zeile der Cursortabelle, auf die der Cursor positioniert ist, zu ändern, verwendet man die UPDATE CURRENT - Anweisung:

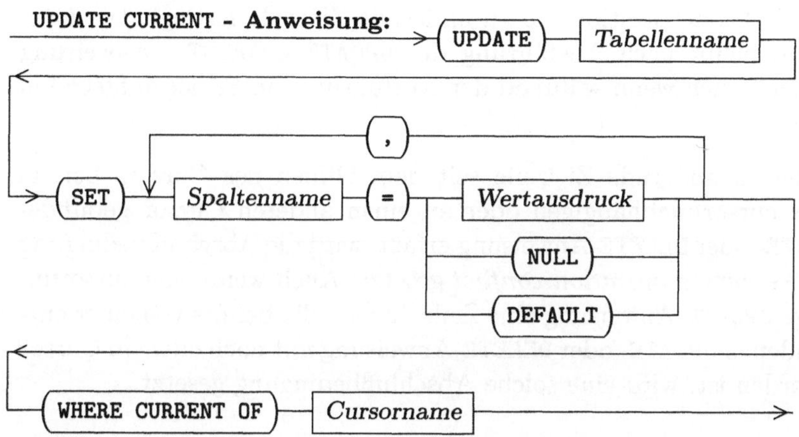

Die für die UPDATE CURRENT - Anweisung geltenden Regeln müssen in folgenden Punkten gegenüber denen für die cursorunabhängige UPDATE-Anweisung (vgl. 5.3) modifiziert werden:

- Der Cursorname muß einen mutierbaren Cursor bezeichnen. Wenn dieser bei der Ausführung der UPDATE CURRENT - Anweisung nicht geöffnet oder nicht auf eine Zeile positioniert ist, wird die Ausnahmebedingung *invalid cursor state* gesetzt. Wenn es sich um einen HOLD-Cursor handelt, muß es während der laufenden Transaktion außerdem schon eine an diesen Cursor gebundene FETCH INTO - Anweisung gegeben haben, sonst wird ebenfalls die Ausnahmebedingung *invalid cursor state* gesetzt.

- Als Tabellenname (der zu mutierenden Tabelle) muß der Name der zugrundeliegenden Tabelle der Cursorformel angegeben werden. Da die Cursorformel eines mutierbaren Cursors ein mutierbarer Abfrageausdruck ist, muß die Cursorformel eine SELECT-Abfrage mit einer einzigen Tabellenreferenz in der FROM-Klausel sein, wobei sich die Tabellenreferenz auf eine Basistabelle oder einen mutierbaren View beziehen muß. Diese Basistabelle bzw. dieser mutierbare View ist die zugrundeliegende Tabelle der Cursorformel (vgl. 4.2.1).

- Auf der linken Seite der **SET**-Klauseln dürfen nur solche Spaltennamen der Cursortabelle vorkommen, deren Änderbarkeit in der Cursordeklaration nicht ausgeschlossen worden ist.[19] Die Unabhängigkeit der Wertausdrücke auf den rechten Seiten der **SET**-Klauseln von der zu mutierenden Tabelle wird hier nicht vorausgesetzt.

Ansonsten entsprechen die Regeln, Wirkungen und Zurückweisungsgründe sinngemäß denen der cursorunabhängigen **UPDATE**-Anweisung, wobei die aktuelle Cursorposition die zu ändernde Zielzeile festlegt. Die Cursorposition bleibt nach Ausführung der **UPDATE CURRENT** - Anweisung unverändert, auch wenn während der Ausführung ein Fehler aufgetreten sein sollte.

Wurde die zu ändernde Zielzeile seit dem Öffnen des Cursors bereits von einer cursorunabhängigen oder an einen anderen Cursor gebundenen **UPDATE**- oder **DELETE**-Anweisung erfaßt, wird die Abschlußbedingung *warning — cursor operation conflict* gesetzt. Auch wenn eine cursorunabhängige **UPDATE**-Anweisung eine Zeile ändert, die bereits von einer cursorgebundenen **UPDATE**- oder **DELETE**-Anweisung mit noch offenem Cursor erfaßt worden ist, wird eine solche Abschlußbedingung gesetzt.

6.2.2.5   DELETE CURRENT - Anweisung

Um die Zeile der Cursortabelle, auf die der Cursor positioniert ist, zu löschen, verwendet man die **DELETE CURRENT** - Anweisung:

DELETE CURRENT - Anweisung:

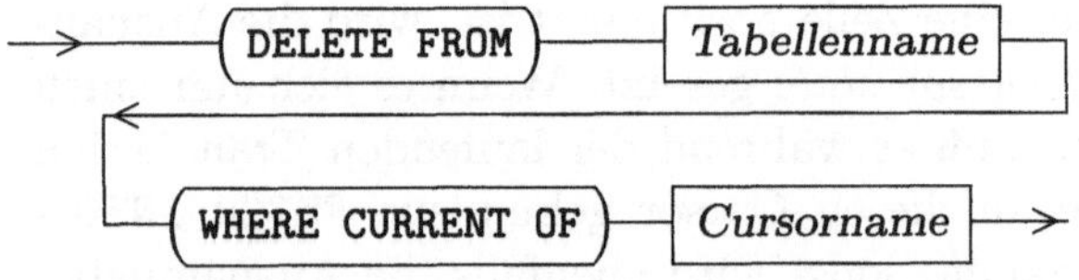

Die für die **DELETE CURRENT** - Anweisung geltenden Regeln müssen in folgenden Punkten gegenüber denen für die cursorunabhängige **DELETE**-Anweisung (vgl. 5.4) modifiziert werden:

- Der Cursorname muß einen mutierbaren Cursor bezeichnen. Wenn dieser bei der Ausführung der **DELETE CURRENT** - Anweisung nicht

---

[19]In der Cursordeklaration kann die Änderbarkeit einer Spalte dadurch ausgeschlossen werden, daß **FOR UPDATE** mit einer expliziten Spaltenliste versehen ist, in der die entsprechende Spalte nicht vorkommt.

geöffnet oder nicht auf eine Zeile positioniert ist, wird die Ausnahmebedingung *invalid cursor state* gesetzt. Wenn es sich um einen
HOLD-Cursor handelt, muß es während der laufenden Transaktion
außerdem schon eine an diesen Cursor gebundene FETCH INTO -
Anweisung gegeben haben, sonst wird ebenfalls die Ausnahmebedingung *invalid cursor state* gesetzt.

- Als Tabellenname (der zu mutierenden Tabelle) muß der Name
  der zugrundeliegenden Tabelle der Cursorformel angegeben werden
  (vgl. dazu 6.2.2.4).

Ansonsten entsprechen die Regeln, Wirkungen und Zurückweisungsgründe sinngemäß denen für die cursorunabhängige DELETE-Anweisung, wobei
die zu löschende Zielzeile durch die aktuelle Cursorposition festgelegt ist.
Nach Ausführung der DELETE CURRENT - Anweisung wird der Cursor vor
die nächste Zeile positioniert, es sei denn, die gelöschte Zeile war die
letzte. In diesem Fall wird der Cursor hinter die letzte Zeile positioniert.

Wurde die zu löschende Zielzeile seit dem Öffnen des Cursors bereits
von einer cursorunabhängigen oder an einen anderen Cursor gebundenen UPDATE- oder DELETE-Anweisung erfaßt, wird die Abschlußbedingung
warning — cursor operation conflict gesetzt. Auch wenn durch eine cursorunabhängige DELETE-Anweisung eine Zeile gelöscht wird, die bereits
von einer cursorgebundenen UPDATE- oder DELETE-Anweisung mit noch
offenem Cursor erfaßt worden ist, wird eine solche Abschlußbedingung
gesetzt.

6.2.2.6   CLOSE-Anweisung

Wenn ein Cursor bzw. seine Cursortabelle nicht mehr gebraucht wird,
kann der Cursor durch eine CLOSE-Anweisung wieder geschlossen werden:

CLOSE-Anweisung:

Durch die CLOSE-Anweisung geht der Cursor wieder in den geschlossenen
Zustand über und die Verknüpfung mit der Cursortabelle wird aufgehoben. Während das Öffnen eines Cursors nur durch eine explizite OPEN-Anweisung möglich ist, kann es bei Beendigung der Transaktion auch zu einem impliziten Schließen kommen: Wenn die Beendigung der Transaktion
durch COMMIT erfolgt, wird für jeden noch offenen Cursor, der kein HOLD-
Cursor ist, implizit eine CLOSE-Anweisung ausgeführt (vgl. 8.4.1). Wenn

die Beendigung der Transaktion durch **ROLLBACK** erfolgt, wird überhaupt
jeder noch offene Cursor implizit geschlossen (vgl. 8.4.2). Wie bereits bei
der **OPEN**-Anweisung erwähnt, führt der Versuch einen bereits geschlossenen Cursor zu schließen bzw. einen bereits geöffneten Cursor zu öffnen
zu einer Ausnahmebedingung *invalid cursor state*. Es ist aber ohnewei-
teres möglich, einen während der laufenden Transaktion ordnungsgemäß
geschlossenen Cursor wieder zu öffnen.

Als Beispiel für die Verwendung von Cursors und der besprochenen cursorgebundenen Anweisungen wollen wir anhand des folgenden Cursors:

```
DECLARE C CURSOR FOR
    SELECT P#, PREIS
    FROM   P
    FOR UPDATE OF PREIS
```

eine Schleife eines C-Programms skizzieren, in welcher der Anwender für
jede Zeile der Cursortabelle angeben kann, ob er den Preis des Produkts
ändern oder das Produkt löschen möchte oder die Zeile unverändert beibehalten werden soll. Wie bei den anderen Beispielen auch, beschränken
wir uns auf eine minimale Benutzerführung. Fehlerdiagnose und Eingabeprüfung wurden ganz weggelassen. Insbesondere gehen wir von der
Fiktion aus, daß der Anwender nur einen gültigen Code (A, L oder W)
eingibt und auch bei der Eingabe des neuen Preises keinen Fehler macht.

```
FETCHCURSOR(SQLSTATE, pnr, &preis);
while (strcmp(SQLSTATE,"00000") == 0)
{ printf("Produkt  %-6s mit Preis %7.2f\n", pnr, preis);
  printf("(A)endern, (L)oeschen, (W)eiter? : ");
  scanf("%1s",selektion);
  switch (*selektion)
      { case 'A': printf("Neuer Preis (dddd.dd)? : ");
                  scanf("%f", &preis);
                  AENDEREPREIS(SQLSTATE, &preis);
                  break;
        case 'L': LOESCHEPRODUKT(SQLSTATE);
                  break;
        case 'W': ;
      }
  FETCHCURSOR(SQLSTATE, pnr, &preis);
}
```

Dabei werden die folgenden Modul-Prozeduren verwendet:

```
    PROCEDURE FETCHCURSOR (SQLSTATE, :PNR CHARACTER(6),
                                     :PREIS REAL);
        FETCH C INTO :PNR, :PREIS;
```

Die wegen des Fehlens einer C-Entsprechung zu DECIMAL (vgl. Tabelle 6.1) für die Spalte PREIS notwendige Typkonversion auf REAL erfolgt implizit im Rahmen der FETCH INTO - Anweisung gemäß den in 6.2.1 zusammengestellten externen Zuweisungsregeln. Eine explizite Konversion mittels CAST in der Cursorformel ist nicht zulässig, da die SELECT-Liste einer mutierbaren SELECT-Abfrage nur Spaltenreferenzen enthalten darf.

```
    PROCEDURE AENDEREPREIS (SQLSTATE, :NPREIS REAL);
        UPDATE P
            SET   PREIS = CAST(:NPREIS AS DECIMAL(6,2))
            WHERE CURRENT OF C;

    PROCEDURE LOESCHEPRODUKT (SQLSTATE);
        DELETE FROM P
            WHERE CURRENT OF C;
```

6.3   Fehlerdiagnose

Wie bereits bekannt (vgl. 3.2.2.1), spricht der Standard vom Setzen einer *Ausnahmebedingung (exception condition)*, wenn bei der Ausführung einer Anweisung ein Fehler auftritt, der zum Abbruch der Anweisung führen muß. Wenn die Anweisung ordnungsgemäß durchgeführt werden kann oder wenn bei ihrer Durchführung nur besondere Konstellationen auftreten, die zwar nicht den Abbruch der Anweisung nach sich ziehen, auf die aber trotzdem hingewiesen werden soll, spricht der Standard von einer *Abschlußbedingung (completion condition)*. Üblicherweise würde man in letzterem Fall von einer Warnung sprechen.

Bei der Besprechung der Modul-Prozeduren in 6.1 wurde bereits darauf hingewiesen, daß für jede Modul-Prozedur der Statusparameter SQL-STATE deklariert werden muß.[20] Der Statusparameter ist ein Outputparameter und signalisiert dem aufrufenden Host-Programm durch den

---

[20]Beim Statusparameter beschränkt sich die Deklaration darauf, daß SQLSTATE in der Host-Parameterdeklarationsliste der Modul-Prozedur aufscheint. Ein Datentyp ist nicht anzugeben (vgl. 6.1).

zurückgelieferten Wert, ob die Prozeduranweisung ordnungsgemäß ausgeführt werden konnte oder nicht. Gegebenenfalls erlaubt der Wert des Statusparameters weitere Rückschlüsse auf die Art des aufgetretenen Fehlers. Der Statusparameter SQLSTATE umfaßt rund 100, für standardkonforme Implementierungen verbindliche Codewerte für die von SQL-99 vorgesehenen Ausnahme- bzw. Abschlußbedingungen.

Der Statusparameter SQLSTATE gibt eine Zeichenkette mit der fixen Länge 5 zurück. Der Zeichensatz ist implementationsdefiniert, muß sich aber auf die Zeichen '0'–'9' bzw. 'A'–'Z' beschränken und darf nur ein Byte pro Zeichen verwenden.[21] Die ersten beiden Stellen sind der Klassencode (*class code*), die folgenden drei Stellen der Subklassencode (*subclass code*). Der Wert '00000' entspricht der Abschlußbedingung *successful completion*. Der Wert '02000' entspricht der Abschlußbedingung *no data*. Für die Klassencodes '00' und '02' gibt es keine weiteren Subklassen. Alle Werte mit einem Klassencode von '01' stehen für Abschlußbedingungen *warning*. Die folgende Tabelle zeigt als ein Beispiel alle für die Klasse '01' vorgesehenen Subklassen, soweit sie für Core SQL von Relevanz sind:

000	*(no subclass)*
001	*cursor operation conflict*
003	*null value eliminated in set function*
004	*string data, right truncation*
006	*privilege not revoked*
007	*privilege not granted*
009	*search condition too long for information schema*
00A	*query expression too long for information schema*
00B	*default value too long for information schema*

Die Klassencodes aller vom Standard festgelegten Werte beginnen mit '0', '2', '3', '4' oder 'H'. An sich hält sich der Standard für diese Zwecke alle Zeichen '0'–'4' und 'A'–'H' frei. Auch die standarddefinierten Subklassencodes müssen mit einem dieser Zeichen beginnen. Alle übrigen Klassencodes stehen den Implementierungen für zusätzliche implementationsdefinierte Klassen zur Verfügung, wobei auch beliebige Subklassencodes vergeben werden können. Auch innerhalb der standarddefinierten Klassen können zusätzliche implementationsdefinierte Subklassen festgelegt werden. In diesem Fall muß der Subklassencode aber mit einem Zeichen aus '5'–'9' bzw. 'I'–'Z' beginnen. Die einzige Ausnahme ist der Subklas-

---

[21]Die dem Statusparameter SQLSTATE entsprechende C-Variable muß also den Datentyp char[6] haben (vgl. 6.1).

sencode '000', der immer die Bedeutung *no subclass* hat und in dieser Bedeutung auch für implementationsdefinierte Subklassen zu verwenden ist.

Es kann nicht ausgeschlossen werden, daß bei der Ausführung einer Modul-Prozedur mehrere Bedingungen gesetzt werden müssen, die dann gewissermaßen miteinander konkurrieren. Für einen solchen Fall legt der Standard die folgenden Prioritäten zur Bestimmung derjenigen Bedingung fest, die in SQLSTATE ihren Niederschlag finden soll:

1. Ausnahmebedingungen, die den sofortigen Abbruch der Transaktion nach sich ziehen (SQLCODE: '40 xxx')

2. sonstige Ausnahmebedingungen

3. Abschlußbedingung *no data* (SQLCODE: '02 xxx')

4. Abschlußbedingung *warning* (SQLCODE: '01 xxx')

5. Abschlußbedingung *successful completion* (SQLCODE: '00000')

Wenn nach Anwendung dieser Prioritäten immer noch mehrere Bedingungen übrigbleiben sollten, ist es implementationsabhängig, welche dieser Bedingungen in SQLSTATE ihren Niederschlag findet.

Mit Hilfe des Statusparameters SQLSTATE könnte man die Fehlerbehandlung des in 6.2.1 gegebenen Anwendungsprogramms folgendermaßen verfeinern:

```
....
FINDENUMMER(SQLSTATE,nr,name);
if(strcmp(SQLSTATE,"00000") == 0)
    printf("Die Nummer von Produkt %s ist %s\n",
            name, nr);
else if(strcmp(SQLSTATE,"02000") == 0)
    printf("Keine Produktnummer zu %s gefunden!\n",
            name);
else
    printf("Fehler %s ist aufgetreten!\n", SQLSTATE);
....
```

Der Statusparameter SQLSTATE erlaubt eine produktunabhängige und recht spezifische Charakterisierung der jeweiligen Ausnahme- oder Abschlußbedingung und für den Normalfall ist die von SQLSTATE gelieferte Information auch vollkommen ausreichend. Manchmal ist es aber für eine Anwendung erforderlich, eine tiefergehende Fehlerdiagnose durchzuführen, um die konkreten Ursachen und speziellen Umstände zu ermitteln, die zu einem Fehler geführt haben. Dazu sieht der volle Sprachumfang von SQL-99 in Ergänzung zum Statusparameter `SQLSTATE` eine eigene Diagnoseanweisung vor, nämlich die `GET DIAGNOSTICS` - Anweisung, auf die wir hier aber nicht weiter eingehen.

6.4   Überblick: Prozeduranweisungen

Das folgende Syntaxdiagramm gibt alle SQL-Anweisungen an, die in Core SQL als *Prozeduranweisung* verwendet werden können:

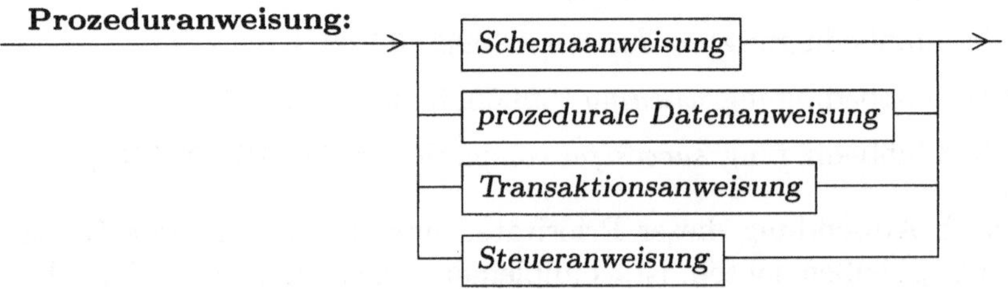

Die Schemaanweisungen sind im 4. Kapitel besprochen worden. Auf die Transaktionsanweisungen wird in 8.4 eingegangen. Die Steueranweisungen sind im Rahmen von 4.4 behandelt worden. Das folgende Syntaxdiagramm faßt alle als Prozeduranweisung verwendbaren Datenanweisungen unter der Bezeichnung *prozedurale Datenanweisungen* zusammen:

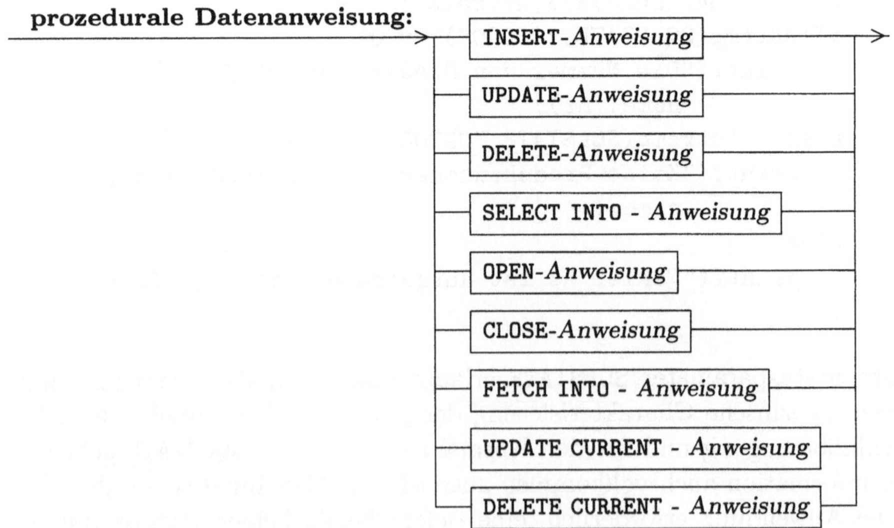

Die prozeduralen Datenanweisungen umfassen alle Datenanweisungen mit Ausnahme der direkten Abfrageanweisung und der DECLARE CURSOR - Anweisung. Die cursorunabhängigen Datenanweisungen sind in Kapitel 5, die cursorgebundenen Datenanweisungen im Abschnitt 6.2.2 des laufenden Kapitels besprochen worden.

Alle oben angegebenen Prozeduranweisungen mit Ausnahme der Steueranweisung RETURN können in einer Modul-Prozedur bzw. als eingebettete SQL-Anweisung (vgl. 7.1) verwendet werden. In SQL-99 kann eine Prozeduranweisung überdies im Rumpf einer SQL-Routine auftreten (vgl. 4.4). In Core SQL können für eine SQL-Prozedur nur die folgenden Prozeduranweisungen[22] verwendet werden:

- prozedurale Datenanweisungen,

- von den Steueranweisungen nur die CALL-Anweisung.

Für eine SQL-Funktion kommt in Core SQL nur eine einzige Prozeduranweisung in Frage, nämlich:

- die RETURN-Anweisung.

Diese Steueranweisung darf auch im vollen Sprachumfang von SQL-99 nur in einer SQL-Funktion auftreten (vgl. 4.4.1.2).

6.5 Übungsaufgaben

Aufg. 6.5.1: Für die Lagerbuchhaltung soll ein Anwendungsprogramm geschrieben werden, das für eine eingegebene Lagernummer folgende Angaben über das entsprechende Lager liefert: Lagerkapazität, tatsächlich gelagerte Menge, die sich daraus ergebende noch verfügbare Lagerkapazität und den gesamten, mit den Beschaffungskosten bewerteten Lagerwert. Schreiben Sie zwei Modul-Prozeduren mit jeweils einer SELECT INTO - Anweisung als Prozeduranweisung. Eine Modul-Prozedur soll die Lagerkapazität aus Tabelle L, die andere die benötigten Daten aus Tabelle LR liefern. Die noch verfügbare Lagerkapazität kann im Anwendungsprogramm errechnet werden.

---

[22]Was die Schemaanweisungen anlangt, scheint der Standard davon auszugehen, daß eine Implementierung standardkonform bleibt, auch wenn sie gewisse Schemaanweisungen zuläßt.

Aufg. 6.5.2: Formulieren Sie die zweite Modul-Prozedur gemäß Aufgabe 6.5.1 als SQL-Prozedur.

Aufg. 6.5.3: Das in Aufgabe 6.5.1 beschriebene Anwendungsprogramm soll folgendermaßen erweitert werden: Es muß möglich sein, zusätzlich zu den aggregierten Werten auch eine Auflistung aller in dem Lager eingelagerten Rohstoffe zu erhalten, wobei Rohstoffnummer, gelagerte Menge und der Beschaffungswert ausgegeben werden sollen. Schreiben Sie eine entsprechende `DECLARE CURSOR` - Anweisung und Modul-Prozeduren für die dazugehörige `OPEN`- bzw. `FETCH INTO` - Anweisung.

Aufg. 6.5.4: Zu Kalkulationszwecken soll für jedes Produkt der nach Abzug der Rohstoffkosten verbleibende Deckungsbeitrag ermittelt werden. Die Rohstoffe sind dabei jeweils mit dem maximalen Beschaffungswert anzusetzen. Entwickeln Sie einen Modul und ein Anwendungsprogramm, das für jedes Produkt die Produktnummer, den Preis, die Rohstoffkosten und den Deckungsbeitrag ausgibt. Bei der Programmierung des Moduls können Sie die SQL-Funktion `MAXBW` verwenden (vgl. Aufgabe 4.9.11). Diese erwartet als Argument eine Rohstoffnummer (`CHAR(6)`) und liefert den maximalen Beschaffungswert des entsprechenden Rohstoffs (`DECIMAL(6,2)`).

Kapitel 7

Eingebettetes SQL

Zur Verwendung von SQL aus einem Anwendungsprogramm sieht der Standard neben der Modulsprache einen zweiten Binding-Style vor, nämlich *eingebettetes SQL* (*embedded SQL*). Tatsächlich wird eingebettetes SQL viel häufiger verwendet als die Modulsprache. Es gibt auch weitaus mehr Implementierungen von eingebettetem SQL. Bei der Modulsprache sind SQL und die Host-Sprache fein säuberlich voneinander getrennt. Die einzige Verbindung zwischen dem Anwendungsprogramm und dem Modul besteht in den Aufrufen der Modul-Prozeduren aus dem Anwendungsprogramm, die aber ebenfalls den Regeln der Host-Sprache entsprechen. Demgegenüber kommt es in eingebettetem SQL zu einer Vermischung der beiden Sprachen. Die eingebetteten SQL-Anweisungen werden nämlich unmittelbar in das Host-Programm geschrieben — eben eingebettet. Insbesondere werden nun die Aufrufe der Modul-Prozeduren durch entsprechende eingebettete Prozeduranweisungen ersetzt. Das so entstehende hybride Programm wird eingebettetes SQL-Host-Programm (*embedded SQL host program*) genannt.

Der SQL-Standard führt die Semantik von eingebettetem SQL auf die Modulsprache zurück, indem er Transformationsregeln angibt, die aus einem eingebetteten SQL-Host-Programm einen standardkonformen Modul sowie ein standardkonformes Host-Programm mit den entsprechenden Prozeduraufrufen erzeugen. Wir sprechen in diesem Zusammenhang vom abgeleiteten Modul (*implied module*) und abgeleiteten Host-Programm (*implied host program*). Dabei muß eine Implementierung nicht wirklich einen abgeleiteten Modul und ein abgeleitetes Host-Programm generieren. Aber effektiv müssen die Wirkungen eines eingebetteten SQL-Host-Programms immer äquivalent zu denen des abgeleiteten Moduls und Host-Programms sein, die sich gemäß den Transformationsregeln des Standards ergeben würden. Wir werden in 7.2 näher auf diese Transformationsregeln eingehen. Für die meisten Zwecke reicht es allerdings vollkommen aus von der intuitiven Vorstellung auszugehen, daß eben auch die eingebetteten SQL-Anweisungen zur Host-Sprache gehören und im Rahmen der Host-Sprache ausgeführt werden können.

Im folgenden Abschnitt 7.1 werden zunächst das eingebettete SQL-Host-Programm und die darin enthaltenen eingebetteten SQL-Anweisungen besprochen. Der Datenaustausch zwischen dem eingebetteten SQL-Host-Programm und den eingebetteten SQL-Anweisungen wird mit Hilfe eingebetteter Variablen bewerkstelligt, die in einer `DECLARE`-Section definiert werden müssen. Auf diese wird im Abschnitt 7.2, der sich auch mit den bereits erwähnten Transformationsregeln beschäftigt, näher eingegangen. Im allgemeinen decken sich die einbettbaren SQL-Anweisungen mit denjenigen Anweisungen, die auch in einem Modul bzw. in einer Modul-Prozedur verwendet werden können (vgl. 6.4). Es gibt nur eine einzige Ausnahme, nämlich die `WHENEVER`-Anweisung. Diese ist eine Spezialanweisung von eingebettetem SQL und wird in 7.3 behandelt.

7.1 Eingebettetes SQL-Host-Programm

Zur Illustration geben wir gleich vorweg ein Beispiel eines eingebetteten SQL-Host-Programms. Wie im vorigen Kapitel greifen wir auch hier wieder auf C als Host-Sprache zurück. Es handelt sich bei dem Beispiel also um ein eingebettetes SQL-C-Programm. Dieses liefert für einen einzugebenden Produktnamen dessen Produktnummer sowie alle Rohstoffe, die zur Herstellung des Produkts benötigt werden.

```c
#include <stdlib.h>
#include <stdio.h>
#include <string.h>
int main()
{
    EXEC SQL BEGIN DECLARE SECTION;
        char nr[7], SQLSTATE[6];
        VARCHAR name[21], rname[21];
    EXEC SQL END DECLARE SECTION;
    EXEC SQL WHENEVER SQLEXCEPTION GO TO fehler;
```

```
    printf("Produktname:");
    scanf("%20s", name);
    EXEC SQL DECLARE C1 CURSOR FOR
                    SELECT P.P#, RNAME
                    FROM   P, PR, R
                    WHERE  PNAME = :name  AND
                           PR.R# = R.R#   AND
                           PR.P# = P.P#
                    ORDER  BY R.R#;
    printf("\n");
    EXEC SQL OPEN C1;
    EXEC SQL FETCH C1 INTO :nr, :rname;
    while (strcmp(SQLSTATE,"00000") == 0)
       {   printf("In %6s geht Rohstoff %20s ein\n",
                   nr, rname);
          EXEC SQL FETCH C1 INTO :nr, :rname;

       }
    EXEC SQL CLOSE C1;
    exit(0);
fehler:
    printf("Fehler %s ist aufgetreten\n", SQLSTATE);
    exit(1);
}
```

Der Standard sieht für eine *eingebettete SQL-Anweisung* (*embedded SQL statement*) die folgende Syntax vor:

eingebettete SQL-Anweisung:

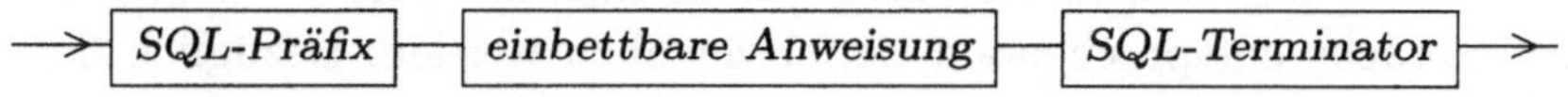

Damit sich die *einbettbare Anweisung*, also die eigentlich einzubettende SQL-Anweisung, leichter von der Host-Sprache unterscheiden läßt, wird sie durch ein *SQL-Präfix* eingeleitet und durch einen *SQL-Terminator* abgeschlossen:

SQL-Präfix:

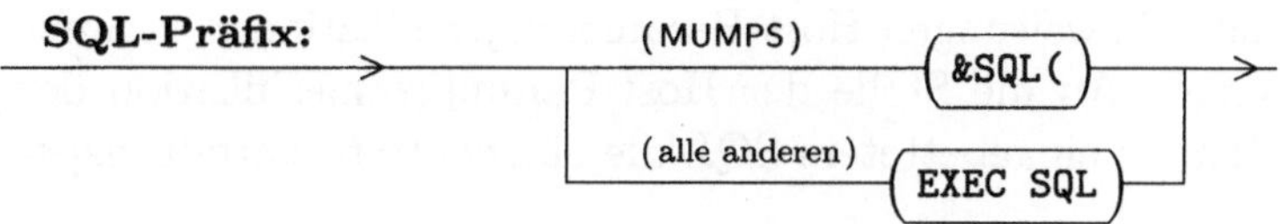

SQL-Terminator:

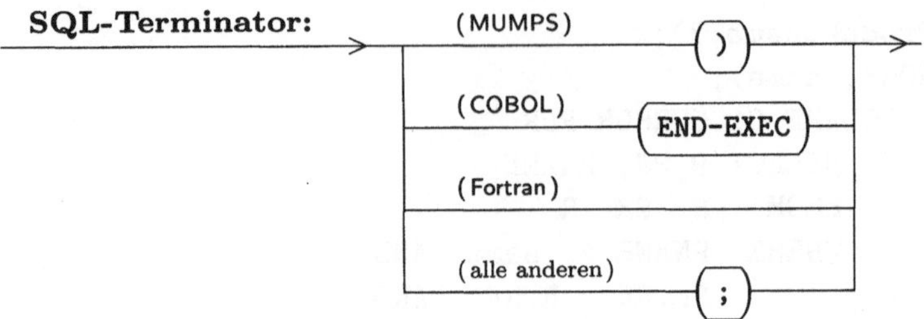

Das SQL-Präfix bzw. der SQL-Terminator sind von der jeweiligen Host-Sprache abhängig. In C beispielsweise sind 'EXEC SQL' bzw. ';' zu verwenden. Die folgenden SQL-Anweisungen kommen als *einbettbare Anweisungen* in Frage:

einbettbare Anweisung:

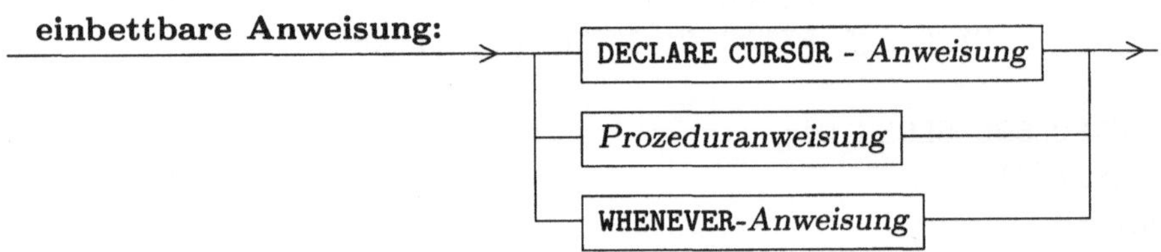

Bis auf die WHENEVER-Anweisung, die eine Spezialanweisung von eingebettetem SQL darstellt (vgl. 7.3), decken sich die einbettbaren SQL-Anweisungen vollständig mit denjenigen Anweisungen, die auch in einem Modul bzw. in den Prozeduren eines Moduls auftreten (vgl. 6.4).

Grundsätzlich kann eine eingebettete SQL-Anweisung an jeder Stelle auftreten, an der eine ausführbare Anweisung der Host-Sprache erlaubt ist. Die eingebettete SQL-Anweisung kann dabei auch mit einem den Regeln der Host-Sprache entsprechenden Label versehen werden. Bezüglich der Reihenfolge der eingebetteten Anweisungen ist die folgende, leicht nachvollziehbare Einschränkung zu beachten: Eine DECLARE CURSOR - Anweisung (vgl. 6.2.2.1) muß im Text des eingebetteten SQL-Host-Programms vor allen anderen eingebetteten SQL-Anweisungen stehen, in denen der Name des entsprechenden Cursors vorkommt.

Aus der Modulsprache ist uns bekannt, daß in Prozeduranweisungen und DECLARE CURSOR - Anweisungen Host-Parameterspezifikationen verwendet werden können. An die Stelle der Host-Parameterspezifikation der Modulsprache tritt in eingebettetem SQL die *eingebettete Variablenspezifikation*:

eingebettete Variablenspezifikation:

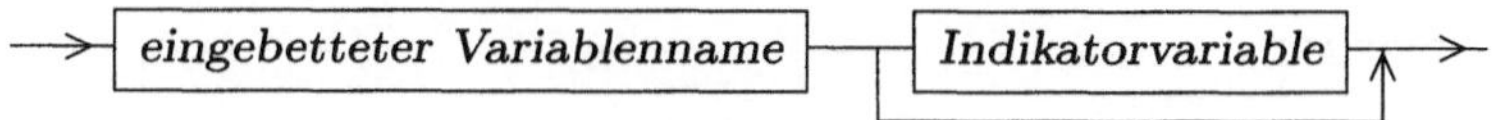

Wie das Syntaxdiagramm zeigt, ist die eingebettete Variablenspezifikation völlig analog zur Host-Parameterspezifikation. An die Stelle des Host-Parameternamens tritt nun ein *eingebetteter Variablenname*, an die Stelle des Indikatorparameters eine *Indikatorvariable*.

Indikatorvariable:

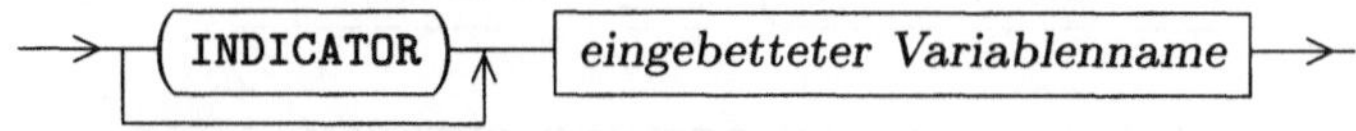

Ein eingebetteter Variablenname beginnt wie ein Host-Parametername mit einem Doppelpunkt, auf den aber nun statt eines Bezeichners der SQL-Sprache ein *Host-Bezeichner* folgt. Ein Host-Bezeichner ist ein nach den Regeln der jeweiligen Host-Sprache gebildeter Host-Variablenname, der in einer DECLARE-Section definiert sein muß (vgl. 7.2).

eingebetteter Variablenname:

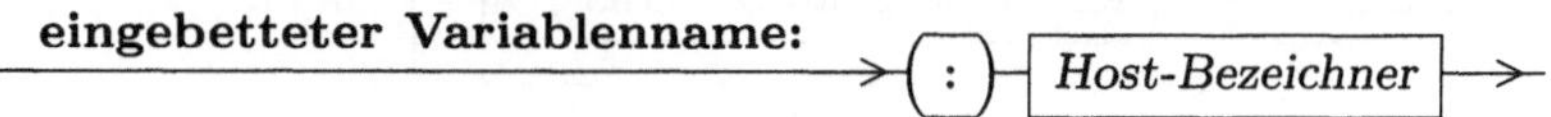

Analog zur Modulsprache gilt: Je nachdem, ob eine eingebettete Variablenspezifikation als Wertspezifikation oder Zielspezifikation auftritt, dient sie Input- oder Outputzwecken.

7.2 DECLARE-Section

Wie eben erwähnt, muß jede Host-Variable, deren Name als Host-Bezeichner eines eingebetteten Variablennamens verwendet wird, in einer DECLARE-Section des eingebetteten SQL-Host-Programms definiert worden sein. In einem eingebetteten SQL-Host-Programm darf es im Prinzip auch mehrere DECLARE-Sections geben, wobei eine DECLARE-Section überall auftreten darf, wo die jeweilige Host-Sprache eine Variablendefinition erlaubt. Außerdem muß die DECLARE-Section vor allen eingebetteten SQL-Anweisungen stehen, die einen in der DECLARE-Section definierten Host-Bezeichner enthalten.

DECLARE-Section:

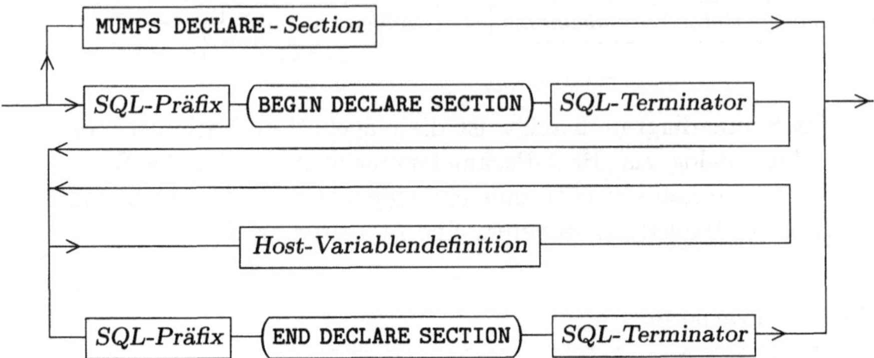

Eine **DECLARE**-Section wird durch **BEGIN DECLARE SECTION** eingeleitet
und durch **END DECLARE SECTION** abgeschlossen. Im allgemeinen sind
beide Phrasen wie eingebettete SQL-Anweisungen durch das SQL-Präfix
und den SQL-Terminator zu kennzeichnen. Nur in **MUMPS** gilt die folgende, etwas abweichende Syntax:

MUMPS DECLARE-Section:

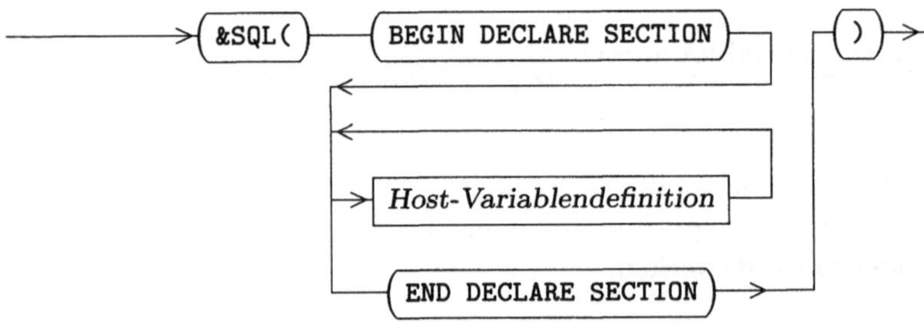

In Core SQL kann eine **DECLARE**-Section nur Host-Variablendefinitionen
enthalten. Die in einer **DECLARE**-Section definierten Host-Variablen dienen dem Datenaustausch zwischen der Host-Sprache und den eingebetteten SQL-Anweisungen. Ansonsten sind sie ganz gewöhnliche Variable
der Host-Sprache. Sie entsprechen genau den Variablen, die beim Aufruf
einer Modul-Prozedur der Modulsprache als Argumente verwendet werden. Im allgemeinen entspricht jeder eingebetteten Variablen genau eine
in einer **DECLARE**-Section definierte Host-Variable und umgekehrt. Die
einzige Ausnahme von dieser Regel stellt die Statusvariable **SQLSTATE**
dar. Auch diese muß in einer **DECLARE**-Section als Host-Variable definiert werden, es steht ihr aber keine eingebettete Variable gegenüber.[1]

---

[1]Der Grund dafür besteht einfach darin, daß die Modulsprache für jede Modul-

Natürlich entspricht die Statusvariable **SQLSTATE** von eingebettetem SQL dem gleichnamigen Statusparameter der Modulsprache. Durch die Statusvariable werden dem Host-Programm nach Ausführung einer eingebetteten Prozeduranweisung die dabei gesetzten Bedingungscodes zugänglich gemacht. Die **DECLARE**-Section, in der die Statusvariable definiert wird, muß im Text des eingebetteten SQL-Host-Programms vor jeder eingebetteten SQL-Anweisung stehen.

Die Regeln für die Host-Variablendefinition entsprechen grundsätzlich der jeweiligen Host-Sprache. Insbesondere umfaßt der Name der Host-Variablen nur den Host-Bezeichner des korrespondierenden eingebetteten Variablennamens, der einleitende Doppelpunkt ':' muß also weggelassen werden. Es kommt aber, vor allem hinsichtlich der zulässigen Datentypen, zu sprachabhängigen Einschränkungen, andererseits gibt es auch gewisse Erweiterungen. Als Beispiel gehen wir kurz auf die für C geltenden Regelungen ein. Die Statusvariable **SQLSTATE** ist durch die folgende Host-Variablendefinition zu definieren: `char SQLSTATE[6];`

Die in den übrigen Host-Variablendefinitionen der **DECLARE**-Section zu verwendenden Datentypen können der Tabelle 7.1 entnommen werden. Die erste Spalte dieser Tabelle gibt den in der **DECLARE**-Section zu verwendenden Datentyp an, die zweite Spalte zeigt den resultierenden C-Datentyp im abgeleiteten Host-Programm und die dritte Spalte den resultierenden SQL-Datentyp in der Prozedur des abgeleiteten Moduls.

DECLARE-Section	abgeleitetes C-Programm	abgeleiteter Modul
`long`	`long`	`INTEGER`
`short`	`short`	`SMALLINT`
`float`	`float`	`REAL`
`double`	`double`	`DOUBLE PRECISION`
`char[`$\ell + 1$`]`	`char[`$k(\ell + 1)$`]`	`CHARACTER(`ℓ`)`
`VARCHAR[`$\ell + 1$`]`	`char[`$k(\ell + 1)$`]`	`CHARACTER VARYING(`ℓ`)`

Tabelle 7.1: Datentypkorrespondenzen für ein eingebettetes SQL-C-Programm

---

Prozedur zwar einen expliziten Statusparameter **SQLSTATE** vorschreibt, dieser aber nicht in der dazugehörigen Prozeduranweisung auftreten kann. Somit kann auch in einer eingebetteten Prozeduranweisung keine "eingebettete Statusvariable" vorkommen.

In C wird nicht zwischen Zeichenketten fester und variabler Länge unterschieden. Daher ist in den DECLARE-Sections eines eingebetteten SQL-C-Programms für Zeichenketten eine gegenüber C erweiterte Syntax vorgesehen: Neben char[$\ell+1$] für Zeichenketten fester Länge kann hier nämlich auch VARCHAR[$\ell+1$] für Zeichenketten variabler Länge verwendet werden. Somit kann aufgrund der Host-Variablendefinition in der DECLARE-Section festgestellt werden, ob in der entsprechenden Prozedur CHARACTER(ℓ) oder CHARACTER VARYING(ℓ) genommen werden soll. Die Differenz von eins bei den Längenangaben der Zeichenketten kommt daher, daß in der DECLARE-Section das in C verwendete abschließende Nullzeichen für Strings mitzuzählen ist.

Die Datentypen des abgeleiteten C-Programms entsprechen den Datentypen, die auch beim Aufruf einer Prozedur der Modulsprache zu verwenden sind.[2] Wie schon in 6.1 ausgeführt, gilt normalerweise $k = 1$. Auch alle weiteren Einzelheiten sind so geregelt, wie in 6.1 besprochen.

Im folgenden skizzieren wir die im Standarddokument enthaltenen Regeln zur Transformation eines eingebetteten SQL-Host-Programms E in einen abgeleiteten Modul M und ein abgeleitetes Host-Programm P. Es sei noch einmal darauf hingewiesen, daß diese Regeln nur *effektive* Regeln sind. Das bedeutet, daß eine Implementierung nicht wirklich M und P ableiten muß. Die Wirkungen von E müssen aber immer äquivalent zu denen von M und P sein. Der *abgeleitete Modul M* ist folgendermaßen definiert:

a) Namensklausel des Moduls: Es steht der Implementierung frei, M einen implementationsabhängigen Modulnamen zu geben oder M zu einem namenlosen Modul zu machen.

b) Sprachklausel des Moduls: Der Sprachname ist durch die Host-Sprache von E festgelegt.

c) Besitzerklausel des Moduls: Diese hat die Form SCHEMA *Schemaname*, wobei der Schemaname implementationsabhängig ist. Das bedeutet, daß der Default-Schemaname des Moduls M implementationsabhängig ist und daß M ein besitzerloser Modul ist.

---

[2] Die Abweichungen gegenüber Tabelle 6.1 ergeben sich daraus, daß der C-Datentyp in Tabelle 6.1 den für das entsprechende Argument im Prozeduraufruf zu verwendenden Datentyp angibt, während er in Tabelle 7.1 den Datentyp der dem Argument zugrundeliegenden C-Variablen im abgeleiteten Host-Programm angibt. Sowohl beim Aufruf einer expliziten Modul-Prozedur der Modulsprache aus einem C-Programm, als auch beim Aufruf einer abgeleiteten Modul-Prozedur aus einem abgeleiteten C-Programm werden die Werte mit Hilfe eines Pointers, also 'by reference' übergeben.

d) Modulinhalt:

    i) Jede in E eingebettete **DECLARE CURSOR** - Anweisung wird von M übernommen. Dabei werden etwaige eingebettete Variablennamen $v_1, v_2, \ldots, v_n$ durch eindeutige implementationsabhängige Host-Parameternamen $p_1, p_2, \ldots, p_n$ ersetzt. Jeder eingebetteten Variablen v_j muß eine in einer **DECLARE**-Section von E definierte Host-Variable entsprechen. Außerdem wird für jede **DECLARE CURSOR** - Anweisung eine Modul-Prozedur mit einem implementationsabhängigen in M eindeutigen Namen OP erzeugt, deren Prozeduranweisung eine **OPEN**-Anweisung für den entsprechenden Cursor ist und deren Host-Parameter $p_1, p_2, \ldots, p_n$ sind. Diese werden mit den sich durch die Datentypkorrespondenzen für die jeweilige Host-Sprache festgelegten Datentypen deklariert.[3] Außerdem umfaßt OP eine Host-Parameterdeklaration für den Statusparameter **SQLSTATE**.

    ii) Für die in E eingebetteten Prozeduranweisungen muß unterschieden werden, ob es sich um eine **OPEN**-Anweisung oder eine andere Prozeduranweisung handelt. Die **OPEN**-Anweisung ist schon unter i) besprochen worden.[4] Es müssen also nur mehr die übrigen Prozeduranweisungen behandelt werden. Auch für diese werden Modul-Prozeduren erzeugt. Jede Modul-Prozedur erhält einen implementationsabhängigen Namen PN und übernimmt die eingebettete Prozeduranweisung. Etwaige eingebettete Variablennamen $v_1, v_2, \ldots, v_n$ werden durch eindeutige implementationsabhängige Host-Parameternamen $p_1, p_2, \ldots, p_n$ ersetzt. Jeder eingebetteten Variablen v_j muß eine in einer **DECLARE**-Section von E definierte Host-Variable entsprechen. Jeder Host-Parameter p_j wird in PN durch eine Host-Parameterdeklaration deklariert, wobei der Datentyp durch die Datentypkorrespondenzen für die jeweilige Host-Sprache festgelegt ist.[3] Außerdem umfaßt PN eine Host-Parameterdeklaration für den Statusparameter **SQLSTATE** (vgl. i).

e) Default-Katalogname des Moduls: In Core SQL ist dieser immer nur implementationsdefiniert, was natürlich auch für den Default-Katalognamen des abgeleiteten Moduls gilt (vgl. 6.1).

---

[3] Für die Host-Sprache C sind diese in der Tabelle 7.1 zusammengefaßt.

[4] Die Sonderregelung für die **OPEN**-Anweisungen kommt daher, daß ein Modul für jeden in ihm deklarierten Cursor genau eine Modul-Prozedur mit der **OPEN**-Anweisung für den Cursor enthalten muß (vgl. 6.2.2.2).

f) Zeichensatz des Moduls: In Core SQL ist dieser immer nur implementationsdefiniert, was natürlich auch für den Zeichensatz des abgeleiteten Moduls gilt. Der Zeichensatz muß aber zumindest alle SQL-Zeichen enthalten (vgl. 6.1).

g) SQL-Pfad des Moduls: In Core SQL ist dieser immer nur implementationsdefiniert, was natürlich auch für den SQL-Pfad des abgeleiteten Moduls gilt (vgl. 6.1).

Als Beispiel zu diesen Transformationsregeln geben wir den abgeleiteten Modul für das in 7.1 enthaltene eingebettete SQL-C-Programm an. Es sei dabei auf die beiden Modul-Prozeduren FETCHC1A und FETCHC1B hingewiesen. Offenbar wurde für jede der beiden eingebetteten FETCH INTO - Anweisungen eine eigene Modul-Prozedur erzeugt, obwohl die beiden Prozeduranweisungen im eingebetteten SQL-C-Programm völlig identisch sind. Der Standard räumt den Implementierungen in solchen Fällen die implementationsabhängige Option ein, nur eine einzige Modul-Prozedur zu erzeugen, die dann mehrfach aufgerufen werden kann.

```
MODULE MODULE_XYZ
    LANGUAGE C
    SCHEMA LRP_SCHEMA

DECLARE C1 CURSOR FOR
    SELECT P.P#, RNAME
    FROM   P, PR, R
    WHERE  PNAME = :P1      AND
           PR.R# = R.R#     AND
           PR.P# = P.P#
    ORDER  BY R.R#;

PROCEDURE OPENC1 (SQLSTATE, :P1 VARCHAR(20));
    OPEN C1;

PROCEDURE FETCHC1A (SQLSTATE, :P1 CHARACTER(6),
                              :P2 VARCHAR(20));
    FETCH C1 INTO :P1, :P2;

PROCEDURE FETCHC1B (SQLSTATE, :P1 CHARACTER(6),
                              :P2 VARCHAR(20));
    FETCH C1 INTO :P1, :P2;

PROCEDURE CLOSEC1 (SQLSTATE);
    CLOSE C1;
```

Das *abgeleitete Host-Programm P* wird vom Standard durch die folgenden Modifikationen des eingebetteten SQL-Host-Programms E definiert:

a) Jede DECLARE-Section des eingebetteten SQL-Host-Programms E
   wird umgearbeitet: 'BEGIN DECLARE SECTION' und 'END DECLARE
   SECTION' werden zusammen mit den dazugehörigen SQL-Präfixen
   und SQL-Terminatoren entfernt. Wenn die Syntax für die Host-
   Variablendefinitionen Erweiterungen gegenüber der Host-Sprache
   vorsieht, werden die entsprechenden Host-Variablendefinitionen in
   standardkonforme Variablendefinitionen der Host-Sprache umgeformt, wobei die Datentypkorrespondenzen für die jeweilige Host-
   Sprache maßgeblich sind.[5]

b) Jede eingebettete DECLARE CURSOR - Anweisung wird aus E entfernt.

c) Jede eingebettete WHENEVER-Anweisung wird aus E entfernt. Die
   in 7.3 beschriebenen Vergleichs- bzw. Verzweigungsoperationen der
   jeweiligen Host-Sprache treten in P an die Stelle der eingebetteten
   WHENEVER-Anweisung.

d) Für jede eingebettete Prozeduranweisung wird ein Aufruf der entsprechenden für M abgeleiteten Modul-Prozedur PR eingebaut. Im
   Prozeduraufruf wird für jeden Parameter von PR die dazugehörige
   Host-Variable verwendet. Das gilt auch für den Statusparameter
   SQLSTATE von PR, der durch die Statusvariable SQLSTATE ersetzt
   wird. Für diese beim Aufruf von PR verwendeten Argumente sind
   die für die jeweilige Host-Sprache geltenden Konventionen zu beachten.[6] Der Prozeduraufruf von PR tritt in P an die Stelle der
   ursprünglichen eingebetteten Prozeduranweisung.

Als Beispiel eines abgeleiteten Host-Programms geben wir das abgeleitete
C-Programm für das in 7.1 enthaltene eingebettete SQL-C-Programm an.
Das abgeleitete C-Programm verwendet die Modul-Prozeduren des dazugehörigen, im letzten Beispiel abgeleiteten Moduls. Es sei auch hier auf
die Aufrufe von FETCHC1A und FETCHC1B für die beiden identischen eingebetteten FETCH INTO - Anweisungen hingewiesen. Die if-Anweisungen
unmittelbar nach den diversen Prozeduraufrufen sind auf die Auflösung
der eingebetteten WHENEVER-Anweisung zurückzuführen, worauf in 7.3
noch näher eingegangen wird.

---

[5]Für C sind diese in der Tabelle 7.1 zusammengefaßt.

[6]In einem abgeleiteten C-Programm werden die Werte beim Prozeduraufruf immer
mit Hilfe eines Pointers — also 'by reference' — übergeben, vgl. Fußnote[2].

```c
#include <stdlib.h>
#include <stdio.h>
#include <string.h>
int main()
{ char nr[7], SQLSTATE[6], name[21], rname[21];
  printf("Produktname:");
  scanf("%20s", name);
  printf("\n");
  OPENC1 (SQLSTATE, name);
  if ( strncmp(SQLSTATE,"00",2) < 0 ||
       strncmp(SQLSTATE,"02",2) > 0 ) goto fehler;
  FETCHC1A (SQLSTATE, nr, rname);
  if ( strncmp(SQLSTATE,"00",2) < 0 ||
       strncmp(SQLSTATE,"02",2) > 0 ) goto fehler;
  while (strcmp(SQLSTATE,"00000") == 0)
      {   printf("In %6s geht Rohstoff %20s ein\n",
                  nr, rname);
          FETCHC1B (SQLSTATE, nr, rname);
          if ( strncmp(SQLSTATE,"00",2) < 0 ||
              strncmp(SQLSTATE,"02",2) > 0 ) goto fehler;
      }
  CLOSEC1 (SQLSTATE);
  if ( strncmp(SQLSTATE,"00",2) < 0 ||
       strncmp(SQLSTATE,"02",2) > 0 ) goto fehler;
  exit(0);
fehler:
  printf("Fehler %s ist aufgetreten\n", SQLSTATE);
  exit(1);
}
```

7.3   WHENEVER-Anweisung

Anders als die übrigen einbettbaren Anweisungen, die ebenso in der
Modulsprache verwendet werden können, kann die WHENEVER-Anweisung
ausschließlich im Rahmen einer eingebetteten SQL-Anweisung auftreten.
Sie hat auch keine Auswirkungen auf den abgeleiteten Modul, sondern
wirkt sich nur auf das abgeleitete Host-Programm aus. Wie das Beispiel
am Ende von 7.2 zeigt, bestehen diese Auswirkungen im wesentlichen
darin, daß unmittelbar nach jedem Prozeduraufruf im abgeleiteten Host-

Programm — also unmittelbar nach den eingebetteten Prozeduranweisungen des ursprünglichen eingebetteten SQL-Host-Programms — eine bedingte Verzweigung zu einem Sprungziel des Host-Programms eingebaut wird. Die WHENEVER-Anweisung sieht drei WHENEVER-Bedingungen[7] vor, die einen Sprung auslösen können:

• SQLEXCEPTION: Bei dieser WHENEVER-Bedingung wird geprüft, ob bei der Ausführung der vorangegangenen Prozeduranweisung eine Ausnahmebedingung gesetzt worden ist. Das läßt sich natürlich aufgrund des Wertes der Statusvariablen feststellen: Der Klassencode von SQLSTATE ist in diesem Fall verschieden von '00', '01' oder '02' (vgl. 6.3).

• SQLWARNING: Bei dieser Bedingung wird geprüft, ob bei der Ausführung der vorangegangenen Prozeduranweisung eine Abschlußbedingung *warning* gesetzt worden ist, in welchem Fall der Klassencode von SQL-STATE einen Wert von '01' hat.

• NOT FOUND: Mit dieser WHENEVER-Bedingung kann überprüft werden, ob bei der Ausführung der vorangegangenen Prozeduranweisung eine Abschlußbedingung *no data* gesetzt worden ist, was an einem Wert von '02' für den Klassencode in SQLSTATE zu erkennen ist.

WHENEVER-Anweisung:

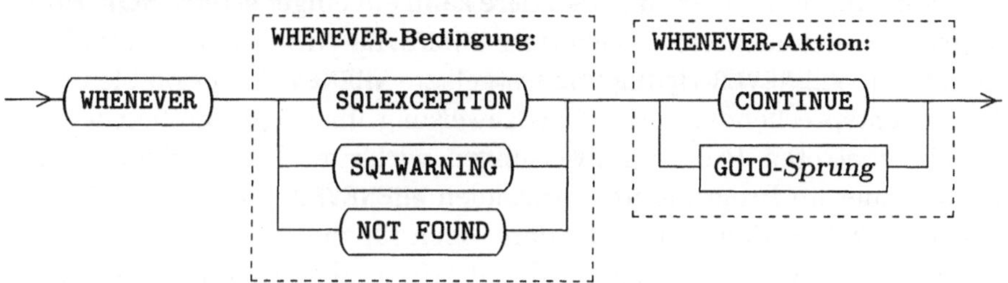

Die WHENEVER-Aktion gibt an, was bei Vorliegen der WHENEVER-Bedingung geschehen soll. Hier gibt es zwei Möglichkeiten:

• CONTINUE: Die WHENEVER-Bedingung wird ignoriert. In diesem Fall wird SQLSTATE nicht abgefragt und keine Verzweigung in das abgeleitete Host-Programm eingebaut.

• GOTO-Sprung: In diesem Fall muß die Statusvariable SQLSTATE entsprechend der WHENEVER-Bedingung abgefragt und gegebenenfalls zum WHENEVER-Sprungziel verzweigt werden.

---

[7]An sich ist in Core SQL nur die NOT FOUND - Bedingung vorgesehen. Wir gehen hier etwas über den Sprachumfang von Core SQL hinaus, indem wir auch die WHENEVER-Bedingungen SQLEXCEPTION und SQLWARNING behandeln.

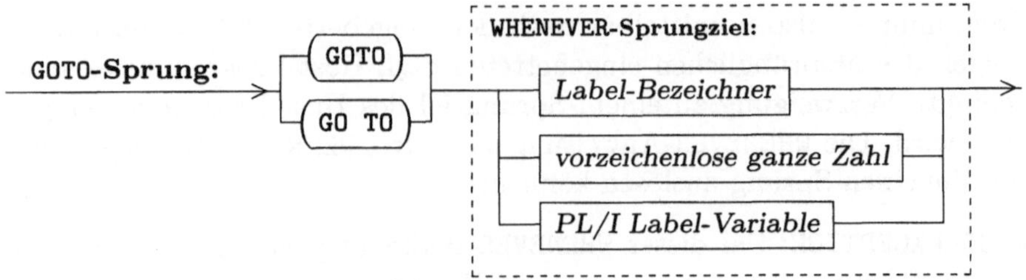

Wie das WHENEVER-Sprungziel anzugeben ist, hängt von der Host-Sprache ab: In C, Ada, COBOL und MUMPS muß es ein Label-Bezeichner sein, in Fortran und Pascal eine vorzeichenlose ganze Zahl. In PL/I kann es ein Label-Bezeichner oder eine PL/I Label-Variable sein. Jedenfalls muß es sich bei dem WHENEVER-Sprungziel um ein gültiges Sprungziel der jeweiligen Host-Sprache handeln, das bereits im eingebetteten SQL-Host-Programm nach den Regeln der Host-Sprache zu definieren ist. Selbstverständlich muß auch der durch das Sprungziel markierte Programmtext im eingebetteten SQL-Host-Programm vorhanden sein. Dieser wird unverändert in das abgeleitete Host-Programm übernommen.

Wie jede eingebettete SQL-Anweisung kann auch eine eingebettete WHEN-EVER-Anweisung überall auftreten, wo eine ausführbare Anweisung der Host-Sprache zulässig ist. Insbesondere kann ein eingebettetes SQL-Host-Programm auch mehrere eingebettete WHENEVER-Anweisungen enthalten. Die für eine WHENEVER-Bedingung festgelegte WHENEVER-Aktion bleibt für alle der entsprechenden WHENEVER-Anweisung im Programmtext folgenden eingebetteten Prozeduranweisungen wirksam. Die Wirkung endet erst bei einer im Programmtext folgenden WHENEVER-Anweisung mit derselben WHENEVER-Bedingung, die dann eben für die nachfolgenden eingebetteten Prozeduranweisungen in Kraft tritt und so weiter und so fort.

7.4 Übungsaufgaben

Aufg. 7.4.1: Skizzieren Sie ein eingebettetes SQL-Host-Programm für die Aufgabe 6.5.1. Sie können sich dabei auf die den beiden Modul-Prozeduren entsprechenden eingebetteten SQL-Anweisungen und die dazugehörige DECLARE-Section beschränken.

Aufg. 7.4.2: Betten Sie die DECLARE CURSOR - Anweisung und die dazugehörige OPEN- bzw. FETCH INTO - Anweisung von Aufgabe 6.5.3 ein. Wenn dabei eingebettete Variable vorkommen, deren Host-Variable noch nicht in der **DECLARE**-Section der vorigen Aufgabe definiert sind, schreiben Sie auch eine entsprechende zusätzliche **DECLARE**-Section.

Aufg. 7.4.3: Geben Sie für den folgenden Ausschnitt aus einem eingebetteten SQL-Host-Programm an, wohin nach Ausführung der eingebetten SQL-Anweisungen jeweils verzweigt wird, wenn a) eine Abschlußbedingung *no data*, b) eine Ausnahmebedingung gesetzt worden ist.

```
EXEC SQL  Anweisung₁;
EXEC SQL  WHENEVER SQLEXCEPTION GOTO fehler;
EXEC SQL  Anweisung₂;
EXEC SQL  WHENEVER NOT FOUND GOTO nodata;
EXEC SQL  Anweisung₃;
EXEC SQL  WHENEVER SQLEXCEPTION CONTINUE;
EXEC SQL  Anweisung₄;
EXEC SQL  Anweisung₅;
```

Aufg. 7.4.4: Lösen Sie Aufgabe 6.5.4 durch ein eingebettetes SQL-Host-Programm.

Kapitel 8

Verbindungen, Sitzungen und Transaktionen

Die SQL-Umgebung und ihre Komponenten (Kataloge, Schemata, SQL-Daten, Benutzerkennungen, Module etc.) haben dauerhaften Bestand und existieren unabhängig davon, ob gerade SQL-Anweisungen ausgeführt werden oder nicht (vgl. 4.8.1). Es gibt aber noch andere SQL-Objekte, die erst während der Ausführung von SQL-Anweisungen entstehen, jedoch im Gegensatz zu den Komponenten der SQL-Umgebung nur vorübergehenden Bestand haben und nach der Ausführung der SQL-Anweisungen wieder verschwinden. Diese mit der Ausführung von SQL-Anweisungen verknüpften Objekte sind: *SQL-Verbindungen, SQL-Sitzungen* und *SQL-Transaktionen*. Auf diese Laufzeitobjekte von SQL wird in den Abschnitten 8.2, 8.3 und 8.4 eingegangen werden. Zum Abschließen von SQL-Transaktionen und zum Setzen der Transaktionsattribute sieht der Standard die sogenannten *Transaktionsanweisungen* vor. Diese werden gemeinsam mit den SQL-Transaktionen im Rahmen von 8.4 besprochen.

Es wurde bereits bei der Besprechung der SQL-Umgebung darauf hingewiesen, daß der Standard bei einer SQL-Implementierung effektiv von einer Client-Server-Architektur ausgeht (vgl. 4.8.1). Eine SQL-Implementierung besteht also aus einem SQL-Client und einem oder mehreren SQL-Servern. Um die Ausführung von SQL-Anweisungen und die damit verknüpften Laufzeitobjekte in den verschiedenen Binding-Styles einheitlich beschreiben zu können, greift der SQL-Standard auf das Konzept des SQL-Agenten zurück, das im folgenden Abschnitt 8.1 zusammen mit der Client-Server-Konzeption von SQL vorgestellt wird.

8.1   SQL-Agenten, Client-Server-Konzept

Je nach dem Binding-Style gibt es verschiedene Möglichkeiten, wie es zur
Ausführung von SQL-Anweisungen kommen kann. In *direktem SQL* werden die Anweisungen im Rahmen eines entsprechenden, zur Implementierung gehörenden, interaktiven Programms vom Benutzer direkt eingege-
ben. In der *Modulsprache* muß für jede auszuführende SQL-Anweisung
eine Modul-Prozedur geschrieben werden, die dann aus einem Anwendungsprogramm — dem Host-Programm — aufgerufen werden kann.
Das Host-Programm ist in einer gewöhnlichen prozeduralen Programmiersprache geschrieben. Die vom Host-Programm aufzurufenden Modul-
Prozeduren werden in Modulen zusammengefaßt (vgl. 6.1). In *eingebettetem SQL* werden die SQL-Anweisungen einfach in das Anwendungsprogramm geschrieben, eben eingebettet. Das so entstehende hybride Programm wird eingebettetes SQL-Host-Programm genannt. Der Standard
führt eingebettetes SQL effektiv auf die Modulsprache zurück (vgl. 7.2).

Mit dem Konzept des *SQL-Agenten* versucht der Standard diese verschiedenen Möglichkeiten unter einen Hut zu bringen, indem er einen SQL-
Agenten einfach als dasjenige definiert, "was die Ausführung von SQL-
Anweisungen verursacht". Somit stellt der SQL-Agent eine Abstraktion
dar, die vom Standard als Überbegriff für das interaktive Programm von
direktem SQL, das Host-Programm der Modulsprache und das eingebettete SQL-Host-Programm verwendet wird. Die für einen SQL-Agenten
auszuführenden SQL-Anweisungen gehören dabei immer zu einem Modul. Das gilt nicht nur für die Modulsprache, sondern auch für eingebettetes SQL und direktes SQL: In eingebettetem SQL ist dieser Modul
natürlich der aus dem SQL-Host-Programm abgeleitete Modul (vgl. 7.2).
Auch in direktem SQL gehört jede auszuführende SQL-Anweisung zumindest konzeptionell zu einem Modul. Dieser muß für den Benutzer
aber nicht sichtbar sein.

Der Standard geht bei einer SQL-Implementierung effektiv von einer
Client-Server-Architektur aus (vgl. 4.8.1). Aus der Sicht des SQL-Agenten besteht eine SQL-Implementierung aus einem SQL-Client und einem oder mehreren SQL-Servern. Wird ein SQL-Agent aktiv, dann wird
er auf eine implementationsdefinierte Art mit seinem SQL-Client verbunden. Die Arbeitsteilung zwischen SQL-Client und SQL-Server ist
folgendermaßen geregelt:

Der SQL-Client ist für den Aufbau, den Abbau und die Verwaltung der
SQL-Verbindung zuständig, wobei eine SQL-Verbindung jeweils einen

SQL-Client mit einem SQL-Server verknüpft. Der SQL-Client schickt die für den SQL-Agenten auszuführenden SQL-Anweisungen über die entsprechende SQL-Verbindung an den SQL-Server. Der SQL-Server führt die Anweisung aus und schickt dem SQL-Client allfällige Ergebnisse der Anweisung sowie die bei ihrer Ausführung gesetzte Abschluß- bzw. Ausnahmebedingung über die SQL-Verbindung zurück. Diese werden dann vom SQL-Client in geeigneter Form an den SQL-Agenten übergeben, mit dem er zusammenarbeitet.

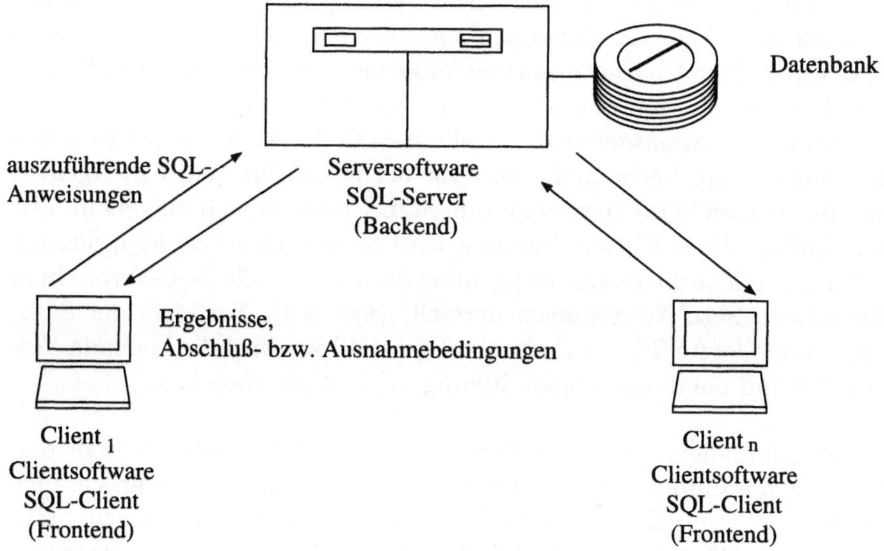

Abbildung 8.1: Client-Server-Architektur

Der SQL-Client kann gemeinsam mit dem SQL-Agenten, der die eigentliche Anwendung und deren Benutzeroberfläche realisiert, auf einem dedizierten Arbeitsplatzrechner laufen, während der auf einem als Datenbankserver konfigurierten Rechner laufende SQL-Server die Abarbeitung der SQL-Anweisungen übernimmt (vgl. Abb. 8.1). Diese auf die Datenverwaltung zugeschnittene Client-Server-Architektur hat eine Reihe von Vorteilen gegenüber der traditionellen Architektur, bei der alle diese Komponenten auf einem zentralen Host-Rechner laufen. Beispielsweise können dadurch graphische Oberflächen auf den Arbeitsplatzrechnern ohne Belastung des Hosts realisiert werden. Ebenso läßt sich unter dieser Architektur relativ einfach eine SQL-Schnittstelle in die diversen Endbenutzerwerkzeuge integrieren, wodurch dem Endbenutzer ein bequemer Zugang zu zentral verwalteten Daten ermöglicht wird.

8.2   SQL-Verbindungen

Gemäß der Client-Server-Konzeption von SQL ist der SQL-Server für die Ausführung von SQL-Anweisungen zuständig, und daher muß es in einer SQL-Implementierung mindestens einen SQL-Server geben. Damit SQL-Anweisungen für einen SQL-Agenten ausgeführt werden können, muß eine Verbindung zwischen dem mit dem SQL-Agenten verknüpften SQL-Client und einem SQL-Server bestehen. Nachdem der SQL-Agent aktiv geworden und mit seinem SQL-Client verknüpft worden ist, muß somit noch vor dem Absetzen der ersten auszuführenden SQL-Anweisung eine SQL-Verbindung (*SQL-connection*) aufgebaut werden. In Core SQL kann es sich dabei nur um eine sogenannte *Default-SQL-Verbindung* zu einem implementationsdefinierten Default-SQL-Server handeln.[1] Eine solche Default-SQL-Verbindung wird vor der ersten für den SQL-Agenten auszuführenden SQL-Anweisung vom SQL-Client implizit aufgebaut. Mit dem Aufbau einer SQL-Verbindung wird immer auch eine SQL-Sitzung gestartet, welche die Laufzeitumgebung für alle über die SQL-Verbindung abgesetzten SQL-Anweisungen darstellt (vgl. 8.3). Nachdem der SQL-Agent seine letzte SQL-Anweisung abgesetzt hat, wird die laufende Verbindung und die dazugehörige Sitzung implizit abgebrochen.

SQL-Verbindungen stehen auch mit den SQL-Transaktionen (vgl. 8.4) in einem Zusammenhang. Dieser ergibt sich daraus, daß natürlich auch die zu einer Transaktion gehörenden SQL-Anweisungen von einem SQL-Server ausgeführt werden und daher die Verbindung zum SQL-Server verwenden müssen. Man spricht in diesem Zusammenhang von einer *aktiven* SQL-Verbindung, wenn gerade eine Transaktion für den entsprechenden SQL-Agenten läuft. Die Verbindung bleibt aktiv, solange die laufende Transaktion noch nicht abgeschlossen ist.

Im vollen Sprachumfang von SQL-99 sind eigene Verbindungsanweisungen (*connection statements*) vorgesehen, mit Hilfe derer man den Auf- bzw. Abbau und die Verwaltung von SQL-Verbindungen explizit steuern kann. Insbesondere sind nun im Prinzip auch mehrere gleichzeitig bestehende Verbindungen zu mehreren SQL-Servern und sogar serverübergreifende Transaktionen möglich. In Core SQL kann für einen SQL-Agenten aber immer nur eine einzige Verbindung — nämlich die Default-SQL-Verbindung — bestehen.

---

[1]Im vollen Sprachumfang von SQL-99 kann Einfluß darauf genommen werden, zu welchem SQL-Server eine SQL-Verbindung aufgebaut werden soll.

8.3 SQL-Sitzungen

Zu einer SQL-Verbindung gehört immer auch eine SQL-Sitzung (*SQL-session*). Diese wird mit dem Aufbau der SQL-Verbindung gestartet und mit dem Abbruch der SQL-Verbindung beendet. Die mit der Default-SQL-Verbindung verknüpfte SQL-Sitzung wird *Default*-SQL-Sitzung genannt. Die SQL-Sitzung stellt die unmittelbare Laufzeitumgebung aller für den SQL-Agenten im Rahmen der SQL-Verbindung ausgeführten SQL-Anweisungen dar und enthält eine Reihe von Kontextinformationen. Für Core SQL sind die folgenden zum *Kontext* einer SQL-Sitzung gehörenden Bestandteile von Relevanz:

• Die *Benutzerkennung der SQL-Sitzung*. Diese wird zu Beginn der SQL-Sitzung auf einen implementationsdefinierten Wert gesetzt, der natürlich eine gültige Benutzerkennung sein muß. Es steht einer Implementierung frei, zusätzliche implementationsdefinierte Beschränkungen für die Benutzerkennung der SQL-Sitzung vorzusehen. Im allgemeinen ist die Benutzerkennung der SQL-Sitzung die maßgebliche laufende Benutzerkennung für direktes und eingebettetes SQL sowie für besitzerlose Module der Modulsprache (bezüglich der Details siehe 4.5.1).

• Der *Default-Katalogname*. Dieser wird zu Beginn der SQL-Sitzung auf einen implementationsdefinierten Wert gesetzt. Der Default-Katalogname der SQL-Sitzung wird im allgemeinen zur Qualifizierung einfacher Schemanamen herangezogen, die in direkt auszuführenden SQL-Anweisungen auftreten (bezüglich der Details siehe 4.6.3).

• Der *Default-Schemaname*. Dieser wird zu Beginn der SQL-Sitzung auf einen implementationsdefinierten Wert gesetzt. Der Default-Schemaname der SQL-Sitzung (inklusive dem Default-Katalognamen der SQL-Sitzung) wird im allgemeinen zur Ergänzung eines fehlenden Schemanamens in einem schema-qualifizierten Namen oder in einem nicht als Datentyp auftretenden Typnamen herangezogen, wenn diese in einer direkt auszuführenden SQL-Anweisung vorkommen (bezüglich der Details siehe 4.6.3).

• Der *SQL-Pfad*. Dieser wird zu Beginn der SQL-Sitzung auf einen implementationsdefinierten Wert gesetzt. Wenn eine direkt auszuführende SQL-Anweisung den Aufruf einer Schema-Routine mit einem einfachen Routinenamen enthält, ist im allgemeinen der SQL-Pfad der SQL-Sitzung zur Bestimmung der aufzurufenden Schema-Routine maßgeblich. Auch wenn in einer direkt auszuführenden SQL-Anweisung ein einfacher schema-qualifizierter Typname als Datentyp auftritt, wird zur impliziten Ergänzung des fehlenden Schemanamens im allgemeinen auf den SQL-Pfad der SQL-Sitzung zurückgegriffen (bezüglich der Details siehe 4.4.3 bzw. 4.6.3).

In Core SQL lassen sich die angeführten, zum Kontext der SQL-Sitzung gehörenden Charakteristika nicht ändern. Die entsprechenden, zu Beginn der SQL-Sitzung gesetzten Werte bleiben notwendigerweise bis zum Ende der SQL-Sitzung in Kraft. Hingegen sind im vollen Sprachumfang von SQL-99 eigene Sitzungsanweisungen (*session statements*) vorgesehen, mit Hilfe derer man die implementationsdefinierten Anfangswerte im weiteren Verlauf der SQL-Sitzung überschreiben kann. Neben den oben angeführten, zum Kontext der SQL-Sitzung gehörenden Charakteristika zählt der Standard auch die folgenden Informationen zum Kontext der SQL-Sitzung:

- Die *Positionen aller geöffneten Cursors* (vgl. 6.2.2).

- Die *Transaktionsattribute* der laufenden bzw. nächsten Transaktion.[2]

8.4   SQL-Transaktionen

Aus dem laufenden Kapitel ist uns bereits bekannt, daß die Transaktionen ebenso wie die Verbindungen und Sitzungen mit der Ausführung von SQL-Anweisungen verknüpft sind und nur existieren können, solange der SQL-Agent tätig ist. Wenn über eine bestehende Verbindung SQL-Anweisungen abgesetzt worden sind, die zur laufenden Transaktion gehören, nennen wir die entsprechende Verbindung aktiv. Auch ein Teil der Kontextinformationen der SQL-Sitzung betrifft die Transaktionen.

Eine Transaktion umfaßt eine Folge von nacheinander auszuführenden SQL-Anweisungen. In Core SQL gibt es kein Konstrukt zum expliziten Starten einer Transaktion.[3] Vielmehr wird eine Transaktion implizit durch die erste Anweisung gestartet, die den Rahmen einer Transaktion voraussetzt. Tatsächlich können nämlich die meisten SQL-Anweisungen nur im Rahmen einer Transaktion auftreten bzw. lösen eine Transaktion aus. Diese Floskel soll bedeuten: Wenn eine solche Anweisung abgesetzt wird und schon eine Transaktion läuft, besteht kein Handlungs-

---

[2]Dabei handelt es sich um Zugriffsart und Isolationsstufe der Transaktion, vgl. 8.4.
[3]Zum vollen Sprachumfang von SQL-99 gehört aber eine entsprechende Anweisung, nämlich die `START TRANSACTION` - Anweisung.

bedarf, weil die Anweisung dann sowieso im Rahmen einer Transaktion auftritt. Wenn eine solche Anweisung andererseits abgesetzt wird, wenn gerade keine Transaktion läuft, dann löst sie eine Transaktion aus, deren erste Anweisung die auslösende Anweisung darstellt. Der Standard nennt diese Anweisungen — möglicherweise etwas mißverständlich, weil nur der zweite Aspekt zum Ausdruck kommt — *transaction initiating* SQL-statements. Die folgenden Anweisungen von Core SQL benötigen den Rahmen einer Transaktion bzw. lösen eine solche aus:

- alle Schemaanweisungen (vgl. 4.7),

- alle Datenanweisungen bis auf DECLARE CURSOR (vgl. 5.5),

- RETURN-Anweisung, wenn sie eine Unterabfrage enthält (vgl. 4.4.4).

Grundsätzlich dürfen alle zu dieser Liste gehörenden SQL-Anweisungen gemeinsam in einer SQL-Transaktion auftreten. Allerdings kann es beim gemeinsamen Auftreten von Schema- und Datenanweisungen in derselben Transaktion zu gewissen Komplikationen kommen, für die der Standard keine Regelungen vorsieht und die daher auf implementationsdefinierte Art und Weise geregelt werden müssen. Der Standard gestattet es in diesem Zusammenhang ausdrücklich, bezüglich des gemeinsamen Auftretens von Schema- und Datenanweisungen in derselben Transaktion zusätzliche implementationsdefinierte Einschränkungen vorzusehen. Insbesondere darf die gemeinsame Verwendung beider Anweisungsarten in einer Transaktion auch völlig untersagt werden. Die Verletzung solcher implementationsdefinierter Einschränkungen führt zum Setzen der Ausnahmebedingung *invalid transaction state — schema and data statement mixing not supported*.

Es gibt zwei Anweisungen, um eine Transaktion explizit abzuschließen, nämlich die COMMIT- und die ROLLBACK-Anweisung. Wenn eine Transaktion durch COMMIT beendet wird, werden alle im Rahmen der Transaktion vorgenommenen Mutationen und die Auswirkungen der durchgeführten Schemaanweisungen dauerhaft gespeichert. Die COMMIT-Anweisung wird im einzelnen in 8.4.1 besprochen.

Wenn eine Transaktion durch ROLLBACK abgeschlossen wird oder wenn die Durchführung einer COMMIT-Anweisung scheitert, wird die Datenbank in den konsistenten Zustand vor der Transaktion zurückgesetzt. Keine der im Rahmen der Transaktion durchgeführten Anweisungen hat irgendeinen Effekt. Auf die Einzelheiten der ROLLBACK-Anweisung wird in 8.4.2 eingegangen.

Auch für den Fall, daß ein SQL-Agent seine letzte laufende Transaktion nicht explizit abschließt, ist Vorsorge getroffen. Der Standard legt nämlich fest, daß diese durch effektive Ausführung einer COMMIT- oder ROLLBACK-Anweisung implizit abzuschließen ist. Wenn es deshalb zu einer solchen Situation gekommen ist, weil Fehler aufgetreten sind, die den sofortigen Abbruch der Transaktion nach sich ziehen (vgl. 6.3) oder weil der SQL-Agent unerwartet terminiert hat — also "abgestürzt" ist —, wird effektiv eine ROLLBACK-Anweisung durchgeführt. Ansonsten — wenn es der SQL-Agent also nur versäumt hat, die letzte Transaktion ordnungsgemäß abzuschließen — ist es implementationsabhängig, ob effektiv COMMIT- oder ROLLBACK durchgeführt wird. Die Transaktion muß aber selbstverständlich immer durch eine effektive ROLLBACK-Anweisung abgeschlossen werden, wenn irgendeine Integritätsbedingung verletzt wird.

Die letzte Bemerkung weist schon darauf hin, daß das Transaktionskonzept auch etwas mit den Integritätsbedingungen zu tun hat: Das Gelingen einer Transaktion setzt immer voraus, daß bei ihrem Abschluß alle Integritätsbedingung erfüllt sind. Wenn der neue Zustand am Ende der Transaktion irgendeine Integritätsbedingung verletzen sollte, werden alle Effekte der Transaktion aufgehoben und die Datenbank in den konsistenten Zustand unmittelbar vor Beginn der Transaktion zurückgesetzt.

In Core SQL werden die Integritätsbedingungen immer *unmittelbar* nach der gewissermaßen nur versuchsweisen Durchführung einer jeden Anweisung effektiv überprüft. Bei Verletzung einer Integritätsbedingung wird die Ausnahmebedingung *integrity constraint violation* gesetzt, was zur Zurückweisung der verletzenden SQL-Anweisung führt, sonst aber keine Auswirkungen auf den Fortgang der Transaktion hat. Bei dieser Vorgangsweise der unmittelbaren Überprüfung der Integritätsbedingungen kann es somit schon während (und natürlich auch am Ende) der Transaktion zu keiner Verletzung einer Integritätsbedingung kommen.

Manchmal ist es aber erforderlich, die Überprüfung der Integritätsbedingungen während einer Transaktion aufzuschieben, und daher ist diese Möglichkeit im vollen Sprachumfang von SQL-99 auch vorgesehen. Bei der *aufgeschobenen* Überprüfung von Integritätsbedingungen wird es zugelassen, daß der sozusagen schwebende Status der Datenbank während der Transaktion eine Integritätsbedingung verletzt. Ein solcher Status kann jedoch niemals dauerhaft werden: Dazu wäre die erfolgreiche Ausführung einer COMMIT-Anweisung erforderlich. Bei der Ausführung einer COMMIT-Anweisung werden aber alle aufgeschobenen Integritätsbedingungen überprüft. Wenn eine Verletzung entdeckt wird, führt das zur Ausnahmebedingung *transaction rollback — integrity constraint violation*, was ein Zurücksetzen der gesamten Transaktion nach sich zieht. Damit ist auch für diesen Fall sichergestellt, daß die durch eine Transaktion bewirkten Mutationen oder Schemaänderungen nur dann dauerhaft übernommen werden können, wenn alle Integritätsbedingungen erfüllt sind.

Die bisherigen Ausführungen haben schon drei wesentliche Charakteristika des Transaktionskonzepts beleuchtet:

- Die zu einer Transaktion gehörenden Mutationen und Schemaänderungen gelingen entweder vollständig oder scheitern gänzlich. Diese "Alles oder nichts"-Eigenschaft wird *Atomarität* der Transaktion genannt.

- Wenn eine Transaktion gelingt, werden die entsprechenden Mutationen und Schemaänderungen dauerhaft in der Datenbank gespeichert, ansonsten ist sichergestellt, daß die Datenbank in den konsistenten Zustand vor Beginn der Transaktion zurückgesetzt werden kann. Letzteres muß auch dann gewährleistet sein, wenn es während einer Transaktion zu einem Systemabsturz oder ähnlichen technischen Pannen kommt. Diese Eigenschaft wird als *Dauerhaftigkeit* der Transaktion bezeichnet.

- Durch das Transaktionskonzept wird außerdem sichergestellt, daß der dauerhaft gespeicherte Zustand der Datenbank vor Beginn bzw. nach Abschluß einer Transaktion niemals eine Integritätsbedingung verletzt. Diese Eigenschaft kann man unter der Bezeichnung der *Konsistenz* einer Transaktion subsumieren.

Neben diesen drei Eigenschaften gibt es noch ein weiteres Charakteristikum von Transaktionen, nämlich die sogenannte Isolationseigenschaft.

- Bei der *Isolationseigenschaft* geht es um die Vermeidung von Anomalien bei zeitlich überlappenden Transaktionen, wenn sich die jeweiligen Daten- oder Schemaanweisungen auf dieselben Tabellen bzw. Deskriptoren beziehen, worauf gleich anschließend näher eingegangen wird.

Die vier zum Transaktionskonzept gehörenden Eigenschaften werden ihren englischen Bezeichnungen entsprechend (nämlich: atomicity, consistency, isolation, durability) unter dem Akronym ACID zusammengefaßt.

Wenn gewährleistet wäre, daß zu einem gegebenen Zeitpunkt immer nur ein einziger SQL-Agent tätig sein und damit höchstens eine SQL-Transaktion laufen könnte, müßte man sich über die Isolationseigenschaft von Transaktionen keine Gedanken machen. Wie oben erwähnt ergibt sich die Problematik gerade daraus, daß zu einem gegebenen Zeitpunkt mehrere Agenten tätig sein und damit auch mehrere Transaktionen laufen können und daß sich diese Transaktionen mit ihren Daten- bzw. Schemaanweisungen auf dieselben Tabellen bzw. Deskriptoren beziehen können. Wir wollen für solche Transaktionen im weiteren die Bezeichnung *nebenläufige* Transaktionen (*concurrent* transactions) verwenden.

Im Standard selbst werden drei unliebsame Phänomene angeführt, die sich bei nebenläufigen Transaktionen einstellen können, wenn die Transaktionen nicht ausreichend voneinander isoliert sind. Diese Phänomene werden *dirty read*, *non-repeatable read* bzw. *phantom* genannt. Bei der folgenden Beschreibung dieser Phänomene bezeichnen T_1 und T_2 nebenläufige Transaktionen. T_1 stellt dabei jeweils die mangels ausreichender Isolation beeinträchtigte Transaktion dar.

Dirty read: T_2 modifiziert eine Zeile z einer bestimmten Tabelle. Anschließend wird z von T_1 gelesen. Aus irgendwelchen Gründen wird daraufhin und während T_1 noch im Gange ist, die Transaktion T_2 durch `ROLLBACK` abgebrochen, wodurch die Modifikation von z natürlich aufgehoben wird. Fazit: Transaktion T_1 hat eine Zeile gelesen, die gewissermaßen nie existiert hat. Die Leseoperation war 'unsauber'.

Non-repeatable read: T_1 liest eine Zeile z einer bestimmten Tabelle. Anschließend wird z von T_2 geändert oder gelöscht. Daraufhin wird T_2 ordnungsgemäß durch `COMMIT` abgeschlossen. Fazit: Wenn T_1 in weiterer Folge versucht z noch einmal zu lesen, hat sich z ohne Zutun von T_1 verändert oder ist überhaupt verschwunden. T_1 kann den ursprünglichen Lesevorgang 'nicht wiederholen'.

Phantom: T_1 bestimmt eine Menge M von Zeilen einer bestimmten Tabelle, wobei M durch die Suchbedingung S festgelegt ist. Anschließend ändert T_2 eine Zeile oder fügt eine neue Zeile in diese Tabelle ein, so daß die geänderte oder eingefügte Zeile ebenfalls Suchbedingung S erfüllt. Daraufhin wird T_2 ordnungsgemäß durch `COMMIT` abgeschlossen. Fazit: Wenn T_1 in weiterer Folge versucht, die Zeilenmenge M noch einmal zu bestimmen, ergibt sich eine andere Menge, die ein 'Phantom' enthält.

Durch die zum Transaktionskonzept gehörende Isolationseigenschaft wird verhindert, daß solche Phänomene in nebenläufigen Transaktionen auftreten können. Alle beteiligten Transaktionen müssen sich vielmehr so verhalten, als ob sie nacheinander ablaufen würden. Im Prinzip wäre die Isolationseigenschaft tatsächlich am einfachsten zu realisieren, indem man jeweils nur eine Transaktion T laufen läßt und alle übrigen ne-

benläufigen Transaktionen bis zur Beendigung von T sperrt. Dann kommt
eine bisher gesperrte Transaktion zum Zug und so weiter und so fort.
Bei professionellen DBMS scheidet diese simple Realisierungsmöglich-
keit wegen der damit verbundenen Reduktion des Durchsatzes und der
Behinderung der gesperrten Transaktionen aus. In vielen Fällen wäre eine solche Behinderung auch gar nicht notwendig, weil die nebenläufigen
Transaktionen sowieso nicht auf gemeinsame Tabellen oder Deskriptoren
zugreifen. Deshalb werden in der Praxis weniger einschneidende und leider auch aufwendigere Transaktionsmechanismen[4] verwendet, bei denen
es nur dann zur Behinderung von Transaktionen kommt, wenn das zur
Wahrung der Isolationseigenschaft tatsächlich notwendig ist.

In Core SQL ist für jede SQL-Transaktion immer die volle Isolationseigenschaft des Transaktionskonzepts gewährleistet. Um die gegenseitige
Behinderung nebenläufiger Transaktionen gegebenenfalls reduzieren zu
können, besteht im vollen Sprachumfang von SQL-99 die Möglichkeit, die
Isolationseigenschaft für weniger kritische SQL-Transaktionen gegenüber
dem Transaktionskonzept einzuschränken. Dazu sieht der Standard insgesamt vier *Isolationsstufen* vor. In Core SQL ist nur die höchste Isolationsstufe — nämlich **SERIALIZABLE** — verfügbar, die der vollen Isolationseigenschaft des Transaktionskonzepts entspricht. Die übrigen Isolationsstufen werden vom Standard so definiert, daß für jede Isolationsstufe
festgelegt wird, welche der oben beschriebenen Phänomene unter ihr to-
leriert werden und welche nicht.[5]

Neben der Isolationsstufe gibt es noch ein weiteres Transaktionsattri-
but, nämlich die *Zugriffsart*. Die Zugriffsart einer SQL-Transaktion kann
READ WRITE oder **READ ONLY** sein. Unter **READ ONLY** dürfen während der
Transaktion keine Mutations- oder Schemaanweisungen ausgeführt werden. Durch **READ ONLY** kann man sich gegen unbeabsichtigte Mutationen
oder Schemaänderungen absichern. **READ ONLY** - Transaktionen können
keines der drei genannten Phänomene verursachen, was die Überwachung
solcher Transaktionen vereinfacht.

Zugriffsart und Isolationsstufe können mit Hilfe der **SET TRANSACTION** -
Anweisung (vgl. 8.4.3) für die jeweils nächste Transaktion gesetzt werden.
Sonst wird implizit **READ WRITE** bzw. **SERIALIZABLE** angenommen.

---

[4]Es übersteigt den Rahmen dieser Darstellung auf die entsprechenden Konzepte
und Techniken einzugehen. Der an dieser Thematik interessierte Leser sei etwa
auf [Gray93] verwiesen.

[5]Es soll nicht unerwähnt bleiben, daß dieser Zutritt des Standards, insbesondere
die Wahl der Phänomene und deren Beschreibung, nicht ungeteilte Zustimmung
gefunden hat (vgl. [Berenson95]).

Im Rahmen der vorangegangenen Besprechung der Transaktionen und ihrer Eigenschaften haben wir bereits alle in Core SQL verfügbaren Transaktionsanweisungen (*transaction statements*) kennengelernt, auf die anschließend noch im Detail eingegangen wird. Die Transaktionsanweisungen setzen nicht den Rahmen einer Transaktion voraus bzw. lösen keine Transaktion aus. Darüber hinaus darf eine SET TRANSACTION - Anweisung nur dann abgesetzt werden, wenn gerade keine Transaktion im Gange ist.

8.4.1   COMMIT-Anweisung

Durch die COMMIT-Anweisung wird die laufende Transaktion abgeschlossen, wobei alle im Rahmen der Transaktion vorgenommenen Mutationen bzw. die Auswirkungen der durchgeführten Schemaanweisungen dauerhaft gespeichert werden. Die Syntax der COMMIT-Anweisung sieht den optionalen Zusatz WORK vor.

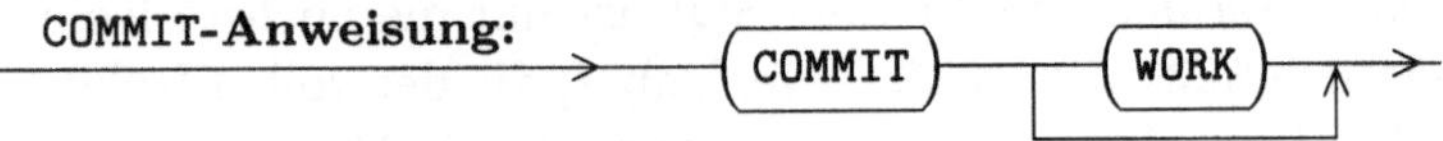

Vor Abschluß der Transaktion wird für jeden noch offenen Cursor mit Ausnahme etwaiger HOLD-Cursors implizit eine CLOSE-Anweisung durchgeführt. Offene HOLD-Cursors bleiben im geöffneten Zustand und können in nachfolgenden Transaktionen weiterverwendet werden, bis sie durch eine explizite CLOSE-Anweisung oder im Rahmen einer ROLLBACK-Anweisung geschlossen werden (vgl. 6.2.2.6).

Es wurde schon bei der Besprechung des Transaktionskonzepts darauf hingewiesen, daß die erfolgreiche Ausführung der COMMIT-Anweisung voraussetzt, daß bei Beendigung der Transaktion keine Integritätsbedingung verletzt ist. Dazu kann es in Core SQL schon deshalb nicht kommen, weil die Integritätsbedingungen hier immer unmittelbar nach der Ausführung einer jeden Anweisung überprüft werden und eine verletzende Anweisung und ihre Wirkungen schon während der laufenden Transaktion zurückgewiesen werden. Auch im vollen Sprachumfang von SQL-99 kann es keine Probleme geben, weil die Ausführung der COMMIT-Anweisung auch die effektive Überprüfung jener Integritätsbedingungen umfaßt, für welche die Überprüfung während der laufenden Transaktion aufgeschoben worden ist. Wenn keine Integritätsbedingung verletzt ist, werden alle im Rahmen der Transaktion vorgenommenen Mutationen bzw. die Auswirkungen der durchgeführten Schemaanweisungen dauerhaft gespeichert und die laufende Transaktion abgeschlossen. Ansonsten wird die Ausnahmebedingung *transaction rollback — integrity constraint violation* gesetzt, wodurch die Transaktion ebenfalls beendet wird. In diesem Fall wird die Datenbank aber in den konsistenten Zustand vor dem Beginn der Transaktion zurückgesetzt.

Der Standard führt im Zusammenhang mit der COMMIT-Anweisung noch die folgenden Ausnahmebedingungen an:

Wenn während der Durchführung einer COMMIT-Anweisung die SQL-Verbindung verloren geht, kann der SQL-Agent nicht feststellen, ob die Mutationen bzw. Schemaänderungen der Transaktion vom SQL-Server dauerhaft gespeichert werden konnten oder nicht. In einem solchen Fall wird die Ausnahmebedingung *connection exception — transaction resolution unknown* gesetzt.

Wenn während der Durchführung der COMMIT-Anweisung sonstige, eine erfolgreiche Durchführung verhindernde Fehler auftreten, wird die Ausnahmebedingung *transaction rollback* gesetzt und die Datenbank in den konsistenten Zustand vor dem Beginn der Transaktion zurückgesetzt.

8.4.2 ROLLBACK-Anweisung

Durch die ROLLBACK-Anweisung wird die laufende Transaktion beendet und die Datenbank in den konsistenten Zustand vor dem Beginn der Transaktion zurückgesetzt. Die Syntax der ROLLBACK-Anweisung sieht wieder den optionalen Zusatz WORK vor.

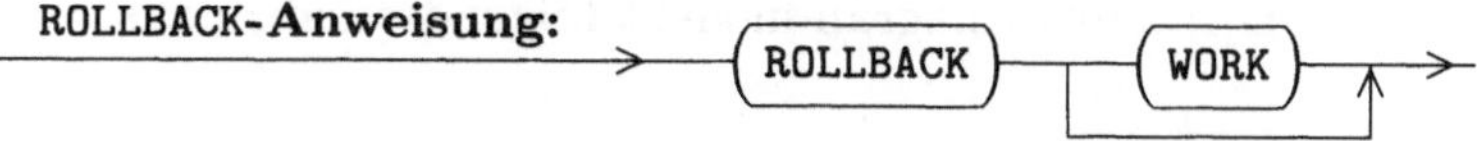

Vor Abschluß der Transaktion wird für jeden noch offenen Cursor implizit eine CLOSE-Anweisung durchgeführt (vgl. 6.2.2.6). Anschließend wird die laufende Transaktion abgeschlossen und die Datenbank in den konsistenten Zustand vor dem Beginn der Transaktion zurückgesetzt.

Wenn im Verlauf einer Transaktion Fehler auftreten, die den sofortigen Abbruch der Transaktion nach sich ziehen, oder wenn der SQL-Agent unerwartet terminiert, wird die Ausnahmebedingung *transaction rollback* gesetzt, was zu einem effektiven ROLLBACK führt.

Auch wenn eine Implementierung entdeckt, daß sie die für eine Transaktion festgelegte Isolationsstufe (in Core SQL ist das immer SERIALIZABLE) nicht garantieren kann, wird die Ausnahmebedingung *transaction rollback — serialization failure* gesetzt, was die implizite Ausführung einer ROLLBACK-Anweisung nach sich zieht.

Das Transaktionskonzept verlangt, daß es immer möglich sein muß, die laufende Transaktion durch ein (explizites oder implizites) ROLLBACK abzubrechen und die Datenbank dadurch in den konsistenten Zustand vor Beginn der Transaktion zurückzusetzen. Das bedeutet, daß die Durchführung einer ROLLBACK-Anweisung niemals scheitern darf. Selbst eine durch einen Systemabsturz oder eine zusammengebrochene Verbindung etc. unterbrochene ROLLBACK-Anweisung wird wirksam. In jedem Fall muß die laufende Transaktion beendet und der konsistente Zustand vor Beginn der abgebrochenen Transaktion erhalten bleiben bzw. wiederhergestellt werden.

8.4.3   SET TRANSACTION - Anweisung

Mit der SET TRANSACTION - Anweisung können die *Transaktionsattribute* für die nächste Transaktion gesetzt werden. Die Transaktionsattribute sind die *Zugriffsart* und die *Isolationsstufe*. Die gesetzten Attribute sind jeweils nur für die nächste Transaktion wirksam. Wenn für ein Attribut keine Einstellung erfolgt, werden implizite Einstellungen wirksam. Dasselbe gilt, wenn vor einer Transaktion überhaupt keine SET TRANSACTION - Anweisung ausgeführt wird. Diese Anweisung darf nur abgesetzt werden, wenn nicht gerade eine Transaktion läuft. Man darf also nicht schon während der laufenden Transaktion die Attribute der nächsten Transaktion setzen. Das Syntaxdiagramm sieht folgendermaßen aus:

SET TRANSACTION - Anweisung:

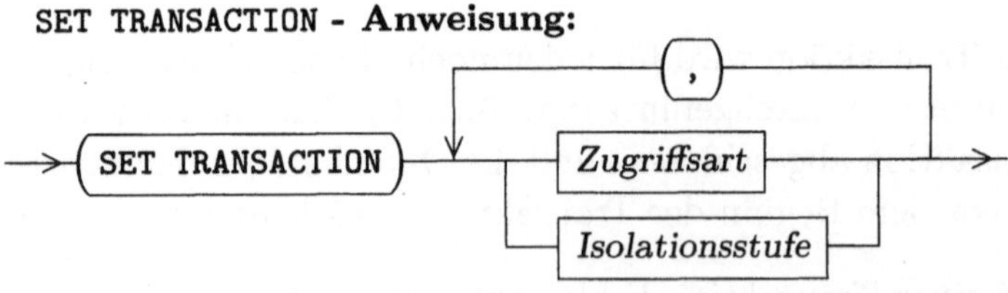

Naheliegenderweise muß mindestens ein Attribut gesetzt werden und darf kein Attribut mehrfach gesetzt werden. Für die *Zugriffsart* sind die folgenden Einstellungen vorgesehen:

Zugriffsart:

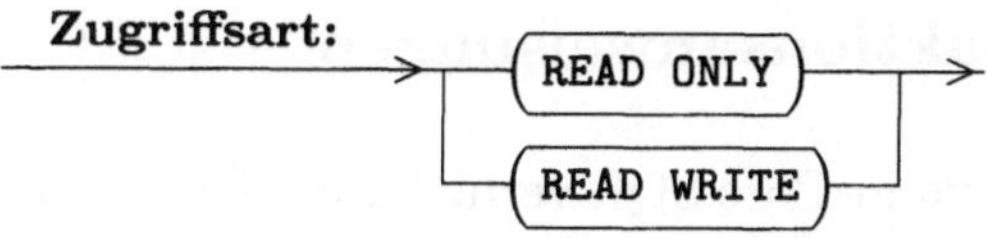

Wie bereits erwähnt, können unter der Zugriffsart **READ ONLY** während der entsprechenden Transaktion keine Mutationen oder Schemaanweisungen ausgeführt werden. Wenn keine Angabe für die Zugriffsart erfolgt, wird implizit **READ WRITE** angenommen.

Isolationsstufe:

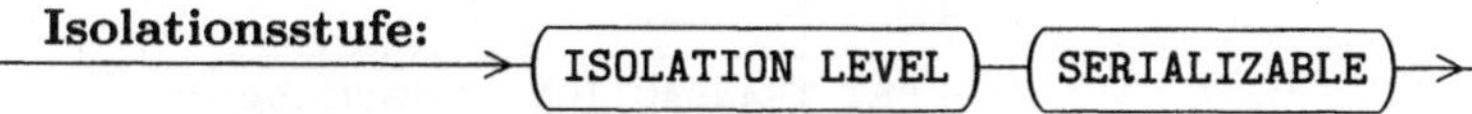

In Core SQL kann nur die höchste *Isolationsstufe*, also **SERIALIZABLE** angegeben werden. Wenn keine Angabe für die Isolationsstufe erfolgt, wird·immer implizit **SERIALIZABLE**, also die höchste Isolationsstufe angenommen. In Core SQL ist die Spezifikation der Isolationsstufe also gewissermaßen eine Fleißaufgabe. Es sei daran erinnert, daß nur die Isolationsstufe **SERIALIZABLE** uneingeschränkt der Isolationseigenschaft des Transaktionskonzepts entspricht.

Wenn vor Beginn der Transaktion keine **SET TRANSACTION** - Anweisung abgesetzt worden ist, wird als Zugriffsart implizit **READ WRITE** und als Isolationsstufe **SERIALIZABLE** angenommen, was den Defaults der **SET TRANSACTION** - Anweisung entspricht.

Der Standard führt im Zusammenhang mit der **SET TRANSACTION** - Anweisung bzw. den damit gesetzten Attributen einer Transaktion noch die folgenden Ausnahmebedingungen an:

Wenn versucht wird, eine **SET TRANSACTION** - Anweisung auszuführen, während schon eine Transaktion läuft, wird eine Ausnahmebedingung *invalid transaction state* gesetzt. Diese Ausnahmebedingung wird auch dann gesetzt, wenn die Zugriffsart der laufenden Transaktion nur **READ ONLY** ist und trotzdem versucht wird, eine Mutations- oder Schemaanweisung auszuführen.

Wenn eine Implementierung entdeckt, daß sie die für eine Transaktion festgelegte Isolationsstufe (in Core SQL ist das immer **SERIALIZABLE**) nicht garantieren kann, wird die Ausnahmebedingung *transaction rollback — serialization failure* gesetzt, was die implizite Ausführung einer **ROLLBACK**-Anweisung nach sich zieht (vgl. 8.4.2).

8.4.4 Überblick: Transaktionsanweisungen

In den vorigen Abschnitten sind die in Core SQL verfügbaren *Transakti-onsanweisungen* (*transaction statements*) besprochen worden. Mit diesen Anweisungen können SQL-Transaktionen abgeschlossen und die Trans-aktionsattribute gesetzt werden:

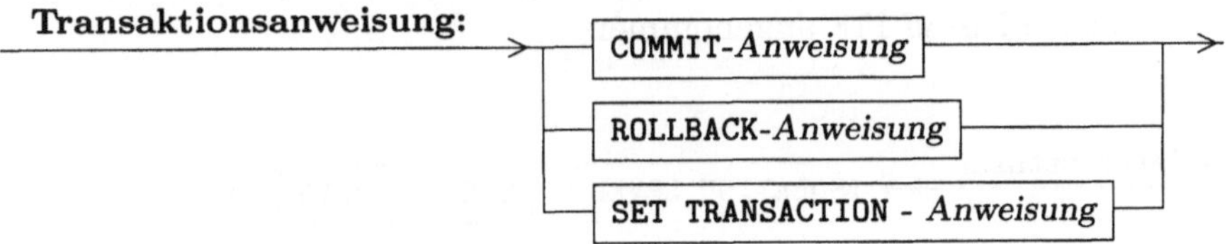

- Bezüglich der Verwendbarkeit der Transaktionsanweisungen in den verschiedenen *Binding-Styles* (vgl. 3.5.4) — also in direktem SQL, der Modulsprache und in eingebettetem SQL — gilt: Alle Trans-aktionsanweisungen können in jedem Binding-Style eingesetzt wer-den.

- In Hinblick auf die *Transaktionsverarbeitung* gilt für die in Core SQL verfügbaren Transaktionsanweisungen, daß sie nicht den Rah-men einer Transaktion benötigen bzw. keine Transaktion auslösen. Darüber hinaus darf die SET TRANSACTION- Anweisung nur ausge-führt werden, wenn gerade keine Transaktion läuft.

Zum Abschluß gibt die folgende Tabelle für jede Transaktionsanweisung die entsprechende Bezeichnung des Standards und eine Referenz zu dem Abschnitt an, in dem die jeweilige Anweisung besprochen worden ist:

commit statement	COMMIT - Anweisung (8.4.1)
rollback statement	ROLLBACK - Anweisung (8.4.2)
set transaction statement	SET TRANSACTION - Anweisung (8.4.3)

8.5 Übungsaufgaben

Aufg. 8.5.1: Haben die beiden SELECT-Abfragen die gleiche Ergebnis-tabelle, wenn die folgenden Anweisungen in der angegebenen Reihenfolge ausgeführt werden?

```
UPDATE L    SET LCODE = 'C'
            WHERE  ORT = 'Graz';

SELECT *
FROM   L;

ROLLBACK;

SELECT *
FROM   L;
```

Aufg. 8.5.2: Welche Ergebnistabelle liefert die SELECT-Abfrage nach Ausführung der beiden vorherigen Anweisungen?

```
SET TRANSACTION READ ONLY;

DELETE FROM  R
        WHERE RCODE = 'C';

SELECT *
FROM   R;
```

Aufg. 8.5.3: Welche Ergebnistabelle liefert die SELECT-Abfrage nach Ausführung der beiden vorherigen Anweisungen.

```
INSERT INTO P VALUES ('P5', 'Gamma', 'Linz', 70);

COMMIT;

SELECT *
FROM   P;
```

Lösungen der Übungsaufgaben

Kapitel 2

Zunächst die Formulierungen in der Relationenalgebra:

Aufg. 2.5.1:

```
(R JOIN (PR WHERE P# = 'P1')) [RNAME,MENGE]
```

Aufg. 2.5.2:

```
((L JOIN LR[L#,R#] JOIN R) WHERE LCODE = RCODE)[L#,R#]
```

Aufg. 2.5.3:

```
L[LCODE AS CODE] UNION R[RCODE AS CODE]
```

Aufg. 2.5.4:

```
(((LR JOIN L[L#,ORT])[R#,ORT] DIVIDEBY L[ORT])
    JOIN R)[RNAME]
```

Aufg. 2.5.5:

```
P[P#] EXCEPT (PR WHERE R# = 'R3')[P#]
```

Aufg. 2.5.6:

```
DEFINE ALIAS A FOR L; DEFINE ALIAS B FOR L;
    ((A[L#,LCODE] TIMES B[L#,LCODE]) WHERE
     (A.LCODE = B.LCODE) AND (A.L# < B.L#))[A.L#,B.L#]
```

Aufg. 2.5.7:

```
L[ORT] INTERSECT P[ORT]
```

Im Relationenkalkül können diese Abfragen wie folgt formuliert werden:

Aufg. 2.5.1:

```
RANGE OF Rx  IS R
RANGE OF PRx IS PR
Rx.RNAME, PRx.MENGE WHERE  Rx.R#  = PRx.R#
                      AND  PRx.P# = 'P1'
```

Aufg. 2.5.2:

```
RANGE OF Lx  IS L
RANGE OF LRx IS LR
RANGE OF Rx  IS R
Lx.L#, Rx.R# WHERE Lx.L# = LRx.L# AND LRx.R# = Rx.R#
                AND Lx.LCODE = Rx.RCODE))
```

Aufg. 2.5.3:

```
RANGE OF Lx IS L
RANGE OF Rx IS R
RANGE OF Vx IS (Lx.LCODE AS CODE), (Rx.RCODE AS CODE)
Vx.CODE
```

Aufg. 2.5.4:

```
RANGE OF Lx  IS L
RANGE OF LRx IS LR
RANGE OF Rx  IS R
RANGE OF x IS (Lx.ORT)
RANGE OF y IS (Lx.ORT, Rx.RNAME
    WHERE EXISTS LRx (LRx.L# = Lx.L# AND LRx.R# = Rx.R#))
Rx.RNAME WHERE FORALL x
        (EXISTS y (y.ORT = x.ORT AND y.RNAME = Rx.RNAME))
```

Aufg. 2.5.5:

```
RANGE OF Px  IS P
RANGE OF PRx IS PR
Px.P# WHERE NOT EXISTS PRx (PRx.P# = Px.P#  AND
                           PRx.R# = 'R3')
```

Aufg. 2.5.6:

```
RANGE OF x IS L
RANGE OF y IS L
x.L# AS L#1, y.L# AS L#2
    WHERE x.LCODE = y.LCODE AND x.L# < y.L#
```

Aufg. 2.5.7:

```
RANGE OF Lx IS L
RANGE OF Px IS P
Lx.ORT WHERE EXISTS Px (Px.ORT = Lx.ORT)
```

Kapitel 3

Aufg. 3.6.1:

```
SELECT RNAME
FROM   R, LR
WHERE  R.R# = LR.R#  AND  L# = 'L2';
```

Aufg. 3.6.2:

```
SELECT RNAME
FROM   R, LR, L
WHERE  R.R# = LR.R#  AND  LR.L# = L.L#  AND  ORT = 'Graz';
```

Aufg. 3.6.3: Diese Aufgabe wurde im Beispiel 3.35 behandelt.

Aufg. 3.6.4: Diese Aufgabe wurde im Beispiel 3.36 behandelt.

Aufg. 3.6.5:

```
SELECT ORT
FROM   L
WHERE  ORT NOT IN (SELECT ORT
                   FROM   L, LR
                   WHERE  L.L# = LR.L#
                   AND
                   LR.R# = 'R3');
```

Aufgabe 3.6.18 a) zeigt eine alternative Lösungsmöglichkeit mit Hilfe des
EXCEPT-Operators.

Aufg. 3.6.6:

```
SELECT FIRST.P#, SECOND.P#
FROM   P FIRST, P SECOND
WHERE  FIRST.ORT = SECOND.ORT AND FIRST.P# < SECOND.P#;
```

Aufg. 3.6.7:

```
SELECT RNAME
FROM   R
WHERE  CHARACTER_LENGTH(RNAME) <= 5
       AND
       RNAME NOT LIKE '%n';
```

Aufg. 3.6.8:

Wie bereits in den Beispielen 3.35 und 3.36 für solche 'Divisionsabfragen' empfohlen, sollte man zuerst eine **FORALL**-Formulierung versuchen: "Ein Rohstoff r, der zum Ergebnis dieser Abfrage gehört, muß folgendes erfüllen: Für jedes Lager lx muß es eine Einlagerung lrx des Rohstoffs r geben, bei der das angegebene Lager am selben Ort ist wie Lager lx."

Diese Formulierung kann man dann unter Verwendung der Beziehungen zwischen den beiden Quantoren (vgl. 2.4.3) in eine äquivalente **FORALL**-freie Form bringen: "Ein Rohstoff r, der zum Ergebnis dieser Abfrage gehört, muß folgendes erfüllen: Es darf kein Lager lx geben, für das nicht auch eine Einlagerung lrx des Rohstoffs r existiert, bei welcher das angegebene Lager am selben Ort ist wie Lager lx." Die letzte Formulierung muß jetzt nur mehr in eine **SELECT**-Abfrage übersetzt werden:

```
SELECT RNAME
FROM   R
WHERE  NOT EXISTS
          (SELECT *
           FROM   L LX
           WHERE  NOT EXISTS
                     (SELECT *
                      FROM   LR LRX, L
                      WHERE  LRX.R# = R.R#
                             AND
                             LRX.L# = L.L#
                             AND
                             LX.ORT = L.ORT));
```

```
             -----
Ergebnis:    RNAME
             -----
             Telur
```

Aufgabe 3.6.18 b) zeigt eine alternative Formulierung dieser Abfrage mit dem **EXCEPT**-Operator.

Aufg. 3.6.9:

Der einfachste Zutritt zu dieser Aufgabe besteht wahrscheinlich darin,
eine Tabelle *aller* Orte mit Angabe der dortigen Gesamtlagerkapazität
zu bilden und diese Tabelle nach der Gesamtlagerkapazität absteigend
zu sortieren. Das ist gewissermaßen mehr, als verlangt wird. Man kann
der Ergebnistabelle aber bequem die gewünschte Information entnehmen.
Die entsprechende SELECT-Abfrage (genauer: die entsprechende direkte
Abfrageanweisung) lautet:

```
SELECT ORT, SUM(MENGE) AS GESAMTMENGE
FROM   L
GROUP  BY ORT
ORDER  BY GESAMTMENGE DESC;
```

Ergebnis:

ORT	GESAMTMENGE
Wien	2000
Graz	1300
Linz	1000

Die obige Lösung kann man jetzt in einem zweiten Schritt weiterent-
wickeln, indem man mit Hilfe des ALL-quantifizierten Vergleichsprädikats
das Maximum (bzw. die Maxima) in der gruppierten Tabelle bestimmt
und damit die SQL-Regel umgeht, welche die Schachtelung von Gruppenfunktionen verbietet (vgl. 3.1.3).

```
SELECT ORT, SUM(MENGE) AS GESAMTMENGE
FROM   L
GROUP  BY ORT
HAVING SUM(MENGE) >= ALL (SELECT SUM(MENGE)
                          FROM   L
                          GROUP  BY ORT);
```

Ergebnis:

ORT	GESAMTMENGE
Wien	2000

Aufg. 3.6.10:

```
SELECT  L.L#, ORT, L.MENGE-SUM(LR.MENGE) AS FREIE_KAP
FROM    L, LR
WHERE   L.L# = LR.L#
GROUP   BY L.L#, ORT, L.MENGE
HAVING  SUM(LR.MENGE) < L.MENGE
ORDER   BY FREIE_KAP DESC;
```

```
            --   ----  ----------
Ergebnis:   L#   ORT   FREIE_KAP
            --   ----  ----------
            L1   Graz        200
```

Man beachte, daß ORT und L.MENGE in den Gruppierungsschlüssel aufgenommen werden müssen, obwohl ihre 'Einwertigkeit' innerhalb der Gruppe schon dadurch sichergestellt ist, daß der Primärschlüssel von L zum
Gruppierungsschlüssel gehört.

Aufg. 3.6.11:

```
SELECT  R#, L#, MENGE
FROM    LR LRX
WHERE   3*LRX.MENGE >= (SELECT  SUM(MENGE)
                        FROM    LR LRY
                        WHERE   LRY.R# = LRX.R#)
ORDER   BY R#, L#;
```

```
            --   --   -----
Ergebnis:   R#   L#   MENGE
            --   --   -----
            R1   L1     500
            R1   L3     400
            R2   L2     200
            R2   L3     100
            R3   L1     300
            R3   L3     500
            R4   L3     200
            R5   L4    1000
            R6   L2     300
```

Aufg. 3.6.12:

```
SELECT R#
FROM   LR LRX
WHERE  3*LRX.MENGE >= (SELECT SUM(MENGE)
                       FROM   LR LRY
                       WHERE  LRY.R# = LRX.R#)
GROUP  BY R#
HAVING COUNT(*) > 1
ORDER  BY R#;


                 --
Ergebnis:        R#
                 --
                 R1
                 R2
                 R3
```

Die folgende Lösungsvariante dieser Übungsaufgabe kommt sogar ohne **WHERE**-Klausel aus. Man beachte auch die beiden äußeren Referenzen **LRX.R#** und **LRX.MENGE**, die sich jeweils auf eine Gruppe der gruppierten Tabelle beziehen, weil die unmittelbar enthaltende Unterabfrage in die **HAVING**-Klausel der **SELECT**-Abfrage hineingeschachtelt ist. Da **LRX.MENGE** nicht zum Gruppierungsschlüssel gehört, muß diese Spaltenreferenz zum Argument einer Gruppenfunktion gehören.

```
SELECT R#
FROM   LR LRX
GROUP  BY R#
HAVING 1 < (SELECT COUNT(*)
            FROM   LR LRY
            WHERE  R# = LRX.R#
                   AND
                   3*MENGE >= SUM(LRX.MENGE))
ORDER  BY R#;
```

Aufg. 3.6.13:

```
SELECT *
FROM   LR
WHERE  CAST(ZEITPUNKT AS DATE) = CURRENT_DATE;
```

Aufg. 3.6.14:

```
a)    SELECT R#,
             SUM(CASE
                     WHEN R#='R1' AND BWERT> 4.50 THEN  4.50
                     WHEN R#='R2' AND BWERT>31.00 THEN 31.00
                     WHEN R#='R3' AND BWERT>10.00 THEN 10.00
                     WHEN R#='R4' AND BWERT>10.50 THEN 10.50
                     WHEN R#='R5' AND BWERT>25.00 THEN 25.00
                     WHEN R#='R6' AND BWERT>22.50 THEN 22.50
                     ELSE BWERT
                 END * MENGE) AS LAGERWERT
      FROM  LR
      GROUP BY R#;


b)    SELECT R#, SUM(CASE WHEN LR.BWERT>R.BWERT
                     WHEN LR.BWERT>R.BWERT
                     THEN  R.BWERT
                     ELSE LR.BWERT
                 END * MENGE) AS LAGERWERT
      FROM  R JOIN LR USING(R#)
      GROUP BY R#;
```

In Aufgabe 4.9.13 wird übrigens auf diese Aufgabe zurückgekommen und
eine alternative Lösungsvariante gezeigt, bei der die Wiederbeschaffungswerte zum Bilanzstichtag in eine SQL-Funktion "einprogrammiert" sind.

Aufg. 3.6.15:

```
      SELECT R#, COALESCE(PNAME, 'derzeit nicht verwendet')
             AS PRODUKT
      FROM  (PR NATURAL JOIN P) NATURAL RIGHT JOIN R;
```

Strenggenommen ist diese Abfrage wegen der beiden natürlichen Verbunde erst im vollen Sprachumfang von SQL-99 möglich. Die folgende Formulierung der Abfrage beschränkt sich auf qualifizierte Verbunde (nämlich
auf qualifizierte Verbunde mit Verbundspaltensliste) und ist somit schon
in Core SQL zulässig:

```
      SELECT R#, COALESCE(PNAME, 'derzeit nicht verwendet')
             AS PRODUKT
      FROM  (PR JOIN P USING(P#)) RIGHT JOIN R USING(R#);
```

Aufg. 3.6.16:

```
SELECT DISTINCT L1.LCODE,
       ((SELECT SUM(MENGE)
         FROM   L
         WHERE  LCODE = L1.LCODE)
       -(SELECT SUM(MENGE)
         FROM   L JOIN LR USING(L#)
         WHERE  LCODE = L1.LCODE)) AS FREIE_KAPAZITAET
FROM  L AS L1;
```

Aufg. 3.6.17:

```
( SELECT P# AS NUMMER, PNAME AS NAME, PREIS
  FROM    P )
  UNION
( SELECT R# AS NUMMER, RNAME AS NAME,
         MAX(BWERT) AS PREIS
  FROM    R NATURAL JOIN LR
  GROUP   BY R#, RNAME );
```

Aufg. 3.6.18:

```
a)    ( SELECT ORT
        FROM   L )
        EXCEPT
      ( SELECT ORT
        FROM   L JOIN LR USING (L#)
        WHERE  R# = 'R3' );

b)    SELECT RNAME
      FROM   R
      WHERE  NOT EXISTS (( SELECT ORT
                           FROM   L )
                           EXCEPT
                         ( SELECT ORT
                           FROM   L JOIN LR USING (L#)
                           WHERE  LR.R# = R.R# ));
```

Kapitel 4

Aufg. 4.9.1:

```
CREATE TABLE M
  ( M#              CHAR(6) NOT NULL PRIMARY KEY,
    MNAME           VARCHAR(20) NOT NULL,
    FUNKTION        CHAR DEFAULT 'F',
    EINTRITTSJAHR SMALLINT NOT NULL,
    GEHALTSSTUFE  SMALLINT NOT NULL,
    CHECK (EINTRITTSJAHR > 1990),
    CHECK (FUNKTION IN ('F','A','H','S','V')),
    CHECK (GEHALTSSTUFE BETWEEN 1 AND 10) );

CREATE TABLE PM
  ( M#              CHAR(6)      NOT NULL REFERENCES M,
    P#              CHAR(6)      NOT NULL REFERENCES P,
    VORGABEZEIT   DECIMAL(5,2) CHECK(VORGABEZEIT > 0),
    ENTLOHNUNG      CHAR         DEFAULT 'G'
                    CHECK (ENTLOHNUNG IN ('A','G')),
    PRIMARY KEY (M#,P#) );
```

Aufg. 4.9.2:

```
ALTER TABLE LR
ADD COLUMN SACHBEARBEITER VARCHAR(128)
                          DEFAULT USER
                          NOT NULL;

ALTER TABLE LR
ADD COLUMN ZEITPUNKT TIMESTAMP
                          DEFAULT LOCALTIMESTAMP
                          NOT NULL;
```

Aufg. 4.9.3:

```
GRANT SELECT ON M TO PUBLIC WITH GRANT OPTION;

GRANT INSERT, DELETE ON M TO MAIER, MUELLER;

GRANT UPDATE(FUNKTION) ON M TO MAIER;
```

Aufg. 4.9.4:

```
REVOKE UPDATE(FUNKTION) ON M FROM MAIER RESTRICT;
```

Aufg. 4.9.5:

```
CREATE VIEW VORRAT_R1 (L#, GESAMTMENGE, R1_MENGE)
            AS SELECT L#, L.MENGE,      LR.MENGE
               FROM   L JOIN LR USING (L#)
               WHERE  R# = 'R1';
```

Aufg. 4.9.6:

```
CREATE VIEW GESAMTVORGABEZEIT
       AS SELECT P#, SUM(VORGABEZEIT) AS GESAMT
          FROM   PM
          GROUP  BY P#;
```

Dieser View ist ein gruppierter View und daher nicht mutierbar.

Aufg. 4.9.7:

```
CREATE VIEW MITWIRKUNG
       AS SELECT MNAME, PNAME
          FROM   M JOIN PM USING(M#) JOIN P USING (P#);
```

Dieser View ist nicht mutierbar, da in der FROM-Klausel der Viewformel
ein Verbundausdruck steht.

Aufg. 4.9.8:

```
CREATE VIEW M_PRODUKTION
       AS SELECT *
          FROM   M
          WHERE  FUNKTION <> 'V';
```

Dieser View ist mutierbar.

Aufg. 4.9.9:

```
DROP VIEW   GESAMTVORGABEZEIT RESTRICT;
DROP VIEW   MITWIRKUNG RESTRICT;
DROP VIEW   M_PRODUKTION RESTRICT;
DROP TABLE PM RESTRICT;
DROP TABLE M  RESTRICT;
```

Aufg. 4.9.10:

a) Die laufende Benutzerkennung muß über die SELECT-Berechtigun-
   gen für die Tabellen P und PR verfügen.

b) Die laufende Benutzerkennung muß über die SELECT-Berechtigun-
   gen für die Tabellen L und LR verfügen.

Aufg. 4.9.11:

```
CREATE FUNCTION MAXBW(RNR CHAR(6))
  RETURNS DECIMAL(6,2)
  LANGUAGE SQL
  SPECIFIC MAXBW
  DETERMINISTIC
  READS SQL DATA
  RETURNS NULL ON NULL INPUT
  RETURN (SELECT MAX(BWERT)
          FROM   LR
          WHERE  R# = RNR);
```

Aufg. 4.9.12:

```
CREATE FUNCTION ABC(RNR CHAR(6))
  RETURNS CHAR
  SPECIFIC ABC
  READS SQL DATA
  RETURN CASE WHEN MAXBW(RNR) > 30 THEN 'A'
              WHEN MAXBW(RNR) < 10 THEN 'C'
              ELSE 'B'
              END;
```

Aufg. 4.9.13:

```
CREATE FUNCTION BILANZWERT(RNR CHAR(6),
                           TBW DECIMAL(6,2))
  RETURNS DECIMAL(6,2)
  SPECIFIC BILANZWERT
  CONTAINS SQL
  RETURN CASE
          WHEN RNR='R1' AND TBW> 4.50 THEN  4.50
          WHEN RNR='R2' AND TBW>31.00 THEN 31.00
          WHEN RNR='R3' AND TBW>10.00 THEN 10.00
          WHEN RNR='R4' AND TBW>10.50 THEN 10.50
          WHEN RNR='R5' AND TBW>25.00 THEN 25.00
          WHEN RNR='R6' AND TBW>22.50 THEN 22.50
          ELSE TBW
          END;
```

Mit Hilfe der Funktion **BILANZWERT** kann man die Abfrage von Aufgabe 3.6.14 folgendermaßen formulieren:

```
    SELECT R#, SUM(BILANZWERT(R#,BWERT)*MENGE)
    FROM   LR
    GROUP  BY R#;
```

Aufg. 4.9.14:

a)
```
    CREATE TYPE JAHR
        AS SMALLINT;

    CREATE TYPE STUFE
        AS SMALLINT;
```

b)
```
    CREATE TABLE M
      ( M#            CHAR(6) NOT NULL PRIMARY KEY,
        MNAME         VARCHAR(20) NOT NULL,
        FUNKTION      CHAR DEFAULT 'F',
        EINTRITTSJAHR JAHR NOT NULL,
        GEHALTSSTUFE  STUFE NOT NULL,
        CHECK (EINTRITTSJAHR > CAST(1990 AS JAHR)),
        CHECK (FUNKTION IN ('F','A','H','S','V')),
        CHECK (CAST(GEHALTSSTUFE AS SMALLINT)
                            BETWEEN 1 AND 10) );
```

Aufg. 4.9.15:

Die Operationen d), e) und h) sind unzulässig.

Kapitel 5

Aufg. 5.6.1:

```
    INSERT INTO P VALUES ('P5', 'Gamma', 'Wien', 100.00);
```

Aufg. 5.6.2:

```
    DELETE FROM  LR
         WHERE MENGE < 900;
```

```
                --  --  -----  -----
    Ergebnis:   L#  R#  MENGE  BWERT
                --  --  -----  -----
                L4  R5   1000  23.00
```

Aufg. 5.6.3:

```
UPDATE R
        SET   GEBINDE = 'Europalette'
        WHERE GEBINDE = 'Palette';
```

Betroffen sind die Zeilen für R2 und R6.

Aufg. 5.6.4:

a) unzulässig: FOREIGN KEY - Bedingung von LR wird verletzt;

b) unzulässig: FOREIGN KEY - Bedingung von LR wird verletzt;

c) zulässig;

d) unzulässig: es besteht keine DELETE-Berechtigung für PR;

e) unzulässig: FOREIGN KEY - Bedingung von LR wird verletzt, ebenso
   die NOT NULL - Bedingung für die Spalte BWERT;

f) unzulässig: es besteht keine UPDATE-Berechtigung für P, außerdem
   wäre die NOT NULL - Bedingung für die Spalte ORT verletzt.

Aufg. 5.6.5:

```
                  -----
Ergebnis:   ORT
                  -----
            Graz
            Wien
            Linz
            Lienz
```

Wenn bei der Definition des Views die CHECK OPTION angegeben wird,
fehlt Lienz, weil die INSERT-Anweisung zurückgewiesen wird: die einzufügende Zeile gehört nicht zum View L_WIEN.

Aufg. 5.6.6:

```
CREATE TABLE  ROHSTOFFVERBRAUCH
  ( P#         CHAR(6) NOT NULL PRIMARY KEY,
    GES_MENGE INTEGER NOT NULL );

INSERT INTO ROHSTOFFVERBRAUCH
        SELECT P#, SUM(MENGE)
        FROM   PR
        GROUP  BY P#;
```

Im allgemeinen wird die Definition eines entsprechenden Views die bessere Lösung sein, weil der View immer die jeweils gültigen Werte zeigt.

Aufg. 5.6.7:

```
SELECT P#,
       PREIS, SUM(MENGE*MAXBW(R#)) AS ROHSTOFFKOSTEN,
       PREIS - SUM(MENGE*MAXBW(R#)) AS DECKUNGSBEITRAG
FROM   P JOIN PR USING (P#)
GROUP  BY P#, PREIS;
```

Aufg. 5.6.8:

```
CREATE PROCEDURE ANPASSUNG (IN ROHSTOFF CHAR(6),
                            IN BETRAG DECIMAL(6,2))
   SPECIFIC ANPASSUNG
   MODIFIES SQL DATA
   UPDATE P
   SET PREIS = PREIS+BETRAG * (SELECT MENGE
                               FROM   PR
                               WHERE  P# = P.P#
                                 AND  R# = ROHSTOFF)
   WHERE P# IN (SELECT P#
                FROM   PR
                WHERE  R# = ROHSTOFF);

   CALL ANPASSUNG ('R1',4.50);
```

Aufg. 5.6.9:

```
DELETE FROM R
WHERE  R# NOT IN ( SELECT R#
                   FROM   PR );
```

Kapitel 6

Aufg. 6.5.1:

```
PROCEDURE LAGERDATEN (SQLSTATE, :LNR CHARACTER(5),
                      :KAPAZITAET INTEGER);
      SELECT MENGE
      INTO  :KAPAZITAET
      FROM   L
      WHERE  L# = :LNR;
```

```
PROCEDURE ROHSTOFFDATEN (SQLSTATE, :LNR CHARACTER(5),
                :LAGERMENGE INTEGER, :LAGERWERT REAL);
    SELECT SUM(MENGE), CAST(SUM(MENGE*BWERT) AS REAL)
    INTO   :LAGERMENGE, :LAGERWERT
    FROM   LR
    WHERE  L# = :LNR;
```

Aufg. 6.5.2:

```
CREATE PROCEDURE ROHSTOFFDATEN (IN  LNR CHARACTER(5),
                                OUT LAGERMENGE INTEGER,
                                OUT LAGERWERT REAL)
  SPECIFIC ROHSTOFFDATEN
  READS SQL DATA
  SELECT SUM(MENGE), CAST(SUM(MENGE*BWERT) AS REAL)
  INTO   LAGERMENGE, LAGERWERT
  FROM   LR
  WHERE  L# = LNR;
```

Aufg. 6.5.3:

```
DECLARE CLR CURSOR FOR
      SELECT R#, MENGE, CAST(BWERT AS REAL)
      FROM   LR
      WHERE  L# = :LNR
PROCEDURE OPENCLR (SQLSTATE, :LNR CHARACTER(5));
      OPEN CLR;
PROCEDURE FETCHCLR (SQLSTATE, :RNR CHARACTER(6),
            :RMENGE INTEGER, :RWERT REAL);
      FETCH CLR INTO :RNR, :RMENGE, :RWERT;
```

Aufg. 6.5.4:

```
MODULE DECKUNGSBEITRAG LANGUAGE C
AUTHORIZATION MAIER
DECLARE C CURSOR FOR
      SELECT P#, CAST (PREIS AS REAL),
             CAST (SUM(MENGE*MAXBW(R#)) AS REAL)
      FROM   P JOIN PR USING (P#)
      GROUP  BY P#, PREIS
PROCEDURE OPENC (SQLSTATE);
      OPEN C;
```

```
      PROCEDURE FETCHC (SQLSTATE, :PNR CHARACTER(6),
                       :PREIS REAL, :ROHSTOFFKOSTEN REAL);
          FETCH C INTO :PNR, :PREIS, :ROHSTOFFKOSTEN;


#include <stdlib.h>
#include <stdio.h>
#include <string.h>

int main()
{
   char  SQLSTATE[6], pnr[7];
   float preis, rohstoffkosten, db;

   OPENC(SQLSTATE);
   FETCHC(SQLSTATE, pnr, &preis, &rohstoffkosten);
   while (strcmp(SQLSTATE,"00000") == 0)
   {
     db=preis-rohstoffkosten;
     printf("P#: %6s, Preis: %7.2f, ", pnr, preis);
     printf("Rohstoffkosten: %7.2f, ", rohstoffkosten);
     printf("Deckungsbeitrag: %7.2f\n", db);
     FETCHC(SQLSTATE, pnr, &preis, &rohstoffkosten);
   }
   exit(0);
}
```

Kapitel 7

Aufg. 7.4.1:

```
      EXEC SQL BEGIN DECLARE SECTION;
      char lnr[6], SQLSTATE[6];
      long kapazitaet, lagermenge;
      float lagerwert;
      EXEC SQL END DECLARE SECTION;

      EXEC SQL SELECT MENGE
              INTO  :kapazitaet
              FROM  L
              WHERE L# = :lnr;
```

```
    EXEC SQL SELECT SUM(MENGE),
                    CAST(SUM(MENGE*BWERT) AS REAL)
            INTO   :lagermenge, :lagerwert
            FROM   LR
            WHERE  L# = :lnr;
```

Aufg. 7.4.2:

```
    EXEC SQL BEGIN DECLARE SECTION;
    char rnr[7]; long rmenge; float rwert;
    EXEC SQL END DECLARE SECTION;

    EXEC SQL DECLARE CLR CURSOR FOR
            SELECT R#, MENGE, CAST(BWERT AS REAL)
            FROM   LR
            WHERE  L# = :lnr;


    EXEC SQL OPEN CLR;

    EXEC SQL FETCH CLR INTO :rnr, :rmenge, :rwert;
```

Aufg. 7.4.3:

	NOT FOUND	SQLEXCEPTION
$Anweisung_1$:	$Anweisung_2$	$Anweisung_2$
$Anweisung_2$:	$Anweisung_3$	fehler
$Anweisung_3$:	nodata	fehler
$Anweisung_4$:	nodata	$Anweisung_5$

Aufg. 7.4.4:

```
#include <stdlib.h>
#include <stdio.h>
#include <string.h>

int main()
{
   float db;

   EXEC SQL BEGIN DECLARE SECTION;
   char  SQLSTATE[6], pnr[7];
   float preis, rohstoffkosten;
   EXEC SQL END DECLARE SECTION;
```

```
EXEC SQL DECLARE C CURSOR FOR
            SELECT P#, CAST (PREIS AS REAL),
                   CAST (SUM(MENGE*MAXBW(R#)) AS REAL)
            FROM   P JOIN PR USING(P#)
            GROUP  BY P#, PREIS;
EXEC SQL OPEN C;
EXEC SQL FETCH C INTO :pnr, :preis, :rohstoffkosten;
while (strcmp(SQLSTATE,"00000") == 0)
{ db=preis-rohstoffkosten;
  printf("P#: %6s, Preis: %7.2f, ", pnr, preis);
  printf("Rohstoffkosten: %7.2f, ", rohstoffkosten);
  printf("Deckungsbeitrag: %7.2f\n", db);
  EXEC SQL FETCH C INTO :pnr, :preis, :rohstoffkosten;
}
exit(0);
}
```

Kapitel 8

Aufg. 8.5.1: Nein. Die erste SELECT-Abfrage zeigt die durch die UPDATE-Anweisung geänderte Tabelle. Wegen der ROLLBACK-Anweisung wird die UPDATE-Anweisung aber nicht dauerhaft wirksam. Die zweite SELECT-Abfrage liefert daher den ursprünglichen Inhalt von Tabelle L.

Aufg. 8.5.2: Da die Zugriffsart der durch die DELETE-Anweisung ausgelösten Transaktion wegen der SET TRANSACTION - Anweisung nur READ ONLY ist, führt die DELETE-Anweisung zum Setzen einer Ausnahmebedingung *invalid transaction state*. Daher zeigt die Ergebnistabelle der SELECT-Abfrage den ursprünglichen Inhalt von Tabelle R.

Aufg. 8.5.3: Durch Ausführung der COMMIT-Anweisung wird die durch die INSERT-Anweisung eingefügte Zeile dauerhaft gespeichert und ist natürlich auch in der Ergebnistabelle der SELECT-Abfrage sichtbar.

Literaturverzeichnis

[ANSI X3.135-1986] "American National Standard Database Language — SQL", American National Standards Institute (ANSI), 1986

[ISO/IEC 9075:1987] "Database Language SQL", International Organization for Standardization (ISO), 1987

[ANSI X3.135-1989] "American National Standard Database Language — SQL with Integrity Enhancement", American National Standards Institute (ANSI), 1989

[ANSI X3.168-1989] "American National Standard Database Language — Embedded SQL" American National Standards Institute (ANSI), 1989

[ISO/IEC 9075:1989] "Database Language SQL", International Organization for Standardization (ISO), 1989

[ISO/IEC 9075:1992] "Information Technology — Database Language SQL", International Organization for Standardization (ISO), 1992

[ANSI X3.135-1992] "American National Standard Database Language — SQL", American National Standards Institute (ANSI), 1992

[ISO/IEC 9075-1:1999] "Information Technology — Database Languages — SQL — Part 1: Framework (SQL/Framework)", International Organization for Standardization (ISO), 1999

[ISO/IEC 9075-2:1999] "Information Technology — Database Languages — SQL — Part 2: Foundation (SQL/Foundation)", International Organization for Standardization (ISO), 1999

[ISO/IEC 9075-3:1999] "Information Technology — Database Languages — SQL — Part 3: Call-Level Interface (SQL/CLI)", International Organization for Standardization (ISO), 1999

[ISO/IEC 9075-4:1999] "Information Technology — Database Languages — SQL — Part 4: Persistent Stored Modules (SQL/PSM)", International Organization for Standardization (ISO), 1999

[ISO/IEC 9075-5:1999] "Information Technology — Database Languages — SQL — Part 5: Host Language Bindings (SQL/Bindings)", International Organization for Standardization (ISO), 1999

[ISO 8601:1988] "Data Elements and Interchange Formats — Information Interchange — Representation of Dates and Times", International Organization for Standardization (ISO), 1988

[ISO/IEC 1539-1:1997] "Information Technology — Programming Languages — Fortran — Part 1: Base language", International Organization for Standardization (ISO), 1997

[ISO 1989:1985] "Programming Languages — COBOL", International Organization for Standardization (ISO), 1985 (Endorsement of ANSI X3.23-1985)

[ISO 6160:1979] "Programming Languages — PL/I", International Organization for Standardization (ISO), 1979 (Endorsement of ANSI X3.53-1976)

[ISO 7185:1990] "Information Technology — Programming Languages — Pascal", International Organization for Standardization (ISO), 1990

[ISO/IEC 8652:1995] "Information Technology — Programming Languages — Ada", International Organization for Standardization (ISO), 1995

[ISO/IEC 9899:1990] "Programming Languages — C", International Organization for Standardization (ISO), 1990

[ISO/IEC 9899:1990/Amendment 1:1995] "Amendment to ISO/IEC 9899:1990 — C Integrity", International Organization for Standardization (ISO), 1995

[ISO/IEC 10206:1991] "Information Technology — Programming Languages — Extended Pascal", International Organization for Standardization (ISO), 1991

[ISO/IEC 11756:1992] "Information Technology — Programming Languages — MUMPS", International Organization for Standardization (ISO), 1992

[Astrahan76] M.M. Astrahan et al.: "System R: Relational Approach to Database Management", *ACM TODS* **1**, No. 2, June 1976

[Berenson95] H. Berenson et al.: "A Critique of ANSI SQL Isolation Levels", *Proc. 1995 ACM SIGMOD International Conference on Management of Data*, San Jose, Calif., May 1995

[Boehm73] B.W. Boehm: "Software and its Impact: A Quantitative Assessment", *Datamation* **19**, No.5, 1973, 48–59

[Borchers93] D. Borchers: "Von Daten und Banken", *Business Computing* **9**, 1993, 20-23

[Brooks95] F.H. Brooks: "The Mythical Man-Month. Essays on Software Engineering — Anniversary Edition", Addison-Wesley, Reading, Mass., 1995

[Camps96] R. Camps: "Domains, Relations and Religious Wars", *ACM SIGMOD Record* **25**, No. 3, 1996, 3–9

[Cattell94] R.G.G. Cattell (ed.): "The Object Database Standard: ODMG-93", Morgan Kaufmann Publishers, San Francisco, 1994

[Chamberlin74] D.D. Chamberlin, R.F. Boyce: "SEQUEL: A Structured English Query Language", *Proc. 1974 ACM SIGMOD Workshop on Data Description, Access and Control*, Ann Arbor, Mich., May 1974

[Chamberlin76] D.D. Chamberlin et al.: "SEQUEL 2: A Unified Approach to Data Definition, Manipulation, and Control", *IBM J. R.&D.* **20**, No. 6, Nov. 1976

[Codd70] E.F. Codd: "A Relational Model of Data for Large Shared Data Banks", *CACM* **13**, June 1970, 377–387

[Codd71] E.F. Codd: "A Data Base Sublanguage Founded on the Relational Calculus", *Proc. 1971 ACM SIGFIDET Workshop on Data Description, Access and Control*, San Diego, CA, Nov. 1971

[Codd72] E.F. Codd: "Relational Completeness of Database Sublanguages" in: *Data Base Systems*, Courant Computer Science Symposia Series, Vol. 6, Englewood Cliffs, N.J., Prentice-Hall, 1972

[Codd79] E.F. Codd: "Extending the Database Relational Model to Capture More Meaning", *ACM TODS* **4**, No. 4, December 1979

[Codd82] E.F. Codd: "Relational Database: A Practical Foundation for Productivity", *CACM* **25**, February 1982, 109–117

[Codd85] E.F. Codd: "Is Your DBMS Really Relational?", *Computerworld*, October 14, 1985

[Codd85a] E.F. Codd: "Does Your DBMS Run by the Rules?", *Computerworld*, October 21, 1985

[Codd90] E.F. Codd: "The Relational Model for Database Management, Version 2", Addison-Wesley, Reading, Mass., 1990

[Computerwoche97] "IBMs Universal Database drängt in einen engen Markt", *Computerwoche* **36**, September 5, 1997, 15–16

[Darnell96] P.A. Darnell, P.E. Margolis: "C: A Software Engineering Approach", 3rd ed., Springer, New York, 1996

[Datamation92] "A DBMS for Every User", *Datamation* **38**, No. 16 (August 1), 1992, 84–89

[Date90] C.J. Date: "Relational Database Writings 1985–1989", Addison-Wesley, Reading, Massachusetts, 1990

[Date95] C.J. Date: "An Introduction to Database Systems", 6th ed., Addison-Wesley, Reading, Mass., 1995

[Date97] C.J. Date, H. Darwen: "A Guide to the SQL Standard", 4th ed., Addison-Wesley, Reading, Mass., 1997

[Dijkstra72] E. Dijkstra: "The Humble Programmer", *CACM* **15**, October 1972, 859–66

[Ehrich89] H.-D. Ehrich, M. Gogolla, U.W. Lipeck: "Algebraische Spezifikation abstrakter Datentypen", B.G. Teubner, Stuttgart, 1989

[Eisenberg99] A. Eisenberg, J. Melton: "SQL:1999, formerly known as SQL3", *ACM SIGMOD Record* **28**, No. 1, 1999, 131–138

[GartnerGroup99] C. DiCenzo: "Worldwide DBMS Preliminary Market Statistics: 1998", Gartner Group Dataquest, Stamford, Conn., 1999

[Gray93] J. Gray, A. Reuter: "Transaction Processing: Concepts and Techniques", Morgan Kaufmann Publishers, San Mateo, 1993

[Haderle90] D.J. Haderle: "Database Role in Information Systems: The Evolution of Database Technology and its Impact on Enterprise Information Systems" in: Database Systems of the 90s (ed: A.Blaser), *Lecture Notes in Computer Science* **466**, Springer, Berlin, 1990

[Interim75] Interim Report, FDT, *ACM SIGMOD Bulletin* **7**, No. 2, 1975

[Jensen74] K. Jensen, N. Wirth: "PASCAL User Manual and Report", *Lecture Notes in Computer Science* **18**, Springer, Berlin, 1974

[Jesulke93] J. Jesulke, M. Nutspickel: "UNIX statt Host", *Business Computing* **3**, 1993, 83-87

[Kim90] W. Kim, J.-M. Nicolas, S. Nishio (eds.): "Deductive and Object-Oriented Databases", Proceedings of the First International Conference on Deductive and Object-Oriented Databases (DOOD89), North-Holland, Amsterdam, 1990

[Kuhns67] J.L. Kuhns: "Answering Questions by Computer: A Logical Study", Report RM-5428-PR, Rand Corp., Santa Monica, CA, 1967

[Leod77] D.J. Mc Leod: "High Level Definition of Abstract Domains in a Relational Data Base System" in: *Computer Languages 2*, Pergamon Press, 1977

[Maier83] D. Maier: "The Theory of Relational Databases", Computer Science Press, Rockville, Md., 1983

[McKenna99] M. McKenna, S. Buchta: "Status of Proposed Unicode Changes to the SQL Standard", 14th International Unicode Conference, Boston, MA, March 1999

[Melton93] J. Melton: "A Brief History of SQL", *Database Programming & Design* **6**, January 1993, 35–37

[Melton94] J. Melton: "Object Technology and SQL: Adding Objects to a Relational Language", *IEEE Data Engineering Bulletin* **17**, No. 4, 1994, 15–26

[Melton97a] J. Melton: "SQL3: On the Level", *Database Programming & Design* **10**, May 1997, 63–67

[Melton97b] J. Melton: "A Case for SQL Conformance Testing", *Database Programming & Design* **10**, July 1997, 66–69

[Melton97c] J. Melton: "Nearly Random Musings", *Database Programming & Design* **10**, September 1997, 107–109

[Pistor93] P. Pistor: "Objektorientierung in SQL3: Stand und Entwicklungstendenzen", *Informatik Spektrum* **16**, Nr. 2, 1993, 89-94

[Schlageter92] G. Schlageter, W. Stucky: "Datenbanksysteme: Konzepte und Modelle", 3. Auflage, Teubner, Stuttgart, 1992

[Ullman82] J.D. Ullman: "Principles of Database Systems", 2nd ed., Computer Science Press, Rockville, Md., 1982

[Unicode96] The Unicode Consortium: "Unicode Standard, Version 2", 2nd ed., Addison Wesley, Reading, Mass., 1996

[Varvel89] D.A. Varvel, L. Shapiro: "The Computational Completeness of Extended Database Query Languages", *IEEE Transactions on Software Engineering* **15**, 1989, 632-638

[Zehnder98] C.A. Zehnder: "Informationssysteme und Datenbanken", 6. Auflage, Teubner, Stuttgart, 1998

Index

Einige Seitenangaben in diesem Index sind *kursiv* gedruckt (z.B. *195*).
Jeder auf diese Weise gekennzeichnete Verweis bezieht sich auf ein Syntaxdiagramm für den entsprechenden Eintrag.